Reader's Digest
Auswahlbücher

Reader's Digest Auswahlbücher

Verlag DAS BESTE
Stuttgart · Zürich · Wien

Die Kurzfassungen in diesem Buch erscheinen mit Genehmigung der Autoren und Verleger

179
PRINTED IN GERMANY
ISBN 3 87070 126 9

Inhalt

HÖLLE IM SCHNEE

Eine Kurzfassung des Buches von
RICHARD MARTIN STERN
Ins Deutsche übertragen von
PETER VON WIESE
Illustrationen von HARRY SCHAARE

Was als fröhlicher Ausflug geplant war, wird zu einer Fahrt ins Grauen. Denn das Verhängnis bricht über die Familie Harlow in dem Augenblick herein, als sich Warner Harlow in den Rocky Mountains für eine falsche Abzweigung entscheidet.

Das sichere Tiefland, die geschäftige, anheimelnde Stadt Santo Cristo und auch die Ranch des Freundes Jake Boone rücken von Minute zu Minute mehr in unerreichbare Fernen. Die stets schmaler werdende Straße windet sich hinauf in drohend unbewohnte Höhen. Eis und Schnee regieren hier; sie gefährden die Existenz eines jeden Lebewesens.

Es gibt für die Harlows kein Zurück mehr. Diese, den Naturunbilden entwöhnten Großstädter, sehen sich plötzlich nicht nur mit der gefahrvollen Bergwelt konfrontiert, sondern auch mit der Brüchigkeit eines bislang intakten Familienlebens.

Probleme, die der sichere Alltag nie zum Ausbruch kommen ließ, werden in dieser Ausnahmesituation zu einer lebensgefährdenden Bedrohung.

Hoch oben in der Bergeinsamkeit hoffen diese vier Menschen auf Ben, einen Wanderer, der ihnen zu einem Unterschlupf verhilft. Dorthin gerät auch Lila, eine junge Frau, die als einzige einen Flugzeugabsturz lebend überstanden hat.

Das Überleben dieser sechs Menschen in Schnee und Eis hängt von einer raschen Rettungsaktion ab. Lawinen und Steinschlag erschüttern das Felsengestein des Berges. Für die Mitglieder der örtlichen Bergwacht wird die Suche nach den Verunglückten zu einem Wettlauf mit der Zeit.

Prolog

Der Spätsommer hatte mitten im Norden Neumexikos eine ganze Reihe schöner Tage mit sich gebracht, die besonders hell, frisch und klar waren. In den Bergen, die hinter der alten Hauptstadt Santo Cristo aufragten, fiel nachts die Temperatur schon unter den Gefrierpunkt, doch in der Stadt, die knapp 2200 Meter hoch lag, blieben die Vogeltränken noch eisfrei, und der Boden war noch nicht gefroren.

Aber es gab deutliche Anzeichen, daß der Winter nahe war. Die Tage wurden merklich kürzer, und das Rauschen von Wildgansscharen auf ihrem Zug nach Süden füllte den Himmel. Winter-Juncos, die man hier auch Schneevögel nannte, verließen ihre Wälder in den Bergen und kamen in die Stadt herunter, wo man Futterplätze für sie eingerichtet hatte, um sie bis zum Frühjahr durchzubringen. Und an den Berghängen, noch unterhalb der Baumgrenze von 3350 Metern, wurde das goldene Laub der Aspen zwischen den immergrünen Nadelbäumen merklich blasser.

Und es gab noch andere Zeichen, zwar weniger auffällig, aber deshalb nicht weniger wichtig, die in dieser Woche zu beobachten waren:

An der Westküste des Kontinents regnete es, von Los Angeles nordwärts bis Puget Sound; in der Georgia-Straße tobten Sturmwinde; in den höheren Lagen der Sierra Nevada und der Cascade Mountains fiel Schnee. Im Inneren des Landes floß arktische Kaltluft von Saskatchewan und Alberta über Montana und Wyoming nach Colorado. Feuchte Warmluftmassen bewegten sich vom Golf von Mexiko über Texas nach Neumexiko.

Die Meteorologen machten ihre Messungen, registrierten alles sorgfältig – und warteten ab.

Umsichtige Leute sahen nach ihren Holzvorräten, zogen Winterreifen auf und füllten Frostschutzmittel in den Kühler.

Morgen sollte die Jagdsaison für Elche anfangen. Und an dem Tag davor schien in Santo Cristo strahlend die Sonne.

1. Kapitel

Am Steuer saß Warner Harlow. Er war ein guter Fahrer und kannte offenbar keine Müdigkeit. Als das große Auto mit dem Wohnwagen die Plaza von Santo Cristo überquerte und Kurs auf die Berge nahm, hatte Warner schon über zehn Stunden am Steuer gesessen und achthundertfünfundsechzig Kilometer hinter sich gebracht. Sie waren in Oklahoma City lange vor Sonnenaufgang aufgebrochen. Hier in Neumexiko war jetzt früher Nachmittag.

Es war die falsche Abzweigung, Warners erster Irrtum, aber keiner merkte es.

Sue Ann, die vorn neben Warner saß, warf einen Blick auf die Uhr im Armaturenbrett. „Hier in Santo Cristo gibt es bestimmt nette Hotels", sagte sie. „Wir könnten Jake und Ethel anrufen, ihnen sagen, daß wir hier bleiben und morgen ganz früh weiterfahren." Sue Ann war müde, doch in ihrer Stimme lag kein drängender Unterton. Warner sollte entscheiden. Es war sein Ausflug, nicht ihrer. Sue Ann lag nichts daran, einen Elch zu erlegen.

„Höchstens noch fünfunddreißig bis vierzig Kilometer", sagte Warner. „Keine große Angelegenheit." Sein Freund Jake plante, bei Tagesanbruch zur Jagd aufzubrechen, und unter keinen Umständen wollte Warner Jakes Pläne durchkreuzen.

Vom Rücksitz meldete sich Patty: „Bist du nicht müde, Paps?" Patty war der ganze Ausflug zuwider, aber sie war erst siebzehn, zu jung, um allein zu Hause zu bleiben.

„Nein", sagte Warner, „mir geht's glänzend."

„Also mir nicht", sagte Billy. Billy war fünfzehn. „Ich hab Hunger."

„Ewig hast du Hunger", sagte Patty. Und nie nahm er auch nur ein Gramm zu. Jungen waren da soviel besser dran als Mädchen. Einfach ungerecht.

Die letzten Häuser verschwanden hinter ihnen, und sie kamen wieder in das gleiche hügelige Land, das sie schon die letzten hundert Kilometer immerzu gesehen hatten – ein braunes, staubiges Gelände, nur ein paar Tupfen darauf, Zedern und Wacholder, dünnes Gras, die skurrilen Gebilde der Feigenkakteen, eine weitverstreute Rinderherde.

„Nicht wie bei uns zu Hause“, sagte Warner. „Trocken, trocken.“

Der Himmel war blau, riesig und ohne Ende, er beherrschte alles. Der große Wagen lief einwandfrei, die Fenster waren wegen der Windgeräusche geschlossen.

Die Straße begann sich die Berge hinaufzuwinden, und zum ersten Male machte sich das Gewicht des Anhängers bemerkbar. Billy beobachtete vom Rücksitz aus, wie die Tachometernadel langsam fiel. „Santo Cristo“, sagte er schließlich, „liegt 2135 Meter hoch. Bei dieser Höhe geht die Leistung eines Verbrennungsmotors um ungefähr fünfundzwanzig Prozent zurück. Ich hab's nachgeschlagen.“

„Sag bloß“, spottete Patty. Dauernd gab Billy mit seinem Wissen an. „Und du weißt sicher auch, warum.“

„Klar. Der Vergaser kriegt nicht genug Sauerstoff für eine gute Verbrennung. Darum braucht man Vorverdichter.“

Warner hörte zu, stolz darauf, was der Junge alles wußte, gleichzeitig verärgert darüber, daß er so vorlaut war. „Mach dir deswegen mal keine Sorgen. Da steckt noch genug Leistung drin.“ Das Elend ist, dachte Warner, daß der Junge ewig mit der Nase in den Büchern steckt. Ich hab in seinem Alter ganz andere Interessen gehabt. Deswegen war dieser Ausflug auch eine Woche Schuleschwänzen wert. Endlich kam der Junge mal in die rauhe Männerwelt. Zusammen mit ihm und seinem Freund Jake.

Als sie sich den Bergen näherten, nahmen die runden Kämme und sanften Hänge, die von weitem so harmlos ausgesehen hatten, langsam schärfere, härtere Formen an. Zedern und Wacholder verschwanden allmählich, und fast ohne Übergang befanden sie sich in hohem immergrünem Nadelwald. Fichten zumeist, gelegentlich Lärchen und Tannen.

Die Straße wurde enger und führte jetzt steiler in weit ausschwingenden Kurven hinauf. Das war keine sichere, gemütliche Autofahrt in freundlicher Landschaft mehr. Hier und da kam der nackte Fels zum Vorschein, Geröllhalden ragten bedrohlich neben der Straße auf, und entwurzelte Bäume legten Zeugnis ab von früherem Felssturz. Überall Zeichen der Erosion; mürber Fels, der bröckelte und der Hochebene zuglitt – ein unaufhaltsamer Prozeß der Abtragung.

„Ganz anders als zu Hause, wie?“ bemerkte Warner wieder.

Keiner antwortete. Die Fahrt ging weiter, vorbei an einer Abzweigung mit einem Wegweiser zum Skigebiet.

Zwischen den Nadelbäumen tauchten jetzt noch andere Bäume auf, Laubbäume mit blassen, fast hellgrünen Stämmen. „Aspen", verkündete Billy. „Laubbäume, die es auch noch in 2500 Meter Höhe gibt, meine Herrschaften. 2500 m sind's jetzt – und es geht immer noch aufwärts!"

Sue Ann sagte: „Ich wußte gar nicht, daß Jakes Ranch so hoch liegt."

Warner war das auch neu. „Ich glaube, die Elche mögen das Hochland. Jedenfalls sind wir jetzt gleich da."

Die Straße stieg immer weiter an, kein Ende war in Sicht. „Mein Trommelfell platzt gleich", klagte Patty.

„Schlucken", riet Billy. „Oder schnaub dir die Nase. He, da vorn ist ein Wanderer. Schaut euch bloß mal seinen Riesenrucksack an!"

Es war ein großer junger Mann mit breiten Schultern, schmalen Hüften, und er zog des Wegs mit den langen, gleichmäßigen, täuschend langsamen Schritten des erfahrenen Bergwanderers. Er trug eine braune Strickmütze, Flanellhemd, Jeans und Bergstiefel. In der Hand hatte er einen kräftigen Stock, ein Fahrtenmesser steckte in einer Scheide am Gürtel. Er war unrasiert. Ein Schlafsack im Überzug war unter dem Rucksack festgebunden. Er blickte zu dem Auto herüber und nickte, als es vorbeifuhr.

„Wir könnten ihn ein Stück mitnehmen", schlug Billy vor.

„Ich glaube nicht, daß er Wert darauf legt", erwiderte Warner. „Jedenfalls sieht er so aus, als ob er weiß, was er tut."

Hinter der nächsten Kurve gaben die Bäume neben der Straße den Blick ins Tal frei. Die Aussicht war atemberaubend. Sie hielten an, um die Szenerie zu bewundern. Die Stadt lag jetzt weit unter ihnen. Im Süden verschmolzen scharf umrissene Hügel mit gezackten Bergen. Weiter rechts duckte sich ein einzelner Bergklumpen vor dem Horizont, wie für eine Theaterdekoration gemalt, und dahinter verschwand eine dritte Reihe von Bergen im Unendlichen.

„Mann!" entfuhr es Patty.

Billy stellte Schätzungen an. „Ich wette, was wir da sehen, sind ungefähr 10000 Quadratkilometer. Eher mehr. Wie findet ihr das?"

So jäh fiel die Böschung neben der Straße ab, daß sie nur noch die Wipfel hoher Fichten, die in dem unsichtbaren Hang wurzelten, sehen konnten. Sie fuhren weiter aufwärts; die Bäume schlossen sich wieder und versperrten den Ausblick.

Warner war noch nie im Gebirge unterwegs gewesen, und der Anblick der Baumwipfel unterhalb der Straße hatte Besorgnis bei ihm ausgelöst. Er war keine ängstliche Natur, doch die Unermeßlichkeit dieses Ausblicks hatte ihm plötzlich ein Gefühl des Abgeschnittenseins gegeben, als hätten sie sich in drohend unbekannte Höhen gewagt.

Er hielt an und starrte eine neue, schmale Straße entlang, die links talwärts abzweigte. Ein Wegweiser verkündete: NEBENSTRECKE. NUR FÜR VRA-FAHRZEUGE.

Sue Ann sah Warner an. „Was bedeutet das?"

Warner schüttelte stumm den Kopf.

„VRA", sagte Billy. „Vierradantrieb. Es ist eine Straße nur für Jeeps."

„Jake hat kein Wort von so einer Straße gesagt. Aber wir sollten bei der ersten Straße links abbiegen. Ich versteh das nicht."

„Vielleicht sind wir schon die ganze Zeit auf der falschen Straße", sagte Billy.

Im Außenspiegel sah Warner den Wanderer um die letzte Kurve kommen, immer noch im selben gleichmäßigen Schritt. „Mal sehen, was der weiß", sagte er und stieg aus.

Der junge Mann hieß Ben Parker. Er war siebenundzwanzig, hatte seinen Magister in englischer Literatur, was er heute als überflüssige Kraft- und Zeitverschwendung ansah, sowie eine ehrenvolle Entlassungsurkunde der Armee der Vereinigten Staaten und den Rang eines Sergeants. Das war in seinen Augen nicht viel, aber immerhin etwas Reales in dieser miesen Welt.

Von einer Panne abgesehen, war er immer ein Einzelgänger gewesen, ein selbstgenügsamer Zeitgenosse, der erwartete, daß andere auch so waren. Die Welt war voller Betrug und Ungerechtigkeit, und sein Zorn über beides lag dicht unter der Oberfläche.

Er war nicht sehr beeindruckt von dem Typ, der da jetzt auf ihn zukam mit Texashut, buntem Hemd, maßgeschneiderten Jeans und Cowboystiefeln. Dazu eine dicke Benzinkutsche mit einem Luxuswohnwagen hintendran.

Warner hatte sein herzliches Vertreterlächeln aufgelegt. „Tag", sagte er. „Vielleicht können Sie uns helfen. Wir sind fremd hier in der Gegend. Die Straße bergab da links..." Er ließ den Satz in der Luft hängen.

„Wie das Schild sagt, eine Nebenstrecke für Jeeps." Ben sah zu dem Ford mit dem Wohnwagen hinüber. „Mit dem Gespann da würde ich es lieber lassen."

„Vielleicht gibt's noch eine andere Straße weiter oben?"

„Da kommt nichts mehr."

Warner runzelte die Stirn. „Und die, wo führt die hin?"

„Nirgendwohin. Nach ein paar Kilometern verliert sie sich im Geröll, dann kommt ein See, und da ist Schluß." Ben zuckte die Achseln. „Ich nehme an, Sie haben keine Karte?" Typisch für diese Sorte, dachte er, die haben keine Karte, keinen Kompaß, nur den blinden Glauben aller Großstädter, daß immer einer in der Nähe ist, den man fragen kann, oder ein Telefonhäuschen an der nächsten Ecke.

„Irgendwo müssen wir wohl falsch abgebogen sein", sagte Warner. „Wir müssen hier wenden und wieder runterfahren. Vielen Dank." Ben sah wieder zu dem Ford mit dem Wohnwagen auf der engen Gebirgsstraße, öffnete den Mund, überlegte es sich aber anders und schloß ihn wieder. „Schönen Tag noch", sagte er und setzte sich wieder in Bewegung.

Wie lange er gegangen war, konnte er später nicht mehr sagen, es mochten wohl fünf oder zehn Minuten gewesen sein. Die ganze Zeit kämpfte er mit sich selbst. Ein Häufchen Flachlandbewohner, hilflos in fremder Umgebung. Vielleicht gelang es dem Affen mit dem Cowboyhut, sein Gespann auf dieser Straße zu wenden, vielleicht aber auch nicht.

Nicht mein Problem, sagte er sich.

Als er die erste Schneeflocke im Gesicht spürte, blieb er stehen und spähte durch den jetzt lichter werdenden Wald. Es war ihm schon lange klar, daß dieses ungewöhnlich gute Wetter sich nicht lange halten würde. Jetzt konnte es unvorstellbar schnell umschlagen. Die fernen Berge waren noch zu sehen, aber nur noch in vagen Umrissen; und während Ben besorgt den Himmel beobachtete, trieben tiefe Wolken von Westen heran. Eine Schlechtwetterfront im Anzug, sagte er sich.

Diese Narren aus dem Flachland hatten vielleicht wenden können und vielleicht auch nicht. Na schön, wenn nicht, dann konnte er ihnen zur Hand gehen, und sie konnten ihn dafür mit hinunternehmen.

Die andere Möglichkeit war weiterzugehen wie geplant, über den Kamm und dann zehn Kilometer hinunter bis in die Einsamkeit einer bestimmten Lichtung. Da gab es einen reißenden Gebirgsbach mit Forellen, Tiere, die man beobachten konnte, und vielleicht auch den einen oder anderen Elch. Und vor allem Ruhe und Frieden.

Der Schnee fiel jetzt dichter, und die Flocken blieben liegen. Das konnte der Anfang eines schlimmen Unwetters sein. Also? Auf der Lichtung gab es eine verlassene Hütte, und mit dem, was er im Rucksack hatte, konnte er sich dort fast unbegrenzt lange einigeln.

Also was denn nun? fragte er sich. Entschlossen drehte er sich plötzlich um und ging rasch die Straße hinunter, auf den Ford und den Wohnwagen zu.

Als er um die letzte Kurve bog, blieb er stehen und starrte ungläubig auf das, was er sah. Auto und Wohnwagen waren zwar noch da, aber sie lagen jetzt auf der Seite und gefährlich nah am äußeren Rand der Nebenstraße. Der Motor lief noch, und Ben konnte sehen, wie die Antriebswelle rotierte und die Hinterräder in sinnloser Bewegung hielt.

Jetzt hob sich langsam die hintere Tür, und Billy Harlow kletterte verstört heraus. Er fiel zu Boden, und die schwere Wagentür krachte mit Getöse ins Schloß. Billy kam wieder hoch und versuchte hinaufzuklettern, um die Tür wieder aufzubekommen.

„Halt mal. Ich helfe dir“, rief Ben und ließ den Rucksack von seinen Schultern gleiten. Er kletterte auf den Wagen und riß die Tür mit einem Ruck auf. Er beugte sich ins Innere und half dem erschrockenen Mädchen heraus.

„Papi“, sagte das Mädchen. „Und Mami! Ich glaube, sie ist verletzt!“

Ben bekam auch die vordere Tür auf. Warners Kopf erschien, dann kletterte er langsam heraus, ein großer, schwerer Mann, der jetzt vor Anstrengung keuchte. Sein Gesicht, das normalerweise Selbstvertrauen spiegelte, zeigte nur Verwirrung.

„Ich weiß nicht, was passiert ist“, keuchte er.

Patty rief: „Papi! Mami –“

Ben hielt mit einem Arm die Tür fest, langte mit dem anderen wieder in den Wagen und drehte den Zündschlüssel um. Zu Sue Ann sagte er: „Können Sie sich bewegen?“

Sie lag zusammengekrümmt am Sitz, gegen die Tür gepreßt. „Ich glaube, es ist der Fuß oder der Knöchel. Er ist – irgendwie verrenkt.“

„Sie halten die Tür“, sagte Ben zu Warner im schönsten Feldwebelton. Er beugte sich hinab, faßte die Frau unter den Armen und hob sie sanft hoch, bis sie draußen war.

Sue Ann stand ungeschickt auf einem Fuß und blickte zu Warner. ,,Was ist passiert? Es ging alles so schnell!“

Ben beugte sich noch einmal ins Auto und brachte Warners Statussymbol zum Vorschein, den Texashut. Er hielt ihn Warner hin und versuchte so zu sprechen, daß es nicht verächtlich klang. ,,Sieht aus, als wäre ihr Gespann geradewegs zusammengeklappt wie ein Taschenmesser. Wahrscheinlich ist der Anhänger zuerst umgekippt und hat den Wagen mitgenommen.“

Was jetzt? Ben sah voraus, was in den nächsten Stunden geschehen würde, und die Vorstellung gefiel ihm gar nicht. Der Schnee fiel jetzt dichter und nicht mehr so träge. Auch der Wind zog an, und es wurde merklich kälter.

,,Na schön“, sagte Warner. ,,Wir brauchen Hilfe. Ich bin im Automobilclub. Die können einen Abschleppwagen schicken.“ Seine Zuversicht kehrte zurück. Es war schlimm, aber keine Katastrophe.

Doch Ben setzte ihm einen Dämpfer auf. ,,Und wie wollen Sie sich mit denen in Verbindung setzen?“ Er versuchte geduldig, es den anderen zu erklären. ,,Das nächste Telefon ist mehr als zwanzig Kilometer hinter uns, die Straße runter. Wir befinden uns fast 2800 Meter hoch, mitten in einem Schneesturm.“ Er beobachtete, wie schwer der massige Mann atmete, und fuhr fort: ,,Auch wenn es nicht schneien würde, könnten Sie zwanzig Kilometer laufen in dieser Höhe?“

Sue Ann setzte ihren verletzten Fuß auf und zog ihn prompt mit schmerzverzogenem Gesicht wieder zurück. ,,Könnten Sie nicht runtergehen“, fragte sie, ,,und Hilfe holen?“

Er hatte diesen Gedanken schon vorher verworfen. ,,Zwanzig Kilometer. Wenn das ein schwerer Sturm wird, brauche ich fünf Stunden – wenn ich es überhaupt schaffe.“ Und kein Mensch weiß, dachte er, in welcher Verfassung ihr vier dann seid.

Er spürte, daß ihm im Grunde keine Wahl blieb, und das erbitterte ihn. Immer stärker wurde das Gefühl, der Situation einfach ausgeliefert zu sein. Es ist wie in einer griechischen Tragödie, dachte er. Man weiß nicht, wie es weitergeht, aber der Chor deklamiert dauernd von Verhängnis und von Schicksal, und man wird immer hoffnungsloser. Der Chor, das ist meine innere Stimme.

,,Was wollen Sie aber dann tun?“ fragte Sue Ann.

,,Elf Kilometer weiter“, antwortete Ben, ,,kenne ich eine verlassene Hütte. ,,Ich kann es in zwei Stunden schaffen, wenn ich mich beeile.“

Das Gefühl der Zwangslage drängte sich erneut auf. *Ich hätte es schaffen können*, dachte er. Patty begann lautlos zu weinen; die Tränen liefen auf beiden Seiten ihrer Nase entlang.

„Was sollen wir denn jetzt machen?" fragte Warner. „Ich meine, gibt's denn hier überhaupt nichts? Wenigstens irgendwas?"

„Nur die Bäume, und fünfhundert Meter weiter oben gibt's noch nicht mal Bäume." Verachtung lag in Bens Ton. „Das sind hier die Rocky Mountains. Nie davon gehört?"

„Diesen Ton können Sie sich schenken." So durfte man Warner nicht kommen.

Ben holte tief Luft und ließ sie langsam wieder heraus. Er zeigte auf den Wohnwagen. „Haben Sie Wolldecken dabei? Schlafsäcke?"

Sue Ann antwortete: „Wir schlafen nicht da drin. Wir übernachten in Motels."

„Warme Sachen? Stiefel?"

„Nur Pullover und Jacken."

„Holen Sie das Zeug. Ziehen Sie alles an. Alles. Und nehmen Sie soviel zu essen mit, wie Sie tragen können. Tun Sie's in einen Sack."

Warner sagte zögernd: „Was haben Sie vor? Ich meine, wenn wir irgendwo anders hingehen, das finde ich nicht gut. Wir bleiben hier und warten, bis jemand kommt."

„Hierher kommt kein Mensch", erwiderte Ben und hielt seine Stimme streng unter Kontrolle. „Ich hab Ihnen doch gesagt, die Straße führt nirgends hin. Sie wird nur von Jägern, Fischern und Wanderern benutzt, und bei einem Schneesturm bleiben die alle zu Hause. Wenn Sie hier bleiben, erfrieren Sie. In dem Anhänger können Sie kein Feuer machen, er brennt einfach ab und Sie mit."

Sue Ann sah Warner an und wartete. Auch Patty sah gespannt zu ihrem Vater, während ihre Tränen lautlos weiterflossen. Sie fror und hatte Angst.

Billy fragte: „Meinen Sie, daß wir zu dieser Hütte gehen sollen?" Auch er zitterte vor Kälte. „Ich bin noch nie elf Kilometer gelaufen."

Es gibt kein Entrinnen, sagte sich Ben, du bist ausgeliefert. „Nein", erklärte er dann. „Weiter oben ist eine tiefe Schlucht, ein Cañon. Da gibt es Höhlen. Ich kenne eine, die ist einigermaßen groß. Sie bietet immerhin Schutz, und wir können ein Feuer machen. Was Besseres kann ich nicht bieten." *Wir*. Die Entscheidung war gefallen.

„Wie lange?" Mißtrauen lag in Warners Frage.

„Bis es zu schneien aufhört und wir weitersehen können."

Patty rief schrill: „Wir alle? In einer Höhle?"

Warner schüttelte den Kopf. „Das gefällt mir nicht."

Ben kämpfte mit dem aufsteigenden Zorn. „Mir gefällt es auch nicht. Wenn ich nur soviel Grips hätte wie ein Eichhörnchen, dann wäre ich jetzt längst unterwegs zu meiner Hütte. Aber ich bin zurückgekommen, und jetzt stecken wir alle zusammen drin, ob es Ihnen gefällt oder nicht. Also nehmen Sie Ihre Pullover und Jacken und soviel zu essen, wie Sie tragen können, und nichts wie los."

Sue Ann sagte verlegen: „Ich fürchte, ich kann nicht laufen."

„Na bitte, und was jetzt?" fragte Warner in aufflackerndem Trotz.

„Ich trage sie", erwiderte Ben, „und Sie tragen meinen Rucksack. Er ist schwer, aber wir werden alles brauchen, was drin ist." Er sah, daß Warner zögerte, sich brüsk umdrehte und zum Wohnwagen ging.

„Du auch, Liebling", sagte Sue Ann in ruhigem Ton zu Patty. „Nimm alles, was du vielleicht brauchen kannst. Und nimm meine Sachen auch." Sie wandte sich zu Ben. „Ist es weit?"

„Weit genug." Fast zwei Kilometer. Bergauf.

Warner kletterte aus dem Wohnwagen. Er trug ein schweres Jagdgewehr mit Zielfernrohr. Sein Gesichtsausdruck war stur unter dem Cowboyhut. „Ich bin nach wie vor nicht sicher, daß wir das Richtige tun." Meine Familie, dachte er, meine Verantwortung für sie – ich bin ihr plötzlich enthoben.

„Das Gewehr werden Sie kaum brauchen", sagte Ben und zog sich einen Nylonparka aus dem Rucksack über den Kopf.

„Soll ich es hierlassen, damit es geklaut wird?"

Ben zuckte die Achseln und half Warner, den schweren Rucksack zu schultern. Dann gab er Billy seinen Stecken, ging vor Sue Ann in die Knie und nahm sie huckepack. „Ich geh voran", sagte er. Und zu Warner: „Sie machen den Schluß. Sorgen Sie dafür, daß alle dicht beieinander bleiben. Wenn Sie anhalten müssen, rufen Sie."

Patty kam nach ihm, dann Billy und schließlich Warner mit seinen Cowboystiefeln, die sich für einen Fußmarsch als denkbar unbequem erwiesen.

Zudem brachte ihn der Rucksack aus der Balance und nahm ihm den Atem. Er zählte fünfzig Schritte, hielt dann keuchend inne, drehte sich um und blickte zurück. Auto und Anhänger waren im Schneetreiben schon nicht mehr zu sehen.

2. Kapitel

Bart Wallace betrieb eine kleine Reparaturwerkstatt für ausländische Wagen. Er hatte gerade einen Mercedes in der Inspektion und ließ dabei sein CB-Funkgerät auf Kanal 19, der Fernfahrerwelle, laufen.

Er war ein mächtiger Mann, groß, kräftig und breit, ohne Fettansatz, mit schweren, abfallenden Schultern und riesigen Händen, die sich trotz ihrer Größe und Kraft leicht und präzise bewegten. Er war neununddreißig und arbeitete und lebte allein. Er wollte es nicht anders.

An der technischen Universität von Berkeley hatte er das Ingenieursexamen abgelegt. Dort hatte er sich seinerzeit auch gelegentlich überreden lassen, in der Football-Mannschaft mitzuspielen. „Um Sie ist es schade", hatte ihm der Trainer eines Tages erklärt, „Sie sind groß und schnell genug, um in jeder Mannschaft einen guten Verteidiger abzugeben – wenn Sie sich bloß reinhängen würden."

Bart hatte gegrinst und eine simple Erklärung abgegeben: „Ich mach mir nichts daraus, Leute umzurempeln, das ist alles."

Als Einzelgänger war er daran gewöhnt, mit sich und seinen Gedanken allein zu sein. Er hatte keine besonderen Bedürfnisse; hier in Santo Cristo gab es ein paar Freunde, er hatte Spaß daran, mit technisch perfekt durchkonstruierten Maschinen umzugehen, im Sommer konnte man fischen, zelten, die Landschaft fotografieren und im Winter Ski laufen. Was konnte ein Mann noch mehr verlangen?

Während er an dem Wagen arbeitete, hörte er sorgenvoll die Wetterberichte, die von den Fernfahrern durchgegeben wurden. Vor dem Fenster trieben die ersten Schneeflocken vorbei. Bart streckte sich und ging zum Telefon, um bei der Staatlichen Luftaufsicht im Flughafen anzurufen. „Wie sieht es aus?"

„Schlecht." Das war Joe Meems vom Kontrollturm. „Es kommt noch ein zweites Sturmtief hinterher. Sie und Ihre Leute sollten kräftig die Daumen halten, daß sich nicht wieder irgend so ein Trottel in den Bergen verirrt, bevor alles vorbei ist."

„Machen wir", antwortete Bart. „Danke, Joe." Da müssen wir also, dachte er, wieder ein paar Vorsichtsmaßnahmen treffen. Er hob den Hörer noch einmal ab und wählte Bessie Andrews' Nummer.

Bessie verbrachte ihre Tage im Rollstuhl. Das Telefon und ein

Funkgerät waren ihre Hauptverbindung zur Außenwelt. Sie verwaltete die Kasse der Städtischen Bergwacht und Rettungsorganisation. Sie war sofort am Telefon.

„Ich glaube, wir müssen Alarmbereitschaft durchgeben, Bessie“, erklärte ihr Bart.

In Santo Cristo war die Bergwacht nicht eine straffe Organisation wie in anderen Gemeinden. Sie war eine eher lockere Gruppe Freiwilliger, die sich in den Bergen auskannten. Manche verfügten über spezielle Fähigkeiten, aber alle hatten Übung im Kartenlesen, verstanden etwas von Funkverbindung und vom Überlebenstraining. Jeder sorgte für seine Ausrüstung selbst und gab auch selbst an, in welchem Umfang er in Notfällen jeweils einzusetzen war. Vielleicht würden sie eines Tages auch Uniformen bekommen, eigene Fahrzeuge und eine Rangordnung, aber so weit war es vorläufig noch nicht. Einstweilen kümmerten sich Bart Wallace und die anderen gemeinsam darum, daß das Nötige getan wurde.

„Laß uns nur ein paar alarmieren“, sagte Bart ins Telefon. „Wilt, CJ, Jaime und Steve. Wenn das mit dem Wetter so weitergeht, werden wir vielleicht gebraucht.“

„Mach ich“, sagte Bessie. „Soll ich Carl auch benachrichtigen?“

„Ich ruf ihn selber an.“ Carl war ein guter Mann, nur manchmal etwas schwierig. Bessie mußte nicht unbedingt seinen Launen ausgesetzt werden.

Bart legte auf und wählte Carls Laden.

Carl war Klempner von Beruf und hatte eine Ausbildung als Sanitäter hinter sich. „Hast du Vorahnungen?“ fragte er. „Oder warum machst du dir Sorgen? Du hörst doch normalerweise nicht das Gras wachsen.“

Ich bin wohl etwas nervös, dachte Bart, wegen unserer letzten Aktion. Vielleicht –

Als könne er Gedanken lesen, sagte Carl: „Denk nicht mehr an das letzte Mal. Wir haben ihn zwar nur tot rausholen können, aber er war eben ein blutiger Amateur. Hat sich beim Jagen verirrt und ist erfroren. Dabei war er nur einen halben Kilometer von einem Weg entfernt, den ein Blinder gefunden hätte.“ Verachtung lag in seinem Ton. „Ich weiß, wir hätten ihn finden müssen. Aber er hatte dort nichts verloren. Dazu kein Kompaß, keine Karte, nicht mal Streichhölzer.“

Weiß Gott, dachte Bart. Nur macht das die Tragödie nicht kleiner.

Es blieb einfach das Gefühl, versagt zu haben. Wir hätten ihn rechtzeitig finden müssen. Wir haben es nicht geschafft, und deshalb ist er gestorben. Diesmal sind wir vielleicht rechtzeitig da, wenn's ernst wird.

„Schon gut", sagte er leichthin. „Wollen hoffen, daß alle zu Hause bleiben, wo sie hingehören." Er legte auf und machte sich wieder an den Mercedes.

IM KONTROLLTURM auf dem Flughafen von Santo Cristo sah Joe Meems durch die schrägen Fensterscheiben in das Schneetreiben. Auf einmal war die Rollbahn nicht mehr zu sehen. „Genau wie bei manchen Briefbeschwerern", sagte er, „man dreht sie einmal um und hat den schönsten Schneesturm."

„So ähnlich", sagte der andere Fluglotse. „Er treibt schnell rein, wie? Vor einer Stunde war's noch klar."

Im Lautsprecher knackte es.

„Bonanza einssechsfünfnull Bravo ruft Kontrollturm Santo Cristo. Kontrollturm kommen."

Joe Meems fluchte leise und sagte ins Mikrofon: „Hier Kontrollturm Santo Cristo. Bonanza kommen."

Der Lautsprecher knackte wieder. „Ich wiederhole. Kontrollturm kommen!"

Joe Meems' Blick war auf den fallenden Schnee gerichtet. „Hier Kontrollturm Santo Cristo. Wir hören Sie. Geben Sie uns Ihre Koordinaten."

„Einssechsfünfnull Bravo ruft Kontrollturm Santo Cristo. Um Gottes willen, melden Sie sich! Ich wiederhole: Kontrollturm kommen!"

ES KANN nicht mehr sehr viel höher sein, sagte sich Ben Parker, fünfzig oder hundert Meter höchstens. Aber der Unterschied zwischen einem Rucksack von vierzig Pfund auf seinem Rücken und einer Frau von etwas über hundert Pfund war beträchtlich. Die Arme unter Sue Anns Oberschenkeln verschränkt, die Finger in seinen Gürtel gehakt, ging er nach vorn gebeugt und konzentrierte sich darauf, einen Fuß vor den andern zu setzen.

Sue Ann klammerte sich an ihn und versuchte, den stechenden Schmerz im Knöchel, so gut es ging, nicht zu beachten und möglichst jede Bewegung zu vermeiden, die den Rhythmus seines langsamen

Ausschreitens hätte stören können. Die Kälte schien regelrecht in ihre Glieder zu sickern; und auch darauf versuchte sie nicht zu achten.

Ben ahnte das Geräusch hinter sich mehr, als daß er es hörte. Er blieb stehen und wandte sich um. Billy und Patty waren noch auf den Beinen, doch hinter ihnen war Warner in die Knie gegangen. Seine Hände krallten sich in den Schnee, er ließ den Kopf tief hängen. Jetzt sah er auf und versuchte, sich hochzukämpfen.

„Nur ruhig", rief Ben und versuchte, seine Ungeduld zu unterdrükken. „Nehmen Sie den Rucksack ab, und lassen Sie ihn liegen. Ich hol ihn später." Er drehte sich wieder um und ging weiter.

Warner bekam einen Fuß fest auf den Boden und versuchte aufzustehen. Daß es ihm nicht gelang, verblüffte ihn und brachte ihn gleichzeitig in Wut. Verdammt noch mal, dachte er, ich hab mich überschätzt. Einen Augenblick Pause und dann –

„Papi." Das war Patty. „Tu, was er sagt, und laß den Rucksack liegen." Sie fror und hatte Angst und wollte eigentlich wieder weinen, aber die Tränen wollten nicht kommen. „Sei nicht – dumm, Papi." So hatte sie noch nie mit ihrem Vater gesprochen. „Wir brauchen dich doch!"

Der Fremde war mit Sue Ann auf dem Rücken weitergegangen und hatte sich noch nicht einmal umgesehen, ob sie ihm folgten. – Nur Billy lief hinter ihm her. Patty stand noch da, und Warner wünschte, sie wäre hier nicht Zeugin seiner Demütigung.

Langsam, voll inneren Widerstrebens, löste er die Gurte und ließ den Rucksack fallen. Ihm war, als fiele mit ihm ein ganzes Gebirge zu Boden.

Er ergriff das Gewehr und kam wieder auf die Beine. In seiner Brust tobte heftiger Schmerz. Er versuchte, seine Tochter anzulächeln. „Dein Alter schafft's nicht ganz. Tut mir leid, Kleines. Also weiter."

„Ich versteh nicht", sagte Patty, „wie du es überhaupt so weit geschafft hast mit dem Ding. Wirklich."

Sprach sie nicht genau wie ihre Mutter, genauso – gönnerhaft? Patty wandte sich um und ging weiter.

Billy versuchte, mit Bens gleichmäßigem Rhythmus Schritt zu halten, aber es gelang ihm nicht. Sogar mit seiner Mutter auf dem Rücken marschierte dieser Bursche, als könne nichts ihn aufhalten! Und wenn sie oben in der Höhle waren, dann wollte er den ganzen Weg noch mal zurückgehen und den Rucksack holen, der für Paps zu schwer gewesen war. In Billy setzte sich die Vorstellung fest, daß dieser Bursche einfach alles konnte. Seine Zuversicht wuchs, und sogar seine eiskalten, nassen Füße kamen ihm auf einmal nicht mehr so wichtig vor. So taumelte er weiter, seinen Sack über der Schulter und Bens Stecken in der Hand.

Der Pfad führte in einen Cañon und an dessen steiler linker Wand aufwärts. So weit Sue Ann sehen konnte, fiel der Grund zu ihrer Rechten steil ab. Im wirbelnden Schnee erblickte sie nur ab und zu hohe Fichten und geborstene Felsen. Hart und drohend ist diese Landschaft, dachte sie, furchterregend.

„Gleich da." Ben keuchte die Worte. Fünfzig Schritte noch, sagte er sich. Neunundvierzig.

Sue Ann hörte es als erste, ein schwaches summendes Geräusch, das durch den fallenden Schnee schwer zu lokalisieren war. Es wurde lauter. „Ein Flugzeug", sagte sie. „Es ist irgendwo hier über uns."

Ben schüttelte den Kopf. Er schnappte jetzt regelrecht nach Luft, und jeder Atemzug brannte in seinen Lungen. Neunundzwanzig, achtundzwanzig... Jetzt müßte ich den Eingang schon sehen können, dachte er, es sei denn, ich habe einen falschen Pfad erwischt.

Nicht so was denken, schalt er sich ärgerlich. Fünfzehn, vierzehn... und da war sie, die Öffnung. Aber da war auch noch ein Dröhnen in seinen Ohren, wie er es noch nie gespürt hatte.

„Es ist tatsächlich ein Flugzeug", sagte Sue Ann. „Hören Sie es nicht?"

Ben blieb stehen und versuchte zu lauschen, obwohl der Puls in seinem Kopf wie rasend hämmerte. Sie hatte recht. Irgendwo da oben und nicht sehr weit –

Das Dröhnen hörte abrupt auf. Schwach, kaum wahrnehmbar klang es dann, als ob etwas knackte und brach. Dann war Stille bis auf das Seufzen des Windes in den hohen Bäumen. Um sie herum fiel lautlos der Schnee.

Sue Ann sagte: „Sie sind – abgestürzt!"

„Arme Teufel." Bens Stimme war kaum zu hören. Irgendwo da von rechts waren die letzten Geräusche hergekommen. Eine genauere Ortung war unmöglich, und er taumelte weiter.

Endlich erreichte er den Höhleneingang. Er fiel fast auf die Knie. „Wir sind da." Mehr können wir nicht tun, dachte er. Hoffentlich ist es genug.

IM KONTROLLTURM auf dem Flughafen von Santo Cristo lehnte sich Joe Meems in seinen Sessel zurück und blickte zu dem verstummten Lautsprecher hinauf.

„Bonanza einssechsfünfnull Bravo“, sagte er. „Wir sind nicht ein einziges Mal zu ihm durchgekommen.“

Der andere Fluglotse sagte: „Bei dem Wetter fliegen, was haben die sich denn dabei gedacht?“

„Die Welt ist voller Narren“, sagte Joe Meems. Er beugte sich vor. „Also schön. Wir kriegen heraus, wer es ist, und wenn er beim Start einen Flugplan hinterlassen hat – wenn – und wenn er sich auch daran gehalten hat, dann können wir *vielleicht* erraten, wo er hin wollte, und von da ausgehen.“ Er dachte an Bart Wallace und seine Bergungsmannschaft und sagte unvermittelt: „Hast du eine Vorstellung, wie groß dieses Land ist? Wenn Bart Wallace und seine Leute rausgehen, um diese Bonanza aufzustöbern, dann kann es sein, daß sie suchen müssen, bis die Hölle zufriert.“

SUE ANN quälte sich durch den engen Höhleneingang. Unter Schmerzen kroch sie zur Wand und setzte sich mühsam. Im Fuß und im Gelenk pochte es bei jedem Pulsschlag. Sie versuchte sich abzulenken und konzentrierte sich auf ihre Umgebung.

Die Höhle war nicht hoch; Warner und der fremde junge Mann würden nicht aufrecht darin stehen können. Die Wände waren gelblich oder eher beige mit merkwürdigen Markierungen hier und da. Der Boden war kalt und trocken und bestand aus einem feinen Sand.

Billy kam durch den Eingang gekrochen und schob seinen Sack mit den Nahrungsmitteln vor sich her. Seine Zähne klapperten, aber seine Augen leuchteten vor Begeisterung über dieses Abenteuer. „Patty kommt gleich“, sagte er. „Auch Paps. Der junge Mann ist noch mal zurückgegangen wegen dem Rucksack. Er hat gesagt, ich soll Holz für ein Feuer suchen.“ Er zögerte und sah plötzlich besorgt aus. „Ist mit dir alles in Ordnung?“

Sue Ann brachte ein schwaches Kopfnicken zustande und sogar die Spur eines Lächelns. Sie sah zu, wie Billy wieder hinauskroch und verschwand.

Patty manövrierte sich vorsichtig durch die Öffnung. Sie sah sich um, schauderte, blickte auf ihre Mutter und brach wieder in Tränen aus.

„Weinen bringt uns nicht weiter, Liebling", sagte Sue Ann. Es kostete sie große Anstrengung, ruhig zu bleiben. „Wir müssen einfach das Beste daraus machen." Warners massige Gestalt füllte plötzlich die Höhlenöffnung. „Da ist Paps." Erleichtert schloß sie die Augen.

Warner zwängte sich auf Händen und Füßen durch das Loch und schob das Gewehr vor sich her. Er warf einen Blick auf Sue Ann. „Ist mit dir alles in Ordnung?"

Billys Worte, dachte Sue Ann. Manchmal hatten Vater und Sohn sogar den gleichen Stimmklang. Eigentlich seltsam, denn was das Temperament betraf, lagen Welten zwischen ihnen. Sie konnte nur nicken.

„O Papi", rief Patty, „mir ist so kalt!"

„Schon gut, Liebling", tröstete sie Warner. „Bald haben wir ein Feuer, und dann wird's gleich besser. Und früher oder später finden sie den Wagen. Dann fangen sie an, uns zu suchen. Jake wird sich schon darum kümmern, wenn wir nicht auftauchen." Seine Zuversicht wuchs wieder.

Sue Ann konnte den Tatsachen nicht länger ausweichen. „Wir waren auf der falschen Straße, nicht wahr?"

„Na schön", sagte Warner. „Bin ich eben einmal falsch abgebogen."

„Ich mache dir ja keinen Vorwurf, Lieber. Aber wenn wir auf der falschen Straße waren, dann wissen sie ja nicht, wo sie uns suchen sollen, oder? Und es wird schon dunkel, und wenn der Schnee so weiterfällt, wird der Wagen zuschneien und –" Plötzlich kippte sie zur Seite und wurde ohnmächtig.

Ben war wieder da. Er schob den Rucksack durch den Eingang und kroch hinterher. Warner rüttelte Sue Ann vorsichtig. „Liebling, Liebling", sagte er bittend.

„Was ist passiert?" fragte Ben.

„Mami ist ohnmächtig geworden." Pattys Stimme zitterte.

Ben schob Warner beiseite und kniete sich neben die Frau. Ihre Lider waren offen und flatterten. Sie atmete mühsam.

Ben fühlte ihren schwachen, raschen Puls. „Halb so schlimm", sagte er dann ruhig. „Ein kleiner Schock. Das kriegen wir schon wieder hin. Tut Ihr Knöchel sehr weh?"

Sue Ann nickte schwach, dann schloß sie wieder die Augen.

„Wir werden Sie gleich wieder warm kriegen, und ich gebe Ihnen was gegen die Schmerzen", sagte Ben. Dann zu Patty: „Hilf ihr in meinen Schlafsack. Die Beine ein bißchen hochlegen. Mach ihr den Gürtel und den BH auf."

„Aber ich kann sie doch hier nicht einfach – ausziehen!" rief Patty.

Ben antwortete scharf: „Erklär mir doch mal, wo du sie hinbringen willst. Vielleicht ins Schlafzimmer nebenan?"

Sue Ann sagte mit schwacher Stimme: „Hilf mir. Tu, was er sagt."

Warner mischte sich ein: „Wird das auch gutgehen? Ich meine, ein Schock –"

„Bald ist sie wieder auf dem Damm." Zuversicht ausstrahlen, das war das wichtigste, so stand es in den Büchern. „Hier." Ben hielt ihr eine weiße Tablette hin und einen Becher Wasser. „Demerol. Das nimmt den Schmerz." Er half Sue Ann beim Aufsetzen.

„Und was kann ich tun?" wollte Warner wissen.

„Sie können mit Billy Holz holen", antwortete Ben. „Denselben Weg wieder bergab, ungefähr fünfzig Meter, da ist ziemlich viel Gestrüpp. Bringen Sie, soviel Sie können." Er half Patty dabei, Sue Ann sanft in den Schlafsack zu legen, und sagte: „Wir wollen mal versuchen, den Stiefel auszuziehen."

Es war ein sehr schöner handgenähter Stiefel. Bens erster vorsichtiger Versuch löste ein Stöhnen aus. „Tut mir leid", sagte er, „aber wir müssen ihn ausziehen."

Während Warner durch die Höhlenöffnung nach draußen kroch, stellte er sich vor, wie Bens Fahrtenmesser gerade ein Paar Fünfzig-Dollar-Stiefel ruinierte, einfach so. Na schön, zum Teufel damit.

Als er und Billy mit der letzten Ladung Holz zurückkamen, war Sue Ann fest in Bens Schlafsack verstaut, lag friedlich da und atmete fast wieder normal.

„Ich bin nicht ganz sicher", sagte Ben, „aber ich glaube, der Knöchel ist gebrochen. Ich habe das Bein geschient, mehr kann ich im Augenblick nicht tun." Er sah auf die Uhr. „Nur noch eine Stunde Tageslicht. Dann wollen wir mal sehen, daß wir unser Feuer anbekommen."

„Ach ja", sagte Billy, „wir müssen Stöcke aneinanderreiben, oder?"

„Ich bin ein unromantischer Mensch", sagte Ben. Zum erstenmal ließ er einen Anflug von Humor erkennen. „Ich benutze Streichhölzer. Und einen Feueranzünder."

Er baute eine kleine Pyramide aus Zweigen, brach ein Stück von einer braunen Stange ab, die wie gepreßtes Holz aussah, und entzündete es unter der Pyramide. Sie fing Feuer, und die Flamme wuchs. „Du bewachst unser Feuer, Billy. Mal sehen, ob ich die großen Äste kleinkriege."

Aus seinem Rucksack brachte er einen zusammengerollten Draht zwischen zwei Kartonstücken zum Vorschein. Der Draht hatte Hunderte feiner scharfer Widerhaken und eine Schlinge an jedem Ende. Ben ging sehr vorsichtig damit um. Aus dem gesammelten Holz suchte er sich einen etwa sechzig Zentimeter langen Stock heraus und schnitt ihn mit seinem Messer sauber zu. An einem Ende ließ er eine Gabel stehen und schnitt eine Kerbe ins andere. Dann bog er den Stock und hakte die Schlaufen des Drahtes in Gabel und Kerbe. Die Spannung des gebogenen Holzes hielt den Draht straff.

„Es ist eine Säge", erklärte er Warner. „Mit ein bißchen Gefühl können Sie damit die Zweige auf die richtige Länge fürs Feuer bringen." Er deutete nach oben auf ein schräges Loch in der Decke. „Durch das Loch da kann der Rauch einigermaßen abziehen." Er griff nach seinem Stecken und ging gebückt zum Ausgang. „Ich sehe zu, daß ich zurück bin, bevor es dunkel wird", sagte er.

„Wo wollen Sie hin?" verlangte Warner zu wissen.

„Bestimmt auf eine falsche Fährte." Ben ließ sich auf die Knie nieder und kroch aus der Höhle. Das war das Dumme, sagte er sich, wenn man sich einmal einließ, wurde man immer mehr hineinverwickelt. Sue Ann hatte gehört, wie das Flugzeug abstürzte, und sie wußte, daß er es auch bemerkt hatte. Er hatte keine Wahl. Er mußte das Ganze bis zum bittren Ende durchstehen, mußte versuchen, das Flugzeug zu finden und nachzusehen, ob es Überlebende gab.

BART WALLACE schloß seine Garage ab. Den Kopf gesenkt gegen Wind und Schneetreiben, stapfte er los, der Wärme und den Wohlgerüchen von „La Cantina" entgegen.

Es gab nur ganz wenige Menschen, in deren Gegenwart er sich wirklich behaglich fühlte. Zu denen gehörte Connie-Consuelo Valdez y Hopkins. Spanisches, englisches, indianisches Blut, von allem hatte sie ein bißchen. Ihr gehörte La Cantina – guter Kaffee, Schnellfrühstück und kräftig gewürztes einheimisches Essen mittags und abends. Ebenso wie er hatte sie ihr eigenes Unternehmen, sah auf Qualität und hatte weiter keinen großen Ehrgeiz.

Die Gaststube war leer. Bart setzte sich an die Theke, und Connie stellte ihm, ohne zu fragen, schwarzen Kaffee hin. „Bei solchem Wetter halten sogar die Bären Winterschlaf", sagte Connie lächelnd. „Nur du und deine Leute –"

„Ich hab's auch mal mit Winterschlaf versucht", unterbrach er sie. „Hat mich nur nervös gemacht."

Connie lächelte ihn jetzt offen an. „Ich hätte gedacht, das wär was für dich, wo du doch immer allein bist."

„Meinst du?"

Ihr Lächeln war nicht mehr ganz so ungezwungen. „Manchmal kommt es mir so vor."

Die Musik im Radio brach ab, und ein Sprecher sagte: „Wir unterbrechen unser Programm für eine Durchsage. Das Sturmzentrum hat sich nach Neumexiko verlagert. In den höheren Lagen sind schon bis zu zehn Zentimeter Schnee gefallen. Die Vorhersage: Weitere Schneefälle sowie stark böige Winde. Es besteht die Gefahr von Schneeverwehungen. Die Regierung hat für Touristen ein Merkblatt mit Verhaltensregeln herausgegeben. Gegen Morgen ist in Santo Cristo und in den Bergen im Norden mit Temperaturen um null Grad und darunter zu rechnen. Dies war die Durchsage der Polizei. Wir setzen nun unser Programm fort."

Connie goß Bart noch einen Kaffee ein. „Einundsiebzig", sagte sie, „war ich auf der Hochschule und hab nichts davon mitgekriegt, aber zu Hause in der Reservation sind die Schafe und die Kühe erfroren – und auch ein paar Menschen. Daran muß ich immer denken, wenn so ein Sturm losgeht."

Und ich muß immer an unseren erfrorenen Jäger denken, ging es Bart durch den Kopf, als das Rufgerät an seinem Gürtel sein schrilles Zeichen ertönen ließ. Er stellte es ab, fischte aus seiner Tasche eine Münze, ging hinüber zum Telefon und wählte. Das Gespräch war kurz. „In Ordnung", sagte Bart. „Bin schon unterwegs." Er legte auf und ging zurück zur Theke. „Irgendwo in den Bergen ist ein Flugzeug verunglückt. Wenn sein Notsignal funktioniert, können wir es vielleicht finden."

„Kann man es nicht besser aus der Luft suchen?"

Statt einer Antwort öffnete Bart die Tür und zeigte nach draußen. Der Schnee hatte sich zu einem wehenden Vorhang in der zunehmenden Dunkelheit verdichtet. „Wenn nichts mehr hilft", sagte er, „dann muß die Infanterie raus. So war's auch beim Militär."

BILLY wachte ernsthaft und konzentriert über das Feuer. Das Holz war einigermaßen trocken, und obgleich der Rauch größtenteils seinen Weg durch das Loch in der Decke fand, war die Höhle erfüllt vom schweren, aber wohltuenden Duft brennender Fichtenzweige.

Viel Wärme gibt das Feuer nicht her, dachte Billy. Sie schien in den Wänden zu versickern oder sich in der Luft einfach aufzulösen. So richtig gefroren hatte er noch nie, doch jetzt vermittelten ihm seine schmerzenden Füße eine Vorstellung davon. Er war sich nicht sicher, wie lange er das aushalten würde. Inzwischen versuchte er lieber, düstere Gedanken aus seinem Kopf zu verbannen.

Sue Ann lag still im Schlafsack. Das Demerol hatte seine Wirkung getan; Erleichterung durchflutete sie, und sie fühlte sich jetzt benommen und etwas müde.

Warner hatte Holz gesägt, bis sein Arm schmerzte, einen sauber geschichteten Stapel, der seiner Schätzung nach für die Nacht reichen würde. Die Höhle war alles andere als behaglich, aber sie hatten wirklich keine Wahl. Er mußte zugeben, daß sie hier besser aufgehoben waren als etwa im Wohnwagen, der jetzt sicher schon vom Schnee zugedeckt war und sich rasch in einen Eisschrank verwandelte.

Ben hatte mit allem so recht gehabt und war seiner Sache so sicher gewesen, daß Warner statt Dankbarkeit nur Groll empfand. „Woher wissen wir überhaupt, ob er wiederkommt?" entfuhr es ihm.

„Er hat seinen Rucksack dagelassen", antwortete Billy. Der logische Verstand war wieder am Werk.

„Ein Flugzeug ist hier in der Nähe abgestürzt." Sue Anns Stimme klang schläfrig. „Ben ist nachsehen gegangen, ob er den Leuten helfen kann."

Warner schnaubte wütend. „Der Supermann von der Bergwacht." Er wußte, dies Gestichel war alles andere als anständig, aber er konnte es sich nicht verkneifen. Und die Kälte in der Höhle brachte ihn erst recht aus der Fassung.

Er griff nach seinem Gewehr und begann, mit seinem Taschentuch den Schmutz abzureiben.

DER Schnee lag jetzt schon ziemlich hoch und fiel unvermindert stark weiter. Er verbarg scharfe Felskanten, abgebrochene Äste und Unebenheiten im Boden und machte sicheres Gehen unmöglich. Ich bin auf der falschen Fährte, sagte sich Ben. Die Versuchung war groß, wieder in den Schutz der Höhle zurückzukehren. Fünf Minuten noch, sagte er sich, dann ist Schluß.

Auf einmal sah er etwas Rotes zwischen den verschneiten Bäumen. Das brachte ihn auf die richtige Spur. Er versuchte sich zu beeilen, ohne leichtsinnig zu werden. Ein verknackster Fuß in diesem Moment war das letzte, was er brauchen konnte.

Das rote Flugzeug hatte sich beim Absturz überschlagen, beide Flügel waren abgebrochen, und der zerbeulte Rumpf war mit der Unterseite nach oben in eine enge Schlucht gestürzt. Es roch stark nach Benzin, und Ben fragte sich, während er sich durchkämpfte, wie lange es wohl dauern mochte, bis alles in die Luft flog. Vielleicht genügte schon ein Ruck an einer verklemmten Tür, das Ding hochzujagen und ihn dazu.

Er kauerte sich in den Schnee und blickte durch das eine unzerbrochene Fenster. Er sah einen Mann mit dem Kopf nach unten im Sicherheitsgurt hängen. Sein Gesicht war voll Blut, er hatte die Augen offen und jenen leeren Blick, den Ben von früher kannte.

Undeutlich konnte er noch eine zweite Gestalt dahinter sehen, die ebenso im Gurt hing. Ohne Zweifel noch ein Toter. Nun gut, er hatte getan, was er konnte, und –

Die andere Gestalt hatte sich bewegt. Oder hatte ihn das fahle Licht getäuscht? Mühsam kletterte Ben in die Schlucht, um das Flugzeug herum und kauerte sich wieder nieder, um durch das andere Fenster zu blicken.

Die Gestalt war eine Frau. Ihre Augen waren geschlossen. Aber was hieß das schon? Manche starben mit geschlossenen Augen, andere nicht. Sie bewegte sich nicht – oder doch?

Auf einmal waren ihre Augen offen, und sie schien ihn direkt anzublicken.

Er holte tief Luft, faßte den Türgriff mit beiden Händen und zog. Metall kreischte, die Tür ging auf – weiter nichts.

Ben stieß die Luft in einem langen Seufzer wieder aus, langte ins Innere, um den Gurt zu lösen, der die junge Frau hielt, und hob sie, vorsichtig wie er nur konnte, ins Freie.

Er hielt sie, so gut es ging, aufrecht und schüttelte sie sanft. Ihr Blick war ausdruckslos. Ben sagte: „Es ist alles in Ordnung. Hören Sie mich?“

Sie blinzelte schwach.

„Können Sie stehen? Versuchen Sie's. Ich kann Sie nicht den ganzen Weg tragen. Sie müssen versuchen zu laufen." Der Benzingeruch wurde immer penetranter. Ben begann, langsam bis zwanzig zu zählen, während das Mädchen allmählich wieder zu sich kam.

Jetzt stand sie und suchte schwankend Halt an seinem Arm. Sie strich sich die Haare aus dem Gesicht und warf einen langen Blick auf das Flugzeug. „Joe ist tot, nicht wahr?" Kein Kummer in ihrer Stimme und auch keine Panik.

„Ja." Der Benzingeruch wurde immer stärker. Ben nahm das Mädchen beim Arm. „Bloß weg hier, bevor es hochgeht."

Sie riß sich zusammen, stützte sich auf seinen Arm und beugte sich gegen das Schneetreiben vor.

„Es ist nicht weit", sagte Ben, „knapp einen halben Kilometer. Wenn Sie nicht mehr können, bleiben Sie stehen."

Das Mädchen antwortete nicht. Sie stolperte vorwärts, Schritt für Schritt, den Blick zu Boden gerichtet.

Kurz vor der Höhle kamen sie wieder auf den alten Pfad, der jetzt schon tief verschneit war. „Da sind wir", sagte Ben. Das Mädchen ließ sich auf die Knie fallen und kroch durch die Öffnung. Ben folgte ihr.

Sie zitterte heftig, und ihre Zähne klapperten vor Kälte.

„Gehen Sie rüber zum Feuer", sagte Ben zu ihr.

Dann wandte er sich an die Familie Harlow: „Wir haben Gesellschaft bekommen."

3. Kapitel

Im Büro des Staatlichen Wetteramtes hatte Brady Shaw, der Chefmeteorologe, einen handgeschriebenen Zettel ans schwarze Brett geheftet, darauf stand: Wer einen klaren Kopf behält, wenn alle anderen ihn verlieren, der hat bei launischem Wetter immer das Nachsehen.

Im Augenblick starrte Brady auf das neueste Satellitenfoto, das vor ihm auf dem Tisch lag. „Da, dort und da", sagte er und tippte mit seinem Kugelschreiber auf die Wolkenballungen, „ein Sturmfeld ist schon über uns, ein zweites bewegt sich von Norden hierher, und dann noch dieser Irrläufer, der da im Süden herumtobt. Welchen Weg der nehmen wird, kann man nur raten." Sein Ton war regelrecht ärgerlich, als richteten sich die Launen des Wetters gegen ihn persönlich.

„Alle Anzeichen –“, begann sein Assistent.

Brady schnaubte. „Anzeichen!“ Er war Ende Fünfzig, und da er wußte, daß er in seinem Beruf nicht weiter aufsteigen konnte, diente er noch die Zeit bis zur Pensionierung ab. „Also gut“, sagte er resignierend, „die Anzeichen sprechen dafür, daß das Feld im Süden uns in Ruhe lassen wird.“

„Das wollte ich sagen“, bestätigte der Assistent.

„Andererseits“, fuhr Brady fort, „haben bei Stürmen aus dem Golf sogenannte Anzeichen überhaupt nichts zu sagen.“

„Jawohl, Sir. Was für eine Vorhersage sollen wir also herausgeben?“

„Ach, zum Teufel“, sagte Brady. „Gehen Sie nach dem Lehrbuch. Dieses Feld im Norden wird unser Wetter versauen. Das kann man mit Sicherheit sagen. Und die Anzeichen sprechen dafür, daß das Feld im Süden nach Osten abdreht und uns in Ruhe läßt.“

„Jawohl, Sir. Das habe ich mir auch gedacht.“

Brady wollte schon gehen, drehte sich aber noch einmal um. „Aber eins will ich Ihnen sagen, mein Junge. Wenn sich das Feld im Süden doch entschließen sollte, nordwärts zu treiben und den beiden anderen Gesellschaft zu leisten, dann werden wir hier den größten Schlamassel bekommen, von dem Sie je was gesehen oder gehört haben.“

DIE Bergwacht bewahrte ihre Ausrüstung im Spritzenhaus der Freiwilligen Feuerwehr von Arroyo auf: Tragbahren, Verbandskästen, Sauerstoffflaschen, Kletterseile, Walkie-Talkies, Karten.

Bart Wallace telefonierte mit Polizeihauptmann Inocencio Lopez. „Die Rettungsflugwacht kann keine Maschine starten, um diese abgestürzte Bonanza zu suchen“, sagte Bart, „und wir haben kein Bodensignal von ihr bekommen.“

„Also was jetzt?“ fragte Captain Lopez leicht ungeduldig.

„Heute abend können wir nichts mehr unternehmen; und bevor wir nicht ein Signal bekommen oder wenigstens eine allgemeine Ortung, brauchen wir es auch morgen gar nicht erst zu versuchen. Da draußen sind wer weiß wieviel tausend Quadratkilometer Berge, und sie kann überall sein. Ich wollte Sie nur auf dem laufenden halten.“

„Der Name des Piloten“, sagte der Captain stahlhart, „ist Joseph Martin, unser Senator.“

„Captain, egal, wer es ist, wir können nichts machen, bevor wir nicht irgendeine Ortung haben. Bis dahin können wir nur hoffen."

Was Wallace sagte, war nur logisch. Andererseits mußte das Verschwinden eines so prominenten Mannes wie Joe Martin eine Fülle von Schwierigkeiten für den Captain nach sich ziehen. Das schlimmste war, daß er keine Kontrolle über die Ereignisse hatte, denn die Bergwacht unterstand ihm nicht. „Letztes Mal –", fing er an.

„Letztes Mal haben wir einen Toten geborgen", unterbrach ihn Bart. „Wir haben ihn zu spät gefunden. Wir hoffen, daß es nicht wieder passiert."

„Das hoffe ich auch", sagte der Captain und legte auf.

DIE junge Frau hieß Lila. „Nachname spielt keine Rolle, oder?" Sie kroch nah ans Feuer. Sie trug nur ein leichtes Wollhemd und eine Hose, ihre Zähne klapperten immer noch vor Kälte, und sie hatte ihre Stimme nicht in der Gewalt. Sie sah in die Runde, hob leicht die Schultern und sagte entschuldigend: „Ein ungebetener Gast. Es tut mir leid."

Ben zog einen leichten Rollkragenpullover aus seinem Rucksack und warf ihn ihr zu. „Ziehn Sie lieber das an." Dann fragte er: „Wird man nach Ihnen suchen? Haben Sie einen Flugplan hinterlassen? Hatten Sie Funkkontakt?"

Lila wandte sich ab, um ihr Hemd auszuziehen. Sie schlüpfte in den Pullover und knöpfte dann das Hemd darüber.

„Joe hat einen Flugplan ausgefüllt" – Lila lächelte trüb – „von Roswell nach Tucumcari. Für Santo Cristo haben wir uns erst im letzten Moment entschieden. Aber er hat Funkkontakt aufgenommen."

„Immerhin etwas", nickte Ben. „Wenn von dem Flugzeug ein Notsignal ausgeht, dann wird man die Suche aufnehmen. Und wenn man Sie nicht darin findet, dann wird man dieses Gebiet durchkämmen."

„Leider nicht", erwiderte Lila. Ihre Stimme war leise und ausdruckslos. „Wenn man das Flugzeug findet und Joe darin, dann ist Schluß mit dem Suchen. Von mir weiß keiner was. Joe ist – war – eine Persönlichkeit des öffentlichen Lebens. Ein Mann mit Familie. Wenn er Wochenendausflüge machte, dann machte er sie allein, wenn Sie verstehen, was ich meine."

„Was soll das heißen?" fuhr Warner auf.

„Warner", sagte Sue Ann, „sei still."

Unsere Rollen sind auf einmal vertauscht, dachte sie, warum eigentlich?

Ben sagte gedehnt: „Dann hab ich einen schweren Fehler gemacht. Ich hätte eine Nachricht beim Flugzeug hinterlassen sollen. Jetzt ist es zu spät."

„Moment mal", sagte Warner. „Wieso ist es zu spät?"

„Weil es schon dunkel ist und ich mir mit Sicherheit die Beine breche, wenn ich noch mal hinfinden will. Und morgen früh wird der Schnee schon zu tief sein –"

„Sie haben noch nicht mal daran gedacht, bei unserem Auto eine Nachricht zu hinterlassen. Sie hatten es ja so eilig, uns hier raufzubringen, wo kein Mensch uns finden kann."

„Auch Ihr Auto wird kein Mensch finden", sagte Ben, „denn niemand wird auf dieser Straße danach suchen. Es ist eine falsche Straße unter Hunderten, mitten in ein paar tausend Quadratkilometern Gebirge."

„Es sind keine fünfundzwanzig Kilometer von hier bis zur Stadtmitte von Santo Cristo."

„Im Augenblick", erwiderte Ben, „könnten wir genausogut auf dem Mond sein."

Warner schüttelte eigensinnig den Kopf. „Wir müssen etwas unternehmen."

„Ganz meine Meinung." Ben sprach betont sanft. „Wir werden etwas essen und ein bißchen schlafen. Morgen früh sehen wir weiter." Er fixierte Warner. „Oder haben Sie eine bessere Idee?"

Billy meldete sich plötzlich: „Schaut mal, was ich hier habe." Er hielt ein kleines Transistorradio in die Höhe. „Sie haben gesagt, nur Nahrungsmittel, aber ich hab's trotzdem mitgenommen."

Ben nickte. „Schön für dich. Sieh mal zu, was du reinkriegst."

Das kleine Radio gab erst nur undeutliche Geräusche von sich. Dann kam die Stimme eines Ansagers klar durch. „Im Gebiet von Santo Cristo ist mit Schnee bis zu fünfundzwanzig Zentimetern zu rechnen sowie mit Nachttemperaturen unter dem Gefrierpunkt. Damit sind die Nachrichten beendet."

„Das war's, Billy", sagte Ben. „Stell es ab, damit die Batterien nicht so bald leer sind." Dann wandte er sich um, so daß er sie alle vor sich hatte: „Jetzt wissen wir also ungefähr, was auf uns zukommt."

Bart Wallace war wieder zurück in La Cantina und ließ sich schwerfällig an der Theke nieder. „Keine Möglichkeit, heute nacht was zu unternehmen“, sagte er. „Der Pilot wird sich selbst helfen müssen, der arme Kerl.“

Connie verstand, daß es ihm keine Ruhe ließ. Er war ein guter Mensch; es war einfach eine Qual für ihn, tatenlos abwarten zu müssen, ohne helfen zu können, auch wenn es um Fremde ging. „Weißt du“, sagte sie vorsichtig, „du solltest versuchen, die Panne vom letzten Mal zu vergessen.“

Er konnte den toten Jäger nicht vergessen. „Wir hätten ihn finden müssen. Wir waren ganz in seiner Nähe. Und wir hätten ihn auch gefunden, wenn ich die Stelle nicht schon auf der Karte als durchsucht ausgestrichen hätte.“

Connie wischte den Tresen ab. „Und warum hast du das gemacht?“

„Sie haben gesagt, da waren wir schon.“

„Wer – sie?“

„Weiß ich nicht mehr. Spielt auch keine Rolle. Ich hatte die Verantwortung.“

Manchmal, dachte Connie, braucht man dringend jemanden, der einem einfach zuhört. Sie kannte das. Langsam faltete sie ihr Tuch zusammen und legte es weg. „Hat keinen Zweck, den Laden offenzuhalten“, sagte sie dann unvermittelt. „Nicht bei dem Wetter.“

Bart nickte und stand auf. „In Ordnung. Ich geh schon.“

„So hab ich das nicht gemeint“, sagte sie freundlich. „Manchmal tut es einem gut zu reden. Ich kenne das, glaub's mir.“ Sie zögerte nur kurz. „Komm mit zu mir. Ich mach dir was zu essen.“ Es war eine wahre Freude zu sehen, wie dankbar er auf einmal aussah.

Sie wohnte in einem kleinen mexikanischen Lehmhaus, der Ziegelfußboden glänzte vor Alter. An einer weißgekalkten Wand hing ein schöner Indianerteppich. „Holz ist im Korb“, sagte Connie. „Machst du Feuer?“

Sie mußte lächeln, während sie in die Küche ging. Gib's nur zu, sagte sie zu sich, es gefällt dir, einen Mann im Haus zu haben. Doch für immer? Sie war sich nicht sicher. Bisher hatte sie wohl einfach Angst gehabt, darüber nachzudenken.

Sie tat Schmalz in die Pfanne und holte Tortillas aus dem Küchenschrank. Bart tauchte in der Küchentür auf. „Im Kühlschrank ist Bier“, sagte sie. „Machst du mir auch eins auf?“

Sie aßen am Kamin, Tortillas, scharfe Enchiladas und Refritos. „Und morgen?" fragte Connie. Bring ihn zum Sprechen, dachte sie.

„Wenn die Rettungsflugwacht eine Maschine starten kann und wenn sie ein Notsignal auffangen, dann können wir an die Arbeit gehen." Seltsam, wie gut er sich fühlte in ihrer Gegenwart.

„Was macht ihr dann? Erzähl's mir." Sie machte es sich in ihrem Sessel bequem und hörte zu.

„Das hängt davon ab, ob sich zum Beispiel das Signal gut orten läßt. Oder vom Terrain. Hubschrauber, Motorschlitten, Schneeschuhe oder Kletterausrüstung – jedesmal braucht man was anderes."

„Du kennst sie noch nicht mal", sagte Connie. „Die Leute, nach denen ihr suchen müßt, meine ich."

„Man stellt sie sich vor." Das stimmte. Lange, bevor man sie fand, hatte man schon das Gefühl, sie zu kennen; ihm jedenfalls ging es so. Sie machten ihm Kummer, ihre Gedankenlosigkeit stimmte ihn traurig – immer aber empfand er Mitleid mit ihnen. Und immer ging die Suche weiter, solange noch irgendeine Hoffnung bestand.

Während sie redeten, rüttelte der Wind an den Fenstern, und die Flammen im Kamin sprangen auf und nieder, als antworteten sie ihm, und warfen zuckende Schatten an die weißen Wände. Schließlich stand Bart auf. „Danke für die Gastfreundschaft und für – dein Verständnis." Verrückt, es war ihm gar nicht unangenehm, so zu ihr zu sprechen. Für gewöhnlich behielt er solche Empfindungen für sich. „Ich hab wohl jemanden gebraucht, der mir zuhört."

Wieder heulte der Wind draußen. Connie sagte leise: „Willst du wirklich gehen?"

Bart starrte lange auf die junge Frau. „Nein", sagte er schließlich, „eigentlich nicht. Aber –"

„Dann bleib da." Wann genau sie diesen Entschluß gefaßt hatte, hätte Connie nicht sagen können. Sie kannte Bart jetzt drei oder vier Jahre. Nie hatte es etwas anderes zwischen ihnen gegeben als nettes Geplauder. Doch nun war auf einmal ein unsichtbares Band da – ein Mann und eine Frau, beide einsam und beide ohne die Maske, die man sonst immer trug. Vielleicht wirkte das Wetter als Katalysator. Doch das war jetzt ganz gleichgültig. „Ich mag das Alleinsein genausowenig wie du", sagte sie.

DER Gouverneur von Neumexiko war jung und hatte einen guten Schlaf. Es dauerte eine Weile, bis er das Telefon neben seinem Bett hörte und ärgerlich abhob. „Ja?"

„Hier ist Jake Boone, Sir."

Gouverneur Manuel Archuleta war stolz darauf, daß er von niemandem abhängig war. Ein paar Leute gab es aber, die man mit Vorsicht behandeln mußte. Jake Boone stand auf dieser Liste ganz obenan. Öl und Benzin bedeuteten Geld, und Geld bedeutete Macht. „Was gibt's denn so Dringendes mitten in der Nacht, Jake?"

„Wir kriegen einen Sturm, Manny, einen ganz dicken."

„Deswegen haben Sie mich doch nicht geweckt."

„Und ich kriege Besuch, einen alten Schulfreund mit seiner Familie. Die müßten schon seit Stunden hiersein."

„Was kann ich da tun?"

„Ich habe die Polizei angerufen. Sie wollen die Augen offenhalten. Verdammt noch mal, ich will, daß was geschieht, Manny. Warner kommt aus Oklahoma. Hier kennt er sich nicht aus. Ich will, daß er mit seiner Familie gefunden wird."

„Was soll ich –", begann der Gouverneur, hielt aber wieder inne. „Also gut. Rufen Sie Captain Lopez an, und sagen Sie ihm, er soll tun, was er kann, damit Ihr Freund gefunden wird. Sagen Sie ihm, ich will morgen früh als erstes hören, was er unternommen hat. Mehr kann ich nicht tun, Jake."

„Ich wußte, Sie würden mich nicht im Stich lassen."

POLIZEIHAUPTMANN Lopez war noch im Dienst, als Jake Boone anrief. Er hatte nicht viel übrig für Amerikaner, die im Befehlston sprachen, statt höflich zu bitten. „Wir bekommen Anrufe aus dem ganzen Staat, Mr. Boone, und irgendwo liegt auch noch ein verunglücktes Flugzeug. Und es wird noch schlimmer kommen, bevor es wieder besser wird. Hinter diesem Sturm baut sich der nächste auf." Er hätte genausogut den Mund halten können, er wußte es. Jake Boone war gewohnt, sich überall durchzusetzen, sein Einfluß reichte bis nach Washington.

„Captain", sagte Jake, „Ihre Probleme interessieren mich nicht. Ich möchte, daß mein Freund gefunden wird. Und der Gouverneur möchte das auch."

Der Captain bemühte sich, seine Stimme ruhig klingen zu lassen. Er nahm einen Kugelschreiber. „Name? Von woher? Was für ein Wagen?"

„Das weiß ich doch nicht. Möglicherweise so ein großer Ford. Ich habe ihn gesehen, aber verdammt noch mal, ich bin kein Mechaniker."

„Sie kennen nicht zufällig die Autonummer?"

„Natürlich nicht. Die kann Ihnen die Polizei von Oklahoma sagen, oder?"

Der Captain legte den Kugelschreiber wieder hin. „Vielleicht hat er wegen des Wetters irgendwo Station gemacht. Haben Sie daran gedacht?"

„Dann hätte er angerufen." Jake wechselte den Ton. „Hören Sie, Captain, ich kenne meinen Freund Warner. Auf den kann man sich verlassen. Wir waren vier Jahre in derselben Football-Mannschaft! Durch ihn sind wir in ganz Amerika bekannt geworden. Ihm muß etwas zugestoßen sein, sonst hätte er von sich hören lassen."

„Wir tun, was wir können, Mr. Boone."

„Ich gebe Ihnen den guten Rat, tun Sie noch etwas mehr."

BEN hatte die Beine ausgestreckt, lehnte an der Höhlenwand und starrte auf die Schatten, die das Feuer auf den Fels warf. Es wurde immer kälter. Gegen Abend würde die Kälte kaum noch zu ertragen sein, auch für ihn nicht. Eigentlich gehöre ich in meinen Schlafsack, dachte er, weich und warm eingepackt.

Aber in seinem Schlafsack steckte Sue Ann. Sie war jetzt ruhig; das Demerol hatte ihre Schmerzen gelindert. Warner schlief, den schweren Körper dicht am Feuer zusammengerollt. Er hat viel Fett, das ihn warm hält, dachte Ben, eine richtige Isolierschicht. Er wird es leichter haben als die andern.

Billys schmaler Körper hatte keine Abwehrmöglichkeit gegen die Kälte, darum hatte Ben ihn mit seiner Schwester zusammengetan. Sie lagen in tiefem Schlaf, gemeinsam umhüllt von der federleichten, wasserundurchlässigen Rettungsdecke aus seinem Rucksack.

Lila flüsterte: „Sie haben da eine ziemliche Bescherung am Hals, oder?" Ihre Stimme zitterte vor Kälte.

„Kommen Sie lieber hier rüber", sagte Ben. Sie kroch dicht zu ihm, und er legte seinen Arm um sie.

Lila flüsterte weiter: „Alleine könnten Sie damit fertigwerden. Sie hat Ihren Schlafsack, die Kinder Ihre Decke, und das Feuer könnten Sie auch ganz für sich haben.“ Sie schwieg einen Augenblick. „Es tut mir leid, daß wir Ihnen das alles antun.“

„Wir werden hier nicht lange bleiben.“

„Wie stehen die Chancen wirklich, daß man uns findet?“

„Es ist nicht ausgeschlossen.“

„Aber Sie würden nicht darauf wetten, und ich auch nicht. Es tut mir leid, daß ich so rede. An alles bin ich eben doch noch nicht gewöhnt. Ich werde den Mund halten.“ Sie legte ihren Kopf an seine Schulter.

Ihretwegen muß ich mir keine Sorgen machen, sagte sich Ben, auch nicht wegen Sue Ann. Mit den anderen werde ich Schwierigkeiten bekommen.

Warner war voll innerer Spannungen, aufgeladen mit ohnmächtigem Zorn. Ben war sicher, es brauchte nicht viel, um ihn blind losrasen zu lassen wie einen angeschossenen Büffel.

Patty war auf einmal abgeschnitten von ihrer sicheren Welt. Wie weit war sie noch vom Umkippen entfernt? Und ihrem Bruder Billy konnten sein Abenteurer-Enthusiasmus und sein altkluger Verstand sehr schnell abhanden kommen.

Doch diese Charakteranalysen brachten nicht viel ein. Die Kälte war der eigentliche Feind. Wenn man sie nicht finden würde oder wenn er keine Hilfe holen konnte, lief alles auf eins hinaus: Tod durch Erfrieren, irgendwann.

Ben sah sich wieder in Vietnam, fühlte wieder die Last der Verantwortung für das Überleben seiner Leute. Verdammt noch mal, wie bist du bloß wieder in so eine Situation geraten?

Sue Ann schlief nicht. Sie hatte Lila und Ben flüstern gehört und konnte sich denken, worüber sie sprachen.

Das Problem sind wir, dachte sie, nicht die beiden. Ben allein würde durchkommen. Sogar mit Lila dabei stehen die Chancen für ihn eins zu eins. Aber mit uns vieren, und besonders mit mir, wird es nahezu unmöglich. Ihr Schuldgefühl wollte nicht weichen.

Als sie ein kleines Mädchen war, zu Hause in der Kleinstadt in Oklahoma, hatte man ihr beigebracht, daß Religion eine Frage von Recht und Unrecht war, von Schwarz und Weiß, graue Töne gab es nicht. Aber als sie in einer Welt heranwuchs, die aus der großen Wirtschaftskrise in den großen Krieg steuerte, waren diese Prinzipien unglaubwürdig geworden.

Später auf der Hochschule, in den fünfziger Jahren, war die Welt wieder heil, eine schöne neue Welt, geschaffen für die junge Generation, um daran weiterzubauen. Dort begegnete sie Warner. Auf seinem Pullover prangte der Name seiner Mannschaft, und sonntags erschien sein Bild in der Zeitung, wenn Oklahoma wieder gewonnen hatte. Sein Freund Jake Boone war auch eine Berühmtheit auf dem Rasen – und die Welt war schön und weit. Religiöse Fragen waren seitdem fast vergessen. Doch jetzt, in dieser Höhle, drängten sie sich wieder auf. Der rächende Gott in ihrer Kindheit blickte wieder auf sie herab. Hatten sie Gebote übertreten?

Warner und ich sind doch keine schlechten Menschen, dachte sie. Selbstsüchtig, ja, aber wer ist das nicht? Warner hatte seit seiner Universitätszeit einen langen Weg zurückgelegt, mit ihr zusammen. Anfangs war es nicht leicht. Er hatte damals eine kleine Firma, die das nötige Zubehör zum Ölbohren lieferte, und sie führte seine Bücher. Die Firma gedieh, und sie kamen gut vorwärts im Leben. Mit Jake Boones Erfolgen ließ sich das allerdings nicht vergleichen. Das hatte ihr gelegentlich zu schaffen gemacht. Aber immerhin, dachte sie, wir haben uns eine solide Lebensbasis geschaffen, und das, ohne auf den Rechten anderer Menschen herumzutrampeln.

Warum gab der Gedanke an den Erfolg jetzt so wenig her? Und woher kam dieses unabweisbare Gefühl, daß die Ereignisse des heutigen Tages mehr waren als nur eine Serie von Zufällen; nicht einfach nur Pech, sondern eine geplante Vergeltungsaktion? Vergeltung wofür?

Ich bin immer eine gute Ehefrau und Mutter gewesen, und wir haben eine gute Ehe geführt. Wenn wir dazu neigen, uns und die Kinder allzu selbstverständlich hinzunehmen – geht das nicht allen so mit der Zeit? Sie wartete, aber es kam keine Antwort.

Sie erinnerte sich, wie Billy gesagt hatte: „Ich will nicht mit auf diese Elchjagd, Mami. Ich weiß, für Paps ist es eine große Sache; er wird hinterher den Kopf an die Wand nageln, und alle werden sagen, was für ein toller Kerl er ist. Aber ich will überhaupt niemanden umbringen, auch kein Tier."

Dann dachte sie über Patty nach. Sie ist halb Kind, halb Frau, und sie sieht noch sehr zu ihrem Vater auf und lehnt mich ab, weil ich ihre schmeichelnde Verehrung nicht mehr teile. „Immer machst du ihn klein, Mami. Vielleicht vergißt er manchmal was, aber er hat auch viel im Kopf."

„Aber natürlich, Liebling, das hat er."

„Da hast du's wieder. Du hast eine Art, Sachen zu sagen, als ob du sie eigentlich anders meinst. Mit dir kann ich überhaupt nicht mehr reden."

Sue Ann schloß die Augen. Ihre Lider brannten. Sie bewegte die Lippen. Lieber Gott. Bitte. Wenn wir etwas falsch gemacht haben, laß es nicht die Kinder büßen. Hilf uns!

Connie lag mit offenen Augen in der Dunkelheit. Sie fühlte sich entspannt und zufrieden mit sich und dem Mann, der an ihrer Seite schlief. Sie war immer noch weit davon entfernt, irgendwelche Folgerungen zu ziehen. Es gab weder Versprechungen noch Verpflichtungen. Wenn aus dieser Beziehung etwas entstehen sollte – nun gut; doch sie würde nicht drängen. Sie lächelte, schloß die Augen und schlief wieder ein.

In der Morgendämmerung wurden sie von dem schrillen Ton des Rufgeräts geweckt. Bart rollte sich aus dem Bett, um es abzustellen, und grinste. „Nicht sehr romantisch, fürchte ich. Man soll doch allmählich aufwachen und leise miteinander zu reden anfangen."

„Das Telefon ist im Wohnzimmer." Connie stieg aus dem Bett und trottete verschlafen in die Küche, um Kaffee zu machen. Es duftete bereits nach gebratenem Speck, als Bart wieder auftauchte.

„Wie willst du die Eier?"

„Ganz kurz gebraten." Er sah ihr zu, wie sie flink und geschickt hantierte. „Ich muß essen und los. Zwei Linienflugzeuge, die über dem Sturm geflogen sind, haben heute nacht ein Notsignal aufgefangen. Wir haben eine Ortung, allerdings nicht sehr genau, und wir müssen schnell arbeiten. Es kommt schon wieder eine Kaltfront auf uns zu."

„Dann hol dir Saft aus dem Kühlschrank, setz dich hin und fang zu essen an."

Nach dem Frühstück brachte sie ihn zur Tür. Sie hielt ihm die Hand hin. „Viel Glück."

„Connie", begann Bart vorsichtig und ruhig, „heute nacht –"

„Heute nacht war heute nacht."

„Sollen wir es vergessen?"

„Wir sollten darüber nachdenken." Connie stellte sich auf die Zehenspitzen und berührte mit den Lippen sacht seine Wange. „*Vete con Dios*. Geh mit Gott."

Die Sonne war noch nicht hinter den Bergen im Osten aufgetaucht, als Captain Lopez, mittlerweile vierundzwanzig Stunden im Dienst, mit dem Gouverneur telefonierte. „Wir haben die Nummer und das Fabrikat von Harlows Wagen. Bis zur Grenze von Oklahoma haben sie sich in keinem Motel eingetragen. Auch auf unserer Seite ist keine Spur von ihnen zu finden. Sie sind auch nicht auf der Straße zu Mr. Boones Ranch."

Der Gouverneur fragte: „Also, was muß man daraus schließen?"

„Sie müssen eine falsche Straße genommen haben. Sie können überall sein. Wenn die Rettungsflugwacht aufsteigen kann, sucht sie nach dem Flugzeug von Joe Martin." Der Captain machte eine kleine Kunstpause. „Senator Joe Martin", setzte er dann hinzu.

Der Gouverneur pfiff leise durch die Zähne. „Sind Sie sicher? Kein Mensch hat mir was gesagt."

„Wir haben es nachgeprüft." Er berichtete dem Gouverneur von den zwei Linienflugzeugen, die während der Nacht Notsignale aufgefangen hatten.

Der Gouverneur sagte nur: „Weiter."

„Ich habe die Rettungsflugwacht gebeten, bei der Suche nach dem Flugzeug auch auf Harlows Auto und auf den Wohnwagen zu achten. Außerdem brechen gerade Bart Wallace und seine Rettungsmannschaft auf. Mehr können wir nicht tun, Sir."

„Wie ist der Wetterbericht?"

„Schlecht. Temperaturen weit unter null, noch mehr Schnee, Lawinengefahr. Überall im Staat werden die Straßen gesperrt."

„Wissen Sie was?" Der Gouverneur hatte plötzlich einen Einfall. „Setzen Sie einen Ihrer Leute ein, der die ganzen Operationen koordinieren soll." Meine Leute sind dabei höchstens im Weg, dachte Captain Lopez. Wallace und seine Leute verstehen ihr Geschäft schon selbst. Laut sagte er: „Ich glaube nicht, Sir, daß das etwas nützen könnte."

„Aber ich. Ich will einen von Ihren Männern direkt dabeihaben, der sich darum kümmert, daß diese Leute auch gefunden werden. Ist das klar?"

Der Captain seufzte. „Jawohl, Sir."

Bart Wallace hatte eine topographische Karte des Berggebietes um Santo Cristo auf dem Tisch im Spritzenhaus ausgebreitet. „Hier überschneiden sich die Peilungen von diesen Linienjets", sagte er und tippte mit einem Bleistift leicht auf die Karte. Die anderen fünf Mitglieder der Rettungsmannschaft starrten nachdenklich darauf.

Carl sagte: „Das einzig Gute ist, daß das Gebiet nicht so weit weg ist. Aber die Höhenlinien hier befinden sich praktisch alle direkt übereinander. Da sind überall steile Abhänge." Dann setzte er in seiner herzerfrischenden Art hinzu: „Wenn der Vogel da unten in dem Cañon liegt, hat er keine Chance."

„Ich kenn den Cañon", sagte Jaime mit seinem leichten spanischen Akzent, der immer irgendwie fröhlich klang. Er war Holzschnitzer und Möbeltischler, und seine Hobbys waren Bergsteigen und Skifahren. „Er ist verdammt gefährlich." Er wandte sich zu dem hochgewachsenen Mädchen neben sich und lächelte sie herzlich an. „Stimmt's, *Guapa?*" Er nannte sie immer *Guapa*, was nicht nur hübsch bedeutete, sondern auch sexy.

Steve schüttelte nur den Kopf, ohne den Blick von der Karte zu heben. Mit vollem Namen hieß sie Stephanie Jordan. Sie und Jaime waren die Kletterexperten der Gruppe. Sie sah zu Bart. „Er meint, die ganze Gegend ist unsicher."

Jaime erklärte es ihnen. „Der Fels ist nicht fest. In dem Cañon gibt es ganz alte Höhlen. Man hat eine Nebenstraße hier an der Seite den Berg hinunter gebaut, und die Sprengungen haben die ganze Felsstruktur gelockert. Seitdem gibt's dort jeden Winter Steinschlag und Felsrutsch –" Er unterbrach sich mit einer raschen, heftigen Handbewegung. „Aber wenn die Mühle da runtergegangen ist, dann müssen wir sie eben da suchen."

Steve blickte zu Bart. „Wie genau, meinst du, ist die Ortung?"

Wilt und CJ, die beiden anderen, warteten auf Barts Antwort. Wilt war ein schlanker, durchtrainierter und stiller Mann. Im Sommer arbeitete er als Bergführer für Tragtierkolonnen, im Winter fuhr er Ski, wanderte und arbeitete sporadisch an einem monumentalen Geschichtswerk über den spanischen Landadel im Norden Neumexikos. Wilt kannte die Berge von allen am besten.

CJ war Maler und arbeitete, wenn er Geld brauchte, am Grill in einem Hotel. Er war klein und untersetzt, im allgemeinen wortkarg, aber gelegentlich eine Beute jäher Temperamentsausbrüche.

Bart ließ sich Zeit, um Steve zu antworten. „Zwei Linienflugzeuge, und dann noch in der Nacht –" Er zuckte die Achseln. „Außerdem kann es in den Bergschluchten Echos geben, da hüpfen die Signale nur so hin und her. Die Ortung ist bestenfalls fragwürdig. Aber wir haben nichts anderes, bis die Rettungsflugwacht starten kann. Der Schneefall soll in ein paar Stunden nachlassen. Dann werden sie versuchen zu fliegen."

Carl faßte zusammen: „Ich würde sagen, wir warten, bis wir eine bessere Ortung haben."

„Das können wir nicht", erwiderte Bart. Die Wettervorhersage erledigte das Problem. „Wir haben keine Ahnung, wie lange der Schneefall aussetzen wird, falls er überhaupt aufhört. Ich wette, eine schnelle Suche ist unsere einzige Chance. Nur wir sechs, drei Teams, ohne Skier, nur mit Schneeschuhen. Wir nehmen zwei Jeeps. Ein Walkie-Talkie für jedes Team." Er sah von einem zum andern. „In Ordnung?"

Steve fragte zögernd: „Kein Ausgangslager?"

„Dazu fehlt uns die Zeit", antwortete Bart. „Wir benutzen die Jeeps als Ausgangsbasis und nehmen mit, was wir brauchen, Seile, Tragbahre und Verbandskasten. Wir müssen schnell rein in die Berge, und wir müssen sie auch schnell rausholen – sonst kriegen wir sie überhaupt nicht weg von dort, bevor der zweite Sturm vorbei ist."

„Sie?" Das war Jaime. „Ich hab gedacht, der Pilot ist allein."

„Da draußen ist noch ein Auto und ein Wohnwagen mit einer Familie aus Oklahoma. Nach denen müssen wir auch die Augen offenhalten. Das ist alles, was ich weiß." Er verschwieg, daß Captain Lopez starken Druck von oben erwähnt hatte. Das kann uns egal sein, dachte Bart.

Doch er mußte seine Meinung ändern, als die Tür aufging und ein Polizist hereinmarschierte.

„Ich bin Lieutenant Carter, Staatspolizei", sagte er und nickte ihnen allen zu. „Befehl vom Gouverneur. Ich habe den Auftrag, Ihre Operationen zu koordinieren."

Stille. Dann sagte Bart: „Sie meinen, Sie tragen die Verantwortung, nicht wahr, Lieutenant?"

Carter nickte langsam. Er lächelte nicht.

Alle sahen Bart an. „Dann wollen wir mal unseren Kram zusammensuchen und losgehen", sagte er. „Es ist jetzt hell genug."

4. Kapitel

Als Warner Harlow aufwachte, zitterte er vor Kälte und verspürte einen Druck auf der Blase. Er richtete sich mühsam auf und kroch durch die Höhlenöffnung hinaus – direkt in eine Schneewand.

Als er zurückkam, war er von Schnee bedeckt, und es schüttelte ihn regelrecht vor Kälte. Ben legte Holz nach. Er stand auf und fragte: „Wie hoch liegt der Schnee?" „Ganz schön hoch", war Warners Antwort. „Und es hört einfach nicht auf." Er sah zu, wie Ben hinauskroch und nach einiger Zeit wiederkam, ebenso schneebedeckt und halb erfroren wie er. Dieser Anblick hob seine Stimmung.

Normalerweise war er ein gutartiger Mensch. Auch jetzt ärgerte er sich über sich selbst, daß er bockig war und außerstande, sich über Ben so anerkennend zu äußern, wie er es verdiente. Was sie diesem jungen Mann verdankten war gar nicht abzuschätzen.

Aber er wurde nicht damit fertig, daß ihm dabei eine recht schmähliche Rolle zugefallen war. Dabei war es nicht das erste Mal, daß er die zweite Geige spielen mußte. Wie oft zum Beispiel hatte er auf der Universität freudig den Weg für seinen Freund Jake freigekämpft und neidlos zugesehen, wie der den Ball nach vorne trug zum glorreichen Sieg. Nie hatte er dabei stechende Eifersucht empfunden, weil er wußte, daß auch sein Beitrag wichtig für das Ganze war. Hier aber war es anders. Er kam sich nutzlos und überflüssig vor, nicht so wie Billy, der dauernd neue Ideen ausbrütete.

Ben zündete seinen kleinen Gaskocher an und setzte einen Topf mit Schnee auf. Als der Schnee geschmolzen war, rührte er etwas Limonadepulver hinein, füllte seinen Becher und ließ ihn herumgehen.

Patty und Billy waren nun auch aufgewacht, reckten sich und sahen sich unruhig um. Warner sagte: „Draußen."

Billy nickte und verschwand durch die Öffnung. Patty schluckte und sah ihre Mutter an. „Im Schnee", sagte Sue Ann. „Woanders geht's nicht."

Als Billy wiederkam, wühlte er aus seinem Sack das Radio heraus und stellte es an. Eine Stimme sagte: „... nach einem verunglückten Flugzeug, eingetragen auf den Namen von Senator Joseph Martin, das vermutlich in den Bergen hinter Santo Cristo niedergegangen ist. Ein Trupp der Bergwacht sucht die Gegend ab. Ein Flugzeug der Rettungsflugwacht wird sich an der Suchaktion beteiligen, sobald die

Wetterbedingungen es zulassen. Der Sturm wird voraussichtlich im Laufe des Vormittags aus diesem Gebiet abziehen. Die Meteorologen warnen aber vor neuen Schneefällen und noch niedrigeren Temperaturen, denn ein neuer Sturm ist bereits im Anzug. Heute nachmittag und während der Nacht rechnet man mit Temperaturen weit unter dem Gefrierpunkt."

„Stell es ab, Billy", sagte Ben. Und dann in die plötzliche Stille: „Wer von Ihnen hat schon mal Trockenei gegessen? Speck haben wir auch. Fast, wenn auch nicht ganz, wie zu Hause." Er sah zu, wie Patty schneebedeckt und heulend in die Höhle gekrochen kam.

„Wenn du was gegessen hast, geht es dir gleich besser", versuchte er sie zu trösten. Hoffentlich, dachte er. Er war mit seiner Geduld fast am Ende.

In der Höhle roch es nach gebratenem Speck und Fichtenrauch. Lila kniete neben Ben. „Soll ich nicht mal weitermachen?" Sie sprach ganz leise, nur er sollte es hören. „Wenn Sie gleich alles verbrauchen, statt die Vorräte zu rationieren –"

„Sie haben doch auch den Wetterbericht gehört." Seit ihrem kurzen Gespräch letzte Nacht hatte er das Gefühl, daß man sich auf sie verlassen konnte. Er sprach ebenso leise. „Wir sind gut tausend Meter über Santo Cristo. Pro dreihundert Meter Höhenunterschied rechnet man dreieinhalb Grad Kälte dazu. Wenn die Temperaturen da unten schon weit unter null liegen –" Er brach ab.

Lila sagte ganz ruhig: „Sie glauben, wir leben sowieso nicht mehr lang genug, daß es sich lohnt, das Essen zu rationieren."

„Für einen reicht es zwei Wochen", antwortete Ben. „Und für uns alle reicht es – na, bestimmt so lang, wie wir's brauchen. Solang uns das Holz nicht ausgeht und wir die Temperatur hier drin gerade so hoch halten können, daß wir nicht erfrieren, solang ist alles in Ordnung. Danach –" Er schüttelte zornig den Kopf. „Lassen Sie den Speck nicht anbrennen." Er stand auf und trat gebückt neben Patty. „Statt daß du dir selber so leid tust, könntest du mal überlegen, ob du was für deine Mutter tun kannst."

Patty wischte sich mit dem Handrücken die Tränen ab. „So können Sie nicht mit mir reden."

„Und ob ich das kann. Soll ich's noch mal sagen?"

„Das", sagte Billy, „nennt man eine klare Sprache."

Warner wollte eingreifen, besann sich aber. „Was wird jetzt, nach diesem Wetterbericht? Werden Sie uns hier rausbringen?" Warner wußte, daß er sich wie ein Querulant benahm, aber er konnte nicht anders.

Ben merkte, daß Lila ihn scharf beobachtete. „Wir frühstücken jetzt. Dann sammeln wir Holz. Und sobald der Schnee nachläßt, versuche ich, Hilfe zu holen."

Mit den beiden Jeeps, deren Räder immer wieder durchdrehten, waren sie im Schneetreiben die Straße, in die Warner Harlow sich verirrt hatte, so weit wie möglich hinaufgefahren. Bevor sie die Motoren abstellten, wendeten sie erst für die Rückfahrt. Dann stiegen sie aus. Es schneite immer noch heftig, es war kalt und noch vor Tagesanbruch.

Jaime zog sechs Paar Schneeschuhe aus dem Wagen und verteilte sie. Er bückte sich, um seine anzulegen, plump und ungeschickt – immerhin trug er dickes wollenes Unterzeug, zwei Paar Socken, darüber schwere Hosen, Rollkragenpullover und einen daunengefütterten Parka. Schließlich kam er wieder hoch und sagte in seinem Englisch mit dem spanischen Akzent: „Eines Tages werden sie uns mal bei strahlendem Sonnenschein rausschicken. Dann wird unsere Aktion – wie sagt man hier? – ein Honiglecken sein, was?"

„Genau. Das wird unser großer Tag", stimmte Wilt ihm zu.

Wilt, Steve und Bart stampften prüfend mit ihren Schneeschuhen. Lieutenant Carter starrte sie nachdenklich an. „Es ist Ihnen doch klar", sagte er dann, „daß laut Befehl des Gouverneurs ich die Verantwortung trage?"

Bart sagte ruhig: „Aber sicher. Bleiben Sie nur hier sitzen, tragen Sie die Verantwortung, und halten Sie die Funkgeräte auf beiden Frequenzen offen. Sie sind unser Ausgangslager." Er sah sich nach den anderen um. „Alle fertig? Steve, du gehst mit Jaime die Straße hoch; CJ, du mit Wilt da rüber. Carl, du mit mir –"

Lieutenant Carter unterbrach ihn scharf: „Einen Moment! Ich will nicht, daß Sie sich trennen, bevor –"

Plötzlich gab es einen Knall wie von einem durch den fallenden Schnee gedämpften Schuß, und gleich darauf noch einen. Dann hörte man das schwache Dröhnen eines Düsenflugzeuges.

„Überschallknall", sagte Carl. „Irgendein schneidiger Pilot mit seiner Kiste –"

Steve unterbrach ihn: „Still! Horch!"

Weit weg setzte ein rumpelndes Dröhnen ein, das wie Donner im Sommer zunahm. Es schien von überall her zu kommen. Sie warteten schweigend, bis es verklungen war.

Lieutenant Carter sagte: „Donner? Bei dem Wetter?"

Carl antwortete bitter: „Dreimal dürfen Sie raten."

„Das war eine Lawine", erklärte Bart. Vielleicht auch ein Felsrutsch, dachte er, wie Jaime vorausgesagt hat. Ein schlechtes Zeichen. Er sah sie alle an. „Also dann los. Seid vorsichtig und bleibt in Fühlung."

In der Höhle hatten sie den Knall auch gehört und konnten die Wucht der Lawine an der Vibration des Bodens unter ihren Füßen spüren. „Schneerutsch", sagte Ben. „Das kommt vor." Er brachte ein dünnes, falsches Beruhigungslächeln zustande. Dieser verdammte Idiot von einem Piloten, dachte er wütend, hat keine Ahnung, was er anrichten kann.

„Lawinen", erklärte Billy. „Sie können durch alles mögliche ausgelöst werden. In Skigebieten löst man sie absichtlich aus, damit sie nicht im falschen Augenblick niedergehen und jemanden begraben."

Wirklich ein kluges Kind, dachte Ben.

Billy dozierte weiter: „Ich hab gelesen, manchmal kann eine Lawine schon dadurch ausgelöst werden, daß jemand schreit oder pfeift. Stimmt das?"

„Ein reizendes Land." Lilas Stimme klang nicht ganz fest. „Wie aus Bauklötzen: aufgebaut und eingerissen."

Ein kleiner Felsbrocken polterte plötzlich von der Wand und landete neben Sue Ann.

„Sehen Sie sich das bitte an!" rief Warner. „Was, wenn die ganze Höhle zusammenkracht? Wo bleiben dann wir?"

Das reicht bald für eine Panik, dachte Ben. „Die Höhle gibt's hier schon lang, und nie ist sie zusammengekracht. Die Markierungen da an den Wänden sind Felszeichnungen, und die sind nicht erst gestern hingemalt worden. Regen Sie sich ab."

Billy sagte fast unhörbar: „Früher hatten sie allerdings auch keine Düsenflugzeuge."

Wie wahr, dachte Ben. Aber der Bengel könnte seinen Mund halten.

„Hier ist es bestimmt nicht sicher", sagte Warner. „Ich meine –"

„Verdammt noch mal, was stellen Sie sich denn vor?" fuhr Ben ihn an. „Sollen wir umziehen? In ein anderes Motel?“ Während alle schwiegen, zog er die Kapuze seines Parka über den Kopf und schlüpfte in die Handschuhe. „Ich geh Holz holen.“ Er kroch hinaus und war fort.

Er ist voller Zorn, dachte Lila, aber er tut, was er kann.

„Er ist einfach abscheulich!“ rief Patty. „So benimmt man sich doch nicht!“

Sue Ann sagte: „Liebling, Ben hat uns fünf am Hals. Und nur durch ihn sind wir noch am Leben. Ohne ihn –“

„Das stimmt nicht!“ unterbrach sie Patty. „Papi würde schon was einfallen. Nicht wahr, Papi?“

„Ich fürchte, nein.“ Warner zuckte die Achseln. Er schwieg eine Zeitlang und sah sie alle an. Dann sagte er ungewöhnlich kleinlaut: „Es – es tut mir leid.“

In 2700 Meter Höhe mit Schneeschuhen den Berg hinaufzustapfen war selbst für Steve und Jaime nicht leicht. Jaime ging in langsamen, gleichmäßigen Schritten voran und beugte sich gegen die Steigung vor. Steve folgte ihm, nicht zu dicht, damit er sie nicht mitriß, wenn er plötzlich ausrutschte.

Stephanie Jordan war eine kräftige junge Frau, ein Bauernkind aus Kaliforniens grünem Tal mit der hellen Haut und den blauen Augen ihrer nordischen Vorfahren. Sie lebte allein in Santo Cristo und verdiente sich einen unsicheren Lebensunterhalt mit ihrer Töpferei. Im Winter arbeitete sie als Skilehrerin auf der Piste von Santo Cristo.

Sie kamen an der Stelle vorbei, wo der Wald sich öffnete und den Harlows gestern noch den Blick ins Unermeßliche freigegeben hatte. Heute konnte man nur ein paar Meter weit sehen.

Hinter der nächsten Kurve zweigte links die Nebenstraße steil nach unten ab. Sie blieben kurz stehen. Hier war der Schnee überall wie weggefegt, auf der Hauptstraße ebenso wie auf dem oberen Teil der Nebenstraße. Entwurzelte Bäume und große Felsbrocken lagen vor ihnen. Ein Bild der Verwüstung.

„Die Lawine –“, sagte Jaime. Er und Steve standen und starrten erschüttert auf das Bild, das sich ihnen bot.

Steve deutete auf die Spitze des Bergmassivs. Eine dunkle, klaffende Lücke war dort zu sehen, wo die Lawine sich gelöst hatte. „Immer noch unstabil“, sagte sie. „Die Wächte da könnte sich in eine zweite

Lawine verwandeln. Schnell vorbei hier, solang wir noch können!" Sie bückte sich, um ihre Schneeschuhe auszuziehen.

„Santa Maria!" rief Jaime plötzlich. „Schau mal da runter!"

Unterhalb der Nebenstraße, am Fuß der Böschung, wo die Bäume anfingen, hatte sich der Lawinenschutt zu einer riesigen Masse aufgetürmt. Zwischen entwurzelten Bäumen, Buschwerk und Felsbrocken schimmerte Metall, der Umriß eines halb verschütteten Autos und eines Wohnwagens.

Stumm vor Überraschung nahm Steve ihr Walkie-Talkie aus der Tasche. „Hier Steve. Bart, kommen."

„Hier Bart. Ich höre."

„Wir sind oben an der Nebenstrecke. Hier ist die Lawine runtergegangen. Ein Auto und einen Wohnwagen hat sie mitgerissen. Vielleicht die vermißte Familie. Kommen."

Es gab eine Pause. „Verstanden. Könnt ihr hinkommen?"

Steve reichte Jaime das Walkie-Talkie. „Wir können", sagte er. „Ein bißchen Seilarbeit. Wir stellen fest, was los ist, und geben dann Bescheid. Kommen."

„Verstanden. Seid vorsichtig und gebt unbedingt Nachricht. Ende."

Steve zeigte wieder auf die Wächte über ihnen. „Das gefällt mir nicht. Es kann sich lösen. Der ganze Berg –"

Jaime zeigte lächelnd seine weißen Zähne. „Was sollen wir sonst machen? Hier rumstehen und überlegen, während immer mehr Schnee runterkommt? Wart hier, *Guapa*. Ich hol das Seil aus dem Jeep."

BEN kam mit einer Ladung Holz hereingekrochen, stand auf und schob seine Kapuze zurück. „Ich hab den Eindruck, die Schneeproduktion läuft langsam aus." Er wärmte sich die Hände am Feuer. „Ich will nur etwas zu Atem kommen, dann versuche ich, noch mal das Flugzeug zu finden."

„Wollen Sie eine Nachricht hinbringen, wo wir sind?" fragte Lila. Dann erinnerte sie sich an das Gelände, durch das sie sich mit Ben gekämpft hatte, und schüttelte den Kopf. „Glauben Sie, Sie haben eine Chance?"

„Ich werd's wissen, wenn ich's versucht habe."

„Ist es das Risiko wirklich wert? Was, wenn Sie in eine Baumfalle stürzen?"

„Glauben Sie, ich mach das zum Vergnügen?"

Sie sah ihm direkt in die Augen und sprach ganz ruhig. „Nein, natürlich nicht. Aber Sie sind unsere einzige Hoffnung, wir haben nichts Besseres. Vergessen Sie das nicht." Sie wandte sich ab.

Die Höhle kam ihr ganz leer vor, nachdem Ben fort war. Lila setzte sich nah ans Feuer. Beinahe hätte ich ihm vorgeworfen, ein Held sein zu wollen, dachte sie, und davon kann ja keine Rede sein. Ich habe einfach Angst, weil wir ohne ihn verloren sind. Wenn er nicht wiederkommt – Sie versuchte, diesen Gedanken auszuschalten.

„Rauch", sagte Billy unvermittelt. Alle sahen ihn an. „Wenn es zu schneien aufhört, kann man ihn vielleicht durch das Loch in der Decke austreten sehen. Wie die Rauchsignale von Indianern." Sein Eifer wich plötzlicher Besorgnis. „Aber wenn es windig ist, dann kann man, glaube ich, von diesem kleinen Feuer überhaupt keinen Rauch sehen, egal wie weit oder nah man entfernt ist." Er sah niedergeschlagen drein.

„Also was bleibt uns dann?" begann Warner mit erhobener Stimme. Sein Zorn flammte wieder auf. „Du bist doch der helle Kopf mit all den tollen Ideen!" brüllte er. „Jetzt brauchen wir eine. Na los!"

Billy schüttelte erschrocken den Kopf und schwieg. So hatte er seinen Vater noch nie erlebt.

Entschlossen stand Warner auf, stülpte sich den Texashut auf, griff nach dem Gewehr und wandte sich dem Ausgang zu.

Sue Ann fragte, so sanft sie konnte: „Was hast du vor, Lieber?"

„Wenn sie den Rauch nicht sehen können, dann können sie vielleicht etwas hören."

Billy rief erregt: „Nein, Paps!" Er sprang auf die Beine und ergriff Warners Arm. „Das darfst du nicht!"

Warner schüttelte ihn so heftig ab, daß der Junge gegen die Wand prallte. Er landete auf den Knien, wie betäubt, aber unverletzt. Warner kroch hinaus und verschwand im Schnee.

Ben arbeitete sich mühsam mit dem Kompaß zu der Schlucht durch, wo das Flugzeug lag. Bei der begrenzten Sicht war es, als ob er im Dunkeln tappte. Er mußte viele Umwege machen, um hüfttiefe Verwehungen herum, um dichtes Gestrüpp oder um Stellen, wo der Schnee Felsbrocken zu verbergen schien. Zweimal fiel er hin, trotz aller Vorsicht.

Nach einem dieser Stürze hatte er Schwierigkeiten, wieder hochzukommen. Flüchtig schoß ihm der Gedanke durch den Kopf: Schnee ist wie Treibsand, du versinkst jetzt für immer darin. Die aufflammende Panik dauerte nur einen Moment, aber er behielt sie im Gedächtnis.

Als er zum drittenmal stürzte, begann es ihm zu dämmern, daß er das Flugzeug nie erreichen würde. Diesmal war es tatsächlich eine Baumfalle, wie Lila sie erwähnt hatte. Er hatte das Gewicht schon auf den vorderen Fuß verlagert, und als er keinen Halt fand, war es zu spät, ihn zurückzuziehen. Er stürzte, griff verzweifelt nach einem Ast und löste damit eine wippende Bewegung aus, die einen größeren Ast aus dem Schnee schnellen ließ, der auf seinen Kopf zurücksauste.

Wie betäubt lag er da, das Gesicht im Schnee begraben. Schließlich wurde es wieder klar in seinem Kopf. Langsam, nach und nach, befreite er sich von dem Astgewirr, das der Schnee verborgen hatte. Und dann merkte er plötzlich, daß er seinen Kompaß verloren hatte.

Er stand ganz still und wartete, bis der Schmerz in seinem Kopf nachließ. Der Kompaß mußte ganz in der Nähe liegen, im Umkreis von höchstens ein paar Metern. Soviel war klar; ihn aber zu finden war eine andere Sache.

Er fing an, den von seinem Sturz zerwühlten Schnee langsam abzusuchen. Es war ein sinnloses Unternehmen, und nach ein paar Minuten gab er widerwillig auf und versuchte, seine Situation zu überdenken.

Er war sich nicht klar darüber, wie weit er eigentlich von dem Flugzeug entfernt war. Ohne Kompaß konnte er es leicht verfehlen. Und jeder weitere Schritt ins Ungewisse vergrößerte die Schwierigkeit, wieder zur Höhle zurückzufinden. Es gab nur eine sinnvolle Entscheidung. Er machte sich auf den langwierigen, mühevollen Rückweg, indem er, so gut es ging, seine eigene Spur verfolgte, die bereits wieder im Schnee zu verschwinden begann.

Und in genau diesem Augenblick war er zweihundert Meter vom Flugzeug und hundert Meter von Bart und Carl entfernt.

Bart hielt den Kompaß und gab das Tempo an. Er setzte gleichmäßig einen Schneeschuh vor den anderen, wobei er automatisch seine Schritte zählte. Er bewegte sich in stetigem Rhythmus und versuchte mit zusammengekniffenen Augen, nach dem Flugzeugwrack Ausschau zu halten. Carl ging parallel zu ihm, etwa fünfzig Meter entfernt.

Es war ein eintöniges und zermürbendes Vorgehen, aber anders ging es nicht. Bei klarem Wetter und guter Sicht konnten Hubschrauber Hunderte von Quadratkilometern in Minuten absuchen. Hier zwischen Bäumen, Felsen, Schnee und bei begrenzter Sichtweite wurde der Fortschritt der Suchaktion in Metern und Stunden gemessen. Dabei konnten sie noch nicht einmal sicher sein, daß sie überhaupt in der richtigen Gegend waren.

Bart kam an eine fast senkrechte Felswand, blieb stehen und winkte Carl zu sich herüber.

Beide Männer atmeten schwer.

„Wenn der Pilot da oben gelandet ist", sagte Carl, „dann wird die Rettungsflugwacht ihn finden. Wenn er irgendwo hier unten ist, hat er keine Chance."

Bart schwieg. Dann nahm er das Walkie-Talkie aus der Tasche und schob zum Sprechen seine Kapuze zurück. „Kommen, Steve."

„Hier Steve. Ich höre."

„Wir sind im Cañon. Wir gehen noch hundert Meter weiter nach Norden und kehren dann um."

„Verstanden. Jaime hat eben das Seil aus dem Jeep geholt. Ich hab inzwischen das Auto und den Anhänger beobachtet. Kein Lebenszeichen. Kommen."

Bart sagte zu Carl: „Mir gefällt das nicht. Das ganze Gebiet hier ist unstabil. Jaime könnte noch eine Lawine auslösen." Er hob das Gerät wieder an die Lippen. „Verstanden. Sie können drin sein und sind vielleicht verletzt und ohnmächtig." Sie können auch tot sein, dachte er. „Seid vorsichtig am Seil. Ende." Dann zu Carl: „Los, weiter."

Carl zögerte. „Der Pilot ist wahrscheinlich tot, und wir laufen hier halb erfroren durch die Gegend. Aber das muß wohl sein, oder?"

„Das muß sein. Vielleicht ist er tot, aber wenn wir es genau wissen wollen, dann müssen wir schon nachsehen."

Genausogut könnte man einen Berg verrücken, dachte Carl, als ihn umstimmen, wenn er sich einmal etwas in den Kopf gesetzt hat.

Den Schuß hörten sie nur schwach, von weit her. Aber diesmal kam kein Flugzeugbrummen hinterher. Statt dessen folgte ein tiefes Dröhnen, das lauter wurde, und zugleich gab das Walkie-Talkie in Barts Tasche Signale von sich.

„Bart!" Steves Stimme. „Oh, Bart, kommen, schnell! Kommen!"

„Ich höre, Steve. Weiter."

„Jaime! Wieder eine Lawine! Es hat ihn halb auf dem Hang erwischt! Kommen."

O Gott, dachte Bart. Laut sagte er: „Verstanden. Wir sind schon unterwegs. Wilt, kommen! Hast du das gehört?"

„Verstanden. Sind auch schon unterwegs. Ende."

AUCH in der Höhle hörten sie das donnernde Getöse, aber bevor sie begriffen, was es war, überstürzten sich die Ereignisse. Auf einmal erzitterte der Boden. Kleine Felsstücke brachen aus der Wand, und die Luft war voller Staub. Patty schrie. Billy suchte verzweifelt zu verhindern, daß brennende Holzstücke durch die Gegend flogen. Das Krachen und Dröhnen schien eine Ewigkeit zu dauern.

Endlich war es wieder still. Und fast völlig finster. Billy hustete und mußte von dem Staub niesen. Er empfand keine Panik, sondern seltsamerweise eher ein Gefühl der Beruhigung. Als wäre nichts geschehen, ging er herum und suchte die glimmenden Scheite wieder zusammen.

Aus dem Schlafsack kam Sue Anns ruhige Stimme: „Was ist passiert?" Alles wird immer unwirklicher. Wann hört das auf?

Lila antwortete ihr. „Wieder eine Lawine." Sie ließ sich auf die Knie nieder und fing an, den Höhlenausgang zu untersuchen. „Diesmal hat sie den Ausgang blockiert. Billy, bring mir einen Ast, einen möglichst langen."

Billy kauerte neben ihr, und Lila stieß prüfend mit dem Ast in die Masse vor dem Ausgang. Schließlich lehnte sie sich zurück und blieb schweigend auf den Fersen sitzen. Billy nahm den Ast und stocherte ein paarmal zaghaft. Dann stand er auf und ging wie betäubt zum Feuer zurück.

„Das ist kein Schnee vor dem Ausgang", sagte er, „das ist Fels." Er zog die brennenden Holzstücke aus dem Feuer und erstickte die Flammen sorgfältig im Staub.

Patty rief: „Was machst du da? Du löschst ja das Feuer!"

„Ich glaube", antwortete Billy, „wir sollten mit dem Sauerstoff hier drin sparsam umgehen. Wir können uns kein Feuer mehr leisten, jedenfalls nicht, wenn wir weiteratmen wollen." Die Wahl zwischen Erfrieren und Ersticken, dachte er. Er sah Lila an. „Können Sie es verkraften, wenn ich die Wahrheit sage?"

Das ist kein fünfzehnjähriger Junge mehr, dachte Lila. Er ist auf

einmal zehn Jahre älter und klingt schon beinahe wie Ben. „Mach nur weiter."

Billy nickte. „Paps und sein Elchgewehr. Das war die Ursache."

Sue Ann sagte: „Er hat versucht, uns zu helfen. Falls niemand den Rauch sieht."

Billy sah zu Lila und dann wieder ins Feuer. Jetzt ist es passiert, Paps ist ausgeflippt, dachte er. Aber er sagte nichts.

BEN bemühte sich gerade, aus der Schlucht wieder herauszuklettern, als er den Schuß und das Donnern der Lawine hörte. Felsbrocken kamen von oben herabgerollt, und automatisch ließ er sich auf die Knie fallen und bedeckte den Kopf mit den Unterarmen.

Es war wie manchmal in seinen Alpträumen: er war wieder in Vietnam, und das gegnerische Feuer nagelte ihn an den Boden. Wieder verspürte er die alte Angst und wartete auf den Treffer, der alles beenden würde.

Als der Steinschlag endlich aufgehört hatte, stand er langsam auf und begann wieder zu klettern, fast rasend vor Erleichterung.

Der Pfad war jetzt stark verweht, und immer wieder mußte er sich seinen Weg um große Geröllbrocken bahnen. Rutschend und stolpernd kam er schließlich um einen Felsen herum und blieb stehen. Mitten auf dem Weg stand Warner und hielt sein Gewehr umklammert. Der Texashut war weg, und auf der Stirn hatte er eine klaffende Wunde. Blut lief ihm über die Wange. Er schien seine Verletzung nicht zu spüren und starrte Ben wie einen Fremden an.

Plötzlich war Ben alles klar. „Sie haben das Ding abgefeuert. Das hat die Lawine ausgelöst. Sie Vollidiot!"

Warners Ausdruck blieb unverändert. Er stand da und sagte nichts.

„Verdammt noch mal", schrie Ben, „was haben Sie sich eigentlich gedacht, wer Sie hören soll, auch wenn Sie nicht den halben Berg heruntergeholt hätten? Hier ist kein Mensch außer uns. Geht das nicht in Ihren Kopf? Und ich hab das Flugzeug nicht erreichen können. Weiß der Teufel, was wir jetzt machen sollen."

Ich rede mit einem Geist, dachte er plötzlich; seine Worte machten nicht den geringsten Eindruck. Er nahm Warner das Gewehr weg. Der machte keinen Versuch, es festzuhalten.

Jetzt bewegten sich Warners Lippen. „Die Höhle", murmelte er.

„Was ist damit?"

„Sie ist – weg. Ich kann sie nicht finden. Da sind nur Steine. Große Steine."

Ben holte tief Luft. „Okay", sagte er dann. Sein Ärger verflüchtigte sich, und zurück blieb nur Leere. „Gehn wir und sehn wir nach, wie schlimm es ist."

5. Kapitel

Billy hielt das Feuer so klein wie eben möglich, ohne es ausgehen zu lassen. Nachdem der Ausgang blockiert war, bekamen sie nur noch durch den Rauchabzug in der Decke Luft, und Billy war nicht sicher, wie lange sie dabei überleben konnten.

Lila sagte zu ihm mit nahezu tauben Lippen: „Wir könnten wenigstens versuchen, den Steinhaufen wegzuräumen."

„Ausgeschlossen", antwortete Billy. „Sie haben es doch mit dem Stock fühlen können. Das ist felsenfest. Man müßte von oben anfangen."

„Na schön", sagte Lila, „und was ist mit dem Abzugsloch? Wenn du dich auf meinen Rücken stellst, kommst du vielleicht hinauf. Wenn du erst mal draußen bist, kannst du den Eingang vielleicht ein bißchen freiräumen."

Ein Funke Hoffnung glomm in Billy auf. „Wir können es versuchen."

Lila ging auf Hände und Knie nieder und stemmte sich gegen Billys Gewicht, als er auf ihren Rücken stieg. „Mein Kopf geht durch." Seine Stimme klang gedämpft. „Vielleicht, wenn ich gleichzeitig einen Arm –" Er verstummte, und sie spürte, wie sein Gewicht sich bei seinen Bemühungen verlagerte. „Geht nicht", sagte er schließlich. Seine Stimme klang ganz dumpf vor Enttäuschung. Er stieg von ihrem Rücken und ließ sich neben dem Feuer auf die Knie fallen.

Lila stand langsam auf. „Es tut mir leid, Billy."

„Jaja." Er starrte finster auf die Reste des Feuers. Auf der anderen Seite lag ein Haufen Steine und daneben das zertrümmerte Transistorradio. Sie waren vollkommen allein.

Lila sah sich in der Höhle um. An der einen Wand kauerte Patty, die Arme um die Knie geschlungen, in sich gekehrt, ein Bild der Verzweiflung. Ein verzogener Fratz, dachte Lila. Es ist offenbar das erste

Mal in ihrem Leben, daß sich niemand um sie kümmert, und sie tut sich selbst furchtbar leid. Lilas Stimme klang scharf: „Noch sind wir am Leben, oder nicht?"

Sie bekam keine Antwort. Patty blickte noch nicht einmal auf.

Lila ging zu ihr und starrte auf sie nieder. Am liebsten hätte sie sie bei den Schultern gepackt und durchgeschüttelt. Statt dessen sagte sie: „Was ist los mit dir? Sieh dir deine Mutter an. Sie ist verletzt, aber beklagt sie sich? Dein Vater hat es gut gemeint, das muß man ihm lassen. Und Billy hat sein möglichstes getan. Schämst du dich gar nicht, daß du dich so aufführst?"

Zeigte sich ein Schimmer von Einsicht in den Augen des Mädchens? Lila war nicht sicher. Seltsamerweise verflog ihr Zorn auf einmal. Jetzt sah sie plötzlich die Dinge aus der anderen Perspektive. Am Ende bin ich es, die sich schämen müßte, weil ich nicht imstande bin, mit mehr Nachsicht zu reagieren, dachte sie. Erinnere dich, wie du selbst vor zehn Jahren warst.

Lila setzte sich mit gekreuzten Beinen neben Patty und sprach ganz leise auf sie ein. „Ich glaube, wenn man einmal genau hinsieht, dann sind wir alle ganz schön selbstsüchtig. Als ich in deinem Alter war, da gab es Demonstrationen auf den Straßen und in der Universität; die Menschen engagierten sich leidenschaftlich für alle möglichen Dinge und Ideen – und mir war das völlig egal. Ich habe mich nur für eines interessiert – für mich selbst. Verrückt, wie?"

Sie beobachtete Patty, die aber keinerlei Interesse zu zeigen schien.

„Jungen in dem Alter", fuhr Lila fort, „haben es leicht. Wenigstens sieht es so aus. Sie können Fußball spielen oder Baseball und andere Sachen machen, um sich hervorzutun. Ich konnte nur rumsitzen und warten, daß irgend jemand mich bemerkt. Aber ich hatte da wenig Hoffnung, ich war nicht hübsch, ich war nicht besonders klug, und ich war nicht reich. Ich war einfach eine Niete."

Patty fragte gepreßt: „Und was hast du gemacht?"

War das der Durchbruch? Möglicherweise. „Nicht viel. Ich hab mir selbst leid getan und alle anderen Menschen abgelehnt." Sie mußte lächeln bei der Erinnerung. „Ich hab auch Gedichte geschrieben. Schreibst du auch manchmal welche?"

„Ja", antwortete Patty.

„Ich hab eins geschrieben, das hieß ‚Mein Zweck und mein Ziel'", sprach Lila weiter. „Weißt du, auf die Art: ‚Was wäre, wenn die Welt jetzt endet? / Wüßt' ich, welches Geheimnis sie birgt? / Hätt' leer ich meine Zeit verschwendet? / Hätt' ich – durch Liebe – mitgewirkt?'" Sie schwieg und schämte sich ein bißchen wegen ihrer Enthüllungen. „Es ist nicht besonders gut, nicht wahr?"

Patty gab lange keine Antwort. Dann sagte sie mit veränderter, ruhiger Stimme: „Ich finde es wunderbar. Ehrlich."

Billy sah plötzlich vom Feuer auf und rief: „Ruhig! Hört mal!"

Bens Stimme drang dumpf durch das Loch in der Decke: „Könnt ihr mich hören da drin?"

Als sie aufstand, um Ben zu antworten, lächelte Lila.

Ein Bild vollständiger Verwüstung, dachte Bart. Die obersten fünfzehn Meter der Nebenstraße waren verschwunden, weggerissen durch Tonnen von Schnee und Geröll, die den Berg hinuntergedonnert waren.

Zwischen den Bäumen weiter unten hatte sich die Lawine zu einem Klumpen von Gesteinsschutt, einer Moräne, angestaut, aus der Jaimes Seil straff gespannt zu einem Baum an der Hauptstraße führte, wo es angebunden war. „Ich geh runter", sagte Steve.

„Du bleibst schön hier", entgegnete Bart mit einem flüchtigen Lächeln der Entschuldigung. „Du bist am Seil zwar besser als ich, aber man braucht Muskeln, um da unten durchzukommen. Ich gehe."

Wilt stieß außer Atem zu ihnen, CJ kam hinter ihm. „Zurück zu den Jeeps, ihr zwei", befahl Bart. „Holt die Bahre und den Verbandskasten." Er schwang ein Bein über das straffe Seil, hielt sich mit beiden Händen fest und begann, sich vorsichtig Schritt für Schritt rückwärts den steilen Abhang hinabzubewegen. Man sah seinen Atem dampfen, während er sich entfernte.

Carl sah Steve prüfend an. „Alles in Ordnung mit dir?"

„Nein. Nichts ist in Ordnung." Bitterkeit lag in ihrer Stimme. „Da unten liegt der fabelhafteste Mann, den ich kenne, möglicherweise tot. Und nur, weil er irgendwelchen Leuten helfen wollte, die er gar nicht kennt und die vielleicht noch nicht mal hier sind." Sie blickte hinter Bart her. „Und da geht der nächste."

Wo die Lawine niedergegangen war, war alles locker, und jeder von Barts Schritten brachte Geröll und Gehölz in Bewegung, das jedesmal einen neuen kleinen Schneerutsch auslöste. Bart wußte, daß der Trick darin bestand, nicht an mögliche Folgen zu denken, sondern sich ausschließlich auf die Hände am Seil zu konzentrieren und auf die Füße, die sich vorsichtig bewegten wie auf einem Minenfeld. Schultern und Arme schmerzten bereits von der Anstrengung, doch es gelang ihm, den Schmerz einfach nicht zur Kenntnis zu nehmen. Halte durch, Jaime, dachte Bart, wir finden dich schon.

Er erreichte den Schutthaufen, in dem das Seil verschwand. Behutsam löste er seinen Griff und stand frei. Oben am Hang konnte er undeutlich Carl und Steve sehen, die ihn beobachteten. Er winkte, alles in Ordnung. Dann machte er sich an die Arbeit.

Zunächst einmal mußten ein paar schwere Brocken weggeräumt werden, einer nach dem andern. Dann ein entwurzelter Baum. Er packte zu und hob und wuchtete mit weitgespreizten Beinen und gebeugten Knien das Gestein zur Seite und schwitzte dabei unter der Kleidung, während gleichzeitig der Frost in seinen Augenbrauen den Schweiß gefrieren und die Kälte seine Finger taub werden ließ. Er folgte dem Seil in den Schutthaufen – dorthin, wo Jaime lag. Oder Jaimes Leiche. Er verlor jedes Zeitgefühl. Es hörte zu schneien auf, und er merkte es nicht. Er schuftete, ohne sich zu schonen, bis er Wilt neben sich sagen hörte: „Geh wieder rauf. Laß mich mal ran. Deine Muskeln brauchen wir noch, um die Bahre hochzuschaffen."

Wilt hatte natürlich recht, auch wenn es ihm gegen den Strich ging. „In Ordnung", sagte Bart. Dann zögerte er. „Sei bei Jaime auf alles gefaßt." Er wandte sich um und begann den langsamen Hand-vor-Hand-Aufstieg am Seil.

Steve erwartete ihn oben. „Der Schutt ist ziemlich locker", sagte Bart. „Wenn er am Leben ist, müßte er atmen können." Steve schloß kurz die Augen, dann lächelte sie unsicher.

CJ sagte: „Nachricht von der Polizei. Die Rettungsflugwacht kann nicht starten." Er deutete auf die schwarze Front im Norden, die sich rasch näherte. Die Wolken brauten sich brodelnd zusammen. „Hier unten ist es schon schlimm genug, aber wenn ein Flugzeug da reingerät –" Bart nickte. „Zuerst Jaime. Dann suchen wir weiter nach dem Flugzeug, solang es geht."

CJ sagte: „Der Lieutenant hat durchgegeben, daß Jaimes Unfall unser Fehler ist. Er hat gesagt, wir sollen uns nicht in Gruppen aufteilen."

„Der Lieutenant kann denken, was er will", antwortete Bart. „Wir machen das auf unsere Art." Seine Stimme wurde scharf. „Wenn er tatsächlich anfängt dazwischenzupfuschen –"

Unten schrie jemand, und sie fuhren alle herum. Wilts Stimme drang nur schwach zu ihnen. „Er lebt! Die Bahre!"

„Gott sei Dank", seufzte Steve. „Gleich fang ich zu heulen an."

Carl band sich den Verbandskasten auf den Rücken, ging ans Seil und machte sich an den Abstieg. „Schickt mir die Bahre nach."

Das Walkie-Talkie in Barts Tasche ertönte, und Bart antwortete. „Hier Bergwacht. Kommen."

„Hier Lieutenant Carter. Der Gouverneur möchte mit Ihnen über das Funkgerät im Jeep sprechen. Kommen."

Bart ließ Carl nicht aus den Augen. „Sobald ich Zeit habe, zum Jeep zurückzugehen, will ich gern mit ihm reden. Kommen."

„Er will jetzt mit Ihnen reden."

„Dann soll er hier raufkommen. Ich hab zu tun. Ende."

Ein völlig verstörter Warner starrte auf die Felsbrocken, die den Höhleneingang blockierten. Er sah Ben an. „Können wir das wegräumen?"

„Wir müssen. Von innen können sie bei dem Gewicht nichts machen."

Ein ganzer Teil der Felswand war heruntergekommen. Der Überschallknall hatte die Lawine ausgelöst, die lockerte den Fels, und Warners Schuß hatte das übrige getan. Das meiste war neben dem Pfad in die Schlucht hinuntergestürzt, aber auch das, was auf dem Felsvorsprung vor der Höhle liegengeblieben war, erforderte eigentlich einen Bulldozer und nicht die kümmerliche Kraft zweier Männer ohne Werkzeug.

„Also los", sagte Ben und bückte sich, um den ersten Brocken zu fassen. Mit steifem Rückgrat hievte er, nur mit der vollen Kraft seiner Hüften und Schenkel, einen Zweihundert-Pfund-Brocken über den Rand und ließ ihn in den Canyon hinunterpoltern.

Warner ging in wilder Wut auch einen Stein an und schnaufte heftig dabei. „Ich bin schuld!" stieß er hervor.

Ben atmete nur tief durch und keuchte nicht. „Schon gut", sagte er, „Sie sind schuld. Aber es hilft nichts, wenn Sie sich jetzt wütend an die Brust schlagen. Beruhigen Sie sich, verdammt noch mal!"

Jake Boone telefonierte mit Captain Lopez. „Also den Wagen und den Anhänger haben sie gefunden. Wo?"

„In ungefähr zweitausendachthundert Meter Höhe unter Felsen und Bäumen und Schnee."

Jakes Stimme schwankte. „Sind sie – drin?"

„Wir wissen es nicht. Einer von der Bergwacht wollte nachsehen, da hat ihn eine neue Lawine erwischt. Sie sind gerade dabei, ihn rauszuholen. Dann sehen sie nach, ob jemand in dem Auto ist oder im Anhänger, und danach kümmern sie sich um das abgestürzte Flugzeug." Wenn sie dazu kommen, bevor der nächste Sturm aufzieht, dachte Lopez. Die Rettungsflugwacht hatte keinen Zweifel daran gelassen, daß der erste Sturm gegen das, was jetzt von Norden heranzog, das reinste Frühlingslüftchen gewesen war.

„Mir geht es nur um Warner und seine Familie", sagte Jake Boone. „Was haben die überhaupt da oben gemacht?"

„Sie müssen falsch abgebogen sein." Der Captain konnte es sich nicht verkneifen hinzuzufügen: „Vielleicht waren Ihre Anweisungen nicht ganz klar, Mr. Boone." Das Blinklicht an seinem Telefon leuchtete auf. „Da kommt ein neuer Anruf. Ich melde mich wieder." Er drückte auf den Knopf.

Es war der Gouverneur. „Dieser Sowieso Wallace hat mir sagen lassen, er hat keine Zeit, mit mir zu reden. Ich mag das nicht."

Der Captain antwortete: „Gerade eben sind Bart Wallace und seine Leute dabei, einen von ihrer Gruppe aus einer Lawine zu bergen." Er konnte eine gewisse Ungeduld nicht unterdrücken. „Ich kann es ihm nicht übelnehmen, Sir, daß er keine Lust hat, mit seinen Schneeschuhen zurück zum Jeep zu stapfen, um mit Ihnen zu sprechen, bevor sie den Mann nicht geborgen und abtransportiert haben, entweder in die Klinik oder ins Leichenhaus."

Am anderen Ende war es eine Weile still. Dann sagte der Gouverneur: „Draußen wartet ein Haufen Leute von der Presse und vom Fernsehen. Ein Flugzeug ist verschwunden mit einem Senator und ein Auto mit Wohnwagen und einer ganzen Familie aus Oklahoma. Kommen hierher zu Besuch und verschwinden einfach. Verdammt noch mal, der Tourismus ist unsere größte Einnahmequelle –" Der Gouverneur hielt inne. „Na schön, ich erzähle der Presse inzwischen was über die heroischen Anstrengungen der Rettungsmannschaft."

„Ja, Sir." Der Captain lächelte müde.

„Aber", fuhr der Gouverneur wieder mit schneidender Stimme fort, „können Sie mir erklären, wie diese Menschen dazu kommen, sich sofort zu verirren, kaum daß sie in unseren Staat kommen? Wir haben doch Wegweiser, oder? Und elektronisch gesteuerte Signalfeuer für Flugzeuge haben wir auch."

OBEN am Hang stemmten sich Bart und CJ gegen den Zug des Seils. Zentimeter um Zentimeter rutschte die Tragbahre mit Jaime den steilen Hang hinauf. Jaime war festgeschnallt und bewegte sich nicht. Carl und Wilt kamen direkt hinterher.

Jaime hatte die Augen offen und war mehr oder weniger bei Bewußtsein. Carl hatte ihm eine Spritze gegeben, die ihm fast die Sinne schwinden ließ, doch er kämpfte gegen die Versuchung an, sich in die Bewußtlosigkeit fallen zu lassen, und gab der Erschöpfung nicht nach. Jeder Atemzug war eine Qual, und sein Körper fühlte sich an, als sei er nicht mehr zusammenzuflicken. Er versuchte, das alles nicht zu beachten, und widerstand der Verlockung, unter der Last des Schmerzes einfach in einen tiefen Schlaf wegzutauchen. Er wollte doch Bart wenigstens noch berichten, was er wußte oder zu wissen glaubte. Also hielt er durch und ertrug die Stöße der Reise nach oben, die kein Ende zu nehmen schien.

Auf einmal stand die Bahre wieder waagerecht, und Steves Gesicht war dicht über dem seinen.

Sie lächelte unter Tränen.

„Hallo, *Guapa*", flüsterte Jaime. Dann wanderte sein Blick ein paar Meter weiter zu Bart. Er sprach langsam und mit Anstrengung: „Sag ihm, während ich verschüttet war, hab ich gehorcht und nichts gehört. Wenn jemand in dem Auto ist oder im Anhänger, dann ist er bestimmt tot. Klar?"

Steve schluckte. „Klar", sagte sie dann sanft. „Und jetzt schlaf."

Endlich konnte er die Augen schließen und sich von der Wirkung des Mittels wegtragen lassen ins bodenlose Vergessen.

BENS Arme, seine Schultern, sein Rücken und vor allem das Kreuz waren inzwischen ein einziger Schmerz. Seine Handschuhe waren zerfetzt und blutig, wo scharfe Felskanten das Leder und das Fleisch aufgerissen hatten.

Warner atmete in rasselnden, asthmatischen Zügen durch den Mund und taumelte beim Gehen, aber er gönnte sich keine Pause, wurde nicht einmal langsamer.

Die aufgetürmte Steinmasse war jetzt kleiner, aber es blieb noch viel wegzuräumen, bevor der Höhleneingang auch nur zu sehen war. Ben überlegte, was wohl drinnen vorgehen mochte. Lilas Antwort hatte zuversichtlich geklungen, doch das war schon eine Weile her. Wenn Menschen so eng zusammengesperrt waren, noch dazu unter starker nervlicher Belastung, waren ihre Reaktionen nicht vorauszusehen. Panik hieß der Gegenspieler, mit dem sie es möglicherweise zu tun hatten. Ben kannte ihn.

Genaugenommen, dachte er, fühle ich selbst eine Art von Panik, weil ich weggegangen bin und meinen Posten verlassen habe. Eine idiotische Entscheidung, aber nun war's passiert. Er schleppte einen Felsbrocken, der fast zu schwer für ihn war, zum Rand der Schlucht. „Runter mit dir, du Mistvieh." Es war mittlerweile zu einer persönlichen Angelegenheit geworden.

ABWECHSELND trugen sie die Bahre die Straße hinunter zu den Jeeps – einmal Wilt und CJ, dann Bart und Carl.

Steve sagte: „Ich bin auch noch da. Laßt mich auch was tun."

„Du bekommst noch genug zu tun", erwiderte Bart. „Carl fährt Jaime runter. Du machst mit mir weiter, wo Carl und ich aufgehört haben, und wir kämmen die Gegend am Cañon durch. Wir haben nicht viel Zeit. Sieh dir das an."

Bart deutete nordwärts in den dunkelgrauen Himmel, wo Wolkenfetzen, die Schlimmes ankündigten, vor einer schwarzen Wand herjagten. Es war inzwischen spürbar kälter geworden, und der Wind nahm an Stärke zu. Dieser kalte Wind, dachte Bart, kriegt auch mich noch klein.

„Carl", sagte er, „du bringst Jaime runter zur Unfallstation. Dann ruf Carter an, und erkundige dich, wie man die Wetterentwicklung hier oben beurteilt. Wenn du glaubst, daß es Sinn hat, dann komm wieder rauf und sieh zu, ob du an das Auto und an den Wohnwagen rankommst. Aber geh zwischen den Bäumen runter. Bleib weg von der Lawinenbahn. Du brauchst nur einen Blick reinzuwerfen, dann wissen wir Bescheid."

„Und wenn sie alle tot sind?"

„Dann mach, daß du wegkommst. Wir riskieren nicht noch mehr Leben, um Leichen zu bergen."

Müßten wir nicht trotzdem, dachte Bart, auch die Leichen zu bergen versuchen? Wir bestatten doch unsere Toten. Aber solche Überlegungen waren eigentlich nur in Kriegszeiten am Platze, unter Soldaten.

Die Situation schien ihm allerdings ähnlich. Die Naturgewalten und die Berge waren die feindliche Armee, und alle Menschen, die gegen sie kämpfen mußten, Männer und Frauen, waren Kameraden.

„Egal, was du findest", sagte er schließlich, „sag Carter Bescheid. Er ist unser Ausgangslager." Carter war keine starke Stütze, ein Flachlandmensch, aber sie hatten nur ihn. Der Jeep, auf den er aufpaßte, und die Funkgeräte, die er überwachte, bedeuteten für sie Überlebenschancen.

Lieutenant Carter sah sie kommen. Er stieg aus und schaute zu, wie Bart und Carl die Bahre hinten in den anderen Jeep schoben und sie festbanden. Jaime bewegte sich nicht. Seine Augen waren geschlossen, seine sonst olivgetönte Haut war farblos wie weißes Wachs. Steves Augen suchten Carls Blick. „Kommt er – durch?"

„Je schneller ich ihn runterschaffe, desto eher kommt er durch."

Bart sagte sanft zu ihr: „Du solltest mitgehen."

„Nein. Dann bleiben hier nur drei. Ihr braucht zwei Teams." Nie einer allein, niemals.

„Ich meine –", fing Bart wieder an.

„Ich hab gesagt, nein!" Steve fuhr Carl an: „Also? Worauf wartest du noch?" Sie wandte sich ab.

Carl blickte nach Norden auf die schwarze Wolkenwand, die auf sie zu rückte. „Behaltet das gut im Auge", sagte er. „Viel Glück." Er stieg ein, und der Jeep setzte sich in gleitende und rutschende Bewegung.

„Alsdann", sagte Bart, nachdem der Jeep verschwunden war, „los."

„Ich habe Ihnen doch gesagt", mischte sich Carter ein, „daß der Gouverneur mit Ihnen sprechen will."

Bart hatte es vergessen. Er nickte. „Versuchen Sie, ob Sie ihn kriegen."

„Außerdem", fügte Carter hinzu, „will ich nicht, daß Sie wieder nur zu zweit losziehen. Wenn Sie letztes Mal auf mich gehört hätten –"

Bart war mit seiner Geduld am Ende. Betont freundlich sagte er: „Lieber Freund, übertreiben Sie's nicht. Wir kennen uns hier aus, und Flachlandheinis sind nur im Weg. Kriegen Sie den Gouverneur ans Gerät, und ich rede mit ihm. Dann bleiben Sie brav hier, und wir gehen an die Arbeit. Wir müssen nämlich ein verschollenes Flugzeug suchen und seinen Piloten."

Carter zögerte erst, stieg dann aber in den Jeep und fummelte am Funkgerät herum. Was er sagte, konnten sie nicht hören, wohl aber die Antwort aus dem Lautsprecher: „Der Gouverneur ist im Augenblick beschäftigt. In zwanzig oder dreißig Minuten können Sie mit ihm reden. Ende."

Carter legte das Mikrofon weg und stieg wieder aus.

„Wir haben's schon gehört", sagte Bart. „Also los, Leute."

IN DER Höhle sagte Billy plötzlich: „Ich hab im Fernsehen mal einen Film über Bergleute in einem Kohlenbergwerk gesehen. Ein Schacht war eingestürzt. Die Luft wurde knapp, und der eine fing an auszuflippen. Jedesmal, wenn ein Steinchen runterkam, bekam er Krämpfe. Zuletzt –"

„Billy", unterbrach ihn Lila im kalten Dunkel der Höhle, „denk nicht an den Film. Sie holen uns raus."

„Es war zwar nur ein Film, aber solche Sachen passieren auch in Wirklichkeit."

„Na schön, manchmal." Vor kurzem war der Junge plötzlich erwachsen geworden, dachte sie. Jetzt ging es wieder rückwärts.

„Ich weiß ein Spiel", sagte Patty impulsiv. Sie sprach ruhig, aber bestimmt. „Jemand sagt einen Buchstaben, und der nächste sagt auch einen, und der, bei dem das Wort zu Ende ist, hat verloren. Ich nehme O."

Das lenkt sie ab, dachte Lila. „F", sagte sie. „Billy?"

„Das ist ein blödes Spiel", sagte Billy. Er konnte seine Gedanken nicht unterdrücken. „Was, wenn noch eine Lawine kommt, was dann?"

„Noch ein F", sagte Patty.

Sue Ann, jetzt wieder von Schmerzen gequält, hörte die noch schwachen, aber allmählich deutlicher werdenden Geräusche draußen; Fels schabte an Fels, während die beiden Männer den Geröllhaufen abtrugen.

Seit Billy das Feuer auf ein winziges flackerndes Flämmchen beschränkt hatte, fror sie sogar in dem Schlafsack. Wie mochte es sein zu erfrieren? Ob es sehr weh tat? Oder war es eher, wie sie einmal gelesen hatte, als ob man einschlief?

Obgleich sie nicht sterben wollte, war doch die Versuchung übermächtig, einfach nachzugeben und den Dingen ihren Lauf zu lassen.

Sie verstand auf einmal, was so ein Wort wie Resignation eigentlich bedeutete.

Ihre Gedanken begannen davonzutreiben, doch Pattys Stimme drang dazwischen. „O - F - F - E. Mir fällt nichts anderes mehr ein als offen.“

Jetzt Billys Stimme, scharf und geringschätzig: „Wie wär's mit offerieren?“

Fast hätte Lila aufgelacht. Auf einmal waren die Kinder heraus aus dem Sumpf der allgemeinen Mutlosigkeit, nicht zuletzt durch ihren, Lilas, bescheidenen Einsatz. Sie kam sich wieder stark vor, ihre Lebensgeister waren zu neuem Leben erwacht.

Und in diesem Augenblick erschien am Höhlenausgang ein Schimmer grauen Tageslichts, Felsbrocken polterten, das Loch wurde größer, und Warner kam hindurchgekrochen.

Das Blut auf seiner Stirn war geronnen und verklebt mit Schweiß und Schmutz. Auch seine Hände waren blutig, doch er schien es nicht zu bemerken. Sein Atem ging in langen, pfeifenden Stößen. Noch auf Händen und Knien beugte er sich über Sue Ann und sagte mit Anstrengung: „Alles in Ordnung mit dir?“

Sie konnte nur nicken.

Warner sah sie alle nacheinander an. Er wirkte völlig verstört. Er öffnete den Mund, ohne einen Laut hervorzubringen. Dann auf einmal knickten seine Arme ein, und er fiel nach vorn auf das Gesicht und lag bewegungslos im kalten Staub des Höhlenbodens.

Patty schrie.

Carl fuhr mit Vierradantrieb und in der niedrigsten Übersetzung, um ein Maximum an Bodenhaftung zu sichern und die Kontrolle über den Jeep nicht zu verlieren. Er fuhr langsam und sehr vorsichtig, denn durch jähe Reaktionen konnte der Jeep sofort ins Schleudern kommen und über den Rand hinausgeraten.

Seine Gedanken waren bei Jaime, der hinten im Jeep auf seiner Bahre festgebunden lag. Carl hatte keinen Puls bei ihm finden können, allerdings waren seine Finger fast taub vor Kälte.

Er nahm eine Hand vom Lenkrad, schaltete den Sender auf Notruf und ergriff das Mikrofon. „Breaker neun, Breaker, kommen!“

„Hier Breaker. Kommen.“ Die Antwort kam herzerfrischend schnell.

„Hier Pipefitter. Ich komme von der Straße zum Skigebiet und bin auf dem Weg nach unten. Ich habe einen Verletzten bei mir. Wahrscheinlich Brüche und innere Verletzungen. Bitte, sagen Sie im Krankenhaus auf der Unfallstation Bescheid, daß ich komme."

„In Ordnung, Pipefitter. Wir sorgen dafür, daß Ärzte bereitstehen."

„Danke." Carl legte das Mikrofon wieder weg. „So, Jaime", sagte er, „jetzt nur nicht schlappmachen."

Schneefall setzte wieder ein, erst träge, doch bald erstaunlich heftig. In wenigen Minuten wurde ein Schneesturm daraus.

Damit ist die Sache klar, dachte Carl. Bart und die anderen konnten mit dem zweiten Jeep wieder runterfahren, und kein Fahrzeug würde so bald wieder in der Lage sein, diese Straße hochzukommen. Der angekündigte Sturm aus dem Norden war da.

In La Cantina stellte Connie das Radio leise. Nur ein paar Stammgäste waren zum Frühstück erschienen. Kein Wunder, dachte sie, bei dem Schnee. Der Vormittagshimmel war dunkel wie am späten Abend.

Dauernd mußte sie heute an Bart denken. Vergangene Nacht war mehr als nur eine Episode, das wußte sie jetzt ganz genau. Zum erstenmal hatte sie es gewagt, Gefühle zu zeigen, und Bart hatte diese Gefühle erwidert.

Sie hatte kein Wort für dieses Gefühl. Liebe hatte sie immer als etwas Unfaßbares empfunden, so abgenutzt durch Schlager und Romane, daß es fast keine Bedeutung mehr hatte. Doch manches, was in den Schlagern besungen wurde, fühlte sie jetzt auch.

Zum ersten Male begriff sie wirklich, was Bart und die anderen zu diesem Rettungsunternehmen trieb. Das Wort Menschlichkeit kam ihr in den Sinn. Auch das war ein Wort, das bisher für sie keinen konkreten Inhalt gehabt hatte.

Immer war sie ein Einzelgänger gewesen. Niemand wußte, was sie wirklich dachte, fühlte oder litt. Sie war mißtrauisch gegenüber Menschen, die ihr zu nahe kamen. Doch in der vergangenen Nacht mit Bart waren diese Schranken gefallen. Sie hatte eine Tür aufgestoßen, und Licht und Wärme waren hereingeflutet.

Die Musik im Radio brach ab. Der Sprecher sagte: „Wir unterbrechen unser Programm für eine Durchsage. Ein Mitglied der Rettungsmannschaft ist bei der Suche nach Senator Joe Martin von einer

Lawine verschüttet worden. Es liegen im Augenblick keine Informationen vor, ob der Verschüttete noch am Leben ist."

Connie schloß die Augen. Dann öffnete sie sie wieder und ging langsam hinüber zur Kaffeemaschine. Sie füllte eine Tasse zur Hälfte und stellte fest, daß ihre Hände zitterten, als sie zu trinken versuchte. Wie betet man, fragte sie sich, wenn die Verbindung zu Gott abgerissen ist?

GEGEN das Schneetreiben vorgebeugt, stapfte CJ mühsam weiter und suchte zwischen Baumgruppen, hinter Bodenerhebungen und im Unterholz nach dem verunglückten Flugzeug. Etwa fünfzig Meter weiter war Wilt undeutlich zu sehen. Er ging parallel zu CJ.

CJ mochte die Einsamkeit. Er war gern allein mit seinen Gedanken und mit den Bildvorstellungen, von denen sein Kopf voll war. Hier war die Welt weiß in Weiß; die Linien und Winkel herausragender Äste und Felsbrocken bildeten die einzige Unterbrechung der Schneefläche. Das ist schwer auf die Leinwand zu bringen, dachte er. Wie soll man die Kälte wiedergeben, die dazu gehört? Diese Kälte, die durch alle Kleidung direkt in die Knochen dringt.

Plötzlich blieb er stehen und starrte in den Schnee, dann pfiff er ein kurzes scharfes Signal, das Wilt veranlaßte, zu ihm herüberzustapfen.

„Hast du was gefunden?"

CJ deutete in den Schnee. Große, leicht nach innen gekehrte Spuren mit den Abdrücken von Klauen – Bärentatzen, die sich ganz deutlich und frisch im Schnee abzeichneten.

Wilt spitzte die Lippen und pfiff leise.

CJ fragte: „Ein großer schwarzer? Hoffentlich kein Grisly."

Wilt schüttelte den Kopf. „Viel Unterschied macht das nicht. Wahrscheinlich hat ihn eine von den Lawinen aus dem Winterschlaf geweckt und ins Freie getrieben. Egal, was es für einer ist, ich möchte ihm nicht begegnen. Vermutlich ein Schwarzbär, auf jeden Fall ist er bestimmt jähzornig, weil er im Schlaf gestört worden ist." Er nahm sein Walkie-Talkie heraus. „Kommen, Bart. Wir sind unten an der Nordwand, und wir haben etwas Unglaubliches gefunden."

WARNER lag völlig bewegungslos mit dem Gesicht nach unten auf dem Boden. Ben kletterte durch das Loch, als er Patty schreien hörte, überblickte kurz die Situation und wälzte dann den schweren Körper herum. Er ergriff Warners Handgelenk und suchte nach dem Puls. Es war keiner da. Auch die Brust des schweren Mannes bewegte sich nicht. Patty kniete neben ihm. „Er atmet nicht mehr!"

„Verdammt noch mal", antwortete Ben, „das seh ich. Wir müssen –" Er hielt überrascht inne.

Patty hatte den Kopf ihres Vaters zur Seite gedreht, seine Kiefer auseinandergezerrt und die Zunge herausgezogen. Jetzt verschloß sie seine Nase mit der einen Hand und hielt mit der anderen seinen Mund weit geöffnet. Sie preßte den ihren fest darauf und atmete kräftig aus. Warners Brust hob sich ein wenig. Als Patty ihren Mund löste, fiel der Brustkorb wieder ein.

Ben wartete nicht länger. Er kniete neben Patty, umfaßte mit beiden Händen Warners untere Brustkorbhälften. Auf den Knien verlagerte er sein Gewicht nach vorn, bis es voll auf Warners Brust lastete. Gleich nahm er den Druck wieder zurück, wartete einen Augenblick und wiederholte dann die Prozedur. Wie war noch mal der Rhythmus? Einmal pro Sekunde? Er begann im stillen zu zählen, einundzwanzig, zweiundzwanzig – Druck bei der ersten Silbe, dazwischen loslassen.

Patty setzte die Mund-zu-Mund-Beatmung gleichmäßig fort. Sie dachte an das, was der Ausbilder vom Roten Kreuz gesagt hatte: „Man merkt es, wenn der Patient schließlich wieder selbst atmen kann. Bleibt so lange dran, bis ihr ganz sicher seid." Im Augenblick gab es keinen anderen Gedanken als den: Ich lass' dich nicht im Stich, Paps!

Sue Ann betete mit geschlossenen Augen. Bitte, Gott, bitte.

Billy sah verblüfft und fasziniert zu. Wenn man das Herz zusammendrückt, fließt Blut hinaus in die Arterien, läßt der Druck nach, fließt Blut aus den Venen ins Herz – künstlicher Kreislauf.

„Schür das Feuer wieder, Billy", wies Ben ihn an. Wärme brauchen wir auf jeden Fall, dachte er. Vielleicht ist es aussichtslos, aber wir versuchen es eben. Einundzwanzig, zweiundzwanzig...

Lila sah still zu. Was für ein Mann, dachte sie. Und Patty bewies gerade, daß sie auch etwas leisten konnte. Wie wenig Zeit habe ich gebraucht, um diese Menschen genauer kennenzulernen, als ich die meisten meiner Freunde kenne!

Warner bewegte einen Fuß und drehte seinen Kopf ein wenig, als Patty ihren Mund wieder auf den seinen preßte.

Ben unterbrach die Herzmassage und legte das Ohr auf Warners Brust. Er meinte, das Herz schlagen zu hören. Er griff nach Warners

Handgelenk und fühlte Pulsschlag, schwach, aber regelmäßig. „Versuch mal, ob er selbst atmen kann, Patty."

Langsam ließ sich Patty auf die Fersen zurücksinken und beobachtete Warner mit angehaltenem Atem. Warners Brustkorb hob und weitete sich, senkte sich wieder, als er ausatmete. Noch ein Atemzug und wieder einer.

„O Gott", sagte Patty, und dann kamen ihr Tränen der Erleichterung.

„Na", sagte Ben lächelnd, „na, na!" Er faßte sie unters Kinn und drehte ihr Gesicht zu sich. „Prima", sagte er. „Aus dir wird mal was."

Sue Ann schloß wieder die Augen. Danke, sagte sie im stillen, o danke.

6. Kapitel

Im Büro des Gouverneurs sagte gerade der Reporter der Associated Press: „Der Name Warner Harlow erinnert mich an was. Moment mal, Moment mal – die Universitätsmannschaft von Oklahoma in ihrer großen Zeit. Warner Harlow war Verteidiger. Durch ihn ist Jake Boone als Spieler so berühmt geworden. Den kennen sogar noch Leute, die nie was von Abraham Lincoln gehört haben."

Das hat uns noch gefehlt, dachte der Gouverneur, ein vermißter Footballkönig!

Der Reporter von UPI wollte wissen: „Wie geht eigentlich die Suche nach diesen Leuten vor sich, Sir? Ich meine, warum ist kein Hubschrauber eingesetzt?"

„Ich bitte Sie, Sie sehen doch, wie das Wetter ist."

Der Mann von AP sagte: „Eins wollen wir mal festhalten. Sie haben das Flugzeug nicht gefunden."

„Noch nicht."

„Sie haben ein Auto und einen Wohnwagen gefunden. War jemand drin?"

„Das wissen wir nicht."

„Gibt es eine Möglichkeit, diesen Wallace hierherzubekommen, damit wir mit ihm reden können?" wollte der UPI-Mann wissen.

„Er hat genug mit der Rettungsaktion zu tun. Ich wollte mit ihm über Funk sprechen, aber ich konnte ihn nicht kriegen."

„Der Mann, den die Lawine erwischt hat, lebt der noch?"

„Das wissen wir noch nicht."

Der UPI-Reporter ließ ungeduldig sein Notizbuch zuschnappen. „Wo können wir's denn aus erster Hand kriegen, Sir? Ich will Sie ja nicht beleidigen, aber wir kriegen unsere Informationen von Ihnen, Sie haben sie von Captain Lopez, und der hat sie von seiner Sekretärin. Wenn eine Geschichte durch so viele Hände geht, dann stimmt sie nicht mehr. Wir möchten die Tatsachen so exakt wie möglich haben, klar?"

Ihr seid nicht die einzigen, dachte der Gouverneur. Jake Boone wollte das auch und drohte immer damit, Washington anzurufen. Diese Angelegenheit fing an, hochexplosiv zu werden.

In plötzlichem Entschluß wies der Gouverneur auf seinen Adjutanten, Frank Silva. „Hängen Sie sich ans Funkgerät, Frank. Da oben ist doch einer von Lopez' Leuten, Lieutenant Carter. Der hat sowieso nichts zu tun. Lassen Sie ihn runterkommen. Er kann Licht in die Angelegenheit bringen."

LIEUTENANT Carter war nicht gerade mit Phantasie gesegnet. Schon vor Jahren war er zu dem Ergebnis gekommen, daß es für ihn der sicherste Weg zum Aufstieg war, keine Fragen zu stellen und sich strikt den Anordnungen seiner Vorgesetzten zu fügen.

Für seine augenblickliche Aufgabe gab es allerdings keine festen Vorschriften. Er wußte nicht recht, was man sonst noch von ihm erwartete, außer hier im Jeep zu hocken, auf das Funkgerät aufzupassen und darauf zu warten, daß Bart Wallace und seine Leute ihm durch ihre Walkie-Talkies etwas zu sagen hatten. Er hatte schon eine Zeitlang nichts mehr von ihnen gehört.

Fast konnte man vergessen, daß irgendwo da draußen vier Leute mit Schneeschuhen umherstapften, nach einem Plan, der sich Carters Einsicht entzog.

Carter sah die Sache so: Nicht mehr lange, dann würde die Bergwacht unter staatliche Aufsicht gestellt werden. Dann würde endlich alles etwas straffer gehandhabt werden. Mit diesem zusammengewürfelten Haufen aus Automechanikern, Klempnern und Töpferinnen war dann Schluß, und Profis würden die Sache in die Hand nehmen. Er sammelte ja jetzt Erfahrungen als Beobachter und sah sich schon als Chef der neuen Organisation.

Aus dem Walkie-Talkie ertönte eine Stimme. „Hier Wilt. Bart, kommen."

„Hier Bart. Ich höre."

„Nichts auf unserer Seite. Wir gehen jetzt nach Osten, zu euch."

„Verstanden. Kein Zeichen von dem Bären?"

„Nichts. Wahrscheinlich sucht er sich eine von den Höhlen oben am Cañon, um seinen Winterschlaf fortzusetzen. Ende."

Auch das Funkgerät kam in Gang, und Carter meldete sich.

„Hier Frank Silva, Lieutenant. Der Gouverneur möchte, daß Sie runterkommen. Gleich."

Carter zögerte.

„Haben Sie mich verstanden, Lieutenant?"

„Doch, doch, Sir. Ich meine, verstanden. Nur –"

„Dann kommen Sie runter. Der Gouverneur hat im Augenblick nichts für Einwände übrig. Ende."

SUE ANN arbeitete sich mühsam aus dem Schlafsack heraus und lehnte sich an die Wand. „Warner braucht die Wärme jetzt nötiger als ich", erklärte sie.

Ben nickte. Warner hatte mit Sicherheit einen Schock, da war Wärme das wichtigste. Ihn in den Schlafsack hineinzuschieben war freilich keine leichte Arbeit. „Billy, Lila, faßt mal mit an."

Der Kranke hatte die Augen geöffnet, aber er sah alles wie durch einen Schleier. In seinem Kopf ging es wie eine Litanei: Warner Harlow, Warner Harlow, als versuche er, durch die endlose Wiederholung seines Namens sich selbst wiederzufinden. Und zugleich dieser reißende Schmerz in der Brust, der nicht aufhören wollte.

Er versuchte, einen Punkt zu fixieren. Er sah schattenhafte Gestalten um sich. Der Schmerz machte es ihm schwer, sie zu erkennen. Auf einmal fiel es ihm quälend wieder ein: das war seine Familie, und er war schuld daran, daß sie hier festsaßen.

Eine vertraute, freundliche Stimme durchbrach das schmerzhafte Dahindämmern: „Wehr dich nicht. Sie wollen dir nicht weh tun. Bald kommt Hilfe." Sue Anns Gesicht tauchte wie im Nebel vor ihm auf.

Atemholen war mühsam und schmerzhaft. Außerdem begann er zu frieren. Er fühlte, wie man ihn aufhob und wieder hinlegte. Eine Männerstimme sagte: „Bring das Feuer wieder hoch, Billy."

„Wir haben fast kein Holz mehr."

„Brauch auf, was da ist.“ Ben ging zu seinem Rucksack. Lila folgte ihm und kniete neben ihm. „Und was jetzt?“ fragte sie leise.

„Das ist doch wohl klar.“

Lila schüttelte den Kopf. „Ich bin ein bißchen langsam. Mir müssen Sie's Wort für Wort erklären.“

„Verdammt noch mal“, sagte Ben, „was glauben Sie, wie lang er am Leben bleiben kann ohne Sauerstoffzufuhr und Spritzen? Er hat einen Herzanfall, vielleicht sogar einen Infarkt, und gehört in die Klinik.“

„Haben Sie eine Nachricht zum Flugzeug bringen können?“

„Nein.“

„Und wie wollen Sie uns dann diesmal helfen?“

„Vielleicht über die Straße. Vielleicht –“

„Wenn wir Sie verlieren, sind wir so gut wie tot“, sagte Lila. „Wir alle. Haben Sie daran gedacht?“

„Vielleicht hab ich auch noch ein bißchen weiter gedacht. Es schneit schon wieder, und es wird immer kälter. Früher oder später geht uns das Holz aus. Wenn wir hier sitzen und Daumen halten, sind wir alle bald tot. Also lassen Sie mich machen.“

„Sagen Sie mir, wohin Sie gehen. Ganz genau, wohin.“

„Warum?“

Sie gab keine Antwort.

„Ich weiß, was Ihnen vorschwebt“, sagte Ben langsam. „Sie wollen kommen und mich retten, wenn ich nicht zurückkomme.“ Er schüttelte den Kopf. „Mm, mm. Keine Heldentaten. Wenn ich nicht zurückkomme, dann bleiben Sie hier und versuchen den Kindern zu helfen, so gut Sie können.“

Sie mußte an Joe denken, wie sie ihn zuletzt gesehen hatte, in dem zerschellten Flugzeug. „Ich bin ein Unglücksrabe, ich bringe nur Unheil“, sagte sie. „Wäre ich nicht dabeigewesen, dann wäre Joe vielleicht nach Tucumcari geflogen statt hierher. Und jetzt das hier –“

„Das ist doch Unsinn. Wenn man unbedingt will, kann man sich aus allem einen Strick drehen. Wenn ich doch und hätt' ich nur und all der Quatsch.“

Ich frage mich, was du erlebt hast, dachte sie, daß du die Welt so wenig leiden kannst.

Ben ging in die Knie, um hinauszukriechen. „Viel Glück!“ sagte Lila laut. Hoffentlich hört niemand, wie meine Stimme zittert, dachte sie.

ZUR Unfallstation des Krankenhauses von Santo Cristo ging es durch die neue Tiefgarage. Die Holzschranke hob sich automatisch, wenn ein Auto herankam.

Aber jetzt war der Mechanismus eingefroren, und die Schranke ging nicht hoch, als Carl von der verschneiten Straße hereinkurvte. Zum Teufel damit; er gab Gas, und das Holz splitterte. Carl fuhr hinauf zur Unfallstation, setzte den Wagen rückwärts vor den Eingang und sprang heraus, um die Heckklappe zu öffnen.

Zwei Pfleger kamen mit einer fahrbaren Bahre. Carl folgte ihnen ins Krankenhaus. Dort wartete schon ein Arzt, und Carl sagte zu ihm: „Er gehört ihnen." Er holte tief und ruckweise Atem. „Er ist – ein prima Kerl, Doktor. Ein Freund."

Der Arzt antwortete: „Ich glaube, Sie sollten sich selbst auch etwas hinlegen. Sie sehen aus, als ob Sie's brauchen könnten." Er wandte sich um und folgte der rollenden Bahre ins Untersuchungszimmer.

Carl ließ sich in einen Sessel fallen. Ausruhen, dachte er, aber ja. Doch was wird aus den andern oben in den Bergen?

DER Pfad hinunter zur Straße war frei von Bäumen und anderen Hindernissen und leicht zu begehen. Doch Ben machte sich keine Illusionen. Bis nach Santo Cristo konnte er nicht laufen, um Hilfe zu holen. Ein paar Kilometer mochte er schaffen, aber dann würden Kälte und Erschöpfung ihn unweigerlich in die Knie zwingen. Der Gedanke, nach dem ersten Tauwetter als Leiche geborgen zu werden, gefiel ihm nicht.

Außer den Leuten in der Höhle würde ihn freilich niemand vermissen. Und wem, außer denen, würde sein Verschwinden etwas ausmachen? Das war ein überraschender und beunruhigender Gedanke.

Die letzten achtzehn Stunden hatten sein Schicksal untrennbar mit dem von fünf anderen Menschen verknüpft, von deren Existenz er vorher nichts gewußt hatte. Trotzdem ist es nur eine vorübergehende Verbindung, sagte er sich. An dauerhafte Beziehungen konnte er schon lange nicht mehr glauben. Er wußte aus Erfahrung, daß gefährliche Situationen, die man im Dschungel oder in sumpfigen Reisfeldern zusammen durchlebt hatte, schnell wieder verdrängt wurden. Namen, von denen er geglaubt hatte, sie nie vergessen zu können, fielen ihm jetzt nicht mehr ein.

Dann dachte er an den einen ernsthaften Versuch in seinem Leben, eine echte Beziehung aufzubauen. Madge hatte ihm, wie man so schön sagt, ewige Treue geschworen. Aber als er aus Saigon nach Hause kam, war Madge verschwunden; nie hatte er herausbekommen, wohin. Mach's gut, Schatz, es war eine nette Zeit mit dir.

Wenn also Lila und die anderen glaubten, er sei nur ihretwegen hier im Schneesturm unterwegs, dann waren sie im Irrtum. Die sollten sich ruhig klarmachen, daß ihm seine eigene Haut genauso wichtig ist wie ihre. Sogar noch viel wichtiger. Er hatte eine vage Hoffnung. Vielleicht war ein Trupp hier in der Gegend auf der Suche nach dem Flugzeug. Der konnte ja zufällig auf das Auto mit dem Anhänger stoßen. Er konnte also ebensogut dort eine Nachricht hinterlassen. Bis dorthin würde er es schaffen, da war er sicher.

Er hielt den Kopf gegen den wirbelnden Schnee tief gesenkt und prüfte vor jedem Schritt den Boden sorgfältig mit seinem Stock. Er erreichte das Ende des Pfades und ging die Straße hinunter. Dabei kam er in sechs Meter Abstand an dem Bären vorbei, dessen Spuren CJ und Wilt gesehen hatten.

Es war ein großer Schwarzbär, vielleicht vier Zentner schwer. Wilt hatte richtig vermutet: die Lawine hatte seine Höhle freigelegt, in die er sich zum Winterschlaf zurückgezogen hatte. Verärgert war er ans Licht gekommen, um sich einen neuen Schlafplatz zu suchen.

Der Bär beobachtete Ben ganz ruhig, bis er nicht mehr zu sehen war, und machte sich dann ohne Eile wieder auf den Weg, den Pfad hinauf, auf die Höhlen zu.

Ben kam um die Kurve zu der Stelle, wo das Auto und der Anhänger gelegen hatten. Er blieb kurz stehen und starrte auf die Straße. Es war ihm klar, was geschehen war. Er ging zum Rand der Lawinenbahn und sah hinab. Auto und Wohnwagen waren unter einem Schutthaufen aus Stein, Holz und Schnee gerade noch zu erkennen.

Er schüttelte den Kopf, wandte sich ab und starrte wieder in den Schnee. Da waren eindeutig Spuren von Schneeschuhen und Nagelstiefeln, auch eine doppelte Reifenspur von irgendeinem Fahrzeug. Und sie wies nach unten, in Richtung auf die Stadt.

Ben überquerte die Lawinenbahn nahezu rennend und rutschte mehrmals im Schnee aus. Ein Suchtrupp war in der Nähe, ausgerüstet mit Schneeschuhen. Das bedeutete, daß sie zu einer organisierten Einheit gehörten. Er begann laut zu rufen, während er rannte.

LIEUTENANT Carter wußte zu gut, daß der Gouverneur so unangenehm wie ein Skorpion werden konnte. Der Polizist, der bei ihm Dienst tat, hatte erzählt: „Wenn er Frosch sagt, dann erwartet er, daß man springt. Springt man nicht, will er wissen, warum."

Das wußte Carter, und aus eigener Erfahrung wußte er noch etwas: Wenn man Befehle einfach befolgte, bekam man keine Schwierigkeiten. Bart Wallace hatte ihn angewiesen, an Ort und Stelle zu bleiben und das Funkgerät zu überwachen, doch Carter sah keine zwingende Notwendigkeit dafür. Außerdem hatte Wallace nicht das Recht, ihm Befehle zu erteilen.

Also zögerte er nicht länger, startete den Jeep und begann die schlingernde Abfahrt nach Santo Cristo.

Da er sich auf das Fahren konzentrierte, sah er nicht in den Rückspiegel. Er sah weder, noch hörte er, wie Ben schreiend und winkend um die letzte Kurve kam.

JAKE BOONE konnte nicht länger untätig bleiben. Er hatte seinen Stolz, und Harlows Verschwinden kränkte seine Eitelkeit.

„Wie stehen wir denn da?" sagte er zu seiner Frau. „Jemand kommt uns besuchen, verirrt sich, und wir können ihn nicht finden."

Ethel stimmte ihm zu. Der Mann, mit dem sie verheiratet war, war ein wuchtiger Mann und neigte zur Heftigkeit. In einer Sportzeitschrift hatte sie einmal etwas über einen Footballprofi gelesen, was auch haargenau auf Jake paßte: aktiv, agil und aggressiv.

„Es schneit einfach immer weiter", sagte Jake, als empfinde er das als persönliche Beleidigung. „Sieh dir das an." Er wies auf das große Fenster. Der Schnee wurde in regelrechten Schüben vom Wind gegen das Haus getrieben. Immer wieder stürmten schwere Böen gegen die Nordseite und heulten in der Antenne auf dem Dach.

In plötzlichem Entschluß wandte Jake sich zum Telefon und wählte eine Nummer auf der Ranch. „Johnny? Zieh Schneeketten auf den Tieflader. Und lade den großen Motorschlitten auf. Wir machen eine kleine Fahrt zusammen." Er hängte ein.

Ethel zögerte. Eigentlich wollte sie fragen, was er denn glaubte tun zu können, das die erfahrenen Leute von der Bergwacht nicht auch tun konnten, aber das hätte nur eine Auseinandersetzung gegeben. „Da oben ist einer verunglückt, Liebling." Sie seufzte. „Sei nur vorsichtig."

Carl erhob sich müde, als der Arzt aus dem Untersuchungszimmer zurückkam, und wartete schweigend ab.

„Ihr Freund ist unterwegs zum Röntgen“, sagte der Arzt. „Ich habe einen Orthopäden rufen lassen. Er hat ganz schön was abgekriegt.“

„Der halbe Berg ist auf ihn gefallen.“

„Möglicherweise hat er innere Verletzungen“, fuhr der Arzt fort. „Es hat keinen Zweck, daß Sie hier rumsitzen. In ein paar Stunden wissen wir mehr.“

Carl verließ das Krankenhaus, stieg in den Jeep, nahm das Mikrofon und rief Bessie. „Jaime ist in der Klinik, und ich fahr jetzt zum Spritzenhaus. Ich kann nicht mehr rauf in die Berge, solange sich das Wetter nicht ändert. Ende – Moment, bleib mal dran. Was macht denn der hier unten? Ich melde mich nachher noch mal, Bessie.“

Er hatte eben Carter am Steuer des anderen Jeeps gesehen, auf dem Weg zum Rathaus. Carl gab Gas, wendete den Jeep mit quietschenden Reifen und fuhr hinterher. Dabei murmelte er die ganze Zeit vor sich hin.

Er war noch etwa hundert Meter hinter ihm, als Carter in den Parkplatz vor dem Rathaus einbog. Carl verringerte den Abstand weiter, während sie das Gebäude betraten und die Treppen hinaufstiegen. Carter ging in das Büro des Gouverneurs, Carl folgte im Trab.

Ein halbes Dutzend Leute waren im Raum. Der Gouverneur saß hinter seinem Schreibtisch. Carl ignorierte sie alle und brüllte Carter an: „Was zum Teufel machen Sie denn hier unten mit dem Jeep?“

Es wurde plötzlich ganz still. Dann die scharfe Stimme des Gouverneurs: „Ich habe ihn kommen lassen.“

„Haben Sie ihm befohlen, vier Menschen da oben allein zu lassen, ohne Transport- und Verständigungsmöglichkeit, bei diesem Wetter?“

„Sagen Sie das noch mal“, sagte der Gouverneur.

„Wir sind mit sieben Mann in zwei Jeeps raufgefahren“, erklärte Carl. „Sechs davon sollten ein verschollenes Flugzeug suchen und möglichst auch noch ein Auto mit Wohnwagen. Einer brauchte nur dummes Zeug zu quatschen und im Weg rumzustehen.“ Er deutete mit dem Daumen auf Carter. „Der da.“

Niemand rührte sich.

„Jaime Leyba ist verletzt“, fuhr Carl fort. „Wahrscheinlich schwer. Ich hab ihn mit dem einen Jeep runter in die Klinik gefahren. Und jetzt ist dieser Trottel da mit dem anderen Jeep auch noch weggefahren und hat vier Leute da oben gelassen, damit sie erfrieren." Seine Stimme überschlug sich. „Haben Sie das beabsichtigt, Sir?"

„Nein", antwortete der Gouverneur. „Wir schicken die Jeeps sofort wieder zurück."

„Ach nein?" schrie Carl. „Ich hab's kaum geschafft runterzukommen. Kein Auto kommt da mehr rauf, mit oder ohne Vierradantrieb, solange der Sturm nicht nachläßt."

Der Gouverneur blickte auf Carter und wartete.

„Ich bekam Befehl herunterzukommen", sagte der. „Ich habe nicht darüber nachgedacht, ob man wieder hinaufkommt."

„Sie sind wirklich ein Idiot", sagte der Gouverneur. „Vielleicht denken Sie jetzt mal darüber nach, wie Sie wieder hinaufkommen. Geht es oder nicht?"

Carter schwieg.

Der Gouverneur sah Frank Silva an.

„Sie haben mir den Auftrag erteilt, ihn herunterzurufen", sagte der.

Der Gouverneur zog tief die Luft ein und atmete langsam wieder aus. „Na schön", sagte er dann müde. „Mein Fehler. Die Frage ist nur, was machen wir jetzt?"

WINDE direkt aus dem Norden brachten die angesagte Kaltluft. Sie legte sich über die Stadt und die Umgebung wie für eine lange Belagerung. Am Nachmittag sank das Thermometer im Flughafen von Santo Cristo immer noch.

Unvermeidliche Folgen waren abzusehen: Die Räumkolonnen würden schwer arbeiten müssen, um all die festsitzenden Autos und Lastwagen freizuschaufeln; Kühe und Schafe würden auf den Weiden einschneien und erfrieren; Wasserleitungen, denen seit dem Kälterekord von 1971 der Winter nichts hatte anhaben können, würden einfrieren; Telefon- und Stromleitungen würden sich in der Kälte zusammenziehen und reißen, und Licht und Heizung würden ausfallen, auch jede Möglichkeit der Verständigung.

Und es konnte noch schlimmer kommen. Von Süden bewegte sich das Sturmzentrum aus dem Golf gleichmäßig nach Norden, eine gigantische ruhelose Wolkenmasse. Je näher sie kam, um so mehr kühlte die Warmluft darin ab. Dadurch gab sie einen Teil des Wassers, das sie über dem Meer aufgenommen hatte, wie eine Art Sintflut wieder ab und ließ es auf das ausgedörrte Land niederprasseln, wo es überall rasche, reißende flache Ströme erzeugte.

Sobald die aufsteigenden Luftmassen an die Berge gelangten und sich noch weiter abkühlten, würde dieser Regen zu Schnee werden, und neue, noch höhere Verwehungen mußten dort die Folge sein.

Die bei dieser Kondensation frei werdende Energie mußte tobende Winde erzeugen, und wenn diese auf die arktischen Luftmassen über Santo Cristo stießen, würde man Zeuge eines Kampfes zweier Giganten werden.

Im Wetteramt studierte Brady Shaw seine Satellitenfotos, Karten und Meldungen. Als er sah, was für eine Konfrontation da unmittelbar bevorstand, dachte er: Irgendein Verrückter hat im Himmel die Kontrolle übernommen – wer soll jetzt noch vorhersagen, wie das weitergeht?

7. Kapitel

Ben quälte sich wieder die Straße hinauf. Das Bild des entschwindenden Jeeps ließ ihn nicht los. Fußspuren gingen seitwärts ab, doch in seinem Zorn bemerkte er sie nicht. Mein eigener verdammter Fehler, sagte er sich. Statt meine Zeit mit dem Flugzeug zu vertun, hätte ich gleich hierherkommen sollen. Ich wäre der Rettungsmannschaft direkt in die Arme gelaufen.

Die Leute mußten wissen, daß da unten in dem Schutthaufen ein Auto und ein Wohnwagen lagen. Warum hätten sie sonst da herumtrampeln sollen? Und da niemand darin war, mußten sie annehmen, daß sich hier oben irgendwo Leute aufhielten. Warum also fuhren sie wieder weg?

Das ergab alles keinen Sinn.

Jetzt kann man nur noch eines tun, dachte Ben, nämlich zurück zur Höhle gehen, Holz fürs Feuer sammeln und versuchen, alle durchzubringen bis zum nächsten Morgen. Angesichts der fallenden Temperatur war die Chance minimal, aber es mußte versucht werden.

Die Spuren, die er im Schnee hinterlassen hatte, waren noch klar, verwischten aber schnell. Er hielt die Augen immerzu darauf gerichtet, um den Rückweg nicht zu verfehlen. Plötzlich blieb er stehen und starrte ungläubig in den Schnee. Da waren noch andere Spuren neben den seinen, doch sie führten den Pfad hinauf auf die Höhle zu. Sie waren unverwechselbar und konnten nur von einem einzigen Lebewesen stammen – einem Bären.

Bloß kein Grisly, dachte Ben. Grislys waren eigentlich in dieser Gegend ausgestorben, aber es konnte ja sein... Er versuchte, sich zu erinnern, was er über Grislys wußte. Sie hatten längere Krallen an den Vordertatzen als andere Bären. Diese Krallen hier schienen nicht übermäßig lang zu sein. Na schön, sicher ein Schwarzbär. Verdammt ungemütlich.

Automatisch ging er weiter den Pfad hinauf, wie hypnotisiert von den Spuren. Wohin hätte er sonst auch gehen sollen? Die Höhle ist jetzt mein Zuhause, unser aller Zuhause.

Die Kälte fraß sich durch seine Kleidung. Füße und Beine waren taub, und die Hände schienen ihm nicht mehr zu gehören, trotz der daunengefütterten Fausthandschuhe. Bis zur Höhle waren es jetzt höchstens noch ein paar hundert Meter. Dort war die Temperatur inzwischen sicher auch nahe dem Gefrierpunkt, aber das war immer noch wesentlich wärmer als die Luft, die dieser Nordwind mitbrachte.

Auf einmal sah er den Bären. Durch das Schneetreiben wirkte er zuerst wie eine Sinnestäuschung, es hätte ein dunkler Felsen sein können. Aber dann wurde das Bild scharf und klar. Der Bär stand da, groß wie ein Blockhaus, seltsam unbeweglich und ohne Kopf – bis Ben klar wurde, daß sein Kopf im Höhleneingang steckte. Schwach hörte Ben Lilas Aufschrei. Die Arme schwenkend und laute Schreie ausstoßend, begann er zu rennen.

DIE Geschichte war ein gefundenes Fressen für die Reporter. Der Nachrichtensprecher sagte: „Die Ereignisse bei der Suche nach dem verschollenen Flugzeug und nach Senator Joseph Martin haben eine unerwartete und möglicherweise tragische Wendung genommen. Außer dem Senator sind jetzt noch acht weitere Personen in den Bergen abgeschnitten und zumindest im Augenblick für Hilfe von außen unerreichbar.

Vier der Vermißten sind Warner Harlow aus Oklahoma City, seine Frau und ihre beiden Kinder. Man hat die Trümmer ihres Autos und ihres Wohnwagens gefunden. Es ist bislang nicht bekannt, ob sich die Familie noch darin befindet und ob sie noch am Leben ist.

Die anderen vier Personen sind Angehörige der örtlichen Bergwacht. Infolge eines Vorfalls, der die Folge eines Mißverständnisses sein soll, sind sie ohne Transportmittel und ohne jede Möglichkeit, mit ihrer Basis in Santo Cristo Kontakt aufzunehmen. Ihre Namen sind: Bart Wallace –"

Connie stellte das Radio ab. Der einsame Gast an der Theke fragte: „Was glauben Sie, wie die in die Situation gekommen sind?"

Connie schüttelte den Kopf.

„Ich meine, das ist doch kein Wetter zum Schlittenfahren. Hier unten soll es heute nacht kälter als null Grad werden, und da oben –" Der Gast schüttelte den Kopf. „Na ja, besser die als ich."

Connie konnte nur nicken. Sprechen traute sie sich nicht zu.

Wie Ben am Tag vorher, so wurde Steve auf das Flugzeug durch dessen rote Farbe aufmerksam. Während sie darauf zustrebte, hob sie das Walkie-Talkie an ihre tauben Lippen. „Hier Steve. Kommen, Bart. Ich hab das Flugzeug gefunden."

„Verstanden." Barts Stimme. „Gut gemacht. Ich komm zu dir. Ende."

Bart sieht aus wie ein großer Bär, wenn er so in dem Schneetreiben auftaucht, dachte Steve, und auf mich zutappt. Er lächelte ihr anerkennend zu, ohne etwas zu sagen. Gemeinsam näherten sie sich dem Flugzeugrumpf. Das Cockpit war zugeschneit. Bart wischte ein Fenster frei und spähte hinein. Langsam richtete er sich wieder auf. „Ich glaube, wir hätten zu Hause bleiben und uns die Mühe sparen können." Ich hätte bei Connie bleiben können, dachte er dabei. Sie war den ganzen Tag nie ganz aus seinen Gedanken verschwunden.

Steve fragte zögernd: „Ist er tot?"

„Tot, und kein besonders schöner Anblick." Er nahm wieder sein Walkie-Talkie heraus. „Hier Bart. Ich rufe Carter im Jeep. Carter kommen."

Stille. Er hob das Gerät noch einmal. „Hier Bart. Ich rufe Carter im Jeep. Carter kommen!"

„Bart?" Das war CJ's Stimme. „Der Jeep ist weg!"

Langsam sagte Bart: „Sag das noch mal."

„Ich sag dir, der Jeep ist weg! Und noch nicht lang. Wilt sagt, die Spuren sind ganz frisch! Dieser Dreckskerl ist damit nach unten gefahren, und er kommt todsicher nicht mehr damit wieder, bei dem Straßenzustand! Hast du mich verstanden?"

Bart starrte in den fallenden Schnee, ohne etwas zu sehen. Als er endlich wieder sprach, war seine Stimme tonlos. „Wir kommen rüber", sagte er. „Bleibt, wo ihr seid. Ende."

Der Jeep war ihre Überlebensbasis. Ohne ihn hatten sie nur, was sie auf dem Leib trugen und was jeder zufällig in der Tasche hatte, eine Karte, einen Kompaß, ein Taschenmesser, vielleicht ein paar Streichhölzer, sonst nichts. Die Erinnerung an den erfrorenen Jäger drängte sich Bart unvermeidlich auf.

Gewiß, sie waren besser für das Wetter angezogen, als der es gewesen war. Trotzdem setzte ihnen die Kälte bereits heftig zu. Dicke Kleidung allein reichte nicht aus, sie brauchten ein Obdach, wenn irgend möglich ein Feuer. Was, wenn erst einmal die Nacht hereinbrach und mit ihr die angekündigte polare Kaltluft? Eins nach dem andern, sagte sich Bart, vergiß das nicht.

Steve sah im fallenden Schnee umher und blickte auf die verschwommenen Umrisse der Bäume und auf die übereinandergetürmten Felsbrocken am Rande der Schlucht. „Wir sitzen fest, was?" Ihre Stimme war ganz ruhig.

Bart legte seinen kräftigen Arm um ihre Schultern und drückte sie sanft an sich. „Wir sind noch nicht am Ende", sagte er. „Gehen wir."

LILAS Aufschrei brachte Billy mit einem einzigen Satz auf die Beine. Entsetzt deutete sie auf die schneebestäubte Bärenschnauze in der Höhlenöffnung. Das ärgerliche Brummen des Bären hallte von den Wänden wider. Seine kleinen Augen funkelten vor Zorn.

Patty rief: „Papis Gewehr!"

„Nein!" schrie Billy. Er riß einen brennenden Ast aus dem Feuer und ging, ihn vor sich hin und her schwenkend, langsam auf den Bären zu.

Der Bär brummte wieder. Als die Flamme näher kam, riß er seine riesigen Kiefer auf und schloß sie wieder mit einem schrecklichen Krachen. Seine Schultern waren in der engen Öffnung eingezwängt, er war eindeutig im Nachteil.

Als der brennende Ast seine Schnauze berührte, verwandelte sich das Brummen in Brüllen, Gebrüll des Schmerzes und der Wut. Der penetrante Geruch verbrannter Haare erfüllte die Höhle. Der Bär brüllte noch einmal auf und zog sich zurück auf den engen Pfad.

Zornig wischte er sich mit der Tatze über die Schnauze. Dann hörte er ein neues Geräusch und wandte sich um. Er sah einen Menschen im Schnee vor sich auftauchen und schwankend auf sich zukommen. Der Mann schrie und schwenkte seinen Stock.

Der Bär erhob sich auf seine Hinterbeine, fegte Bens Stock beiseite und holte mit der Vordertatze zu einem Hieb aus, der genau Bens Rippen traf. Die Wucht des Schlages nahm Ben die Luft und schleuderte ihn rückwärts in den Schnee.

Wieder brüllte der Bär. Bens Schrei war plötzlich abgebrochen. Er riß die Arme schützend vors Gesicht, stolperte, suchte verzweifelt Halt, als er spürte, wie er fiel und über den Rand des Pfades stürzte. Ein paar Steine polterten hinterher, dann war es still.

Der Bär rieb sich noch einmal die schmerzende Schnauze und trottete dann den Pfad hinunter, um sich nach einer anderen, weniger ungastlichen Bleibe umzusehen.

Im Innern der Höhle stand Billy und hielt immer noch den brennenden Ast in der Hand. Seine Knie zitterten, und er fühlte sich elend. Er versuchte etwas zu sagen, konnte aber nicht sprechen.

„Nicht schlecht." Lilas Stimme.

Patty rief: „Du warst einfach – toll, ehrlich!"

Und Sue Ann sagte: „Ich habe draußen jemanden schreien hören. Wenn das Ben gewesen ist?" Um Gottes willen, nein! Wir dürfen ihn nicht verlieren!

„Ich hab nichts gehört", sagte Lila.

„Mami mit den langen Ohren", sagte Patty. Das war ein alter Familienscherz. „Sie hört das Gras wachsen."

Lila stand langsam auf. Sie sah Sue Ann an. „Sind Sie sicher?"

„Ich fürchte, ja."

Lila holte tief Luft. „Also dann." Resignation lag in ihrer Stimme. Sie kniete sich neben Bens Rucksack und sah den Inhalt durch. Handschuhe, eine Schirmmütze und ein Schal, den sie sich um den Hals wickelte. Dann machte sie sich auf den Weg zum Höhlenausgang. Unbewußt übernahm sie das Kommando: „Macht keine Dummheiten."

Sue Ann sagte: „Am Ende ist er – tot!" Jetzt war es heraus.

„Vielleicht", antwortete Lila. „Ich komme zurück, sobald ich Bescheid weiß." Sie kroch aus der Höhle, richtete sich auf und begann, den Spuren des Bären zu folgen.

BART, Steve, CJ und Wilt starrten alle zusammen auf die Reifenspuren des Jeeps. Wilt atmete tief durch. „Wenn mir dieser Carter je wieder unter die Augen kommt, dann bring ich ihn um." Er sah Bart an. „Wir haben zwei Möglichkeiten. Beide sind schlecht."

Bart nickte. „Weiter."

„Bis unten sind es fünfundzwanzig Kilometer. Bei dem Schnee und ohne Skier, nur mit Schneeschuhen, brauchen wir mindestens fünf Stunden, wenn wir's überhaupt schaffen und wenn wir Zehen und Finger behalten. Oder wir bleiben hier und erfrieren auf die weniger mühsame Art."

„Irgendwelche Vorschläge?" fragte Bart.

„Ich passe", sagte Steve und ging ein paar Schritte beiseite. Ich habe Angst, dachte sie, aber ich will nicht, daß sie es merken.

CJ sagte: „Ich meine, wir sollten unter allen Umständen zusammenbleiben, so oder so."

Bart antwortete: „Das auf jeden Fall. Wilt?"

„Wir schaffen's nicht alle bis runter, das ist doch klar. Wir sind hier oben, und da gibt's bloß eins: So schnell wie möglich was suchen, wo wir unterkriechen können. Dann können wir weitersehen."

„Bart!" Steves Stimme klang scharf, drängend. „Wilt! Kommt mal her, und seht euch das an!" Sie wies auf Spuren im Schnee. „Hier war jemand, ein Mann. Keine Schneeschuhe, also keiner von uns."

CJ sagte: „Vielleicht dieses Mistvieh Carter?"

„Nein", sagte Wilt, und es klang schon wieder ungezwungener. „Carters Abdrücke sind dort, rund um den Jeep. Sie sind kleiner. Die hier sind von jemand anders, jemand großem."

„Vielleicht einer von der Familie Harlow", sagte Bart. „Egal wer, auf jeden Fall hat er die letzte Nacht überlebt, also muß er eine Zuflucht gehabt haben."

„Dann wollen wir ihn suchen", sagte CJ trocken, „und mal bei ihm reinschauen. Vielleicht bleiben wir übers Wochenende." Grimmig fügte er hinzu: „Hoffentlich ist er ein guter Gastgeber."

Bart nickte. „Also los." Er lächelte Steve zu. „Was hab ich dir gesagt? Wir sind noch nicht am Ende."

ES WAR so kalt, daß Lila schon nach ein paar Metern die Füße schmerzten und die Zehen taub wurden.

Da waren die Bärenspuren. Richtig, und da waren auch die eines

Menschen. Sie führten von unten herauf und – gingen rückwärts direkt bis zum Abgrund!

Sehr vorsichtig näherte sie sich dem Rand des Pfades und sah hinunter. Sechs Meter tiefer sah sie etwas Dunkles, das durch den fallenden Schnee nur undeutlich zu erkennen war. Sie hätte nicht sagen können, ob es sich bewegte, ja, ob es überhaupt ein Mensch war.

„Also dann." Sie sagte es laut. „Jetzt bin ich dran." Sie stapfte den Pfad weiter abwärts und fand eine Stelle, wo sie den steilen Abhang einigermaßen sicher hinunterklettern konnte.

Überall lagen Felsbrocken und Baumstämme; Buschwerk und Äste setzten ihr immer wieder unerwarteten Widerstand entgegen, während sie sich vorkämpfte und hoffte, daß sie die richtige Richtung eingeschlagen hatte.

Dann stand sie plötzlich neben Ben. Er lag auf einem Berg aus Schnee und Ästen, der seinen Fall einigermaßen gedämpft hatte. Er war schon fast zugeschneit. Schnee lag auf seiner Kleidung, auch auf seinem bärtigen Gesicht. Doch seine Augen waren offen, und er war bei Bewußtsein. Schwach bewegte er einen Arm.

„Warten Sie, ich helfe Ihnen." Lila faßte seinen Arm und hob ihn etwas an. Langsam kam er auf die Knie. Dann brachte er einen Fuß auf den Boden und begann aufzustehen. Schließlich stand er auf beiden Beinen.

„Okay", sagte Lila und keuchte vor Anstrengung, „gehen wir." Sie legte sich seinen Arm um die Schultern. „Sie müssen mithelfen. Ich kann nicht alles allein machen."

„Ich hab Ihnen doch gesagt, Sie sollen – in der Höhle bleiben."

„Darüber", erwiderte Lila, „können wir uns später unterhalten. Jetzt müssen Sie gehen. Verdammt noch mal, gehen Sie schon!"

DER Gouverneur präsidierte in Hemdsärmeln hinter seinem Schreibtisch, vor sich einen gelben Notizblock. „Also gut", sagte er, „inzwischen haben wir neun Menschen da oben. Und ich bin zweimal aus Washington angerufen worden, was für eine Schau wir hier eigentlich abziehen."

Captain Lopez sagte: „Wir haben einfach keine Fahrzeuge, die unter den gegenwärtigen Bedingungen die Straße hinaufkommen können."

Der Bezirksförster sagte: „Die Leute von der Bergwacht verstehen ihr Handwerk, aber ihnen fehlt ihre normale Ausrüstung – Schlafsäkke, Axt, Säge –" Er schüttelte den Kopf. „Hier geht es ums Überleben unter den denkbar ungünstigsten Bedingungen."

Ein Beamter von der Rettungsflugwacht fragte: „Wir können von hier aus nichts tun, bis der Sturm vorbei ist, stimmt das?" Er blickte zu Brady Shaw, dem Meteorologen.

„Vielleicht müssen wir sogar noch warten, bis der nächste vorüber ist", antwortete Brady.

Der Chefingenieur vom Straßenbauamt machte den Standpunkt seiner Behörde klar: „Seit den Sprengungen beim Bau der Nebenstrecke wollten wir die Hauptstraße sperren. Es ist einfach zu gefährlich da oben. Die ganze Schlucht ist so porös wie Bimsstein, und die Sprengungen haben den Fels gelockert. Wir haben schon zwei Lawinen gehabt, mit anschließendem Felsrutsch. Noch eine, und der ganze Felsen sackt in sich zusammen. Und wenn die Leute da oben sind –"

Schweigen. Der Gouverneur studierte die Notizen auf seinem gelben Block. „Irgendwelche Vorschläge? Wie wär's mit Motorschlitten?"

„Können wir versuchen", antwortete Captain Lopez. „Aber diese Straße hinauf und unter den gegenwärtigen Bedingungen – ich glaube, das geht nicht." Er hielt inne. „Augenblick mal. Vor ein paar Tagen habe ich zufällig so ein Raupenfahrzeug gesehen, wie sie zum Schneeräumen eingesetzt werden, ein großes rotes Ding mit einem Fahrerhaus."

„Schaffen Sie es her", sagte der Gouverneur. „Und sorgen Sie dafür, daß ein Funkgerät drin ist, damit wir in Verbindung bleiben können."

JAKE BOONE steuerte den Tieflader selbst; der große Motorschlitten war sicher darauf festgezurrt. Juan Ortega saß auf dem Beifahrersitz. Juan war nicht wohl bei der ganzen Operation.

„Wir fahren so weit rauf, wie es geht, Johnny", erklärte Jake. „Dann laden wir den Motorschlitten ab und fahren damit weiter."

Jetzt, wo er aktiv sein konnte, ging es Jake gleich wieder besser. Herumsitzen und abwarten war immer eine Qual, genau wie früher, wenn man im Umkleideraum hockte und warten mußte, bis das Spiel endlich begann. „Wie weit, glaubst du, ist es bis hinauf, sechs, sieben Kilometer?"

„Ich glaube, es ist vielleicht noch weiter, Mr. Boone."

„Na, wir werden ja sehen."

„Die Straße wird jetzt eng, Mr. Boone."

„Schon gut, wir haben noch Platz genug."

Der Lastwagen schlingerte und rutschte, und der Motor heulte vor Anstrengung auf.

Die Sicht war schlecht, aber Jake trat das Gaspedal weiter durch und steuerte blind ins Ungewisse.

„Vielleicht fahren wir besser etwas langsamer, Mr. Boone?" Vielleicht wenden wir jetzt besser und fahren direkt wieder hinunter, pronto, dachte Juan.

„Warner Harlow ist ein alter Freund von mir, Johnny. Ich lasse meine Freunde nicht im Stich."

„Nein, Señor."

Der Laster schlingerte wieder und scherte hinten aus, dann wurde er auf einmal langsamer. Jake ließ das Gaspedal los und trat es ein paarmal ganz durch. Die Hinterräder drehten durch und quietschten, der Wagen drehte sich, bewegte sich noch ein paar Meter ruckweise, stieß gegen etwas Hartes und blieb stehen.

Jake haute den Rückwärtsgang hinein und trat wieder das Gaspedal durch. Der Motor heulte auf, einen Augenblick rührte sich der Laster nicht, dann drehte er sich plötzlich um seine eigene Achse, prallte gegen ein anderes Hindernis und blieb krachend wieder stehen.

Langsam öffnete Juan die Tür und stieg aus. Er stand fast bis zur Hüfte im Schnee und sagte: „Ich glaube, er kann sich nicht mehr bewegen, Mr. Boone. Wir stehen so –" Er hielt die Hände über Kreuz. „Hier ist ein Baumstamm und ein großer Felsen." Und wie er es geschafft hat, sich genau dazwischen zu klemmen, dachte Juan, das wußte nur *Dios* allein.

Widerstrebend stellte Jake den Motor ab und stieg aus, um sich die Bescherung anzusehen. „Na schön", sagte er schließlich, „zum Teufel damit. Laden wir den Motorschlitten ab." Er machte einen Schritt und versank bis zu den Oberschenkeln im Schnee. „Verdammt", sagte er, „ich hab nicht gedacht, daß er so tief ist. Glaubst du, der Schlitten kommt die Straße rauf?"

„Nein, Señor."

„Wahrscheinlich hast du recht. Also gut, wir fahren wieder runter damit. Wir haben's wenigstens versucht."

„Si, Señor. Und der Laster?“

„Den lassen wir hier. Wir kriegen ihn ja doch nicht raus, und hier kommt sowieso so bald keiner vorbei.“

DA, WO der Pfad begann, der an der Cañonwand hinaufführte, machte Wilt für einen Moment halt, um die Fußspuren genauer zu untersuchen. Er hielt sich für einen guten Spurenleser, und was er hier vor sich hatte, war ohnehin so klar wie gedruckt. „Unser Mann ist hier runtergekommen. Hier ist der Bär entlanggekommen, etwas später, nachdem der Mann schon vorbei war. Er ist den Pfad hier raufgegangen, bestimmt hat er da oben eine Höhle gesucht.“

CJ fragte: „Du meinst, der Bär ist noch oben?“

„Nein. Hier kommt er wieder runter. Das kann noch nicht lang her sein, aber auf jeden Fall, *nachdem* unser Mann raufgegangen ist.“

„Dann müssen sie sich begegnet sein“, sagte Bart. Steve schauderte, nicht nur wegen der Kälte.

Bart sprach weiter: „Also gut, gehen wir weiter und sehen, was kommt. Wir brauchen eine Unterkunft, habt ihr das vergessen? Mach weiter, Wilt.“

„Und Gott gnade Carter“, sagte CJ. Während sie weiterstapften, sprach er über die Schulter. „Irgendeinen Grund muß er ja gehabt haben, aber der Teufel soll mich holen, wenn ich mir vorstellen kann, was wichtig genug war, uns hier allein zu lassen.“

Wir haben eine Überlebenschance, dachte Steve. Denn wir sind vier kräftige, erfahrene Leute, und wir sind für dieses Wetter angezogen. Und wir haben Bart dabei, er ist unsere größte Stütze. Trotzdem, die Grenze zwischen Überleben und Sterben ist schmal.

Wilt rief plötzlich: „He!“ und ging schneller.

Auch Steve beschleunigte ihren Schritt, bis sie sah, was seine Aufmerksamkeit erregt hatte.

Weiter oben taumelte ein Mann den Pfad entlang, und eine kleinere Gestalt versuchte, ihm beim Gehen zu helfen. Sie schienen Wilts Ruf nicht gehört zu haben.

Jetzt hatte Wilt sie eingeholt. Er ergriff mit einer Hand den Arm des Mannes, mit der anderen hob er die Frau einfach hoch und schob sie nach rückwärts, Steve zu, die sie übernahm und in den Armen hielt wie eine schlaffe Puppe.

Lila sagte undeutlich: „Das glaube ich nicht.“

Steve verzog ihre steifen Lippen zu einem Lächeln. „Wir sind echt. Kalt, aber echt", sagte sie.

Lila verdrehte die Augen und verlor das Bewußtsein.

Wilt sagte: „Da oben ist eine Höhle. Da wollen sie hin." Seine Stimme nahm einen seltsamen Klang an. „Er nennt sie sein Zuhause."

8. Kapitel

Der Schneepflug stand blank und blitzend auf dem Anhänger eines Tiefladers in der Einfahrt. Dort hatte ihn Captain Lopez zufällig gesehen. Der Bezirksförster begleitete ihn. Zusammen bestaunten sie die breiten Gleisketten, den Vorbauschneepflug des Gefährts und den riesigen Motor, der vor Kraft zu bersten schien.

„Ein Prachtstück, was?" Ein Mann in einem Parka war aus dem Haus getreten und stand neben ihnen. „Mein Name ist Craig." Er betrachtete ihr Auto. „Aha, Polizei. Worum geht's denn?"

„Wir brauchen Ihre Hilfe", erklärte Captain Lopez. „Neun Menschen sind in den Bergen eingeschlossen, und nur mit diesem Ding da können wir rauf zu ihnen."

„So viele?" fragte Craig ungläubig. „Was machen die denn alle da oben bei dem Wetter?" Er unterbrach sich. „Schon gut, schon gut." Er deutete auf den Schneepflug. „Aber wenn Betsy raus soll, geh ich mit."

Captain Lopez nickte. Er ging zum Auto und rief das Polizeirevier. „Setzen Sie sich mit der Bergwacht in Verbindung. Fragen Sie nach Carl. Sagen Sie ihm, er soll mich auf dieser Frequenz rufen." Erschöpft lehnte er sich zurück und wartete. In den letzten sechsunddreißig Stunden hatte er nur eine Stunde lang geschlafen. Der Lautsprecher knackte. „Hier Carl. Ich soll mich mit Ihnen in Verbindung setzen."

Der Captain informierte ihn über den Schneepflug. „Rundum geschlossenes Fahrerhaus. Man kann sicher drei oder vier Leute, außer dem Fahrer, transportieren."

„Schon unterwegs", sagte Carl. „Kommen."

„Verstanden", antwortete der Captain. „Wir warten hier. Ende." Er hängte das Mikrofon wieder ein und wandte sich an den Förster. „Sieht so aus, als wären wir jetzt doch wieder am Ball."

Barts wuchtige Erscheinung und seine starke Persönlichkeit beherrschten sofort die Szene, kaum daß er die Höhle betreten hatte. „Steve, du kümmerst dich um das Mädchen." Er deutete auf Ben. „Wilt, du um ihn."

„Ich bin in Ordnung", sagte Ben. Mühsam streifte er seine Kapuze vom Kopf. Langsam und unter Schmerzen ließ er sich auf den Boden nieder, lehnte sich gegen die Felswand und schloß die Augen.

Bart sah sich nach den anderen um. Sue Ann lehnte auch an der Wand, das geschiente Bein steif von sich gestreckt. Ihre ganze Aufmerksamkeit galt Warner, der im Schlafsack neben ihr lag. Sein Gesicht war grau, sein Atem ging flach und mühsam, und seine Lider flatterten. Sieht nicht gut aus, dachte Bart, gar nicht gut.

Zu dem Jungen am Feuer sagte er freundlich: „Brauch das Holz nur auf. Wir holen neues. Wilt, du bleibst mit Steve hier, ihr paßt auf den Laden auf. Komm mit, CJ." Er ging in die Knie und quetschte sich durch die Höhlenöffnung.

Steve kniete neben Lila. Patty berührte ihre Schulter. „Kann ich – irgendwie helfen?"

„Vor allem müssen wir sie warm kriegen."

„Was kann ich tun?"

Steve sah zu dem Mädchen auf. „Wärm sie mit deinem Körper."

„In Ordnung." Kein Zögern. „Zeig mir, wie."

Steve mußte lächeln. Überall kann man gute Menschen treffen, dachte sie. „Hilf mir erst mal, ihr die nassen Sachen auszuziehen", sagte sie dann. „Vielleicht gibt's hier eine Decke?"

Draußen, auf dem Weg zum Holzsammeln, sagte CJ: „Ganz schöner Schlamassel. Der in dem Schlafsack macht's bestimmt nicht mehr lange. Die Frau hat vielleicht einen Beinbruch. Und was ist mit dem langen Kerl?"

Eine Kette von Zufällen, dachte Bart. Unglaublich. „Er ist dem Bären über den Weg gelaufen, als der versucht hat, in die Höhle zu kriechen."

Wieder begann das Geräusch, das sie nun schon zweimal gehört hatten, ein tiefes Rumpeln, das allmählich immer stärker wurde. Felsbrocken polterten über ihnen die Wand herunter. Sie bückten sich und hielten die Arme schützend über den Kopf. Unter dem Schnee bebte der Boden.

Endlich wurde es besser, das Rumpeln verstummte, ein paar Steine kamen noch hinterher, dann herrschte wieder Stille. Bart richtete sich langsam wieder auf. „Ich frag mich nur, wie lang das noch gutgeht. Irgendwann nimmt so eine Lawine den ganzen Felsen mit."

CJ nickte nur.

„Los, suchen wir Holz", sagte Bart. „Solang die Höhle noch hält, brauchen wir sie auch."

KAUM war er wieder in seinem Büro, da starrte Brady Shaw schon wieder auf die Wetterkarte und die neuesten Satellitenfotos. Keine Aussicht auf Besserung, dachte er und sagte es auch laut.

Sein Assistent meinte vorsichtig: „Das Sturmzentrum über dem Golf dreht vielleicht noch ab."

„Vielleicht. Genausogut kann aber auch die Hölle zufrieren. Ich würde mein Geld nicht darauf verwetten, auf keins von beiden." Brady schwieg eine Zeitlang. Dann fuhr er fort: „Ich mag's gar nicht laut sagen, weil ich es nicht berufen will, aber eine Möglichkeit ist drin, daß es wieder besser wird. Eine schwache Hoffnung."

Der Assistent schüttelte verständnislos den Kopf.

Brady tippte auf die Wolkenballung, die direkt über Santo Cristo hing. „Diese polare Kaltluft bewegt sich stetig nach Südosten. Und diese Front aus dem Golf zieht auf, aber nicht in einem gleichmäßigen Tempo. Wenn sich die polaren Luftmassen weiter fortbewegen und wenn das andere Zentrum über dem Golf sich ein bißchen Zeit läßt..." – er zögerte etwas, bevor er weitersprach –, „dann können wir vielleicht dazwischen einen Hubschrauber starten." Er seufzte. „Jedenfalls wollen wir das im Auge behalten."

VON seinem Wagen aus beobachtete Captain Lopez, wie der riesige Schneepflug sich die Straße hochwälzte. Dann lehnte er sich bequem zurück, um auf Carls Funkspruch zu warten. Er genoß es, einen Augenblick auszuspannen. Bald war die Krise überstanden.

Der Lautsprecher knackte, und er hörte Carl sagen: „Ich rufe Captain Lopez. Kommen."

Der Captain nahm das Mikrofon. In seinem Kopf klingelte eine Alarmglocke. „Verstanden. Hier Lopez. Kommen."

„Wir können nicht weiter", sagte Carl voller Zorn. „Sie werden's nicht glauben, aber irgendein Idiot hat einen Tieflader quer gestellt und festgefahren und die ganze Straße blockiert. Zwischen den Bäumen kommen wir nicht durch, und auf der andern Seite fällt die Straße steil ab. Einfach alles zu. Der Tieflader hat ein Firmenzeichen an der Tür. JB. Kommen."

Der Captain schloß die Augen. Jake Boone, dachte er. „Verstanden", sagte er resignierend. „Kommen Sie zurück. Ende."

BILLY kniete so nah am Feuer, wie es nur ging. Vorn war er warm, aber hinten erfror er beinahe. Er hatte seine neue Windjacke an, die silberne Seite nach innen, die schwarze nach außen. Auf diese Weise absorbierte und speicherte sie die Wärme – so jedenfalls hatte es in der Anzeige gestanden. Nun, Billy wußte es jetzt besser: Wenn es richtig kalt war, ging nichts über gutes altmodisches Daunenfutter oder Schaffell, wie Ben und die Neuen es hatten.

Auf einmal fühlte Billy, wie der Boden zitterte, und hörte das tiefe Dröhnen einer neuen Lawine. Einen Augenblick lang fürchtete er, die ganze Höhle werde einstürzen, aber es passierte nichts weiter.

Er sah, wie seine Mutter die Hand beruhigend auf seines Vaters Wange legte. Die Geste wirkte so friedlich und liebevoll; beide schienen nur für einander dazusein und wirkten wie abgekapselt von der übrigen Welt. Das war neu für Billy, und er empfand geradezu so etwas wie Neid.

Auch Patty kam ihm ganz verändert vor. Mit großem Respekt hatte er ihre Mund-zu-Mund-Beatmung beobachtet, die er nur aus Büchern kannte. Es hatte tatsächlich funktioniert. Kaum, daß Paps wieder atmete, war Patty zwar gleich wieder in Tränen ausgebrochen, doch so überlegen wie sonst konnte Billy sich nicht mehr fühlen. Und jetzt erst, sieh dir das an!

Seine Schwester lag mit Lila zusammen in Bens Decke gewickelt, die aus ähnlichem Material bestand wie seine Jacke, nur war sie dicker. Patty hielt Lila dicht umschlungen und wärmte sie mit ihrem Körper. Wer hätte so etwas von diesem verwöhnten Kind erwartet! Billy kannte Patty gar nicht wieder.

Wilt kauerte in Bens Nähe. Er hielt sich nah am Feuer, war aber gleichzeitig bestrebt, niemandem das bißchen Wärme wegzunehmen. Bart hatte ihm die Verantwortung übertragen, doch im Augenblick gab es nichts zu tun, als nachzudenken.

Er sah ganz klar: Die dritte Lawine und das anschließende Beben im Fels waren eine ernste Warnung. Es war keine Frage mehr, *ob*, sondern nur noch, *wann* die Cañonwand zusammenstürzen würde, um sie alle entweder unter Tonnen von Fels zu begraben oder ihnen im besten Falle nur das schützende Dach zu nehmen und sie der Kälte und dem Wind preiszugeben. Auch das würden sie nicht überleben. Wir leben auf Abruf, dachte Wilt und stellte zugleich überrascht fest, wie gelassen er es nahm.

Steve hockte neben ihm und beobachtete Lila, wie sie sich unter der Decke eng an Pattys jungen, wärmespendenden Körper schmiegte. Lila war bereits auf dem Weg in den Kältetod gewesen, der immer gleich verläuft: Unterkühlung, verbunden mit heftigem Zittern und Sehstörungen, Verlangsamung von Puls und Atmung, dann Absterben der Glieder, Bewußtlosigkeit und schließlich das Ende. Lila war schon sehr nah am Ende, zu nah vielleicht. Wenn wir nicht gekommen wären – egal, dachte Steve, wir sind ja gekommen.

Lilas Augen waren jetzt offen, und sie schien bei Bewußtsein zu sein. Ihr Gesicht hatte wieder etwas Farbe angenommen. Finger und Zehen begannen heftig zu schmerzen, als die Blutzirkulation wieder einsetzte. Undeutlich murmelte sie: „Alles in Ordnung." Dann lächelte sie schwach. „Danke."

Patty zögerte erst, schlug aber dann die Decke zurück. „Sie sollten sich lieber ans Feuer setzen." Sie reichte Lila ihre Hand und half ihr die wenigen Meter zu der Wand hinüber, wo Ben saß.

Kraftlos ließ sich Lila neben ihm auf den Boden sinken. „Sind Sie in Ordnung?" fragte sie.

Ben nickte. Er wußte, ohne nachzusehen, daß sein Brustkorb und seine Schulter eine einzige große Wunde waren, dort, wo der Bär ihn mit so unglaublicher Wucht getroffen hatte. Jeder Atemzug tat heftig weh, das bedeutete gebrochene Rippen.

Patty kniete jetzt neben ihrer Mutter. Sie sprach ganz ruhig mit ihr: „Alles klar?"

Die Antwort kam von gefühllosen Lippen: „Mir geht's gut, Liebling."

„Nein." Patty schüttelte den Kopf. Schon wieder kamen ihr die Tränen. „Dir geht's gar nicht gut, aber – du hältst dich gut." Sie holte tief Luft. „Ich – ich bin stolz auf dich. Das wollte ich dir nur sagen."

Sue Ann sah sie nachdenklich an. Wie lange sind wir zwei, Mutter und Tochter, einander nicht mehr so nah gewesen? „Ich glaube, wir können beide stolz sein, Liebes."

Lila beobachtete die beiden.

Ein Abgrund hatte zwischen ihnen gelegen. Ob er sich jetzt für immer schloß?

Ben sagte: „Ich glaube, ich schulde Ihnen eine ganze Menge."

Lila wandte langsam den Kopf und sah ihn an. Schulden? Sie schüttelte schweigend den Kopf.

„Sie haben mich gefunden", fuhr Ben fort. „Ich erinnere mich, daß mir jemand zurück auf den Weg geholfen hat. Danke."

Lila betrachtete Sue Ann und Patty, wie sie nebeneinander saßen und schützend und besorgt auf Warner blickten. Die Familie wuchs wieder zusammen; es wurde ihr bei diesem Anblick warm ums Herz. Sie wandte sich wieder Ben zu. „Ich habe Ihnen einen Rettungsring zugeworfen, weiter nichts. Das gleiche haben Sie für mich getan. Wir sind doch da, um uns zu helfen, oder?"

Er hatte sich bedankt, wie es sich gehörte. Jetzt nur schnell wieder ins Schneckenhaus zurück und die Fühler eingezogen. „Angeblich, ja. Aber manchmal läuft es auch anders."

Lila sah ihn unverwandt an. Es muß die Müdigkeit sein, dachte sie, sonst würde ich mich nicht auf einmal so ärgern. Laut sagte sie: „Ich weiß nicht, warum Sie so gegen alles verbittert sind. Jedenfalls war es ganze Arbeit."

DAS Holzsammeln nahm viel Zeit in Anspruch, man mußte im Schnee nach Ästen stochern, sie mühsam zum Wegrand bringen und dort aufstapeln.

„Das reicht", sagte Bart schließlich. Die Kälte setzte ihm jetzt mehr zu, als er sich eingestehen wollte. CJ mußte kurz vor dem Umkippen sein. „Du kannst das schon mal reinbringen. Ich such noch mehr."

Gehorsam stapfte CJ mit der ersten Ladung den Pfad hinauf, kniete sich vor die Höhle und reichte das Holz nach innen, wo Wilt es in Empfang nahm. „Es kommt noch mehr", sagte er.

Wilt machte sich mit der Drahtsäge darüber her und stapelte die Holzstücke sorgfältig.

Billy runzelte grübelnd die Stirn. Er verfolgte einen Gedanken, konnte ihn aber nicht fassen. „Vorhin ist mir was durch den Kopf gegangen, aber jetzt fällt es mir nicht mehr ein", sagte er zu Wilt. „Wie hoch sind wir hier eigentlich?"

„Etwas über 3000 Meter", antwortete Wilt. „Warum?"

Billy schüttelte den Kopf. Er wußte auch nicht genau, warum, aber die Zahlen schienen ihm wichtig. „Und wie hoch ist dieser Berg?"

„White Peak? 3700." Komischer Knabe, dachte Wilt, was dem so alles in den Kopf kommt. „Willst du raufklettern?"

Auf einmal entspannten sich Billys Züge. „Das ist es", sagte er. „Das ist mir vorhin eingefallen."

„Fehlt dir was, Kleiner?"

„Aber vielleicht geht es sowieso nicht."

Wilt legte die Säge weg. Der Junge lebte wohl in einer Traumwelt. „Erzähl mir, was du denkst." Und er fügte hinzu: „Ganz egal, wie verrückt es ist."

„So", SAGTE Bart zu CJ. „Jetzt nimmst du noch diese Ladung, gehst zurück zur Höhle, wärmst dich auf und ruhst dich aus. Ich komm nach."

„Das ist die letzte Gelegenheit zum Holzholen, noch mal können wir nicht raus", erwiderte CJ. „Wir sollten –"

Bart sprach jetzt im Kommandoton. „Ruhe. Du baust schon ab, und noch einen Kranken können wir uns nicht leisten."

CJ zögerte. Er war versucht zu widersprechen. Aber Bart hatte recht. Ich bin total fertig und fast erfroren, dachte er. Schwerfällig und halb erstarrt machte er sich auf den Weg.

Bart spürte CJs inneren Widerstand und gab sich selbst die Schuld daran. Er war eben unfähig, mit anderen Menschen offen und unbefangen umzugehen. Immer kam er sich irgendwie fremd vor, nie gehörte er richtig dazu. Er hatte gelernt, damit zu leben. Bis letzte Nacht.

Die letzte Nacht – wie lang ist das schon her? – war die große Ausnahme. Das Wunder. Connie. Die keine Fragen stellte, einfach den anderen annahm und ihn so liebte, wie er war. Heute morgen hatte sie gesagt, sie dürften diese Stunden nicht vergessen, sondern müßten darüber nachdenken. Er bewahrte die Erinnerung daran in sich wie einen Schatz, um sie später wieder hervorzuholen und sorgfältig zu überdenken.

Er stapfte mit der vorletzten Ladung den Pfad hinauf, schob das Holz durch die Öffnung und ging noch einmal zurück. Es kostete ihn viel Willenskraft, seine Füße überhaupt noch zu bewegen. Ich habe mich verschätzt, dachte er, ich bin näher am Umkippen, als ich dachte. Immer stärker wurde die Versuchung, sich hinzusetzen und einen

Moment auszuruhen, selbst hier im Freien. Doch er wußte, daß Nachgeben der Anfang vom Ende war.

Er blickte den Pfad entlang, atmete tief ein und begann den letzten Aufstieg. Der Trick bestand darin, beim Gehen auf keinen Fall vorauszublicken, denn dann erstreckte sich der Weg ins Endlose. Man mußte den Blick direkt vor sich auf den Schnee heften und sich ganz darauf konzentrieren, erst den einen und dann den anderen Fuß zu bewegen. Und möglichst an etwas anderes denken. Also gut: wie lange das Holz wohl reicht? Und wenn das letzte Holzscheit verglüht war, was dann?

Er merkte gar nicht, wie er stolperte und in die Knie ging. Er schüttelte ein paarmal heftig den Kopf, versuchte aufzustehen und schaffte es nicht. Na schön, sagte er sich, dann kriechen wir eben.

Er nahm die kostbare Ladung Holz unter einen Arm, setzte die andere Hand flach in den Schnee und fing an, sich nach vorn zu ziehen. Wie weit noch bis zum Höhleneingang? Egal – es gab kein Maß und keine Entfernung mehr, es gab nur noch den Willen weiterzukriechen.

AM TELEFON ließ der Gouverneur seinen Unmut an Jake Boone aus. „Zu Ihrer Information, Jake: Lopez hat einen Schneepflug aufgetrieben, damit hätte man vielleicht den Berg hinaufkommen können. Aber da sitzt ein Tieflader quer auf der Straße fest, und der ist nicht wegzukriegen."

Stille. Schließlich sagte Jake: „Der gehört mir."

„Ich weiß. Ihr Zeichen ist auf der Tür."

„Ich hab gedacht –" Jake verstummte. Als er weitersprach, klang es sehr kleinlaut. „Ich hab alles verpatzt, Manny."

„So ist es, Jake", sagte der Gouverneur und legte auf.

DIE Ladung Holz an sich gepreßt, zwängte Bart sich durch die Höhlenöffnung.

Innen kroch er zur Wand, lehnte sich an, schloß die Augen und atmete in tiefen, schnappenden Zügen. Er wußte nicht mehr, wie lange er so gesessen hatte, als er Wilt mit besorgter Stimme neben sich sprechen hörte.

„Wie geht's dir? Du siehst total fertig aus. Fast so schlimm wie CJ!"

„Gut, gut", sagte Bart fast unhörbar und öffnete die Augen. „Was ist los?"

„Der Junge hat eine verrückte Idee, die du dir anhören mußt", fuhr Wilt fort. „Wir überlegen immer, wie wir wieder *runter* zur Stadt kommen. Wie, wenn wir weiter *rauf* gehen?" Er winkte ab. „Ich weiß, es klingt verrückt. Aber weiter oben ist die Skipiste, nur ein paar Kilometer weg. Der Junge hat den Wegweiser gesehen, als sie raufgefahren sind. Ich hab's auf der Karte nachgeprüft."

Bart rieb sich die Bartstoppeln. Langsam sagte er: „Nehmen wir mal an, ein paar von uns schaffen es bis dahin. Die Skisaison hat noch nicht angefangen, und kein Mensch ist oben. Außerdem, die Kranken kriegen wir sowieso nicht da rauf."

„Das Telefon", erklärte Wilt. „Vielleicht funktioniert es noch. Dann könnten wir uns wenigstens bemerkbar machen."

„Es sind ein paar eiskalte, knallharte Kilometer." Oben auf dem Kamm würde der Schnee wie Hagel peitschen. Jeder Schritt war dort lebensgefährlich. Je höher man hinaufkam, desto kälter wurde es.

„Höchstens zwei Stunden", sagte Wilt, „wahrscheinlich weniger."

„Reines Glücksspiel", sagte Bart. Neun Menschen, dachte er. Für alle neun bist du verantwortlich. In der Stadt unten wußte kein Mensch, wie viele sie eigentlich waren, in welcher Verfassung und an welchem Ort sie sich befanden. Also war schon die Möglichkeit, ein Telefon zu finden, nahezu jedes Risiko wert, oder? Oder? Entscheide dich.

Wilt drängte weiter: „Wenn wir hier in der Höhle bleiben, können wir nur warten und hoffen, so lange, bis wir tot sind."

Steve kam dazu. „Ich meine auch, wir sollten gehen."

Dadurch erledigt sich die Sache von selbst, dachte Bart. So ist es oft mit schweren Entscheidungen. Dann sagte er zu Wilt:

„Laßt mir ein paar Minuten Zeit. Ich komme mit."

„Du bist total fertig."

„Ihr geht auf keinen Fall allein. Und CJ –"

Steve sagte mit Nachdruck: „Ich gehe mit. Widersprich jetzt nicht, verdammt noch mal. Ich bin genauso gut am Berg wie Wilt. Ich –"

Wilt drückte ihren Arm und lächelte. „Also los, *Chica*." Zu Bart sagte er: „Diesmal paßt du auf den Laden auf."

Bis zum Kamm war man noch streckenweise im Windschatten der Wand. Das war der leichte Teil des Aufstiegs. Wilt ging voran. Seine Lungen schmerzten, er keuchte vor Anstrengung. Die Kälte war so streng, daß sie die Muskelkraft rasch aufzuzehren drohte und, was noch schlimmer war, auch den Willen.

Wilt erreichte das Ende des Pfades, trat hinaus auf den Bergrücken und wäre beinahe seitlich heruntergeweht worden. Er verschaffte sich festen Stand und blickte zurück zu Steve.

Unter der Kapuze war ihr Gesicht kaum zu sehen, doch durch eine Laune des Lichtes funkelten ihre Augen wie im Zorn. Es wirkte so, als nähme sie Wind und Kälte als persönliche Herausforderung.

Wilt hatte bisher noch nicht mit Steve zusammengearbeitet. Ihr Partner war sonst immer Jaime, weil nur er sich im Klettern und Skifahren mit ihr messen konnte. „Wegen *Guapa* braucht man sich keine Sorgen zu machen“, hatte Jaime einmal gesagt. „Du kletterst und kletterst, und wenn du endlich am Ziel bist, dann steht sie schon da und streckt dir hilfreich die Hand entgegen.“

Stille. „Paß auf!“ schrie Wilt. „Wenn du hier rauskommst, geht's erst richtig los!“

„Wir wollen zur Piste, oder? Also gehn wir hin.“

Was für eine Frau. Oft hatte er sich darüber den Kopf zerbrochen, ob zwischen ihr und Jaime etwas war. Trotz all ihrer Härte und Ausdauer beim Bergsteigen war sie doch durch und durch weiblich, ein Umstand, der Jaimes Aufmerksamkeit bestimmt nicht entgangen war. Ein Lächeln erschien auf Wilts Gesicht, als er sich wieder gegen den Wind stemmte und gleichmäßig weiterstapfte, immer einen Schneeschuh vor den anderen setzend.

Den Kompaß brauchte er nicht. Die Karte war deutlich genug gewesen. Ihr Weg führte über den Kamm und dann in einer langen Kletterpartie an der Schrägwand um den Berg herum in das Skigebiet hinein.

Er hatte nicht die geringste Hoffnung, dort jemanden vorzufinden. Der Sessellift war seit dem Sommer nicht mehr in Betrieb. Da hatte er Touristen befördert, die die Aussicht genießen wollten. Die Trupps aus Jugendlichen, die den Abfall an den Hängen eingesammelt hatten, waren längst wieder in der Schule, und trotz des Schnees dauerte es mindestens noch einen Monat, bis die Skisaison anfing. Dieser Sturm war ein Sonderfall, wie er nur alle hundert Jahre vorkam. War er erst einmal vorbei, würde der Schnee ebenso schnell wieder schmelzen, wie er gefallen war.

Hier oben, wo der Wind über den Kamm fegte, war der Schnee

nicht tief, nur fünfzehn bis zwanzig Zentimeter; hier hätten sie fast ebensogut ohne Schneeschuhe weiterkommen können. Aber wenn sie erst einmal um die Bergspitze herum waren und zur Piste stiegen, sah die Sache anders aus. Dort kam man nur quälend langsam voran, es sei denn auf Skiern.

Skier! „O Gott", stieß er laut hervor, als ihm der Gedanke kam. „Mach, daß welche da sind", flüsterte er dann, „mach, daß Skier da sind!"

9. Kapitel

Sue Anns Hand ruhte auf Warners eiskalter Wange. Bei jedem seiner flachen Atemzüge hatte sie Angst, es sei sein letzter, aber er atmete immer weiter.

Warner war eine Kämpfernatur, Sue Ann kannte ihn nicht anders. „Erst nach dem Schlußpfiff ist das Spiel aus." Wie oft hatte sie ihn das sagen hören! Oder: „Wer aufgibt, kann nicht gewinnen, und Gewinner geben nie auf." Auch andere Leute klopften solche Sprüche, doch Warner meinte, was er sagte, das war der Unterschied. Sein Glaubensbekenntnis hielt ihn jetzt am Leben und gab auch ihr Kraft. Er mochte diesmal der Verlierer sein, doch vorläufig kämpfte er weiter – würde weiterkämpfen bis zum Schlußpfiff.

Sicher, manchmal war es klüger, seine Grenzen zu erkennen und ein guter Verlierer zu sein. Billy sah das ein, Warner nicht. „Der Junge hat keinen Mumm", hatte Warner gesagt, als Billy aus der Juniorenmannschaft ausschied. Das war ungerecht, wie Billys mutiges Vorgehen gegen den Bären bewies. Billys Mut war eben von anderer Art.

Sue Ann begann, ruhig und gleichmäßig auf Warner einzureden. Sie mußte reden, sonst hätte sie zu weinen angefangen. Es war ihr egal, ob Patty mithörte. „Dich hat es immer gestört, daß wir nicht so reich waren wie Jake und Ethel. Mir ist das gleich. Es gibt viel wichtigere Dinge, die ich von dir bekommen habe. Unser Heim, Patty und Billy und so viele Freunde, wie man sich nur wünschen kann.

Du hast viel zu hart gearbeitet. Das hätte ich sehen müssen. Ich fürchte, ich habe auch sonst noch einiges übersehen. Wenn dieser Alptraum vorüber ist und wir wieder zu Hause sind – *zu Hause*. Ich glaube, das Wort hat mir noch nie so viel bedeutet wie jetzt. Du wirst dich erholen, und wir werden viel miteinander sprechen und all die kleinen Dinge wieder tun, die wir früher immer getan haben. Wie lang haben wir nicht mehr Cribbage gespielt? Wir konnten es kaum abwarten, bis die Kinder im Bett waren und wir endlich anfangen konnten, weißt du noch?"

Jäh wechselte sie den Ton. „O Warner, wir haben uns viel zuviel entgehen lassen! Aber das holen wir nach! Ich verspreche es dir!" Sie unterdrückte ihre Tränen und saß still da, die Hand immer noch auf Warners Wange.

Patty hatte den ganzen Monolog mitangehört, erst mit Erstaunen, dann mit einem Zusammengehörigkeitsgefühl, das ihr neu war. Ich bin stolz auf uns alle – ja, auch auf mich. Ich habe Paps geholfen. Und Lila.

Die Wärme, die sie unter der Decke mit Lila gespeichert hatte, war längst verflogen, und Patty zitterte wieder. Sie fragte sich, ob sie wohl die Decke wieder nehmen könne, diesmal nur für sich, verwarf diesen Gedanken aber als zu selbstsüchtig. Wie sie so an der Wand lehnte, vernahm sie zum viertenmal das ferne Donnern und fühlte wieder, wie der Boden bebte. Ein Stück der Wand brach heraus und fiel polternd zur Erde. Sie hörte, wie draußen noch mehr Steine in die Schlucht hinunterdonnerten.

Dann war es wieder still.

„Viel Lärm, weiter nichts", sagte Bart.

Ben hob den Kopf und sah Bart an. Er weiß genausogut wie ich, dachte Bart, daß es weit mehr ist als nur Lärm und daß die nächste Lawine diesen Felsen mitnehmen kann und uns dazu. Er sagte ohne besondere Betonung: „Wie geht's der Schulter? Soll ich mal nachsehen?"

Ben schüttelte den Kopf. „Nicht nötig." Doch er konnte fast nicht mehr. „In meinem Rucksack sind Schmerztabletten –"

„Ich weiß, wo sie sind." Das war Lila. Sie stand auf und musterte die beiden Männer. So verschieden sie äußerlich und innerlich waren, eins hatten Bart und Ben gemeinsam: die Fähigkeit, Menschen zu leiten und Verantwortung zu tragen.

Eine Demeroltablette brachte sie Ben, eine andere der dankbaren Sue Ann. Dann setzte sie sich wieder mit dem Rücken an die Wand und wartete still, bis Ben die Augen öffnete. „Besser?"

Er nickte kaum wahrnehmbar. „Danke."

„Ich habe nachgedacht.“ Sie sprach ganz leise, nur für seine Ohren. „Wir werden es nicht schaffen, nicht wahr?“

Ben blickte auf Bart. „Fragen Sie ihn.“

Sie schwieg ein paar Sekunden. „Soll ich Ihnen was Komisches erzählen? Ich glaube, ich habe keine Angst mehr.“

WILT und Steve waren inzwischen um den Berg herum und befanden sich am Fuß der Piste. Sie machten halt, um sich umzusehen. Vor ihnen lag die leere, zugängliche Fläche des unteren Parkplatzes, und die Straße daneben führte zum Restaurant. Über ihnen streckten sich fernhin die beiden Drahtseile des Sessellifts. Sie gelangten zu einem Kiosk, an dem sonst Getränke und Süßigkeiten verkauft wurden. Darin gab es sicherlich ein Telefon, doch Wilt blieb nicht stehen.

Steve folgte ihm mit stiller Verwunderung bis zu einem großen Gebäude, in dem sich das Restaurant und die Läden befanden.

Wilt schnallte seine Schneeschuhe ab und taumelte die Stufen hoch, während Steve unten wartete. Er versuchte es bei einer Tür, dann bei der nächsten. Natürlich waren sie verschlossen. Er ging um die breite Veranda herum und verschwand aus Steves Blickfeld. Sie stand da und wartete geduldig und unerschütterlich und beachtete weder Schnee noch Kälte. Schließlich wanderten ihre Gedanken zu Jaime.

Sie hoffte verzweifelt, daß Jaimes Verletzungen nicht zu schwer waren oder gar, Gott bewahre, lebensgefährlich. Es ging ihr weit näher, als sie sich hätte träumen lassen. Ob ich je dies blitzende Lächeln wiedersehe? Wird er wieder mit seiner weichen Stimme *Guapa* zu mir sagen? Oder mich aufmuntern, wenn wir zusammen klettern, damit ich die letzten Meter besser schaffe? Sie sah sich an seiner Seite blütenweiße Flächen frischen Pulverschnees durchpflügen, in weiten, sausenden, fröhlichen Schwüngen. Ob es das nie mehr geben wird? Vielleicht funktioniert das Telefon hier oben noch. Ein Anruf im Krankenhaus...

Die Tür oben an der Treppe ging auf, und Wilts Stimme drang schwach zu ihr. „Die Leitung ist tot! Aber komm trotzdem rauf!“

Keine Verbindung. Steve fühlte sich plötzlich ganz elend. Aber sie weinte nicht, darüber war sie schon hinaus. Sie entledigte sich ihrer Schneeschuhe und erklomm die Stufen.

„Ich bin ein Einbrecher“, erklärte Wilt fröhlich und strahlte geradezu.

„Wilt! Was ist los?“

„Das Sportgeschäft, *Chica*. Ganze Ständer voll mit Skiern. Und Stiefel. Und ein Rettungsschlitten. Mit unseren Schneeschuhen haben wir keine Chance – aber auf Skiern, bergab! Da können wir's sogar mit dem Bergungsschlitten schaffen!“ Er schüttelte den Kopf, als könne er es nicht fassen. „Wir können es schaffen! Los, komm.“

Carl saß in Captain Lopez' Büro. Bläulicher Dunst hing in der Luft, und es roch nach kaltem Zigarettenrauch, doch Carl nahm es nicht zur Kenntnis. Der dritte Anwesende, Pete Benjamin, schwieg meist und ließ den Captain reden.

Der sagte gerade: „Pete ist einer von unseren Hubschrauberpiloten. Früher oder später hört es zu schneien auf. Wir möchten wissen, wo ein Hubschrauber landen kann.“ Er breitete eine Karte auf dem Schreibtisch aus. „Sie sind oben gewesen. Zeigen Sie's uns.“

Wir dreschen nur leeres Stroh, dachte Carl. Im Augenblick kann kein Hubschrauber starten, und Gott allein weiß, wann das möglich sein wird. Er holte tief Luft und beugte sich über die Karte. „Diese Wand hier ist fast senkrecht. Hier drin –“ er fuhr mit dem Finger über die Stelle in der Schlucht, wo er mit Bart nach dem Flugzeug gesucht hatte –, „Bäume und Felsen. Keine Landemöglichkeit.“

Der Captain studierte ebenfalls die Karte. „Und wie ist es in der Gegend hier?“ Er deutete auf den oberen Rand der Bergschlucht. „Das sieht aus, als wär's flach. Sind da auch Bäume und Felsen?“

„Nein“, antwortete Carl. „Ganz flach und offen.“

Der Captain sah ihn prüfend an. „Also? Sie machen es spannend. Warum?“

Carl wandte sich an Pete Benjamin. „Hubschrauber machen viel Wind, nicht wahr?“

„Das müssen sie, sonst fallen sie runter. Warum?“

„Ein Überschallknall hat die erste Lawine ausgelöst“, sagte Carl. „Wenn Sie da oben einen Hubschrauber aufsetzen, wirbeln Sie eine Unmenge Schnee auf. Wer kann wissen, was dabei passiert?“

Steve ging voran und bestimmte den Kurs. Das Seil des Bergungsschlittens hatte sie sich um die Taille gebunden. Wilt kam hinterher und bremste den Schlitten, wenn es nötig war. Er steuerte ihn von hinten, wie man mit dem Ruder ein Schiff steuert.

Ein eleganter Abfahrtslauf zu zweit kam in diesem Terrain nicht in Frage. Stemmbogen und Schneepflug waren hier am Platze. Doch gelegentlich gab es kurze gerade Strecken, die sie durchsausen konnten, daß der Schnee hinter ihnen stob.

Die Bahre auf Kufen, die sie sorgsam mit sich führten, war mit einem Schlafsack ausgestattet, in den ein Verletzter wie eine Mumie eingehüllt werden konnte. Außerdem hatten sie ihre Schneeschuhe, mehrere Paar Skier, Stiefel und Skistöcke darauf festgebunden.

Wilt machte sich keine Illusionen über die Abfahrt nach Santo Cristo. Die Kälte war nach wie vor ein nicht zu unterschätzender Feind. Bei solchem Wind und solchen Temperaturen konnte man plötzlich an die Grenze kommen, wo auch beim Menschen der Gefrierprozeß einsetzte.

Wie lautete die schreckliche Formel? Bei einer Windstärke von dreißig Knoten und einer Temperatur von dreißig Grad unter Null gefriert menschliches Gewebe in dreißig Sekunden?

Zudem hatten sie fünfundzwanzig Kilometer verschneite Straße mit einer schwerbeladenen Bahre zu überwinden. Es war ein reines Glücksspiel, bei dem mindestens drei Leben auf dem Spiel standen: das von Warner Harlow, das von Steve und sein eigenes. In diesem Rennen gab es keinen zweiten Platz, nur Sieg oder Niederlage. Nun gut, so sei es.

Billy setzte sich mit angezogenen Knien neben das Feuer und sagte zu Bart: „Mir ist was eingefallen."

„Laß hören", sagte Bart.

„Also", begann Billy, zögerte dann aber. Was er sich ausgedacht hatte, war bestimmt für Bart nichts Neues. „Wir könnten zum Beispiel eine Botschaft in den Schnee trampeln. Ich hab gelesen, daß Botschaften im Schnee von oben aus der Luft dunkel aussehen."

Bart nickte ernsthaft. „Das stimmt, und sobald es aufhört zu schneien und ein Flugzeug starten kann, werden wir es versuchen. Noch was?"

„Mami hat einen Spiegel und Patty bestimmt auch. Wenn die Sonne durchkommt, könnten wir Signale geben."

„Das ist auch eine gute Idee", sagte Bart. „Wir wollen sie nicht vergessen."

„Dann meine Jacke. Sehen Sie? Die eine Seite ist schwarz und die andere silbern, wie Metall. Angeblich erscheint so was auf dem Radarschirm, sogar wenn es schneit."

Bart sagte freundlich: „Wir behalten das alles im Auge, Billy."

„Vielleicht funktioniert es auch nicht."

„Nein, vielleicht nicht. Aber denk trotzdem weiter nach. Du machst das ganz prima, besser als wir alle."

Bart ging zu Sue Ann und lächelte sie an. „Auf Billy können Sie stolz sein", sagte er. „Er jammert nicht, er überlegt."

„Ich bin stolz auf ihn", erwiderte Sue Ann mit zitternder Stimme. „Ich bin auch stolz auf Patty. Und auf Warner. Auch wenn wir alles verloren haben – Stolz und Liebe bleiben uns noch."

Stolz und Liebe, wiederholte Bart in Gedanken und wandte sich ab. Das war schon etwas, genau betrachtet. Konnte er das von sich auch sagen? Stolz, ja – er hatte immer gute Arbeit geleistet. Aber Liebe? Richtige Liebe hatte er wohl nie erfahren, und jetzt war ein denkbar ungeeigneter, ja lächerlicher Zeitpunkt, um mit solchen Gefühlen anzufangen. Oder etwa nicht?

Wieder dieses ferne Donnern. Wieder brachen Felsstücke aus der Höhlenwand und polterten nieder. Stille. Eine beredte Stille.

„In der nordischen Mythologie", sagte Ben überraschend, „sind das, glaube ich, Eisriesen, die an den Bergen rütteln."

Billy griff den Gedanken auf. „Im Märchen sind es Kobolde, die Kegel schieben."

Wie gut für euch, dachte Bart, daß ihr in der Lage seid, es so zu nehmen. Wie gut für uns alle. Auch er empfand so etwas wie Stolz, wenn er sie alle ansah, und Anteilnahme. Vielleicht lerne ich das auch noch, dachte er, dazuzugehören. Vielleicht –

Steve kam durch den Eingang gekrochen, ein triumphierendes Lächeln auf dem Gesicht. „Skier", sagte sie. „Und ein Bergungsschlitten. Wilt hat alles gefunden." Sie blickte auf Sue Ann und auf Warner. „Jetzt können wir ihn hinunterschaffen."

Jaime stand unter der Wirkung schwerer Spritzen, aber er war bei Bewußtsein. Still lag er in seinem Krankenbett und blickte auf zu Carls Gesicht über sich. „Haben sie das Flugzeug gefunden?" Seine Stimme war schwach, aber deutlich.

„Keine Ahnung." Carl wechselte hastig das Thema. „Brauchst du irgendwas?"

Jaime grinste schwach. „Ein paar neue Rippen und eine Schulter und ein paar kleinere Teile." Er wurde wieder ernst. „Wieso weißt du nicht, ob sie das Flugzeug gefunden haben, *Amigo?* Was ist passiert? Noch eine Lawine? Jemand verletzt? So rede doch!"

„Bleib bloß ruhig, sonst schmeißen sie mich hier raus."

„Das sind auch meine Freunde, hast du das vergessen?"

„Na schön", sagte Carl. „Ich bin hier unten, und sie sind da oben. Wir können nicht rauf zu ihnen und auch nicht mit ihnen reden." Er erzählte Jaime die ganze Geschichte, wie Carter mit dem Jeep abgefahren war, und seine ganze Wut kam wieder hoch.

Langsam sagte Jaime: „Bart, CJ, Wilt und – *Guapa*." Er blickte durch das Fenster in das Schneetreiben und wieder zu Carl. „Wenn *Guapa* irgendwas passiert –"

WARNER wollte protestieren, brachte aber keinen Ton heraus. Fast bewußtlos vor Schmerz, versuchte er verzweifelt mitzuteilen, was er so klar empfand.

Von Anfang an alles nur mein Fehler. Nur meinetwegen seid ihr alle hier. Ich war die ganze Zeit nur eine Last. Er wollte seinen Protest gegen das, was sie mit ihm vorhatten, hinausschreien, aber daran war nicht zu denken. Er konnte nichts tun als durchhalten. Überleben. Er war bereits kurz vor dem Ende, das wußte er.

Bart sagte: „Steckt ihn in den Schlafsack. Und wenn ihr in den Wald kommt, dann nehmt ein paar Zweige und deckt ihn damit zu. Das hält den Wind ab und speichert zusätzlich Wärme."

Wieder versuchte Warner, Worte zu artikulieren, und wieder mußte er aufgeben.

Sue Anns Gesicht war dicht über ihm, und sie lächelte verständnisvoll. „Ich möchte, daß du hinunterkommst. Wir möchten es alle, glaub mir das." Sie wandte sich an Bart. „Sagen Sie es ihm."

Bart sprach sehr bestimmt. „Er kommt mit, im Schlafsack. Wilt, du gehst mit Steve, und CJ –"

CJ unterbrach ihn. „Halt mal, wir haben genug Skier und Stiefel –"

Bart blickte auf Sue Ann. „Mit dem Fuß können Sie nicht Ski fahren."

„Ich kann sowieso nicht Ski fahren."

Bart nickte. Dann sah er Patty an. „Kannst du? Oder du, Billy?" Beide schüttelten den Kopf.

„Mich können Sie auch streichen“, sagte Lila. „Ich bin eine echte Flachländerin.“

„Also“, sagte Bart, „Wilt, Steve und CJ mit der Bahre.“

Steve fragte: „Und du?“

Schweigen, das Wilt schließlich unterbrach. „Gehn wir.“

Er wußte, was in Bart vorging. Wenn du die Führung übernimmst, dann trägst du auch die Verantwortung. So einfach ist das.

Sue Ann beugte sich über Warner und küßte ihn. Dann richtete sie sich wieder auf und sagte: „Passen Sie gut auf ihn auf.“ Ihre Stimme schwankte.

Steve legte ihr eine Hand auf die Schulter. „Wir passen auf ihn auf. Ich verspreche es Ihnen.“

Bart kroch mit hinaus, um die Transportvorbereitungen zu überwachen. Dann sah er sie alle an. „Viel Glück.“

CJ sagte: „Das sollten wir dir wünschen.“

Steve glitt auf ihren Skiern dicht neben Bart. „Du bist ein ganzer Kerl.“ Sie reckte sich und zog, während die Skistöcke von ihren Handgelenken baumelten, seinen Kopf zu sich herunter und gab ihm einen raschen Kuß. Dann wandte sie sich ab und startete den Pfad hinab, das Schlittenseil fest um ihre Taille. Wilt und CJ folgten hinten an der Bahre.

Bart blinzelte in den Himmel. Keine Änderung in Sicht. Leicht würden es Steve und die andern nicht haben. Aber wenn sie es schafften, dann konnten sie in der Stadt berichten, daß Joe Martin tot war und daß noch sechs Menschen in der Höhle warteten, darunter zwei Verletzte. Sie konnten auch die Lage der Höhle auf der Karte einzeichnen.

Viel war das nicht. Doch was gab es sonst für Möglichkeiten?

Keine.

Also was dann?

Er sah nur eine Möglichkeit: einen Hubschrauber. Dabei kam der Schnee schon durch sein eigenes Gewicht ins Rutschen und verwandelte sich in Lawinen. Der Wind, den ein Rotor machte... Er schüttelte den Kopf und kroch wieder in die Höhle zurück.

Billy saß mit gerunzelter Stirn neben dem Feuer und sah auf, als Bart hereinkam. „Fünfundzwanzig Kilometer“, sagte er. „Wie schnell sind sie auf Skiern? Fünfzehn Stundenkilometer?“

Bart antwortete: „Ungefähr. Wenn sie Glück haben.“ Er dachte: Ich hätte Steve bitten können, Connie anzurufen. Nein. Was ich ihr sagen möchte, will ich ihr selbst sagen. Wenn ich die Gelegenheit noch bekomme. „Haben Sie noch etwas zu essen in Ihrem Rucksack, Ben? Ich denke, wir können jetzt alle was brauchen, irgendwas."

DIE ersten paar Kilometer ging es ziemlich leicht. Steve fuhr vor dem schweren Schlitten, Wilt als Bremser und Steuermann dahinter. CJ fuhr voraus und erkundete das Gelände.

Sie hatten Warner mit Fichtenzweigen bedeckt, wie Bart es geraten hatte. Die hielten den Schnee von seinem Gesicht ab und boten immerhin etwas zusätzlichen Schutz. Warner war darunter kaum noch zu sehen. Um festzustellen, ob er noch am Leben war, hätten sie anhalten müssen.

Zwischen den Bäumen blies der Wind nicht ganz so scharf, doch die Kälte war eine einzige Qual. Bei jedem Einatmen spürte Wilt, wie die Härchen in seinen Nasenlöchern einfroren; beim Ausatmen tauten sie wieder auf. Weit unter Null, dachte er, und es wird noch kälter.

Er sah, daß CJ umgekehrt war und ihnen entgegenkam, und stoppte seine Fahrt. CJ sagte außer Atem: „Da vorn liegt ein Baum quer über der Straße. Allein kann ich ihn nicht bewegen. Vielleicht schaffen wir es zusammen."

Wilt löste das Seil, das ihn mit dem Schlitten verband. „Du bleibst bei unserem Fahrgast, Steve." CJ und er stießen sich ab und glitten die Straße hinunter.

„Ich hab erst gedacht, wir könnten außen herum", sagte CJ, „aber mit ihm auf dem Schlitten ist das unmöglich."

Da war der Baum. „Wir müssen ihn nur ein paar Meter wegschieben", meinte Wilt. Er schnallte seine Skier ab und versank prompt bis zu den Knien im Schnee. „Also dann. Ich zieh von der andern Seite, du schiebst von hier."

Zehn Minuten arbeiteten sie, daß die Knochen knackten und die Muskeln beinahe rissen, und beide keuchten schwer, als sie es endlich geschafft hatten. Erstes Hindernis angegangen und überwunden, sagte Wilt zu sich selbst. Vielleicht ein gutes Omen.

DER Gouverneur hatte wieder den Krisenstab einberufen und saß hinter seinem Schreibtisch, vor sich den gelben Notizblock. Er sagte zu Brady Shaw: „Haben Sie Neuigkeiten für uns?"

„Ich kann Sie nur mit Vermutungen bedienen", antwortete Brady.

Der Gouverneur nickte. „Besser als nichts."

„Der Schneefall müßte in etwa einer Stunde nachlassen. Aus dem Süden kommt ein neues Sturmfeld, und wenn sich das etwas verzögert –" Er stockte. „Meiner Meinung nach wird es sich verzögern, und wir werden eine Weile klares, kaltes Wetter haben, ein paar Stunden wenigstens. Nützt das etwas?"

Der Gouverneur blickte zu dem Hubschrauberpiloten Pete Benjamin. „Wie steht's damit?"

„Zeit genug, um hinaufzufliegen", sagte der. „Aber wir haben keine Ahnung, wo wir suchen müssen, oder?"

„Eins nach dem andern", erwiderte der Gouverneur. Er wandte sich an den Ingenieur. „Carl meint, eine Landung des Hubschraubers oben auf dem Kamm könnte eine neue Lawine auslösen. Was meinen Sie?"

„Ich gehe jede Wette ein", antwortete der Ingenieur. „Bei dem unstabilen Schnee –" Er zuckte die Achseln.

Brady Shaw erhob sich. „Brauchen Sie mich noch?"

„Eine Frage zu dem nordwärts ziehenden Sturmfeld", sagte Pete Benjamin. „Wenn es ankommt, während ich oben bin, wieviel Spielraum habe ich dann?"

„Wir behalten es im Auge, und wenn sich da was tut, nehmen wir Verbindung mit Ihnen auf, so schnell es geht."

Benjamin antwortete: „Das wird dann ja wohl reichen müssen." Er wandte sich wieder an den Gouverneur. „Also wie finden wir jetzt die Leute, die wir suchen, wenn unser Sturm eine Pause einlegt?"

WIEDER kam CJ ihnen entgegen, und wieder bremste Wilt den Schlitten. „Ihr glaubt es nicht", sagte CJ. „Jemand hat da vorn einen Laster quer gestellt, der die Straße blockiert! Den können wir nicht wegschieben!"

Wilt und Steve folgten ihm zu der Stelle, wo der Tieflader zwischen Baum und Felsen festsaß. Steve fragte: „Können wir durch die Bäume über der Straße?"

„Ausgeschlossen", sagte CJ. „Da ist kein Platz für den Schlitten."

Wilt war mit ein paar Stößen am Straßenrand und inspizierte den Abhang darunter. Er lag frei und unbewachsen, war vielleicht dreihundert Meter lang und fiel fast senkrecht ab. An seinem Ende, da, wo die Straße in einer großen Serpentine wieder zum Vorschein kam, stand ein dichter Saum von Aspen und Nadelbäumen. Auf diese Bäume aufzufahren war, egal, bei welcher Geschwindigkeit, glatter Selbstmord.

„Wenn wir versuchen, den Abhang mit dem Schlitten seitlich zu überqueren", sagte CJ, „dann kippt er in dem Moment um, wo er quer zum Hang steht." Er hielt inne, um tief Luft zu holen. „Und wenn wir gerade runterfahren, dann haben wir einen D-Zug an der Leine, der uns einfach durchgeht und in die Bäume da unten rast." Herausfordernd starrte er Wilt an. „Also?"

„Wir müssen nichts weiter machen", sagte Wilt, „als mit dem Schlitten gerade runterzufahren und ihn dabei unter Kontrolle zu halten, damit er eben nicht in die Bäume rast und uns mitreißt. Klar?"

CJ fauchte zornig eine dicke Atemwolke aus. „Ich fahr da nicht runter, und du auch nicht. Du kannst doch nicht –"

„Und was schlägst du sonst vor?" fragte Wilt mit kaltem Hohn. „Zwischen den Bäumen über der Straße geht der Schlitten nicht durch, und über den Laster können wir auch nicht drüber. Der einzige Weg geht über den Hang. Also was sollen wir machen, ihn hier liegenlassen?"

CJ lehnte sich herausfordernd nach vorn auf seine Skistöcke. „Woher wissen wir überhaupt, daß er noch am Leben ist? Bevor wir unser eigenes riskieren –"

Wilt nickte. „Da ist was dran. Sieh nach, Steve."

Er sah zu, wie sie sich über den Schlitten beugte und die Zweige beiseite schob, die Warners Gesicht bedeckten. Dann richtete sie sich wieder auf. „Er atmet noch."

„Also dann", sagte Wilt und schnallte die Skier ab. „Ich setze mich vorn auf den Schlitten. Ich kann die Hacken in den Schnee stemmen und bremsen helfen. Ihr zwei nach hinten ans Seil."

CJ's Stimme klang, als wolle er gleich explodieren. „Wenn er durchgeht, überfährt er dich einfach oder nimmt dich mit, direkt in die Bäume!"

„Also", sagte Steve ruhig, aber entschlossen, „werden wir ihn eben nicht durchgehen lassen, oder?" Sie postierte sich hinter dem Schlitten. „Gehen wir's an."

10. Kapitel

Captain Lopez, Carl und Pete Benjamin gingen zusammen zum Parkplatz. Es fiel immer noch Schnee, doch nicht mehr ganz so dicht.

Sie stiegen in Lopez' Wagen. Er ließ den Motor an und drehte die Heizung voll auf. Schon die schwache Anfangsleistung empfand man als Segen.

„Also schön", sagte Lopez, „wo stehen wir jetzt?" Die Übermüdung hatte ihn abgestumpft; er mußte sich zusammenreißen, damit er sich nicht gehenließ.

„Sobald die Sicht besser wird, versuch ich's", sagte Benjamin. „Und wenn der nächste Sturm aufzieht, muß ich mich eben höllisch beeilen."

„Soll ich mitfliegen?" fragte Carl.

Benjamin schüttelte den Kopf. „Sie nehmen zuviel Platz weg. Mehr als zwei auf einmal kann ich nicht mitnehmen, wenn ich sie gefunden habe."

„Ich könnte dort bleiben. Vielleicht wäre das nützlich."

„*Por Dios*, nein!" rief Captain Lopez. „Wir wollen doch Leute rausholen, nicht hinbringen." Er lächelte müde. „Vorschlag gewürdigt, aber abgelehnt."

Er wandte sich wieder an Pete Benjamin. „Wenn Sie beim Landen eine Lawine auslösen, was dann?"

Der Pilot zuckte die Achseln. „Ich mach es so weich, wie ich kann. Wir müssen eben hoffen. Auf der anderen Bergseite wär's sicherer, aber dort können sie ja wohl nicht sein."

Der Captain sah Carl an. „Sie vermuten sie in einer von den Höhlen in der Cañonwand?"

„Sie haben keine Ausrüstung. Sie müssen einen Unterschlupf suchen. Bart und Wilt können gar nichts anderes machen." Ohnmächtiger Zorn stieg in ihm hoch, und seine Stimme wurde lauter. „Verdammt noch mal, wenn wir nur irgendeinen Anhaltspunkt hätten!"

„Wissen Sie was?" sagte Captain Lopez. „Es schneit fast nicht mehr."

Der Blick über den Straßenrand den steilen Hang hinunter war nicht sehr ermutigend. Es sah ganz so aus, als ob CJ recht hätte, als müßte der schwere Schlitten sich unweigerlich losreißen, Wilt trotz aller Bremsmanöver vor sich her treiben und den Berg hinunterrasen wie eine Höllenmaschine.

Wilts Absätze prallten immer wieder gegen Felsbrocken, die unter dem Schnee nicht zu sehen waren. Er versuchte, die Knie gebeugt zu halten, um die Stöße abzufangen, doch das führte nur dazu, daß sein Körper wie ein Gummiball auf dem Schlitten herumtanzte, der ihm jedesmal heftig ins Kreuz donnerte.

Schultern, Hände und Finger taten höllisch weh, weil er sich so krampfhaft an dem Schlitten festklammern mußte. Der Wind trieb ihm die Tränen in die Augen, nahm ihm die Sicht und zwang ihn, sich nur auf seinen Gleichgewichtssinn zu verlassen, um den Kurs zu halten.

Plötzlich vernahm er einen hohen, schrillen Laut und merkte gar nicht, daß er aus seinem eigenen Munde kam; ein unartikulierter Trotz- und Kampfschrei in der kalten dünnen Luft.

Einmal wurde sein rechtes Bein von einem Felsen nach hinten geschleudert, und einen Augenblick, der wie eine Ewigkeit schien, mußte er fürchten, es nicht mehr hervorreißen zu können und von dem Schlitten überrannt zu werden. Aber sein Fuß kam rechtzeitig wieder frei, der Augenblick ging vorüber, und die Höllenmaschine setzte ihre irrsinnige Talfahrt fort.

Irgendwo da vorn am Fuß des Hanges waren die Bäume und die Straße, sicher auch ein Graben. Wenn er mit dem Schlitten da hineinkrachte, war alles aus. Blitzartig ging ihm ein Bild durch den Kopf: Er selbst, Warner Harlow und der Schlitten zermalmt zu einem Klumpen aus Metall, Stoff und Fleisch.

Er hörte, wie CJ warnend aufschrie. Er sah nur Licht und Schatten durch den Tränenschleier in seinen Augen. Während er mit der ganzen Kraft seines Körpers bremste, wurde er gewahr, daß er sich schon zwischen den Bäumen befand. Was dann geschah, ging zu schnell für den Verstand.

Er verspürte einen heftigen Stoß, als der Schlitten ihm in die Hüfte fuhr. Er wurde nach vorn geschleudert und bekam plötzlich keine Luft mehr. Er machte verzweifelte Schwimmbewegungen und rang nach Atem. Plötzlich schoß es ihm durch den Kopf, daß das das Ende war.

Aber der Tod konnte doch nicht so kalt und feucht sein. Er spürte, wie Hände nach ihm tasteten. Langsam kam er wieder aus der

Schneewehe heraus. Er machte sich von dem Schlitten frei und sah sich verwirrt um.

Sie hatten es geschafft. Einen anderen Gedanken gab es im Augenblick nicht. Der Schlitten stand noch auf den Kufen, hinter ihnen stieg steil der Hang auf, und es war Wilt vollständig egal, daß seine Arme, Beine und Schultern schmerzten wie noch nie.

Steve lehnte sich nach vorn auf ihre Stöcke. Ihre tiefen Atemzüge erschütterten ihren ganzen Körper. CJ saß in der Hocke auf seinen Skiern, auch er keuchte, und sein Atem rasselte schwer.

Wilt kam allmählich wieder zur Besinnung und löste seine Skier und Stöcke, die er neben Warner festgebunden hatte. Während er mit klammen Fingern die Skier wieder anschnallte, fragte er sich, ob in dem Körper unter den Zweigen nach dieser wilden Fahrt noch Leben steckte.

CJ hob den Blick. Langsam richtete er sich ganz auf. Er holte tief Luft und sagte: „Noch so ein wahnsinniger, irrer, idiotischer Einfall –"

„Wir haben's geschafft, oder?" fragte Steve und lächelte ihn an.

CJ nickte erschöpft. „Jaja. Wir haben's geschafft. Frag mich nicht, wie." Er sah Wilt an. „Also, du Sklaventreiber, sollen wir jetzt weitermachen?"

Wilt nickte. Er brachte sogar ein Lächeln zustande. „Ihr habt genug Pause gehabt. Bewegt euch." Von jetzt an haben wir freie Fahrt, dachte er.

BART sah sich in der Höhle um und taxierte die Moral der Truppe. Mutter und Tochter hatten noch seelische Reserven, sie würden nicht durchdrehen. Lila und Ben zeigten auch keine Anzeichen von Panik. Sie warteten ruhig ab und schienen bereit anzunehmen, was kommen würde.

Blieb noch Billy. Bart kauerte beim Feuer nieder, um den Jungen zu testen. „Worüber denkst du nach?"

Billy stocherte lustlos in der Glut. „Ach, über alles mögliche."

„Laß hören."

„Na gut." Er ließ sich Zeit. „Auf Skiern müßten sie es bis unten schaffen. Vielleicht kommt Paps durch." Stolz lag auf einmal in seiner Stimme. „Er ist ganz schön hart im Nehmen. Das haben sie auch von ihm gesagt, als er noch in Oklahoma Football gespielt hat."

„Das hab ich gar nicht gewußt, Billy."

„Er hat nicht immer Schlagzeilen gemacht, aber die Fachleute haben gesagt, ohne Paps als Verteidiger wäre Mr. Boone, Jake Boone, nie so berühmt geworden."

„Du bist stolz auf ihn."

Billy nickte langsam. „Aber das weiß er nicht. Nie könnte ich so sein wie er, auch wenn ich mich bemühte; deshalb habe ich es nie versucht und immer so getan, als wäre es mir egal." Er sah Bart an. „Manche Menschen benehmen sich so, stimmt's? Tun so, als sei ihnen alles egal, auch wenn etwas sie wirklich angeht."

„Ja, Menschen benehmen sich so, Billy." Menschen wie ich, dachte Bart.

Billy nickte ernst. „Ich hoffe, er schafft es, auch wenn wir es vielleicht nie erfahren." Er schwieg einen Moment und schauderte. Dann nahm seine Stimme einen neuen, reiferen Klang an. „Hier kommt bestimmt niemand her, um uns zu helfen. Also sollten Sie Ihre Skier anschnallen und runterfahren, solange Sie noch können."

Bart versuchte, leicht, fast beiläufig zu antworten. „Ich glaube, du siehst das nicht ganz richtig, Billy."

„Glauben Sie im Ernst daran, daß jemand kommt und uns rausholt?" Billy schüttelte den Kopf. „Ausgeschlossen. Wenn sie mit einem Traktor oder irgend so einem Schneedings hier raufkönnten, wären sie längst hier."

Die Überlegungen des Jungen deckten sich mit seinen eigenen. „Weiter", sagte Bart nur.

„Und wenn sie nicht mit Fahrzeugen hierherkönnen, dann müssen sie durch die Luft. Also mit einem Hubschrauber. Wir sind schon einmal eingeschlossen gewesen, weil Paps sein Gewehr abgefeuert hat. Was meinen Sie, was erst passiert, wenn ein Hubschrauber hier zu landen versucht?"

Plötzlich hörten sie Patty vom Eingang rufen: „Es hat aufgehört zu schneien!"

Billy und Bart krochen hinaus, um sich selbst davon zu überzeugen. Tatsächlich, es schneite nicht mehr, und im Westen sah man bereits blauen Himmel hinter den dunklen Wolkenfetzen. Drüben auf den Bergen lag die Sonne. Bart drückte sanft Billys Arm. Sie standen und schauten, ohne etwas zu sagen.

Der Sonnenschein kam näher, breitete sich über das Land unter ihnen aus und erhellte Hügel und Täler, schließlich erfaßte er die Stadt.

Da lag sie, farbig wie eine Postkartenansicht und zum Greifen nahe. Da unten waren Menschen und Häuser mit Heizung, Betten, vollen Kühlschränken, mit all den Wundern der Zivilisation. Billy starrte darauf wie auf ein Traumbild.

„Wir gehn besser wieder rein", sagte Bart. „Du erfrierst sonst."

Billy wandte sich noch einmal um, warf einen letzten Blick hinunter. „Sie ist so nah!" Ein Schrei der Anklage gegen das Schicksal. „Kommt es Ihnen nicht auch so vor? Schauen Sie doch!"

„Ich weiß, was du meinst", antwortete Bart. „Rein mit dir, Junge. Jetzt kommt der schwierigste Teil. Wir warten weiter."

CARL war wieder bei Jaime im Krankenhaus.

Er saß im Sessel an seinem Bett. „So sieht's also aus", sagte er. „Der Hubschrauber startet in zehn Minuten. Die Wetterfrösche geben ihm nicht viel Zeit, weil ein neuer Sturm –" Er hielt inne, starrte durch die offene Tür, sprang dann aus seinem Sessel auf und rannte in den Gang hinaus.

„Hallo, alter Knabe", sagte Wilt. Sein Gesicht war abgezehrt, und er taumelte vor Müdigkeit, aber seine Augen leuchteten triumphierend. „CJ ist unten. Steve kommt auch gleich." Er wandte den Kopf nach Jaimes Krankenzimmer. „Wie geht's ihm?"

„Gut. Aber was ist mit Bart?"

Das triumphierende Leuchten verschwand aus Wilts Augen. „Er ist noch oben mit den fünf anderen."

„Noch fünf andere!" Carl sprach leise und eindringlich. „Wer sind sie? Sag's mir, schnell! Wir haben einen Hubschrauber in der Luft!" Er packte Wilt beim Arm. „Wo ist ein Telefon?"

Sie waren schon weg, als Steve erschöpft den leeren Korridor entlangkam. Warner lag jetzt auf der Unfallstation. Sie bewegte sich schwerfällig in ihren schweren Skistiefeln. Durch die plötzliche Wärme brannte ihr Gesicht, in Händen und Füßen fühlte sie ein schmerzhaftes Stechen, seit die Zirkulation wieder eingesetzt hatte. Die Kapuze hatte sie abgestreift, darunter kam ihr wirres Haar zum Vorschein. Sie glaubte sicher, verheerend auszusehen, aber das war jetzt alles nicht wichtig.

Die Stationsschwester hatte ihr gesagt, Jaimes Zustand sei ernst. „Ernst" konnte heißen: schlimmer, als Steve im Augenblick zu ertragen imstande war. Als sie sich seiner Tür näherte, mußte sie alle Kraft zusammennehmen, um nicht davonzulaufen und sich woanders Gewißheit über seinen Zustand zu verschaffen.

Vor der Tür holte sie tief Luft, dann trat sie ins Zimmer. Sie kam sich groß und plump und tölpelhaft vor und war so unsicher wie ein junges Mädchen beim ersten Rendezvous.

Jaime saß aufgerichtet im Bett, braune Haut und schwarzes Haar auf weißem Kissen. Eine Schulter steckte in einem großen Gipsverband. Er beobachtete, wie sie stehenblieb und nicht näher zu kommen wagte. Lange schwiegen beide, und die Zeit schien stillzustehen.

Dann begann Jaime allmählich zu lächeln. „Hallo, *Guapa*." Seine Stimme war ganz weich. „Wo bist du gewesen? Komm her." Und dann sagte er, was sie kaum fassen konnte, sagte es fast nebenher: „Und geh nie wieder weg, *comprendes?*"

Steve kam langsam weiter ins Zimmer. Jetzt fühlte sie sich nicht mehr plump und unsicher. Alle Zweifel waren plötzlich weggefegt. Es würde alles gut werden, sogar noch besser, als sie zu hoffen gewagt hatte, dessen war sie sich auf einmal ganz sicher. Sie hatten keine Eile. Was sie sich sagen wollten, konnten sie sich immer noch sagen. Sie hatten unendlich viel Zeit.

Sie lächelte ebenfalls, und ihr Lächeln durchwärmte sie beide.

„Diese Schlittenfahrt hätte sogar dir gefallen", sagte sie.

Jaimes Lächeln wurde breiter. „Mit dir, *Guapa*, jederzeit."

Sue Ann hörte das leise Rattern zuerst. „Da draußen muß ein Hubschrauber sein."

Bart kam zu ihr, um zu lauschen. Dann fiel ihm einer von Billys Vorschlägen ein. Er wandte sich zu Sue Ann. „Einen Spiegel", sagte er, „haben Sie einen?" Sue Ann nickte und wühlte in ihrer Handtasche. Eilig kroch Bart mit dem Spiegel ins Freie.

Zuerst blendete ihn das vom Schnee reflektierte Sonnenlicht. Er hielt die Hand über die Augen und blinzelte in den Himmel. Das Rattern wurde lauter. Richtig, da war der Helikopter. Als er näher kam, flog er einen leichten Bogen nach links. Um Himmels willen, wo wollte er denn hin? Hier sind wir!

In diesem Augenblick empfand Bart die gleiche Enttäuschung, die Billy beim Anblick der Stadt empfunden hatte, als sie zum Greifen nahe schien. Er hielt den Spiegel genau im Winkel zwischen Sonne und Flugzeug und ließ ihn behutsam kreisen.

Nichts. Unbeirrt setzte der Hubschrauber seinen abzweigenden Kurs zu Barts Linken fort. Bart verfolgte ihn mit dem Spiegel, so gut es ging. Vielleicht blickte der Pilot gerade nicht in seine Richtung. Vielleicht –

Da! Der Hubschrauber schien zu zögern, und plötzlich – ja! – änderte er seinen Kurs. Es war keine Frage, er kam jetzt direkt auf die Wand zu, wo Bart stand!

(Im Hubschrauber sagte Pete Benjamin gerade ins Mikrofon: „Verstanden. Die Nordwand. Sechs Personen – Moment mal. Irgendwas blitzt da unten. Jemand gibt Lichtzeichen. Jetzt hab ich ihn. Ich bin auf Kurs. Ende.“)

Und dann, fast ohne Übergang, schwebte der Hubschrauber über der Schlucht, beinahe auf Barts Höhe, und er und Pete Benjamin konnten einander deutlich sehen.

Bart deutete hinauf zum Kamm und hob sechs Finger hoch.

Benjamin nickte. Der Helikopter schwang zur Seite und begann zu steigen. Bart wartete nicht länger. Er bückte sich und kroch in die Höhle zurück. Im Innern klang das Geräusch des Hubschraubers wie explodierende Knallfrösche und hallte von den Wänden wider.

„Sie zuerst“, sagte Bart zu Sue Ann. „Sie werden hinauskriechen müssen. Dann kann ich Sie tragen.“ Er spürte ihren Widerstand und setzte im Befehlston hinzu: „Tun Sie gefälligst, was ich sage. Sie alle. Sie kommt zuerst. Sie“ – er nickte Ben zu – „als zweiter. Zuerst die Verletzten. Ist das klar?“

Das Rattern des Hubschraubers wurde lauter. Ein Felsstück brach aus der Decke und fiel mit dumpfem Aufschlag zu Boden.

„Los jetzt!“ sagte Bart und kroch hinaus.

Patty gab Sue Ann einen raschen Kuß. „Geh nur, Mami. Grüß Papi von uns. Beeil dich.“

Sue Ann zögerte noch. „Ich liebe euch alle“, sagte sie schließlich und begann hinauszukriechen. Das geschiente Bein zog sie hinter sich her.

Wieder fiel ein Stück Fels aus der Wand, direkt hinter Billy.

Er sprang erschrocken auf, nahm sich dann zusammen und stocherte weiter im Feuer.

Ben lächelte schwach. „Guter Soldat“, sagte er. „Bleibt auf seinem Posten.“ Er sah Lila an. „Sie sind die nächste.“

„Frauen und Kinder zuerst, meinen Sie wohl“, antwortete Lila. Verachtung lag in ihrem Ton. „Sie können gut Befehle geben. Das haben wir gesehen, als Sie das Kommando hatten und uns alle am Leben erhalten haben. Sind Sie jetzt nicht Manns genug, welche entgegenzunehmen? Auch wenn sie sinnvoll sind?"

In Bens Gesicht zuckte es, aber er sagte nichts.

„Bart will keine Krüppel hierlassen, die uns Zurückbleibende nur belasten würden", fuhr Lila fort. „Also tun Sie, was er sagt." Sie stand auf, ging zu Patty und kniete neben ihr, mit dem Rücken zu Ben.

Von draußen rief Bart: „Jetzt Ben!"

Lila hörte, wie Ben sich dem Ausgang zubewegte, aber sie wandte sich nicht um.

Kniend sah Ben sich noch einmal nach ihnen allen um. „Viel Glück", sagte er ausdruckslos. Mühsam kroch er durch die Öffnung und war verschwunden.

Patty sah, wie Lilas Augen feucht wurden und zwei Tränen über ihre Wangen liefen. Lila schien es nicht zu merken.

Wieder polterte ein Stück Fels von der Wand herunter. In die folgende Stille hinein sagte Billy: „Beim Abheben gibt es die gefährlichsten Schwingungen. Wenn –" Er stockte. „Schon gut. Ich dachte nur, es interessiert euch."

„Ich habe mir schon so was gedacht", sagte Lila und versuchte, unbefangen zu klingen.

Bart war schon wieder auf halbem Weg hinunter zur Höhle, als der Helikopter zum Abheben die Drehflügel beschleunigte. Das Geräusch machte ihn fast taub. Als der Helikopter sich vom Boden löste, wirbelte loser Schnee im Sonnenlicht wie bei einem Miniaturschneesturm. Bart schloß die Augen.

Durch den Lärm, den der Hubschrauber machte, konnte er das Donnern der Lawine nicht hören, die auf der anderen Seite niederging. Aber er spürte unter seinen Füßen, wie der anschließende Felsrutsch den Berg erschütterte.

Als der Berg zu beben aufhörte, war der Hubschrauber schon weit weg und kaum noch zu hören. Bart atmete tief durch und setzte sich wieder in Bewegung.

Ein großes Stück des Pfades war herausgebrochen, nur ein schmaler Rand von etwa fünfundzwanzig Zentimetern war noch begehbar. Aber die Höhle war noch da, als er ankam, und der Eingang war nicht verschüttet.

Innen war die Luft voller Staub, der zum Husten reizte. Bart war so steif gefroren, daß er kaum lächeln konnte. „So weit, so gut", sagte er. „Ihr drei seid die nächste Ladung."

Patty setzte an: „Können Sie nicht auch –", ließ den Satz aber unvollendet.

Lila hatte sich die Tränen aus dem Gesicht gewischt und sah Bart an. Langsam sagte sie: „Wie wär's mit einer Tasse von Bens Kaffee? Sie verdienen viel mehr, aber mehr haben wir nicht zu bieten."

AM FLUGHAFEN wartete schon ein Krankenwagen mit Blaulicht. Der Hubschrauber kam hereingeschwebt, stand einen Augenblick in der Luft und setzte dann in einer Schneewolke auf. Die Männer von der Ambulanz eilten herbei mit ihrer rollenden Bahre. Sie duckten sich unter den sausenden Rotorflügeln.

„Zuerst die Frau", wies Pete Benjamin sie an. „Vorsicht mit dem Bein."

Ben stieg allein aus, hielt mit seiner gesunden Hand die Schulter und fühlte sich schwach. Er war immer noch wütend auf Lila. Trotzdem blieb er kurz stehen und sagte zu Pete Benjamin: „Vielen Dank für den Flug, Kamerad."

Der Pilot lächelte. „Kostet nichts. Kleine Aufmerksamkeit des Hauses." Er griff nach der Tür, um sie zu schließen.

„Hol sie alle raus", sagte Ben. „Alle. Hörst du?"

„Klar und deutlich", sagte Benjamin und ließ die Tür mit einem Knall zufallen. Dann gab er Gas, und der Hubschrauber stieg in einer scharfen Kurve auf und nahm wieder Richtung auf die Berge.

Ben kam bis zum Krankenwagen, dann konnte er nicht mehr. Die Sanitäter hoben ihn hinein, legten ihn neben Sue Ann und sicherten ihn mit einem breiten Gurt um die Hüfte.

Beim Anfahren schlingerte der Wagen ein paarmal, neigte sich zur Seite, richtete sich wieder auf und begann seine trudelnde Fahrt zur Stadt. Sue Ann öffnete die Augen. „Mein Mann. Er ist mit dem Schlitten heruntergekommen. Hat er – hat er's geschafft?"

„Klar", antwortete der eine Sanitäter. „Sie haben's alle geschafft. Das letzte, was ich gehört hab, war, daß sie Ihren Mann direkt auf die IS gebracht haben."

„Intensivstation", erklärte Ben. Er langte mit seiner gesunden Hand zu Sue Ann hinüber und berührte die ihre. „Wir wollen hoffen."

Der Kaffee war kaum mehr als lauwarm, aber besser als gar nichts. Bart hielt den Becher mit beiden Händen und trank ganz langsam. Zwei Abstecher zum Kamm hinauf hatten ihre Spuren bei ihm hinterlassen; beim ersten hatte er Sue Ann getragen, beim zweiten mußte er fast auch Ben tragen.

Er sagte: „Ihr drei lauft, so schnell ihr könnt. Du übernimmst die Führung, Billy. Dann Patty, dann Lila. Ich komme hinterher. Es wird eng werden, aber ihr drei paßt schon hinein."

Patty fragte: „Können Sie nicht auch noch mitkommen?"

„Nein." Er hatte das Gefühl, es erklären zu müssen. „Ich wiege fast soviel wie ihr alle zusammen. Ich fliege beim nächsten Mal."

Lila sagte: „Wir können doch allein hinaufgehen. Es ist doch nicht nötig, daß Sie jedesmal –"

„Wir machen es so, wie ich sage", erwiderte Bart. „Ich will sicher sein, daß ihr heil wegkommt."

„Mensch", sagte Billy, „dann können Sie doch auf Skiern runterfahren."

Er hatte daran schon gedacht. Wenn das Wetter sich wieder verschlechterte und der Hubschrauber nicht mehr aufsteigen konnte, dann würde er zur Not auf Skiern hinunterfahren. Aber er war todmüde, dazu diese Kälte – das wollte gut durchdacht sein. Das aber fiel ihm im Augenblick schwer. Zuerst einmal mußten die drei anderen geborgen werden.

Lila kniete neben ihm. „Wir alle stehen tief in Ihrer Schuld", sagte sie. „Hätte ich eine Medaille oder eine Million Dollar –" Sie schüttelte den Kopf. „Wenn einem so etwas widerfährt, und wenn man dann auf Leute stößt wie Sie und Ben... Was ich sagen will, ist: man bekommt eine andere Meinung von den Menschen. Das ganze Leben lang war man allein, und auf einmal ist man es nicht mehr. Das haut einen einfach um." Sie wartete auf eine Antwort. Es kam keine. „Na schön", fuhr sie fort. „Vielleicht erlebt es jeder anders. Was mich angeht – ich kann nur sagen: danke."

Jetzt hörten sie es wieder, das unverwechselbare Rattern des Hubschraubers, lauter und lauter.

„Raus", sagte Bart und wuchtete sich hoch. Er sah zu, wie sie hinauskrochen. Als er selber draußen war und sich aufrichtete, sah er, daß Lila noch neben ihm stand.

„Machen Sie, daß Sie zu den andern kommen", sagte er. „Nein, warten Sie." Ihr Blick fing sich in seinem. „Wissen Sie, Sie haben recht", sagte er dann. „Wir sind nicht allein."

Ein letztes Mal ging es den Pfad hinauf. Billy taumelte voran. Patty dicht hinter ihm, etwas weiter zurück kam Lila. Jeder einzelne Schritt bereitete Bart unsägliche Mühe. Aber nun war ja bald alles überstanden. Fast alles ließ sich ertragen, wenn man das Ende absehen konnte.

Der Hubschrauber schwebte donnernd über ihnen. Als er auf dem Kamm landete, hüllte er sich in eine große Schneewolke. Sie hasteten mit letzter Kraft weiter. Endlich waren sie alle oben, und Pete Benjamin hielt ihnen die Tür auf.

Durch den Motorlärm konnte man kein Wort verstehen. Bart deutete auf Patty, Billy und Lila.

Benjamin zögerte erst, stieß dann die Tür noch weiter auf, und die drei zwängten sich hinein – ein Knäuel von Körpern auf viel zu engem Raum. Benjamin ließ die Tür krachend ins Schloß fallen und bedeutete Bart mit heftigen Gesten zurückzutreten. Die Drehflügel rotierten wie rasend und schienen regelrecht aufzukreischen – und der Hubschrauber schwebte wieder in der Luft.

Bart wandte sich um und trat den Rückweg wieder an. Um ihn herum war jetzt nichts als Stille. Das hast du dir doch immer gewünscht, oder? So ganz allein zu sein?

Ließ man sich mit der Welt nicht weiter ein, dann war man sicher vor Verletzungen und Kränkungen. Nach diesem Grundsatz hatte er bisher gelebt. Doch Lila hatte recht; die letzten langen Stunden hatten alles verändert. Auch seine Einstellung – ohne daß er genau hätte sagen können, wie.

Zuerst hatte es Jaime erwischt. Dann hatten sie Ben und Lila gefunden, beide vollständig hilflos und doch nicht bereit aufzugeben. Und dann diese Familie Harlow. Alle zusammen ein Modell menschlicher Gemeinschaft – und er selbst auf einmal mittendrin und ein Teil davon, anstatt ein Außenseiter wie bisher zu sein.

Er stolperte und mußte seinen Schritt verlangsamen. Kälte und Müdigkeit gewannen allmählich die Oberhand. Sie waren wohl auch verantwortlich für seine komischen, verrückten Gedanken – oder nicht? Wenn er erst wieder in der Höhle war, würde er sich schon erholen. Und wenn der Hubschrauber nicht bald wiederkam, dann hatte er immer noch die Skier.

In der Stille, die ihn umfing, war es ganz genau zu hören: ein tiefes

Grollen, das sich zum Dröhnen verdichtete. Wieder bebte der Boden unter seinen Füßen, diesmal mit unglaublicher Heftigkeit.

Wieder vernahm er Krachen und Poltern, als ein Steinregen vom Kamm herab über ihn niederging. Er ließ sich auf die Knie fallen und schützte den Kopf mit den behandschuhten Händen, solange der Steinschlag andauerte.

Schließlich war es vorüber. Schwankend kam er wieder auf die Beine. Ungläubig starrte er auf das, was er sah. Der Pfad unter ihm war verschwunden. Um ihn her gab es keinen Schnee mehr, nur noch nackten Fels. Riesige Felsbrocken lagen geborsten unten im Cañon. Auf einem waren die Felszeichnungen zu erkennen, die er an der Höhlenwand gesehen hatte.

Keine Höhle mehr. Kein Feuer. Keine Skier. Jetzt war er wirklich ganz allein.

Er wandte sich um und machte sich auf den langen anstrengenden Weg zurück auf den Kamm. Die Kälte war jetzt womöglich noch grimmiger, und Windstöße fegten über ihn hinweg. Was sollte er jetzt machen, ohne Obdach und Zuflucht, der große, starke Einzelgänger?

Er drehte sich mit dem Rücken gegen den Wind, kniete im Schnee und versuchte, sich so klein wie möglich zu machen, um dem Wind möglichst wenig Angriffsfläche zu bieten und das bißchen Wärme, das sich in seinem Körper noch befand, festzuhalten. Wie lange noch? Er konnte es nicht wissen. Entweder kam der Hubschrauber, oder er kam nicht. Wer auch immer alle diese Zufälle arrangierte, diesmal hatte er sehr knapp kalkuliert.

Und zum ersten Mal in meinem Leben, ging es Bart durch den Kopf, denke ich nicht nur an mich. Das macht das Ganze so grotesk.

11. Kapitel

Lila kletterte als letzte aus dem Helikopter. Eingemummt in Decken, sah sie wie ein Wickelkind zu Pete Benjamin empor.

„Sie holen ihn raus", sagte sie. „Ganz bestimmt?"

Pete lächelte sie an. „Machen Sie die Tür zu, und ich werd's versuchen."

„Versuchen Sie's nicht nur", antwortete Lila. „Tun Sie's auch wirklich, hören Sie?"

Brady Shaw sah aus dem Fenster und ließ die Karten und Tabellen vor sich auf dem Schreibtisch unbeachtet liegen. Er griff zum Telefon und wählte die Nummer von Captain Lopez.

„Das Sturmfeld vom Golf hat sich's überlegt", sagte er. „Es kommt sehr rasch auf uns zu. Holen Sie Ihren Hubschrauber lieber runter, und binden Sie ihn gut fest."

„Danke", sagte der Captain, legte auf und klingelte nach seiner Sekretärin. „Nehmen Sie Verbindung mit Pete Benjamin auf. Er hat keine Zeit mehr. Er soll runterkommen und unten bleiben."

Die Sekretärin war sofort wieder zurück. „Benjamin ist eben gelandet, Captain. Er sagt, er muß noch einmal rauf."

Lopez ging hinüber in die Nachrichtenzentrale.

Er ließ sich in einen Stuhl fallen und nahm das Mikrofon. „Pete. Hier Captain Lopez. Der neue Sturm ist gleich da. Bleiben Sie unten. Kommen."

Die Antwort kam ganz deutlich aus dem Lautsprecher. „Ich kann Sie nicht verstehen, Captain. Ende."

Der Captain erhob sich. Er mußte an Carter denken. Diese Amerikaner! „Die einen sind Vollidioten", sagte er kopfschüttelnd, „und die andern Helden." *Dios*, war er müde.

Die Musik aus dem UKW-Sender brach plötzlich wieder ab. „Wir unterbrechen unser Programm für eine Durchsage. Vier von den Personen, die in den Bergen hinter Santo Cristo abgeschnitten waren, haben die Stadt auf Skiern erreicht und sind in Sicherheit. Fünf weitere Personen konnten mit einem Polizeihubschrauber geborgen werden. Eine Person befindet sich noch in den Bergen. Es handelt sich um Bart Wallace, den Leiter des Rettungstrupps –"

Connie stellte den Ton ab und schloß die Augen.

Doch die Gespräche der Gäste an der Theke konnte sie nicht überhören.

„Noch ein Sturm im Anzug. Mein lieber Mann, schau aus dem Fenster, da kannst du ihn kommen sehen."

„Dieser Wallace kann doch Ski fahren."

„Man sollte meinen, wenn einer rauskommt, dann der. Aber er ist immer noch oben."

Du Idiot, dachte Connie. Deswegen ist er ja noch oben, weil er sich zuerst um die Sicherheit der anderen kümmert.

„Noch einen Kaffee, Connie."

„Kommt sofort." Connie zwang sich zu einem Lächeln. „Darf's sonst noch was sein?"

DER Orthopäde half Ben, mit dem gesunden Arm ins Hemd zu schlüpfen, legte es ihm um die bandagierte Schulter und steckte den leeren Ärmel mit einer Sicherheitsnadel hoch. „Also ein Bär", sagte er. „Dann ist mir alles klar. Er hat vermutlich ebensoviel Angst wie Sie gehabt und wollte nur möglichst schnell weg."

„Wenn er Angst gehabt hat", antwortete Ben, „dann hat er es sich nicht anmerken lassen." Er ging hinaus ins Wartezimmer. Dort blieb er stehen. Lila saß klein und einsam auf einer Holzbank.

Abgesehen von Bens übergroßem Rollkragenpullover trug sie noch dieselben Sachen wie im Flugzeug: Hemd, Hosen und flache Schuhe. Sie deutete auf den Pullover. „Sie kriegen ihn zurück, wenn ich ihn gewaschen habe. Recht so?"

Ben nickte stumm. Dann wandte er sich ab, griff nach seinem Parka und versuchte ungeschickt, ihn anzuziehen.

„Warten Sie, ich helfe Ihnen", sagte Lila. „Halten Sie still." Sie legte ihm den Parka um die Schultern und zog den Reißverschluß zu. „Sie werden es eine Zeitlang schwer haben, mit einem Arm."

„Ich pfeif drauf", erwiderte Ben und sagte weiter nichts.

„Auch eine Methode, sich die Welt vom Leib zu halten", meinte Lila, „indem man drauf pfeift." Sie hielt ihm die Hand hin. „Viel Glück."

Ben machte keine Anstalten, ihre Hand zu ergreifen. Wieder genau dasselbe wie in Vietnam, dachte er. Gemeinsam steht man etwas durch, was man nie vergessen zu können glaubt, und wenn es vorbei ist, geht man auseinander und schaut sich noch nicht einmal um.

Nein, dachte er, diesmal nicht. Der Zorn, den er auf sie gehabt hatte, als sie ihn aus der Höhle schickte, war verflogen. Es zählte nur noch, was vorher gewesen war, daß sie ihn unten in der Schlucht gefunden und ihm wieder zum Weg zurück geholfen hatte.

„Ich weiß noch nicht mal Ihren Nachnamen", sagte er.

„Macht Ihnen das was aus?"

„Ja, es macht mir was aus!" Er schrie es fast. „Also, wer hält sich denn hier die Welt vom Leibe?"

Lila ließ den Blick nicht von ihm. Dann nickte sie langsam.
„Gut. Gehen wir's an?"

„Wenn Sie es wollen." Ich krieche ja zu Kreuze, dachte er. Komisch, ich schäme mich gar nicht deswegen.

Lila strahlte. „Ich will es", antwortete sie.

Der Wind auf dem Kamm hatte nicht nachgelassen, und die Temperatur war noch weiter gefallen. Mit großer Anstrengung zwang sich Bart, aufzustehen und ein paar Schritte zu gehen. Dabei stampfte er mit seinen fast gefühllosen Füßen und schlug die Arme zusammen.

Wie lange noch? Bald werde ich hinfallen und nicht mehr hochkommen, und das war's dann. Aber schon lange vor dem Ende werde ich nicht mehr in der Lage sein, Einbildung und Wirklichkeit zu unterscheiden.

Er konnte der Versuchung nicht widerstehen, sich in den Wind zu drehen, um einen kurzen Blick auf die Stadt zu werfen, die so nahe schien. Vergebens versuchte er, La Cantina auszumachen. Doch wenn er die Augen schloß, sah er sie ganz deutlich, spürte ihre Wärme, schmeckte Connies Kaffee auf der Zunge. Einbildung.

Im Südwesten hatte sich der Himmel verdunkelt, und die Wolkenwand rückte eilends näher. Kein vernünftiger Pilot würde angesichts dieser Wetterfront starten, und er konnte ihm keinen Vorwurf deswegen machen.

Es erschien ihm lächerlich, daß das Ende hier kommen sollte, einfach so, im Freien, ohne daß er überhaupt versuchen konnte, irgendwo unterzukriechen. Aber die Höhle war verschwunden, und damit auch jede Überlebenschance.

Er stolperte, fiel auf die Knie und war in Versuchung, so zu verharren. Aber er zwang sich doch wieder hoch und fuhr fort, stampfend auf und ab zu gehen und die Arme in Bewegung zu halten.

Er erinnerte sich, was er über Menschen gehört hatte, die vor dem Erfrierungstod standen. Peter Freuchen hatte sich selbst den erfrorenen Fuß amputiert; zwei verirrte Jäger hatten das Eis eines Sees aufgebrochen, waren ins Wasser getaucht und hatten es auf ihrem Körper gefrieren lassen, als Schutz gegen die Verstümmelung durch wilde Tiere...

Ich schweife schon wieder ab, dachte er und konzentrierte sich angestrengt darauf, nur immer einen Fuß vor den anderen zu setzen, wenn er stolperte, die Balance wiederzufinden, und zu verhindern, daß die Einbildung ihm wieder falsche Bilder vorgaukelte. In seinem Kopf war ein Hämmern, das nicht von seinem Puls herrührte, dafür war es zu schnell, und in seinen Ohren war ein Dröhnen, das klang wie – wie was?

Wieder stolperte er und fand sich auf Händen und Knien, das Gesicht fast im Schnee. Immer noch erfüllte das Dröhnen seinen Kopf – da war sie wieder, die Einbildung, diesmal so täuschend echt und von der Wirklichkeit nicht mehr zu unterscheiden.

„Steh auf, verdammt noch mal! Ich kann dich nicht heben!" Alles Einbildung.

Bart hatte sogar den Eindruck, daß ihn jemand schüttelte. Verrückt, es war ganz wirklich. Mühsam hob er den Kopf. Das Gesicht kannte er. Und dort – das konnte keine Einbildung sein – dort stand der Hubschrauber mit rotierendem Drehflügel. Das Motorgeräusch war jetzt ganz deutlich.

„Steh auf! Hilf doch mit! Wir müssen hier weg!"

Ein Rest seines Verstandes sagte Bart ganz deutlich: Tu lieber, was der Mann sagt. Auch wenn du's nicht glaubst.

Er erhob sich mühsam und brachte es schließlich mit Hilfe des anderen fertig, aufrecht zu stehen. Er sah Pete Benjamin an, und dann taumelten beide auf den Hubschrauber zu.

AN DER Tür stand: INTENSIVSTATION. BESUCHSZEIT NUR ZEHN (10) MINUTEN. NUR FAMILIENANGEHÖRIGE. JEWEILS NUR EINE PERSON.

Sue Ann saß in einem Rollstuhl, Fuß und Knöchel in Gips. Billy schob sie und hielt an, als er die Aufschrift las. Patty blieb auch stehen. „Kannst du allein hineinfahren, Mami?" fragte sie. „Wir warten hier."

Sue Anns Züge drückten nichts aus. Sie hatte nur kurz mit dem Kardiologen gesprochen. Sein Optimismus war gedämpft.

„Ihr Mann hat einiges durchgemacht, Mrs. Harlow. Aber ich habe schon Patienten gehabt, die auch nicht besser dran waren als Ihr Mann – und sie sind durchgekommen."

„Mach die Tür auf, Billy", sagte Sue Ann. Sie holte tief Luft, faßte die Räder ihres Rollstuhls und rollte sich ins Krankenzimmer. Sie merkte, wie die Tür behutsam hinter ihr geschlossen wurde.

Der Raum schien überfüllt. Es gab vier Betten, alle belegt, und drei Schwestern, die offenbar viel zu tun hatten.

Warner lag halb aufrecht, den nackten Oberkörper durch Kissen abgestützt. Pflaster zierten seine breite Brust, von denen dünne Kabel ausgingen. Sie liefen an seiner linken Schulter unter einem breiteren Pflaster zusammen. Von dort ging ein dickes Kabel aus und verschwand hinter dem Bett. Über ihm war ein kleiner Bildschirm angebracht, den zuckende Wellenlinien durchzogen – Warners Herzschlag. Über Nase und Mund lag eine schmale Gummimaske, von der ein Schlauch zur Wand führte. Sauerstoff, dachte Sue Ann und beobachtete, wie Warners Brust sich schwach hob und senkte, nicht anders als vorher in der Höhle. Die Tränen stiegen ihr in die Augen, aber sie wollte nicht weinen, nicht hier.

Eine der Schwestern fragte leise: „Mrs. Harlow?"

Sue Ann nickte wortlos.

„Er hält sich gut, viel besser als bei seiner Einlieferung." Ein freundliches Gesicht, ein beruhigendes Lächeln. „Wirklich."

Ich kann es nicht glauben, dachte Sue Ann. Er wirkt so hilflos, sogar hier, wo man alles für ihn tut. Er –

Warner öffnete die Augen, blinzelte und versuchte, den Blick auf Sue Ann zu richten. Das flache Atmen ging weiter, nur der Rhythmus schien verändert. Ganz langsam, mit ungeheurer Anstrengung, hob Warner die rechte Hand ein paar Zentimeter von der Bettdecke. Er streckte Zeige- und Mittelfinger aus – das Zeichen des Widerstandes und des Triumphes. Sue Ann fand keine Worte und nickte nur. Warner sah zufrieden aus und schloß die Augen wieder. Seine Hand fiel auf die Bettdecke zurück, und nun zogen nur noch die Schwingungen über den stummen Monitor, der nimmermüde wachte.

„Sehen Sie?" sagte die Schwester. „Manche geben auf. Er nicht."

Nein, Warner nicht, Warner gibt nie auf, dachte Sue Ann, während die Schwester sie hinaus in die Halle rollte.

Patty fragte: „Wird er wieder gesund, ganz gesund, Mami?"

Sue Ann lächelte. „Aber sicher", sagte sie.

AUCH der Sturm aus dem Golf war wieder abgezogen. Am schwarzen Himmel funkelten die Sterne, und die Temperatur stieg wieder stetig an.

Da ist das Haus, dachte Bart. Er bremste und stieg aus dem Wagen, um die letzten fünfzig Meter zu Fuß zu gehen. Es war schon spät. Er hatte viel Zeit – mehr als ihm nötig schien – damit zugebracht, auf einem harten Tisch zu liegen und durch eine Sauerstoffmaske zu atmen, während irgendwelche Leute ihn mit Stethoskopen abhorchten und seinen Blutdruck maßen.

In Jaimes Krankenzimmer hatte er sich kurz mit Wilt, CJ, Carl und Steve getroffen. Es war keine Abschlußfeier, denn Joe Martin lag immer noch tot oben in den Bergen, und ihre Arbeit war noch nicht beendet. Aber sie waren alle wieder in Sicherheit und mit ihnen sechs andere, deren Leben auch an einem seidenen Faden gehangen hatte. Darin lag tiefe Befriedigung.

Während er langsam auf das Haus zuging, kam es ihm in den Sinn, daß er eigentlich etwas oben in den Bergen zurückgelassen hatte. Etwas von mir, dachte er, das ich abgestreift habe wie eine alte Haut. Längst hätte ich das tun sollen. Er fühlte sich von einer Last befreit.

Er klopfte an die Tür und fragte sich, was er wohl gleich sagen sollte. Dann ging die Tür auf, und Connie stand da, und auf einmal fielen ihm von selbst die richtigen Worte ein. „Seit ich heute früh von hier weggegangen bin", sagte er, „hab ich den Tag damit zugebracht, etwas dazuzulernen." Er hielt inne und schüttelte den Kopf. „Nein, das stimmt nicht ganz. Ich hab nach etwas gesucht. Nach etwas, das ich schon längst hätte finden sollen."

„Und was ist das?" Ihre Stimme war sanft. Er war wieder da, er war in Sicherheit, und das lange Warten war vorbei.

„Ich mag nicht mehr allein sein", fuhr Bart fort. „Ich glaube, das ist mir letzte Nacht schon aufgegangen, ich hab's bloß nicht richtig verstanden. Erst später. Ich wollte, daß du's weißt."

„Ich weiß es schon", antwortete Connie. „Mir ist es genauso gegangen." Sie lächelte. „*Es tu casa*. Dies ist dein Haus", sagte sie und hielt die Tür weit auf.

Richard Martin Stern

„Wer sein ganzes Leben lang in einer Großstadt verbracht hat, der unterschätzt oft die ungeheure Weite, die Einsamkeit und die Gefahren der Berge", meint der hochgewachsene, sonnengebräunte Autor Richard Martin Stern. Seine ausgezeichnete Kenntnis der majestätisch-schroffen Bergwelt Neumexikos erwarb sich der bekannte Autor in zahlreichen Wanderungen, die er zusammen mit seiner Frau Dorothy durch die Rocky Mountains unternahm. Die unberührte Natur beginnt für das Ehepaar Stern geradewegs hinter ihrem Haus in Santa Fe, der Hauptstadt Neumexikos.

Der in Bergtouren erfahrene Autor warnt: „Niemand sollte so gedankenlos sein und ohne jede Ausrüstung im Gebirge wandern. Eine gute Ausrüstung braucht gar nicht teuer und aufwendig zu sein. Ich beispielsweise nehme immer einen kleinen Höhenmesser, einen Kompaß und eine Landkarte mit, um jederzeit meinen Standort bestimmen zu können."

Zu Richard Martin Sterns eiserner Ration gehört außerdem eine Mischung aus Rosinen, Erdnüssen und Schokolade, die – mit Wasser vermischt – bei Bergtouren lange Zeit vorhält. „Und natürlich", fügt er hinzu, „ist warme Kleidung unerläßlich, denn ein Wettersturz in dreitausend Meter Höhe ist keine Seltenheit." Auch bei der Bergwacht kennt sich der Schriftsteller aus. Um Santa Fe gibt es etwa 100 freiwillige Helfer. Auch sein Zahnarzt gehört dazu; durch seinen Signalgeber ist er ständig erreichbar. Viele Rettungstrupps wurden speziell für schwierige Bergungen ausgebildet. Sie sind immer bereit, Menschen in Gefahr und Not zu helfen. Aber für einige der Verunglückten kommt manchmal jede Hilfe zu spät. Richard Martin Stern erinnert sich an ein Sportflugzeug, das in unwegsamem, verschneitem Gelände abstürzte und erst nach der Schneeschmelze im Frühjahr erreicht werden konnte. In einem anderen Fall aber wurde ein Mann mit einem Herzanfall – ähnlich wie Warner Harlow – rechtzeitig aus den Bergen geholt.

Richard Martin Stern hat mehr als 100 Kurzgeschichten und Zeitschriftenserien verfaßt. Vielen Lesern der Auswahlbücher wird der amerikanische Autor noch durch seinen packenden Roman *Der Turm* in Erinnerung sein.

Der Strolch

Eine Kurzfassung des Buches
von LILLIAN BECKWITH
Ins Deutsche übertragen
von ULLA H. DE HERRERA
Illustrationen
von NITA ENGLE

NE 67

Ein Junge, der nicht sprechen kann, ein herrenloser Hund und ein einsamer Schiffskapitän begegnen sich in dem kleinen Fischerdorf Gaymal.

Als der achtjährige Andy, der seit seiner Geburt stumm ist, von seiner Mutter verlassen wird, bricht für ihn eine Welt zusammen. Doch dann findet er in dem schottischen Dörfchen, wo er von Onkel Ben und Tante Sarah liebevoll aufgenommen wird, seine ersten Freunde: den Strolch, einen streunenden Hund, der Andys Zuneigung auch ohne Worte versteht, und Kapitän Jake, den stolzen Besitzer der Silver Crest, *dem schönsten Schiff von ganz Gaymal. Bei seinen Streifzügen mit dem Strolch über das Hochmoor und beim nächtlichen Fischfang auf Kapitän Jakes Schiff lernt Andy schließlich die wirkliche Bedeutung der Worte „Liebe" und „Vertrauen" kennen.*

Am Ende löst sich in einem schmerzlichen Augenblick durch diese Liebe eine Fessel in Andys Herz. Die Liebe und die Zuneigung schenken dem Jungen eine Kraft, von der er nicht geglaubt hätte, daß er sie je besitzen würde.

1

ALS JOE starb, beschloß Marie Glenn, dem lebendigen, kleinen Fischerhafen Gaymal Lebewohl zu sagen und ein neues Leben in Glasgow zu beginnen. Das einzige, was sie zurückließ, war „Strolch", der Hund ihres Mannes, ein Bastard mit dichtem, grau-schwarzem Fell, den Joe vor vier Jahren als junges Tier mit nach Hause gebracht hatte. Er wurde deswegen Strolch genannt, weil Joe die Gewohnheit hatte, jeden, der ihm ein wenig schlauer als der Durchschnitt vorkam, als einen Strolch zu bezeichnen. Und als der Hund dann eine wahrhaft bemerkenswerte Intelligenz an den Tag legte, hatte Joe ein ums andre Mal erklärt: „Das ist wirklich ein regelrechter kleiner Strolch." So war er „der Strolch" geblieben. Trotz der Unbestimmbarkeit seiner Rasse (Joe sagte immer, er sehe aus, als ob man ihn in einen Leimtopf getaucht und dann eine Wollmatratze über ihm ausgeleert hätte) zeigte der Hund eine unverkennbare Selbstsicherheit, die noch unterstrichen wurde von dem arrogant erhobenen Kopf und einem langen, setterähnlichen Schwanz, der bei seinem lässigen Schlendergang so würdig wie ein Hermelinumhang von einer Seite zur anderen schwang.

Das Band zwischen Joe und dem Strolch war nie sehr eng gewesen. Obwohl Joe den Hund bei sich aufgenommen, die Steuer für ihn bezahlt und dafür gesorgt hatte, daß er genügend zu fressen bekam, hatten sich seine Gefühle für den Strolch auf eine Art zerstreute Zuneigung beschränkt. Und Strolch, der spürte, daß er zwar einen Besitzer, aber keinen Herrn hatte, widmete Joe die gleiche herablassende Gönnerhaftigkeit, die er wahrscheinlich auch einem Kind entgegengebracht hätte.

Joe hatte als Hafenarbeiter unten am Pier die Kisten mit Fisch geschleppt, und der Strolch hatte ihn getreulich sechsmal in der Woche frühmorgens dorthin begleitet. Wenn irgend etwas ins Hafenbecken gefallen war und herausgeholt werden mußte, brauchte Joe nur den Strolch darauf aufmerksam zu machen, dann sprang der Hund sofort ins Wasser. Einmal hatte er ein Kind vor dem Ertrinken gerettet, und die Leute hatten erklärt, man sollte ihm eine Lebensrettungsmedaille geben, aber die Sache war schnell in Vergessenheit geraten.

Abgesehen von seiner Geschicklichkeit im Apportieren bewältigte Strolch noch zwei weitere schwierige Aufgaben im Hafen. Erstens hielt er alle herumlungernden Hunde mit seinem drohenden Knurren davon ab, die Fischbehälter zu beschmutzen, die am Pier auf ihren Weitertransport in den Lastwagen warteten; und seine zweite Aufgabe bestand darin, die Seemöwen vom eingebrachten Fang fernzuhalten. Das tat er auch mit lautstarkem Eifer, denn wenn es irgend etwas auf dieser Welt gab, was der Strolch haßte, dann waren es die raubgierigen Möwen. Wenn sie inmitten der Geschäftigkeit des Ausladens, Wiegens und Versteigerns auf die Körbe mit silbrig glänzenden Fischen niederschossen, sprang der Strolch in die Höhe, schnappte blitzartig nach ihnen und spuckte Federn aus, während er geschickt den scharfen Schnäbeln auswich, die von allen Seiten nach ihm stießen. Zahlreiche beschädigte Flügel unter den einheimischen Möwen gingen auf sein Konto. Als er einmal den Flügel einer großen Mantelmöwe erwischt hatte und nicht loslassen wollte, gelang es der Möwe, ihn über den Rand des Piers ins Hafenbecken zu zerren. Aber Strolch ließ nicht lokker; die Fischer und Hafenarbeiter unterbrachen ihre Arbeit und beobachteten wie gebannt den Kampf, der unter wildem Geplansche und dem lauten Geschrei der übrigen Möwen volle fünf Minuten anhielt; dann ließ Strolch von der Mantelmöwe ab, die leblos inmitten ausgerupfter, weißer Federn auf dem Wasser trieb, und schwamm, die Nase rot vom eigenen Blut, zu den Stufen des Piers zurück.

Nachdem Joe Glenn, sein Besitzer, gestorben war, schien sich der Strolch mehr oder minder ins Privatleben zurückzuziehen. Zwar besuchte er immer noch hin und wieder den Pier, aber für gewöhnlich traf er erst am späten Vormittag dort ein, wenn die Schiffe auf See waren und die Möwen sich, hungrig oder vollgefressen, wie weiße Zierstreifen auf den Dachfirsten der Schuppen neben dem Pier niedergelassen hatten. Es schien fast so, als ob er einen Waffenstillstand mit den Vögeln geschlossen hätte. Er ging immer noch jeden Tag zu seiner Mahlzeit nach Hause, sobald die Kirchturmuhr zwölf schlug, und er schlief auch weiterhin auf der Fußmatte in der Veranda. Marie, die den Hund nie sonderlich gemocht hatte, stellte dem Strolch um Joes willen nach wie vor täglich sein Fressen vor die Tür. Aber um nichts in der Welt, schwor sie sich, würde sie ihn mit nach Glasgow nehmen, denn das sollte der Beginn ihres neuen Lebens sein. Sie hatte ein paar halbherzige Versuche gemacht, ihn bei anderen Leuten unterzubringen, aber die meisten Bewohner von Gaymal waren sich darin einig, daß Hunde nur als Spielzeug geduldet werden sollten, bis die Kinder zur Schule gingen. Danach waren die Hunde nichts weiter als eine Last und wurden rasch und bedenkenlos beseitigt.

Effie, eine von Maries Nachbarinnen, hatte auf Maries Frage mit herzloser Offenheit erwidert: „Was? Ein Vieh aufnehmen, das genauso unscheinbar ist wie ein Hase im Moor? Ich will dir was sagen: Wenn sich die Leute schon einen Hund zulegen, dann wollen sie einen mit einem anständigen Stammbaum, damit jeder weiß, daß er eine Stange Geld gekostet hat."

Marie sah ein, daß Effie recht hatte. Die Fischer von Gaymal waren wohlhabend und wollten, daß alles, was sie besaßen, teuer aussah. „Es wird dir nichts anderes übrigbleiben, als ihn töten zu lassen, ehe du weggehst", hatte Effie erklärt. „Gib ihn einem der Schiffe mit und sag den Leuten, sie sollen ihm einen Stein um den Hals binden und ihn auf hoher See über Bord werfen."

Aber Marie, so kühl und nüchtern sie auch im allgemeinen war, wollte nichts davon hören. „Ich finde das nicht richtig", wandte sie ein. „Schließlich hat er uns kaum je Schwierigkeiten gemacht. Es ist wohl das beste, ihn einfach hierzulassen. Er war schon immer ziemlich selbständig und wird bestimmt irgendwie zurechtkommen."

„Wenn du ihn hier herumstreunen läßt, werden die Leute bald genug von ihm haben, und es wird gar nicht lange dauern, dann nimmt eins der Schiffe ihn mit raus und räumt ihn aus dem Weg", sagte Effie. „Am besten übergibst du ihn einfach dem Tierschutzverein, und damit ist der Fall erledigt."

„Das ist doch eine Schande." Maries Stimme zitterte.

Effie sah sie zornig an. „Ich bin keine Hundefreundin", erklärte sie, „aber meiner Meinung nach ist es weniger grausam, ein Tier zu töten, als es im Stich zu lassen, nachdem man ihm einmal ein Heim geboten hat." Sie wandte sich zum Gehen. „Aber wozu rede ich überhaupt. Ihr weichherzigen Leute macht euch eure eigenen Probleme, wenn ihr immer den einfachsten Ausweg sucht." Sie ging ins Haus und schloß energisch die Tür hinter sich.

Als Marie wieder in ihrer Küche war, überlegte sie sich noch einmal ernsthaft, ob sie nicht doch lieber einen der Fischer bitten sollte, ihr den

Strolch vom Hals zu schaffen. Wenn sie ihn einfach zurückließ und wenn das, was Effie vorausgesagt hatte, tatsächlich eintraf, würde er sowieso im Meer enden. Aber wenigstens, sagte sie sich, würde sie nicht dasein, wenn es geschah.

Der Möbelwagen war abgefahren. Marie stieg in das Auto, das sie für den ersten Abschnitt ihrer Reise gemietet hatte, und sagte dem Fahrer, sie wolle so schnell wie möglich fort. Sie nickte Strolch zu, der sich in der Nähe herumtrieb, als warte er auf die Aufforderung, sich zu ihr zu gesellen. Als sich der Wagen in Bewegung setzte, drehte sich Marie um und winkte den Nachbarn zu, die sich vor ihrem Haus versammelt hatten, um ihr Lebewohl zu sagen. Strolch stand da und sah dem Wagen nach, bis er verschwand. Nach einigen Minuten stieg er die Verandatreppe hinauf, legte sich auf die oberste Stufe und starrte schicksalsergeben auf die Straße. Die Nachbarn blieben noch eine Weile schwatzend stehen, dann kehrten sie in ihre Häuser zurück. Es wurde still auf der Straße, abgesehen von dem spöttischen Echo der Möwenschreie, das der Seewind vom Hafen herübertrug. Der Kopf des Strolches sank auf seine ausgestreckten Pfoten, aber seine tabakbraunen Augen waren weit geöffnet und blickten nachdenklich wie die Augen eines Menschen, der Gedanken über seine Zukunft nachhängt.

WÄHREND Marie Glenn von Gaymal fortfuhr, kam ein anderer Wagen in schneller Fahrt auf das Dorf zu. Neben dem Fahrer saß ein etwa acht Jahre alter Junge, der mit großen, unergründlichen Augen auf die vorüberziehende Landschaft blickte. Der Junge hieß Andy, aber das hätte er niemandem sagen können. Er war zwar ein hübscher, gutgewachsener und kräftiger Junge, mit lockigem, blondem Haar und Augen, so dunkel wie frisch gestochener Torf, aber er war vollkommen stumm. Wenn die Leute Andy zum erstenmal sahen, riefen viele von ihnen bewundernd: „Was für ein reizender Junge!" Doch wenn sie merkten, daß er nicht sprechen konnte, setzten sie hinzu: „Oh, der arme, kleine Kerl ist stumm!" Und Andy, dessen Gehör mindestens ebenso gut war wie das ihre, wich vor diesem Mitleid zurück. Seit er die Gespräche der Erwachsenen verstehen konnte und sich seines Gebrechens bewußt geworden war, fühlte er sich sogar von seinen eigenen Eltern ausgeschlossen.

Sein Vater war bei der Handelsmarine. Er war die meiste Zeit auf See, so daß Andy und seine Mutter meist sich selbst überlassen blieben. Aber ihr Zusammensein hatte sie einander nicht sehr nahe gebracht. Nicht, daß seine Mutter zuwenig Zuneigung ihm gegenüber gezeigt hätte; im Gegenteil, sie war manchmal von einer überschwenglichen Zärtlichkeit. Aber Andy war ein schönes Baby gewesen, und als er über das Kleinkindalter hinaus war und seine Stummheit zutage trat, betrachtete sie es als eine Schande, daß ihr Sohn nicht vollkommen war. Sie hatte zahllose Spezialisten konsultiert, die ihr alle versicherten, daß es keine physischen Ursachen für Andys Behinderung gebe. Doch die Jahre vergingen, ohne daß Andy irgendwelche Zeichen der Besserung erkennen ließ, und ihr Groll gegen ihn steigerte sich noch, als ihm die Aufnahme in die Schule verweigert wurde.

Sie versuchte selbst, ihn zu unterrichten, redete ihm liebevoll zu und bat ihn flehentlich, die einfachen Töne nachzuahmen, die sie ihm stundenlang vorsprach, bis bittere Tränen der Enttäuschung ihr in die Augen stiegen, weil es ihr nicht gelang, einen Widerhall in ihm zu wecken. Angesichts ihrer Verzweiflung begann Andy, diese Unterrichtsstunden zu fürchten. Er hatte das Gefühl, innerlich zu erstarren, sooft sie ihm befahl, sich auf den Schemel gegenüber zu setzen, und anfing, ihm wieder und wieder die Laute vorzusprechen. Es war nicht so schlimm, wenn sie ihn andere Dinge, wie zum Beispiel das Schreiben von einzelnen Wörtern, lehrte, und er teilte ihre Freude, als er es schließlich fertigbrachte, mit ungelenken, großen Druckbuchstaben seinen Namen zu kritzeln; aber nachdem das erreicht war, ließ ihr Interesse an den Unterrichtsstunden nach, bis sie ihn schließlich nur noch Dinge lehrte, die ihm leicht beizubringen waren, wie die Uhrzeiten und der Wert von Münzen.

Sie war jetzt oft nervös und gereizt, und wenn sie einkaufen ging, ließ sie ihn bei einer Nachbarin. Andy wußte, daß seine Stummheit seiner Mutter peinlich war und daß er eine große Enttäuschung für sie bedeutete. Er versuchte, sich nichts daraus zu machen, daß sie so oft von ihm fortging oder daß er an den Abenden, wo sie einmal zu Hause war, meist still mit einem Zeichenblock in der Ecke sitzen mußte, während sie ihre Bekannten empfing.

Andys Mutter war froh über seine Freude am Zeichnen, und sie sorgte dafür, daß er stets genügend Zeichenmaterial hatte. Obgleich sie ihm häufig Komplimente über seine Geschicklichkeit machte, bedeutete Andy in Wirklichkeit nur das Urteil seines Vaters etwas. Nur sein Vater wußte über Schiffe Bescheid, und Andy zeichnete beinahe ausschließlich Schiffe. Große Überseedampfer, Frachter, Segelboote, Küstensegelboote, ja selbst Beiboote – er zeichnete sie alle, und wenn er nicht Schiffe zeichnete, dann zeichnete er die launische See, die Werften und die Häfen mit Möwen und allem, was dazugehört.

Er hatte Passagierdampfer und Frachtschiffe gesehen, wenn er und seine Mutter seinen Vater zum Schiff begleitet hatten. Er hatte Fischerboote und viele andere Arten von Wasserfahrzeugen gesehen, wenn sie die Ferien in Aberdeen bei seiner Großmutter verbrachten. Aber jetzt gab es keine Großmutter in Aberdeen mehr, und die einzigen Gewässer, in deren Nähe er gelangen konnte, waren der Teich im Park und der träge dahinziehende Fluß, der den Park von der Stadt trennte. Er zeichnete aber weiter aus dem Gedächtnis, zufrieden mit seiner eigenen kleinen Welt, während er auf das lebhafte Geschwätz um ihn herum lauschte. Manchmal, wenn er aufblickte, dachte er sich, wieviel hübscher seine Mutter war als die anderen Frauen im Zimmer, und manchmal fragte er sich, ob sie sich unter all der Fröhlichkeit wohl auch so wie er nach der Rückkehr seines Vaters sehnte, damit sie alle drei wieder zusammen sein konnten. Dann kam jedoch eine Zeit, wo Andy merkte, daß sich die Zahl der Freunde, die sie empfing, verringerte, bis es nur noch zwei oder drei waren und schließlich nur noch einer, ein Mann, den Andy nicht besonders mochte. Wenn er kam, wurde Andy zu Bett geschickt.

Als schließlich das Telegramm eintraf, das die unmittelbar bevorstehende Rückkehr seines Vaters ankündigte, nahm seine Mutter Andy nicht in die Arme, um jubelnd mit ihm durchs Zimmer zu tanzen, sondern sie eilte nach oben und packte ihre Koffer. Als sie wieder herunterkam, sagte sie als Antwort auf Andys bestürzten Blick: „Ich gehe für eine Weile fort." Ihre Stimme klang gezwungen. Sie habe ein kaltes Mittagessen in die Speisekammer gestellt, erklärte sie ihm, und er solle bis zur Ankunft seines Vaters keinesfalls das Haus verlassen. Dann legte sie ein Kuvert neben die Uhr auf dem Kaminsims. „Sieh zu, daß dein Vater diesen Brief liest, sobald er kommt", sagte sie. Sie runzelte geistesabwesend die Stirn, und ihre Augen glänzten. Als sie an Andy vorbeiging, legte er die Hand auf ihren Arm und sah sie flehentlich an. „Ich kann nicht bleiben, Andy", sagte sie mit gepreßter Stimme. „Es hilft nichts. Ich kann einfach nicht bleiben." Seine Hand glitt herab. „Sei artig." Sie umarmte ihn rasch, dann schloß sich die Tür hinter ihr, und sie lief durch den Garten hinaus zu dem Wagen, wo ein

Mann auf sie wartete. Sie wandte sich nicht um, winkte nicht und hatte keinen Blick mehr für ihren Sohn, der verlassen am Fenster stand, den Vorhang zur Seite geschoben hatte und zusah, wie seine Mutter fortging.

Auch als sein Vater eintraf und ihn liebevoll in die Arme schloß, verlor Andy nicht die Fassung, sondern deutete auf das Kuvert am Kaminsims. Mit einem fragenden Blick auf Andy nahm sein Vater den Brief, setzte sich und überflog ihn rasch. Als er ihn dann noch einmal aufmerksam gelesen hatte, stand er auf und legte Andy die Hand auf die Schulter. „Deine Mutter ist für ein Weilchen fortgegangen", sagte er dumpf. „Ich bin sicher, daß sie bald zurückkommen wird." Er sah Andy nicht an, während er sprach. „Ich geh schnell mal nach oben, und wenn ich wieder runterkomme, ziehen wir unsern besten Sonntagsstaat an und gehen irgendwohin aus, ja?" Er war zu verzweifelt, um die kummervollen Blicke seines Sohnes zu bemerken, die ihm folgten, als er die Küche verließ.

Andy blieb niedergeschlagen zurück. Er wünschte, daß sein Vater mit ihm gesprochen hätte, zugegeben hätte, daß seine Mutter sie wegen jemand anderem, den sie mehr liebte, verlassen hatte. Er wollte mit seinem Vater den Kummer teilen; er hatte das Gefühl, daß sie einander trösten sollten. Er ließ die Schultern hängen. Seine Stummheit erschien ihm sogar in dem Augenblick dieser entscheidenden Wendung noch als ein Hindernis; offenbar glaubte sogar sein eigener Vater, daß jemand, der nicht sprechen konnte, auch nichts verstehen oder fühlen konnte, auch keine Gemütsbewegung zu teilen vermochte. Andy ging in die Speisekammer, sah das Essen, aber er hatte keine Lust darauf. Er hatte auf überhaupt nichts Lust, und am allerwenigsten hatte er den Wunsch auszugehen, wie sein Vater es ihm versprochen hatte. Er hatte Angst, daß das Haus und all die anderen vertrauten Dinge bei ihrer Rückkehr nicht mehr dasein würden. Schließlich setzte er sich auf die unterste Treppenstufe, schlang die Arme um die Knie und lauschte auf die Schritte seines Vaters.

Als sein Vater schließlich betont heiter und gesprächig herunterkam, gingen sie trotz Andys Widerstreben aus, und während des folgenden sechswöchigen Urlaubs seines Vaters unternahmen sie mehr Dinge gemeinsam als je zuvor. Sie machten Reisen per Bus und Eisenbahn, Ausflüge mit langen Spaziergängen, sie gingen angeln, aßen in gemütlichen Restaurants – lauter Dinge, die Andys Tage mit so vielen neuen Erlebnissen ausfüllten, daß er abends zu müde war, um noch lange zu grübeln.

Dann kam der Tag, an dem sein Vater sich anschickte, auf sein Schiff zurückzukehren, und Andy wurde wieder von Hoffnungslosigkeit überwältigt.

„Morgen", beantwortete sein Vater Andys fragenden Blick. Er kniete nieder und nahm den Jungen in die Arme. „Ich habe mit deiner Tante Sarah verabredet, daß du sie besuchst und eine Zeitlang bei ihr bleibst. Du kennst sie nicht, aber sie hat Fotos von dir gesehen und hat dich sehr lieb gewonnen." Er fühlte, wie sich der Körper des Jungen straffte, und schloß die Arme fester um ihn. „Und dann ist da noch dein Onkel Ben. Du wirst ihn mögen. Er zeichnet keine Schiffe wie du, sondern er baut sie. Die beiden leben in Gaymal, wo es viele Schiffe gibt. Du kannst dort an den Pier gehen und so viele Schiffe zeichnen, wie du magst. Das wird dir doch Spaß machen, nicht wahr?"

Seinem Vater zuliebe brachte Andy ein schwaches Lächeln zustande. Der Gedanke, bei fremden Menschen leben zu müssen, auch wenn es Verwandte waren, versetzte ihn in Angst und Schrecken.

„Morgen früh kommt ein Wagen, um uns abzuholen", fuhr sein Vater fort. „Eigentlich wollte ich dich selbst nach Gaymal bringen und warten, bis du dich dort ein wenig eingelebt hast, aber mein Urlaub wurde überraschend gekürzt. Deshalb wird uns der Wagen zuerst zum Dock bringen, wo mein Schiff liegt, und du kannst mich an Bord gehen sehen, ehe du dich auf den Weg zu Tante Sarah machst." Andy nickte und zwang sich abermals zu einem Lächeln.

„So, und jetzt geh rauf in dein Zimmer, und such alles zusammen, was du mitnehmen willst. Mrs. Peake von nebenan kommt herüber, um dir deine Sachen zu packen, aber du willst doch sicher auch deinen Block, die Buntstifte und ein paar von deinen Zeichnungen mitnehmen, nicht wahr?"

Als Andy langsam die Treppe hinaufstieg, blickte ihm sein Vater nach und fragte sich, was wohl herzzerreißender sei: ein Sohn, der seine Angst und Niedergeschlagenheit in Worte fassen konnte, oder ein Kind wie Andy, der sie nur durch die gebeugte Haltung seines Körpers und den Kummer in seinen Augen auszudrücken vermochte.

Am Dock sah Andy seinen Vater mit großen Schritten die Laufplanke zu seinem Schiff hinaufgehen, sich umdrehen und winken, ehe er im Inneren des Schiffes verschwand. Scheinbar gleichmütig kehrte

Andy zum Wagen zurück. Der Fahrer sprach lebhaft auf ihn ein, um ihn von seinem Kummer abzulenken, aber er bemerkte, daß es Andy nur mit Mühe gelang, die Beherrschung zu wahren. Aus Angst, eine ungeschickte Bemerkung zu machen, die den Jungen um seine Fassung bringen könnte, verfiel er in Schweigen und war erleichtert, als sie kurz nach fünf in Gaymal eintrafen und vor einem Haus hielten, das nur durch drei andere Häuser von Marie Glenns ehemaligem Heim getrennt lag.

NACHDEM Strolch die Mahlzeit zu sich genommen hatte, die Marie ihm in seinem Napf neben dem Kohlenschuppen zurückgelassen hatte, war er zu seinem Beobachtungsposten auf der obersten Verandastufe des leeren Hauses zurückgekehrt. Er wartete immer, bis die Kirchturmuhr zwölf schlug, ehe er zu fressen begann. Das heißt, sofern die Uhr nicht nachging, denn sein eigenes Zeitgefühl war sehr genau.

Strolch beobachtete die Ankunft des Wagens, wie er jede Bewegung auf der Straße beobachtet hatte, seitdem Marie fortgefahren war. Er sah den Jungen aussteigen und bemerkte, wie er von einer freundlichen, geschäftigen, kleinen Frau begrüßt wurde, die eine geblümte Schürze über ihrem blauen Kleid trug. Andy hatte das unbewohnte Haus und den einsamen Strolch entdeckt; er zupfte seine Tante am Ärmel und deutete mit einem fragenden Blick auf den Hund. Die Frau hielt in ihren Erklärungen inne und schüttelte mißbilligend den Kopf in die Richtung des Strolches. Sie ging aufs Haus zu und bedeutete dem Jungen, ihr zu folgen. Aber Andy blieb einen Augenblick stehen und starrte Strolch an, der seinen Blick mit sichtlichem Interesse erwiderte.

BEIM Betreten von Tante Sarahs Küche war Andys erster Gedanke, wie sehr dieser kleine, saubere und freundliche Raum seiner Besitzerin glich. An den Fenstern hingen weiße Gardinen, die gut zu ihrem Haar paßten, und so, wie das Feuer im Herd geschäftig prasselte, so flink bewegte sich auch Tante Sarahs Zunge, während sie eifrig in der Küche herumhantierte. Der Tisch war für den Tee gedeckt.

„Du magst doch Kippers, nicht wahr, Andy?“ fragte Tante Sarah munter, und Andy nickte bejahend. Er hatte keinen Appetit, aber er wollte nicht Gefahr laufen, von dieser scharfzüngigen, kleinen Frau ausgefragt zu werden. „Dein Onkel Ben mag sie auch“, erklärte sie ihm. „Wir bekommen hier sehr gute Kippers, und ich bin sicher, es gibt im ganzen Meer überhaupt keinen besseren Fisch als Hering.“ Sie stellte einige Teller in den Backofen. „Dein Onkel Ben muß jeden Augenblick kommen, also laß uns nach oben gehen, damit ich dir zeigen kann, wo du schläfst.“ Sie hob einen seiner Handkoffer auf und stieg die Treppe hinauf. Andy nahm den anderen und folgte ihr.

„Das ist es.“ Sie öffnete die Tür zu einem kleinen, hellen Zimmer. „Wie gefällt es dir?“ Sie preßte die Lippen zusammen, und Andy bemerkte nicht das Lächeln in ihren Augen. Er blickte sich um, nickte und tat sein möglichstes, dankbar zu erscheinen. Es war ein recht hübsches Zimmer, aber so fremd, daß Andy nur mit Mühe die Tränen zurückhalten konnte. Er war froh, als sich seine Tante eilig entfernt hatte; Onkel Ben wolle essen, sobald er nach Hause kam, hatte sie ihm energisch erklärt, und Andy solle sich nur schnell die Hände waschen und dann hinunterkommen. Seine Koffer könne er später auspacken. Andy ging ins Badezimmer, bespritzte sich das Gesicht mit kaltem Wasser, bis er sich ein wenig beruhigt hatte, und ging hinunter.

„Da kommt dein Onkel Ben“, verkündete Tante Sarah, und fast im gleichen Augenblick öffnete sich die Hintertür, und sein Onkel kam herein. Onkel Ben war hochgewachsen und hager, mit widerspenstigem grauem Haar und einem flüchtig rasierten, von Meeresluft gegerbten Gesicht. Als er Andy sah, leuchteten seine blauen Augen auf. Mit schweren Schritten kam er auf ihn zu, schüttelte ihm herzlich die Hand, hieß ihn willkommen und sagte ihm, wie sehr er und Tante Sarah sich freuten, ihn bei sich zu haben. Tante Sarah teilte die Kippers aus, und gerade als Onkel Ben nicht mehr recht zu wissen schien, was er Andy sonst noch zur Begrüßung sagen sollte, befahl sie ihnen, sich an den Tisch zu setzen. Andy aß drei Kippers, oder besser gesagt, nachdem er seine Mahlzeit beendet hatte, befanden sich die Reste von drei Kippers auf seinem Teller; denn als sein Onkel und seine Tante gerade nicht hinsahen, hatte er heimlich einen Teil der Kippers zwischen zwei Scheiben Butterbrot gelegt und sie zusammen mit zwei Rosinenbrötchen in die Tasche gesteckt.

Nachdem er erfahren hatte, daß Strolch von seiner Herrin im Stich gelassen worden war, hatte er sich entschlossen, für den Hund zu sorgen, und wenn Tante Sarah immer soviel Essen auftischte, sagte er sich, würde er damit keine großen Schwierigkeiten haben.

Während seine Tante das Geschirr abwusch, schlich er in die Abenddämmerung hinaus und lief leise zu dem leeren Haus. Der Strolch sah ihn kommen. Da Andy nicht wußte, ob der Hund bösartig war oder nicht, brach er ein Stück Kruste von dem Kipperbutterbrot ab und hielt es ihm hin. Aber Strolch, der an diesem Tag bereits seine Mahlzeit zu sich genommen hatte, war nicht hungrig und zeigte keinerlei Interesse. Trotzdem wartete er gespannt, was als nächstes geschehen würde. Kinder waren laut und aufgeregt, und für gewöhnlich zog er es vor, ihnen aus dem Weg zu gehen, aber die geduldigen, stummen Annäherungsversuche dieses Jungen verwirrten ihn, und er beobachtete ihn aufmerksam und reglos – nur sein Ohr zuckte. Andy legte das Butterbrot und die beiden Brötchen neben dem Strolch auf den Boden und trat ein paar Schritte zurück, aber der Hund beachtete das Essen einfach nicht. Andy wagte sich wieder etwas näher und streckte die Hand aus; vielleicht würde der Hund daran schnuppern, dachte er sich, würde erkennen, daß es die Hand eines Freundes war, und sie lecken, um seinen guten Willen zu zeigen. Strolch sah auf die Hand und sah wieder fort. Er hatte nicht die Angewohnheit, Menschen die Hand zu lecken. Angesichts dieser scheinbaren Gleichgültigkeit gelangte Andy zu der Überzeugung, daß Strolch sein Freundschaftsangebot ausschlug. Er ließ sich auf die unterste Treppenstufe fallen. Sein Kopf sank vornüber auf seine Arme, und seine Schultern zuckten unter dem verzweifelten Schluchzen, das er so lange Zeit mühsam zurückgehalten hatte. Erst da stieg Strolch zur untersten Stufe hinunter und legte eine Pfote sanft auf den Nacken des Jungen, während er besorgt den Blick umherschweifen ließ, als fürchte er, daß irgend jemand diese ungewohnte Zurschaustellung seiner Zärtlichkeit beobachten könnte. Er hätte sich keine Sorgen zu machen brauchen. Es war mittlerweile vollkommen dunkel, und die Straße lag still und verlassen da, bis eine Tür geöffnet wurde und Andy die Stimme seiner Tante hörte, die nach ihm rief.

2

EINES der schönsten Schiffe der Fischereiflotte von Gaymal war die *Silver Crest*. Jake, ihr Kapitän, war genauso stolz auf sie wie auf seinen kleinen Sohn.

Als sein Sohn sechs Wochen alt war, erklärte Jakes Frau, daß sie mit dem Baby heimfahren müsse, um es ihrer Familie zu zeigen. „Daheim" war für Jeannie das kleine Anwesen ihrer Eltern auf einer der weiter draußen gelegenen Inseln. Das Zuhause, das Jake ihr mit soviel Liebe und Mühe in Gaymal geschaffen hatte, nannte sie stets „das Haus". Jeannie fand immer irgendwelche Ausreden, um heimzufahren. Tatsächlich nahmen ihre Angehörigen einen so großen Teil ihrer Zeit in Anspruch, daß sie nach Jakes Schätzung in den drei Jahren ihrer Ehe kaum mehr als sechs Monate mit ihm verbracht hatte. Es verletzte ihn, daß sie so oft von ihm fortwollte, und er hatte gehofft, daß sie nach der Geburt des Babys anhänglicher werden und mehr zu Hause bleiben würde.

Als er jetzt in die Küche kam, wo Jeannie die Wäsche bügelte, hielt er ein Handtuch an die frisch rasierten Wangen gepreßt, und nur seine Augen verrieten, wie bekümmert er war. Es gab Zeiten, wo Jake sich sagte, daß er energisch werden und Jeannies fortwährender Abwesenheit ein Ende machen sollte, aber sie war so jung und blond und zart und er war so groß und dunkel und hatte eine so furchterregende, rauhe Stimme, daß er fürchtete, als Tyrann in ihren Augen dazustehen. So verfiel er ins andere Extrem, indem er sich übermäßig nachsichtig zeigte, ihr alles gab, was sie verlangte, und sich nie über ihr mangelndes Interesse an ihm beklagte.

„Ist das Baby nicht noch zu klein, um zu reisen?" fragte er, so ängstlich bemüht, in sanftem Ton zu sprechen, daß seine Stimme fast demütig klang.

„Keineswegs", erwiderte Jeannie, während sie mit dem Bügeleisen über die Ärmel eines winzigen Jäckchens fuhr. „Schließlich haben wir ja noch keinen Winter."

Jake ging zu dem kleinen Bett in der Ecke des Zimmers, hob die Decke hoch und blickte auf seinen schlafenden Sohn. Sein trauriger, verkniffener Mund entspannte sich zu einem zärtlichen Lächeln. Würde er ebensowenig von seinem Sohn zu sehen bekommen wie von seiner Frau? fragte er sich erbittert. Mit ihrer hellen, zarten Haut und ihrem schimmernden Haar war Jeannie ihm einst so schüchtern und begehrenswert erschienen, aber kurz nach ihrer Heirat bemerkte er, daß ihre Schüchternheit verschwunden war, und obwohl ihr Haar und ihre Haut immer noch so schön wie früher waren, sah er sie selten anders als in Schlafrock und Pantoffeln, mit Lockenwicklern im Haar.

Und es störte ihn, daß sie den größten Teil der Hausarbeit am Wochenende verrichtete, wenn er zu Hause war; gewiß, es war schön, ein sauberes, ordentliches Haus zu haben, aber er hätte bei seiner Rückkehr lieber ein behagliches Zuhause vorgefunden, wo er sich von der ständigen Bewegung des Meeres ausruhen konnte, ein Zuhause, wo ihn eine hübsch gekleidete Frau empfing, die bereit war, gemütliche Stunden zusammen mit ihm in ihren eigenen vier Wänden zu verbringen, und wo des Abends gelegentlich der eine oder andere Nachbar hereinschaute, um ein Gläschen Schnaps mit ihnen zu trinken.

Wie die meisten Fischer besaß er eine stark romantische Ader, und als er heiratete, hatte er davon geträumt, sich zu Hause am Wochenende von seiner mühevollen Arbeit auf dem Schiff zu erholen; er hatte sich vorgestellt, daß er nach Hause kommen, die Türe öffnen und rufen würde: „Ich bin wieder da, Jeannie!“; daß er sie in die Arme nehmen, sie hochheben und in die Küche tragen würde. Aber noch ehe er sie berühren konnte, hatte sie das Verlangen in seinen Augen bemerkt und ihn zurückgewiesen. Sie mochte diese Zärtlichkeiten nicht, fand sie albern und sentimental. Jetzt wurde er am Wochenende entweder mit einem gleichgültigen Gruß und dem Trubel der Hausarbeit empfangen, oder er kehrte – nur allzu oft – in ein zwar sauberes, aber kaltes und leeres Haus zurück, wo auf dem Tisch ein Zettel lag, auf dem ihm kurz und bündig mitgeteilt wurde: „Bin heimgefahren – Mutter fühlt sich nicht wohl.“

Zu Anfang war Jeannie nur jeweils zwei bis drei Wochen fortgeblieben, aber mit der Zeit dehnte sich ihre Abwesenheit auf Monate aus, und ihm wurde klar, daß sie abgesehen vom Lebensunterhalt wenig von ihm wollte. Er fragte sich, ob sie überhaupt nach dem verlangte, was ihr ein Mann geben konnte, denn die Frauen von den Inseln waren bekannt dafür, daß sie mehr an ihren Eltern als an ihren Ehemännern hingen.

Mit einer zärtlichen Geste deckte Jake seinen Sohn wieder zu. Er räusperte sich. „Ich möchte den Jungen viel um mich haben, Jeannie.“

„Wann hast du ihn schon um dich“, höhnte Jeannie, „wenn du die ganze Woche beim Fischen bist?“

„Aber Jeannie! Ich muß doch Geld für uns verdienen, oder etwa nicht?“ Er mußte viel verdienen, um Jeannies Launen zu befriedigen. Sie bekam alles so schnell satt. Er schätzte, daß sie mit dem, was sie seit ihrer Hochzeit gekauft hatten, mindestens drei Häuser hätten einrichten können. Nur er allein wußte, wie schrecklich es ihm war, seine Mannschaft an Tagen herauszuholen, wo andere Schiffer erklärten: „Nur Habgier oder Not würde einen Menschen bei solchem Wetter aufs Meer treiben."

Jeannie zuckte die Achseln. „Nun, ich kann nichts dafür, daß ich gern Gesellschaft habe. Ich bin nun mal dran gewöhnt."

„Kannst du dich nicht mit den anderen Frauen anfreunden?" fragte er. „Dann hättest du Gesellschaft."

„Sie gehören nicht zu meiner Familie", sagte sie, sich verteidigend.

„Das stimmt allerdings", erwiderte Jake resignierend. „Aber trotzdem sag ich dir, daß ich meinen Sohn aufwachsen sehen will. Ich bitte dich, nicht mehr so lange fortzubleiben."

„Das hängt davon ab, wie es meinem Vater geht." Jeannies Stimme sprühte Funken wie trockene Zweige in einem soeben entzündeten Feuer. „Im letzten Brief meiner Mutter ging's ihm nicht besonders gut." Sie stellte das Bügeleisen mit einem dumpfen Aufschlag nieder und fing an, die gebügelte Wäsche einzusammeln.

Jake sah sie an, verzweifelt wie immer über ihre ablehnende Haltung, aber er war zu stolz und vertraute zuwenig auf seine Überredungskunst, um sie noch weiter zu bitten. Er öffnete einen Schrank und holte ein paar Werkzeuge heraus.

„Welches Regal, sagst du, muß repariert werden?" fragte er mit müder Stimme.

Der Strolch lag die ganze Nacht über auf den Stufen seines ehemaligen Heims, aber als die ersten Sonnenstrahlen über den Hügelkamm drangen, stand er auf, reckte sich und schlenderte die Straße entlang. Als Andy nach dem Frühstück aus dem Haus seiner Tante kam, sah er voller Enttäuschung, daß der Hund nicht auf seinem Platz war. Er beschloß, ihn zu suchen. Und da alle Straßen in Gaymal zum Hafen führten, kam er schließlich zum Pier.

Er riß seine Augen erstaunt auf. Zusammen mit seinem Vater hatte er schon viele Häfen besucht, aber im Vergleich zu dem Schauspiel, das sich ihm in Gaymal bot, erschienen sie ihm jetzt landumschlossen und langweilig. Hier gab es so viel Meer, so viel Himmel, Farbe und Bewegung, daß er wie gebannt mitten im Gewühl, in den Geräuschen und Gerüchen des Hafens stand. Er vergaß seinen Vorsatz, den Strolch zu suchen; er vergaß den Kummer und die Niedergeschlagenheit der vergangenen Wochen. Er vergaß sogar für den Augenblick, daß er stumm war, denn es war ringsum so laut, daß die Leute mehr gestikulierten als redeten.

Hier gab es Boote in Hülle und Fülle: Heringskutter, die ihren Fang einbrachten, Barkassen, die Vorräte aufluden, ein Rettungsboot, das an seiner Vertäuung hin und her schwang. Am Ende des Piers machte sich ein Dampfer zum Auslaufen bereit und zog seine Laufplanken herauf. Hafenarbeiter eilten an Andy vorüber, lächelten ihm freundlich zu, und er erwiderte hingerissen ihren Gruß. Behutsam bahnte er sich auf dem von Fisch- und Krabbenabfällen glitschigen Kopfsteinpflaster den Weg zwischen Fischkörben, Schubkarren, Fässern, Schläuchen und Tauen hindurch, bis er auf einem schmalen Pfad zu der Bootswerft gelangte, wo sein Onkel Ben arbeitete.

Die Vorhersage seines Vaters war eingetroffen: Andy hatte sofort Zuneigung zu seinem Onkel Ben gefaßt. Bei seiner Tante Sarah war er sich nicht so sicher, denn sie kam ihm in ihrer Geschäftigkeit irgendwie abschreckend vor. Aber Onkel Ben hatte eine sanfte Stimme und lächelnde Augen, und die wenigen Worte, die er sprach, waren voller Trost. In seiner Gegenwart fühlte sich Andy ebenso sicher und geborgen wie bei seinem Vater.

Er traf seinen Onkel auf der Werft bei der Arbeit an einem Fischerboot an, das auf einen Felsen aufgelaufen war und einige neue Planken brauchte. Der Kapitän habe Glück gehabt, erklärte ihm sein Onkel. Wenn das Wetter sich verschlechtert hätte, wäre das Boot wahrscheinlich vollkommen zertrümmert worden und mit der ganzen Besatzung untergegangen. Während Onkel Ben sprach, streichelten seine Hände die Außenseite des Bootes mit der gleichen Zärtlichkeit, mit der eine Mutter die Bettdecke über ihrem schlafenden Kind glättet. Andy, der bisher noch nie etwas Größeres als ein Beiboot auf dem Trockenen gesehen hatte, war überwältigt. Er stand direkt unterhalb des Schiffes, ließ die Augen über den schön geschwungenen Rumpf bis hin zum Kiel gleiten und dachte bei sich, wie prächtig es war. Onkel Ben, der ihn beobachtet hatte, nahm seine Pfeife aus dem Mund und sagte: „Ja, mein Junge, ein Schiff ist etwas Wundervolles."

Andy wußte jetzt, daß er sich nicht mehr mit dem Zeichnen von Schiffen zufriedengeben würde; er wollte Seemann werden und auf einem Schiff fahren, das genauso aussehen sollte wie dieses hier.

Die Kirchturmuhr schlug zwölf und mahnte sie, daß es Zeit zum Mittagessen war; in der gemächlichen Art eines Mannes, der sein Handwerk liebt, legte Onkel Ben sein Werkzeug beiseite. Er und Andy verließen zusammen die Bootswerft, stiegen zum Kai hinauf und machten sich auf den Heimweg. Als sie in ihre Straße einbogen, sah Andy als erstes einen großen Möbelwagen, der vor dem leeren Haus stand, und Männer, die Möbel ausluden. Wo ist Strolch? fragte er sich erschrocken und ärgerte sich über sich selbst, weil er seinen Vorsatz ganz vergessen hatte, im Hafen nach dem Hund zu suchen. Er trödelte herum und ließ seinen Onkel vorausgehen. Er hatte nicht daran gezweifelt, daß Strolch sich weiteren Freundschaftsangeboten zugänglich zeigen würde. Aber neue Leute bedeuteten Komplikationen. Vielleicht hatten sie einen eigenen Hund, oder vielleicht mochten sie Hunde überhaupt nicht, und was würde dann geschehen? In diesem Augenblick sah er den Strolch.

Der Strolch hatte den Vormittag mit seinem üblichen Rundgang über das Dock und den Anlegeplatz der Heringskutter verbracht, aber als er die Turmuhr zwölf schlagen hörte, trieb ihn die Gewohnheit zu seinem früheren Zuhause. Als er den Möbelwagen und die fremden Leute sah, die im Haus ein und aus gingen, schlich er durch den Garten zur Rückseite des Hauses, um festzustellen, ob sein Napf noch am gewohnten Platz neben dem Kohlenschuppen stand. Er stand da, aber leer, von ein paar Tropfen Regenwasser und dem noch zurückgebliebenen Geruch der gestrigen Mahlzeit abgesehen. Er leckte ihn sauber, eigentlich mehr, um sein Eigentumsrecht geltend zu machen, als wegen der mit Fleischgeschmack durchsetzten Nässe. Während er noch damit beschäftigt war, erschien eine rothaarige Frau, stieß mit schriller Stimme eine Beschimpfung aus und warf wütend einen Stein nach ihm, der auf dem Weg neben ihm aufschlug.

Verwirrt, aber würdevoll zog sich Strolch auf die andere Straßenseite zurück und blieb dort sitzen, um den weiteren Verlauf der Ereignisse zu beobachten. Irgend etwas schlug kaum einen Meter von ihm entfernt klirrend gegen die Bordsteinkante. Es war sein leerer Napf. Als Andy mit seinem Onkel vom Hafen heimkehrte, saß Strolch immer noch dort auf der Straße, halb von dem großen Möbelwagen verdeckt. Andy lief auf ihn zu, legte ihm sanft die Hand auf den Kopf, kauerte sich neben ihn und schlang die Arme um seinen Hals. Strolch erwiderte die Liebkosung, indem er Andy flüchtig das Ohr leckte. Als

Andy die leere Schüssel im Rinnstein liegen sah, wußte er sofort, was geschehen war. Fest entschlossen, seinem Freund zu helfen, nahm er die Schüssel an sich, gab Strolch einen ermutigenden Klaps und ging ins Haus. Nach dem Essen, als seine Tante den Tisch abräumte, zeigte er ihr den leeren Napf und bat sie mit einer Geste um Speisereste.

„Auf gar keinen Fall!" erklärte sie energisch. „Du bekommst kein Fressen für den Hund. Wenn du ihn dazu verleitest, sich hier herumzutreiben, verärgerst du nur die neuen Nachbarn und bist am Ende selbst schuld an seinem Tode. Ja, Andy, so ist's", betonte sie nachdrücklich, als sie sein bestürztes Gesicht bemerkte. „Die Frau, die in das Haus einzieht, ist heute morgen auf eine Tasse Tee bei mir gewesen, und sie kann Hunde einfach nicht ausstehen. Sie sagt, wenn der Strolch noch weiter hier herumlungert, wird sich ihr Mann bei der Polizei beschweren." Sie faltete das Tischtuch zusammen. „Ja, und dann wird man was unternehmen müssen, um ihn loszuwerden. Andy, das Beste, was du für den Hund tun kannst, ist, ihm aus dem Weg zu gehen und dafür zu sorgen, daß er von dir wegbleibt." Aus den Augenwinkeln sah Andy, daß Onkel Ben mit trauriger Miene beistimmend nickte.

Niedergeschlagen stopfte Andy den leeren Napf unter seinen Anorak und ging hinaus.

SOBALD Andy den Strolch wiedersah, verwandelte sich sein Kummer in Entschlossenheit: wenn er Strolch nur füttern und beschützen könnte, bis sein Vater auf Urlaub kam – sein Vater würde bestimmt irgendwie dafür sorgen, daß Andy den Hund behalten durfte. Wie schon so oft zuvor wünschte er sich, daß er seinem Vater einen Brief schicken könnte, daß er wie andere Kinder seines Alters auch lesen und schreiben könnte.

Andy näherte sich dem Strolch und lockte den Hund, ihm zu folgen, indem er ihm den Futternapf zeigte. Er hatte vor dem Weggehen sein Geld gezählt – seine Mutter hatte ja dafür gesorgt, daß er sich mit Geld auskannte – und ausgerechnet, daß er genug besaß, um den Strolch drei Tage lang mit Futter zu versorgen; und da heute Samstag war, würde er in drei Tagen wieder sein wöchentliches Taschengeld bekommen.

Er ging in die Gemischtwarenhandlung, deutete stumm auf eine große Büchse Hundefutter und einen Büchsenöffner, gab dem Verkäufer das Geld und hüpfte beglückt hinaus. Dann rasten er und Strolch gemeinsam auf eine verheißungsvoll aussehende Ansammlung von Schuppen am Anlegeplatz der Heringskutter zu. Unter den wachsamen Blicken des Strolches stellte Andy den Napf auf den Boden, öffnete die Büchse und kippte ihren Inhalt hinein. Strolch richtete den Blick auf das Fressen, und seine Nase zuckte. Noch nicht völlig überzeugt, wandte er die Augen wieder dem Jungen zu. Andy schob den Napf näher an ihn heran, und erst dann begann Strolch mit einem würdevollen Schwanzwedeln, das Andy als ein Dankeschön deutete, zu fressen. Andy kauerte sich mit dem Rücken an die Schuppenwand und lächelte zufrieden.

Als nächstes, entschied Andy, mußte er versuchen, einen Platz zu finden, wo der Hund ungestört nachts schlafen konnte. Vielleicht am besten in einem dieser leeren Schuppen, sagte er sich, aber wo sollte er Säcke oder irgendeine Art von Bettzeug auftreiben, um den feuchten Lehmboden zu bedecken? Wie konnte er Fremden durch Gesten verständlich machen, daß er Bettzeug für einen Hund brauchte, den er eigentlich gar nicht halten durfte? Den ganzen Nachmittag durchstreiften der Junge und der Hund Gaymal, doch als die Dämmerung hereinbrach, hatte Andy weder Bettzeug noch einen bequemeren Schlafplatz als den Schuppen für seinen Freund gefunden.

Allmählich wurde es dunkel, und er wußte, daß es an der Zeit war, Strolch zu verlassen. Er klatschte energisch in die Hände und deutete auf die Anlegestelle, aber Strolch blieb an seiner Seite. Er stampfte mit den Füßen; er versuchte, sich heimlich fortzuschleichen und zu verstecken; aber Strolch war nicht davon abzubringen, ihm zu folgen. Andy kam sich wie ein Verräter vor, als er schließlich einen Stein aufhob, ihn so warf, daß er den Hund nicht treffen konnte, und gleichzeitig so tat, als ob er sich mit drohender Gebärde auf ihn stürzen wollte. Strolch war verblüfft, ließ sich jedoch nicht abschrecken. Andy war der Verzweiflung nahe. Onkel Ben, der vom Friseur heimkehrte, löste schließlich das Problem. „Geh weg, Hund!" befahl er dem Strolch. „Verschwinde!" Seine Stimme war ruhig, aber gebieterisch, und der Hund, der jetzt endlich verstand, trabte zur Anlegestelle zurück.

Der nächste Tag war ein Sonntag, und Onkel Ben erbot sich, Andy Gaymal zu zeigen. Als sie in die Hauptstraße einbogen, sah Andy zu seiner Freude, daß Strolch auf ihn wartete. Weil er aber nicht sicher war, wie sein Onkel auf den Hund reagieren würde, bedeutete er dem Strolch nur mit einer verstohlenen Handbewegung, ihnen zu folgen.

Als sein Onkel jedoch den Pfad einschlug, der zum Hochmoor führte, war Strolch immer mehr von einem freundlichen Willkommen überzeugt und sprang munter neben ihnen her. Andy blickte von Zeit zu Zeit besorgt zu seinem Onkel hinauf, aber dieser hatte offenbar nichts gegen die Anwesenheit des Hundes einzuwenden und meinte sogar einmal, das sei ein „wirklich netter Hund" und es sei ein Jammer, daß niemand Gefallen an ihm gefunden und ihn aufgenommen habe. Aber als es Zeit war, zum Essen nach Hause zurückzukehren, befahl Onkel Ben dem Strolch nachdrücklich: „Geh jetzt! Verschwinde!" Nach einem vorwurfsvollen Blick auf Andy wandte sich Strolch gehorsam um und ging langsam in Richtung des Hafens.

Nach dem Essen machte sich Andy mit den Speiseresten von seinem eigenen Teller in der Tasche und dem Futternapf unter dem Anorak wieder auf die Suche nach dem Strolch.

„Sei um vier wieder zu Hause", befahl ihm seine Tante. „Heute abend ist Gottesdienst, und deshalb gibt es den Tee früher als sonst."

Strolch wanderte ziellos zwischen den aufgestapelten Fischkisten auf dem Pier umher; als er Andy sah, schien er nicht recht zu wissen, ob er näher kommen und ihn begrüßen sollte oder lieber nicht. Nach der wenig liebevollen Behandlung am vergangenen Abend und an diesem Morgen konnte Andy ihm sein Zögern nicht verübeln. Er tat die Speisereste in den Napf. Strolch kam langsam näher, um nachzuforschen, was es gab, und nachdem er sich überzeugt hatte, daß es nach seinem Geschmack war, leckte er die Schüssel sauber. Andy wünschte, daß er dem Hund alles erklären könnte. Er kauerte sich nieder und streichelte ihn, und der Hund leckte ihm zum Dank das Ohr. Es hatte den Anschein, als ob sie wieder Freunde waren, aber als es vier Uhr wurde und er Strolch fortschicken mußte, wurde Andy elend zumute. Er wartete, bis sie sich der Anlegestelle näherten, dann klatschte er in die Hände und deutete eindringlich dorthin. Strolch setzte sich und machte keine Anstalten, ihm weiter zu folgen.

Obgleich Andy sich verzweifelt fragte, ob Strolch jemals wieder in seine Nähe kommen würde, war er voller Pläne, als er am nächsten Morgen erwachte. Er würde das Moor und die Hügel jenseits des Dorfes auskundschaften; vielleicht fand er eine geeignete Höhle. Wenn er dem Strolch ein gutes Lager in der Höhle zurechtmachen konnte, würde der Hund während des wärmeren Teils des Jahres dort sicher und geborgen sein. Als er zum Frühstück herunterkam, bedeutete er seiner Tante durch Gesten, daß er sein Mittagessen gern mitnehmen wolle, und sie verstand ihn sofort. Abgesehen vom Wochenende war Onkel Ben mittags nie zu Hause, was ihr sehr gelegen kam, denn sie hatte viel im Haus zu tun und wollte bei ihrer Arbeit nicht gestört werden.

Und wirklich hatte ihr die Aussicht, Andy den größten Teil des Tages im Haus zu haben, anfangs Sorgen bereitet. Aber die jähe Bestürzung, die sie empfunden hatte, als sie Andy mit seinen großen, wachsamen, von Kummer und Müdigkeit verdunkelten Augen ankommen sah, hatte ihr klargemacht, daß es ihr nicht schwerfallen würde, seine Anwesenheit zu ertragen.

Nachdem Andy an jenem Abend zu Bett gegangen war, hatte sie sich ihrem Mann gegenüber an den Kamin gesetzt. Ben blickte von seiner Zeitung auf und sah, daß seine sonst so schroffe, zurückhaltende Frau Tränen in den Augen hatte. Sie fing seinen Blick auf.

„Zu denken, daß eine Mutter ihrem Kind so etwas antun kann, Ben“, sagte sie. „Es ist einfach unvorstellbar.“

Und der sonst so gelassene, fast einsilbige Ben überraschte seine Frau, indem er heftig erwiderte: „Das ist keine Mutter, das ist ein Ungeheuer!“

Jetzt machte Tante Sarah einen Stapel belegter Brote für Andy zurecht, fügte ein halbes Dutzend Würstchen und zwei Kuchenstücke hinzu und ging dann zu einem Schrank unter der Treppe. „Hier, Andy“, sagte sie, als sie mit einem Rucksack zurückkam. Andy sah zufrieden zu, wie sie den Proviant und eine Tasse hineinsteckte. „Du findest reichlich Trinkwasser im Moor“, erklärte sie, während sie ihm half, den Rucksack anzulegen. „So, fort mit dir.“ Aber Andy sah wiederum nur die zusammengepreßten Lippen und nicht den liebevollen Ausdruck ihrer Augen. Er lief die Treppe hinauf, steckte den Napf des Strolches in den Rucksack und dachte sich: Das ist großartig. Genau das Richtige für zwei Entdeckungsreisende.

Zu seiner großen Erleichterung sah Andy, daß Strolch bereits auf ihn wartete. Trotz der rauhen Behandlung hatte ihn der Hund offenbar verstanden und ihm als Freund vertraut. Er saß ruhig da und beobachtete Andy, wie er auf ihn zukam. Und Andy bemerkte, daß die Ohren des Hundes zuckten, daß er mit dem Schwanz wedelte und – das empfand er als besonders tröstlich – daß seine Augen vor Wiedersehensfreude glänzten. Von Liebe und Dankbarkeit erfüllt, beugte sich Andy hinunter und ließ sich vom Strolch das Ohr lecken, dann liefen sie beide glücklich auf das Moor zu.

Die milde Septembersonne nahm dem Wind seine Schärfe, das Heidekraut federte weich unter den Füßen, und Andy genoß in vollen Zügen die Weite und Freiheit des Moors. In der Begleitung des Strolches hatte er keine Angst, als er sich auf die Suche nach einer Höhle machte. Nur vorübergehend wurde er von seinem Vorhaben abgelenkt, wenn er sich plötzlich einer verdächtig aussehenden Herde von Hochlandrindern gegenübersah oder wenn hin und wieder ein aufgescheuchtes Kaninchen seinen Weg kreuzte. Nach einiger Zeit bemerkte Andy, daß Strolch ihm nicht folgte. Er lief zurück, streichelte den Kopf des Hundes und drängte ihn zum Weitergehen. Als er damit nichts erreichte, nahm er den Rucksack vom Rücken, legte ihn auf den Boden und kniete nieder, um die Pfoten des Hundes zu untersuchen.

Strolch stand auf und stieß den Rucksack mit der Nase an, dann setzte er sich und fixierte Andy mit einem starren Blick. Andy erwiderte den Blick, woraufhin Strolch abermals aufstand und den Rucksack anstieß. Andy begriff, daß der Hund fressen wollte. Er blickte auf die Uhr, und als er sah, daß es fünf Minuten nach zwölf war, setzte er sich, den Rücken an einen Felsblock gelehnt, auf ein bequemes Büschel Heidekraut. Er holte seinen Proviant heraus, legte die Hälfte der belegten Brote und die Hälfte der Würstchen in den Hundenapf und stellte ihn vor Strolch, der dankbar mit dem Schwanz wedelte.

Nachdem sie gegessen hatten, war Strolch eifrig bereit, sich wieder auf den Weg zu machen, und Andy erfuhr nachträglich, daß der Hund um zwölf Uhr gefüttert werden wollte und daß er seine Erwartungen zum Ausdruck brachte, indem er sich weigerte, weiteren Befehlen zu folgen, ehe er nicht satt war.

Andy setzte seine Suche nach einer Höhle fort und stieß schließlich auf eine niedrige Spalte zwischen zwei gegenüberliegenden Felsplatten, die sich am oberen Ende aufeinander stützten und eine Öffnung in Form eines umgekehrten V bildeten. Er mußte sich tief ducken, um auf Händen und Füßen hineinzukriechen, und konnte drinnen nur knapp aufrecht sitzen. Aber er sah, daß der Boden trocken war, und kam zu dem Schluß, daß die kleine Höhle ihren Zweck erfüllen würde. Er machte ein weiches Lager aus herbstlichem Adlerfarn und trockenem Berggras zurecht und probierte es selbst aus. Nachdem er es für annehmbar bequem befunden hatte, forderte er Strolch auf, sich neben ihn zu legen; zufrieden, aber wachsam ließ der Strolch sich nieder. Andy lag still da, lauschte auf das Pfeifen des Windes und das leise Murmeln des Meeres, und seine Augen schlossen sich.

Als er aufwachte, stand die Sonne bereits tief über den Hügeln, und er sah, daß sich die Fischerboote draußen auf dem Meer dem Hafen näherten. Es war Zeit, nach Hause zurückzukehren, aber ehe er sich auf den Weg machen konnte, mußte er Strolch überreden, in seinem neuen Quartier zu bleiben.

Das war zunächst gar nicht so einfach, denn Strolch schien entschlossen, Andy zu folgen, aber allmählich begriff er, was von ihm verlangt wurde, und Andy holte zur Belohnung die beiden Kuchenstücke aus seinem Rucksack und legte sie in den Napf. Dann machte er sich eilig davon, wobei er sich mehrmals umwandte, um sich zu vergewissern, daß Strolch ihm nicht folgte. Als Andy zum letztenmal zurückblickte, sah er, daß Strolch auf die Spitze eines hohen Felsblocks gesprungen war; seine Gestalt hob sich scharf gegen den rötlichen Abendhimmel ab, als er regungslos dastand und Andy nachsah, bis er aus seinem Blickfeld verschwunden war.

Am nächsten Morgen wartete Strolch auf Andy an der Stelle, die ihr regelmäßiger Treffpunkt in der Hauptstraße des Dorfes werden sollte, und sie stiegen wieder gemeinsam zum Moor hinauf. Als sie zur Höhle kamen, sah Andy erleichtert, daß der Hund sein Lager benutzt hatte. Er deutete auf die runde, nestähnliche Vertiefung und streichelte Strolch, dann machten sie sich wieder auf, um die Gegend auszukundschaften. Sie kletterten über die Hügel, machten hin und wieder halt, um aus den kristallklaren Bächen zu trinken, im Wasser herumzuplanschen oder flache Steine über die kalten, von den Hügeln beschatteten Bergseen hüpfen zu lassen. Es war diesmal nicht schwierig, Strolch zum Zurückbleiben zu bewegen, als sich Andy wieder auf den Heimweg machen mußte. Er blieb einen Augenblick gehorsam sitzen, dann sprang er, genau wie am Abend zuvor, auf den Felsblock und sah Andy nach, bis er verschwunden war.

Die Freundschaft zwischen dem Jungen und dem Hund vertiefte sich von Tag zu Tag. Jeden Morgen wartete Strolch auf Andy, und wenn sie nicht das Moor und die Hügel durchstreiften, gingen sie hinunter zum Hafen. Während der ersten Wochen nach seiner Ankunft hatte Andy allmorgendlich im Briefkasten nachgesehen, ob ihm der Postbote eine Nachricht von seiner Mutter gebracht hatte – vielleicht so eine Ansichtskarte, wie sie sein Vater schickte, mit einer Menge von Kreuzchen hintendrauf, die ihm sagen sollten, daß sie ihn noch immer liebhatte. Doch als die Wochen zu Monaten wurden und kein Lebenszeichen von ihr kam, fand Andy sich mit dem Gedanken ab, daß sie ihn entweder vergessen hatte oder wünschte, daß er sie vergaß. Und wenn er es auch nicht fertigbrachte, sie zu vergessen, so gelang es ihm doch, sich der neuen Zuneigung bewußt zu werden, die ihm entgegengebracht wurde.

Abgesehen von der hingebungsvollen Liebe des Strolches hatte er seinen Onkel Ben, der kein Hehl aus der Herzlichkeit seiner Gefühle machte; und sogar Tante Sarah, deren mürrisches Wesen ihn zuerst eingeschüchtert hatte, zeigte sich allmählich von einer sanfteren Seite. Sie kaufte ihm neue Buntstifte und Zeichenblöcke. Sie sorgte sich um seine Gesundheit und machte sich Gedanken über seine mangelnde Schulbildung. Sie hatte einen erbitterten Streit mit dem Schulleiter, der Andy wegen seines Leidens nicht in die Schule aufnehmen wollte. Und als die Tage kürzer und die Abende länger wurden, beschloß sie, Andy selbst Lesen und Schreiben beizubringen. Trotz ihrer scharfen Zunge besaß sie nicht nur eine angeborene Fähigkeit zu lehren, sondern sie zeigte auch eine erstaunliche Geduld dem Jungen gegenüber. Der Erfolg war, daß Andy seinem Vater nach drei Monaten hoch erfreut schreiben konnte, daß er in Zukunft alle seine Briefe selbst lesen konnte.

Tagsüber verbrachten Andy und Strolch viele Stunden unten am Pier, wo sie sich unter die Hafenarbeiter mischten und die Schiffe beobachteten. Andys Blick wurde so geübt, daß er jedes Schiff erkennen konnte, noch ehe es den Hafen erreicht hatte. Er kannte die meisten Mannschaften und wußte schon, daß man ihm ein Tau zuwerfen würde, damit er es an einem Poller festmachen konnte. Manchmal ließ man ihn sogar an Bord kommen, damit er die leeren Limonadenflaschen einsammelte und zum Lebensmittelhändler brachte; als Lohn dafür durfte er das Flaschenpfand behalten. Andy war froh über diese Pfennige, denn dadurch konnte er mehr Nahrung für den Strolch kaufen und die Speisereste ergänzen, die er für seinen Freund aufhob. Onkel Ben half ebenfalls, indem er Andy die Reste seines kalten Mittagessens brachte, und falls es Tante Sarah je auffiel, daß jetzt nach beendeter

Mahlzeit auf ihrem Tisch nie etwas übrigblieb, dann sagte sie jedenfalls nichts.

Nach einem lang anhaltenden Herbst brach der Winter mit stürmischen, eisigen Winden herein, die sich wie Stahlzinken in die Haut gruben. Die Hügel, die bisher von Schneehauben verziert waren, wurden jetzt von einer Schneedecke völlig eingehüllt. Die von Kopf bis Fuß in Ölzeug eingepackten Fischer und Hafenarbeiter schlugen mit den Armen und stampften mit den Füßen, um sich während der Augenblicke des Wartens warm zu halten. Andy, der in den dicken Pullovern, die seine Tante für ihn gestrickt, und in dem Ölzeug, das sie ihm gekauft hatte, nichts von der Kälte spürte, machte sich wieder Sorgen um Strolch. Die Höhle war zu ungeschützt, um einen guten Unterschlupf für den Winter zu bieten, und als Andy an einem kalten, aber trockenen Morgen bemerkte, daß das Fell des Hundes unerklärlicherweise feucht war, ging er zur Höhle hinauf, um nachzusehen. Zu seiner Bestürzung entdeckte er, daß das Lager, das er für Strolch hergerichtet hatte, naß war, und als er die Hand hineinpreßte, fühlte sich der Boden darunter fast wie ein Sumpf an. Er pflückte neuen Adlerfarn, aber auch der war naß vom winterlichen Regen, und obgleich Strolch offensichtlich nichts dagegen hatte, in der Höhle zu bleiben, fand Andy in dieser Nacht keinen Schlaf und überlegte besorgt, wie er ein neues Obdach für seinen Freund finden könnte.

Ein paar Tage später gab es während der Nacht einen schweren Schneesturm, und als Andy morgens zu ihrem gewohnten Treffpunkt kam, stand Strolch dort bis zum Bauch im Schnee; seine Ohren hingen schlaff herab, und sein Fell glänzte vor Nässe. Als er Andy zu folgen versuchte, taumelte er, und Andy sah, daß der Hund krank war. Verzweifelt beschloß er, Onkel Ben um Hilfe zu bitten, damit bald ein warmer, trockener Zufluchtsort für den Strolch gefunden würde. Unten in der Bootswerft beobachtete Onkel Ben verständnisvoll Andys leidenschaftlich ausdrucksvolle Gebärden, und nachdem er die heiße Nase des Hundes befühlt hatte, führte er die beiden in die hintere Ecke des Werkschuppens, wo ein großer Haufen Hobelspäne und Putzwolle lag. Andy sah seinen Onkel dankbar an und begann, ein Lager zurechtzumachen. Noch ehe er mit seiner Arbeit fertig war, trat Strolch in die Mitte der Vertiefung, drehte sich zweimal um sich selbst und legte sich hin. Drei Tage lang rührte er sich kaum aus seinem neuen Bett, sondern lag die meiste Zeit regungslos da und schien sich

für nichts zu interessieren, nicht einmal fürs Fressen; und Andy, der um das Leben seines Freundes bangte, wich außer auf das Drängen seines Onkels kaum von seiner Seite.

Am vierten Tag stand Strolch von seinem Lager auf, um Andy zu begrüßen, und am sechsten Tag fand Andy ihn zu seiner großen Freude wartend an ihrem üblichen Treffpunkt in der Hauptstraße. Es war ein Glück, daß Strolch ein neues Obdach hatte, denn der Winter war mit aller Härte hereingebrochen, und Tante Sarah hatte Andy verboten, jetzt alleine zum Moor hinaufzugehen. Er und Strolch beschränkten ihre Wanderungen auf den Hafen und die Felder beim Dorf, und wenn es Abend wurde, begleitete Andy den Strolch zur Bootswerft und zu seinem warmen Bett.

3

Käpt'n Jake und seine Mannschaft hatten in diesem Jahr kein Glück mit der Fischerei gehabt. Es begann mit einer gebrochenen Pleuelstange im Motor, die sie fast zwei Wochen an den Pier fesselte, und nachdem der Schaden glücklich behoben war, folgte eine Pechsträhne mit verwickelten Netzen, einem festgefressenen Kolben und schweren Sturmschäden am Gerät. Als sie schließlich eine Gutwetterperiode auf See erwischten, waren die Heringsschwärme nicht aufzufinden, und die *Silver Crest* kehrte mit einem so mageren Fang in den Hafen zurück, daß die Männer sofort nach dem Entladen wieder hinausfahren mußten und oft nur zwei Stunden Zeit zum Schlafen fanden. Ursprünglich eins der erfolgreichsten Schiffe des Hafens, war die *Silver Crest* jetzt eines von denen, die am wenigsten einbrachten, und die Mannschaft wurde von dem Aberglauben gequält, daß das Pech, das sie verfolgte, schließlich noch zu einer schlimmeren Katastrophe führen könnte. Aber Jake kümmerte sich nicht um ihre Befürchtungen. Trotz aller Unannehmlichkeiten und Enttäuschungen konnte ihn nichts von seinem ungestümen Ehrgeiz abbringen, Fische zu fangen – immer mehr Fische, um immer mehr Geld zu verdienen. Und da Jeannie, seine Frau, wieder einmal nach Hause zu ihren Eltern gefahren war, wurde Jake auch von Einsamkeit getrieben – von Einsamkeit und den immer wiederkehrenden Schmerzen in seinem Magen, die nur schwere Arbeit oder tiefer Schlaf betäuben konnte.

Bevor er Jeannie kennengelernt hatte, war Jake, ebenso wie die meisten Fischer von Gaymal, ein starker Trinker gewesen, hatte die Wochenenden an Land in der Kneipe des Fischerdorfes verbracht und einen Whisky nach dem anderen hinuntergegossen, und als die Schmerzen begannen, hatte er noch mehr Whisky getrunken, weil er hoffte, den Schmerz dadurch zu lindern. Als das nichts half, hatte er schließlich den Arzt aufgesucht.

„Sie müssen zu trinken aufhören", ermahnte ihn der Arzt nach der Untersuchung. „Ich kann Ihnen ein Medikament geben, aber kein Medikament kann etwas gegen den Schaden ausrichten, den der Whisky Ihnen zufügt."

Jake hatte vorgehabt, den Rat des Arztes zu befolgen, aber es gab in Gaymal nur zwei Orte, wo ein unverheirateter Mann am Wochenende Gesellschaft und Entspannung finden konnte. Der eine war die Kneipe, der andere ein Bezirk oberhalb der Anlegestelle, Chinatown genannt, wo die umherziehenden „Fischerbräute" ihr Quartier aufgeschlagen hatten. Da es ihm nicht lag, sich mit Dirnen abzugeben, hatte er sich für die Kneipe entschieden und weitergetrunken. Bis Jeannie in sein Leben trat.

Von dem Tag an, wo er sie zum erstenmal hinter dem Ladentisch des Schreibwarengeschäfts von Gaymal gesehen hatte, war er entschlossen gewesen, sie zu seiner Frau zu machen. Ihre Zartheit und Sprödigkeit entzückten ihn. Da sie etwa halb so alt war wie er, fragte er sich besorgt, ob sie ihn vielleicht zu alt finden würde, und war daher erstaunt und hoch erfreut, als sie auf seine zaghaften Annäherungsversuche einging.

Die Begegnung mit Jeannie hatte damals eine grundlegende Veränderung in sein Leben gebracht. In ihrer Gesellschaft fiel es ihm nicht schwer, das Verlangen nach Alkohol zu unterdrücken, und während ihrer Verlobungszeit und der ersten Wochen ihrer Ehe, ja selbst während der ersten zwei oder drei Male, als Jeannie weggefahren war, hatte Jake standhaft auf einen Besuch in der Kneipe verzichtet, mit dem Erfolg, daß nicht nur seine Magenschmerzen nachließen, sondern sein ganzer Organismus mit neuer Lebenskraft reagierte. Als Jeannies Besuche bei ihren Eltern immer häufiger und ausgedehnter wurden, kehrte Jake, enttäuscht und von der Leere des Hauses verfolgt, zu seinen früheren Gewohnheiten zurück und trank sich in eine Betäubung, die ihn seinen Kummer vergessen ließ.

An einem Montagmorgen nach solch einem Wochenende kam Jake in aller Frühe aschfahl und mit blutunterlaufenen Augen an Bord der *Silver Crest*. Seine Männer sahen ihn besorgt an, warteten jedoch, bis das Schiff ausgelaufen war und Jake im Ruderhaus stand, ehe sie darüber sprachen.

„Ab und zu ein Glas ist ja gut und schön", erklärte das jüngste Besatzungsmitglied aufgebracht. „Aber unser Käpt'n bringt sich damit ins Grab."

„Es ist seine Frau, die ihn ins Grab bringt", ergänzte ein anderer. „Sie weiß ganz genau, daß er zu trinken anfängt, wenn sie ihn allein läßt. Aber sie bleibt einfach nicht zu Hause."

„Es ist eine Sünde und Schande!" rief ein dritter aus. „Er ist ein verdammt guter Käpt'n, und man kann es kaum mit ansehen, wie ihn diese Frau behandelt." Er runzelte die Stirn. „Vor allem jetzt, wo er das Kind hat."

Es war das älteste Besatzungsmitglied, das ihn berichtigte. „Sie ist diejenige, die das Kind hat."

Noch ehe ein anderer etwas erwidern konnte, ertönte ein unheilverkündendes Gerassel. Der Motor wurde langsamer, dann erstarb er. Die Männer stürmten an Deck und sahen den Kapitän aus dem Ruderhaus kommen.

„Übernimm das Ruder!" rief er einem der Männer zu. „Dieser verdammte Motor streikt wieder mal!" Er lief rasch in den Maschinenraum hinunter.

„Da haben wir die Bescherung", bemerkte der alte Mann zu den übrigen. „Unsere Pechsträhne ist noch nicht zu Ende."

Nach einer guten Stunde mühseliger Arbeit hatte Jake den Motor glücklich so weit, daß sie in den Hafen zurückkehren konnten, wo am Pier ein Mechaniker auf sie wartete. Er und Jake untersuchten gemeinsam den Motor, während die Besatzung sich bedrückt fragte, wie lange es wohl dauern würde, bis sie wieder auf See waren. Der Mechaniker stieg an Deck, von einem düster dreinblickenden Jake gefolgt. „Nicht vor Mitternacht", sagte er. „Auf keinen Fall." Wie auf Verabredung machte sich die Besatzung wortlos auf den Weg zur Kneipe.

Auch für Andy hatte der Tag trübselig begonnen. Tante Sarah hatte ihm beim Frühstück eröffnet, daß Gaymal einen neuen Schuldirektor habe, einen Direktor, der nicht nur bereit, sondern sogar erpicht darauf sei, Andy in die Schule aufzunehmen, und es sei vereinbart worden, daß er nächste Woche dort anfangen solle. Seine Freude über die Nachricht wurde sofort von einem erschreckenden Gedanken getrübt: Was würde aus dem Strolch werden, wenn er jeden Tag zur Schule gehen mußte? Seine Verzweiflung nahm zu, als er später bei seinem Besuch in der Bootswerft einen zerknirschten Onkel Ben vorfand, der ihm erklärte, sein Chef habe strikte Anweisungen gegeben, den Werkschuppen, in dem Strolch schlief, bis zum Ende der Woche zu räumen. Dann würde es für Strolch auf der Bootswerft keine Schlafgelegenheit mehr geben.

Andy wanderte ziellos durch den Hafen und suchte verzweifelt nach einer Lösung seiner Probleme, als die *Silver Crest* sich dem Pier näherte. Neugierig auf die Ursache für diese unerwartete Rückkehr, lief er eilig hinunter und sah zu, wie sie am Anlegeplatz festmachte. Von allen Schiffen, die im Hafen ein- und ausliefen, fand er die *Silver Crest* am schönsten. Leer oder beladen schwamm sie so leicht auf dem Wasser wie die Möwen und so ruhig wie die Schwäne, die Andy auf dem Fluß unweit seines Elternhauses gesehen hatte. Das war das Schiff, auf dem er am liebsten hinausgefahren wäre, doch er war, trotz seiner Bewunderung und ungeachtet der Tatsache, daß er auf jedem anderen Schiff im Hafen willkommen war, noch nie an Bord der *Silver Crest* gewesen. Erstens hatte sich die *Silver Crest* wegen des schlechten Fangs selten länger als unbedingt nötig im Hafen aufgehalten. Und zweitens hatte Andy Angst vor Käpt'n Jake und seiner rauhen Stimme – von dem Tag an, wo Andy auf einer Fischkiste gesessen und die *Silver Crest* auf die Rückseite eines Briefes an seinen Vater gezeichnet hatte; Jake, der nichts von Andys Stummheit ahnte, hatte ihn dort sitzen sehen und ihm zugeschrien: „Geh und sag Bobbie, er soll herkommen! Du kennst doch Bobbie? Den kleinen Kerl mit den roten Haaren?“

Andy nickte.

„Gut, dann hol ihn. So schnell du kannst, Junge.“

Die Kinder von Gaymal waren daran gewöhnt, am Pier herumkommandiert zu werden, und Andy rannte los, um Bobbie zu suchen, aber als der Mann sah, daß es die *Silver Crest* war, auf die Andy deutete, wandte er sich ab.

„Ich geh nicht“, sagte er zu einem seiner Kameraden. „Mein Zug nach Hause fährt in einer halben Stunde, und wenn Jake mich zu fassen kriegt, komm ich nicht mehr weg.“

Andy kehrte zur *Silver Crest* zurück, wo Jake wartete.

,,Hast du ihn gefunden?"

Andy nickte.

,,Und kommt er?"

Andy schüttelte den Kopf.

,,Warum kommt er nicht?"

Andy sah Jake hilflos an.

,,Was ist los mit dir, Junge?" fragte Jake. ,,Bist du taub, dämlich oder stumm?"

Andy drehte sich um und floh vor seiner Verachtung. Jake kletterte auf den Pier, um nach einem anderen Boten Ausschau zu halten, und das erste, was er sah, war Andys Zeichnung von der *Silver Crest.* Er hob sie auf und betrachtete sie. Ein so dummer Junge konnte so gut zeichnen! Er drehte das Blatt um und sah Andys sorgfältige Druckschrift. ,,Lieber Dad", las er. ,,Das ist das Schiff, das mir im ganzen Hafen am besten gefällt. Es heißt *Silver Crest*, und ich finde es wunderschön."

Es tat Jake leid, daß er so grob zu dem Jungen gewesen war, und als er wieder an Bord ging, legte er das Blatt behutsam zwischen die Seiten einer Zeitschrift im Ruderhaus; er hatte vor, es Andy bei ihrer nächsten Begegnung zurückzugeben und ihm zu sagen, wie gut es gezeichnet war. Etwa drei Wochen später fand ein Besatzungsmitglied die Zeichnung und fragte, was sie zu bedeuten habe.

,,Ach, ich hab sie dorthin gelegt, um sie einem Jungen zurückzugeben, der sie hier am Pier gemacht hat. Damals, als ihr alle heimlich an Land geschlichen seid, hab ich ihn gebeten, Bobbie zu holen, aber er kam ohne ihn zurück, und es war nicht aus ihm rauszukriegen, warum." Jakes Stimme klang verächtlich. ,,Stand einfach da wie ein Idiot und sagte kein Wort. Ich hab ihn angeschrien, ob er stumm sei oder was sonst."

,,Hatte er einen Hund bei sich? Den kleinen Köter, der Joe Glenn gehört hat?" fragte einer von der Besatzung.

,,Ich glaube, ja."

,,Nun, dann ist er tatsächlich stumm." Der Mann wandte den Blick von dem bestürzten Gesicht seines Kapitäns ab.

Später erfuhr Jake von der Mannschaft Andys Lebensgeschichte, und er nahm sich vor, sich mit dem Jungen anzufreunden, um ihn irgendwie für die Kränkung zu entschädigen, die er ihm so unabsichtlich zugefügt hatte.

DIE Gelegenheit war günstig, als sich die *Silver Crest* mit dem defekten Motor in den Hafen zurückschleppte und Andy, dessen Neugier stärker war als seine Angst, mit Strolch am Pier wartete. Nachdem die Besatzung sich auf den Weg zur Kneipe gemacht hatte und der Mechaniker vom Schiff gegangen war, rief Jake Andy herbei und hielt ihm das Blatt hin. Andy ging langsam auf ihn zu.

„Hast du diese Zeichnung gemacht?" fragte Jake so sanft wie möglich, und als Andy nickte, sagte er: „Sie ist gut. Sie gefällt mir." Er drehte das Blatt herum. „Ich habe auch das hier gelesen", gestand er. „Ist es wahr, daß du die *Silver Crest* für das schönste Schiff im Hafen hältst?" Andy lächelte befangen. „Ja, mein Junge, dieser Meinung bin ich auch", erklärte Jake stolz. „Willst du an Bord kommen?" fragte er. Andys Gesichtsausdruck sprach Bände. „Dann komm und sieh sie dir an."

Andy ging an Bord, Strolch folgte ihm.

„He!" wandte Jake ein. „Den Hund hab ich nicht eingeladen. Mach, daß du wegkommst!" Strolch sah Andy fragend an, ehe er dem Befehl gehorchte. Im nächsten Augenblick war Andy ebenfalls wieder an Land und blieb neben dem Hund stehen.

„Was soll das?" fragte Jake. „Ich denke, du willst dir gern das Schiff ansehen." Andy legte die Hand auf den Kopf des Strolches. „Schon gut, schon gut", brummte Jake. „Er kann mitkommen." Andy und der Hund sprangen wieder an Bord und folgten Jake ins Ruderhaus, hinunter in den Laderaum, durch den Maschinenraum und schließlich unter die Back, wo Jake den Wasserkessel aufsetzte.

„Du kannst Becher, Brötchen, Butter und Marmelade dort rausholen", sagte er, auf eine Kiste deutend. „Du hast doch sicher nichts dagegen, eine Kleinigkeit zu essen."

Andy tat, was Jake gesagt hatte. Er hatte noch nie eine Mahlzeit an Bord eines Schiffes eingenommen, und als Jake den Tee aufgebrüht hatte und sie sich auf die Seekisten setzten und aßen und tranken, während sich das Schiff sanft in den Wellen wiegte, war er wunschlos glücklich. Er hatte seine Angst vor Jake überwunden, und Jake war froh, den Jungen bei sich zu haben und so die Stunden des Wartens zu verkürzen, die er sonst mit trübseligem Nachgrübeln verbracht hätte. Nichtsdestoweniger fand er diese einseitige Unterhaltung, die nur durch Fragen geführt wurde, doch ein wenig mühsam, und einen großen Teil der Zeit aßen sie schweigend. Jake beobachtete, wie Andy dem Strolch ein Stück von jedem Brötchen abgab, das er sich nahm.

„Schläft Strolch zu Hause bei dir im Zimmer?“ fragte er behutsam. Andy schüttelte den Kopf.

„In der Küche? Nein? Draußen in einer Hundehütte?“ Andy schüttelte den Kopf. „Dann hat er also gar keinen Platz zum Schlafen?“

Andy, gequält von der Erinnerung an seine Probleme, legte die Hände vor die Augen, aber die Tränen drangen zwischen den Fingern hindurch. Jake sah sie und rutschte näher an den Jungen heran. „Was würdest du sagen, wenn ich dir den Vorschlag machte, mir den Strolch als Schiffshund mitzugeben?“

Andy sah ihn verblüfft an.

„Hier auf der *Silver Crest*“, erklärte Jake ihm. „Warum nicht? Viele Schiffe haben Hunde an Bord. Er würde es sehr gut bei mir und der Mannschaft haben. Es gibt immer einen Haufen Essensreste an Bord, und er hätte eine behagliche Koje hier unten im Vorschiff. Aber –“ Jake warf Andy einen zweifelnden Blick zu – „vielleicht möchtest du nicht so oft von ihm getrennt sein.“

Andy sah Jake fest an. Er war ihm dankbar, aber ihm wurde schwer ums Herz bei dem Gedanken, wie einsam das Leben ohne den Strolch sein würde. Dann fiel ihm die Schule ein und daß er kaum noch Zeit für den Hund haben würde. Was sollte er tun? Er konnte sich jetzt nicht vom Strolch trennen. Sie brauchten einander zu sehr.

„Du könntest ja das ganze Wochenende mit ihm zusammen sein“, tröstete ihn Jake. Im stillen dachte er: Wenn mein Sohn einen Hund haben will, ganz gleich, was für einen, und es mir irgendwie möglich ist, dann wird er ihn bekommen, ehe ich ihn so leiden sehe, wie dieser Junge leidet. Laut sagte er: „Wenn du Lust hast, mit uns zum Fischen rauszufahren, kannst du kommen, wann du willst.“

Andy wußte, was er tun sollte, aber er konnte sich nicht dazu entschließen. Er stand auf, nickte Jake dankend zu und stieg die Stufen zum Deck hinauf.

„Überleg dir, was ich gesagt habe“, rief Jake ihm nach.

Es war bitter kalt, und ein eisiger Wind brannte Andy auf den Wangen, als er und der Hund sich wieder einmal auf den Weg zum Moor machten. Es war ein langer Herbst gewesen, und der Winter würde nicht kürzer sein. Sie kamen zur Höhle, und Andy ließ sich am Eingang niederfallen. Hier war bei einem solchen Wetter kein Aufenthalt für einen Hund. Das Felsendach war triefend naß, und der Wind hatte das Gras des Lagers weggeweht. Andy starrte vor sich hin, und Strolch, der neben ihm saß, leckte ihm die salzigen Tränen von den Wangen. Andy zog den Hund dicht an sich heran und vergrub das Gesicht in seinem rauhen Fell. Dann stand er auf und winkte dem Strolch, ihm zu folgen.

Sie gingen zuerst zur Bootswerft, und Andy sah, daß man das Lager des Strolches bereits fortgeräumt hatte, um Platz für Holzbretter zu schaffen. Onkel Ben nahm den Hundenapf aus einem Schrank und reichte ihn Andy. Andy und Strolch gingen entschlossen zum Hafen hinunter.

Jake war noch an Bord der *Silver Crest*. Er hörte das Tapsen auf dem Deck und öffnete die Luke des Vorschiffs. „Komm runter, Junge", sagte er einladend.

Gehorsam stieg Andy ins Vorschiff hinunter, Strolch folgte ihm. Schwer schluckend griff er nach Jakes Hand, legte sie auf den Kopf des Strolches und hielt Jake den Napf hin.

Jake verstand. Als er sprach, war seine Stimme noch rauher als sonst. „Ich werde gut für ihn sorgen, Junge", versprach er. „Und ich werde es nicht zulassen, daß er dich vergißt."

Andy kniete nieder und legte die Arme um den Hals des Strolches.

„Du möchtest sicherlich sehen, wo er schlafen wird", sagte Jake. Es gab acht Kojen im Vorschiff der *Silver Crest*, und Jake deutete auf eine der unteren, die offensichtlich unbenutzt war. Dann holte er zwei Decken aus einer Kiste unter der Sitzbank und legte sie hinein.

„Das ist deine Koje, mein Freund", sagte er zum Strolch. Der Hund sah ihn nur an. „Am besten sagst du ihm, er soll sich hineinlegen", riet Jake, und Andy sagte es dem Strolch in der besonderen Zeichensprache, die der Hund mittlerweile so gut verstand. Zögernd legte sich Strolch in die Koje. Andy streichelte ihn sanft, und abgesehen vom leisen Schlagen des Wassers gegen die Planken war es völlig still im Vorschiff.

„Na ja", sagte Jake verlegen. „Wahrscheinlich wird er dich vermissen, aber ich bin ganz sicher, daß er sich eingewöhnen wird."

Andy stellte den Napf des Strolches neben die Koje. Der Hund hatte gelernt, daß überall dort, wo Andy seinen Napf hinstellte, sein Zuhause war. Aber als er sah, was Andy gerade getan hatte, blickte er ihn ungläubig an. Andy preßte die Lippen fest zusammen, wandte sich ab und stieg rasch die Stufen des Vorschiffs hinauf. Strolch sprang aus der

Koje, aber Jake hielt ihn am Halsband fest. Der Hund zappelte und wollte sich losreißen, doch Andy drehte sich um und gab ihm mit einer Geste zu verstehen, daß er bleiben müsse. Als Andy an Deck angelangt war, stieg Jake ebenfalls die Stufen hinauf und stellte sich in die Lukenöffnung, so daß er den Aufgang blockierte. Strolch, der sich gefangen sah, bellte – nur ein einziges Mal, kurz und scharf, um seinen Protest kundzutun.

„Wir sehen uns am Sonnabend", sagte Jake. „Und vergiß nicht, wenn deine Tante und dein Onkel nichts dagegen haben, kannst du mit uns kommen, wann immer du Zeit hast." Jake wünschte, daß er mehr tun könnte, um den Jungen zu trösten. Er stand da und sah Andy nach, wie er, ohne sich auch nur ein einziges Mal umzublicken, den Pier entlanglief und im Dämmerlicht verschwand.

4

Strolch und Jake musterten sich eine Weile prüfend. Dann begann der Hund, das Vorschiff gründlich zu inspizieren. Nachdem er auf Andys Befehl in der Felsenhöhle auf dem Heidemoor und dann im Schuppen der Bootswerft geblieben war, konnte er jetzt darauf vertrauen, daß ihn der Junge nicht im Stich lassen würde. Und nachdem er so lange mit den Fischern verkehrt hatte, wußte er auch instinktiv, daß er Jake vertrauen konnte. Er brauchte nichts weiter zu tun, als in aller Ruhe den nächsten Morgen abzuwarten, dann würde dieser Mann die Luke öffnen und ihn hinauslassen, damit er Andy suchen konnte. Er ging zu der Koje, die Andy ihm gezeigt hatte, und setzte sich neben sie.

Jake kam zu ihm herüber.

„Das ist deine Koje, mein Freund", erklärte er dem Hund noch einmal. „Und vergiß nicht, auf einem Schiff ist die Koje ein Platz, der einem ein für allemal gehört und den man mit niemandem tauscht." Er schnalzte mit den Fingern über die Koje, und der Strolch sprang gehorsam hinein. „Es gibt drei Dinge, die du auf diesem Schiff lernen mußt, und zwar schnell, denn niemand wird Zeit haben, sie dir beizubringen. Hörst du zu?" Strolch richtete die Ohren auf und neigte den Kopf zur Seite. „Also erstens: das ist von jetzt ab dein Zuhause, bis dein Freund ein besseres für dich findet. Zweitens: ich bin von jetzt ab dein Käpt'n, und drittens: wie ich schon gesagt habe, das ist von jetzt an deine Koje."

Strolch, der den kameradschaftlichen Ton in Jakes Stimme wahrnahm, schlug mit dem Schwanz auf die Wolldecken, und seine Augen zeigten, daß er Jake verstanden hatte. Er schob mit der Schnauze die Decken zurecht und legte sich mit einem zufriedenen Grunzen zum Schlafen nieder.

Nachdem die Kneipe zugemacht hatte, kehrte die Mannschaft zur *Silver Crest* zurück. „Was tut der an Bord?" fragte einer der Männer, auf den Strolch deutend.

„Schiffshund", erwiderte Jake lakonisch.

„Und wo ist der Junge?" erkundigte sich das jüngste Besatzungsmitglied, das den Hund erkannt hatte. Als Jake ihnen eine kurze Erklärung gab, brummten sie leise in scheinbarem Protest und sagten, hoffentlich werde er ihnen nicht eine neue Pechsträhne bringen.

„Der nicht", erwiderte Jake im Brustton der Überzeugung. „Irgend etwas an diesem Hund sagt mir, daß er unser Maskottchen sein wird."

Es wurde zwei Uhr nachts, ehe der Motor repariert und die *Silver Crest* zum Ausfahren bereit war. Der Käpt'n befahl, den Strolch unter Deck zu halten, bis das Schiff den Hafen verlassen hatte, aber sobald das Festland außer Sichtweite war, ging Jake unter die Back, schlang ein Stück Tau durch das Halsband des Strolches und nahm ihn mit an Deck. Die Nacht war dunkel, aber obgleich Strolch noch nie auf See gewesen war, kannte er die Geräusche und Gerüche des Meeres so gut, daß er keine Angst hatte, als Jake ihn übers Deck zum Ruderhaus führte. Dort angelangt, schloß Jake die Tür und setzte sich, die Augen auf den Bug seines Schiffes geheftet, das die wogende See durchschnitt.

„Du kannst dich ebensogut hier oben bei mir aufhalten, mein Freund", sagte er zu Strolch. „Du und ich, wir müssen uns erst aneinander gewöhnen." So blieb Strolch mit Jake im Ruderhaus, bis der Kapitän abgelöst wurde, dann kehrten sie beide unter die Back zurück und legten sich in ihren Kojen schlafen. Als der Tag anbrach und Strolch ohne Seil an Deck gelassen wurde, war er sichtlich beunruhigt, daß das Land so weit weg war, und er wanderte immer wieder zwischen Bug und Heck hin und her, in der Hoffnung, Andy zu finden. Als er es satt hatte, an Deck umherzustreifen, ging er wieder zu seiner Koje, legte sich nieder und lauschte auf die Stimmen der Männer, die unter der Back aßen und schwatzten.

In dieser Nacht stieß die *Silver Crest* auf einen riesigen Heringsschwarm, so daß sie schwer beladen in den Hafen zurückkehrte. Die Mannschaft war glücklich, daß ihre Pechsträhne zu Ende war. „Hab ich euch nicht gesagt, daß der Hund uns Glück bringen wird?“ erinnerte sie Jake.

In den folgenden zwei Nächten stießen sie wieder auf große Schwärme. „Er ist sein Gewicht in Rindfleisch wert“, erklärte der Koch, als ob es irgend jemand gewagt hätte, die plötzlich ansteigende Rechnung des Metzgers verdächtig zu finden.

Bis zum nächsten Samstagmorgen hatte Strolch gerade angefangen, sich an sein Leben als Schiffshund, an seine warme Koje, das gute, nahrhafte Fressen und die ihm von der dankbaren Besatzung zugesteckten Leckerbissen zu gewöhnen; aber als das Boot am Pier festgemacht hatte und er Andy sah, der dort auf ihn wartete, sprang er an Land und begrüßte ihn begeistert.

„Ich heb das Fressen für ihn auf“, rief der Koch, als der Junge und der Hund den Pier entlang davonstürmten.

Andy verspürte einen leichten Stich bei dieser Bemerkung. Hatten nicht er und Jake abgemacht, daß Strolch, abgesehen von seiner Koje an Bord der *Silver Crest*, am Wochenende ihm allein gehören sollte und er wie bisher für ihn sorgen würde? Die Worte des Kochs schienen anzudeuten, daß Andy es möglicherweise versäumen könnte, den Hund zu füttern, während Andy einen ganzen Rucksack voller Nahrungsmittel mitgebracht hatte. Jetzt, da Tante Sarah keine Gefahr mehr sah, daß sich der Hund in der Nähe des Hauses herumtreiben und die neuen Nachbarn verärgern würde, hatte sie bereitwillig einen „Strolch-Topf“ beiseite gestellt, wo sie nicht nur die Speisereste der Familie aufkochte, sondern auch rohe Fleischstücke hinzutat, die sie billig vom Metzger bekam.

Es war ein feuchter, windiger Tag, aber mit einer Andeutung von Sonnenschein hinter den niedrigen Wolken, ein Tag, an dem das Moor von gedämpften Möwenschreien widerhallte und die Bäche, angeschwollen nach den Regengüssen der Nacht, schlammig braun und schäumend über die herabgestürzten Felsblöcke flossen. Andy stiefelte weiter und schreckte Herden von Schafen mit dunklen Köpfen und zottige Bergponys auf, die mißtrauisch zusahen, wie er und Strolch zu einer kleinen, geschützten Mulde emporstiegen, die über einem riesigen, mit herabgestürztem Gestein bedeckten Abgrund lag. Dort angekommen, legte er sich flach auf den Bauch, und Strolch lag still neben ihm. Andy kam gern zu dieser Schlucht, nicht nur, weil Onkel Ben ihm erzählt hatte, daß es des Nachts dort spukte, sondern auch, weil ihn ihre bloße Größe und Verlassenheit stets von neuem beeindruckten. Und manchmal, wenn er ganz still dalag, hatte er das Glück, flüchtig einen der scheuen Füchse zu erblicken, die ihren Bau zwischen dem Geröll auf dem Grund der Schlucht hatten, oder vielleicht zu sehen, wie sich einer der ebenso scheuen Steinadler von seinem sicheren Sitz auf einem Vorsprung der steil abfallenden Felswand emporschwang.

Der Tag ging rasch vorüber, und als es zu dämmern begann, kehrten Andy und Strolch zur *Silver Crest* zurück. Die beiden hatten sich an die allabendliche Trennung gewöhnt, und jetzt fand sich Strolch schnell damit ab, daß er an Bord bleiben mußte. Die Vorderpfoten auf den Achtersteven gestützt, folgte er Andy mit den Blicken, bis er außer Sicht war, dann kroch er durch die halb geöffnete Luke, sprang ins Vorschiff hinunter und streckte sich in seiner Koje aus. Als Andy am nächsten Morgen in den stillen, sonntäglichen Hafen kam, wo die vielen Fischerboote leicht schaukelnd an ihren Vertäuungen lagen und die sonderbar schweigsamen Möwen steif wie eine andächtige Kirchengemeinde auf den Rändern der Dächer saßen, sah er, daß Strolch in genau der gleichen Haltung wie gestern beim Abschied auf ihn wartete, als hätte er die ganze Nacht dort am Achtersteven verbracht.

Sie gingen wie üblich zum Moor hinauf, Andy mit dem prallen Rucksack auf dem Rücken. Früher als gewöhnlich brachte er Strolch am Abend zur *Silver Crest* zurück, denn es war Sonntag, und er sollte Onkel Ben und Tante Sarah in die Kirche begleiten. Diesmal dauerte ihr Abschied länger, denn Andy wußte, daß eine ganze Woche vergehen würde, ehe er und der Hund sich wiedersahen.

KÄPT'N JAKE und seine Mannschaft kamen lange vor Morgengrauen an Bord; kurz darauf hörte Strolch, wie andere Mannschaften eintrafen, und bald füllte sich der ganze Hafen mit dem Geräusch dumpf knatternder Schiffsmotoren; mit Stimmen, die sich Worte der Begrüßung, Warnungen und Ermahnungen zuriefen, während sich die Schiffe, eines nach dem anderen, langsam den Weg aus dem überfüllten Hafen hinaus auf die offene See bahnten.

Als Mitglied der Besatzung auf der *Silver Crest* während der Woche und als Andys treuer Begleiter am Wochenende fühlte sich Strolch so glücklich wie noch nie zuvor, und er tat sein Bestes, sich dankbar zu zeigen. Wenn er zusah, wie die Heringsfänge an Bord gezogen wurden, ließ er sich von der allgemeinen Erregung anstecken und schoß vom Bug zum Heck, wobei er sorgsam darauf bedacht war, niemandem in den Weg zu kommen, sich aber trotzdem bemühte, an der Geschäftigkeit teilzunehmen. Bald war er so erpicht darauf zu helfen, daß er nach den Seilen der Netze schnappte, wenn die Männer den Fang einholten, sich mit den Füßen gegen die Decksplanken stemmte und mit voller Kraft zog. „Wir haben wirklich und wahrhaftig den besten Hund von ganz Gaymal erwischt", beglückwünschte die Mannschaft sich.

Nach einer Reihe von guten Fängen schien die *Silver Crest* eines Nachts die Schwärme verloren zu haben, und während die Männer vergebens das Meer absuchten, verbrachte der Strolch seine Zeit damit, ruhelos an Deck umherzulaufen oder nachdenklich am Bug zu sitzen und in das dunkle Wasser zu starren. Plötzlich fing er aufgeregt zu bellen an. Seitdem er auf See fuhr, war es das erstemal, daß man ihn bellen hörte, und Jake war verdutzt.

Der Hund stand, die Vorderpfoten auf den Klüverbaum gestützt, schwanzwedelnd da und blickte wie gebannt ins Wasser. Jake drosselte den Motor, und das jüngste Besatzungsmitglied kam, sein Ölzeug überziehend, nach hinten.

„Was ist geschehn, Käpt'n?"

„Sieh nach, was mit dem Strolch los ist", rief Jake. „Er benimmt sich so seltsam, als ob er etwas sieht oder hört." Der Mann ging nach vorn, und als er zum Bug kam, wedelte Strolch kräftig mit dem Schwanz und wollte nicht aufhören zu bellen. Der junge Mann kniete sich neben ihn und warf einen prüfenden Blick ins Wasser. Der Koch gesellte sich zu Jake.

„Was hat der Hund?" fragte er.

„Keine Ahnung", erwiderte Jake.

Der Mann am Bug stand auf, drehte sich um und schwenkte verneinend die Arme. „Er kann anscheinend nichts entdecken", sagte der Koch.

Jake drosselte den Motor, bis nur noch ein leises Gemurmel zu hören war, und überließ dem Koch das Ruder mit der Anweisung, in einem großen Kreis zu steuern. Dann ging er aufs Deck und sah sich aufmerksam lauschend um. Nach einer Minute war er wieder im Ruderhaus.

„Geh und sag den andern, sie sollen sich bereithalten, die Netze auszuwerfen“, befahl er. „Ich bin überzeugt, der Hund will uns sagen, daß es hier Heringe gibt.“

Mit einem ungläubigen Blick auf den Käpt'n rannte der Koch nach vorn, um den Befehl weiterzugeben. Eine Stunde später holten sie unter den selbstgefälligen Blicken des Strolches die prall gefüllten Netze ein. Unten im Vorschiff sahen sich die Männer später verblüfft an. „Wie hat er das bloß fertiggebracht? Hat er's gerochen, gesehen oder gehört?“

„Es genügt, daß er's fertiggebracht hat“, erklärte das älteste Besatzungsmitglied. „Bleibt nur noch abzuwarten, ob er's noch mal fertigbringt.“

Strolch brachte es nicht nur immer wieder fertig, sondern sein Instinkt erwies sich als so untrüglich, daß sich die Männer mit der Zeit fest auf ihn verließen: Wenn er kein Interesse für das Gebiet zeigte, in dem sie nach Heringen suchten, wußten sie, daß wenig Aussicht bestand, dort irgendwelche Schwärme zu finden. Als sich die Geschichte in Gaymal herumgesprochen hatte, wurde Strolch zu einer Berühmtheit, und wenngleich es einige Fischer gab, die anfangs an seiner Fähigkeit, Heringsschwärme aufzuspüren, zweifelten, so waren doch die durchweg guten Fänge der *Silver Crest* ein unwiderlegbarer Beweis für sein Talent. Bald gingen sogar die mißtrauischsten Fischer dazu über, sich auf See dicht bei der *Silver Crest* zu halten.

Andy war begeistert, als Jake ihm am Samstag nachmittag von dem unglaublichen Spürsinn des Strolches berichtete. Sie waren alle drei unter der Back in der *Silver Crest*, wo sie sich jetzt zu Andys Freude regelmäßig zusammensetzten, wenn er und der Strolch von ihrem Spaziergang zurückkehrten. Während Jake von der Fischerei und den seltsamen Dingen erzählte, die manchmal in den Netzen heraufkamen, saßen sie neben dem kleinen Herd und tranken das seltsame Gebräu des Kapitäns, einen starken, mit Kondensmilch gesüßten Tee. Sogar Strolch trank jetzt Tee, wenn er in seinen Napf gegossen wurde, und Andy fragte sich, ob der Hund ihn auch nur deshalb aufleckte, weil er Jakes Gefühle nicht verletzen wollte.

„Ja“, sagte Jake und streichelte den Kopf des Strolches liebevoll, „daß du mir deinen Hund mitgegeben hast, war der größte Dienst, den du mir erweisen konntest." Und Andy, der über Jakes Vorliebe für Whisky und seine Einsamkeit Bescheid wußte, blickte hinunter auf die kräftige Hand, die auf dem Kopf des Strolches ruhte, und auf den Hund, der seinen Käpt'n ansah, und in diesem Augenblick verschwand die letzte Spur der Eifersucht, die er einmal empfunden hatte, weil er Strolch mit jemandem teilen mußte.

So wurde Strolch im Lauf der Zeit zu einem hochgeschätzten und unentbehrlichen Mitglied der Besatzung der *Silver Crest*. Er spürte nicht nur die Heringsschwärme auf, sondern nahm auch seinen Kampf gegen die Möwen wieder auf, indem er an Deck auf und ab raste, mit wütenden Sprüngen nach jeder Möwe schnappte, die es gewagt hatte, zu weit herabzustoßen, und somit den Fang zur Zeit des Entladens beschützte. Und abgesehen davon, daß er einmal in einer stockdunklen Nacht über Bord fiel, während der Käpt'n und die Mannschaft zu eifrig mit den Schleppnetzen beschäftigt waren, um es zu bemerken, stellte er nichts an, was sie hätte beunruhigen können. In jener Nacht hatte Strolch wirklich Angst gehabt, aber vernünftigerweise war er trotz des starken Wellengangs um das Schiff herum zu der Seite geschwommen, wo die Netze eingeholt wurden, und hatte sich mit seinen Zähnen und Pfoten an das Grundtau eines der Netze geklammert. Erst als die Männer mit ungläubigen Augen sahen, wie er zusammen mit dem Netz an Bord kam, wurde ihnen bewußt, daß sie nahe daran gewesen waren, ihn zu verlieren. Jakes nachträglicher Schrecken hatte sich in einem Wutausbruch Luft gemacht; er fluchte ungestüm auf den Hund und beorderte ihn unter die Back. Aber später mußte Jake lachen bei der Erinnerung an den würdevollen Strolch, der so unwahrscheinlich lächerlich ausgesehen hatte, als er zusammen mit der Heringsladung an Bord gezogen wurde. Jake rief den Hund wieder zu sich ins Ruderhaus, um ihn zu necken und zu streicheln, aber von da an vergewisserte er sich stets, daß der Strolch fest und sicher unter der Back eingesperrt war, wenn sie das Netz einholten, und er wagte es nie, Andy von dem Vorfall zu berichten.

Kein Zweifel, auf der *Silver Crest* lief alles besser, seitdem Strolch ihr Maskottchen geworden war. Jake war froh über seine Gesellschaft und auch glücklich darüber, daß der Hund ihn offensichtlich brauchte. Es ist gut, gebraucht zu werden, dachte Jake, als er sich an seine letzte Begegnung mit seiner Frau erinnerte. Er hatte die *Silver Crest* festgemacht, seiner Mannschaft eine Woche Urlaub gegeben und Jeannie im Hause ihrer Eltern besucht, um ihr ein für allemal klarzumachen, daß ihr Platz bei ihm in Gaymal war.

Jeannie hatte sich anscheinend über seinen Besuch gefreut, aber sein Sohn, mittlerweile bereits im Krabbelalter, erkannte ihn nur nach vielem Zureden wieder. Als Jake gegen Ende der Woche das Thema ihrer Heimkehr anschnitt, war Jeannie ihm zuerst ausgewichen, und dann wurde sie gereizt. Konnte er nicht selbst sehen, daß ihre Mutter gebrechlich und pflegebedürftig war? Jake hatte sie zu überzeugen versucht, wie sehr er selbst sie brauchte und wie sehr er sich nach seinem Sohn sehnte, aber obgleich sie ihm versprochen hatte, bald zurückzukehren und nicht mehr so oft fortzugehen, wußte er genau, daß dies nur ein leeres Versprechen war. Sie würde ihn zwar nie im üblichen Sinn des Wortes verlassen, denn eine Frau von den Inseln „verließ" niemals ihren Mann; sie würde sich nur langsam, aber unerbittlich von ihm zurückziehen.

Unterdessen ließ Jake seine ganze überschüssige Zärtlichkeit dem Strolch zukommen, der seinerseits jetzt für seinen Käpt'n fast die gleiche hingebungsvolle Liebe wie für Andy empfand. Einen Unterschied gab es allerdings: Andy war sein geliebter Spielgefährte, und da Andy jung war, betrachtete Strolch ihn als ein Wesen, das man beschützen mußte. Aber Jake mit seiner ruhigen Stärke befriedigte das Bedürfnis des Strolches nach einem Herrn, der ihn beschützen würde.

Etwa drei Monate nachdem sich Strolch der Mannschaft angeschlossen hatte, erfüllte sich endlich Andys Wunsch, einmal mit der *Silver Crest* hinauszufahren. Eine Schönwetterperiode fiel mit einem schulfreien Tag zusammen, und nach einigem Hin und Her hatte Tante Sarah ihre Genehmigung gegeben. Da das Boot um Mitternacht auslaufen würde, war zu Andys großer Freude beschlossen worden, daß er zu seiner üblichen Schlafenszeit zur *Silver Crest* hinuntergehen und an Bord schlafen sollte. So geschah es, daß Andy an einem ruhigen Sonntagabend, an dem sich die festgemachten Boote schwarz gegen die von Sternenlicht getüpfelte See abhoben, an Bord der *Silver Crest* ging und dort von Jake und dem freudig überraschten Hund begrüßt wurde. Sie gingen zusammen unter Deck, und Jake deutete auf die Koje, die über der des Strolches lag.

„Das ist deine", sagte er und zeigte Andy, wie man die Koje mit

Decken ausschlug, um es warm und gemütlich zu haben. Dann zeigte er ihm, wie das Herdfeuer in der Kombüse angezündet wurde, und als das Wasser im Kessel kochte, gossen sie Tee auf und tranken ihn in der Stille des Logis, während Strolch, beglückt japsend, vom Mann zum Jungen blickte.

„Und jetzt, mein Junge, ist es Zeit, in die Klappe zu gehen", sagte Jake. Er zog seine Stiefel und seine Jacke aus und schlüpfte in seine Koje; dabei wurde ihm klar, daß dies seit Monaten der erste Sonntagabend war, an dem er nüchtern zu Bett ging.

Auch Andy kletterte in seine Koje und zog die Stiefel aus. Dann lag er still da, kostete in vollen Zügen die Atmosphäre der Männerwelt aus, die ihn jetzt umgab, und genoß das leichte Schaukeln des Schiffes und das Plätschern des Wassers gegen die Planken. Er sagte sich, daß er nicht schlafen, sondern nur die Augen gegen den Schein der Lampe schließen wollte.

Schwere Schritte auf dem Deck über seinem Kopf ließen ihn jäh aus dem Schlaf hochfahren, und er fiel fast aus seiner Koje, als die Luke des Vorschiffs mit einem lauten Knall geöffnet wurde und die Männer der Besatzung nacheinander herunterkamen. Noch ein wenig benommen von den Ausschweifungen des Wochenendes, verstauten sie ihr Seezeug. Sie weckten Jake, dann gingen sie wieder an Deck, und kurz darauf erwachte der Motor dröhnend zum Leben. Andy zog seine Stiefel an und steckte den Kopf durch die Luke. Im Licht der Laterne, die am Masttopp hing, sah er zu, wie an Deck die Festmacherleinen in großen Buchten säuberlich aufgeschossen wurden. Er spürte, wie die *Silver Crest* vom Pier ablegte, und hörte das Wasser gegen den Vordersteven schlagen. Jake blieb im Ruderhaus, während die Männer unter die Back zurückkehrten, wo der Koch Tee aufgoß und sie sich Zigaretten und Pfeifen anzündeten. Bald war die Luft im Vorschiff stickig vor Rauch, und Andy brachte vor lauter Gähnen kaum mehr den Mund zu.

„Warum legst du dich nicht wieder in deine Koje wie dein Freund da?" fragte der Koch und deutete auf den Strolch, der noch lässig ausgestreckt auf seinem Lager lag und mit halbgeschlossenen Augen beobachtete, was um ihn herum vorging. „Wenn wir anfangen zu fischen, hast du noch genug Zeit, an Deck zu kommen und uns zuzusehen."

Aber Andy war zu aufgeregt, um schlafen zu können. Er zog sein

Ölzeug an und machte sich auf den Weg zu Jake. Nach der stickigen Wärme des Vorschiffs traf ihn die Kälte draußen wie ein Schlag. Strolch ging seefest neben ihm, aber Andy fühlte sich ein wenig unsicher auf den Beinen und war froh, sich am Mast und den Lukenrändern festhalten zu können, während er leicht schwankend übers Deck zum Ruderhaus ging.

Jake öffnete die Tür. „Sehr seemännisch sieht's noch nicht aus", bemerkte er. Andy lächelte schief. „Macht nichts, das kommt schon noch, und am besten übst du es am Anfang im Dunkeln." Er rutschte ein wenig zur Seite, um Andy Platz zu machen, und Strolch legte sich zu ihren Füßen nieder. Andy blickte durch das Fenster des Ruderhauses, und nachdem sich seine Augen an die Dunkelheit gewöhnt hatten, konnte er die Masttopplichter anderer Schiffe ausmachen, die auf den gleichen Fischgrund zusteuerten.

Jake sah zu ihm hinunter. „Macht's dir Spaß?" Andy lächelte. „Möchtest du ein Weilchen das Ruder halten?" Andy, der kaum seinen Ohren traute, nahm das Ruderrad und steuerte die *Silver Crest*, während Jake sich eine Zigarette drehte und sie anzündete. Der Koch brachte ihnen dampfende Teebecher und dicke Brotscheiben mit Butter und Marmelade. Jake setzte sich wieder ans Steuer, während Andy aß.

„Jetzt kann es nicht mehr lange dauern, bis wir was finden", sagte er, nachdem sie etwa zwei Stunden unterwegs waren. „Letzte Woche waren die Heringe hier, und es ist anzunehmen, daß sie noch nicht weitergezogen sind." Er drosselte den Motor, dann öffnete er die Tür des Ruderhauses. Strolch stand auf und schüttelte sich. „Er weiß genau, was jetzt kommt", erklärte Jake dem Jungen, „wenn er kein Interesse zeigt, werfen wir unsre Netze gar nicht erst aus."

Aber Strolch zeigte Interesse. Er ging zum Bug des Schiffes, blieb dort stehen und blickte ins Wasser hinunter, und Andy hatte den Eindruck, daß er gleichzeitig aufmerksam lauschte. Die *Silver Crest* fuhr weiter, und als die Besatzung in ihrem Ölzeug und den Südwestern an Deck kam, erschien am Horizont der erste Schimmer der Morgendämmerung. Plötzlich begann Strolch mit dem Schwanz zu wedeln und zu bellen.

„Los jetzt!" rief Jake Andy zu. „Du kannst den Kopf durch die Luke stecken und zusehen, aber sorg dafür, daß der Hund unten bleibt." Andy kletterte in die Luke.

Der Motor lief langsamer. „Achtung!“ schrie Jake, und dann: „Auswerfen!“

Andy stand in der Luke starr vor Staunen über die riesige Masse von Netzen, die aus dem Laderaum kam und über die Seite des Schiffes schoß, während ein Mann der Besatzung eilig Bojen an die Warpleine band. Die Netze schienen endlos zu sein, und Andy fragte sich, ob die Männer das alles jemals wieder an Bord bekommen würden.

„Fertig“, sagte Jake, als der Rest der Netze über Bord ging. Der Motor wurde weiter gedrosselt, bis er nur noch leise tuckerte. Es dauerte nicht lange, dann gab der Käpt'n das Kommando, auf das die Mannschaft wartete. „Einholen!“ befahl er kurz.

Wenn Andy beeindruckt gewesen war über den Anblick der Netze, die ausgeworfen wurden, so war er völlig sprachlos, als sie wieder nach oben kamen. Während die Männer mit voller Kraft an den Tauen zerrten, die Netze einholten und ein zuckender Strom von Heringen sich aufs Deck und hinunter in den Fischladeraum ergoß, konnte er nur dastehen und starren. Was würde er seinem Vater im nächsten Brief alles zu erzählen haben! Er stand immer noch wie gebannt da, nachdem das letzte Netz eingeholt war und die Mannschaft bereits das Deck gesäubert hatte, und fuhr erschreckt zusammen, als er Jake hörte, der den Männern sagte, sie sollten sich eine Stunde schlafen legen.

Jake sah Andy an. „Wie steht's mit dir, mein Junge? Ein bißchen Schlaf könnte dir auch nichts schaden.“ Andy schüttelte den Kopf. Erst jetzt bemerkte er, daß die Dämmerung sich über den Himmel ausgebreitet hatte und eine silbrig helle Sonne sich ihren Weg durch die Morgenwolken bahnte. Entschlossen, keine Minute der Heimfahrt mit Schlaf zu vergeuden, folgte er Jake ins Ruderhaus.

Der Koch kam mit frischem Tee, Brot und Marmelade nach hinten, und während Andy aß und trank, blickte er aufs Meer, das jetzt von einer frühmorgendlichen Brise gekräuselt und mit Sonnenlicht besprenkelt war. Er sah den von Regenbogen durchzogenen Gischt vorm Bug und hörte die Möwen, die um eine Kostprobe des Fanges baten. Strolch hörte sie ebenfalls und postierte sich sofort an Deck.

„Sie werden sich nicht in unsre Nähe wagen“, versicherte ihm Jake. „Nicht, solange Strolch hier ist. Obwohl sie ihm mit Freuden eins auswischen würden. Paß auf, was jetzt geschieht“, sagte er, als eine der dunkel gefiederten Möwen aufs Deck herabstieß, um sich ihren Teil der Beute zu holen. Andy versuchte hinzusehen, aber die Szene ver-

schwamm vor seinen Augen. Als Jake sich umwandte, um Andys Lächeln zu beobachten, sah er, daß der Junge den Kopf an die Wand des Ruderhauses gelehnt hatte, ein halb aufgegessenes Marmeladenbrot in der Hand hielt – und fest eingeschlafen war.

ERST an seinem nächsten schulfreien Tag konnte Andy wieder eine Nacht auf der *Silver Crest* verbringen, und in jener Nacht hatte Jake allen Grund, dankbar für die Anwesenheit des Jungen und des Hundes zu sein. Sie waren an einem Donnerstag bei Morgengrauen ausgelaufen und steuerten auf einen Fischgrund zu, der einige Stunden vor Gaymal lag. Die See war grau und ruhelos und sandte Berge von Gischt über den Bug, während die *Silver Crest* sich ihren Weg durch die Wellen bahnte. Andy war froh, daß er jetzt seefest war und sich mühelos der Bewegung des Schiffes anpaßte. Kaum hatten sie den Fischgrund erreicht und die Netze ausgeworfen, da brach ein heftiger Sturm los, und sie mußten eilig die Netze wieder einholen und sich mit ihrem spärlichen Fang in den nächsten Hafen flüchten.

Wie immer, wenn sie in einem Hafen waren, begaben sich Jake und die Mannschaft sogleich in die nächste Kneipe. Andy und Strolch blieben allein auf dem Schiff zurück. Andy, müde von dem frühen Aufbruch, war bald fest eingeschlafen. Aber Strolch, der fremden Häfen immer mißtraute, zog es vor, an Deck zu bleiben. Jake kehrte als erster zurück. Als er die glitschigen Stufen des Piers hinunterstieg, sah Strolch, der sich schon ungeduldig auf eine stürmische Begrüßung freute, wie er ausglitt und neben der *Silver Crest* ins Wasser fiel.

Sogar im Hafen war das Meer stürmisch, und Jake, der nicht schwimmen konnte und überdies von seiner Ölkleidung und den schweren Wasserstiefeln behindert wurde, hätte kaum Überlebenschancen gehabt, wenn es ihm nicht gelungen wäre, sich an einen Fender zu klammern. Strolch sprang verzweifelt bellend an Deck umher und weckte damit Andy, der schlaftrunken aus dem Logis im Vorschiff heraufstolperte, um nach dem Rechten zu sehen. Strolch zeigte ihm die Stelle, wo Jake am Fender hing, und Andy legte sich hinter dem Dollbord flach auf den Boden und streckte Jake die Hand hin. Aber sein Arm war nicht lang genug, und während das Boot sich hob und die See hochging, war seine Hand quälende dreißig Zentimeter vom Fender entfernt. Als nächstes kroch er auf allen vieren übers Deck, um ein Tau zu suchen, aber der Strolch hatte sich für ein anderes

Vorgehen entschieden. Immer noch ungestüm bellend und ohne auf die Gefahr zu achten, die ein falsches Einschätzen der Entfernung mit sich gebracht hätte, sprang er vom Deck der *Silver Crest* auf ein anderes Schiff, wo sämtliche Besatzungsmitglieder auf das Bellen des Strolches hin an Deck kamen und fragten: „Was zum Teufel ist mit diesem verdammten Köter los?"

Zum Glück erkannten einige der Männer am Verhalten des Strolches, daß irgend etwas geschehen sein mußte, und als sie ihm zur *Silver Crest* folgten, sahen sie, wie Andy sich verzweifelt abmühte, Jakes Hand zu packen. Binnen weniger Minuten lag Jake warm, sicher und in Decken gehüllt in seiner Koje und wurde mit Whisky versorgt, um „dem Schnupfen vorzubeugen". Nachdem die andere Mannschaft auf ihr Schiff zurückgekehrt war, heizte Andy den Herd im Vorschiff an und kochte Kaffee. Er rührte Kondensmilch in heißes Wasser und goß eine große Portion dieser Mischung in den Napf des Strolches. Dann ging er zu Jakes Koje, zog die Decke von seinem Gesicht und deutete auf den heißen Kaffee.

Jake stützte sich auf den Ellbogen. „Nein, nein. Trotzdem vielen Dank, Junge", murmelte er verlegen.

Als Strolch die Stimme seines Käpt'ns hörte, trottete er herbei und stellte sich neben der Koje auf die Hinterbeine. Jake ließ die Finger durch das zottige Fell gleiten und sah Andy an. „Ihr seid zwei echte Freunde! Ohne euch wär ich verloren gewesen."

Am nächsten Morgen tobte der Sturm immer noch, und der Käpt'n und die Mannschaft schliefen sich aus. Andy schürte das Feuer im Herd, machte sich Frühstück und ging mit Strolch im Hafen spazieren. Bei seiner Rückkehr begegnete er der triefäugigen Mannschaft, die gerade an Land ging.

„Wir wollen uns ein bißchen die Läden ansehn", sagten die Männer zu Andy. „Kommst du mit?" Andy schüttelte den Kopf. Er wußte, daß Jake allein war, und wollte so schnell wie möglich zurück zum Schiff. Jake war aufgestanden und schenkte sich gerade heißen Tee ein. „Zurück von deinem Bummel?" begrüßte er Andy. „Willst du auch eine Tasse?" Andy holte seinen Becher aus dem Schrank und stellte den Napf des Strolches daneben. Jake füllte alle beide und schob Andy die Büchse mit der Kondensmilch hin.

„Das war eine dumme Geschichte gestern abend", gab er mit einem beschämten Lächeln zu. „Aber es hat mir gottlob nichts geschadet."

Jake bemerkte, daß Andys Augen fest auf ihm ruhten, und fragte sich, ob der Junge wohl erwartete, daß er sich noch einmal für seine Rettung bedankte. Während er noch nach den passenden Worten suchte, ging Andy zu seiner Koje und stöberte unter der Matratze. Schließlich brachte er eine vollgestopfte Mappe zum Vorschein, die er schüchtern vor Jake auf den Tisch legte. Jake öffnete sie behutsam und sah eine Anzahl Zeichnungen von der *Silver Crest*. Irgend etwas in Andys Haltung ließ ihn erkennen, was für eine Ehre dies für ihn bedeutete, und er war gerührt über das Vertrauen des Jungen.

„Diese Zeichnungen sind großartig", sagte er mit unbeholfener Bewunderung. Andy strahlte. Jake blickte auf. „Sie sind schön, Andy, wirklich wunderschön", bekräftigte er.

Immer noch strahlend schlüpfte Andy neben ihm in die Koje, und sie sahen sich die Zeichnungen gemeinsam an.

5

EIN weiteres Jahr verging. Während dieser Zeit kam Andys Vater dreimal auf Urlaub nach Hause, und jedesmal traf er seinen Sohn so glücklich und zufrieden an, daß er beruhigt auf sein Schiff zurückkehrte. Obgleich er Tante Sarah von seiner Scheidung, der Wiederheirat seiner Frau und ihrer Auswanderung nach Australien unterrichtet hatte, vermied er es, das Thema Andy gegenüber anzuschneiden, teils, weil er ihr seltenes Zusammensein nicht trüben wollte, teils, weil er hoffte, daß sein Schweigen Andy helfen würde, schneller zu vergessen.

Zu Anfang hatte Andy gewünscht, daß sein Vater ihm etwas über seine Mutter erzählen würde, aber es war jetzt schon so lange her, seit er sie zum letztenmal gesehen hatte, und sie hatte ihn so sehr zurückgewiesen, daß er nicht an sie denken wollte. Es gab in seinem Leben keinen Platz für Grübeleien. Er hatte die Schule, er hatte ein liebevolles Zuhause bei Onkel Ben und Tante Sarah, und er hatte den Strolch, Käpt'n Jake und die *Silver Crest*. Die Mannschaft des Schiffes hatte ihn mittlerweile als ihren Schiffsjungen akzeptiert, und er gesellte sich zu ihnen, sooft er konnte. Aber bis jetzt hatte er noch nie das Glück gehabt, an einer ihrer längeren Fahrten teilzunehmen, die mehrere Tage dauerten.

An einem Samstagmorgen kurz vor den Osterferien sagte Jake zu Andys großer Freude: „Wir haben vor, nächste Woche in einem andren Hafen anzulegen, also wird's vermutlich eine ziemlich lange Fahrt. Ich werd deinen Onkel Ben bitten, daß er dich mitkommen läßt."

Andys Erwiderung war ein strahlendes Lächeln, das jedoch jählings verschwand, als ihm einfiel, daß sein Vater nächste Woche auf Urlaub kommen sollte. Aber Andy wußte, daß ihn sein Vater verstehen würde. Er würde sicherlich nicht wollen, daß Andy diese Fahrt versäumte, sagte er sich, und im übrigen dauerte der Urlaub seines Vaters immer mindestens drei Wochen, also würden sie nach Andys Rückkehr noch reichlich Zeit haben, zusammen zu sein.

Mit den Osterferien kam in diesem Jahr kein Frühlingswetter. Nässe, Kälte und Graupelschauer setzten ein, als die *Silver Crest* am Montag bei Tagesanbruch aufs Meer hinausfuhr, und Andy war froh, sich mit dem Strolch zu Jake ins warme Ruderhaus flüchten zu können. Die Männer hatten einen schweren Kopf, und Jake war sich kläglich seines eigenen Katers und des stechenden Schmerzes in seinem Magen bewußt. Über das Ruderrad gekrümmt, blickte er finster auf das stürmisch bewegte Meer, während er auf den nebligen, grauen Horizont zu steuerte.

Der Koch hatte den Kopf vor dem Gischt und den Graupeln eingezogen, als er nach hinten kam. „Wollen Sie sich nicht ein Weilchen hinlegen, Käpt'n?" fragte er und griff nach dem Ruder.

„Ja, gute Idee", sagte Jake. „Mit dem Tag ist sowieso nicht viel los. Wie wär's, wenn wir zu deiner Insel Rhuna fahren? Du erzählst doch immer, wie windgeschützt sie ist. Wir könnten dort eine Zeitlang in der Bucht ankern, bis wir sehen, wie das Wetter sich macht. Du kannst uns selbst durch die Durchfahrt steuern."

„Jawohl, Käpt'n", erwiderte der Koch.

Jake wandte sich zu Andy. „Du solltest jetzt auch schlafen, mein Junge. Wenn wir heute nacht fischen, wirst du keine Gelegenheit dazu haben."

Andy ging gehorsam zu seiner Koje, legte sich hin und lauschte, wie das Schiff schwer in die Seen schlug, die Wogen rauschten und der Gischt spritzte.

Er erwachte von dem Lärm der Kette, die durch die Ankerklüse rasselte, als die *Silver Crest* in der Bucht von Rhuna vor Anker ging. Er schlüpfte rasch aus seiner Koje und ging an Deck, wo er fröstelnd im

Wind an der Reling stand. Die von zwei zerklüfteten Landzungen eingeschlossene Bucht von Rhuna war verhältnismäßig ruhig, obwohl die Wellen schäumend gegen die schwarzen Felsen schlugen und der Wind in einem hohen, drohenden Ton durch das Tauwerk des Schiffes pfiff. Andy sah die niedrigen, kleinen Farmhäuser aus grauem Stein, die dicht am Ufer standen, und dahinter, dort, wo das Land hügelig wurde, erkannte er kleine Gruppen von braunen und schwarzen Rindern, die auf der ockerfarbenen Weide grasten. Käpt'n Jake, der an Deck gekommen war, um das Auswerfen des Ankers zu überwachen, warf einen finsteren Blick auf den fahlen Himmel über den schweren, grauen Wolken, ehe er unter die Back zurückkehrte, wo er sich mit schmerzverzerrtem Gesicht in seine Koje warf.

Andy, dem die Seeluft Appetit gemacht hatte, setzte sich zu den anderen an den Tisch, um eine reichliche Mahlzeit mit Speck, Eiern und Würstchen zu sich zu nehmen. Als sie gerade damit fertig waren, hörten sie längsseits das Schaben eines Bootes, und das jüngste Besatzungsmitglied ging hinauf, um nachzusehen. Wenige Minuten später kehrte er mit zwei Männern mittleren Alters zurück, die in ihren besten Sonntagsstaat gekleidet waren. Der Koch erkannte sie sofort, und nachdem sie ein paar Sätze auf gälisch gewechselt hatten, übersetzte er: „Sie sagen, es gibt heut eine Hochzeit im Dorf. Angeblich ist's sogar ein Verwandter von mir."

Unter der übrigen Besatzung erhob sich ein fragendes Gemurmel. „Ja, und sie wollen uns einladen rüberzukommen, um ein Glas mit ihnen zu trinken und der Braut und dem Bräutigam zu gratulieren." Der Koch sah seine Kameraden erwartungsvoll an. „Wie wär's, Jungs? Nur für ein, zwei Stunden?"

Die Mannschaft hatte nichts dagegen, für ein Weilchen an Land zu gehen, und als sie Jake weckten, war er damit nicht nur einverstanden, sondern bestand auch darauf, daß sie Andy mitnahmen.

„Du könntest auch den Strolch mitnehmen, Andy", sagte Jake, der sich aus seiner Koje geschleppt hatte, um ihren Landgang zu beobachten. „Ein kleiner Spaziergang kann ihm nicht schaden."

Aber es geschah etwas Seltsames: Als der Augenblick gekommen war, wo Strolch ins Beiboot springen sollte, weigerte er sich, und sogar als Andy ihn zu überreden versuchte, indem er einladend auf den Sitz neben sich klopfte, gab er nicht nach. Andy bemerkte, daß ein leichtes Zittern durch den Körper des Hundes lief, und da er fürchtete, daß Strolch krank sein könnte, stand er auf, um wieder an Bord zu klettern. Aber das jüngste Besatzungsmitglied zog ihn zurück.

„Du kannst mit zur Hochzeitsfeier kommen, statt spazierenzugehen, Andy. Es wird dir Spaß machen", versicherte er. Andy blickte immer noch besorgt drein, aber inzwischen hatte das Boot abgelegt.

Jake war froh, allein zu sein. Eine Stunde Ruhe, dann würde er sich bestimmt wieder besser fühlen, sagte er sich. Der Anker lag gut, hier in der Bucht war die See einigermaßen ruhig, und auch wenn die Mannschaft an Land war, so würde sie doch die Augen offenhalten für den Fall, daß irgend etwas Unvorhergesehenes eintrat. Jake kehrte ins Logis zurück und ließ sich, halb betäubt vor Schmerzen, wieder in seine Koje sinken. Strolch, der das Beiboot beobachtet hatte, bis es sicher am Ufer gelandet war, folgte seinem Käpt'n ins Vorschiff und streckte sich in seiner Koje aus.

Einige Zeit später wurde Jake vom scharfen, hartnäckigen Gebell des Strolches geweckt. Er sprang hastig aus der Koje. „Was zum Teufel ist jetzt wieder los?" fragte er sich, als er an der Bewegung des Schiffes erkennen konnte, daß irgend etwas nicht stimmte. „Der verdammte Anker schlurrt über Grund", murmelte er bestürzt und stieg eilig an Deck, wo ihn ein tobender Schneesturm empfing.

Ganz nahe hörte er den Lärm der Brecher, vom Schnee gedämpft zwar, aber trotzdem viel zu laut. Das Schiff war fast am Ufer! Stolpernd und wankend eilte er nach hinten, um den Motor anzulassen. Wo, in Teufels Namen, war die Mannschaft? Wieso hatte sie den Witterungsumschlag nicht bemerkt? Sobald der Motor ruhig und gleichmäßig zu pochen begann, konnte er seine Gedanken dem nächsten Problem zuwenden. Der Anker! Jake wußte, daß jeder Versuch, ihn allein an Bord zu holen, sinnlos war, und so lief er nach vorn, um die Ankerkette zu slippen. Das war ein Verlust, für den die Mannschaft zahlen würde, sagte er sich grimmig, während er ins Ruderhaus zurücklief und die Maschine anwarf.

Er versuchte, durch das Schneegestöber hindurch nach dem Beiboot Ausschau zu halten, mit dem die Mannschaft zurückkehren mußte, aber der Schnee war undurchdringlich, und jenseits der Umrisse des Bootes war nichts zu erkennen. Behutsam steuerte Jake die *Silver Crest* auf den Eingang der Bucht zu. Hätte er es doch nur nicht dem Koch überlassen, sie durch die schmale Durchfahrt von Rhuna zu lotsen! Was hatte der Mann gesagt, worauf man achten mußte? Bruchstücke von Gesprächen in der Kajüte schossen ihm wirr durch den Kopf, und er erinnerte sich mit wachsender Panik an die Erwähnung zweier Felsen vor der Küste im Westen der Insel, die bei Flut unter Wasser lagen. Wie weit mußte er hinausfahren, um sie zu umgehen?

Um seiner Verzweiflung Luft zu machen, fluchte er jetzt laut, fluchte auf sich selbst, auf den Koch und den Schnee. Wie nahe war er am Eingang zur Bucht? Wann konnte er es wagen zu wenden? Allmählich wurde er sich der spürbar länger werdenden Wellen bewußt, und er stieß einen Seufzer der Erleichterung aus, denn er wußte, daß er sich dem offenen Meer näherte. Er entschloß sich, nach Westen zu halten, statt die gefährliche Durchfahrt zwischen Rhuna und dem Festland zu riskieren, steuerte er die *Silver Crest* direkt in die Brandung hinein und brachte den Motor auf Hochtouren, um gegen den immer heftiger tobenden Sturm anzukämpfen. Trotz der Kälte war sein Körper schweißbedeckt; seine Hände, die das Ruder umklammert hielten, zitterten, und er fluchte jetzt nicht mehr, sondern murmelte ein Gebet nach dem anderen, während sich das Schiff ächzend hob und senkte.

Als es auf die Felsen stieß, schleuderte der Aufprall Jake aufs Deck, während der Mast krachend durch das Dach des Ruderhauses stürzte. Jake spürte einen heftigen Schmerz am Kopf, wo das Blut aus einer klaffenden Wunde quoll. Einen Augenblick lag er benommen da, dann raffte er sich verzweifelt auf, um den Motor auf volle Fahrt zurück zu schalten. Die Schiffsschraube wirbelte nutzlos herum, und als die Brandung zurückwich, sah Jake, daß die *Silver Crest* mittschiffs zwischen zwei großen Felsfängen hing, die sie über dem Wasser hielten wie ein Priester die Monstranz. Jake stöhnte. Warum war er nicht weiter hinausgefahren, ehe er abdrehte? Wie hatte er sich in der Entfernung von der Küste so verschätzen können? Dieser verdammte Schnee! Sein Magen brannte vor Schmerz, und er preßte die Hände dagegen, während er sich aufs Deck erbrach.

Er wurde zu Boden geworfen, als ein weiterer riesiger Brecher über die Felsen stürzte, und dann war sich Jake nur noch des tosenden Wassers bewußt und des Kreischens seines Schiffes, als es kenterte und das Meer und die Felsen es zu zerreißen begannen.

Keuchend lag er auf dem geneigten Deck, und seine Hände hielten den Maststumpf umklammert, während die Erkenntnis, daß sein Boot verloren war, ebenso erbarmungslos in sein Bewußtsein drang wie die kalte See in seinen geschwächten Körper. Er erblickte wieder flüchtig die Felsen, die spitz aus dem brodelnden Wasser ragten; habgierige, mörderische Felsen. Ein Stöhnen entrang sich seiner Brust. Sie hatten sein Schiff, und jetzt wollten sie ihn. Ja, diese Felsen, sie wollten ihn. Der Gedanke hämmerte sich ihm mit zunehmender Gewißheit ein, und er dachte an seine Frau, die ihn nicht wollte, und an seinen Sohn, der ihn nicht brauchte.

Plötzlich erinnerte er sich an den Strolch. Wo war er? Konnte er noch unten im Vorschiff sein? Würgend und keuchend schleppte er sich, an den umgestürzten Mast geklammert, nach vorne und mußte sehen, daß das Wasser durch die Luke des Vorschiffs brach. Dann entdeckte er den Strolch.

Offenbar war der Hund aus dem Logis heraufgekommen und hatte versucht, zu ihm ins Ruderhaus zu gelangen, als der Mast umgestürzt war. Jetzt lag er dort, das Hinterteil unter den Trümmern begraben. Das Maul des Strolches war geöffnet; vielleicht jaulte er, aber bei dem Getöse der See konnte Jake nichts hören.

„Schon gut, Strolch", murmelte er. Schwer atmend kroch er auf Händen und Knien das Deck entlang, legte die Schulter unter den Mast und hob ihn mit der ganzen übriggebliebenen Kraft in die Höhe. Das genügte, um Strolch zu befreien, und der nächste Brecher tat ein übriges, indem er den Hund ins Wasser spülte. Erleichtert sah Jake, daß er noch schwimmen konnte. Vielleicht hatte Strolch eine Chance, lebend das Ufer zu erreichen. Aber im nächsten Augenblick bemerkte er, daß der Hund sich umdrehte und zu ihm zurückschwamm.

„Nein, Strolch! Nein!" schrie Jake mit heiserer Stimme. „Ans Ufer, Strolch! Befehl deines Käpt'ns!" Durch das dünner werdende Schneetreiben sah Jake flüchtig Land. Er übergab sich abermals, dann lösten sich seine Hände langsam vom Schiff.

IN RHUNA war unterdessen die Hochzeitsfeier in vollem Gange, und die Mannschaft, mitgerissen von der allgemeinen Fröhlichkeit, hatte die Zeit vergessen und nichts von dem drohenden Sturm bemerkt. Selbst Andy war so gefesselt von dem Spiel des alten Fiedlers, daß er vorübergehend seine Sorge um den Strolch vergaß. Er hatte ein paar Schneeflocken umherwirbeln sehen, aber das Haus, in dem sie zu Gast waren, lag geschützt hinter einem Hügel. Erst als es Zeit war, wieder an Bord zurückzukehren, und sie aus dem Schutz des Hügels traten, wurden sie sich der vollen Gewalt des Schneesturms bewußt. Und als sie zur Küste kamen, sahen sie zu ihrer Bestürzung, daß es bei der wütenden Brandung unmöglich sein würde, das Beiboot flottzumachen.

Andy konnte seine Besorgnis nicht verbergen. Aber die Mannschaft, die sich schuldig fühlte, weil sie nicht auf das Wetter geachtet hatte, versuchte sich einzureden, daß es keinen Grund zur Beunruhigung gebe. Bei ablaufendem Wasser werde es eine Möglichkeit geben, das Beiboot zu Wasser zu bringen, trösteten sie sich. Und dieser Schneesturm könne gewiß nicht lange anhalten; nicht bei dieser Stärke.

Sie nahmen die Gastfreundschaft eines kleinen Hauses in der Nähe des Ufers an, wo sie Tee tranken, rauchten, die Fingernägel kauten und auf die Fenster starrten, vor denen sich der Schnee aufzutürmen begann. Es war beinahe dunkel, als sich der Schneesturm legte und das Meer ruhig genug war, daß sie mit dem Boot hinausfahren konnten. Aber in der Bucht war keine *Silver Crest* zu sehen.

„Wahrscheinlich hat sich der Anker gelöst, und der Käpt'n hat's fürs beste gehalten rauszufahren", meinte das jüngste Besatzungsmitglied.

„Ja, das könnte stimmen", pflichtete der Koch ihm bei.

„Dann wird er bald zurückkommen, um uns zu holen", sagte der älteste, und sie scharten sich um das Beiboot, stampften mit den kalten Füßen, traten lustlos gegen die Kiesel, schlugen mit den Armen, rauchten, sprachen hin und wieder leise miteinander und starrten dabei die ganze Zeit auf die Bucht hinaus, als könnten sie dadurch die Lichter der *Silver Crest* an den Eingang zur Bucht zwingen. Der Wind legte sich und machte einer frostigen Stille Platz, der Vollmond stieg auf und ließ die dunklen Felsen vor dem schneebedeckten Halbrund der Bucht in silbrigem Glanz aufleuchten, und immer noch warteten die Männer am Ufer und weigerten sich, in die ihnen angebotene Wärme des Hauses zurückzukehren. Als es zu dämmern begann und sie immer noch keine Spur von dem Schiff entdecken konnten, gingen die Mannschaft und einige der Bauern zur Landspitze hinaus, um das Meer abzusuchen. Was sie dort draußen sahen, aufgespießt auf den zackigen Felsen, veranlaßte einige von ihnen, ins Dorf zu laufen, um Hilfe zu holen, während andere sich eilig daranmachten, die felsige Küste abzusuchen.

Als die Brandung den Strolch auf den schmalen Sandstreifen zwischen den Felsen von Rhuna schleuderte, hatte die Flut ihren Höchststand erreicht, und nachdem er sich außer Reichweite des Wassers geschleppt hatte, blieb er still liegen. Die ganze Nacht hindurch wartete er, ohne auf die tosende Brandung oder den Schmerz in seinem zermalmten Körper zu achten, auf den Frieden, von dem er wußte, daß er bald kommen würde.

Beim Morgengrauen hob er wie für einen letzten Blick den Kopf und sah knapp oberhalb des jetzt ruhigen Wassers seinen toten Käpt'n liegen. Er versuchte sich zu bewegen, grub die Pfoten in den Sand und kroch mühsam, von Zeit zu Zeit vor Schmerz erzitternd, zum Wasser hinunter, bis er neben Jake lag. Als er die Schnauze unter die kalte Hand schob, die ihn so oft rauh liebkost hatte, hob und senkte sich sein Schwanz ein einziges Mal, und er atmete in einem letzten, langen Stöhnen aus.

Der Mann und der Hund lagen immer noch nebeneinander, als der Suchtrupp sie fand. Die Männer schoben den Körper des Strolches behutsam zur Seite, dann hoben sie Jake auf eine behelfsmäßige Bahre und trugen ihn fort. Wenige Augenblicke später kam Andy in Begleitung seines Vaters, der bei seiner Ankunft in Gaymal von dem Unglück gehört und sich vom ersten Schiff nach Rhuna hatte mitnehmen lassen, dorthin, wo der Strolch lag. Andys Vater ließ den Jungen allein zum Ufer hinunterlaufen, und er sah, wie Andy sich bückte und die Hand zärtlich auf den feuchten Körper des Hundes legte. Dann sah er ihn zu der Stelle gehen, wo der zerschmetterte Bug der *Silver Crest* an Land gespült worden war; sah ihn mit der Hand über den gewölbten Vordersteven streichen, so, als ob er den Hals eines Lieblingspferdes streichelte; sah ihn zum Strolch zurückkehren und sich neben ihn in den Sand knien.

Dann wandte er sich ab, um nicht Zeuge des Schmerzes zu werden, der seinen Sohn jetzt überfiel, und während er sich hinter einen Felsen kauerte, blickte er hinauf zu den Möwen, die niedrig über der Küste kreisten, und lauschte auf das glucksende Gemurmel eines dunklen Möwenpaares und die lauten, krächzenden Schreie der Silbermöwen. Plötzlich glaubte er, jemanden rufen zu hören. Er stand auf und hielt nach dem Rufer Ausschau. Der Ruf schien vom Ufer zu kommen, aber er wußte, daß nur Andy dort unten war. Andy und ein toter Hund. Er lauschte gespannt. Der Ruf kam eindeutig vom Ufer.

„Nein! Nein!" ertönte es immer wieder, und während Andy den herabstoßenden Möwen mit der Faust drohte, formte sein Mund das Wort „nein", und der Ton kam zweifellos von ihm.

Der Vater stand ungläubig staunend da, während er beobachtete, wie Andy einen Strick aus der Tasche holte, ein Ende um einen Stein und das andere um den Hals des Strolches band. Er sah ihn den Hund ins Wasser zerren, und da er Angst hatte, daß dem Jungen etwas passieren könnte, lief er, aufgeregt „Andy! Andy!" rufend, zum Ufer hinunter.

Aber Andy schenkte ihm keine Beachtung. Er wußte, daß er seinem Freund diesen letzten Dienst erweisen mußte. Er durfte nicht zulassen, daß sich die feindlichen Möwen über den armen toten Körper hermachten, der sich nicht mehr verteidigen konnte. Er mußte den Strolch in tiefes Wasser bringen, wo er außer Reichweite der Möwen war und wo der Stein dafür sorgen würde, daß die nächste Strömung ihn ins Meer hinaustrug. Als sein Vater durch das knietiefe Wasser auf ihn zukam, ließ er den Strolch los. Er griff nach der Hand, die sein Vater ihm hinhielt.

„Andy!" sagte sein Vater voller Freude, während sie ans Ufer wateten. „Du hast gesprochen. Wußtest du das?"

Andy griff sich an den Hals. „Nein!" sagte er, aber er beantwortete damit nicht die Frage seines Vaters, sondern rief es immer noch den Möwen zu.

„Und jetzt hast du wieder gesprochen, ganz bestimmt", beharrte sein Vater.

„Ja", sagte Andy versuchsweise, und als er jetzt zum erstenmal bewußt den Ton seiner Stimme vernahm, sagte er ein ums andre Mal ja und nein, während er und sein Vater zusammen den Hang hinaufstiegen und den Rückweg über das verschneite Moor antraten.

Lillian Beckwith

Kurz nach Ausbruch des Zweiten Weltkrieges suchte Lillian Beckwith einen ruhigen Ort, wo sie sich von einer Krankheit erholen konnte, und sie beschloß, auf die Inselgruppe der Hebriden vor der Küste Schottlands zu reisen. Daraus wurde ein Besuch, der sich über fast zwanzig Jahre erstreckte und der es ihr ermöglichte, ihre lebenslange Sehnsucht nach einer „Rückkehr zur Natur“ zu befriedigen.

Miß Beckwith ließ sich auf einer der kleineren Inseln nieder und wurde Bäuerin – eine kleine Pachtbäuerin. Wenn sie heute daran zurückdenkt, erzählt sie: „Es wurde mir nicht leichtgemacht. Wenn ich mich im Frühjahr davor drückte, Torf zu stechen, mußte ich im Winter frieren. Der Boden war so unergiebig, daß die Bauern kaum einmal einen Überschuß erzielten, den sie dann nach Belieben hätten verwenden können. Wenn ich in der ersten Zeit naiv fragte, ob ich ein paar von ihren Produkten kaufen könnte, gaben sie mir widerspruchslos reichliche Mengen Torf, Heu und Kartoffeln – und dann weigerten sie sich, Geld anzunehmen. Das war ihre Art, mit unwissenden Fremden umzugehen, und sie konnten ganz sicher sein, daß ich nicht die Frechheit besitzen würde, noch einmal um etwas zu bitten.“

Obgleich das Leben auf den Hebriden schwer war, gab es doch vieles, was Lillian Beckwith für die Unbequemlichkeiten entschädigte: die unvorstellbar schöne Landschaft und die große Genugtuung, sich das Leben hier einteilen zu können, wie man Lust hatte. Im Lauf der Jahre lernte Miß Beckwith auch Fischer kennen, wie sie dem Leser in dieser Erzählung begegnet sind. Heute ist sie davon überzeugt, daß die Einsamkeit bei ihrem Entschluß, Geschichten zu schreiben, eine große Rolle gespielt hat. Denn manchmal gab es auf der einsamen Insel einfach niemanden, mit dem man reden konnte, und dann mußte man niederschreiben, was man sagen wollte. 1961 heiratete Lillian Beckwith den Künstler Edward Comber. Das Ehepaar zog auf die weniger abgelegene, aber nicht weniger bezaubernde Isle of Man. Dort wohnen sie in einem Haus, das so nah wie möglich ans Meer gebaut wurde. Die Autorin arbeitet zur Zeit an einem Kochbuch und an einer weiteren Erzählung über die Hebriden und ihre Bewohner, an die sie sich noch immer mit Zuneigung und Dankbarkeit erinnert.

Lotos und Asche

Eine Kurzfassung des Buches von
WERNER JÖRG LÜDDECKE
Illustrationen von
MAURICE KENNEL

Rotterdam 1883. Mien Versteegh, eine resolute, wenn auch nicht ganz unbescholtene Wirtstochter, will ihrem grauen Alltagseinerlei entfliehen und antwortet auf das Heiratsinserat des Pflanzers Hendrik Potter, der in der Nähe von Batavia zu Reichtum gekommen ist. Rasch kommt man sich brieflich näher, und schließlich macht sich Mien an Bord der Amstelveld *auf den Weg nach Indonesien.*

Schon in Singapur beginnen die Schwierigkeiten. Das Schiff entgeht nur knapp einer Havarie, die Passagiere müssen auf die verschlampte Prins Maurits *umsteigen; hier entladen sich die Spannungen zwischen Kapitän, Reeder und Mannschaft in einer Meuterei, als man auf den Schoner* Loana *trifft, der nicht nur die schöne Kapitänin Lynn McLoy an Bord hat, sondern auch die Pest . . .*

1. Kapitel

Der Kautschukpflanzer Hendrik Potter saß auf der Veranda seines Bungalows und fürchtete sich.

Es war Nacht, und es war die Stunde der Angst. Immer kam sie, wenn in den Kampongs der eingeborenen Kontraktarbeiter die Lampen erloschen und die Gamelans verstummten. Dann erwachte Rimbu, der Urwald. Dann kroch die Einsamkeit hervor aus den Teakholzpflanzungen und den Gummibaumwäldern, schlich über das taufeuchte Gras und über die morsche Stiege, wand sich an ihm empor, nistete sich ein in seinem kranken Herzen und war für Stunden durch nichts zu vertreiben. Nicht durch den goldgelben Whisky, nicht durch das kreischende Geräusch seines Grammophons, nicht durch endlose Selbstgespräche, in denen der Mann sich Mut zusprach, sich versprach, alles zu ändern, heimzukehren nach Holland zu den alten Freunden, zu den blanken Häusern, dem Geruch von Salzwasser, zum dröhnenden Gesang der Männer, der mit einer Wolke von Tabakdunst und Groggeruch zu verräucherten Decken aufstieg. Und Hendrik Potter dachte: Ich bin ja kein alter, kranker Mann, verdammt noch mal. Ich bin dreiundfünfzig, ein bißchen versoffen, habe es an der Leber. Schön. Aber ich habe einen Haufen Geld, und eines Tages verlasse ich diese Hölle, besteige ein Schiff und fahre mit einem Sack voll Geld ins Paradies. Da kuriere ich mich aus, setze mir einen steifen Hut auf, ziehe einen Gehrock an und trete unter die Leute. Und ich sage: Dies hier ist Hendrik Potter, den man vor dreißig Jahren von hier vertrieben hat um eines läppischen Guldens willen, der in der Kasse des Kaufmanns Broyker fehlte. Kommt, setzt euch an meinen Tisch und eßt und trinkt, bis ihr platzt. Ich verzeihe euch. Ihr seid meine Freunde.

Dieses und ähnliches sagte Potter immer und immer wieder. Er sagte es leise oder schrie es in die Dunkelheit. Dann lachte Rimbu, der Urwald, mit tausend Stimmen. Mit den Stimmen der Nachtvögel und dem Kreischen der Affen, mit dem Brüllen des Tigers tief drinnen im Dschungel, mit dem Pfeifen der Fliegenden Hunde. Denn Rimbu

wußte, wie das ausgehen würde mit dem einsamen Mann; er hatte schon ganz andere Kerle verschlungen, ehe sie sich auf den Heimweg machen konnten, er hatte da so seine Mittelchen. Das Fieber und die Moskitos, die alles durchdringende Feuchtigkeit, den Geruch von Moder und Tod. Und vor allem – die Angst! Angst brachte die Leute um.

Wenn man Hendrik Potter gefragt hätte, wovor er sich denn eigentlich fürchte, wo er doch ein Gewehr neben sich stehen hatte, einen tüchtigen und zuverlässigen Mandur drüben in seinem Pondok und zweihundert gehorsame Kontraktarbeiter, er hätte es nicht zu sagen gewußt. Er hätte antworten müssen: „Eben so. Ich fürchte mich. Basta.“

Auch in dieser Nacht fürchtete er sich. Er lauschte auf die Geräusche ringsum, die ihm seit so vielen Jahren bekannt waren und eigentlich keine Feindseligkeit und Gefahr bedeuteten. Und er tastete nach seinem Gewehr, von dem er nicht einmal wußte, ob es geladen war. Er goß sich noch einen Whisky ein und kippte ihn hinunter. Man mußte den Whisky immer sofort trinken, sonst schwammen eine Menge von den kleinen, roten Ameisen drin. Der Whisky war eine gute Sache, denn in ihm ersoffen nicht nur die Ameisen, in ihm ertrank so nach und nach auch die Angst und wich der Gleichgültigkeit.

Dann war der Zustand erreicht, in dem der Pflanzer Hendrik Potter mit seinem Feind, dem Pflanzer Pedro Garcia, sprach.

Pedros Haus stand direkt gegenüber auf der anderen Seite der

Straße. Es war dem Verfall preisgegeben, denn Pedro war tot. Er war etwa vor zehn Monaten am Fieber gestorben. Potter hatte ihn noch in seinem klapprigen Transportwagen zur Station bringen wollen. Auf halbem Weg, nach einer Fahrt von anderthalb Tagen, starb der Portugiese, ohne das Bewußtsein wiedererlangt zu haben. Aus purer Gehässigkeit, wie Potter vermutete.

Die beiden hatten sich auf eine höchst ungewöhnliche Art gehaßt. Am Tag verrichteten sie ihre Arbeit, und keiner kümmerte sich um den anderen. Hendrik hatte seine Gummibäume und Pedro die Djattipflanzung, das Teakholz. Geschäftlich kamen sie sich nicht in die Quere. Es gab eigentlich nicht den geringsten Grund zum Streiten. Doch bei Einbruch der Dämmerung, wenn die Kontraktkulis in die Kampongs zurückgekehrt waren, setzten sie sich in Sichtweite gegenüber, ein jeder auf die Veranda seines Bungalows, und begannen, sich zu beschimpfen und zu bedrohen. Sie machten sich über des anderen Arbeit lustig, jubelten über den kleinsten Mißerfolg, tranken auf des Feindes Niederlagen, den Fehlschuß auf ein Stück Wild etwa oder den Verlust von ein paar Hühnern durch den Roten Ulang, den Hühnergeier.

Niemand von beiden kannte den Ursprung der Feindschaft. Sie war einfach da, und zwar von dem Tage an, als sie sich zum ersten Mal trafen. Sie gaben sich die Hand, sahen sich an und konnten einander nicht ausstehen.

Pedro Garcia war ein hoch aufgeschossener, dünner Mann mit ergrautem Schnurrbart und schwarzen Augen. Er sang viel. Auch das brachte Potter in Wut. Aber Pedro war eigentlich ein fröhlicher Mann, in seinen Flüchen und Drohungen lag immer ein wenig Spott und Schalk, und er hatte flink eine witzige und bissige Antwort zur Hand. Potter hingegen war schwerfällig und verlor so manches Gefecht, das über die schäbigste aller Gouvernementsstraßen hinwegtobte. Da war zum Beispiel Potters Angewohnheit, auf Schritt und Tritt sein Gewehr mit sich herumzuschleppen. Da war die Tatsache, daß Karimu, die Njai des Kautschukpflanzers, mit im Haus wohnte, während Garcia seine Haushälterin im Kampong untergebracht hatte. Da war die verwerfliche Angewohnheit Hendrik Potters, nach Sonnenuntergang in aller Öffentlichkeit, nämlich auf seiner Veranda auf einem wackeligen Rotangstuhl hockend, zu saufen. Auch der Portugiese trank, aber er tat es nur im Innern seines Hauses, und es ärgerte Potter stets mächtig, wenn der Mann gegenüber aufstand und ins Haus ging, um sich dort einen zu genehmigen. Dann hatte er für einige Zeit nichts zu tun, mußte warten, bis der Feind wieder auf dem Kampfplatz erschien. Dennoch war es für ihn, und wohl auch für den Portugiesen, das einzige Vergnügen; keiner von ihnen hätte es missen mögen, und sie waren dem Zufall dankbar, der sie hier inmitten des Dschungels von Krawang zusammengeführt hatte. Und am Heiligen Abend, da zogen die beiden Männer ihre besten Kleider an und beschenkten sich bei einer guten Flasche Wein und einem Braten mit allerlei Dingen, die sie in Heimlichkeit und mit viel Liebe und Sorgfalt ausgesucht hatten. Doch danach brach der alte Streit erneut aus; da hockten sie auf ihren Veranden, und wenn man sie hörte, hätte man glauben müssen, daß es in Kürze ein böses Ende nehmen würde.

Aber es ging acht Jahre gut. Dann erwischte den Portugiesen das Fieber, und alle Mittel, die Potter ihm verabfolgte, und alle Künste des Mandurs, der sich mit dem Fieber auskannte, halfen nichts. Auf dem Transport nach Batavia starb der Mann. Der Leutnant Jobst Tigges, der an diesem Tag mit einer Patrouille unterwegs war, fand die beiden in dem Wagen, der im Schlamm steckengeblieben war. Er berichtete später in Batavia: „Der Portugiese war tot. Der andere, der Pflanzer Potter, saß neben ihm und weinte. Vielleicht war er ein bißchen mit den Nerven kaputt. Ist ja nicht jedermanns Sache, allein im Dschungel neben einem Toten zu hocken."

Nach dem Tod des Pflanzers Pedro Garcia begann sich Rimbu, der Urwald, seines Hauses zu bemächtigen. Die Schmarotzerpflanzen drangen ein, die Ameisen bahnten sich ihre Straßen hindurch, die Fliegenden Hunde wohnten unter dem Dach, die Ratten pfiffen unter den Dielen. Hendrik Potter aber setzte keinen Fuß über die Schwelle.

In der ersten Zeit saß er stumm auf seiner Veranda und trank unaufhörlich. Dann nahm er langsam seine alte Gewohnheit wieder auf. Er begann in die Dunkelheit hinein zu höhnen und zu schimpfen. Die Eingeborenen hörten es von ferne, und sie tauschten ihre Ansichten über diesen merkwürdigen Tuwan aus. Kein Zweifel, die Geister saßen in ihm. Später gewöhnten sie sich an den nächtlichen Lärm. Sicher kamen die Geister erst bei Anbruch der Nacht. Denn solange die Sonne über der Plantage stand, war der Tuwan Potter ein Mann, mit dem es sich auskommen ließ. Er schlug niemanden, und er forderte keine Wucherpreise für die Waren, die er den Leuten verkaufte.

Mit den ersten Sonnenstrahlen erhob sich Hendrik Potter von seinem Lager. Er konnte noch so viel getrunken haben, zur Arbeit war er stets der erste, und die vergangene Nacht war spurlos an ihm vorübergegangen.

Er wusch und rasierte sich sorgfältig, frühstückte und besprach mit Yussuf, dem Mandur, die Tagesarbeit. Die Näpfe unter mehr als zweihundert Gummibäumen mußten an diesem Tag geleert, gereinigt und wieder unter den Blechröhren befestigt werden. Dann sollte ein kleines Kommando nach Djuk, an die Küste, um Trockenfisch und Bohnen zu kaufen. Die beiden Tigerfallen mußten kontrolliert werden. Das übernahm Hendrik Potter selbst. Zwei eingeborene Jäger begleiteten ihn.

Sie überquerten die Sisalpflanzung des Dorfes und drangen auf einem kaum erkennbaren Pfad in den Dschungel ein.

Es war ein ziemlich mühseliger Weg. Was man in der einen Woche mit dem scharfen Tjankol abgehauen hatte, wuchs unter tropischen Regengüssen in der nächsten Woche wieder nach. Die Luft war stickig und feucht. Mitunter, wenn man durch die Baumkronen ein Stückchen vom Himmel sehen konnte, zeigte sich hinter Monsunwolken eine fahle Sonnenscheibe.

Potters Hemd war schweißnaß, und auf seiner geröteten Haut sammelten sich immer wieder Scharen von bösartigen Insekten, deren Stiche unangenehme Schwellungen, Juckreiz oder gar die Malaria bringen konnten. Wie ein großer, trauriger Faun hockte er auf dem niedrigen Pferd, sein Buschhemd wölbte sich über dem umfangreichen Bauch. Wahrlich, Hendrik Potter war keine Attraktion, wenn er auch noch weit entfernt davon war, das zu werden, was man im pazifischen Raum *gone native* nannte. Verniggert. Die Küsten zwischen Madras und Ujung Pandang waren voll von Beispielen, was aus dem Traum vom Reichtum unter dem Kreuz des Südens werden kann, wenn man nicht jung und gesund, fleißig und sparsam und womöglich noch mit guten Verbindungen gesegnet war. So mancher heimatferne Sohn lebte hier von den Almosen belästigter Rassegenossen. *Gone native.* Nein, so weit war es nicht gekommen mit dem Kautschukpflanzer Hendrik Potter. Er war ein wohlhabender, ja sogar ein reicher Mann. Im Safe der kleinen Privatbank des Chinesen Tang Chia Ti in Singapore lagen zwei Beutel mit Edelsteinen und Perlen, dazu viele Barren Feingold. Sein Bankkonto wies einige Stellen vor dem Komma aus, und die Leute in der Hauptstadt zogen den Hut mit Achtung vor ihm.

„Wir sind da, Tuwan."

Hendrik Potter stieg ächzend vom Pferd, nahm das Gewehr aus dem Sattelhalfter und näherte sich vorsichtig der Grube, deren Abdeckung aus Palmenblättern und Zweigen zerstört war.

„Kein Tiger", sagte der eine Jäger.

Mit dem Lauf seines 10,5-mm-Rigby schob Potter die restlichen Blätter und Zweige beiseite und blickte in die Tiefe. Es war ein Tapir verendet. Vier der geschliffenen Bambusstangen hatten seinen schweren Körper durchbohrt.

Der Pflanzer wischte sich den Schweiß vom Nacken. Schön, eben kein Tiger, sondern ein Tapir. Es war ihm gleichgültig. Er sicherte sein Gewehr und trat zu seinem Pferd.

„Ihr könnt den Tapir haben", sagte er. „Verteilt ihn unter eure Familien und Freunde."

Die beiden Jäger verbeugten sich dankbar. Sie wußten das Geschenk zu schätzen. Ein Tapir hatte schmackhaftes Fleisch und war ein guter Grund, ein Fest zu feiern. Sie brachen auf zur nächsten Falle, die unberührt war.

Potter zuckte mit den Achseln. „Dann ein anderes Mal."

Sie machten sich auf den Heimweg.

Am Nachmittag bekam Potter überraschend Besuch. Leutnant Tigges kam mit einer Patrouille von einem Dutzend ambonesischen Soldaten und einem holländischen Sergeanten durch den Matsch der kleinen Gouvernementsstraße getrottet. Potter hatte ihn nicht mehr gesehen seit dem Tag, da er ihn und den toten Pedro Garcia nach Batavia geleitet hatte. Potter, bemüht, mit seinen klobigen, ungeschickten Fingern das Hemd über der breiten Brust mit dem rötlichen Haarflaum zuzuknöpfen, rief erstaunt: „Hallo Leutnant! Das ist aber eine Überraschung! Wie kommen Sie, ein zivilisierter Mann, in diese verdammte Hölle?"

Der Offizier stieg vom Pferd und warf einem Soldaten den Zügel zu. „Nicht freiwillig, Mijnheer Potter. Dienst! Routinepatrouille. Und da ich gerade in der Nähe war . . ."

Etwas steifbeinig erklomm er die wackeligen Stufen der Veranda, die beiden Männer schüttelten sich die Hand. Der eine erfreut, bei einem hoffentlich kühlen Getränk eine Rast machen zu können, der andere über die Möglichkeit eines Gesprächs, in dem er ein paar Neuigkeiten aus der Hauptstadt erfahren konnte.

Sie gingen ins Innere des Hauses, wo es zu dieser Tageszeit angenehm kühl war, und ließen sich in die billigen Rotangstühle fallen. Der Leutnant betrachtete die Einrichtung des Raumes mit verwundertem Blick. Das war alles schäbig, morsch, ein geschmackloser Mischmasch von europäischer und malaiischer Wohnkultur. Eine Menge Bücher, gewiß. Aber der Teppich war nur noch ein Fetzen, das Geschirr in den Regalen zum größten Teil angeschlagen, das lederne Sofa streckte seine Stahlspiralen wie hängende Gedärme den morschen Dielen entgegen, und der Ventilator stand unbeweglich mit gebrochenen Schwingen. „Hübsch haben Sie es hier. Gemütlich."

„Es geht so. Für einen alten Mann, der allein lebt, reicht es. Ich bin ja meist auf der Plantage, und am Abend, wenn ich nach Hause komme, falle ich todmüde ins Bett."

„Kann ich mir denken. Aber dafür haben Sie keinen Vorgesetzten."

Die Njai kam und brachte ein kühles Getränk aus Rum und Früchten. Sie tranken und zündeten sich Zigarillos an. „Wie sieht es aus in Batavia? War Monate nicht mehr dort. Zuviel Arbeit."

„Verstehe. Tja, Batavia. Der Gouverneur hat es mit der Leber. Und Ernest Dorman ist tot. Sie kannten Dorman?"

„Ja, er schuldete mir Geld."

Der Leutnant lachte amüsiert. „Ihr Pech. Sie werden von der Witwe nicht einen Gulden bekommen. Man ist schon dabei, ihr das Bett unter dem Allerwertesten wegzupfänden."

„Kann ich mir denken. Hören Sie, Leutnant, würden Sie Helen Dorman einen Scheck von mir überbringen? Sie wird nach Hause wollen, nach Leyden. Sie hat die Kolonien immer gehaßt."

„Das ist verdammt anständig von Ihnen, Potter."

„Nicht der Rede wert. Woran ist Dorman eigentlich gestorben?"

„Ich denke, an Heimweh. Und an den Tropen. Er war ja nicht mehr der Jüngste."

„Nein. Er war ein Jahr jünger als ich."

„So habe ich das nicht gemeint, wollte Ihnen nicht zu nahe treten. Und außerdem, Sie mit Ihrer Konstitution! Und immer an der frischen Luft, immer Bewegung. Das macht viel aus."

„Ja", sagte Potter. „Das macht viel aus."

Sie sprachen noch über dieses und jenes, ohne daß einer dem anderen mit besonderem Interesse zugehört hätte. Sie waren beide müde, und so war es dem Leutnant nicht unangenehm, als der Pflanzer ihn zum Übernachten aufforderte.

„Ihre Leute können im Kopraschuppen drüben übernachten, er ist leer. Und für Sie und den Sergeanten ist im Haus Platz genug." Leutnant Tigges nahm mit Dank an.

Draußen begann es bereits zu dämmern. Es wurde etwas kühler, und sie übersiedelten auf die Veranda. Die Njai brachte ihnen kaltes Huhn, Gemüse, Früchte und Wein.

„Ich könnte hier nicht leben", sagte Leutnant Tigges.

„Ich kann es auch nicht."

„Und warum gehen Sie nicht weg? Sie könnten in Amsterdam leben, in London, Paris, Berlin. Oder zumindest in Singapore oder Batavia."

„Singapore ist ein elendes Kaff, und Batavia ist das Vorzimmer zu dieser Hölle."

„Warum heiraten Sie eigentlich nicht, Mijnheer Potter? Eine Frau im Haus tut Wunder!"

„Wer würde mich noch nehmen? Soll ich vielleicht die Njai heiraten oder eine Babu aus der Hauptstadt? Eine Menge Holländer hier auf Java haben eingeborene Frauen genommen. Da wird nie etwas draus; es sind zwei Welten. Da ist viel Berechnung und auch viel Unterwürfigkeit und Haß."

„Ich dachte mehr an eine Europäerin. Der Agent von der ‚Nederlandse Handelmaatschappij', Terjong, hat sich jetzt eine Frau aus Den Haag herüberkommen lassen. Hübsch, lustig, witzig, eine echte Bereicherung für die Kolonie."

„Ich war ein paar Dutzend Jahre nicht in Holland."

„Terjong auch nicht. Er hat ein Inserat in der Zeitung aufgegeben." Hendrik Potter staunte. „So etwas gibt es?"

„Klar. Man inseriert, dann schreibt man sich, dann schickt man ein Schiffsticket."

„Eine verrückte Welt ist das!"

„Natürlich kann man auch hereinfallen. Aber da sind ja auch die Briefe, vielleicht eine Fotografie. Und wenn es wirklich schiefgeht, ist es mehr eine Frage des Geldes."

„Ich habe in meinem Leben noch nie ein Inserat aufgegeben."

„Das ist kein Kunststück. Soll ich es für Sie machen? Lassen Sie mich nachdenken. Vielleicht: Wohlhabender Pflanzer auf Java sucht Lebensgefährtin. Lebe allein in einem Paradies."

„Paradies? Sie stammen wohl aus einer Familie von Roßtäuschern?"

„Wollen Sie vielleicht schreiben: Wer teilt mein elendes Leben mitten in der Hölle des javanischen Dschungels? Nein, was Hübsches sollte es schon sein. Haben Sie Schreibzeug zur Hand?"

„Ich sage ja, Sie sind verrückt."

„Seien Sie kein Frosch, Potter. Was kann Ihnen schon passieren? Sie bekommen ein paar Briefe aus Europa, das ist immer lustig. Und wenn Sie dann keine Lust haben zu antworten, schmeißen Sie den Krempel einfach weg."

Potter dachte: Ein paar Briefe aus Europa, das wäre schön. Er konnte sich nicht mehr entsinnen, wann er die letzte private Post von drüben bekommen hatte. „Ich werde es mir überlegen", sagte er.

Sie tranken noch eine Flasche und eine zweite. Dann gingen Tigges und die Soldaten schlafen. Potter saß noch lange auf der Veranda.

Der Mond kroch über den Wipfeln der Bäume empor. Ein fetter, gelber Mond, eine polierte Apfelsine, dreist und aufdringlich hell. Potter betrachtete ihn eine Weile feindselig.

Er wagte nicht, lauthals mit Garcia zu streiten. Er wollte nicht, daß man sich in den Clubs in Batavia erzählte, der Kautschukpflanzer Hendrik Potter sei verrückt geworden, er streite nachts mit den Toten. Er ging schließlich schlafen, als er spürte, daß der Alkohol langsam die Oberhand gewann.

Am anderen Morgen, noch ehe es so recht hell war, sattelten die Soldaten ihre Pferde. Der Leutnant bedankte sich für die Gastfreundschaft und steckte den Scheck für die Witwe Dormans zu sich. Er warf einen flüchtigen Blick auf die Summe, über die er ausgestellt war, und unterdrückte einen kleinen Hochachtungspfiff. „Wird pünktlich erledigt, Mijnheer Potter. Und nochmals vielen Dank."

„Keine Ursache. Also, bis zum nächsten Mal, freue mich immer, wenn mal Besuch kommt. Ach, was ich noch sagen wollte, wenn es Ihnen Spaß macht, können Sie ja mal so ein Inserat für mich aufsetzen und nach Amsterdam oder irgendwohin schicken. Nur so zum Spaß. Ich zahle Ihnen die Auslagen, wenn ich das nächste Mal in Batavia bin."

HAN VERSTEEGH saß auf der Bank vor dem Fenster mit den bunten, bleigefaßten Butzenscheiben, die Brille auf der knolligen, geröteten Nase, und blätterte hastig und nervös in der Zeitung. Es war früher Nachmittag. Draußen schien die Sonne. Milchig, bleich und mißmutig, als sei sie es leid, gleichermaßen für Gerechte und Ungerechte der Stadt Rotterdam zu scheinen. Es war um diese Stunde ziemlich still in den Straßen. Nur vom Hafen herüber hörte man zuweilen das Kläffen der Schlepper oder das Heulen eines großen Dampfers, der sein Wegerecht forderte.

Han murmelte: „Ich hab's doch vorhin noch gesehen! Mit meinen eigenen Augen habe ich es gesehen und gedacht, Han, das wird deine Tochter interessieren." Er schob die Brille hoch und blickte hinüber zu Mien. Die aber kümmerte sich nicht um ihn, hauchte die Gläser an und rieb und rubbelte, bis sie jenen schönen Glanz hatten, auf den in einer Hafenkneipe ohnehin niemand achtete.

„War nämlich ein Inserat", sagte Han. „Und weil die Zeitung ja erst gestern in Amsterdam gedruckt ist, meine ich, wenn eine bestimmte Person sich für diese Sache interessiert, käme sie noch zurecht mit einem Brief."

„Inserate sind meistens Schwindel", sagte Mien. „Bietet da einer einen Posten Sisalhanf erster Wahl an, und was ist es? Verrottetes Zeug."

„Mag sein. So etwas kommt vor. Aber wenn da einer sich selbst anbietet? Der kann ja die Ware nicht mit einem Boten ins Haus schicken, der muß schon selbst dabeisein."

Mien Versteegh ließ das Glas, das sie in ihren geröteten, abgearbeiteten Händen hielt, in die wassergefüllte Zinkwanne plumpsen und blickte den Alten zornig an. „So sieht das also aus! Willst mich mal wieder verkuppeln! Hätte ich mir denken können. Immer dasselbe."

Es war der alte Streit zwischen ihnen. Han Versteegh wollte seine Tochter an den Mann bringen, um in der Gastwirtschaft Hoekplaats nach Belieben schalten und walten zu können, und Mien ihrerseits wußte nur zu gut, daß der Vater, ehe ein Jahr um war, das Unternehmen unter den Hammer und sich selbst ins Armenhaus bringen würde, wenn sie ihren Platz hinter der Tonbank aufgeben würde.

Han Versteegh war siebzig Jahre alt, aber noch bei bester Gesundheit und mit einem prächtigen Durst gesegnet. Er war gewissermaßen einer seiner besten Gäste. Und Mien hatte so ihre Erfahrungen mit

Männern. Dreimal war sie einem versprochen gewesen. Der erste, ein Schiffszimmermann, überlebte seine erste Reise um Kap Hoorn nicht. Ein Brecher wischte ihn von der Poop. Der nächste war Verkäufer von Posamentierwaren gewesen, ein Mann der geschickten Rede, der immer gut nach Parfum roch. Aber kurz vor der Hochzeit lieh er sich von Han Versteegh dreihundert Gulden und änderte dann seine Verkaufsroute. Der dritte schließlich war ein Mann so ganz nach ihrem Herzen, groß und blond mit hellen Augen. Er war fleißig und ein guter Seemann, der jeden Pfennig zurücklegte. Später einmal wollte er sich eine Barkasse kaufen und an Land bleiben. Aber eines Tages erschien seine Frau im Hoekplaats und pochte auf Recht und Gesetz.

Nach diesen Kostproben hatte Mien die Nase gründlich voll. Sie nahm sich in Zukunft, was sie so an Mann brauchte. Ihr Ruf ging dabei zwar langsam flöten, aber sie war bei guter Gesundheit, immer ausgeglichen und fröhlich. Sie war achtunddreißig, eine kräftige Frau von typisch flämischer Schönheit. Sie hatte mittelblondes Haar, eine feine Haut, wenn man von den abgearbeiteten Händen absah, blaue lustige Augen, einen schön geschwungenen Mund und blendendweiße und ebenmäßige Zähne. Ihre Figur, groß und kräftig, war ohne Tadel, ihre Bewegungen von einer gewissen Anmut, und ihre Stimme, obwohl etwas rauchig und dunkel, hatte Wärme und Wohlklang. Und sie konnte zuhören, hatte die Gabe, anderer Leute Sorgen mit einem klugen und guten Wort zur rechten Stunde zu verscheuchen, mit einem kleinen Scherz, mit einem Gratisschnaps, gelegentlich auch mit einer derben Ermahnung oder einer längeren Strafpredigt. Nie verließ einer den Hoekplaats ungetröstet.

So eine Person, das muß einleuchten, hält ein Lokal in Schwung, wenn außerdem das Bier kühl und der Genever nicht zu teuer ist. Also war der Hoekplaats ein florierendes Unternehmen, zumal das Lokal vom Hafen kaum mehr als zwei Steinwürfe entfernt lag. Mien Versteegh war zufrieden und eigentlich entschlossen, auch den Rest ihres Lebens hier zu verbringen. Han Versteegh jedoch meinte, daß so ein prachtvolles Mädchen wie Mien Mann und Kinder brauche, ein Häuschen mit Geranien vor den Fenstern und Tulpen im Vorgarten, einem Hund und Freunden, die am Sonntag zum Tee oder auf einen Grog mit Rum und Arrak kamen.

An dergleichen war natürlich mit einem Unternehmen wie dieser Hafenkneipe nicht zu denken.

Plötzlich jubelte Han. „Ich hab's! Wußt' ich's doch, daß ich es mit meinen eigenen Augen gesehen habe."

„Wovon redest du?" fragte Mien und ging durch die Pendeltür hinaus zur Küche. Sie ließ das Wasser in den großen Kessel und setzte ihn auf den eisernen Herd. Han rannte ihr nach.

„Das Inserat! Hier, hör dir das mal an." Er ließ sich auf einem Hokker in der Mitte des großen weiß und blau gekachelten Raumes nieder, schlug die Beine übereinander, rückte seine Brille zurecht und las: „Paradies Java. Vermögender Pflanzer mit prächtig gelegenem Besitz, Kautschuk, Nähe Batavia, möchte gern holländisches Mädchen kennenlernen, das gewillt wäre, die Ehe mit ihm einzugehen. Bin im besten Alter, gesund und von Natur aus fröhlich. Ausführliche Angebote (möglichst mit Fotografie) unter Kennziffer Krawang neunzehn, Amandel-Club, Batavia."

„Amen", sagte Mien und ging wieder aus der Küche ins Lokal. Han Versteegh seufzte und schüttelte betrübt den Kopf. Nichts, aber auch gar nichts gelang ihm in dieser Angelegenheit.

Er lauschte. In der Schankstube klapperte Geschirr; dann hörte er eine Männerstimme. Da war also schon ein Gast. Han blickte auf die Uhr über der Anrichte. Es war noch keine vier, also konnte es niemand von den Stammgästen sein. Han Versteegh strich sein schütteres, weißes Haar glatt, striegelte seinen dürren Ziegenbart, zupfte die buntkarierte Schleife zurecht, die er um den Hals trug, und stieß die Pendeltür mit dem Fuß auf.

Der Gast war ein Fremder. Er trug einen feinen, hellgrauen Anzug aus bestem Tuch, und vor ihm auf dem Tisch lag ein modischer, flacher Strohhut. Er war mittleren Alters und strahlte eine gewisse Vornehmheit aus. Seine Hände waren gepflegt, seine glatte Haut sonnengebräunt, er hatte die frechen Augen eines Freibeuters, der aus guter Familie stammt. Um seine Lippen spielte ein kleines arrogantes Lächeln, und seine Miene trug eine gewisse Überlegenheit zur Schau. Er war wohl erst kürzlich aus südlichen Zonen heimgekehrt.

Mien brachte ihm ein gefülltes Glas. Er nahm es auf, hielt es gegen das Licht und trank in kleinen Schlucken. Han nickte ihm einen Gruß zu und hockte sich an den Nachbartisch. „Was meinst du, Mien, ob ich mir auch ein Gläschen gestatte? Oder ob es noch zu früh ist?"

„Es ist noch zu früh", sagte Mien.

Han zuckte beleidigt die Achseln. Und dann, zu dem Fremden gewandt, lobte er: „Sie paßt gut auf ihren alten Vater auf. Meine einzige Tochter. Ist sie nicht eine herrliche Person?"

Der Fremde, ohne Mien auch nur einen Blick zu schenken: „Ich bin sicher."

Han ließ nicht locker. „Das Schlimme mit ihr ist nur, daß sie nicht heiraten will. Eine Person wie sie! Die Männer kommen von weit her, um ihr schöne Augen zu machen. Spendieren teure Liköre, bringen Geschenke mit aus der Südsee und weiß Gott woher. Aber es ist nichts zu machen. Wie finden Sie das, mein Herr?"

Der Gast zuckte die Achseln: „Sie wird ihre Gründe haben."

Und Mien ärgerlich: „Nun sei doch endlich still, und laß den Herrn in Ruhe sein Glas austrinken."

Aber Han kam langsam in Fahrt. Während er zur Theke schlurfte und sich ein Gläschen Genever eingoß, fuhr er fort: „Dabei könnte sie einen steinreichen Pflanzer auf Java heiraten. Einen Mann in den besten Jahren, der mitten im Paradies Kautschuk anpflanzt und ein Vermögen damit verdient. Sie sind ein weitgereister Mann. Vielleicht kennen Sie sogar Java?"

„Ich kenne Java."

„Das trifft sich gut, hast du gehört, Mien, der Herr kennt Java. Er wird dir sicher bestätigen können, was in dem Inserat steht. Nicht wahr, es ist ein Paradies?"

Der Fremde zündete sich mit Stahl und Stein und Zunder eine lange, schwarze Zigarre an. Als die ersten weißen Wolken zu der verräucherten Decke mit den dunklen Balken aufstiegen, bestätigte er: „Ein Paradies."

„Und Sie waren länger dort?" Mien war an den Tisch getreten und betrachtete den Fremden mit zurückhaltender Neugier.

„Mal länger, mal kürzer. Ich habe einige Zeit auf Madura gelebt."

„Ein guter Platz", lobte Han Versteegh, obwohl er keine Ahnung hatte, wo das liegen mochte. Genaugenommen hatte er auch von der geographischen Lage Javas nur sehr verschwommene Vorstellungen. „Sie kennen Madura?" fragte der Gast.

„Nicht direkt. Ist auch schon ziemlich lange her. Übrigens, mein Name ist Han Versteegh", fügte er mit einer Verbeugung hinzu. „Inhaber dieses Etablissements."

Der Fremde verbeugte sich seinerseits und sagte: „Claes Snoek, Advokat und Forscher."

Mien betrachtete den Fremden nachdenklich. Er schien gute Manieren zu haben. Ein Mann, mit dem man ruhig einmal ein Wort wechseln konnte.

„Wie ist Java?" fragte sie.

„Eine tropische Insel, bewohnt von sanften, dunkeläugigen Menschen, regiert von Holländern, Palmen, Orchideen, das Rauschen der Brandung, Bäume, die nachts phosphoreszieren. Manchmal geben der Gouverneur oder das Regiment in Batavia Feste. Das ist wie ein Märchen. Prächtige Uniformen, elegante Garderoben der Damen, erlesene Speisen ..."

„Wenn man es bezahlen kann."

„Natürlich. Aber auch das Zuschauen ist nicht allzu teuer."

„Wie ist das Klima?"

„An der Küste hervorragend. Im Dschungel natürlich ... Demoiselle, wollen Sie nicht ein Glas mit mir trinken? Ich könnte Ihnen Einzelheiten erzählen. Wie Ihr Herr Vater andeutete, haben Sie die Absicht, auf Java einen vermögenden Mann zu ehelichen. Da wird es Sie interessieren, wie sich Ihr zukünftiges Leben gestalten könnte."

Mien holte eine Flasche aus dem Regal und zwei Gläser, nahm am Tisch des Gastes Platz und schenkte ein.

„Auf Ihr Wohl, Mijnheer Snoek. Sie sind fremd hier?"

„Nicht direkt", antwortete der Gast. „Ich bin von Zeit zu Zeit in Rotterdam."

So kamen sie ins Gespräch, das mit dem üblichen Woher – Wohin begann und später ins Private abglitt.

Der Fremde also, Claes Snoek mit Namen, Sohn eines holländischen Vaters und einer französischen Mutter, war ein Mann der Rechte, der in Paris und London studiert hatte, und nebenher Privatgelehrter.

„Ich erforsche die ostasiatischen Sprachen", sagte er.

Mien staunte. „Und davon kann man leben?" fragte sie.

Der Fremde lächelte nachsichtig. „Natürlich nicht vom Forschen, Demoiselle. Aber meine Geschäfte lassen sich nicht schlecht an. Sie müssen wissen, ich handele mit Objekten und mache gleichzeitig die Verträge. Da bekomme ich vom Käufer fünf Prozent der Kaufsumme und weitere fünf Prozent vom Verkäufer. Zusätzlich verdiene ich an den Verträgen. Zweieinhalb Prozent der Kaufsumme sind da üblich, und die wiederum von den beiden Partnern, also fünfzehn Prozent insgesamt. Ich vermittle vor allem für Landsleute aus den Kolonien, die ihr Erspartes in der Heimat anlegen wollen. In Häusern, Schiffen, Grundstücken. In Lokalen wie dieses zum Beispiel."

Neue Gäste traten ein, behäbige Männer, Arbeiter im Werkkleid, bedächtig in Bewegungen und Sprache. Mien stand auf und bediente, und Han setzte sich zu ihnen, ein volles Glas in der linken Hand, mit der rechten mit den Würfeln in seiner Tasche klappernd.

Als Mien zu dem Fremden zurückkehrte, begann er von Java zu erzählen. Mien sah ihn aufmerksam an, aber sie hörte nicht so recht zu.

„Sie wohnen sicher in einem feinen Hotel", sagte sie.

„Mein Gepäck ist noch an Bord meines Schiffes", sagte Snoek. „Ich bin erst vor einigen Stunden mit der *Marie Brouwers* hier eingelaufen. Könnten Sie mir etwas empfehlen?"

„Gewiß könnte ich das. Es gibt gute und teure Hotels in der Innenstadt. Hier am Hafen allerdings sind wir das einzige Haus, in dem es sauber ist und das zu einem günstigen Preis bei gutem Frühstück Gäste aufnimmt. Nicht jeden natürlich. Aber schon mancher Kapitän oder Steuermann hat hier genächtigt und war anderentags nicht unzufrieden. Ein so vornehmer Herr wie Sie allerdings wird ganz andere Ansprüche stellen."

Snoek wies das weit von sich. Sie redeten noch eine Weile höflich hin und her, und dann brach der Gast auf, um sein Gepäck zu holen.

SIE lagen nebeneinander im Bett, in Miens Kammer. Mien blickte mit weitgeöffneten Augen zur Decke und dachte: Ich bin nicht besser als eine Dirne. Der einzige Unterschied ist, daß ich kein Geld dafür nehme. Ich tauge nicht viel und bin nun schon achtunddreißig. Wie soll das enden?

Neben ihr lag Claes Snoek. Er blickte in die Glut seiner langen, dünnen Zigarre und dachte: Es ist gut, wieder mal neben einem Weib zu liegen, statt auf harter Pritsche im Gefängnis von Schnaps und Kuchen und Frauen zu träumen – zum Pfeifkonzert indischer Ratten.

Vier Monate hatte er gesessen, dann wiesen ihn die Engländer aus dem Land, brachten ihn auf die *Marie Brouwers,* die von Mangalore kommend über Bombay und Karatschi auf der Reise nach Rotterdam war. Auf diesem Weg wurde Snoek so erfolgreich rückfällig, daß er seine Lage entscheidend verbessern konnte und mit einem ordentlichen Startgeld für die alte Heimat versehen war, als er in Rotterdam an

Land ging. Er hatte noch keine besonderen Pläne, nur diesen, daß er irgendwann seine alte Beschäftigung wieder aufnehmen wollte. Claes Snoek, Sohn eines Advokaten, Schuldenmacher, Betrüger und Falschspieler, gesegnet mit geschickten Fingern, gutem Aussehen, erstklassigen Manieren und eiserner Konsequenz, gedachte, sich von der Arbeit fernzuhalten; bisher war ihm das stets gelungen. Gewiß, er hatte auch die Rechte studiert und es mit Glück und guten Beziehungen seines Vaters zum Doktor der Jurisprudenz gebracht. Aber er war kein Mann für Akten, Büros und Gerichtssäle. Nun war er vierzig, hatte vieles gesehen und erlebt, hatte eine Menge gelesen und das Studium nicht als Arbeit empfunden. Es machte ihm eben Spaß. Die Sprachen flogen ihm zu.

Snoek wandte ein wenig den Kopf und betrachtete Mien. Der Halbmond schien durch das geöffnete Fenster und beleuchtete ihr Gesicht. Es war von herber Schönheit. Die Wimpern lang und geschwungen, eine Stupsnase, die er liebenswert und drollig zugleich fand, und eine widerspenstige Locke in der Stirn.

„Was war das für eine Sache mit dem Inserat in der Zeitung?" fragte er.

Nun wendete auch Mien den Kopf. Sie sah ihn an, sie lächelte, aber es war eher ein trauriges Lächeln. „Ein Inserat?" fragte sie.

„Nun ja, das mit dem reichen Pflanzer im Paradies, der eine Frau sucht."

„Ach, das meinen Sie. Ich weiß es nicht, mein Vater hat es in der Zeitung gefunden. Eben ein Inserat." Von dem Lächeln war nichts geblieben, es lag nur noch Trauer in ihrem Blick. Nachdem sie eine Weile geschwiegen hatte, fragte sie plötzlich: „Ich möchte wissen, wer Sie wirklich sind." Und dann hastig, fast als fürchte sie sich vor einer Antwort: „Sagen Sie nichts. Das ist keine Nacht, in der man lügen sollte. Morgen vielleicht werden Sie schon fortgehen . . ."

„Nein, ich werde bleiben."

„An irgendeinem Tag werden Sie fortgehen, und das ist gut so. Ich werde mir dann eine Geschichte ausdenken über Sie. Wer Sie waren, woher Sie kamen, wohin Sie gehen. An Ihnen wird es liegen, ob es eine hübsche Geschichte ist. Wenn Sie nett sind, mache ich aus dem Advokaten einen Königssohn. Wenn nicht – einen hergelaufenen Lumpen, der den Frauen den Kopf verdreht." Sie seufzte, und dann lachte sie wie jemand, der sich selbst nicht so recht ernst nimmt. Snoek sog an seiner Zigarre. Er wußte nicht, was er sagen sollte. Mien war, so schien ihm, eine ganz besondere Person, war bei aller Fröhlichkeit ein Mensch, der zum Grübeln neigte und nicht besonders glücklich war. Man mußte wohl ganz behutsam mit ihr umgehen, und diese Erkenntnis kam für ihn völlig überraschend. Nichts dergleichen hatte er erwartet, als sie die Stufen hinanstiegen zum zweiten Stockwerk des altehrwürdigen Hauses, als sie die Tür zu ihrer Kammer öffnete, schweigend voranging, die blakende Petroleumlampe in der Hand. Ein kleines Abenteuer, hatte er gedacht. Die erste Stunde war ein Rausch gewesen. Aber nun, da die Zeit des Gesprächs gekommen war, der Vertrautheit, stahl sich seltsame Scheu und Fremdheit in die enge Kammer. Claes Snoek dachte, was für eine seltsame Frau sie ist, diese Mien Versteegh! Und Mien dachte, ob es in diesem Inselparadies auf der anderen Seite der Welt wirklich einen Platz für mich geben würde? Ein Haus auf einem Hügel, Blumen ringsum, das Meer, die Palmen, die Musik von braunen Menschen, die leise und freundlich sind. Ein Mann . . . Es beunruhigte sie, daß sie von diesem Mann so gar keine Vorstellung hatte. Im besten Mannesalter, schön und gut. Das waren viele. Vielleicht hatte er rote Haare. Mien mochte rote Haare nicht. Vielleicht war er fett und roch nicht gut. Oder er war ein Tyrann, der die eingeborenen Diener schlug.

Ganz plötzlich sagte sie: „Ich wüßte auch gar nicht, wie man so einen Brief abfassen sollte. Und eine Fotografie habe ich auch nicht."

„Ich könnte den Brief für Sie schreiben", sagte Snoek. „Wenn es wirklich Ihr Wunsch ist, den alten Kontinent zu verlassen."

„Es ist nicht mein Wunsch. Nur so eine Idee. Mir geht es ja gut hier, nur manchmal . . ."

„Manchmal?"

„Der Nebel. Und die Männer da unten, die saufen und raufen. Und mein Vater. Er sollte nicht in einer Kneipe leben. Er trinkt zuviel, er spielt, und seine Würfel sind nicht von der besten Sorte. Neulich erst hat ihn einer am Kragen gepackt. Das nimmt einmal ein böses Ende. Und dieses ewige Warten auf – ich weiß nicht was. Es geht mir ja gut. Die Leute sind nett zu mir. Ich habe zu essen, habe ordentliche Kleider, habe sogar ein paar Gulden auf der Bank. Wirklich, ich kann mich nicht beklagen. Außerdem, ich wüßte auch nicht, was aus Han Versteegh werden sollte, wenn ich nicht hier bin."

„Er könnte mit Ihnen nach Indien gehen."

„Er würde sterben, wenn wir keine zehn Meilen auf dem Meer sind."

„Man könnte ihn einkaufen, in einer Pension oder bei Freunden. Lassen Sie mich nachdenken, Mien. Man könnte das Lokal verkaufen und in den Vertrag eine ausreichende Rente einbauen. Eine monatliche Zahlung, ausreichend für ein bequemes Leben."

„Das hört sich gut an. Gibt es so etwas?"

„Ich habe dergleichen viele Male vermittelt."

„Was glauben Sie, was man für einen Preis erzielen könnte für den Hoekplaats?"

„Im Moment schwer zu sagen. Ich müßte die Bücher sehen."

Der Zauber der Nacht war plötzlich verflogen; ein Gespräch kam in Fluß, das ebensogut unten bei hellem Tageslicht hätte stattfinden können oder im Zimmer eines Anwalts. Pläne, kaum geboren, nahmen Gestalt an. Zahlen und Paragraphen marschierten auf wie Hilfstruppen für eine noch zu schlagende Schlacht, und die Zärtlichkeit schlich sich heimlich aus dem Raum. „Es sieht nicht schlecht aus", sagte Snoek. „Man muß nur den festen Willen haben. Haben Sie ihn, Mien?"

„Ich weiß es nicht. Es ist alles noch sehr neu."

„Seit wann tragen Sie sich mit der Absicht?"

„Seit heute. Vielleicht war es das Inserat, vielleicht hat mich irgend etwas an meinem Vater geärgert. Der Tropfen, der das Faß zum Überlaufen bringt."

„Wir werden morgen den Brief schreiben, werden uns die Bücher ansehen, wir werden die Schiffslisten durchblättern und feststellen, wie lange es dauern würde, auf einen sehr guten und klugen Brief nach Java eine entscheidende Antwort zu bekommen."

„Und warum wollen Sie das alles für mich tun?"

„Sie vergessen meine fünfzehn Prozent, Mien."

„Sollten wir über diese Prozente nicht noch einmal reden? Fünfzehn Prozent sind sehr viel, so, wie wir uns nun kennen. Gute Nacht, Claes Snoek. Scheren Sie sich jetzt aus meinem Bett." Mien legte sich zurück in die Kissen und lächelte.

Es GAB keinen Briefträger in dem Buschdistrikt, in dem Hendrik Potters Pflanzung lag. Jeder, der in die Stadt fuhr, brachte für die Nachbarn die Post mit. Auch Händler, Militärpatrouillen und Missionare auf Durchreise versorgten die Buschpflanzer mit Nachrichten von der Küste, den großen Städten und der Welt jenseits des Ozeans, brachten Zeitungen, Briefe und Depeschen.

Diesmal war es der griechische Händler, der Hendrik Potter all das mitbrachte, was sich in den letzten Monaten im Amandel-Club für ihn angesammelt hatte. Kaum war die kleine Karrenkarawane des Händlers außer Sicht, machte Potter sich über den dicken Packen her, sortierte in fliegender Hast. Ein Brief aus Holland war es, der sein besonderes Interesse erregte, und ohne den Absender gelesen zu haben, wußte er, daß es eine Antwort auf jenes Inserat war, das Leutnant Tigges für ihn in die Zeitung hatte setzen lassen.

Mein sehr geehrter Herr!
Ich beginne dieses Schreiben mit der Absicht, von Anbeginn an spätere Enttäuschungen auszuschalten. Ich weiß nichts von Ihnen, außer daß Sie einsam sind und, wie Sie behaupten, ein Haus, eine Pflanzung und einiges Vermögen besitzen. All das reizt mich zuallerletzt, denn ich lebe selbst in guten Verhältnissen. Was mich veranlaßt hat, Ihnen auf Ihr geehrtes Inserat zu schreiben, ist der seit langem in mir schlummernde Wunsch, dieses graue Land zu verlassen und unter dem ewig blauen Himmel Indiens ein neues Leben zu beginnen.

Da ich Sie nicht kenne, nicht weiß, wie Sie von Gestalt und Charakter beschaffen sind, können Sie nicht ohne weiteres mit meiner Zuneigung rechnen. Auch Sie könnten von mir enttäuscht sein. In diesem Fall würde ich vorschlagen, daß wir ehrlich genug sind, eine rasche Trennung ohne gegenseitigen Groll zu vollziehen; und da Sie diesen Handel begonnen haben, müßten Sie natürlich auch die Rückfahrt bezahlen. Die Wahrscheinlichkeit, daß mein Abenteuer so enden wird, scheint mir ziemlich groß zu sein, denn es ist mir schwer verständlich, daß ein vermögender Mann, der im Paradies lebt, dort nicht auch eine geeignete Frau finden sollte. Sollten Sie etwa von einem chronischen Leiden befallen sein, so muß ich Ihnen schon heute mitteilen, daß ich zur Krankenschwester weder Talent noch Neigung verspüre. Sind Sie jedoch nicht besonders wohlgestalt, so würde mich das wahrscheinlich nicht sehr stören.

Auch ich bin im besten Alter und, wie Ihnen die anliegende Fotografie beweist, keine unsympathische Person. Ich bin von Natur aus fröhlich, lese jedoch zuweilen auch ein Gedicht, und, vielleicht werden Sie das recht dumm finden, am Heiligen Abend, wenn die Kerzen brennen, pflege ich immer ein bißchen zu weinen. Vom Haushalt weiß ich alles, was eine Frau wissen muß, auch kann ich gut mit Personal umgehen.

Ich rechne nun, sehr geehrter Herr, nicht unbedingt mit Ihrer Antwort, aber ein wenig hoffe ich darauf.

Ich begrüße Sie freundlichst
Ihre Mien Versteegh

Was für ein Brief! Aber noch schöner war die Fotografie, hatte sie auch durch die lange Seereise ein wenig gelitten. Sie zeigte ein freundliches Frauenzimmer: lachend, ja strahlend fast, anständig gekleidet und ordentlich frisiert. Eine Flämin aus Milch und Blut, eine Person, geeignet, Lachen und Lieder in das trostlose Haus im Dschungel zu bringen. Ich werde, dachte Potter, dem Leutnant Tigges eine Flasche vom besten französischen Champagner bezahlen. Das Bild in der Hand, die Zigarre im Mundwinkel und ein gefülltes Glas auf dem kleinen Teetisch neben sich, wippte er leise in seinem Rotangstuhl, blickte in die Zweige der Waringibäume und war glücklich.

Ein neues Leben beginnen! Sie hatte das rechte Wort gefunden. Man mußte ganz neu beginnen. Das Haus zum Beispiel. Da war so manches zu verbessern. Man müßte, man müßte –

Aber er war zu träge, aufzustehen und einmal zu prüfen, was man eigentlich ändern, verbessern müßte. Es war ein heißer Tag heute, und das Getränk würde warm werden, wenn man nicht etwas schneller trank. Also trank er schneller, kam den kleinen roten Ameisen zuvor, leerte das Glas und betätigte dann den kleinen Messinggong. Karimu, die Njai, erschien auf der Schwelle und brachte ein neues gefülltes Glas.

„Ich habe mich entschlossen, morgen nach Batavia zu fahren“, sagte Potter. „Ich habe Dringendes zu erledigen. Bereite meinen Koffer. Es wird sich vieles hier ändern.“

Der Doktor der Medizin, Heinrich Vetter, verzog das Gesicht und schnupperte demonstrativ.

„Ich rieche wohl ein bißchen nach Whisky“, sagte Potter.

„Sie stinken wie eine Zehn-Cent-Destille“, sagte der Arzt. „Aber Sie stinken immer so, wann und wo ich Sie auch treffe. So, nun mal schön entspannen.“

Potter entspannte sich, und als der Arzt dann kräftig auf seinen Leib drückte, brüllte er: „Sind Sie verrückt? Das tut weh!“

„Klar, das ist die Milz. Sie ist eine Art Regulator für die Leber, und Sie, mein Lieber, haben eine Säuferleber. Na schön, sehen wir uns mal die Pumpe an.“

Die Untersuchung dauerte nun schon fast eine Stunde. Dr. Vetter war ein gründlicher Mann, und er hatte einen guten Ruf in der Kolonie, obwohl er saugrob war und zudem ein Deutscher. Er war ein

Mann undefinierbaren Alters, er mochte fünfzig Jahre alt sein oder auch sechzig. Seine Haut war graubraun, ledern, von den Tropen ausgedörrt. Er trug eine Brille mit Nickelrahmen, sein Blick war stets streng und konnte, wenn er mit einem Patienten unzufrieden war, recht giftig sein. Dennoch hätte sich niemand gewünscht, daß er Batavia verlassen würde. Er war ein zuverlässiger Arzt, der seine Kunst verstand. Und davon gab es nur wenige in Batavia.

„Sie können sich wieder anziehen", sagte Dr. Vetter. Er setzte sich an seinen Schreibtisch und schrieb mit kleinen, zierlichen Buchstaben ein Rezept.

Potter kleidete sich an. „Wie sieht es aus mit meiner Gesundheit, Doktorchen?" fragte er.

Vetter schrieb schweigend das Rezept zu Ende. Schließlich blickte er auf und sagte: „Es steht nicht schlecht, Hendrik Potter. Ich hatte damit gerechnet, daß ich langsam auf einen Kranz zu Ihrer Beerdigung sparen müßte. Doch wie ich die Sache jetzt sehe, können Sie noch ein Jahr leben, vielleicht auch zwei."

„Machen Sie keine dämlichen Witze."

„Sie sind ein Wrack, Hendrik Potter! Ihre Leber ist kaputt, Ihr Blutdruck ist die beste Voraussetzung für einen baldigen Schlaganfall. Ich habe Ihnen ein paar Medizinen aufgeschrieben. Nehmen Sie das Zeug, oder lassen Sie es bleiben, viel Sinn hat das Ganze ohnehin nicht. Sie sind ein verdammter Säufer, da hilft alle ärztliche Kunst nichts."

„Ich trinke nicht mehr."

„Sie trinken nicht mehr? Diese Entscheidung müssen Sie aber erst eben getroffen haben. Und warum, wenn ich fragen darf?"

Potter zog das Bild von Mien Versteegh aus der Tasche und reichte es dem Arzt. Dr. Vetter studierte es eine Weile, dann reichte er es zurück. „Sie wollen also heiraten?"

„Ja", sagte Potter. Und fast ein wenig aggressiv: „Was dagegen?"

Der Arzt nickte. „Ja. Oder sagen wir besser – es kommt darauf an."

„Worauf kommt es an?"

„Darauf zum Beispiel, daß Sie Ihrer zukünftigen Frau reinen Wein über Ihren Gesundheitszustand einschenken. Und darauf, ob Sie den Wahnsinn begehen wollen, eine junge Frau in den Urwald zu schleppen, um dann nach Sonnenuntergang mit ihr auf der Veranda Ihrer Bruchbude zu sitzen, ein Gewehr zwischen den Knien und eine Flasche am Hals."

„Sie glauben, ich schaffe es nicht?“

„Bin ich ein Prophet?“

„Ich bin fest entschlossen, Doktor.“

„Fein, ich beglückwünsche Sie. Und wie wird es weitergehen mit diesem Mädchen?“

„Ich habe ihr einen Brief geschrieben, daß sie kommen soll, und einen Scheck beigelegt. Vielleicht wird es nichts mehr damit in diesem Jahr. Sie hat ein Hotel. Ich habe ihr geschrieben, sie soll sich Zeit lassen, die ganze Sache in Ruhe überdenken. Ein halbes Jahr will ich schon gern auf eine solche Frau warten.“ „Mit einem Wort: Sie wollen sich Zeit lassen. Entwöhnen. Das Haus richten oder dergleichen. Das zeugt davon, daß Sie Ihren Verstand noch nicht völlig versoffen haben. Lieber Freund, kommen Sie morgen früh um neun Uhr noch einmal in meine Praxis. Nicht daß ich hoffe, neue Erkenntnisse bei der Besichtigung Ihres Kadavers zu gewinnen, aber ich will sehen . . . Ich weiß noch nicht was. Werden Sie kommen?“

Und Hendrik Potter, nun fast ein wenig glücklich, meinte: „Auf die Minute.“

Er kam nicht. Es war neun Uhr vorbei, es wurde zehn Uhr. Dr. Vetter wartete vergeblich. Um zwölf Uhr ging er ins Hotel.

Der Portier sagte ihm: „Der Tuwan ist krank.“

Der Arzt stieg nach oben. Potters Zimmer war nicht abgeschlossen. Die Jalousien waren herabgelassen, nur spärliches Tageslicht warf helle Streifen auf den bunten Mahalteppich. Im Bett lag, völlig angezogen, schwer atmend und ziemlich derangiert, Hendrik Potter. Ein Blick auf die leeren Whiskyflaschen, die auf dem Boden lagen, belehrte den Arzt, daß er als Medicus hier nicht vonnöten war. Hendrik Potter war nur betrunken.

2. Kapitel

Lynn MacLoy war erst sechsundzwanzig, aber als Frau, als Kapitän eine Persönlichkeit. Zielstrebig ging sie über die Tanjong Pagar Road in Richtung zum Victoria-Dock. In Gang und Haltung mischten sich die widersprechendsten Elemente: Grazie und Kraft, Selbstbewußtsein und mädchenhafte Scheu, lockende Anmut und kühle Ablehnung. Und sie war schön, fast von einer wilden Schönheit. Das mochte daran liegen, daß ihr Großvater, der schottische Missionsbruder Evan MacLoy, sich zum Ärger seiner Ordensoberen mit einer Polynesierin von Malaita zusammengetan hatte. Sein Sohn, John David MacLoy, heiratete später vor Gott und dem Gesetz eine rothaarige Irin. Doch der polynesische Einschlag war unverkennbar bei der Tochter aus dieser Ehe, bei dem Mädchen Lynn. Ihr Haar war schwarz und leicht gekräuselt, ihre Augen irisch grün, und die zarte, stets etwas dunkel getönte Gesichtshaut zeigte in Höhe der schön geformten Nase eine lustige Spur von Sommersprossen.

Es war unmöglich, Lynn zu übersehen, obwohl es auf Malakka viele Frauen von großer Schönheit und Anmut gab. Lynn fiel einfach aus dem Rahmen, sie hatte fast alles, was sich eine Frau wünschen kann. Und ganz nebenbei besaß sie auch zwei Pistolen. Auf ihren Reisen hatte sie schon oft Gebrauch davon machen müssen.

An diesem Tag allerdings würde sie die Waffen nicht benötigen, denn der Gegner, mit dem sie sich auseinanderzusetzen hatte, war von anderer Art. Der Mann, mit dem Kapitän MacLoy jetzt an Bord ihres Schoners verabredet war, hieß Karel Jonker. Er war Plantagenbesitzer, Reeder und Börsenkaufmann, siebzig Jahre alt, ein schwammiger, weinerlicher Hypochonder, geizig, hart wie Granit, wenn es um seinen Verdienst ging, und bigott, wenn er den Segen der Kirche benötigte für diese oder jene Schweinerei, mit der er in die Nähe der Gesetze gegen den Sklavenhandel geriet.

Lynn hatte Schulden bei ihm, eine Menge sogar, man hätte fast sagen können, von der *Loana* gehörte ihm ein gutes Drittel. Dieser verdammte Taifun der vergangenen Woche hatte den Schoner neben dem Fockmast, dem Besan und einem Teil der Brückenaufbauten fast das gesamte laufende Gut gekostet. Und Jonker hatte mit verdächtiger Großzügigkeit tief in die Tasche gegriffen und war für die gesamten Reparaturen aufgekommen. Nun kam wohl die Quittung – oder besser gesagt, die Rechnung.

Der Schoner *Loana* war alles andere als ein schönes Schiff, noch hatte er den Vorzug, besonders schnell oder wendig zu sein. Er war plump und kurz, aber stabil. Auch der Taifun, in dem modernere und schnellere Schiffe gesunken waren, hatte ihn nur zerzausen können. Wenn auch gründlich. Als er vor neun Tagen mit gebrochenen Masten und nur einem sanften Monsunhauch im Segel in den Nord-Kanal einlief, hätte ein Laie wohl keinen Sixpence mehr für diesen Kahn gegeben.

Aber dank des Schecks von Mijnheer Karel Jonker sah die Sache schon nach kurzer Zeit wieder ganz gut aus.

Als Kapitän MacLoy an Bord kam, waren die Handwerker gerade dabei, die neue Fock zu verankern. Ikan, der Steuermann, hockte Betel kauend an der Verschanzung und beobachtete den Fortgang der Arbeit. Wenn der Steuermann geruhsam Betel kaute, mußte alles in Ordnung sein. Er verstand etwas von der Sache, und die *Loana* war seine Heimat seit beinahe dreißig Jahren.

Als er Lynn gewahrte, erhob er sich, spuckte den roten Brei in das brackige Hafenwasser und tippte an seine dunkelweiße Schirmmütze mit dem ausgefransten Goldrand – das Zeichen seiner Würde und Stellung an Bord dieses Schiffes.

„Alles klar, kleine Miß", sagte er. Er sagte niemals „Kapitän". Der Kapitän John David MacLoy war tot, dahingerafft von einem Schlagfluß im Alter von einundsechzig Jahren. Natürlich hatte seine Tochter und Erbin das Kommando an Bord übernommen, denn in der Seemannschaft gab es nichts, was sie nicht beherrschte. Sie war an Bord geboren und aufgewachsen, kannte alle Inseln und Atolle der Südsee, der Chinasee, der Malakka- und der Sundastraße und sprach außer Englisch und Malaiisch ein Dutzend Dialekte, die zwischen Timor und dem Golf von Bengalen bei Geschäften von Nutzen waren.

„Gäste an Bord?" fragte Lynn.

„Ja, kleine Miß. Er sitzt in der Kajüte."

Lynn seufzte. „Dann muß ich wohl." Sie ging nach achtern, erklomm behende den Aufgang zur Brücke, durchquerte das Kompaßhaus und trat in ihre Kabine ein, die sogenannte Kapitänskajüte, die gleichzeitig Wohnraum und Kartenhaus, Waffenkammer und Salon war.

Karel Jonker saß auf dem Sofa. Er bewegte matt einen kleinen, japanischen Fächer aus Seide. Sein Hemd, seine Jacke – durchgeschwitzt, bedeckt mit unappetitlichen, dunklen Flecken. Sein eleganter weicher Filzhut lag am Boden. Auch die Schuhe hatte er abgestreift. Als Lynn eintrat, angelte er verzweifelt nach ihnen, gab es aber sofort wieder auf; es war ihm zu anstrengend. Und zu Lynn gewandt sagte er: „Bitte um Entschuldigung. Aber immerhin bin ich ja ein bißchen zu Hause hier."

„Sind Sie?" sagte Lynn kühl. „Kommen wir zur Sache. Was führt Sie an Bord der *Loana?*"

„Sie wissen, meine Sympathie für Sie, um es dezent auszudrükken . . ."

„Um welche Art von Geschäft handelt es sich?"

„Eine Kleinigkeit. Eine Ladung für Batavia."

„Legal oder illegal?"

„Miß MacLoy, Sie haben es mit einem holländischen Geschäftsmann zu tun, mit einem Gentleman."

Lynn nahm es schweigend zur Kenntnis.

„Haben Sie schon einmal Kontraktarbeiter befördert?"

„Nein."

Dieses „Nein" war bereits eine Absage; Karel Jonker hätte es bemerken müssen. Aber er war sich seiner Macht über Schiff und Kapitän sehr sicher und sagte: „Verstehe. Andere, lukrativere Geschäfte, die weniger Ärger bereiten. Aber wie die Dinge liegen . . ."

„Wie liegen die Dinge denn, Mr. Jonker?"

„Zunächst einmal ist da Ihr Schuldschein. Sehen Sie, was hier auf der *Loana* repariert und von Karel Jonker mit gutem Geld bezahlt ist, muß sich natürlich amortisieren. Der Taifun hat auch mein Schiff, die *Prins Maurits,* arg gebeutelt, die Reparaturen werden Wochen in Anspruch nehmen. Und in dieser Zeit sitzen die Kontraktarbeiter herum und fressen und fressen. Ich kann und will das nicht bezahlen. Also . . ."

„Nein", sagte Lynn.

„Ich könnte Sie zwingen. Sechs Monate nach der Ausstellung des Schuldscheines ist das Geld fällig, sonst wird die *Loana* versteigert."

„Sechs Monate sind eine lange Zeit."

Karel Jonker lächelte. Er erhob sich und nahm unter Ächzen und Stöhnen den teuren Hut vom Boden, stieg in seine Schuhe, stülpte den Hut auf und stieg die drei Stufen empor zum Brückendeck. Lynn folgte ihm leichtfüßig. Sie standen wieder unter der hellen Nachmittagssonne. Jonker betrachtete das Schiff, nickte zufrieden und lüftete den Hut. „Vielleicht werde ich das Schiff selbst ersteigern", sagte er. „Wir können dann darüber reden, ob Sie bei mir als Kapitän fahren, Miß MacLoy."

„In sechs Monaten habe ich die Schulden bezahlt."

Jonker ging nach mittschiffs und setzte den Fuß auf die Gangway. „In fünf Tagen ist die Summe fällig", sagte er schließlich. „Wie ich heute bei meinem Anwalt sehen konnte, wurde der Vertrag vor fünf Monaten und vierundzwanzig Tagen geschlossen."

„Der Vertrag trug überhaupt kein Datum", sagte Lynn, aber schon jetzt wußte sie, daß sie in der Falle saß, daß es ein grober Fehler gewesen war, nicht auf einem Datum zu bestehen. Sie hatte geglaubt, es sei lediglich der hohe Zinssatz, der den Reeder reizte. In Wahrheit jedoch wollte er das Schiff. Wollte es zumindest für eine Reise, für den Transport von Kontraktsklaven nach Batavia.

„O doch, der Vertrag trug natürlich ein Datum. Sie haben es wohl in Ihrer Freude über diesen hochherzigen Kredit übersehen. Sie können sich jedoch überzeugen, das Dokument liegt bei dem Kronanwalt der Straits Settlements of Malakka, Mr. Steven Bowls." Zum zweiten Mal lüftete er seinen Hut. „In fünf Tagen also, Kapitän MacLoy, es sei denn, Sie wären bereit, diese kleine Reise für mich zu unternehmen. Einhundertundsiebzig Leute sind es. Es waren einmal einhundertvierundachtzig. Sechs sind gestorben, zwei hat das Heimweh gepackt, sie sind über Bord gesprungen, und weitere sechs sind so krank, daß ich mit ihrem Verlust rechnen muß. Sie sehen, ich hatte schon eine Menge Verluste in dieser Sache. Weitere gedenke ich nicht hinzunehmen. Ich bitte um Verständnis."

Ein drittes Mal bemühte er seinen feinen Filzhut und ging dann endgültig von Bord. Auf dünnen Beinchen balancierte er seinen massigen Körper über die schwankende Gangway, und während ein paar Leute an Bord des Schoners gespannt darauf warteten, ob der weiße Tuwan vielleicht in die dreckige Hafenbrühe plumpsen würde, stellte Lynn MacLoy bereits Überlegungen an, welche Schritte sie unternehmen könnte. Sie kannte den Kronanwalt Bowls. Er war bestechlich.

Ikan, der Steuermann, trat zu Lynn. „Sie hatten Ärger, kleine Miß?"

„Ja", sagte Lynn. „Es geht um die *Loana,* Ikan. Vielleicht ist die Zeit nicht mehr fern, da ich nicht mehr Herrin über mein Schiff bin. Mijnheer Jonker hat mich betrogen; er hat einen Schuldschein gefälscht, und nun wird die gesamte Summe statt in sechs Monaten schon in fünf Tagen fällig. Ich habe das Geld nicht, und ich wüßte auch niemanden, der es mir leihen würde. Karel Jonker wird die *Loana* in seinen Besitz bringen."

„Fünf Tage sind eine lange Zeit, kleine Miß."

„Nicht, wenn man zweitausend Pfund auftreiben muß."

„Der Hafen von Singapore ist voller Ladung, die darauf wartet, befördert zu werden. Die Agenten rennen von einem Schiffsmakler zum anderen, um Frachtraum zu bekommen. Man bekommt die besten Preise seit Jahren."

„Wenn man ein Schiff hat."

„Sie haben ein Schiff."

„Aber ich weiß nicht, wie lange es dauert, bis es wieder flott ist. Sicher länger als fünf Tage. Und dann muß ich mich entscheiden. Einen Transport von Kontraktarbeitern für Karel Jonker – oder die Versteigerung der *Loana.*"

„Und wenn das Schiff doch früher fertig würde?"

„Dann müßte man erst eine Ladung besorgen. Zudem ist es ausgeschlossen, all die kleinen Schäden auszubessern in dieser Zeit, selbst wenn das Gröbste geschafft ist."

„Die kleinen Schäden könnte man auf See mit Bordmitteln beheben, kleine Miß. Wir haben tüchtige Handwerker unter der Besatzung."

„Und die Ladung?"

„Man könnte sich schon jetzt darum bemühen. Und man könnte mit dem Laden beginnen, während die Reparaturarbeiten noch im Gang sind."

„Und wer soll die Leute zum Laden bezahlen? Jeder Penny steckt in der Reparatur."

„Jeder Kaufmann in Singapore, der in diesen Tagen Waren in den Schuppen liegen hat, würde dafür gern in die Tasche greifen."

Lynn schien zu überlegen, und dabei blickte sie ihren Steuermann, diesen klugen, weißhaarigen Polynesier, von dem sie die ersten Lektionen über Schiff und Seemannschaft gelernt hatte, als sie kaum gehen konnte, fast zärtlich an. Dann entschied sie: „Gut, versuchen wir es."

Als die frühe Dämmerung hereinbrach, ging Ikan an Land. Er ging ins Chinesenviertel zu Tang Chia Ti, der dort in seinem schmalbrüstigen, vielstöckigen Haus Geschäfte jeder Art vermittelte. Man sagte von ihm, er sei über hundert Jahre alt. In jedem Fall war er ein weiser, alter Mann und sehr reich.

Ein Tamilenjunge brachte Ikan in die oberen Räume, wo Tang Chia Ti residierte; das war eine große Ehre, denn nur wenige durften diesen Raum betreten, und unter ihnen gab es wohl keinen, der von Rang und Bedeutung so niedrig war wie der Steuermann der *Loana.*

Der Raum war dämmrig, ja fast dunkel, und im matten Licht papierener chinesischer Hänge- und Wandlampen mußte er seine Augen erst an die Umgebung gewöhnen.

Die kostbare Ausstattung beeindruckte Ikan. Wandteppiche aus

Seide in leuchtenden Farben, Jahresbäume aus Jade mit den Zeichen der Tierkreise, Vasen aus chinesischen Kaiserdynastien.

Tang Chia Tis Gesicht war runzlig und klein, seine Haut wie Pergament, und als er sprach, glich seine Stimme dem Zwitschern der Vögel in den Parks. Er sagte: „Du bist Ikan, der Steuermann der *Loana,* und dienst einer Frau, die zu den Juwelen des Ostens gehört. Sei mir willkommen." Er machte eine einladende Handbewegung gegen einen kleinen Hocker aus rotem Leder.

Ikan verneigte sich tief, ehe er Platz nahm, und murmelte: „Ehrwürdiger Großvater, mögen die Götter dich mit tausend Söhnen segnen."

Tang Chia Ti bedankte sich mit einem leichten Neigen des Kopfes; dann warteten sie, bis der Tamile den Tee gebracht hatte. Erst als der Leichtfüßige verschwunden war, machte der Chinese ein Zeichen. Der Gast möge nun sprechen. Und der Steuermann begann zu berichten. Vom Taifun und von den Schäden, die der Schoner *Loana* davongetragen hatte. Tang Chia Ti unterbrach ihn nicht.

„Und nun schickt dich Miß Lynn MacLoy, um Hilfe bei mir zu erbitten?"

„Nein, ehrwürdiger Großvater, ich komme aus eigenem Antrieb, und ich komme nicht mit leeren Händen. Ich habe ein paar Perlen, sicher gering von Wert, aber ich dachte mir, wenn ich sie verpfänden könnte, hätte man einiges Geld, um Handwerker zu bezahlen, die die *Loana* innerhalb von fünf Tagen wieder flottmachen." Er zog einen kleinen Lederbeutel aus der Tasche und reichte ihn dem Kaufmann.

Tang Chia Ti schüttete die Perlen in seine Hand, befühlte sie lange, hielt sie gegen das Licht, um ihren Glanz zu prüfen, und legte sie schließlich in den Beutel zurück und sagte: „Es sind gute Perlen, ich werde sie gut verwahren, denn ich denke, sie waren gedacht, um dir im Alter ein leichtes Leben zu verschaffen. Wieviel Geld willst du haben?"

Ikan zuckte mit den Achseln. Rechnen war nicht seine Stärke. „Gut, dann werde ich dir Leute schicken. Die besten, die es in den Straits Settlements of Malakka gibt. Sagen wir – morgen. Ich werde sie bezahlen. Wenn du Material benötigst, kaufe es und sag den Händlern, sie sollen die Rechnungen in mein Haus schicken. Mach dir keine Sorgen. Es gibt Leute, die müssen sich gut vorsehen, wenn sie Geschäfte mit Tang Chia Ti machen. Und es gibt andere, von denen nehme ich keinen Zins. Deine Perlen kannst du zurückbekommen, ich bewahre sie nur auf." Der Alte nahm seine Teetasse in die Hände und trank. Es war nach chinesischer Sitte das Zeichen, daß die Audienz beendet war.

Karel Jonker ließ die Reste seines üppigen Frühstücks abtragen und wusch sich die fettigen Finger in einer silbernen Wasserschale. Dann ging er von der Terrasse über dem parkartigen Garten, der mit Orchideen, Bougainvilleen und rostrotem japanischem Ahorn bepflanzt war, ins Innere des Hauses. In dieser Stunde pflegte er die Bücher und Rechnungen durchzusehen. Heute wollte er Bilanz ziehen, eine Übersicht gewinnen über die Schäden, die der Taifun seiner Flotte von Dschunken und Daus, Zubringern und vor allem seinem „Flaggschiff", der *Prins Maurits,* zugefügt hatte. Der Gedanke daran bereitete ihm äußerstes Mißvergnügen. Denn obwohl dieser Schaden in keinem Verhältnis zu seinem Reichtum stand, pflegte er bei jedem Verlust physisch zu leiden.

Es war früh am Morgen, die silberne Uhr auf dem Kamin zeigte wenige Minuten nach acht, noch kühl genug, um zu arbeiten. Noch war Karel Jonkers weißes, seidenes Hemd untadelig. Das würde sich im Laufe des Tages ändern – aber er war nicht bereit, wenigstens einmal am Tag das Hemd zu wechseln. Warum die Wäschereikosten unnötig verdoppeln?

Jonker ließ sich an seinem Schreibtisch nieder. Eine Stunde saß er über Verlustlisten und Rechnungen. Gegen neun Uhr wurde ihm von dem indischen Boy der Wasserkommis Alvarez gemeldet. Das war verwunderlich, denn Alvarez, ein Portugiese, der neben der Versorgung von Schiffen allerlei obskure Nebengeschäfte betrieb, hatte sich nie bis in seine Villa getraut. Es mußte einen besonderen Anlaß geben.

Jonker ließ den Mann eintreten. „Mister Alvarez! Was führt Sie in meine Privaträume? Sollte es Ihnen entgangen sein, daß ich in der Keppler Road ein Büro habe?"

Juan Alvarez zeigte mit einem kleinen, unsicheren Lächeln seine defekten Zähne und sah aus wie eine gekränkte Ratte. „Natürlich kenne ich Ihr Büro in der Keppler Road, Mister Jonker. Doch wollte ich mich nicht ohne Ihr Einverständnis an einen Ihrer Angestellten wenden. Sie wissen, ich habe viel im Hafen zu tun. Und ich betrachte es einfach als meine Pflicht, Sie von den Vorgängen in Kenntnis zu setzen."

„Von welchen Vorgängen?"

„Nun, ich war heute schon kurz nach Sonnenaufgang in der

Borneo-Werft. Hatte dort einen Auftrag. Auf Ihrem Schiff, der *Prins Maurits,* ist Totenstille."

„Was heißt das?"

„Es wird nicht mehr gearbeitet. Die Handwerker sind nicht gekommen."

„Nicht?! Haben Sie eine Erklärung dafür?"

„Natürlich habe ich eine Erklärung. Aber wenn ich sie ausplaudere, könnte es mir schaden."

„Natürlich bin ich bereit, einen gewissen, der Ware angemessenen Preis zu bezahlen."

Der Portugiese ließ seinen nächsten Trumpf sehen. „Auch morgen werden keine Handwerker kommen. Und übermorgen nicht. Für viele Tage nicht."

„Woher wissen Sie das?"

„Ich weiß es", sagte der Portugiese. „Ich habe Freunde . . ."

„Also – was steckt dahinter? Wer steckt dahinter?!"

Alvarez schwieg.

„Wieviel?"

„Hundert Rupien." Alvarez setzte nun alles auf eine Karte. „Hundert Rupien, und ich nenne Ihnen den Mann, der Ihnen diesen Ärger bereitet. Und weitere hundert Rupien . . ."

„Fünfzig", sagte Jonker.

„Weitere hundert Rupien, wenn ich Ihnen sage, wo Ihre Leute bleiben."

„Hundertfünfzig, alles in allem."

„Gut. Aber auf den Tisch, und sofort."

Der Reeder zog seine Brieftasche aus dem Jackett und blätterte drei Fünfziger auf den Schreibtisch. Alvarez steckte das Geld ein, seufzte und sagte bedeutungsvoll: *„Loana."*

„Was heißt das? Die *Loana* ist ein Schoner, der zum Teil in meinem Besitz ist."

„Ich weiß. Und dort arbeiten die Leute, die Sie für die *Prins Maurits* angeheuert hatten. Alle!"

Der Reeder lächelte. „Mein Freund, den anderen Namen brauchen Sie mir nun nicht mehr zu nennen. Ich kenne ihn."

„Nämlich?"

„Lynn MacLoy."

„Sie ist es nicht."

„Sondern?"

„Tang Chia Ti."

Karel Jonker schnappte nach Luft wie ein Fisch auf dem Trockenen. Alvarez bemerkte es mit Genugtuung.

„Sie glauben also zu wissen, daß meine Leute auf dem Schoner *Loana* arbeiten und daß dieser Tang Chia Ti dahintersteckt?"

„Ich weiß es zuverlässig."

„Gut. Ich werde den Dingen nachgehen. Natürlich ist eine solche Nachricht niemals hundertfünfzig Rupien wert. Aber man soll nicht sagen, Karel Jonker sei ein Geizhals und stehe nicht zu seinem Wort. Gehen Sie, Alvarez, ehe ich es mir anders überlege."

Alvarez ging. Jonker ließ eine Rikscha vorfahren und sich zum Haus des chinesischen Kaufmanns Tang Chia Ti bringen. Er wollte wissen, woran er war.

Der braunhäutige Tamile mit den sanften Augen geleitete ihn in einen Raum, der eher einem Museum als einem Büro glich. Jonker, der selbst mit Waren vielerlei Art Handel trieb, erkannte sofort, daß Schmuck und Mobiliar innerhalb dieser vier Wände ein Vermögen wert sein mußten.

Tang Chia Ti trat ein. Er trug einen Anzug aus weißer Rohseide und sah darin so zierlich und durchsichtig aus wie seine kostbaren Nephritfiguren; sein höfliches Lächeln war so schwer zu deuten wie das Lächeln des bronzenen Buddhas, der in einer Nische hockte vor einem Hintergrund von rotem Nanking-Brokat.

„Es ist eine große Ehre für mich", sagte Tang Chia Ti, „einen so bedeutenden Kaufmann unserer Stadt empfangen zu dürfen." Die zarten Hände flach gegen die Oberschenkel gepreßt, verbeugte er sich mehrere Male. Jonker erwiderte die Verbeugung und nahm auf eine einladende Bewegung des Hausherrn Platz. Der Tamile brachte Tee und Naschwerk. Sie sprachen über Vergangenes und Belangloses. Der Holländer lebte lange genug in Ostasien, um die wichtigsten Anstandsregeln im Umgang mit Asiaten zu beherrschen. Auf diese Weise verging mehr als eine halbe Stunde, bis es ihm gelang, den Grund seines Besuches ins Spiel zu bringen. Als sie auf den Taifun vor zwölf Tagen zu sprechen kamen, sah Jonker seine Chance.

„Auch mein Flaggschiff, die *Prins Maurits,* ist schwer beschädigt worden. Die Aufbauten sind zerstört, die Lukendeckel zerbrochen, die Boote und eine Menge bewegliches Gut über Bord gespült. Es ist ein

Jammer, ein so schönes, modernes Schiff als halbes Wrack im Dock liegen zu haben."

„Das Schlimmste ist wohl der Zustand der Maschine", meinte der Chinese freundlich.

„Gewiß, gewiß . . .", murmelte Jonker und dachte, woher weiß dieser verdammte Chink, daß die Maschine ein Trümmerhaufen ist. Er kam nun direkt zur Sache. „Mr. Tang, ich bin gekommen, um von Ihnen, einem erfahrenen Mann und Kenner der Straits Settlements, einen Rat zu erbitten. Ich habe bereits eine Menge Geld in die Reparaturen für die *Prins Maurits* gesteckt. Deshalb werden Sie vielleicht meine Bestürzung begreifen, wenn ich Ihnen sage, daß ich seit zwei Tagen keine Arbeiter mehr für die Reparaturarbeiten bekommen kann. Etwas Unerklärliches, Geheimnisvolles vollzieht sich auf dem Borneo-Dock. Es ist, als sei die Pest auf dem Schiff. Ich habe meine Leute angewiesen, mehr Geld zu bieten. Aber die guten Arbeiter sind an anderer Stelle tätig, die schlechten, auf die man in Notfällen zurückgreifen muß, sitzen an der Pier und spielen. Können Sie mir das erklären?"

„Gewiß", sagte Tang Chia Ti. „Hinter alldem steht ein einziger Mann, Mijnheer Jonker."

„Und der heißt?"

„Tang Chia Ti."

Ganz leise, höflich, ja fast freundlich sagte der Alte das. Karel Jonker hatte gehofft, den Gegner in Verlegenheit zu bringen und ihm nach und nach ein kleinmütiges Geständnis abringen zu können. Er hatte sich gründlich getäuscht.

„Und warum, Mr. Tang?" fragte er.

„Ich brauche die Leute. Es ging darum, den Schoner *Loana* innerhalb von wenigen Tagen, fünf sind es wohl, seetüchtig zu machen, damit er Fracht nehmen kann. Dann nämlich kann die Eignerin, Kapitän Lynn MacLoy, gewisse Kredite zurückzahlen. Kredite, die eigentlich erst in Monaten zur Rückzahlung fällig waren. Aber wie das manchmal so ist, gewisse Versäumnisse bei der Vertragsunterschrift . . . Ich habe mir also erlaubt, Kapitän Lynn MacLoy behilflich zu sein, auf meine Weise. Ein kleines Zeichen meiner Verehrung und ein Akt der Gerechtigkeit. Ich hoffe, Sie als zivilisierter Europäer haben Verständnis dafür."

Jonker erhob sich. Er verzichtete auf die übliche Geste der Höflichkeit, stülpte seinen Hut auf, ging zur Tür und wandte sich noch einmal um. „Sie spielen mit hohem Einsatz, Mr. Tang. Was Sie auch sonst noch im Schilde führen mögen, ich werde mich zu wehren wissen. Ich glaube, Sie unterschätzen mich."

Der Chinese lächelte auf seine unergründliche Art. Ruhig sagte er: „Sie hängen am Geld, Mr. Jonker. Solche Leute sind berechenbar und leicht zu handhaben. Überdies sind Sie ein kranker Mann, der in Angst lebt . . ."

„Behalten Sie Ihr Gewäsch für sich!" schrie der Holländer. „Wir werden ja sehen, wer am längeren Hebel sitzt!"

DER Postbote bekam einen dreifachen Schnaps. Er sagte: „Du meine Güte, Mien! Wer soll denn mit so einer Ladung noch Briefe austragen?"

Er wischte die Tränen weg, die ihm in die Augen getreten waren, denn Mien hatte aus jener Flasche eingeschenkt, mit denen sie die Hartgesottenen zu bedienen pflegte. „Der hat es aber in sich!" sagte er.

Und Mien darauf, den Brief in der Hand wiegend: „Ich hoffe, der hat es auch in sich."

Sie ging und öffnete den Brief.

> Liebes Fräulein Mien,
> da ich selbst ohne verwandtschaftlichen Anhang bin, hat mir die Nachricht von der Existenz Ihres Vaters große Freude bereitet. Er könnte bei uns wohnen bis an sein Lebensende, und ich würde ihn ehren, als sei er mein leiblicher Vater.
>
> So darf ich denn in Vorschlag bringen, daß Sie nach Verkauf Ihrer Liegenschaften oder Verpachtung derselben mit Ihrem Herrn Vater ein Schiff besteigen und daß wir uns in Singapore treffen, von wo aus es einfacher ist, Europa wieder zu erreichen, sollte einem der Sinn danach stehen. Ich habe die Agentur Woods & Stenton in der Nr. 23 der Raffles Road angewiesen, Ihnen mit jeder beliebigen Geldsumme zur Verfügung zu stehen. Ich selbst würde auf Ihre Nachricht sofort anreisen und ganz zu Ihren Diensten sein. Und so zeichne ich denn in der Hoffnung, Sie bald im fernen Osten begrüßen zu dürfen, als Ihr ergebener Hendrik Potter.

Mien, die in ihrem Leben kaum mehr als ein halbes Dutzend Bücher gelesen hatte, war begeistert von dem höflichen und gewandten Brief. Gewiß, auch ihre Briefe konnten sich sehen lassen. Aber die hatte Claes Snoek geschrieben. Snoek war ein brauchbarer Mann, vielseitig und mit allerlei Fähigkeiten ausgestattet. So hatte er zum Beispiel nach Einsicht der Bücher den genauen Schätzwert des Hoekplaats ermittelt. Er hatte die Möglichkeiten untersucht, Hotel und Lokal mit einigem Gewinn zu verkaufen oder für eine gute Rente zu verpachten. Und auch für Han Versteegh hatte er einen Platz für einen geruhsamen Lebensabend gefunden. Aber das war nach Potters Brief ja nicht mehr nötig. Miens Herz erwärmte sich bei dem Gedanken, daß ein mutiger Schritt genügte, um ihr ganzes Leben zu ändern.

Sie erhob sich und verbarg den Brief in der Lade ihrer Kommode. Dann trat sie ans Fenster und blickte über die Dächer, die Kräne und Schiffsmasten und das dunkle Wasser des Flusses. Der Himmel war schwer und grau, es nieselte. Man hätte schon gut die Gaslaternen auf der Straße anzünden können, denn bald, noch vor Mittag, würde der Nebel in dichten Schwaden vom Meer heraufziehen und mit ihm die frühe Dämmerung. Jedes Jahr zu dieser Zeit hatte Mien Sehnsucht nach den Tulpenfeldern und dem Nelkenduft des Sommers. Nun aber, seit diesem schicksalhaften Inserat in der Zeitung, nach Snoeks Berichten und Potters Briefen, erschien ihr alles blaß und fad.

Mien träumte von Java und Hendrik Potter. Und je mehr sie träumte, desto wahrscheinlicher erschien ihr die Realisierung ihres Traums und desto größer wurde ihre Sehnsucht. So manche Nacht hatte sie wach gelegen und überlegt, was von ihren Besitztümern sie nach Indien mitnehmen müsse und wie man sie am besten verpackte. Praktische Überlegungen, zu denen sich nun eine neue, weit wichtigere fügte. Was sollte aus Han Versteegh werden? Konnte und sollte man einen so alten Baum noch verpflanzen? Sie entschloß sich, erst mit Claes Snoek darüber zu sprechen, und stieg die knarrenden Stufen hinab in die Gaststube.

Han saß bei den Seeleuten und würfelte. Mien setzte sich zu Snoek, der an seiner langen, dunklen Zigarre sog und sie freundlich ansah.

„Ich habe allerlei Nachrichten."

Snoek nickte.

„Er schreibt, mein Vater solle mitkommen nach Indien, er sei willkommen."

Wieder nickte Snoek, als habe er das erwartet.

„Was soll ich tun? Er ist ein alter Mann, war nie in den Tropen. Ich weiß nicht, ob ihm das Klima bekommt. Ich will nicht, daß er bei einem Abenteuer stirbt, zu dem ich mich entschlossen habe. Sie müssen verstehen, ich liebe ihn sehr. Mit all seinen Fehlern. Soll ich ihn beschwatzen, daß er mitkommt, falls ich die Einladung des Mijnheer Potter annehme?"

„Haben Sie sich entschlossen?"

„Ich glaube, ja. Er schreibt sehr schöne Briefe. Fast schäme ich mich, daß ich mich Ihrer Gedanken bediene, wenn ich ihm antworte."

„Es sind nicht meine Gedanken, nur meine Formulierungen. Die Gedanken sind die Ihren. Im übrigen, wer sagt Ihnen denn, daß nicht auch Potter in Batavia jemanden hat, der ihm ein bißchen die Feder führt?"

„Hendrik Potter würde das nicht tun", sagte Mien mit großer Überzeugung. „Aber lassen wir das beiseite. Was geschieht mit Han Versteegh, wenn ich nun nach Indien gehe? Ich kann ihm den Hoekplaats nicht anvertrauen. Er würde jedermann einladen, mit ihm gratis zu saufen, bis der Morgen graut. Er würde die Bücher vernachlässigen, und die Hafenhaie würden ihn bankrott machen, ehe noch mein Schiff dort drüben angelegt hat. Was also soll ich tun?"

„Ich werde über eine Lösung nachdenken", sagte der Advokat.

„Aber es müßte bald sein. Wie man mir berichtet hat, geht als nächstes Schiff die *Amstelveld* nach Batavia, und man muß sich wohl beeilen, wenn man noch eine Kabine buchen will."

„Ich glaube, ich habe schon eine Idee."

Snoek war viel unterwegs in den folgenden Tagen, und noch während Mien mit List und Vorsicht den Vater zu präparieren begann für eine Entscheidung, die sie selbst gefällt hatte, fand Snoek für den Hoekplaats einen Mann, der eine gute Jahrespacht bot und überdies bereit war, Han Versteegh mit all seinen kleinen Privilegien an seinem Platz zu belassen, bei freier Kost und Logis und einer monatlichen Zahlung von hundert Gulden. Das war eine gute Lösung, und der Alte willigte schließlich ein. Der Vertrag wurde unterschrieben und gesiegelt, und dann eilte Mien zur Reederei, um ihren Platz auf der *Amstelveld* zu buchen. Der Kommis, der sie bediente, lobte das Schiff und beglückwünschte sie zu dem Entschluß, gerade die *Amstelveld* für eine so weite und nicht ganz ungefährliche Reise gewählt zu haben. „Auch werden Sie an Bord eine Reihe von hervorragenden Persönlichkeiten unter den Passagieren finden. Kaufleute von Rang, einen Offizier, einen Priester und Damen der besten Gesellschaft", fügte er hinzu.

„Auf die freue ich mich ganz besonders", sagte Mien und meinte das

Gegenteil. Der Kommis kassierte die Passage, und Mien ging. Ihr war schwer ums Herz. Sie trennte sich nicht gern vom Hoekplaats und von Han Versteegh.

Das Dampfschiff *Amstelveld* war ursprünglich eine gaffelgetakelte Brigg gewesen, die Post, Fracht und Passagiere zwischen Holland und seinen Kolonien in Fernost beförderte. Ihre nunmehr vierte Reise mit einer Dampfmaschine ließ sich nicht gut an. Das Wetter war schlecht und die Passagiere in übler Verfassung. Vom englischen Kanal bis in die Biskaya war die See rauh. Die meisten Passagiere blieben unter Deck. Doch als dann die rauhe See eingeschlafen war, als die Sonne schien und die *Amstelveld* mit zusätzlicher Hilfe von allerlei Leinwand in den drei Masten bei rauhem Wind südostwärts strebte, waren die anfänglichen Ängste vergessen, war zur Seekrankheit kein Grund mehr gegeben. Man traf sich zu den Mahlzeiten im Salon und machte sich bekannt. Da war ein junger Leutnant, der sich als Wim Wouters vorstellte, bester Schütze der holländischen Armee, ein irischer Missionar, eine hochbusige Dame aus Venlo, Gattin eines Gummiaufkäufers, und ein Bohrmeister aus Belgien, der einen beneidenswerten Appetit entwickelte und jedermann in seiner Nachbarschaft zwang, rasch zuzugreifen, wollte er nicht zu kurz kommen. Auch eine feine Dame aus Luxemburg saß mit zu Tisch, ein Gewürzhändler und schließlich Mien Versteegh und Claes Snoek.

Man sprach über das Wetter und die letzten Nachrichten, die der Telegraf an Bord getragen hatte, über die Gummipreise und über den Bau des Suezkanals, der ihnen allen nun die Reise um gute 24 Tage verkürzen und den Weg um das Kap der Guten Hoffnung ersparen würde. Nur Claes Snoek und Mien Versteegh trugen nicht wesentlich zur Unterhaltung bei. Sie saßen meist auf dem Peildeck und führten leise Gespräche.

„Ich rätsele noch immer daran herum, Claes, was Sie dazu veranlaßt hat, gemeinsam mit mir dieses Schiff zu besteigen."

„Schreiben Sie es meiner Unrast zu, Mien."

„Man fährt aber doch nicht um die halbe Welt, weil man rastlos ist?"

„Ich habe zu lange im Osten gelebt. Die Alte Welt ist eng und grau. Die Städte sind feindselig für einen, der Jahre seines Lebens unter Palmen und Sternen auf den Veranden der Bungalows guter Freunde seinen Genever getrunken hat. Sind das nicht Gründe genug?"

„Ja. Eine Menge Gründe. Aber warum ausgerechnet dieses Schiff?" Er gab ihr nicht die Antwort, die sie erhoffte. Er zuckte nur die Achseln, so, als wisse er es selbst nicht.

In Wahrheit wußte er sehr genau, warum es gut gewesen war, das nächste Schiff zu nehmen. Seine Ausflüge nach Amsterdam und Den Haag waren nicht gut gelaufen. In einem renommierten Spielclub hatte ihn ein Mann erkannt, dem er vor Zeiten einmal in langen Verhören hatte Rede stehen müssen über seine Kunst, die Karten zu mischen. Unter Zurücklassung eines beträchtlichen Gewinns hatte er rasch das Weite suchen müssen. Dann war ihm ein Kreditgeschäft schiefgegangen, und schließlich scheiterte der Verkauf eines prächtigen Landsitzes, den man ihm anvertraut hatte, an Erbstreitigkeiten der Vorbesitzer. In dieser Sache hatte sich Snoek etwas voreilig aus der Erbmasse für seine Bemühungen entschädigt, und es war zu erwarten, daß die erbosten Erben die Polizei bemühten.

Die *Amstelveld* strebte nun dem kleinen Hafen Porbandar zu, wo einiges Stückgut zu löschen war. An Bord litt man zunehmend unter der Langeweile und der Hitze. Die Damen hielten sich viel unter Deck auf oder saßen unter den Sonnensegeln auf den verschiedenen Decks. Die Herren benötigten große Mengen Bier und saßen häufig im Licht einer tiefhängenden Lampe im Salon um den Kapitänstisch zu einer Pokerrunde versammelt. Sie glaubten alle, etwas vom Pokern zu verstehen. Der Gewürzhändler und der Bohrmeister, der Leutnant Wouters und der Gummihändler, und auch Claes Snoek, der berufsmäßige Falschspieler.

Es war ihm ein leichtes gewesen, seine gezinkten Karten mit denen des Stewards zu vertauschen, und er sah den kommenden Ereignissen gelassen entgegen. Man spielte anfangs nur um kleine Summen, die fast ausnahmslos der Gewürzhändler gewann. Aber dann wendete sich das Blatt. Da war plötzlich Snoek am Zug, und der große Verlierer war der Leutnant Wim Wouters, der unbekümmert einen Schuldschein nach dem anderen unterschrieb. Auf der Reede von Porbandar hatte Snoek bereits achthundert Gulden gewonnen, als sie Bombay querab hatten, waren es elfhundert und in Mangalore vierzehnhundertfünfzig.

Dann, eines Abends, als es den Gewürzhändler aus Leyden erwischte und er mit einem *Full house* dreihundert verlor, platzte die Runde. Der Mann aus Leyden stieg beleidigt aus, und mit vier Mann

kann man natürlich keinen anständigen Poker mehr spielen. Snoek war zufrieden. Er hatte eine ganz hübsche Barschaft zusammen. Gewiß, der bei weitem größte Teil seines Kapitals bestand aus den Schuldscheinen des Leutnants. Aber konnte es sich ein Offizier leisten, seine Spielschulden nicht zu bezahlen? Die *Amstelveld* löschte in Colombo, passierte die Nikobaren-Gruppe und lief in die Malakkastraße ein. Im Morgengrauen verließ das Schiff Belawan und ging unter Dampf und vollen Segeln mit dem Passatwind auf Südostkurs.

LYNN MACLOY stand auf dem Brückendeck ihres Schiffes und blickte auf das fast vollendete Werk all der braunen Hände, die auch in dieser frühen Morgenstunde mit verwunderlichem Fleiß an der Arbeit waren. Die *Loana* war nun wieder ein ordentliches Schiff. Die Masten standen, man hatte versuchsweise das neue Zeug gesetzt, und die weißen Segel killten leicht im umlaufenden Wind. Die Decks waren gescheuert, das stehende und laufende Gut repariert oder erneuert, die Geitaue lagen sauber aufgeschossen auf den frisch geteerten Planken. Aus der Kombüse wehte verlockend der Duft von gebratenem Fisch und geröstetem Fleisch, vermischt mit den Aromen mannigfacher Gewürze.

Wer dieses Schiff vor Wochen gesehen hatte, als es, dem großen Taifun mit knapper Not entronnen, mehr einem Wrack glich, der hätte kaum angenommen, daß es jemals wieder seetüchtig werden könnte. Lynns Augen strahlten vor Zuversicht und Glück. Die dunklen Wolken hatten sich verzogen dank der Freundlichkeit eines Mannes, von dem sie eigentlich nicht mehr wußte als das, was der Küstenklatsch ihr zugetragen hatte.

Tang Chia Ti, der Geheimnisvolle, verehrt und geliebt von den kleinen Leuten im Hafen und auf der Halbinsel, gefürchtet von all jenen, die im trüben fischten, respektiert sogar von den Mächtigen. Wer war er wirklich? Ein politischer Intrigant? Ein weiser Wohltäter? Oder lediglich ein chinesischer Kaufmann, auf Gewinn bedacht?

Der Begegnung, für die Tang Chia Ti ihr ein höfliches, kleines Billett geschickt hatte, sah Lynn MacLoy mit einiger Spannung entgegen. Er war nun, soviel hatte sie leicht in Erfahrung bringen können, ihr Gläubiger, und wie immer er die geschäftlichen Dinge mit ihr zu gestalten gedachte, es konnte sich nur zum Besseren wenden.

An der Pier fuhr die Rikscha vor, die Tang Chia Ti ihr geschickt hatte. Lynn stieg zur Gangway hinab und ging an Land. Sie trug einen chinesischen Ichang aus türkisfarbener Seide; lange hatte man sie nicht mehr so elegant gesehen, denn wenn sie auf der Brücke ihres Schiffes stand, trug sie gewöhnliche Matrosenkleidung. In diesem asiatischen Kleid jedoch sah sie aus wie eine Königin, und während sie das leichte Gefährt bestieg, ruhte alle Arbeit an Deck, und die Männer starrten ihr nach. Es waren zumeist rauhe Burschen, zu unflätigen Reden immer bereit. Doch jetzt war nicht einmal ein anerkennender Pfiff zu hören.

Sie verließen die breite Hafenstraße, der barfüßige Kuli trabte mit dem Gefährt in gleichmäßigem Trott durch die engeren Straßen der Chinesenstadt und hielt vor dem schmalbrüstigen, geheimnisumwitterten Haus. Die kleine Pforte öffnete sich, noch ehe sie den Fuß auf den lehmgelben Boden gesetzt hatte. Ein Diener verneigte sich tief vor ihr, sie trat ein. Eine kleine Halle, halb dunkel. Der Geruch von Räucherwerk und weiche Läufer und Teppiche. Dann steile Stufen. Ein Korridor, eng und von düster flackernden Gaslampen erleuchtet. Am Ende ein Vorhang aus Perlenschnüren in vielen Farben. Dort stand ein braunhäutiger Tamile mit sanften Augen, in denen ein Lächeln des Willkommens leuchtete. Er bog den Vorhang auseinander, und Lynn trat ein in das Allerheiligste des chinesischen Kaufmanns.

Tang Chia Ti erhob sich und ging ihr entgegen. „Meine alten Augen sind glücklich, etwas so Schönes aus der Nähe betrachten zu dürfen.“ Und er verneigte sich.

Lynn antwortete mit gleicher Geste: „Ehrwürdiger Tang Chia Ti, es ist mir eine große Ehre, in diesen Räumen empfangen zu werden von einem gütigen Mann, dem ich vieles zu danken habe.“

Sie nahmen Platz, der Tamile bediente sie, wie es üblich war, mit Tee und süßem Naschwerk. Eine lichte, blaue Wolke schwebte in dem Raum. Erst vor kurzem hatte der Hausherr das kleine Opfer gebracht zu Ehren der Ahnen. Auch hatte er danach eine Pfeife mit Opium geraucht, und der süßliche Duft mischte sich mit dem von Sandelholz und Lotos. Sie sprachen einige Zeit über Alltägliches, jeder dabei bemüht, ein Thema zu finden, das den anderen interessieren könnte, bis es an der Zeit schien, nun zum Grund dieser Begegnung zu kommen. Nach einer kleinen Pause, in der sie beide nachdenklich in die letzten dünnen Rauchschwaden blickten, nahm der Chinese behutsam den Faden auf. „Ich habe zu meiner großen Freude vernommen, daß der Schoner *Loana* wieder seetüchtig ist.“

„Er wäre es nicht ohne die großzügige Hilfe eines Mannes, den mein Vater so sehr als Freund und Ratgeber schätzte und den auch ich verehre ob seiner Weisheit und Güte. Und nichts würde mich glücklicher machen, als mein Schiff und mich selbst in den Dienst des Ehrenwerten zu stellen, bis eine Schuld getilgt ist, die – hätte ich sie an anderer Stelle in Anspruch nehmen müssen – für Kapitän und Schiff den Verlust des guten Rufes und der Freiheit bedeutet haben würde."

Der Alte nickte. „Ich habe von dieser Entwicklung gehört. Nun aber, da das Unheil abgewendet ist, sollten wir gemeinsam über die nähere Zukunft sprechen. Hat meine Tochter schon eine Ladung für die nächste Reise?"

„Ich wollte damit warten, bis der ehrenwerte Tang Chia Ti mir einen Rat oder Hinweis gibt."

Der Kaufmann nickte. „Einen Hinweis gewiß. Vielleicht sogar mehr als das. Ich wage eine Bitte vorzutragen. Ich habe eine recht schwierige und kostbare Fracht zu verladen. Von Singapore nach Madras. Es handelt sich um acht Polopferde für den Offiziersclub in Kancheepuram. Der Wert dieser Tiere geht über das Materielle hinaus. Sie sind ein Geschenk von mir an das dortige Regiment, dessen jetziger Kommandeur in spätestens einem Jahr nach Singapore versetzt werden wird. Er ist nicht nur begeisterter Polospieler, er ist gleichzeitig der Schwiegersohn unseres Gouverneurs und ein Neffe des Vizekönigs. Ihn zu seinen Freunden zu zählen, wäre ein großer Gewinn."

Lynn nickte.

„Mir liegt daran", fuhr Tang Chia Ti fort, „diese wichtige Fracht nicht nur einem Schiff, sondern vor allem einem Menschen anzuvertrauen, der erfahren und pflichtbewußt ist. Und da wüßte ich außer Kapitän MacLoy niemanden."

„Jan Wagtmans", sagte Lynn. Der Chinese schüttelte den Kopf. „Jan Wagtmans ist ein guter Seemann, ohne Zweifel. Aber er ist ein Mann, der weder sich noch seine Besatzung schont. Wie könnte ich ihm einen Transport Tiere anvertrauen? Wagtmans ist ein Schiffsführer, dem ich ein Schiff oder eine Ladung geben würde, wenn es gälte, eine Seeblockade zu durchbrechen. Überdies hat er kein Schiff, und ich glaube auch nicht, daß er in nächster Zeit eines haben wird. Es ist schade um ihn, aber er ist auf dem falschen Weg."

„Was ist los mit ihm?"

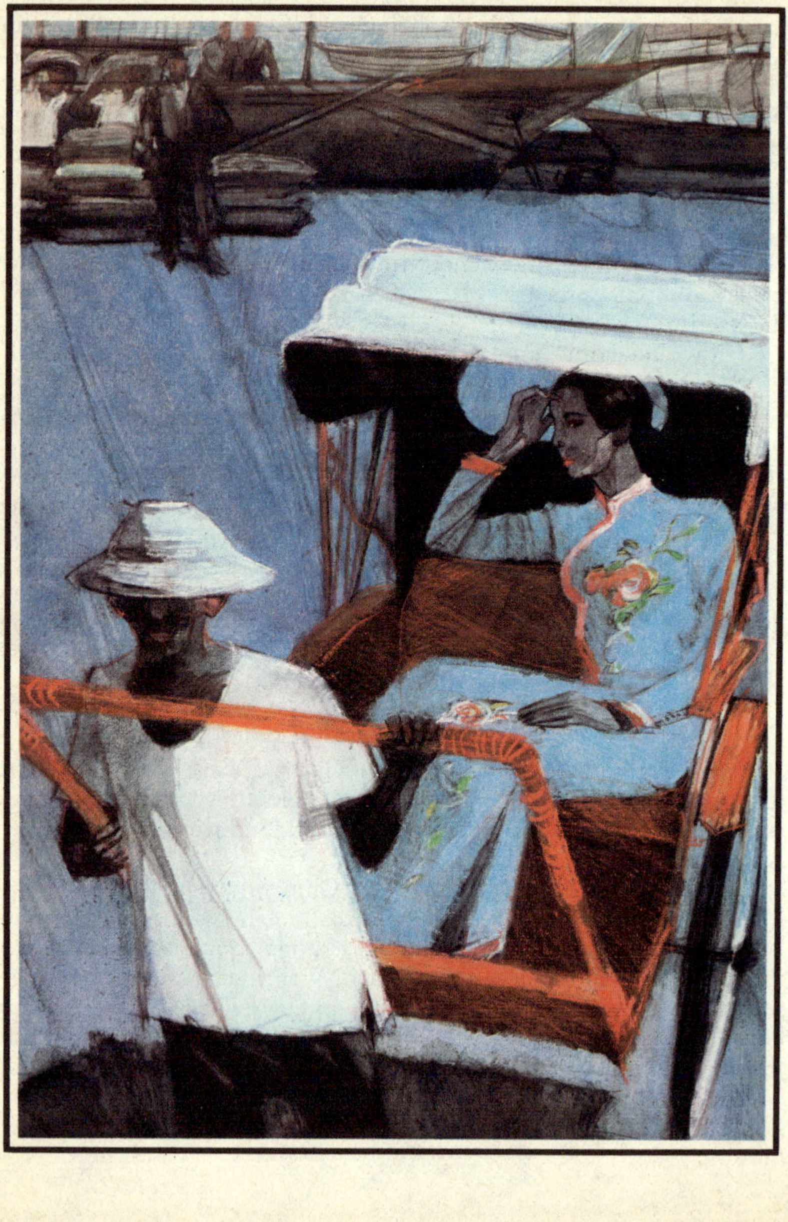

„Er ist an irgend etwas zerbrochen. Es gibt da eine sehr traurige Geschichte, die mit dem Tod eines Mädchens endete. Man sagt, er habe einen Fehler gemacht, und nun fügt er wohl weitere hinzu. Aber, um wieder auf meine Polopferde zurückzukommen . . ."

„Wann laufe ich aus?"

Sie kamen schnell überein. Natürlich blieb es nicht bei der lebenden Ladung. Es lag auch Stückgut bereit und ein halbes hundert Säcke mit Boston-Crackers, jenes unbeschreiblich harten amerikanischen Zwiebacks, der gelegentlich als eiserne Ration und Notproviant an Soldaten und Seeleute verteilt wurde. Dazu Rohgummi, Kopra und Hanf. Auch für den Rückweg lag eine kostbare Fracht bereit, ein großer Posten Opium.

Das Finanzielle der Mission war rasch besprochen, und der Chinese bot für die Reise einen Betrag, der groß genug war, den Auftrag lukrativ zu gestalten, und nicht zu groß, um eventuell einem Geschenk gleichzukommen. Beide Partner waren mit dem Handel zufrieden. Sie tranken nun beide ihren Tee, und dann verließ Lynn das Haus.

DAS Bangor-Boat hatte einen recht guten Ruf als Logierhaus und auch als Pub, obwohl es ein Etablissement für Leute mit kleiner Börse war und nicht in der feinsten Gegend des Hafens von Singapore lag. Allerlei Volk hatte sich angesammelt. Meist waren es Seeleute. Aber auch einheimische Händler versuchten, kleine Geschäfte zu machen mit legaler oder gestohlener Ware. Chinesen spielten in einer Ecke mit Steinchen und Blättchen um geringe Summen, eine Dame von der Mission sprach mit einem Betrunkenen über Gott, und am Fenster saß Kapitän Jan Wagtmans im Gespräch mit Duff O'Hara, dem Wirt, der sich an der Tonbank von zwei malaiischen Mädchen vertreten ließ.

In den Geruch von Tabak und Schweiß, Gewürzen, Fisch und Rum mischte sich unverkennbar der süßliche Duft von Opium.

Kapitän Jan Wagtmans war ein Mann von zweiundvierzig Jahren mit wettergebräuntem Gesicht, dessen markante Züge Willen und Durchsetzungskraft verrieten. In seinen blauen Augen lagen Ernst und Wissen, Erfahrung und Enttäuschung. Und trotzdem spürte man das Abgründige, Instinktsichere einer Dschungelkatze in seinem Blick. Sein Haar war mittelblond, und er trug einen gutgepflegten Schnurrbart. Seine Kleidung war nicht nach der letzten Mode, aber sehr gut geschnitten und betonte den muskulösen Körper.

Man schrieb das Jahr 1882, es war Dezember, also die Zeit des Nordost-Monsuns, und Kapitän Jan Wagtmans hatte seit vier Monaten kein Schiff mehr. Deshalb wohnte er auch im Bangor-Boat bei Duff O'Hara und nicht im Europäerviertel im Beach-Hotel oder im Raffles. Dieser Zustand war seit einigen Jahren für Jan Wagtmans nichts Ungewöhnliches mehr. Er hatte keinen guten Ruf bei den angesehenen Reedereien, und die schlechten, deren Schiffe nur noch von Rost und Muscheln zusammengehalten wurden oder deren Verpflegung so miserabel war, daß man die Leute nicht an der Arbeit halten konnte und ohnehin riskierte, eine Handspake oder einen Schraubenschlüssel über den Schädel gezogen zu bekommen, auf diese Sorte Särge verzichtete er, solange er es sich leisten konnte. Nicht, weil er sich vor diesem Gesindel fürchtete, vielmehr war er darauf bedacht, seinen Namen nicht vollends zu ruinieren. Noch galt er unter Fachleuten als erstklassiger Seemann und Schiffsführer, unbestechlich und korrekt.

„Schon deine Tour gemacht?" fragte Duff.

„Ja. Vier Agenten, drei Reedereien. Vorige Woche noch hat man mir einen Griechen versprochen. Der Kapitän ist krank. Ein Viertausendtonner, der Zinn von Borneo nach Singapore bringt und Stückgut von Singapore nach Batavia."

„Aber?"

„Ich hab's abgelehnt. Gehe nicht mehr nach Batavia – du weißt warum."

Duff O'Hara wurde ein bißchen wütend. „Wenn dich diese verdammte Sache nicht umbringt, dann aber bestimmt eines Tages mich! Es ist ein Tick von dir."

Der Seemann schwieg. Sie hatten diesen Streit zu oft gehabt, es war sinnlos, denn jeder beharrte auf seiner Position. Jan Wagtmans ging nicht davon ab, seine Braut umgebracht zu haben, und Duff O'Hara hielt das für ausgemachten Blödsinn. Jan wußte es besser. Er hätte damals mit seinem Schiff umkehren und nach Batavia zurückfahren müssen, als er erkannte, daß Maud die schwarzen Pocken hatte. Aber er hatte nur an seine Pflicht als Kapitän gedacht, der seine Ware zu einem bestimmten Termin abzuliefern hatte, und war weitergefahren, durch die Andamanensee, hatte Kho Phra Thong, wo es einen Arzt gab, an Steuerbord liegenlassen und Port Blair, wo die Engländer eine kleine Militärstation mit einem Arzt unterhielten, an Backbord. Als sie Tavoy querab hatten, starb Maud Heest, die Tochter des Gouverneurs. Aber Schiff und Ladung, ihm von der Reederei anvertraut, erreichten pünktlich den Zielhafen Kalkutta. Es war eine wertvolle Fracht. Junge Gummipflanzen, die noch einen weiten Weg vor sich hatten. Natürlich machte der Gouverneur ihm den Prozeß. Aber die Reederei bestellte in Den Haag zwei der besten Anwälte des Landes. Es ging den Herren in den Schiffskontoren von Amsterdam ums Prinzip. Doch als sie den Prozeß gewonnen hatten, wurde Wagtmans gefeuert. Erst sehr viel später erfuhr er, daß dieser Kompromiß zwischen der Reederei und dem Gouverneur bereits vor dem Verfahren ausgehandelt worden war.

Das alles lag nun schon drei Jahre zurück und hatte Wagtmans verändert; nicht gerade zu seinem Vorteil und auch nicht zum Nutzen der Schiffe, die man seiner Führung anvertraute. Sehr bald war ein ehrlicher Seemann mit guten Papieren nicht mehr bereit, unter Jan Wagtmans zu fahren. Er war zu einem Mann geworden, der die Gefahr, ja vielleicht sogar den Tod suchte. Er pfiff auf Wetterwarnungen und erprobte Seekarten. Er suchte, wie er behauptete, neue und kürzere Wege zwischen den Inseln, er fuhr durch Taifune, denen jeder vernünftige Seemann ausgewichen wäre, er fuhr mit Besatzungen, die vom Steuermann bis zum Koch reif fürs Gefängnis waren und mitunter nicht die geringste Ahnung von der Seefahrt hatten.

Bisher hatte er auf seinen wahnwitzigen Fahrten weder Schiff noch Ladung verloren. Viele Geschichten über ihn machten die Runde in den Mannschaftslogis und an den Bartheken der Chinasee und des Stillen Ozeans. Manche waren erfunden oder aufgebauscht, aber der Kern Wahrheit, den sie alle besaßen, genügte, um einen solchen Seemann als Schiffsführer suspekt zu machen, und er mußte sich mit Kommandos begnügen, die den Degradierten vorbehalten waren.

„Wie wäre es, wenn du – natürlich nur vorübergehend – als Erster Maat fährst? Eine oder zwei Reisen, bis sich die Dinge wieder eingependelt haben", sagte Duff zu Wagtmans.

„Nein."

„Und warum nicht?"

„Weil sich so etwas herumspricht. Weil es dann heißt: Aha, der Kapitän Wagtmans rutscht langsam ab. Gestern noch Kapitän, heute Erster Maat, morgen vielleicht Zweiter, und demnächst pennt er in der Vorplicht und arbeitet als Deckshand vorm Mast."

„Schön und gut, aber wie soll es weitergehen? Die Schiffe, die hier einlaufen, sind komplett, vom Stoker bis auf die Brücke."

„Muß eben warten, bis irgendein Seelenverkäufer hier anlegt. Einer, dessen Kapitän sie unterwegs außenbords geworfen haben oder der mit der Schiffskasse durchgebrannt ist."

Duff kratzte sich hinter dem Ohr wie jemand, der mit einer bestimmten Sache nur ungern herausrückt. Dann sagte er: „Da müßte sich doch etwas finden lassen."

„Also hast du etwas gefunden?"

„Hm, na ja. Es läuft da einer herum und sucht 'ne komplette Crew für 'n Auflieger."

„Kann sich nur um die *Prins Maurits* handeln."

„Mal angesehen, die *Prins Maurits?*"

„Ja. Sie ist höllisch reparaturbedürftig. Aber dem Eigner scheint das Geld ausgegangen zu sein."

„Nicht das Geld. Der Mann heißt Karel Jonker. Reeder, Pflanzer, Gauner, Geizhals. Hat allerlei Einfluß, bekommt aber keine Arbeiter."

„Und warum nicht?"

„Er hat einen Feind, der mindestens ebensoviel Geld hat und noch mehr Einfluß. Der Chinese namens Tang Chia Ti. Wer mit ihm verfeindet ist, hat 'ne Masse Ärger. Karel Jonker hat 'ne Masse Ärger mit ihm, und deshalb kriegt er keine Arbeiter für die *Prins Maurits.*"

„Die *Prins Maurits* war früher mal ein gutes Schiff", sagte Wagtmans. „Ich habe mich an Bord mal ein bißchen umgesehen. Der Wurm, so scheint mir, sitzt in der Maschine. Und dann fehlt es noch an allen Ecken und Kanten. Keine Rettungsboote. Die Davits aus den Verankerungen gerissen. Die Verschanzung mittschiffs an Steuerbordseite weggewaschen. Ein Schrotthaufen, das ganze Schiff."

Duff nickte. „Auch mein Eindruck."

„Und so etwas willst du mir anbieten!"

„War nicht ernst gemeint, Jan. Vergiß es. Hab nur gedacht, wenn ein Mann in Singapore mit so einem Schlitten zur See fahren kann, dann ist das Jan Wagtmans. Ich glaube, der Eigner würde gut zahlen."

„Wieviel?"

„Weiß nicht. Wenn man gut verhandelt, vielleicht die doppelte Heuer. Der Bursche steht unter Druck. Hat da ein paar hundert Kontraktarbeiter, die ihm die Haare vom Kopf fressen. So ein Mann läßt für einen guten Kapitän schon was springen."

„Lassen wir den Burschen noch eine Weile schmoren. Mit dem Dampfer, so wie er jetzt aussieht, würde ich ohnehin nicht in See gehen. Da muß noch viel dran gearbeitet werden. Vor allem diese verdammte Maschine. Außerdem weiß ich nicht, wie der Kerl eine Crew zusammenbringen will, wenn er es nicht mal schafft, eine Handvoll Arbeiter für die Reparaturen anzuheuern."

„Aber wenn das alles in Ordnung wäre, würdest du den Kahn doch übernehmen?"

„Vielleicht. Kommt drauf an, was sich inzwischen noch anbietet."

„Ich fürchte, es wird sich nicht viel anbieten, Jan. Bei deinem Ruf . . . Und meine Geschäfte haben nachgelassen. Ich brauche Geld. Nicht, daß ich dich mahnen will. Du weißt, daß du bei mir Kredit hast. Aber immerhin sind es schon fast dreihundert Rupien."

„So viel schon?"

„Nun ja, es läppert sich eben zusammen, obwohl du wahrhaftig bescheiden lebst. Aber ich mache mir da keine Sorgen. Wenn du eines Tages wieder auf der Brücke stehst . . ."

„Auf der von der *Prins Maurits* zum Beispiel?"

„Ich habe im Moment kein besseres Schiff. Du vielleicht? Aber wie gesagt, mach dir keine Sorgen. Heute nicht und morgen nicht."

„Ab wann muß ich mir Sorgen machen?" Jan Wagtmans schob das Glas, das der Wirt ihm spendiert hatte, demonstrativ von sich. „Ab wann, Duff O'Hara? Machen wir uns doch nichts vor. Du bist Kneipenwirt und Heuerbaas. Du willst an mir verdienen. Das ist dein Beruf und dein gutes Recht. Aber was bietest du mir? Tausendmal am Tag betonst du, daß du mein Freund bist. Gut. Du bist mein Freund, solange ich eine brauchbare Handelsware bin. Aber machen wir uns nichts vor, an dem Tag, an dem ich verniggert bin, unrasiert und ohne einen Ana in der Tasche von Tür zu Tür gehe, um einen Job zu kriegen, an diesem Tag läßt du mich fallen wie einen heißen Reiskuchen. Mach jetzt kein Geschrei, wir wissen beide, wie es steht und daß das Leben so ist. Sag mir rechtzeitig Bescheid, wenn's soweit ist." Er erhob sich und verließ den Raum.

Am Abend ging Duff O'Hara zu Karel Jonker. Er hatte dort immer Einlaß, denn Duff O'Hara hatte noch einen zweiten Job, den eines Boarding-Masters, des Mannes, der arbeitslose Seeleute wie Kontraktkulis verkauft.

Jonker hockte hinter seinem Schreibtisch und blinzelte aus trüben Augen über die kleine Lampe hinweg den Besucher an.

Duff setzte sich unaufgefordert, langte in den mit kostbaren Intarsien versehenen Kasten aus Sterlingsilber und fischte sich eine von den langen schwarzen Zigarren und zündete sie an. Dann erst, als die hellblauen Wolken zur Decke stiegen, nahm er Notiz vom Hausherrn. Er nickte einen knappen Gruß. „'n Abend, Mijnheer Jonker."

Der Holländer war verärgert über die unverschämte Art und Weise, in der dieser Geschäftsfreund bei ihm auftrat. Aber er kannte kein Mittel dagegen. Duff O'Hara war ein Mann von großer Härte und ohne einen Funken von Respekt, geschweige denn Furcht. „Haben Sie eine Mannschaft für die *Prins Maurits?* Einen Kapitän?" fragte Jonkers.

„Habe ich in dem Augenblick, wo der alte Schrotthaufen so seetüchtig ist, daß er nicht in Sichtweite von Singapore absäuft."

„Lassen Sie das meine Sorge sein. Was für einen Kapitän haben Sie?"

„Jan Wagtmans. Den besten Seemann in diesen Breiten!"

„Kenne ihn", knurrte der Holländer. „Hat einen schlechten Ruf."

„Sie sollten in Ihrer Situation nicht zimperlich sein. Wagtmans' Schiffe kommen immer an. Immer!"

„Und Sie wissen, er würde das Schiff übernehmen?"

„Er war bereits an Bord und hat es sich angesehen."

„Und?" fragte Jonker erwartungsvoll.

„So, wie der Kahn jetzt aussieht, nichts zu machen. Die *Prins Maurits* ist ein Wrack. Also – wie sieht es aus mit der Reparatur?"

„Wir kriegen Ende der Wochc cine neue Schraube und einen Mann, der die Maschine wieder in Schwung bringt. Das ist die Hauptsache."

„Das sagte Wagtmans auch. Der Rest dürfte wohl nur eine Geldfrage sein. Sie haben ja Geld, Mijnheer Jonker. Sie trennen sich zwar ungern davon, aber es ist eine Rechenaufgabe. Was kostet Sie jeder Tag, den der Dampfer im Dock liegt?"

Der Holländer wurde wütend. Er hieb mit der Faust auf die kostbare Tischplatte und schrie: „Woher soll ich denn Arbeiter nehmen? Dieser verdammte Chinese will mich kaputtmachen! Er setzt den letzten Penner im Hafen unter Druck, damit er nicht für mich arbeitet!"

„Hab's schon gehört. Und fällt Ihnen kein Ausweg ein?"

„Ihnen vielleicht?"

„Natürlich."

„Dann mal raus damit. Was für einen Ausweg?"

Duff O'Hara kratzte sich am unrasierten Kinn. „Das Schiff müßte äußerlich so aussehen, als ob's ein Schiff wäre. Frischer Anstrich, ein paar Rettungsboote, das Messing ein bißchen geputzt."

„Und dann?"

„Dann lassen Sie auf Außenreede verholen."

„Alles gut und schön. Vielleicht ließen sich ein paar billige Boote auftreiben. Und ein paar Mann, die die Außenhaut pönen. Weiß am besten. Habe die Absicht, auf der nächsten Reise Passagiere zu nehmen. Passagiere haben zu Weiß immer Vertrauen. Aber wie geht's dann weiter?"

„Dann besorge ich Ihnen eine Crew. Die kommt an Bord, mustert ordnungsgemäß an und kommt nicht wieder an Land, sondern macht sich an die Arbeit. Normaler Tagesdienst. Und wenn die Burschen abends an Land wollen, gibt's eben ein Fäßchen Rum oder eins mit einer Handspake über den Schädel."

„Und wer besorgt das?"

„Den Rum besorge ich. Für Ihr Geld. Die Männer, die für Ordnung an Bord sorgen, muß man kaufen."

Karel Jonker überlegte.

Die Idee war nicht schlecht. Die *Prins Maurits* einfach auf Reede an die Kette legen und die Leute, die angemustert hatten, arbeiten zu lassen. Dafür bekamen sie ja ihre Heuer. „Ich will keinen Ärger haben. Nicht mit den Behörden und auch nicht . . ."

Er stockte, und Duff ergänzte: „Nicht mit Tang Chia Ti. Seine Macht reicht nicht bis aufs Wasser. Das ist eine Abmachung zwischen ihm und Chu Feng, dem Dschunkenkönig. Und Chu hat wohl nichts gegen Sie."

„Nicht daß ich wüßte."

Der Ire erhob sich. „Fein, dann nehmen Sie die Sache in die Hand. Ich sehe mich inzwischen nach einer Mannschaft um."

„Und Jan Wagtmans? Wäre vielleicht nicht schlecht, wenn der auf der Brücke stünde. Er ist ein harter Bursche."

„Ist er. Aber nicht billig. Übrigens, wohin soll die Reise gehen?"

„Batavia."

„Dann wird der Kapitän noch ein paar Rupien mehr kosten. Er hat was gegen Batavia. Ich denke, Sie kennen die Geschichte."

„Kenne sie. Aber ich bin nicht von der christlichen Mission, ich bin Reeder und Geschäftsmann. Sagen Sie ihm das."

Duff stülpte seinen zerbeulten und fleckigen Hut auf. „Ich nehme an, er wird es wissen. Kenne keinen in den Straits Settlements, der nicht weiß, daß Sie auch Ihre Großmutter verkaufen würden; 'n Abend, Mijnheer Jonker; lassen Sie von sich hören."

3. Kapitel

Hendrik Potter ging durch die Straßen von Batavia wie ein Mann, dem unerwartet Erfreuliches widerfahren ist. Er schwenkte seinen Bambusstock im Takt seiner Schritte, er grüßte alle möglichen Leute, die ihm kaum vom Ansehen bekannt waren, er gab den Bettlern hier und da eine Münze und kaufte allerlei Dinge, die die Leute in Erstaunen setzten. Denn was wollte der unverbesserliche Junggeselle wohl anfangen mit Tüllgardinen, chinesischen Teetassen, mit Galanteriewaren oder mit einem Baldachinbett für zwei Personen, mit Schmuck?

So also kam es, daß Potter das Gerücht in den Amandel-Club vorauseilte, er ginge auf Freiersfüßen. Natürlich gab es auch Stimmen, die behaupteten, er sei lediglich betrunken. Zu den Leuten, die zu dieser Annahme neigten, gehörte auch der deutsche Arzt Dr. Heinrich Vetter. Aber als Potter den Club betrat, erkannte er, daß sein Patient stocknüchtern war, so lud er den Pflanzer ein, an seinem Tisch Platz zu nehmen. Hendrik Potter ließ sich nicht lange bitten. „Freut mich, Sie hier zu finden, Doktor", sagte er.

Er ließ sich auf einen Stuhl plumpsen, zog die Flasche, die der Deutsche sich genehmigt hatte, aus dem Eiskühler und betrachtete die Marke.

„Es ist ein trockener Chablis", sagte Vetter.

„Fein, ist genehmigt."

„Kein Whisky? Kein Rum?"

„Ich habe den letzten Tropfen Whisky vor drei Tagen getrunken. Es war ein Opfer für die Götter; ich hatte gute Nachrichten!"

Der Tamilen-Boy kam und brachte ein zweites Glas. Dr. Vetter goß seinem Gast ein. Und während Hendrik Potter es durstig in einem Zug austrank, beugte sich der Deutsche weit vor und flüsterte: „Also raus mit der Sprache. Die ganze Stadt spricht davon, daß Sie beabsichtigen, ein Weib in den Dschungel zu verschleppen. Stimmt's?"

Einen Moment schien Potter verblüfft. Dann sagte er: „Sie müßten es doch wissen! Sie sind doch der einzige, der das Foto und die Briefe kennt."

Der andere erinnerte sich. „Natürlich! Diese Sache mit dem Mädchen in Rotterdam. Stehen die Dinge also gut?"

„Das will ich meinen! Sie hat ihr Hotel verpachtet und kommt nach Singapore. Da staunen Sie, Doktor! Der alte Hendrik Potter will eine Familie gründen. Aber ich habe ein verdammtes Problem, mit dem ich nicht fertigwerden kann. Ich komme nicht zurecht mit dem Lotos. Ich wollte einen zweiten Teich anlegen. Mit einer kleinen Insel in der Mitte, mit Fischen drin und vor allem mit Lotosblumen. Ich habe an Mien geschrieben, daß sie hier ein Meer von Lotosblumen haben wird. Ich bin selbst ganz verrückt nach diesem Zeug. Habe ein Vermögen in Keimlinge investiert. Alle Sorten probiert. Aber die Lotosblüten sind krepiert. Alles mögliche Zeug hält sich in der verdammten Pfütze, sogar die Fische."

„Dann pfeifen Sie auf den Lotos. Gibt genügend Grünzeug im Land." Der Arzt sah den Pflanzer aufmerksam an. „Hendrik Potter", sagte er, „ich mag Sie, und ich mache mir Sorgen um Sie."

Der Holländer winkte geringschätzig ab. „Ist nett, aber mit dem bißchen Suff werde ich schon fertig."

„Es ist nicht der Suff. Es ist etwas anderes. Ich frage mich, was veranlaßt dieses schöne Mädchen, sich auf ein solches Abenteuer einzulassen. Ein, wie sie schreibt, gutgehendes Hotel auf dem Kontinent zu verpachten und nach Batavia zu kommen zu einem Mann, den sie nie gesehen hat? Haben Sie ihr etwas vorgeschwindelt? Ein bißchen Tausendundeine Nacht? Das große Leben unter reichen Leuten in einer reichen Kolonie? Ein Traumland, dem Paradies nicht unähnlich?"

Potter nickte. „Ja. Aber es war meine einzige Chance."

„Und welches ist die Chance, die Sie ihr geben?"

„Sie kann nach Holland zurückfahren. Ich bezahle ihr die Reise, die Zeit, alles, was sie will. Wenn sie mich nicht mag . . ."

„Hendrik Potter, sie wird Sie nicht wollen. Sie kommt aus Europa, aus einer großen Stadt. Dort gibt es viele Männer. Und, Hand aufs Herz, eine Attraktion sind Sie nicht. Ihre Qualitäten schlummern eigentlich sehr im Verborgenen. Soll ich Ihnen sagen, was passieren wird? Das Schiff legt an, die Dame begibt sich an Land, und dort steht ein alter Mann, besoffen, unrasiert und mit dreckigem Hemdkragen.

So wie jetzt. Er macht einen Diener, verliert dabei noch das Gleichgewicht und fällt in eine Pfütze."

„Sie machen mich langsam wütend, Doktor", sagte Potter.

„Halten Sie die Klappe. Nehmen wir an, sie übersteht es. Nimmt ihr Herz in beide Hände und reist mit Ihnen in Ihr Urwaldparadies. Und was findet sie dort vor – im Urwald von Krawang? Ich muß es Ihnen nicht erzählen. Und Sie brauchen auch kaum in den Spiegel zu gucken, um festzustellen, was der tropische Busch aus einem Mann machen kann."

Potter sagte wütend: „Aus einem einsamen Mann, Doktor! Das Alleinsein macht einen kaputt!"

„Das ist es ja, was ich meine! Das Alleinsein wird auch die Frau kaputtmachen. Oder wollen Sie die Pflanzungen, die ganzen Geschäfte Ihrem Mandur anvertrauen? Soll ich Ihnen einen sehr ernst und sehr gut gemeinten Rat geben?"

„Nein!" sagte Potter.

„Ich tu's trotzdem. Verkaufen Sie! Gehen Sie als reicher Mann nach Holland zurück. Kaufen Sie sich ein Haus, heiraten Sie dieses Mädchen, wenn es Ihnen eine Chance gibt. Oder ein anderes. Saufen Sie sich gepflegt zu Tode. Es würde mich freuen, denn es ist ja die von Ihnen bevorzugte Art des Selbstmords. Aber tun Sie es sich und dem Mädchen Mien nicht an, im javanischen Busch so elend umzukommen, wie jeder, der den Absprung nicht rechtzeitig schafft."

„Ich würde da drüben eingehen vor Heimweh."

Der Arzt nickte. „Das ist ein Argument. Also bleiben Sie in drei Teufels Namen. Ein Mann, der vierzig Jahre im Osten gelebt hat, kann nicht mehr existieren ohne Lotos und all das, was mit ihm zusammenhängt." Der Club hatte sich langsam gefüllt. Ein paar jüngere Offiziere, Kaufleute mit ihren Damen, Beamte vom Zoll und anderen Behörden, Pflanzer aus den umliegenden Provinzen und Aufkäufer von Gummi, Kopra und Sisal.

„Ich könnte eine Stadtwohnung nehmen."

„Und wie oft würden Sie die Dame dann besuchen können? Anfangs vielleicht einmal, zweimal im Monat. Dann noch alle zwei oder drei Monate. Und eines Tages kommen Sie und finden einen fremden Herrn in Ihrem Bett."

„Doktor, wie kommt es eigentlich, daß Sie noch keiner erschlagen hat?!"

Vetter lachte. „Weil Sie der einzige Mensch sind, mit dem ich so rede."

„Ich fahre Mien nach Singapore entgegen", sagte Potter mit einem fast knabenhaften Trotz. „Dort werden wir uns ein bißchen beschnüffeln, und sie mag entscheiden, ob sie weiterfahren oder umkehren will."

DAS Volk am Hafen rannte zusammen und starrte hinaus in die Bucht, obwohl dort nichts zu sehen war, denn das Unglück hatte sich bei Mongrove-Island am Eingang der Singapore Strait ereignet. Der holländische Post- und Passagierdampfer *Amstelveld* mußte die Wracktonne über der vor Jahresfrist gesunkenen *Mary Hathaway* übersehen haben und war mit Maschinenkraft und vollem Segelzeug auf den nur wenige Meter unter Wasser liegenden Schiffskörper gelaufen. Der Rumpf der *Amstelveld* wurde in einer Länge von acht Metern aufgeschlitzt. Wasser war in die Laderäume gedrungen. Der Kapitän hatte, um das Schiff nicht vollends zu verlieren, sich mit der Kraft seiner Maschine von dem Wrack freigemacht und sein Schiff kurzerhand am Strand von Mongrove-Island in den Schlick gesetzt. Dort würden sich nun die Bergungsgesellschaften nach notdürftiger Abdichtung des Lecks bemühen, den Holländer freizubekommen und in die Werft zu schleppen. Es stellte sich später heraus, daß hier kein Fehler der Schiffsleitung vorlag, denn die Wracktonne hatte sich nach Aussagen einheimischer Fischer bereits vor einigen Tagen losgerissen und war abgetrieben. Die ersten Passagiere kamen mit ihrem Gepäck gegen Einbruch der Dunkelheit an Land. Natürlich waren Vertreter der Behörden, der Reederei, ja sogar der Missionen an der Pier, als die Schiffbrüchigen eintrafen, und auch diejenigen, die mit der *Amstelveld* Fracht, Angehörige oder Freunde erwarteten.

Zu ihnen hätte eigentlich auch Hendrik Potter gehören müssen, aber er lag zu dieser Stunde in seinem Zimmer im Raffles-Hotel und schlief seinen Rausch aus. Einen Rausch, der nun schon drei Tage dauerte, ebenso lange, wie er in Singapore war. Er hatte Angst vor Mien Versteegh. Angst davor, daß sie entsetzt zurückprallen würde, wenn sie sich zum erstenmal trafen, wenn sie sah, daß der Mann, um dessentwillen sie eine Welt aufgegeben hatte, ein von den Tropen und vom Suff verwüsteter, leberkranker Bursche war, dem ein verantwortungsbewußter Arzt noch ein Jahr oder auch weniger gab.

Natürlich hatte Potter sich auf diese Begegnung vorbereitet, hatte sich ein paar feine Anzüge anfertigen lassen, einen teuren Panamahut gekauft, sein Haar war geschnitten und sein Bart gestutzt. Und auf der ganzen Reise von Batavia nach Singapore hatte er so gut wie nichts getrunken. Doch dann, als er in seinem Hotelzimmer vor dem Spiegel stand und sich in all seiner Pracht ansah, da hatte er bitter gelacht. Die Spuren vieler geleerter Flaschen und langer Jahre im Dschungel ließen sich von einem noch so guten Schneider oder Friseur nicht tilgen.

Eine neue Art von Angst kroch in Potter hoch, und um sie zu betäuben, griff er zu seinem bewährten Mittel. Er trank. Hinter herabgelassenen Jalousien hockte er allein auf seinem Zimmer, trank und rauchte, aß nur selten eine Kleinigkeit, führte Selbstgespräche und schlief von Zeit zu Zeit den tiefen, kranken Schlaf der Trunkenbolde. Und so kam es, daß er nichts von dem Ungemach ahnte, das Mien Versteegh zugestoßen war.

Das Raffles-Hotel, Prunkstück des Europäerviertels, hatte die Prominenten unter den Schiffbrüchigen aufgenommen. Unter seinem Dach, in der weiten, mit schweren Sesseln und kostbaren Teppichen ausgestatteten Empfangshalle versammelten sich die meisten Passagiere. Mien Versteegh gehörte zu ihnen, Claes Snoek, Leutnant Wouters, auch die Dame aus Luxemburg, der Gummikaufmann, der Gewürzhändler aus Leyden und die Dame aus Venlo. Die Direktion verabreichte Gratisdrinks und servierte ein spätes, nächtliches Mahl. Außer den Hotelgästen waren auch Neugierige versammelt, und man bestaunte die kleine Gruppe der gutgelaunten Passagiere der gestrandeten *Amstelveld*. Es war ein kleines gesellschaftliches Ereignis; niemand dachte daran, sich zur Ruhe zu begeben, und bald knallten auch die ersten Sektkorken.

Zwei Etagen über dem fröhlichen Volk in der überfüllten Hotelhalle erwachte Hendrik Potter aus tiefem, schwerem Schlaf, erhob sich und wankte ins Bad. Von unten tönte Lärm herauf. Potter schnaubte mißmutig. In seiner Dschungeleinsamkeit hatte er sich oft nach Geselligkeit gesehnt, nach Musik und Tanz. Nun steckte er mittendrin und hatte sich doch wieder selbst ausgeschlossen, war allein geblieben mit der Flasche, diesem tückischen Freund, der alles immer wieder verdarb. Er ließ das Wasser über seinen bloßen Körper fließen; es war kühl und ernüchterte ihn. Er dachte: Ich werde jetzt den weißen Seidenanzug anziehen, werde mich rasieren und dann zu denen hinabsteigen.

Ich werde Gespräche mit ihnen führen, werde Neuigkeiten erfahren, vielleicht auch etwas über die *Amstelveld,* die ja nun bald eintreffen muß. Er rasierte sich sorgfältig und holte den Anzug aus dem Schrank, kämmte sich, versprühte auch etwas von dem teuren Parfüm, obwohl ihm das höchst albern erschien, steckte sich eine gute Sumatrazigarre in den Mund und machte sich auf den Weg in die Halle.

Unten war es inzwischen ruhig geworden, und der Pflanzer dachte, das Fest ist vorüber. Ich komme wieder einmal zu spät. Er stieg die Treppe hinab zum ersten Stockwerk in die Halle. Dort wurden soeben die großen Deckenlampen gelöscht; letzte Gäste verließen das Hotel. Es war schon gegen drei Uhr.

Potter blieb auf der untersten Stufe der Treppe stehen und blickte traurig auf die unansehnlichen Reste eines Festes, dessen Anlaß er nicht kannte. Leere Gläser und Flaschen, gefüllte Aschenbecher, die Reste von Speisen. Doch in der Bar schimmerte noch Licht, und man hörte Stimmen. Also ging Hendrik Potter in die Bar. Ein paar Leute kannte er; andere hatte er nie zuvor gesehen. Er gesellte sich zu ihnen, ergatterte einen Stehplatz und bestellte sich einen Whisky.

„Neue Gäste?" fragte er den Barkeeper gelangweilt.

„Die vom Schiff."

„Ach. Ist ein Schiff eingelaufen?"

„Nicht eingelaufen. Aufgelaufen. Draußen bei Mongrove-Island. Wir haben einen Teil der Schiffbrüchigen aufgenommen."

„Was für ein Schiff? Ich habe nichts von der Sache gehört, habe geschlafen. Hatte einen arbeitsreichen Tag."

„Ein Holländer. *Amstelveld* oder so, Sir."

„*Amstelveld,* soso. Jemand dabei zu Schaden gekommen?"

„Nein, Sir, sie sind alle mit dem Schrecken davongekommen."

Potter schob den Whisky von sich und legte eine Münze auf den Tisch. Die Würfel waren gefallen. Morgen würde er vor Mien Versteegh stehen und die wohl härteste Niederlage seines Lebens einstekken müssen. Er verließ die Bar und kehrte zurück in sein Zimmer. Dort stand er noch lange vor dem Spiegel, nahm geringfügige Korrekturen am Sitz der Krawatte, an seiner mit viel Pomade geglätteten Frisur vor. Er bemühte sich, gewinnend zu lächeln, übte eine kleine, galante Verbeugung und begriff, wie lächerlich all das war, wie weit es ihn davon entfernte, was er vor Wochen noch gewesen war, ein tüchtiger, erfolgreicher Pflanzer, ein Mann, der über Jahre hinweg dem

Dschungel getrotzt hatte. Angezogen legte er sich auf sein zerwühltes Bett, ohne Schlaf finden zu können. Die ersten Strahlen der Sonne, die durch die Jalousien drangen und ein Zebramuster auf den Boden zeichneten, fanden ihn noch in schweren Gedanken, im Ringen um einen Entschluß.

GESPRÄCHE, Sorgen und quälende Zweifel auch in Zimmer 17.

„Er ist schon seit ein paar Tagen im Hotel. Er feiert", sagte Snoek.

„Feiert? Was feiert er denn?"

„Was weiß ich! Abschied vom Junggesellenleben vielleicht."

Mien Versteegh räkelte sich auf ihrem Bett und betrachtete Snoek, wie er in seine Beinkleider schlüpfte. „Es ist ja nur eine Zeit des Kennenlernens, hier in Singapore. Wenn ich ihm nicht gefalle oder er mir nicht gefällt, dann nehme ich eben das nächste Schiff und fahre zurück nach Rotterdam."

Snoek antwortete, während er sich das weiße Seidenhemd überstreifte: „Mijnheer Potter, so scheint es, wird sich auch in diesem Fall nicht lumpen lassen. Er scheint ein Ehrenmann zu sein."

Mien zog die weiße Leinendecke über sich. „Ich habe darüber viel nachgedacht, Claes, und ich glaube, daß es ein großes Unrecht wäre, von diesem Mann auch nur einen Gulden für die Heimfahrt zu nehmen. Ich habe mit falschen Karten gespielt. Seien wir doch aufrichtig! Was für eine Art Braut ist das, die ihr Lager noch mit einem Liebhaber teilt, während der zukünftige Mann unter demselben Dach schläft? Nein, wenn er mich nimmt, will ich ihm bis an das Ende meiner oder seiner Tage auch die Treue halten. Eine Beichte werde ich nicht ablegen, wozu sollte das auch dienen?" Und mit einem zärtlichen Lächeln fügte sie hinzu: „Nach dieser unvergeßlich schönen Reise wäre die Enttäuschung, zurückgewiesen zu werden, nicht einmal allzu groß."

„Wir wollen den morgigen Tag abwarten", sagte Snoek lahm. „Es ist wohl kaum damit zu rechnen, daß ein Mann, der Augen im Kopf hat, eine so prächtige Frau abweisen würde." Er hockte sich auf die Kante des Bettes und begann, seine Schuhe zu verschnüren. Und betont obenhin fuhr er fort: „So wäre es also die letzte Nacht gewesen, in der wir das Lager geteilt haben, Mien. Denn mit welchem Schiff wir immer zusammen weiterreisen nach Batavia, es wird dann eine Brautkabine an Bord sein."

„Sicher. Und es ist meine feste Absicht, das Leben noch einmal neu zu beginnen. Sie waren ein guter Liebhaber und ein sehr, sehr guter Freund, Claes."

Plötzlich schlang sie ihre Arme um seinen Nacken und zog ihn zu sich herab. Sie küßte ihn nicht, sie legte nur ihre Wange an die seine und hielt ihn fest. Ihre Tränen rannen über seine Wange. So saßen sie eine ganze Weile stumm beieinander, bis Snoek, um die Situation behutsam aufzulösen, mit sanfter Stimme sagte: „Diese Nächte in den Tropen haben es in sich, Mien. Man wird leicht wehmütig, besonders wenn ein Abschied bevorsteht."

Mien lachte ein wenig. „Das wird es wohl sein. Das und der Sekt, mit dem wir unsere glückliche Rettung gefeiert haben." Ihre Stimme hatte schon wieder den gewohnten festen Klang. Sie löste die Arme von seinem Hals.

Snoek erhob sich und trat ans Fenster. Er spähte durch die Jalousien hinaus in den Park. „Es ist schon fast Tag."

Hinter seinem Rücken schlüpfte Mien in ihren Morgenrock, ging zum Spiegel und ordnete ihr Haar. „Wie ist Hendrik Potter?"

„Ich weiß nicht, ich habe ihn nicht gesehen. Ich weiß nur, was das Personal sagt."

„Und was sagt das Personal?"

„Daß er sehr großzügig ist. Und sehr freundlich."

„Werde ich ihn gern haben? Wird mir das noch möglich sein nach alldem?"

„Warum nicht? Vielleicht ist es nicht die große Liebe auf den ersten Blick. Man muß sich aneinander gewöhnen. Auch wir haben uns aneinander gewöhnen müssen."

„Nein", sagte Mien. „Wir mußten es nicht. Wir haben uns erkannt, vom ersten Augenblick an."

„Wie viele Männer haben Sie erkannt auf den ersten Blick, Mien?"

Sie lachte. „Das hört sich an wie Eifersucht. Aber es hört sich wohl nur so an. Nein, es waren nur wenige, die ich auf den ersten Blick erkannt habe, und sie taugten nichts."

„Wer weiß denn, ob ich etwas tauge? Vielleicht bin ich nur ein nichtsnutziger Abenteurer, der vom Geld fremder Leute lebt?" Snoek zog eine goldene Sprungdeckeluhr hervor. „Es ist bald fünf Uhr. Sie sollten sich noch ein paar Stunden schlafen legen, um schön zu sein für Hendrik Potter."

„Bin ich nicht schön genug, so wie ich jetzt bin?"

Snoek wandte sich um und betrachtete sie lange. Dann sagte er: „Sie sind sehr schön, Mien. Und sehr liebenswert. Und heute wäre es mir lieber, ich hätte Sie niemals getroffen."

Er trat zu ihr, küßte sie flüchtig und sehr zart auf den Mund und verließ rasch den Raum.

DER Ausfall der *Amstelveld* brachte erhebliches Durcheinander in die Dispositionen von Kaufleuten und Reisenden. Der Reeder Karel Jonker jedoch frohlockte. Sein Schiff, die *Prins Maurits,* das einzige zur Zeit verfügbare Schiff von ausreichender Größe im Hafen, lag weiß gestrichen und einladend auf Reede. Es fehlten eigentlich nur Kapitän, Besatzung und Offiziere. Ein Teil der angeheuerten Mannschaft war wieder davongelaufen. Unter ihnen vor allem Burschen, die sehr schnell erkannt hatten, daß die *Prins Maurits* eigentlich ein Kahn zum Verschrotten war.

Jonker hatte den Versicherungsagenten bestochen, damit er beide Augen zudrückte bei der Besichtigung der Maschine und der Kontrolle der Lademarke, die weit über das erlaubte Maß hinaus unter Wasser lag.

Aber er bekam keine Mannschaft, er bekam keinen Kapitän. Es ging das Gerücht, daß Tang Chia Ti angeheuerte Seeleute, die ihre Unterschrift bereuten, mit Geld und Quartier unterstützte. Von Jonker wiederum wußte man, daß er Kapitän Wagtmans jede Möglichkeit verbaute, auf der Brücke irgendeines Schiffes selbst bei einer obskuren Reederei zu stehen. Wo Wagtmans auch auftauchte, winkte man ab. Selbst Posten als Erster oder Zweiter Offizier hatte man nicht für ihn. Jonker wollte sich diesen Mann aufsparen für die *Prins Maurits.*

Eines Tages, als dem Reeder die Zeit reif zu sein schien, wagte er den Angriff. Jeder Tag war nun kostbar, denn andere Schiffe konnten einlaufen und Passagiere und Ladung der *Prins Maurits* übernehmen.

So erschien Karel Jonker im Bangor-Boat. Es war das erste Mal, daß er seinen Fuß über diese Schwelle setzte, und Duff O'Hara staunte nicht schlecht. Es war um die Mittagszeit, das Restaurant war nur schwach besetzt. Jonker verschwand mit dem Wirt in der Hinterstube. Dort hatten sie ein kleines Gespräch. Als Jonker sich kurzatmig schnaufend, aber in bester Laune erhob, seufzte O'Hara: „Ich hoffe nur, daß unser Mann mir für diesen Handel nicht alle Knochen kaputtschlägt."

Der Reeder zuckte gleichmütig die Achseln. „Sie sehen nicht aus wie einer, mit dem man dergleichen machen kann. Wagtmans wird mein Angebot nicht ausschlagen. Er ist in einer ziemlich üblen Lage."

„Ja, das ist er wohl, nachdem nun alle Schuldscheine in Ihrem Besitz sind."

Jonker stieg die knarrende Stiege empor in das Obergeschoß und klopfte an Jan Wagtmans' Tür. Die Aufforderung einzutreten klang nicht sehr freundlich. Jan Wagtmans lag, die Arme hinter dem Kopf verschränkt, auf seinem Bett. Der Reeder nickte einen freundlichen Gruß und murmelte, während er sich einen Stuhl heranzog, eine nicht ernst gemeinte Entschuldigung für die mittägliche Störung. Wagtmans schwieg und wartete ab. Er wußte ohnehin, weshalb der Besucher gekommen war.

„Ziemlich heiß heute", begann Jonker. „Dieser Weg durch die Stadt . . ., mein Herz macht mir bei solchem Wetter Schwierigkeiten."

„Gehen Sie nicht wie die Katze um den heißen Brei herum. Ihr Vorschlag, klipp und klar."

„Also gut. Fangen wir mit Ihnen an. Um es etwas brutal, aber klar auszudrücken: Sie sind fix und fertig. Sie haben kein Schiff, aber eine Menge Schulden bei Duff O'Hara, der kein sehr feiner Mann und überdies selbst finanziell angeschlagen ist. Ich habe ihn etwas flüssiggemacht. Natürlich tue ich dergleichen bei einem Mann wie O'Hara nicht ohne Pfand und Garantien. Tja. Und zu den Pfändern nun gehören Ihre Schuldscheine, Ihr Sextant, Ihr Fernglas, Ihre Schiffstruhe."

Er schwieg und wartete. Aber Jan Wagtmans sagte nichts.

„Natürlich ist all das bei mir in besten Händen", fuhr Jonker fort. „Sie sind kein Mann, der seine Schulden nicht bezahlt. Andererseits jedoch, ich bin Geschäftsmann . . ."

„Weshalb rücken Sie nicht endlich mit dem heraus, was Sie schließlich doch auf den Tisch packen müssen. Sie wollen mich erpressen. Sie wollen, daß ich die *Prins Maurits* befehlige. Einen Schrotthaufen, den Sie herausgeputzt haben wie ein altes Straßenmädchen. Ich soll das Schiff nach Batavia bringen, eine Stadt, die ich in übler Erinnerung habe. Und ich soll Kontraktkulis transportieren, die Sie seit Wochen wie Sklaven halten und denen nichts Gutes bevorsteht. All das soll ich ohne eine Mannschaft von seeerfahrenen Männern, mit einer verrotteten Maschine."

Jan Wagtmans sagte das ohne eine Spur von Erregung oder Zorn. Der Reeder wischte sich mit einem nicht mehr sehr sauberen Taschentuch den Schweiß von der Stirn und rang ein wenig nach Luft.

„Man kann die Dinge so und so betrachten", murmelte er. „Die *Prins Maurits* ist zwar kein junges, aber ein sehr stabiles Schiff. Geht die Maschine zu Bruch, habe ich einen Ingenieur dafür an Bord. Außerdem hat das Schiff Segel. Sie, Kapitän Wagtmans, sind dafür bekannt, daß Sie auch bei Windstille noch volle Segel haben. Was nun die Stadt Batavia anbetrifft, wer zwingt Sie denn, dort an Land zu gehen? Das Ausklarieren kann der Erste Offizier übernehmen."

„Wer ist der Erste Offizier?"

„John Wright. Weiß nicht, ob Sie ihn kennen."

„Kenne ihn. Er war Zweiter Offizier auf der *Rosario* und sitzt wegen Schmuggel und Fälschung von Konnossementen im Gefängnis."

„Er wird nicht mehr im Gefängnis sitzen, wenn Sie ihn brauchen. Sie unterschätzen meine Beziehungen."

„Und die Mannschaft?"

„Wenn ich einen Kapitän habe, bekomme ich auch eine Mannschaft."

„Es gibt für die *Prins Maurits* keine Seeleute in diesem Hafen. Das Schiff ist bekannt wie ein bunter Hund. Und Sie, Mijnheer Jonker, auch. Freiwillig unterzeichnet Ihnen keiner."

„Und wenn man ein bißchen nachhilft?"

„Sie wissen, daß Shanghaien verboten ist."

Jonker lächelte dünn. „Wo kein Kläger, auch kein Richter. Im übrigen . . .", er erhob sich, „müssen Sie die Sache ja nicht sofort entscheiden. Ich gebe Ihnen Zeit bis heute abend. Dann allerdings . . ."

„Was ist dann? Nur heraus mit der Sprache!"

„Dann sehe ich mich genötigt, Ihre Schuldscheine durch die Behörde eintreiben zu lassen. Das kann lästig sein. Sie wissen ja, wie Behörden sind. Subalterne Leute ohne Herz. Die sind imstande und stekken einen ehrlichen Mann, der nicht zahlen kann, einfach ins Gefängnis oder weisen ihn aus den Straits Settlements aus, auf Lebenszeit."

Jan Wagtmans erhob sich von seinem Bett. „Wenn ich all das richtig verstehe", sagte er, „habe ich also die Wahl zwischen einem englischen Schuldturm und der Brücke eines holländischen Seelenverkäufers. Gesetzt den Fall, ich würde auf die Brücke der *Prins Maurits* klettern, was bieten Sie mir?"

„Nennen Sie mir Ihre Bedingungen.“

Wagtmans trat ans Fenster und blickte hinab auf den Hafen, die Segel der Dschunken und die Masten der Schoner und Briggs. All das begann er zu hassen! Er war ein Mann, der aufs Meer gehörte, unter den Sternenhimmel oder die tropische Sonne. Das Lungerleben an Land machte ihn krank, raubte ihm mit jedem Tag mehr von jener Substanz, die seine Stärke, seinen Ruf als Seemann ausmachte.

„Doppelte Heuer und freie Hand beim Anmustern einer einigermaßen brauchbaren Crew. Des weiteren benötige ich alles, was ich O'Hara in Verwahrung gegeben habe. Sextant, Fernglas, Schiffstruhe.“

„Sie sind nicht billig, Kapitän Wagtmans“, murmelte Jonker. „Aber ich will nicht kleinlich sein. Ich kann also mit Ihnen rechnen?“

Wagtmans wandte sich um. Er betrachtete den Besucher nachdenklich.

Schließlich sagte er: „Ich habe keine Wahl. Es ist eine Erpressung. Sie wissen es, Mijnheer Jonker. Rechnen Sie deshalb auch nicht damit, einen Freund in mir zu haben.“

Ein Zug von Heiterkeit erschien auf dem feisten Gesicht des Reeders. „Einen Freund, nun ja. Wer hat schon einen Freund? So sind wir also handelseinig. Ich erwarte Sie noch heute nachmittag in meinem Büro. Verehrung, Kapitän Wagtmans. Es war mir ein Vergnügen.“

Sehr rasch, so, als fürchte er, Wagtmans könne sich den Handel doch noch überlegen, trat er den Rückzug an.

„DARF ich Sie zu einem Bier einladen, Sir?“ Claes Snoek nickte und schob sich ein bißchen näher an die Theke heran. Sie waren die einzigen Gäste im Lokal, Hendrik Potter und er. Snoek hatte ihn hineingehen sehen und war ihm gefolgt. Es war seine Absicht, die Dinge ein wenig zu steuern, denn aus was für Gründen auch immer, Potter hatte nach Ankunft von Mien Versteegh das Hotel verlassen, sich in einem kleinen billigen Boardinghouse in der Nähe eingenistet und strich seitdem unruhig und rastlos von einem Pub zum anderen.

„Sie leben in Singapore?“

„Nein“, sagte der Advokat. „Ich bin mit der *Amstelveld* aus Holland gekommen.“

Der Chinese hinter der Tonbank schob ihnen die Gläser zu. Das Getränk war ziemlich warm.

„So, so, mit der *Amstelveld*. Es war eigentlich meine Absicht, gerade mit diesem Schiff nach Batavia zurückzureisen."

„Sie leben auf Java?"

„Ja. Auf Java."

„In Geschäften hier?"

„Nicht direkt. Ich wollte hier eine gewisse Entscheidung treffen. Sie hätte mein ganzes Leben verändert."

„Und nun?"

„Nun wird wohl alles beim alten bleiben."

Claes Snoek nickte gleichmütig, tat so, als ahne er nicht, worum es ging. Er zündete sich eine Zigarre an, betrachtete den Mann an seiner Seite mit einem halbinteressierten Blick und stellte fest, daß Hendrik Potter nicht nur liederlich gekleidet und unrasiert war, sondern auch den etwas glasigen Blick eines Trinkers hatte. Wenn er das Glas hob, zitterte seine Hand. Der Mann hatte Angst. Aber wovor?

„Vielleicht mache ich einen Fehler", sagte Potter. „Vielleicht den größten meines Lebens. Aber ich bin in der Situation eines Mannes, der falschgespielt hat und der sich jetzt nicht traut, das Trumpfas aus dem Ärmel zu ziehen, weil man sehr schnell merken wird, daß es nicht ins Spiel gehört. Habe ich mich verständlich ausgedrückt?"

„Gewiß."

„Was würden Sie an meiner Stelle tun?"

„Man könnte sagen, es sei alles nur Spaß gewesen. Man legt das As auf den Tisch, gibt dieses Spiel verloren und beginnt ein neues, mit anständigen Karten."

„*Sie* würde mir nicht glauben. Mit einem Mann könnte man das vielleicht machen. Aber mit einer Frau?"

„Manche Frauen reagieren wie Männer. Aber ich kenne die Dame natürlich nicht."

„Sie kennen sie. Wenn Sie mit der *Amstelveld* gekommen sind, müssen Sie sie kennen. Ihr Name ist Mien Versteegh."

Snoek zeigte gebührende Überraschung. „Natürlich! Wir haben im Salon an einem Tisch gesessen."

„Erzählen Sie mir von ihr! Kommen Sie, setzen wir uns drüben an den Tisch." Potter zerrte Snoek am Arm durch das halbe Lokal, schob ihm einen Stuhl hin und winkte dem Kellner. „Getränke, Charly! Nicht wahr, Sie schlagen mir doch einen Whisky nicht ab. Übrigens, mein Name ist Hendrik Potter. Ich bin Kautschukpflanzer auf Java."

Snoek murmelte undeutlich seinen Namen, und sie schüttelten sich die Hände. Der Chinese brachte Whisky, sie tranken und rauchten von den Sumatrazigarren, die Potter in einem geschnitzten Elfenbeinetui bei sich trug.

„Mien Versteegh. Erzählen Sie. Wie ist sie?"

Snoek blickte dem Rauch seiner Zigarre nach. „Mien Versteegh ist eine prächtige und sehr mutige Person", sagte er. „Sie ist in den Osten gereist, um einen Mann zu heiraten, den sie nur aus Briefen, allerdings aus sehr schönen Briefen, kennt. Sie hat mir zwar seinen Namen nicht gesagt, aber nun, da Sie mich so eindringlich nach ihr fragen, möchte ich fast vermuten, daß Sie dieser Mann sind."

Potter nickte finster. „Sie haben recht, Sir. Ich bin es. Ich habe diese Briefe abgesendet. Allerdings, ich habe sie nicht selbst geschrieben. Doch wesentlicher ist ja der Inhalt, und das ist schlimm genug. Ich habe Mien Versteegh belogen. Sie wird Ihnen den Mann beschrieben haben, den sie hier vorzufinden erwartet. Sehe ich so aus? Ich habe Angst, daß sie mich verabscheut. So, wie ich aussehe."

„So muß man auch nicht aussehen, Mijnheer Potter", sagte Snoek fast grob.

Der Pflanzer nickte trübselig. „Ich weiß, ich weiß. Seit ich mich entschlossen habe, Mien Versteegh nicht unter die Augen zu treten, lasse ich mich etwas gehen." Er betrachtete seinen Anzug, seine Krawatte, er strich sich über das unrasierte Kinn. „Ich hatte das Rennen aufgegeben. Ich wollte sie mit einer reichlichen Entschädigung für ihre Mühen, für die Strapazen der Reise, nach Rotterdam zurückschicken."

Der Advokat schnipste verärgert mit den Fingern. „Sie machen es sich verdammt leicht. Es war wirklich eine beschwerliche Reise. Und überdies hat sie in Rotterdam ihr Hotel aufgegeben, ein gutgehendes Unternehmen. So etwas schafft man sich nicht neu von heute auf morgen. Da stecken Jahre der Arbeit drin, das Vertrauen der Kunden."

Potter nickte schuldbewußt. „Gewiß, aber mit Geld läßt sich dergleichen vielleicht wieder aufbauen."

„Sie sind also entschlossen, Mien Versteegh nicht zu ehelichen?"

Potter hob mit großer Gebärde die Hände. „Entschlossen! Entschlossen! Wäre ich das, dann sähe die Sache einfacher aus. Im Vertrauen, ich habe Mien Versteegh einige Male aus der Ferne beobachtet, gestern, auch heute, vor dem Hotel, in der Lobby. Sie ist gerade das, was ich mir vorgestellt hatte. Eine Frau mit Haltung, eine Dame. Und schön ist sie! Mein Gott, so schön! Ich bin unsicher, Mijnheer ... wie war doch noch Ihr Name ... Snoek. Ein holländischer Name. Natürlich, Ihr Holländisch ist das eines gebildeten Mannes."

„Ich bin Advokat und Forscher."

„Es ist mir eine Ehre. Besonders aber freue ich mich, in Ihnen einen Mann zu treffen, dem Mien Versteegh ihr Vertrauen geschenkt hat."

„Ich möchte fast sagen, ihre Freundschaft. Sie hat mich in manchen Dingen um Rat gefragt."

„Auch, was ihre eventuelle Ehe betrifft?"

„Um der Wahrheit die Ehre zu geben ..."

„Erzählen Sie von ihr. Wie ist sie? Ist sie eine warmherzige Frau? Oder ist sie – nun sagen wir einmal – sehr sittenstreng?"

Claes Snoek lächelte ein wenig. „Das möchte ich nicht sagen. Sie scheint mir den Freuden des Lebens durchaus zugetan. Sie lacht gern, ist gern unter Menschen, hat gern Gäste."

„Das alles könnte sie bei mir haben! Ich habe einen guten Namen in der Kolonie. Und das nicht nur meines Vermögens und meiner Großzügigkeit wegen. Ich gelte als korrekter Kaufmann. Dergleichen ist nicht häufig bei uns. Wer nach Java kommt, will rasch verdienen, um ebenso rasch wieder in die Heimat zurückkehren zu können. Die Methoden sind nicht immer sehr fein. Ich selbst trage mich nicht mit der Absicht, nach Holland zurückzugehen."

„Nicht? Das ist ungewöhnlich! Was hält Sie in Ostasien?"

Der Pflanzer lächelte. „Es ist der Lotos", sagte er, um dann rasch hinzuzufügen: „Wenn man sich einmal an ein Land gewöhnt hat – die Wärme der Sonne, den großen, leuchtenden Mond bei Nacht, die Blumen, die sanften Menschen, die fremde Musik."

„Ich verstehe. Ich selbst bin immer wieder fasziniert von Java. Sie müssen wissen, ich treibe hier und da Sprachstudien in unseren Kolonien. Wann immer es mein leider sehr geringes Vermögen gestattet, reise ich in den Osten. Doch das Leben in den Hotels ist teuer."

Snoek wurde sich bewußt, daß er auf dem besten Wege war, seine Zuneigung zu Mien Versteegh zu verraten. Zielstrebig verfolgte er den Plan, durch Potter in jene Cliquen der Gesellschaft eingeführt zu werden, in denen man Karten spielt aus Langeweile, Überdruß, aus Heimweh, und in denen man nicht auf den Gulden schielt.

„Könnten Sie nicht eine Weile – ich meine ..."

„Was meinen Sie?“

„Wenn Ihnen mein Haus nicht zu gering ist? Ich bin nur ein einfacher Geschäftsmann. Aber da wäre ja auch noch Mien. Und ich denke, es würde ihr den Übergang erleichtern, wenn sie einen Freund in ihrer Nähe hätte.“

Es ging alles glatter, als Snoek es sich vorgestellt hatte. Es war wirklich verdammt einfach. Snoek konnte einen leichten Seufzer nicht unterdrücken.

Potter fuhr fort: „Ich habe mich ja noch nicht entschieden. Ich habe ihr ein Billett hinterlassen, daß ich für kurze Zeit ins Innere des Landes reisen müsse, in Geschäften. Ich hatte Angst, ihr so gegenüberzutreten, in meinem Zustand. Sehen Sie, die ganze Reise von Batavia nach Singapore habe ich keinen Tropfen getrunken. Aber dann hier, je näher der Tag heranrückte . . . Ich bin nicht mehr jung, die Tropen haben mir zugesetzt. Ich lebe allein im Urwald. Das Klima ist nicht günstig. Auch gibt es Tiger dort, und die Eingeborenen sind mitunter aufsässig. Der nächste Europäer wohnt viele Meilen entfernt. Natürlich könnte man das ändern. Ein Haus in Batavia zum Beispiel. Ich könnte einen Sinkeh anlernen, der mir die Plantage verwaltet. Alles ist reparabel. Aber daß ich gelogen habe?“

„Auch das ist reparabel“, sagte Snoek. „Sie ist klug, warmherzig und wird es begreifen. Nur . . .“

„Nur?“

„So, wie Sie jetzt aussehen?“

„Natürlich! Ich weiß, was Sie meinen. Wenn ich nun mit dem Trinken aufhöre . . . Glauben Sie, daß ich noch eine Chance habe?“

Seine Augen bettelten, und Snoek verspürte so etwas wie Mitleid. Dieser Potter war ihm sympathisch, aber ein armer Hund. Genau die Sorte Mensch, vor denen er mitunter hilflos zu werden pflegte und kapitulierte. Er räusperte sich und gab sich burschikos, als er Potter kräftig auf die Schulter klopfte und ihm zusprach: „Ihre Chancen werden enorm wachsen, wenn Sie sich rasieren und sich vielleicht einen frischen Anzug anziehen.“

Wenig später gingen die beiden wie Freunde Arm in Arm durch die Straßen. Snoek brachte Potter zu seinem Boardinghouse.

„Sie werden sich jetzt ausschlafen! Und nicht mehr trinken!“

„Keinen Tropfen, ich verspreche es Ihnen, Mijnheer Snoek. Und ich werde in ein, zwei Tagen offiziell von meiner Geschäftsreise zurückkehren, wieder im Raffles-Hotel Wohnung nehmen, einen weißen Seidenanzug tragen und rasiert sein. Glauben Sie, daß ich dann eine Chance habe? Werden Sie für mich sprechen, Mijnheer Snoek?"

Snoek seufzte. „Ich weiß nicht, ob gerade ich der richtige Mann dafür bin."

„Wer anders als Sie?! Ich bitte Sie, legen Sie ein gutes Wort für mich ein. Sehen Sie, das Trinken kann ich seinlassen; ich kann mich pflegen, ich kann sie verwöhnen, aber mein Alter ist nicht zu verbergen. Drüben in Europa, da ist einer mit dreiundfünfzig noch nicht alt, aber in den Tropen . . ."

„Ja, besonders wenn man sich so gehenläßt, wie Sie es sichtlich seit Jahren getan haben. Nun, man wird sehen. Sie wissen, wo Sie mich finden, Mijnheer Potter." Snoek verbeugte sich. Das höfliche Lächeln auf seinem Gesicht hatte einen Zug von Bitterkeit. Aber Potter gewahrte es nicht. Er war voll neuer Hoffnung und hatte Eile, seine guten Vorsätze in die Tat umzusetzen.

Mien Versteegh saß am Fenster ihres Hotelzimmers, die Hände in den Schoß gelegt, als Claes Snoek eintrat. Ohne den Kopf zu wenden, sagte sie zu ihm: „Claes, finden Sie es gut, jetzt noch zu mir zu kommen?"

Snoek legte seinen Hut auf die Teakholzkommode und blickte sich überrascht um. Der Raum beherbergte ein Meer von Blumen!

„Guten Tag, Mien. Mijnheer Potter ist wohl noch auf Reisen?"

„Ja. Er hat geschäftlich im Hinterland zu tun. Eine Galgenfrist."

„Noch immer Angst?"

„Wenn heute oder morgen ein Schiff nach Europa ginge, ich würde abreisen."

„Das wäre sicher ein Fehler." Snoek nahm eines von den Päckchen in die Hand, die auf dem Wandtischchen lagen. „Schmuck?" fragte er.

„Ich weiß nicht."

„Es wäre doch gut zu wissen, für was man sich bedanken muß, eines Tages."

„Ich möchte mich nicht bedanken müssen, Claes. Es ist alles viel zuviel, und das macht mich mißtrauisch. Was mag das für ein Mann sein, der seinen Reichtum vor sich her trägt wie eine Hostie? Ich glaube, er hätte besser daran getan, einfach an der Pier zu stehen mit einer einzigen Lotosblüte in der Hand."

„Ich glaube, daß Sie jetzt recht undankbar sind. Könnte es nicht sein, daß Potters Geschäfte wirklich unaufschiebbar waren?"

„Es gibt keine unaufschiebbaren Geschäfte, wenn man eine Frau erwartet, die man zu ehelichen gedenkt und die dazu um die halbe Welt gereist ist."

Snoek, das Päckchen in der Hand wiegend, begann auf und ab zu gehen und vermied es, als er dann zu sprechen begann, Mien anzusehen. „Es gäbe auch noch andere Gründe, eine solche Begegnung hinauszuschieben. Wäre es nicht möglich, daß er vernniggert ist? Ein Mann, der allein im Busch lebt, der trinkt, dessen Gesundheit ruiniert ist?"

Mien Versteegh lachte. „Claes, Sie haben den Beruf verfehlt. Sie hätten Dichter werden müssen, bei soviel Phantasie."

„Was, liebe Mien, soll dann mit diesem Mann los sein?"

„Er ist eben in Geschäften unterwegs."

„Nein, er ist nicht in Geschäften unterwegs. Er hält sich in Singapore auf. Ich habe mit ihm gesprochen."

Es dauerte eine Weile, bis sich Mien von ihrem Erstaunen so weit erholt hatte, daß sie ein gedehntes „Ach" aussprechen konnte. „Er hat sich die Sache also überlegt?"

„Er fürchtet sich."

„Vor der Ehe? Da könnten wir uns die Hand reichen."

„Nicht vor der Ehe. Er hat Angst, daß die Frau seiner etwas wirren Träume ihn abweisen könnte."

Mien erhob sich und begann mit einer ihm unbekannten Unrast und Nervosität im Raum auf und ab zu gehen. „Auf was für eine unsinnige Sache habe ich mich da eingelassen", sagte sie. Und mit leichtem Vorwurf: „Und Sie haben mir dazu geraten. Ich frage Sie, wie soll das ausgehen?"

„Es wird so ausgehen, wie Sie es wollen, gut oder schlecht, Heirat oder Heimkehr. Wenn Hendrik Potter Gnade vor den Augen seiner Braut findet – nun, ich denke, sein Haus wird bestellt und der Mann guten Willens sein. Ja mehr als das! Man wird ihn leiten und lenken können, so daß eines Tages alles zum besten steht. Ich glaube, Potter ist ein guter und verständnisvoller Mensch."

Mien unterbrach ihren rastlosen Gang durch den weitläufigen Raum und fragte: „Sieht er aus wie der Leibhaftige?"

„Nein, so nicht. Er ist nicht mehr sehr jung. Sicher über fünfzig. Und er hat sich ein bißchen vernachlässigt in den letzten Tagen."

„Das heißt?"

„Er hat getrunken."

Mien winkte geringschätzig ab. „Du meine Güte! Als ob ich nicht den Umgang mit Leuten, die zuviel trinken, gewohnt bin. Das Trinken würde ich ihm schon abgewöhnen. Wie ist er sonst?"

„Er gefällt mir. Ich glaube, er ist sehr gütig. Ich glaube auch, daß er ein tüchtiger Kaufmann ist. Anständig und tüchtig."

„Wie paßt das zusammen?"

„Bei einem Mann mit Erfolg – eigentlich nicht. Er sieht auch nicht so übel aus. Ein bißchen füllig . . ."

Mien sagte nachdenklich: „Ich werde Mijnheer Potter wohl ermutigen müssen, wenn er wieder auftaucht. Falls er wieder auftaucht. Was glauben Sie, Claes?"

„Er hat eine Menge investiert." Snoek begann, die Päckchen auszuwickeln, und zum Vorschein kamen ein Smaragdring, eine Halskette aus edlen Steinen, eine Filigranspange aus Weißgold und ein Armreif, reich mit Rubinen versehen. „Mien, Sie stehen vor einer guten Partie. Jetzt heißt es klug paktieren."

Um Miens Lippen spielte ein kleines, bitteres und spöttisches Lächeln. „Sie sprechen wie einer, der beim Verkauf einer Sklavin auf dem Markt Prozente bekommt. Bekommen Sie Prozente?"

„Natürlich. Hendrik Potter hat mich eingeladen in sein Haus. Sicher kann sich ein armer Privatgelehrter da so recht von Herzen satt essen."

Er bemühte sich ein wenig krampfhaft, dem Gespräch eine heitere Note zu geben, aber es wollte nicht gelingen. Mien trat zu ihm und strich ihm flüchtig über die Wange.

„Wir hätten drüben auf der anderen Seite der Welt bleiben sollen. Ich beginne, Heimweh zu bekommen. Gehen Sie jetzt, Claes. Zwischen uns ist alles gesagt, was gesagt werden mußte. Ich weiß, daß Ihnen ebenso zumute ist wie mir selbst. Machen wir es uns nicht noch schwerer. Ich will jetzt nachdenken, und ich will auf Hendrik Potter warten. Ich danke Ihnen dafür, daß Sie mich auf ihn vorbereitet haben. Er wird auch nicht die Frau bekommen, die er sich ersehnt hat. Man sollte bei Briefen, die Welten überbrücken, nicht so sehr auf die Form, sondern auf die Wahrheit achten, sonst hat man später ein sehr hohes Strafporto zu bezahlen."

JAN WAGTMANS gehörte nicht zu den Leuten, die sich leicht entmutigen lassen. Doch was er in den letzten Tagen erlebt hatte, begann ihn zornig zu machen.

Er suchte Leute für sein Schiff. Es lagen nur wenige Schiffe im Hafen, und eine Menge stellungslose Seeleute trieben sich an den Piers herum. Jan Wagtmans sprach mit ihnen. Mitunter gelang es ihm, den einen oder anderen nach einigen Glas Bier zu überreden, sich für die *Prins Maurits* einschreiben zu lassen. Mancher von diesen Burschen erschien dann auch wirklich im Bangor-Boat, malte seinen Namen auf den Heuerschein, nahm sein Handgeld in Empfang, legte es sofort in Schnaps und Rum, in Zigarren, einem neuen Unterhemd, einem Seemannsmesser an, nahm auch Logis bei Duff und war am anderen Morgen wieder verschwunden.

Jan Wagtmans konnte sich ausrechnen, wie lange es mit seiner Art der Anwerbung dauern würde, bis eine halbwegs ausreichende Crew für sein Schiff zustande kam. Er war deshalb einverstanden, als Duff O'Hara ihm nach einigen Tagen erklärte, er wolle die Sache in die Hand nehmen.

Wagtmans wußte, was das bedeutete. Duff war keiner von der sanften Sorte. Zunächst einmal langte er kräftig in die Tasche des Reeders Karel Jonker. Es dauerte einige Zeit, bis sich der alte Geizhals davon überzeugen ließ, daß jeder Tag, den die *Prins Maurits* auf Außenreede lag, ein Vielfaches dessen kostete, was Duff O'Hara in seine Methode der Anmusterung einer brauchbaren Mannschaft zu investieren gedachte. Aber Duff schaffte es. Und ausreichend mit Rupien versehen, war es für ihn eine Kleinigkeit, sich eine schlagkräftige Truppe zusammenzustellen. Die musterten dann auf eine recht unorthodoxe und inzwischen weltweit verbotene Weise Männer aller Nationen an, eine Praktik, die allgemein unter dem Begriff „shanghaien" bekannt war. Auf diese Weise wurde allerlei übles Gesindel an Bord gebracht, aber es waren auch ordentliche Seeleute darunter, wie die schwedischen Matrosen Thorn, Björn und Svenson, der deutsche Steward Hansen, zwei griechische Obsthändler und ein paar stämmige Schauerleute aus den Victoria-Docks. Alle verschwanden in Luk zwei zwischen dem Stückgut. Man verpflegte sie gut, aber es waren immer ein paar mit Handspaken bewaffnete Männer an Deck, die dafür sorgten, daß der Drang nach frischer Luft und Landgang bei diesen neuverpflichteten Besatzungsmitgliedern nicht überhand nahm. Natürlich ging das nicht immer glatt ab, aber Duff O'Haras Leute waren geübt und nicht gerade zartbesaitet. Nach kurzer Zeit machte Wagtmans die Mannschaft keine Sorgen mehr. Was ihm fehlte, waren Offiziere. Gewiß, John Wright mochte als Erster Offizier angehen; charakterlich zwar eine Niete, aber als Seemann auf der Brücke immerhin brauchbar. Auch die beiden Engländer für die Maschine hatten ordnungsgemäß angemustert. Aber es fehlte noch ein Zweiter Offizier und ein Mann, der sich in den Gewässern gut auskannte, der Bescheid wußte mit den Untiefen und Felsen, den Strömungen und Abdriften. An Bord der *Loana* gab es einen Mann, für dessen Mitarbeit auf der nächsten Reise Wagtmans einen Teil seiner eigenen Heuer auf den Tisch gelegt hätte. Aber er wußte, der Bursche war nicht zu kaufen. Nicht für alle Schätze der Welt. Solange Lynn MacLoy auf der Brücke ihres Schoners stand, würde er neben ihr stehen. Das wußte jedes Kind in jedem Hafen der Chinasee. Doch vielleicht konnte Duff O'Hara das Problem lösen.

„Mir fehlt ein Bursche, der die Gewässer kennt", sagte Wagtmans zu ihm. „Ich kann nicht vierundzwanzig Stunden am Tag auf der Brücke stehen."

„Klar. Wenn du einen weißt, sag mir seinen Namen, dann bekommst du ihn."

„Der Mann heißt Ikan, ein Mann von Bora-Bora, der seit Jahrzehnten als Steuermann auf der *Loana* fährt. Aber er ist nicht zu kaufen."

„Ich werde dir den Mann besorgen."

Wagtmans nickte, einen Zug von Bitterkeit um seine schmalen Lippen. „Nicht geglaubt, daß ich mich jemals auf so eine Sauerei einlassen müßte. Aber ich habe keine andere Wahl. Ich will Schiff und Ladung sicher nach Batavia bringen. Aber wehe, der Bursche kommt mit eingeschlagenem Schädel oder sonst einer Verletzung an Bord! Das ist weder ein Stoker noch eine Deckshand, der Mann wird bei mir Zweiter Offizier mit einer erstklassigen Heuer."

Duff O'Hara trug zunächst ein paar Fakten über die Lebensgewohnheiten des Mannes zusammen, den er zu „shanghaien" gedachte. Ikan, ein Mann, der an die sechzig Jahre alt sein mußte, pflegte niemals in Kneipen zu gehen. Er begab sich überhaupt nur sehr selten an Land, die *Loana* war sein Zuhause. Also mußte man ihn von Bord holen. Das konnte nur geschehen, wenn Kapitän Lynn MacLoy nicht auf dem Schiff war. Mit der anzubändeln, schien nicht ratsam, nach dem, was der Küstenklatsch seit Jahren hartnäckig von dieser Frau berichtete. So zog Duff seine Truppe unauffällig in der Nähe des Schuppens II zusammen und wartete. Am frühen Abend des zweiten Tages fuhr eine Rikscha vor der *Loana* vor, und Lynn MacLoy, bekleidet mit einem himmelblauen Ichang und silbernen Schuhen, verließ ihr Schiff. Die East-Indian-Company gab an diesem Abend ein Fest, und Lynn hatte eine Menge wichtiger Geschäftsfreunde dort.

Duff wartete, bis die Dunkelheit hereinbrach und die Pier sich geleert hatte. Sie waren zu sechst, und Duff hatte sich nicht die Schwächsten ausgesucht. Sie erledigten die Fallreepwache, einen kleinen, zierlichen Burschen, und schlichen auf leisen Sohlen zum Mannschaftslogis. Der Steuermann Ikan, das hatte Duff herausgefunden, wohnte in der zweiten Kammer hinter der Brücke. Man mußte damit rechnen, daß sie verriegelt war, doch hatte man dafür einen Spezialisten mit an Bord genommen. Aber er wurde nicht benötigt, denn Ikan, sei es, daß böse Träume ihn plagten, sei es, daß der Instinkt ihn gewarnt hatte, trat plötzlich barfuß und mit nacktem Oberkörper in die Brückennock. Sie stülpten ihm einen Jutesack über den Kopf, verschnürten ihn und trugen ihn nach Backbord. Ein Blinkzeichen lockte das Boot herbei. Sie hievten den Gefangenen lautlos in die Tiefe, und wenig später wurde das schlanke Dingi von kräftigen Ruderschlägen aus dem Licht der Topplampe in die Dunkelheit der Tropennacht gebracht. Leise, wie sie gekommen waren, verließen Duff und seine Leute den Schoner und verschwanden hinter den Schuppen. Die Mannschaft der *Prins Maurits* war nun komplett.

IKAN, der Steuermann des Schoners *Loana,* stand mit vor der Brust verschränkten Armen neben dem Bullauge und blickte schweigend auf den Mann, der ihm mit holpriger Beredsamkeit die Vorteile eines II. Offiziers auf der *Prins Maurits* darlegte. Mehr Geld, besseres Essen und eines Tages vielleicht der Aufstieg zum I. Offizier. „Ich denke, wir sollten es wenigstens eine Reise miteinander versuchen. Singapore – Batavia – Singapore", sagte Wagtmans.

Und Ikan darauf: „Nein, Sir."

Der Kapitän hieb wütend mit der Faust auf den Tisch. „Und warum nicht, zum Teufel? Ist das nicht ein ordentliches Angebot?"

„Sir, ich bin angemustert auf dem Schoner *Loana.* Und die Art und Weise, wie ich von Bord meines Schiffes hierhergebracht wurde, ist nach den Gesetzen verboten."

Ikan sprach ein ausgezeichnetes, gepflegtes Englisch. Er sprach leise und ohne grollenden Unterton. Das tiefe Unbehagen, das Wagtmans schon vor Beginn dieses Gesprächs verspürt hatte, verstärkte sich immer mehr durch die feste Haltung des Eingeborenen. Und zudem wußte er, daß der Mann juristisch und moralisch im Recht war. Er ging auf und ab.

„Ich könnte dich zwingen!"

Ikan schüttelte den Kopf. „Wie, Kapitän? Wollen Sie einen Sklaven aus mir machen?"

Jan Wagtmans wußte, daß er recht hatte. Freundlich und leise sagte er: „Es tut mir leid, Seemann, aber ich kann nicht auf dich verzichten. Das Schiff wird in Kürze auslaufen. Wenn wir auf See sind, werde ich als Kapitän die Gesetze anwenden, auf jedermann, auch auf dich. Ich werde Mittel und Wege finden, dich zu ordentlicher Arbeit anzuhalten. Du sagst, die Art deiner Anmusterung habe dir mißfallen. Wenn die Reise zu Ende ist, magst du dich beschweren. Und bis zur Ausreise werde ich Sorge dafür tragen, daß du der *Prins Maurits* erhalten bleibst. Ich werde dich in Eisen legen lassen, weil du mich davon überzeugt hast, daß es schwer sein wird, dich gegen deinen Willen zu halten."

Ikan lächelte melancholisch wie jemand, der sich in sein Schicksal fügt. Er strahlte so viel Würde aus, daß Wagtmans den Gedanken an die Handschellen schon wieder zu verwerfen begann. Er war unschlüssig über sein weiteres Vorgehen; dieser alte Mann bereitete ihm Unbehagen. Da trillerte die Pfeife des Bootsmanns, man hörte eilige Schritte, undeutliche Rufe und vom Wasser her das rhythmische Klatschen von Riemen, die ein Boot vorantrieben. Wagtmans öffnete die Tür zum Kartenhaus.

„Hallo Leute", rief Henk ter Muilen, der Bootsmann. „Wo soll denn die Reise hingehen? Bei uns an Bord ist jetzt keine Besuchszeit!"

Die Antwort kam aus der Tiefe, nahe der Bordwand. Die Stimme eines Seemannes von den Fidschis: „Mich haben gute fella Burschen. Fella gute Seeleute. Mich mit fella Burschen wollen kommen an Bord zu dir."

Wagtmans streckte seinen Kopf aus der Tür und brüllte: „Boots'm! Ich will mir diese Leute ansehen. Kann sein, daß wir ein paar von ihnen gegen unsere verdammten Beachcomber eintauschen können!"

„Aye, aye, Käpt'n. Da ist auch 'ne Frau bei. Sieht wie eine Europäerin aus. Soll die auch an Bord kommen?"

„Muß sie selbst wissen. Wird wohl ein Passagier sein. Haltet aber die Augen auf, vielleicht steckt 'ne Schweinerei dahinter. Nicht mehr als vier Leute kommen an Deck, klar?"

„Aye, aye, Sir!"

Wagtmans schloß die Tür wieder und wandte sich Ikan zu. „Ich mache dir noch einen letzten Vorschlag. Die halbe Reise, Singapore – Batavia. Dort kannst du entscheiden, ob du an Bord bleiben oder abmustern willst."

„Nein, Sir. Mein Platz ist an Bord der *Loana.*"

„Du könntest dir eine Menge Ärger sparen", drohte Wagtmans.

„Ich weiß, Käpt'n. Aber noch ist das Schiff nicht in See."

Geräusche an der Bordwand. Die Jakobsleiter wurde herabgelassen. Und wenige Augenblicke später Schritte an Deck, am Niedergang, auf dem Brückendeck. Es klopfte, und die Tür wurde geöffnet, ehe der Kapitän etwas sagen konnte. Wagtmans wendete sich um, Lynn MacLoy stand auf der Schwelle. Sie war gekleidet wie ein Buschpflanzer. Hose und Jacke aus Khaki, ein breiter Gürtel mit zwei Pistolentaschen, halbhohe Schaftstiefel. Nur einen Hut trug sie nicht; das schwarze Haar fiel wellig fast bis auf die Schultern. Sie nickte Ikan, ihrem Steuermann, einen kurzen freundlichen Gruß zu, sah sich flüchtig in dem engen Raum um und betrachtete dann mit unverkennbarer Neugier den Kapitän. Hinter ihr stand breitschultrig, fast bedrohlich, der hünenhafte Bootsmann mit dem Ausdruck absoluter Verständnislosigkeit auf dem breiten, roten Gesicht.

„Wo sind die Leute, die hier angeboten werden?" fragte Wagtmans.

„Ist keiner an Deck gekommen, Sir. Sitzen alle unten im Boot."

„Soso. Ist gut, Bootsmann. Sie können gehen."

Die Tür fiel ins Schloß.

„Nehmen Sie Platz, Miß MacLoy."

Lynn schüttelte den Kopf. „Wird kaum lohnen, Kapitän Wagtmans. Ich bin nur gekommen, meinen Steuermann abzuholen." Sie sagte das sehr ruhig. Es war keine Drohung, auch keine Frage oder gar Bitte, es war einfach eine Feststellung. Wagtmans holte aus einem Wandschränkchen eine Flasche Sherry und zwei Gläser.

„Ich darf Sie doch zu einem Schluck einladen?"

„Vielleicht bei besserer Gelegenheit. Kapitän Wagtmans, ich weiß nicht, ob Sie für die Art und Weise, wie die Männer für die *Prins Maurits* angeheuert werden, verantwortlich sind."

„Ich bin es, Miß MacLoy. Ich habe keine andere Wahl, und Sie wissen das.“

„Es wundert mich trotzdem. Wie dem auch sei, auf meinen Steuermann sind Ihre Methoden nicht anwendbar. Ich werde ihn jetzt mitnehmen. Mein Schiff ist seeklar, und wir haben guten Wind. Ich möchte auslaufen.“

Wagtmans goß sich ein Glas Sherry ein und trank es in kleinen Schlucken leer. Dann sagte er: „Auch mein Schiff ist klar zum Auslaufen. Mir fehlte nur noch ein guter Steuermann. Ich bin in einer Zwangslage. Ich werde diesen Mann an Bord behalten und notfalls zur Arbeit zwingen. Doch sagen Sie mir eine Summe, für die Sie ihn uns für einige Zeit abtreten könnten, und ich werde sie zahlen.“

Mit merklichem Bedauern zuckte Lynn MacLoy die Achseln. Sie sagte etwas in einem Eingeborenendialekt zu dem Polynesier, der mit unbeweglichem Gesicht, die Arme noch immer vor der Brust gekreuzt, die Szene beobachtete. Ikan nickte, und Wagtmans hoffte, daß Lynn MacLoy ihrem Steuermann die Order erteilt habe, sich in das Unvermeidliche zu fügen. Er goß sich ein zweites Glas ein. Im gleichen Augenblick trat Ikan mit einem schnellen Schritt zur Tür und schob den Riegel vor, und als Wagtmans die Frau ansah, hielt sie bereits zwei Pistolen in den Händen und feuerte. Das Glas in Wagtmans Hand zersplitterte, und die Kugel prallte in die Holzverschalung über seiner Koje. Verblüfft sah er Lynn MacLoy an, die gelassen meinte: „Setzen Sie sich mir gegenüber, und machen Sie keine unbedachte Bewegung.“

„Sie würden nicht auf mich schießen.“

„Doch, das würde ich. Ich würde zwar vermeiden, Sie zu töten. Aber diese großkalibrigen Waffen können auf so kurze Distanz einen Arm zerschmettern. Das Schiff würde seinen Kapitän verlieren; was wäre damit gewonnen?“

Jan Wagtmans blickte in ein Paar ernste Augen und wußte, diese Frau würde keinen Augenblick zögern, ein zweites Mal abzudrücken. Er setzte sich.

„Ich werde nun mit meinem Steuermann die *Prins Maurits* verlassen und an Bord meines Schoners zurückkehren“, sagte Lynn. „Ich möchte Ihr Wort haben, daß Sie mir dabei nichts in den Weg legen.“

„Das wäre ein schlechtes Geschäft für mich. Sie hätten keine Chance, dieses Schiff zu verlassen.“

„Meine Leute unten im Boot sind mit Handfeuerwaffen ausgerüstet. Es würde Tote geben. Vielleicht würden zwei Schiffe ihren Kapitän und eine Menge gute Männer verlieren. Doch der erste Tote, Kapitän Wagtmans, sind Sie!"

Sie sprach ohne Erregung oder Unsicherheit. Der Gedanke, vor einer Frau kapitulieren zu müssen, ärgerte Wagtmans ebensosehr wie das Gefühl, eine simple, durchsichtige Falle nicht erkannt zu haben, eben weil sie von einer Frau gestellt worden war. Andererseits hatte Lynn MacLoy natürlich recht. Es würde ein Blutvergießen geben, und was hatte man damit gewonnen?

„Was nun", sagte Wagtmans schließlich, „wenn ich mein Wort gebe und es nicht halte?"

Lynn lächelte. „Sie würden Ihr Wort halten, Kapitän."

„Sie haben eine große Meinung von mir."

„Werten Sie es, wie Sie wollen, und, um der Wahrheit die Ehre zu geben, Sie sind mir nicht besonders sympathisch. Sie sind ein Mann, der begangenen Fehlern neue hinzufügt, um des leichteren Vergessens willen."

„Was aber, wenn ich mich weigere, Ihnen freien Abzug zuzusichern? Sie können ja nicht ewig hier sitzen bleiben."

„Nein, das kann ich wohl nicht. Es wird auch nicht mehr lange dauern, und meine Männer kommen an Bord. Und beim ersten Kampflärm, Kapitän Wagtmans, schieße ich Sie zum Krüppel." Das Lächeln war nun verschwunden. „Also? Habe ich Ihr Wort?"

„Sie haben es, Kapitän MacLoy."

Lynn gab dem Polynesier einen Wink, ging zur Tür und entriegelte sie. Und als sie hinaustrat auf das Brückendeck, den Niedergang hinabstieg zur Jakobsleiter, dann gewandt über die Verschanzung stieg und in der Tiefe verschwand, wandte sie sich kein einziges Mal um. Jan Wagtmans stand in der Brückennock und blickte dem Boot nach, bis es in dem gleißenden Sonnenlicht auf dem milchgrünen Wasser eintauchte und nicht mehr auszumachen war.

Dann erst wandte er sich ab und ging in seine Kajüte zurück. Und während er dort die Splitter des zerbrochenen Glases aufsammelte, kam ihm der Gedanke, daß diese Begegnung neben einer Niederlage auch einen Gewinn erbracht hatte. Er war einer ganz besonderen Person begegnet, einer Frau, über die nachzudenken in den einsamen Nächten auf der Brücke eines Schiffes lohnte.

„Ich glaube, ich habe nie einen besseren Freund gehabt als Sie, Mijnheer Snoek. Meinen deutschen Leibarzt in Batavia vielleicht ausgenommen“, sagte Potter. Er drückte dem Landsmann heftig die Hände, dann räusperte er sich und fuhr fort: „Wahrhaftig, Sie haben in ein paar Tagen aus einem elenden Wrack einen einigermaßen passablen Menschen gemacht. Nicht wahr, so wie ich jetzt in Erscheinung trete, kann man mich wieder vorzeigen?“

„Ja, das kann man.“

Snoek war wirklich erstaunt, wie Potter sich in so kurzer Zeit verwandelt hatte. Nicht nur, daß er rasiert und frisiert war, daß der weiße Seidenanzug keine Flecken mehr aufwies, daß die Hände nicht mehr zitterten, er strahlte auch unverkennbar Sicherheit und Optimismus aus und machte einen respektablen Eindruck.

Hendrik Potter war nun offiziell von seinen Geschäftsreisen zurückgekehrt. Sein Gepäck stand noch bei der Rezeption, und er saß mit Snoek bei einem kühlen Drink in der Tiefe der Halle.

„Ich habe mich entschlossen, noch an diesem Tag Mien Versteegh aufzusuchen“, sagte Potter, „denn ich werde niemals besser in Form sein. Glauben Sie, daß ich es riskieren kann?“

„Auf alle Fälle! Außerdem haben Sie nicht mehr viel Zeit, denn das nächste Schiff nach Batavia, die *Prins Maurits,* läuft bald aus.“

„Alles verdanke ich Ihnen, mein Freund“, fuhr Potter fort, „und ich muß mir nun Gedanken machen, wie ich mich Ihnen erkenntlich zeigen kann.“

„Unsinn!“

Potters Augen leuchteten fröhlich. „Hatten Sie nicht die Absicht, mir zuliebe Mien Versteegh nach Batavia zu begleiten? Kommen Sie doch mit auf meine Pflanzung. Sie liegt drei Tagereisen von Batavia, keine vierzig Meilen von Krawang entfernt. Und es kann verdammt schön dort sein!“

„Sie werden jetzt andere Pläne und Pflichten haben, an der Seite einer jungen Frau.“

„Noch habe ich keine junge Frau. Und ich gedenke, sie in Batavia zu lassen, bis das Haus völlig in Ordnung ist. Sie werden kommen?“

„Gewiß, irgendwann einmal . . .“

„Nein! Sie werden gleich von Batavia aus mit mir fahren! Sie werden dort Sprachstudien treiben können, soviel Sie wollen.“

„Wollen wir nicht erst den Ausgang der Sache abwarten? Vielleicht haben Sie dann keine Lust mehr, mich einzuladen. Ich meine, wenn nichts aus der Heirat wird."

Potter wehrte ab. „Das hat darauf keinen Einfluß. Sie haben sich als Freund erwiesen. Wenn Mien Versteegh keine Lust auf so einen alten Orang-Utan hat, ist das nicht Ihre Schuld."

„Sie wird mit Ihnen in den Busch gehen", sagte Snoek mit großer Bestimmtheit.

Und er dachte, ich bin ein Lump. Ich bin es nicht wert, daß Mien mich liebt. Ich sitze hier in der Rolle des Freundes und ziehe die Fäden zukünftiger Opfer wie ein Marionettenspieler. Aber es war bereits zu spät, eine andere Entscheidung zu fällen, denn sämtliche Passagiere der *Amstelveld,* die bis Batavia gebucht hatten, waren auf die *Prins Maurits* umgebucht worden.

„Meinen Sie nicht auch, Mijnheer Potter, daß es an der Zeit ist, der Dame einen ersten Besuch abzustatten?"

„Jetzt?!" meinte Potter erschrocken.

„Jetzt!"

Potter quoll schier über vor Bedenken und Konventionen. So ein Überfall könne eine Dame verstimmen; sie sei eventuell nicht vorbereitet. Ziehe sich zum Beispiel gerade um oder wickle die Locken.

„Seit Mien den Boden der Straits Settlements betreten hat", versicherte Snoek, „ist sie zu jeder schicklichen Besuchsstunde bereit, einen Mann zu empfangen, um dessentwillen sie um die halbe Welt gereist ist. Wir sollten wirklich jetzt zu ihr hinaufgehen. Ich kann mir vorstellen, daß dieses lange Warten . . ."

„Natürlich, Sie haben recht." Potter erhob sich. „Bin ich in Ordnung so?" fragte er.

Snoek musterte den Pflanzer aufmerksam. „Alles tipptopp."

Sie durchquerten die Halle und stiegen die mit Läufern ausgelegten Stufen hinan, gingen lautlos durch die Gänge und standen schließlich vor der bewußten Tür. Snoek klopfte.

„Wer ist da?"

„Ich bin's, der Advokat Snoek."

„Kommen Sie herein, die Tür ist offen."

Sie traten ein. Mien Versteegh saß in einem leichten, halbgeöffneten Morgenrock vor dem Spiegel und drehte sich die Locken.

Snoek klemmte erschrocken zwei Finger in seinen Hemdkragen und sagte verlegen: „Oh, das natürlich . . ." Aber dann raffte er sich auf, zu retten war ohnehin nichts mehr. „Sehen Sie, wen ich hier bringe, Mien! Darf ich Ihnen Mijnheer Hendrik Potter vorstellen?“

Potter retirierte verlegen gegen die Tür. „Verzeihung, ein Überfall. Aber der Herr Advokat bestand darauf. Ich bin untröstlich.“ Mien lachte. Es war ein echtes, befreiendes, ansteckendes Lachen. Sie schienen plötzlich alle drei einen Riesenspaß an der Komik dieser Situation zu haben.

Mien verschloß den Morgenrock mit Gürtel und Spange und fuhr sich mit gespreizten Fingern durch das Haar. „Ich ziehe mir eben ein Kleid über“, sagte sie.

Als sie zurückkehrte, war Claes Snoek gegangen.

Mien trug nun ein hübsches, rohseidenes Kleid und hatte auch das Haar etwas geordnet. Sie sah sehr schön aus und war, was Potter sehr erleichterte, völlig unbefangen. Mit einladender Handbewegung deutete sie auf einen Sessel, wo Potter Platz nahm.

Sie musterten sich eine Weile schweigend. Dann sagte Mien langsam und ohne besondere Betonung: „So sehen Sie also aus, Hendrik Potter. Gar nicht wie ein Abenteurer.“

„Hatten Sie einen Abenteurer erwartet?“

„Nun, ein Mann, der auf so ungewöhnliche Weise bemüht ist, zu einer Frau zu kommen? Auf ein Foto und ein paar Briefe hin? Die Briefe könnte eine x-beliebige Person geschrieben haben, das Foto von einer Freundin ausgeliehen sein.“

„Nein, Mien Versteegh, die Briefe kann nur eine Person wie Sie geschrieben haben.“

Mien lächelte. „Ich habe sie aber nicht geschrieben. Ein Freund von mir hat sie verfaßt. Nun sind Sie sehr enttäuscht.“

Der Pflanzer lächelte zurück. „Warum sollte ich darüber enttäuscht sein? Ich nehme an, er hat nichts gegen Ihren Willen geschrieben, und es ist ja wohl der Inhalt, der zählt.“

„Da verstehen wir uns vollends, Mijnheer Potter. Nehmen Sie einen Drink! Sie haben mich ja reichlich mit allem versehen. Über das und die Geschenke, die ich zurückzugeben gedenke, bis wir im reinen sind, wird noch zu reden sein.“

„Es handelt sich doch nur um kleine Aufmerksamkeiten. Gewissermaßen ein Bußgeld für meine lange Abwesenheit.“

Er nahm den Drink, den sie ihm reichte. Es war ein reichlicher Whisky, und er war dankbar dafür. Nachdem sie selbst einen kräftigen

Schluck Whisky getrunken hatte, sagte sie, ihn aufmerksam betrachtend: „Sie haben rote Haare."

„Mögen Sie rote Haare nicht?"

„Nein. Stellen Sie sich vor, ich habe all die Zeit, in Rotterdam und auch unterwegs, gedacht, hoffentlich hat er keine roten Haare! Ist das nicht komisch?"

„Ich finde eigentlich eher, daß es traurig ist. Für mich, meine ich. Es schreckt Sie sehr?"

„Nein. Nun, wo ich Sie eine Weile betrachtet habe, kann ich Sie mir ohne rote Haare gar nicht mehr vorstellen. Und ich hoffe, Sie sind nicht gekränkt."

„Nein", sagte Potter. Aber er war gekränkt. Er war kein Adonis, aber seine roten Haare hatten ihn bisher nie gestört.

Mien fuhr fort: „Ehrlich gesagt, ich hatte überhaupt keine Vorstellung von Ihnen. Ich bin also weder enttäuscht noch freudig überrascht. Und für mich ist es in erster Linie der Mensch, der zählt. Alles, was ich bisher von Ihnen erfahren habe, hat mich für Sie eingenommen. Sie scheinen ein Gentleman zu sein, der über eine gute Portion Feinfühligkeit verfügt. Ich kann Kraftmeier und Protze nicht ausstehen. Andererseits sind Sie ein tüchtiger Kaufmann."

„Sie sind sehr offen, Mien. Das ist eine seltene Tugend."

„Sind Sie es nicht?"

„Nein. Nicht immer. Auch Ihnen gegenüber war ich es nicht immer. Meine Briefe zum Beispiel . . ."

Mien lachte amüsiert. „Haben Sie auch einen Freund, der Briefe verfaßt?"

„Ja, einen Leutnant. Der Mann, der mich auf den Gedanken mit dem Inserat gebracht hat."

„Nun, dann wären wir also in diesem Punkt quitt."

„Aber auch mein Leutnant hat nur geschrieben, was ich ihm gestattet habe. Darf ich mir noch einen Whisky nehmen?"

Während er sein Glas wieder füllte, mit dem Rücken zu ihr stehend, überkam ihn große Lust, eine Art Generalbeichte abzulegen. Sie war so wundervoll einfach und geradeaus. All seine Angst, so schien ihm jetzt, war unnötig gewesen. So wagte er, gleich das heikelste Thema anzuschneiden: „In mancher Hinsicht habe ich mich nicht so ganz an die Wahrheit gehalten. Zum Beispiel, daß ich gewohnt bin, am Abend ein Fläschchen zu trinken."

,,Bier?"

,,Whisky."

,,Eine ganze Flasche? Das wird der Gesundheit schaden."

,,Hat es schon. Sieht man es mir nicht an?"

Sie hob die Schultern, betrachtete ihn, sagte aber nicht ja und nicht nein. So fuhr er fort: ,,Man trinkt natürlich nicht ohne Grund, und die Angst . . ."

,,Angst – wovor?"

,,Ich weiß es nicht. Lassen Sie mich nachdenken . . ."

,,Denken Sie lieber nicht darüber nach, Mijnheer Potter. Lassen wir es genug sein mit den Bekenntnissen. Wir haben alle unsere Fehler, und die kleinen Spiele, die wir miteinander gespielt haben, waren nicht so ganz ehrlich. Was macht es? Für uns erhebt sich die Frage, wie es weitergehen soll, nun, da wir die Möglichkeit haben, uns kennenzulernen. Leider ist die Zeit dazu nur sehr kurz, die *Prins Maurits* geht in Kürze in See, und ich bin noch nicht entschlossen, mit diesem Schiff zu reisen. Sie haben viel Zeit versäumt, Hendrik Potter. Ich weiß, Sie hatten wichtige Geschäfte." Potter schüttelte den Kopf. ,,Keine Geschäfte. Ich war auch nicht verreist. Ich habe getrunken und mich verkrochen. Ich hatte Angst."

,,Sie operieren sehr viel mit der Angst, finden Sie nicht auch?"

,,Sie meinen, das sei unmännlich."

,,Das nicht. Einer, der viele Jahre allein im Urwald lebt, weitab von der Zivilisation, der muß seine Männlichkeit nicht beweisen. Sie sind sicher mutig, Mijnheer Potter, und auch stark genug, um mit so allerlei fertigzuwerden. Aber ob die Ehe dazu gehört . . .? Haben Sie Angst vor der Ehe?"

,,Ich weiß nicht; ich war nie verheiratet. In Indien habe ich mit meiner Njai gelebt. Vielleicht schreckt Sie das, aber es ist so üblich in den Kolonien."

,,Das weiß man bei uns im Mutterland, und es schreckt niemanden. Mich am wenigsten. Schließlich habe ich mir meine Jungfräulichkeit auch nicht bis zu diesem Tag aufgespart, denn ich konnte nicht ahnen, daß da mal ein Inserat in der Zeitung stehen würde. Ich hoffe sehr, daß Sie nicht unbedingt damit gerechnet haben."

Zu Miens Überraschung zeigte Potter Unbehagen, krauste die Stirn und murmelte: ,,Hm, nun ja. Man hat natürlich gewisse Vorstellungen, man redet sich ein . . ."

Er unterbrach seine stockende Rede, erschreckt durch Miens schallendes Gelächter, ahnte den Grund, aber billigte ihn nicht. Denn obwohl er ein weltoffener Mann war, hatte er doch in puncto Sitte und Moral die Anschauungen der kleinbürgerlichen Welt weit zurückliegender Jugendjahre nie aufgegeben. Nun war er erstmalig konfrontiert mit der Notwendigkeit, Bigotterie gegen Toleranz in eigener Sache einzutauschen. Hendrik Potter hatte das Gefühl, daß er keine besonders gute Figur machte an diesem Nachmittag. Nicht als Freier, nicht als Mann und schon gar nicht als Sittenrichter. „Sie dürfen das nicht falsch verstehen, Mien. Ich bin wirklich der letzte, der über Moral zu richten hätte."

„Wie recht Sie haben!"

„Lassen wir das also beiseite. Wir sollten Pläne machen, wie es mit uns beiden weitergehen könnte. Das Schiff fährt in Kürze, vielleicht schon in ein, zwei Tagen. Zum Kennenlernen ist das eine kurze Zeit. Wenn ich also mit einem Vorschlag hervortreten dürfte . . .?"

„Sie dürfen."

„Wie immer Sie sich auch entscheiden mögen, Mien, wir sollten uns die Zeit nehmen, alles gut zu bedenken. Wir sollten dieses Schiff gemeinsam besteigen. Die Seereise wird einige Zeit dauern, man kann sich näherkommen, in aller Schicklichkeit natürlich . . ."

„Warum in aller Schicklichkeit?"

Hendrik Potter war verblüfft, ja fast ein wenig schockiert. Da stand sie vor ihm, ein halbvolles Whiskyglas in der Hand, sah ihn aus ihren warmherzigen, klaren Augen verständnislos an und stellte wieder eine von diesen direkten Fragen, auf die er nicht vorbereitet war.

Sie sah seine Verlegenheit und rechnete sie ihm als Pluspunkt an. Ein solcher Mann, dachte sie, kann nichts Böses im Schilde führen. Der ist ja von einer fast rührenden Schüchternheit. Sie nahm ihm das Glas aus der Hand, goß nach und sagte: „Glauben Sie nicht auch, Hendrik Potter, daß es für eine Frau ein großes Risiko ist, einem Mann in den Urwald zu folgen, mit ihm Einsamkeit, Haus, Bett und Leben zu teilen, ohne zu ahnen, ob in wesentlichen Punkten eine gewisse Harmonie möglich ist?" Und mit der ihr eigenen, schelmischen Heiterkeit fügte sie hinzu: „Könnte es nicht sein, daß ich zum Beispiel schnarche? Oder daß ich schlafwandle?"

„Ich bin ein ungeschickter, alter Mann", murmelte Potter.

„Wenn Sie noch ein paarmal sagen, daß Sie ein alter Mann sind, muß ich es Ihnen wohl glauben. Mijnheer Potter, wir wollen uns doch nicht verzehren in Rücksichtnahme und Furcht voreinander. Benutzen wir diesen Tag, diesen Abend dazu, uns klarzuwerden, ob wir dasselbe Schiff besteigen, ob wir zwischen Singapore und Batavia Klarheit gewinnen können. Über die Schicklichkeit, so meine ich, werden wir uns zu gegebener Zeit schon einig.“

Potter erhob sich. „Dies scheint mir eine gute Lösung zu sein. Fast mehr, als ich erhofft habe. Und sollte die Entscheidung zu meinen Ungunsten ausfallen, ich bin ein vermögender Mann. Es werden Ihnen keine Nachteile . . .“

Sie legte rasch ihre Hand auf seinen Mund. „Wenn unser etwas ungewöhnlicher Handel aus diesem oder jenem Grunde nicht zustande kommt, werde ich von Ihnen keinen Gulden nehmen. Bitte widersprechen Sie nicht. Überlegen Sie bitte, mit welchen Gefühlen sollte ich eine Heimreise antreten, wenn ich Ihnen nur Kosten und Ungelegenheiten bereitet habe? Ich habe den mir eingeräumten Kredit bei der Firma Woods & Stenton nicht in Anspruch genommen. Ich habe meine Passage nach Singapore selbst bezahlt. Hier im Hotel bin ich Gast der Reederei. Und all das verschafft mir das großartige Gefühl, nicht dankbar sein zu müssen. Jeder Sovereign aus Ihrer Tasche, Mijnheer Potter, würde eine unüberwindliche Mauer zwischen uns aufbauen. Und nun, glaube ich, sollten wir beide ein wenig über unsere erste Begegnung nachdenken.“

Mien ging unruhig zwischen ihren Koffern und Reisetaschen hin und her. Sie wollte Claes Snoek noch ein letztes Mal um Rat fragen, und sie hoffte sehr, er würde ihr nicht zu dieser Reise raten, würde vielleicht sagen, man solle nichts überstürzen, er würde sich überlegen, wie es am besten sei, die Zukunft zu gestalten. Und vielleicht würde er sagen, er sei ja nicht ganz unschuldig an diesem Abenteuer und möchte auch einen Teil der Verantwortung tragen. Wie das aussehen sollte, darüber war sich Mien nicht ganz klar. Sie trank einen Whisky, trank noch einen.

Draußen vor den Fenstern stand die Nacht. Unruhe befiel sie. Was nun, wenn Snoek nicht rechtzeitig eintraf?

Gegen neun Uhr kam Hendrik Potter. Er hatte wohl eine Menge getrunken und sagte: „Ich sehe, Sie haben Ihre Koffer gepackt, Mien. Sie sehen einen glücklichen Mann in mir.“

„Ich bin noch nicht fest entschlossen, Mijnheer Potter. Ich will noch den Rat eines Freundes abwarten.“

Sie goß ihm ein Glas Whisky ein, und als er mit höflicher Entrüstung ablehnte, trank sie es selbst.

„Was diesen Freund betrifft . . ., handelt es sich dabei um den Advokaten Snoek?“

„Und wenn es so wäre?“

„Dann hätte ich eine kleine Neuigkeit, von der ich hoffe, daß sie Ihnen Vergnügen bereitet. Der Herr Advokat und ich haben Gefallen aneinander gefunden. Ein vorzüglicher Mann, so scheint mir. Zuverlässig und klug in allem, was er tut und rät. Ich darf mich glücklich preisen, daß er eine Einladung auf meine Plantage angenommen hat. Mijnheer Snoek wird mit uns reisen; er hat sich bereits an Bord begeben.“

„Läßt er mir das ausrichten?“

„Gewissermaßen.“

„Und kein Billett?“

„Er war in Eile, hatte noch einige Geschäfte in der Stadt abzuwikkeln.“

„Ist das auch wahr, Mijnheer Potter?“

Einen Augenblick schien der Pflanzer gekränkt. „Ich war dabei, als man Mijnheer Snoeks Gepäck verlud. Und er lud mich ein zum ersten Whisky an Bord des Schiffes.“

Mien wandte sich ab und trat ans Fenster, blickte über die Bäume des Parks und die Lichter in der Bucht. Sie fürchtete, Potter könne die Freude auf ihrem Gesicht erkennen und richtig deuten. Nach scheinbar kurzem Überlegen drehte sie sich um und sagte: „Also gut! Wenn der Advokat Snoek soviel Vertrauen in uns beide setzt, dann wollen wir ihn nicht enttäuschen! Wir sehen uns an Bord.“

Im Morgengrauen, als die Flut umbrach, lief die *Prins Maurits* aus. Kapitän Wagtmans stand in der Steuerbordbrückennock und lauschte dem Pulsschlag der Maschine, der regelmäßig ging, aber trotzdem seinen Verdacht nicht ganz zerstreuen konnte. Wagtmans hielt nicht viel von Dampfmaschinen; er war mit den Segeln groß geworden. Neben ihm stand der Reeder Karel Jonker. „Machen Sie mir eine gute und schnelle Reise, Kapitän. Ich habe bereits eine Menge Verluste gehabt.“

„In Zukunft, Mijnheer Jonker, würde ich Sie bitten, die Brücke zu meiden. Sie ist der Aufenthaltsort für diensttuende Offiziere und Steuermänner. Passagiere müssen sich auf den dafür vorgesehenen Decks aufhalten."

„Kapitän, dies ist mein Schiff! Was hier an Bord geschieht, bestimme *ich!*"

„Das ist ein Irrtum. An Bord eines Schiffes bestimmt nur einer, und das ist der Kapitän. Sobald das Schiff den Hafen verlassen hat, ist auch der Reeder nur Passagier und hat sich in allem dem Kapitän unterzuordnen. Und es wäre gut, Mijnheer Jonker, wenn Sie sich das merken wollten. Es könnte uns eine Menge fruchtloser Debatten ersparen."

Jonker verließ wortlos die Brücke. Im Salon traf er ein paar Leute, den Missionar, der in seinem Brevier las, den Leutnant Wouters, der mit dem Gewürzhändler eine Partie Schach spielte, seinen Leibarzt, Dr. Vansitten, der am Bullauge stand und auf das bleigraue Meer hinausblickte, das sich am Horizont im ersten Schein der aufgehenden Sonne zu röten begann. Jonker trat zu ihm. Vansitten kam ihm gerade recht. Mit ihm konnte er andere Texte reden als mit dem aufsässigen Kapitän. Vansitten war ein demütiger Mann, eine getretene Kreatur, ein Arzt, den man erpressen konnte mit den Sünden vergangener Jahrzehnte. Jonker hatte ihn in Madras aus dem Gefängnis geholt, ehe sein Prozeß begann. Es hieß, er habe gewissen Damen in Not geholfen. Und von Stund an diente Vansitten dem Reeder als Leibarzt, als Spitzel und Zuträger und als Blitzableiter für seine üble Laune.

„Die Passagiere schon begutachtet?" fragte Jonker.

Der Arzt zuckte die dünnen, spitzen Schultern. Er war von kleiner Statur, sein Gesicht erinnerte an eine vertrocknete Quitte. Seine Augen blickten stets melancholisch, und in seiner Haltung war etwas von jemandem, der permanent auf der Flucht ist. Er haßte seinen Wohltäter, aber seine Furcht war größer als sein Haß. Deshalb glaubte sich Jonker bei ihm in guten Händen.

„Nichts Besonderes", sagte Vansitten. „Höchstens, es ist da einer an Bord, der vor längerer Zeit nach kurzer Haft aus den Straits Settlements ausgewiesen wurde. Ein berufsmäßiger Falschspieler. Sein Name ist Claes Snoek, ein Holländer, der einmal die Rechte studiert hat."

Der Reeder nickte zufrieden. „Wir wollen ihn im Auge behalten. Und sonst?"

„Die Stimmung unter der Mannschaft ist nicht gut. Da liegt eine Meuterei im Bereich des Möglichen."

„Das ist Sache der Offiziere, und auf Wagtmans kann ich mich in diesem Punkt verlassen. Außerdem haben wir Handfeuerwaffen an Bord. Immerhin, halten Sie die Augen offen, Doktor, dafür bezahle ich Sie."

Vansitten nickte, gähnte dann demonstrativ und blickte auf seine Nickeluhr, die er an einer Hanfschnur in der Brusttasche seiner zerschlissenen Khakijacke trug. „Ich lege mich noch eine Stunde hin."

Karel Jonker blickte ihm böse nach. Gewiß, Henri Vansitten verstand es, gute Medizinen zu mischen gegen allerlei Beschwerden. Auch war er brauchbar ob seiner ungewöhnlichen Neugier, war mitunter eine Quelle von Wissen, das man direkt oder auf Umwegen in bare Münze verwandeln konnte. Doch hatte er auch eine tückische Art, dem Reeder zu zeigen, daß er von Feinden umgeben war und daß auf seinen krummen Pfaden allerlei Fallstricke lagen. Und Karel Jonker war eine ängstliche Natur. Da saß es nun wie ein Dorn im Fleisch, dieses böse Wort ‚Meuterei'. Ich werde die Sache mit Wagtmans besprechen, dachte Jonker. Und noch während er diesen Entschluß faßte, stand plötzlich die Maschine still. Die Gäste im Salon blickten auf, sahen sich gegenseitig an, lauschten. Die *Prins Maurits* verlor merklich an Fahrt, und an Deck hörte man den englischen Ingenieur fluchen.

Jonker verließ den Salon und begab sich zur Brücke, wo er den Ersten Offizier, den Bootsmann und den Rudergänger antraf.

„Wo ist der Kapitän?" fragte er.

„Mit dem Chief in seiner Kammer."

Dorthin wagte der Reeder seinem Schiffsführer nicht zu folgen. Aber er drückte sich in der Nähe der Tür herum und lauschte dem Gespräch.

„Die Maschine ist also ein Schrotthaufen", sagte der Kapitän. „Sie ist nicht neu, und ich habe wahrhaftig schon bessere unter den Fingern gehabt. Aber so, wie sie ist, könnte sie noch ein Dutzend Reisen machen."

„Aber?"

„Aber wenn da einer ein paar Hände voll Sand in die Kolben schmeißt, sieht die Sache schon anders aus. Dann läuft die beste Maschine nicht mehr."

„Irrtum ausgeschlossen?"

Der Ingenieur lachte verächtlich: „Raten Sie mal, Sir, was ich von Beruf bin."

„Und wie geht's weiter?"

„Kolben ziehen."

„Dauert?"

„Sechs Stunden, mit geübten Leuten. Zehn mit dem Gesindel, das man für mich angemustert hat."

„Fangen Sie an. Und für den weiteren Verlauf der Reise stelle ich Ihnen ein paar zuverlässige Leute ab, die ein Auge auf die Kolben haben."

„Haben Sie überhaupt zuverlässige Leute?"

Die Kolben wurden gezogen. Es dauerte über vierzehn Stunden, und in dieser Zeit machte die *Prins Maurits* kaum mehr als drei Knoten Fahrt. Doch als das Herz der Maschine wieder zu schlagen begann, schienen die Dinge wieder ihre gute Ordnung zu haben. Die Passagiere versammelten sich unter den Sonnensegeln oder im Salon, plauderten, spielten Spiele, schlossen neue Freundschaften. Unter ihnen Mien Versteegh und Hendrik Potter. Potter war glücklich, denn trotz des Abstands, den sie wahrte, behandelte sie ihn doch bevorzugt. Sie nannte ihn „mein Freund" oder „mein lieber Hendrik".

In dieser Nacht raffte sich Hendrik Potter nach dem Genuß einer ganzen Flasche Genever auf, seiner Braut einen Besuch abzustatten. Die Schuhe hatte er ausgezogen, um nicht allzuviel Lärm zu machen auf den Planken im Mittschiffsgang. Bei Kabine Nr. 3 angelangt, klopfte er zaghaft. Die Tür wurde einen Spalt geöffnet, und Mien wurde sichtbar. „Mein lieber Hendrik", sagte sie, „es ist eine unschickliche Stunde, und Sie haben zuviel getrunken."

Potter blieb nichts anderes übrig, als auf nackten Sohlen wortlos den Rückzug anzutreten.

Mien schloß die Tür wieder und setzte sich auf ihr Bett, betrachtete den engen Raum, lauschte eine Weile dem Geschwätz der Wellen, dem Fahrtwind in den Pardunen, dem Schritt des Wachhabenden auf der Brücke. Sie lehnte sich zurück an das eiserne Schott und lächelte. Es war kein fröhliches Lächeln.

An Claes Snoek dachte sie nicht. Sie wollte nicht an ihn denken, sondern bugsierte ihre Gedanken um ihn herum wie ein Kapitän sein Schiff um ein Korallenriff, das schön anzusehen, aber gefährlich ist. Und irgendwann schlief sie auch ein.

IM MANNSCHAFTSLOGIS im Vorschiff schürte der Matrose Joe Brakes die Stimmung gegen die Brücke und stieß dabei nicht auf taube Ohren. Selbst die Skandinavier, konservativ und zuverlässig im allgemeinen, waren mit der Art und Weise, wie man sie angemustert hatte, ebensowenig einverstanden wie mit dem kargen Essen, der verkommenen Unterkunft, dem barschen Befehlston der Offiziere. Es gab keinen im Quartier, der an diesem Schiff nicht etwas auszusetzen hatte. Brakes sagte: „Sind wir besser dran als die armen Hunde da unten in der Luke? Man hat uns gejagt wie schwarzes Elfenbein. Man preßt uns zu einer Arbeit, die uns nicht schmeckt. Das Fressen ist ungenießbar. Das Schiff taugt nichts, und der Kapitän hat einen bösen Ruf."

„Wir können ja in Batavia abmustern", meinte der Matrose Thorn bedächtig. Der Alte lachte gehässig.

„Versuch es doch mal! Die legen das Schiff vor Tandschong Priok auf Außenreede und stellen Wachen an die Boote. Wen Kapitän Wagtmans in den Fingern hat, den gibt er nicht mehr frei!"

Sie redeten hin und her, tranken warmes Bier und qualmten mit schlechtem Tabak den engen, niedrigen Raum voll mit übelriechendem, blauem Dunst.

Sie hatten alle einen Grund, wütend zu sein und Kapitän, Reeder und Schiff zur Hölle zu wünschen. Dem Schweden Svenson hatte der holländische Bootsmann einen eisernen Schäkel ins Kreuz geworfen. Einem polnischen Stoker hatten sie beim Anmustern drei Zähne ausgeschlagen. Ein brauner Singapore-Mann hatte Frau und Kinder ohne Nachricht zurücklassen müssen. Ein Malaie mußte mit zerquetschter Hand schwere Decksarbeit verrichten. Aber die meisten wußten um ihre Ohnmacht, um die Stärke der Männer auf der Brücke, um die Handfeuerwaffen im Kartenhaus. Viele von ihnen hatten zu oft in Gefängnissen gesessen, die Peitsche gespürt, hatten trockenes Brot und Wasser mit den Ratten geteilt. Das hatte sie vorsichtig gemacht.

Eines Morgens entdeckte der Schiffszimmermann bei seiner routinemäßigen Kontrolle, daß jemand über Nacht die Tanks mit dem Frischwasser angebohrt hatte. Große Teile des lebensnotwendigen und gerade in diesen heißen Zonen unersetzlichen Lebenselixiers waren ausgelaufen und in den ausgedörrten Planken versickert. Der Mann, der seit mehr als dreißig Jahren zur See fuhr, wußte, was das bedeutete, und so saß ihm der Schreck noch in den Knochen und der Stimme, als er auf der Brücke seine Meldung machte.

„Wieviel fehlt?" fragte Kapitän Wagtmans.

„Ich habe noch nicht nachgemessen, aber ich schätze, es ist mehr als die Hälfte, Herr Kapitän. Ich fürchte, wir werden umkehren müssen, nach Singapore."

Wagtmans überlegte, schätzte den Verlust ab und kam zu dem Schluß, daß man selbst bei strenger Rationierung Batavia kaum erreichen könne, ohne eine Durststrecke einkalkulieren zu müssen. Er sagte zum Schiffszimmermann: „Ich möchte alle Offiziere, soweit sie nicht an Deck und an der Maschine dringend benötigt werden, in zehn Minuten im Salon sprechen. Dazu Herrn Jonker und Dr. Vansitten."

„Aye, aye, Sir."

Wenig später saßen sie um den runden Tisch in der Kapitänskajüte versammelt und nahmen die Neuigkeit entgegen. Sie waren alle lange genug mit der Seefahrt vertraut, um das Ausmaß der Katastrophe ermessen zu können.

John Wright, der Erste Offizier, der seine Gefängnisblässe nun unter der Äquatorsonne verloren hatte und respektabel aussah mit seinen ein Meter neunzig, verpackt in ladenneuem Khaki, die Mütze salopp in den Nacken geschoben, war der erste, der seine Meinung zum besten gab. „Wenn ich Kapitän wäre, würde ich nach Singapore zurückfahren, dort die Polizei an Bord holen und den Fall untersuchen lassen. Dann, wenn die Täter in Ketten liegen, würde ich Wasser nehmen und wieder auslaufen. Das wäre die eine Möglichkeit."

Jonker entgegnete scharf und schrill: „Darf ich Ihnen meinen Verlust von der Heuer abziehen, Mr. Wright? Dr. Vansitten! Wie lange kann ein Mensch mit sehr wenig Wasser auskommen?"

„Das hängt von der Konstitution ab", meinte der Arzt. „Die Leute in der Luke zum Beispiel würden es nicht lange machen. Sie sind schon ziemlich auf den Hund gekommen. Als Arzt würde ich vorschlagen, sie in kleinen Gruppen wenigstens einmal am Tage für eine halbe Stunde an die frische Luft zu lassen."

Jonker sah ihn giftig an.

„Eine zweite Möglichkeit wäre – einfach weiterzufahren", sagte Wright. Es liegen ja eine Menge Schiffe auf Java-Kurs, früher oder später werden wir eins treffen und können unsere Wasservorräte ergänzen."

„Und wie groß ist die Wahrscheinlichkeit, daß wir ein solches Schiff treffen? Wie viele Schiffe liegen auf dieser Route?"

„Also doch weiterfahren und das Wasser rationieren", stellte der englische Ingenieur fest.

Sie redeten hin und her, ohne zu einem Schluß zu kommen. Jonker begann, um seinen Profit zu fürchten.

„Dr. Vansitten! Bei knapper Ration, wie viele von meinen Niggern in der Luke würden es überleben?"

„Was ist eine knappe Ration?"

„Ein Becher jeden zweiten Tag", sagte John Wright.

„Dann würde ich sagen – zehn Prozent könnten durchkommen."

Der Reeder stöhnte. „Und keine Möglichkeit, den Kurs zu ändern und irgendwo an dieser Küste, auf einer dieser vielen Inseln Wasser zu nehmen?"

Wieder gab John Wright Auskunft. Er hatte seinen Kapitän völlig vergessen. Jan Wagtmans stand am Bullauge und betrachtete die Passatwolken, die an diesem Tag sehr dünn, kaum wahrnehmbar waren. Es hatte den Anschein, als sei er an der ganzen Sache nur wenig interessiert.

„Natürlich könnten wir auch Lingga anlaufen. Aber da sitzen die Franzosen. Die würden uns erst völlig austrocknen und uns dann das Wasser literweise verkaufen. Die Sache wäre kostspielig und mindestens so zeitraubend wie eine Rückkehr nach Singapore. Bis dorthin haben wir reichlich Wasser. Vom Rationieren jedenfalls halte ich nichts. Da hätten wir in ein paar Tagen die schönste Meuterei an Bord."

Karel Jonker nickte düster. Der Erste bemerkte es mit Vergnügen. Sein Stern begann zu leuchten, und vielleicht, bei den bestehenden Spannungen zwischen Reeder und Kapitän, würde er bereits auf der Heimreise als Kapitän auf der Brücke stehen.

„Glauben Sie mir, Mijnheer Jonker, es ist das beste."

Der Reeder blickte sich im Kreis um. Niemand widersprach.

„Schön", sagte er. „Wenn es denn sein muß. Sind ja schließlich auch Christenmenschen, die Leute in der Luke. Das darf man nicht vergessen." Und dann, sich Jan Wagtmans zuwendend: „Kapitän!"

Wagtmans wandte sich um, straffte sich und sagte mit einer Stimme, die keinen Widerspruch duldet: „Ab heute werden die Wassertanks bewacht. Eine Untersuchung der Sabotage auf hoher See vorzunehmen verspricht keinen Erfolg. Die *Prins Maurits* bleibt auf Kurs, das Wasser wird rationiert. Und zwar bei gerechter Verteilung für Offiziere, Passagiere, Mannschaften und Kontraktarbeiter. Jeder bekommt den gleichen Anteil. Die Offiziere tragen ab heute Pistolen. Noch irgendwelche Fragen?"

Lähmendes Schweigen. Blicke von einem zum anderen. Der Reeder starrte seinen Kapitän mit offenem Mund an. Der Dritte Offizier, ein Pole, von dem es hieß, im Reich von Väterchen Zar warte der Strick auf ihn, lächelte mit gehässiger Freude. Dr. Vansitten trank den letzten Schluck Limonade so rasch hinunter, als befürchte er, auch diese wenigen Tropfen würden alsbald unter die Rationierung fallen.

„Also keine Fragen?"

Jonker raffte sich auf. Er deutete mit beringtem Finger gegen seinen Kapitän und sagte: „Sie überschreiten Ihre Befugnisse! Riskieren Sie nicht, daß ich Sie als Kapitän ablösen lasse!"

Wagtmans lachte amüsiert. „Das wäre wohl der erste Fall, daß ein Passagier eine Meuterei anzettelt. Und bis Batavia sind Sie Passagier, Mijnheer Jonker. Sollte Ihnen das nicht passen, bin ich gern bereit, Sie bei der nächsten Gelegenheit an Land zu setzen." Dann wandte er sich an den Ersten Offizier. „Mr. Wright, veranlassen Sie, daß sich Mannschaft und Passagiere so vollzählig wie möglich bei Luk eins versammeln. In spätestens zehn Minuten möchte ich Meldung haben." Dann nahm er seine Mütze und ging hinaus.

Sein Schritt war an Deck längst verhallt, als sich die Erstarrung löste und John Wright, der Erste Offizier, sagte: „Ich finde, so kann ein Kapitän nicht mit seinem Reeder sprechen. Und soweit ich die Gesetze der christlichen Seefahrt kenne, kann ein Kapitän auf hoher See sehr wohl abgelöst werden. Dann nämlich, wenn er Schiff und Besatzung in Gefahr bringt, wofür ja Kapitän Wagtmans in diesen Gewässern reichlich bekannt ist. Wenn sich die Offiziere eines Schiffes also einig sind . . ."

Der Pole schob demonstrativ sein Glas von sich und stand auf. „Da Sie mit mir in dieser Sache nicht rechnen können, Mr. Wright, werde ich jetzt dem Bootsmann Bescheid sagen, daß er die Leute zusammenruft."

Er ging hinaus, und es folgten ihm der Erste Ingenieur, der Zweite Ingenieur, der Zweite Deckoffizier und die beiden Offiziersaspiranten. John Wright blieb mit dem Reeder und Dr. Vansitten allein zurück. Sein Angriff auf die Position des Kapitäns war abgeschlagen, und Furcht begann ihn zu beschleichen. Sollte er sich auf die falsche

Seite geschlagen haben? „Ich hoffe, Mijnheer Jonker, Sie haben verstanden, wie ich das eben gemeint habe", sagte er leicht unterwürfig zu dem Reeder.

„Natürlich habe ich das. Sie möchten Wagtmans' Position einnehmen. Aber Sie bekommen sie nicht."

Durch mehrere Yards voneinander getrennt, wie es sich gehört, lauschten Passagiere und Mannschaft der kurzen Ansprache des Kapitäns. Jan Wagtmans stand in der Steuerbordbrückennock, korrekt gekleidet, wie man es bei ihm auch in tropischen Breiten gewohnt war, straff in der Haltung und von ernüchternder Kühle und Sachlichkeit. Ein tadelloser Kapitän von jener Sorte, die von Passagieren und Mannschaften zwar nicht geschätzt, aber respektiert wird.

In seiner Stimme war ein metallener Unterton: „Ich bedaure, mitteilen zu müssen, daß eine schwierige Lage für uns alle entstanden ist. Durch einige Lecks in den Wassertanks entstand ein Verlust an Süßwasser von schätzungsweise fünfzig Prozent. Das bedeutet, daß mit dem heutigen Tag das Wasser rationiert wird. Es darf nicht mehr zum Baden oder Waschen verwendet werden. Auch das Trinkwasser muß rationiert werden. Es ist noch zu errechnen, wie viele Becher pro Tag auf jeden einzelnen von uns entfallen. Alle an Bord eingeschifften Personen, ohne Unterschied des Dienstgrades, bekommen den gleichen Anteil. Das Schiff wird den alten Kurs beibehalten und mit allem, was Maschine und Segel hergeben, Batavia zu erreichen suchen. Ich bin zuversichtlich, daß uns das gelingen wird, möchte jedoch jedermann an Bord, vor allem die Besatzung, bitten, nach fremden Schiffen Ausschau zu halten. Derjenige, der als erster ein solches Schiff meldet, erhält eine Flasche Rum und zehn Pakete Tabak. Bootsmann, lassen Sie die Leute wieder an die Arbeit gehen."

Wagtmans legte flüchtig und verabschiedend die Hand an die Mütze und begab sich ins Kartenhaus. Dort beugte er sich über die Seekarten und verglich die Position mit den letzten Höhen, die man genommen hatte. Es sah nicht gut aus, zumal der Passatwind einzuschlafen drohte. Er konnte vom Kartentisch aus sehen, daß das Focksegel zu killen begann. Aber er wollte und mußte durch; er hatte ein Schiff und einen Auftrag.

In den Logis der Heizer und Matrosen rumorte es, aber die feindselige Stimmung richtete sich in erster Linie gegen den Matrosen Brakes, dessen Urheberschaft der Wassernot ihnen wahrscheinlich schien. Die

Entscheidung des Kapitäns, das Schiff weiter auf Kurs zu halten, hatte alle Hoffnungen auf eine Rückkehr nach Singapore und ein frühzeitiges Verlassen dieses Sklavenschiffes zerschlagen. Geblieben war nur der verdammte große Durst. Und Wagtmans überwachte täglich die gerechte Ausgabe der dürftigen Wasserrationen und verschaffte sich dadurch viele Pluspunkte. Hatte man ihn in den Logis unter der Back bisher noch einen Sklaventreiber genannt, so hieß es nun: „Der Alte ist gar nicht so schlecht."

Die Stimmung aber war dem Nullpunkt nahe. Gehässigkeit und Feindschaft machten sich breit. Im Vorschiff kam es zu Schlägereien, traditionell zwischen Maschine und Deck. Auf der Brücke bildeten die Offiziere zwei Parteien, von denen sich die eine auf die Seite von Mr. Wright schlug, die andere auf die Seite des Kapitäns. Am schlimmsten aber war es in der Luke, wo die braunen Kontraktarbeiter einer nach dem anderen von einer bösen Schwärenkrankheit befallen wurden. Drei starben und wurden nachts in aller Heimlichkeit über Bord geworfen. Die Inselleute waren inzwischen so sehr in Apathie verfallen, daß es nicht mehr nötig war, die Männer, die ihnen täglich die kümmerlichen Reis- und Wasserrationen brachten, zu bewaffnen.

Aber das war erst der Anfang. Am sechsten Tag der Durststrecke gab es in der Messe der Mittschiffsgasten eine Schlägerei um einen Becher Wasser, und der Salonjunge, dem diese Ration rechtens zustand, wurde arbeitsunfähig geprügelt. Am Mittag schlief der Wind ein, und die *Prins Maurits* machte nur noch sechs Knoten in der Stunde. In der Nacht brachen unbekannte Täter in die Wasserlast ein, schlugen dem Matrosen Björn ein Stück Eisen über den Schädel und stahlen so viel Wasser, daß ein Mann hätte darin baden können. Das ärgerliche daran war, daß sie den größten Teil davon verschütteten. Die Sache wurde oberflächlich untersucht, und Wagtmans war es zufrieden, daß nichts dabei herauskam. Er brauchte jeden gesunden Mann für das Schiff und mußte damit rechnen, daß mancher, der harte Arbeit und Entbehrungen nicht gewohnt war, früher oder später zusammenklappte.

Am Vormittag des siebenten Tages erschien eine Delegation der Passagiere in der Kapitänskajüte: der Geistliche, der Bohrmeister, und als Sprecher Claes Snoek. Er sprach im Namen aller.

Wagtmans war gewappnet und erwartete die Klagen mit einer gewissen grimmigen Freude. Passagiere waren ihm zuwider. Sie degradierten, so fand er, die christliche Seefahrt zu einem Fuhrbetrieb.

Der Geistliche begann: „Die Passagiere haben den Advokaten Mijnheer Snoek zu ihrem Sprecher gemacht, Herr Kapitän. Wir hatten gestern abend eine kleine Besprechung . . ."

„Kommen wir zur Sache. Dies ist meine Freizeit, und sie ist im Gegensatz zu der Ihren knapp bemessen."

Die Feindseligkeit in Stimme und Diktion war offensichtlich. Aber Claes Snoek war ein geschickter Taktiker. Er zündete sich umständlich eine Sumatrazigarre an, lehnte sich bequem in seinem Sessel zurück, sah dem blauen Dunst nach und tat, als sei er mit sich und der Welt zufrieden.

Dann begann er: „Es dreht sich natürlich um die Wasserrationen, Sie werden es erraten haben, Kapitän Wagtmans. Wir alle sind uns darüber klar, daß es für Sie eine traurige Pflicht ist, mit den knappen Vorräten haushalten zu müssen. Jedoch kam bei einigen Passagieren der Gedanke auf, daß es vielleicht nicht gerecht sei, jenen, die für die Passage bezahlen, die gleiche Ration zuzugestehen wie jenen, die gewissermaßen dafür kassieren, weil es ja ihre Profession ist."

Wagtmans nickte wie zustimmend mit dem Kopf und tupfte die Fingerspitzen seiner braungebrannten Hände im Rhythmus der stampfenden Maschinenkolben aneinander. „Wenn ich Sie richtig verstanden habe, schlagen Sie eine Kürzung der Rationen von Offizieren und Mannschaften vor."

Der Bohrmeister protestierte. „Von den Offizieren war überhaupt keine Rede!"

„Gut, die Sachlage wird für mich langsam klar. Sie sagten, einigen der Passagiere sei dieser Gedanke gekommen. Ich darf also daraus schließen, daß Sie nicht jedermann im Salon vertreten?"

„So ist es."

„Und Sie selbst?"

„Mich würde ich bitten, auch auszuschließen. Aber es ist bei mir weniger eine Frage der Moral als der körperlichen Konstitution. Ich habe in der Sahara und den Steppen von Hsin Tschian an ärgerem Mangel gelitten."

Wagtmans nickte freundlich. „Wie viele Passagiere also?"

„Mit einem Dutzend müssen Sie schon rechnen."

„Ein Dutzend. Das sind wohl fast alle. Nun ja, wir werden sehen."

Er erhob sich, nahm Papier und Feder zur Hand und kehrte an den Tisch zurück. „Die Dinge müssen natürlich ihre Ordnung haben", murmelte er. Er tauchte die Feder in die Tinte, glättete sorgfältig das Papier und sagte: „Also, die Namen."

Snoek schien ein Vergnügen daran zu finden, jene Leute aktenkundig zu machen, die sich auf Kosten der Mannschaft einen Vorteil zu verschaffen suchten. Der Kapitän überflog die Liste, nickte zufrieden und meinte dann: „Ich denke, das wird sich machen lassen." Er erhob sich. „Ich werde die Sache unverzüglich in die Hand nehmen. Es ist die Pflicht eines Kapitäns, sich um das Wohl seiner Passagiere zu kümmern. Ich danke Ihnen für den Besuch." Während des Essens erschien der Erste Offizier im Salon und bat eine Anzahl Passagiere, die er namentlich benannte, unmittelbar nach der Mahlzeit zum Lukendeck zu kommen. Es handele sich um die Ausgabe von zusätzlichen Wasserrationen.

„Na also", sagte die Dame aus Venlo.

Auch der Bohrmeister, der Gewürzhändler Kees, ein Gummikaufmann aus Batavia und ein junger einfältiger Sinkeh aus Amsterdam äußerten Genugtuung. Andere allerdings fanden es nicht geschickt, diese Sache bei hellem Tageslicht und in aller Öffentlichkeit durchzuführen. Ein gewisses Unbehagen stellte sich ein. Es verstärkte sich noch, als man an Deck die gesamte Mannschaft versammelt fand. Die Männer standen in ihrer dreckigen Arbeitskluft verständnislos wartend den Leuten aus dem Salon gegenüber, und zwischen ihnen standen die beiden Wasserpützen zur Ausgabe bereit. Dann erschien Kapitän Wagtmans. Er rauchte seine Zigarre, schien heiter und ohne böse Absicht, als er sagte: „Mal alle herhören! Diese Passagiere hier, die für ihre Passage bezahlt haben und damit auch für Kost und angemessene Wasserversorgung, bestehen auf ihrem Recht. Sie wünschen, daß die Rationen der Mannschaft zu ihren Gunsten gekürzt werden. Sie haben ja gewissermaßen einen Vertrag und möchten, daß der von der Schiffsleitung erfüllt wird. Das ist einzusehen. Ich habe mich also entschlossen, dem Wunsch zu entsprechen."

Unter den angetretenen Heizern, Matrosen und Mittschiffsgasten entstand Unruhe. Leise Flüche und Drohungen. Wagtmans fuhr gelassen fort: „Da es mir, eurem Kapitän, schwerfällt, eine Entscheidung darüber zu fällen, wer von euch durch diese Neuverteilung betroffen wird, bin ich dafür, daß die Passagiere sich jene Leute aussuchen, deren Ration sie zu schmälern wünschen." Er wandte sich an die Leute aus dem Salon und machte eine auffordernde Handbewegung. „Bitte!

Würden Sie jetzt vortreten und jene Männer bezeichnen, an deren Becher Wasser Sie teilhaben möchten?"

Unter den finsteren Blicken von beinahe vierzig Männern aus einem Dutzend Nationen stammelte der blasse Sinkeh aus Amsterdam: „Aber so war es doch nicht gemeint! Ich meinerseits bin gern bereit zu verzichten."

„Fein", sagte der Kapitän. „Einer weniger. Bitte, zeigen Sie keinerlei Hemmungen oder gar Furcht. Natürlich werden die Betroffenen traurig oder sogar wütend sein; das ist verständlich. Aber Sie stehen ja unter dem Schutz der Schiffsleitung. Also bitte ich Sie, jetzt vorzutreten und sich einen Mann auszusuchen. Wir werden dann, wie gewünscht, seine Ration kürzen."

Als erste hatte die Dame aus Venlo die tückische Absicht des Kapitäns erkannt und verließ wortlos den Schauplatz. „Die Lage meiner Mannschaft verbessert sich zusehends", kommentierte Wagtmans ihren Abgang; „ist unter den Passagieren noch jemand, der, vielleicht aus moralischen Gründen oder mangels Durst, verzichten möchte?"

Der Gummikaufmann, mit einigem Sinn für Humor begabt, sagte: „Ihnen eine Freude zu machen, Kapitän Wagtmans, ist für mich ein Vergnügen." Er wandte sich ab und erklomm die Treppe zum Bootsdeck. Dann brach die Front völlig auseinander. Sie verschwanden einer nach dem anderen – die letzten, als sich unter den Seeleuten ungezügelte Heiterkeit breitzumachen begann, als das Gelächter der Schadenfreude über die Decks schallte.

Wagtmans meinte gelassen: „Bootsmann, lassen Sie das Wasser ausgeben, und schicken Sie die Leute wieder an die Arbeit. Die Sache hat sich, so scheint mir, erledigt."

Der Kapitän hatte neuerlich Pluspunkte gewonnen. Aber die Lage wurde dadurch nicht besser. Die Hitze vor den Kesseln blieb, die glühende Äquatorsonne blieb, der Durst blieb. Und Batavia war noch weit. Am neunten Tag nach der Sabotage an den Wassertanks, es war kurz nach Sonnenaufgang, entdeckte der Leichtmatrose Hawker, der im Mastkorb Posten bezogen hatte, einen dunklen Punkt am Horizont. Er beobachtete ihn, bis er Mastspitzen und Schornstein klar ausmachen konnte, und schrie hinab in die Brückennock: „Schiff in Sicht, zwei Strich an Steuerbord!"

Rasch füllten sich die Decks mit Wachen, Freiwachen und zum Teil nur oberflächlich bekleideten Passagieren.

Auch Kapitän Wagtmans erschien auf der Brücke, ließ sich das Fernrohr reichen und studierte das Objekt in der Ferne. Nach rückwärts gewandt zum Rudergast, sagte er: „Fallen Sie zwei Strich nach steuerbord ab, Maat."

„Aye, aye, Sir. Zwei Strich nach steuerbord."

Kurz nach acht Glasen hatte man sich dem fremden Schiff so weit genähert, daß man es identifizieren konnte. Es war die *Spirit of St. Johns,* die, von Australien über Sumatra kommend, auf Gegenkurs lag. Wagtmans ließ nun einen Spruch mit der Klappbuchse absetzen und bekam das Signal, daß man verstanden hatte. Der Postdampfer änderte leicht den Kurs, und die Schiffe kamen sich näher. Gegen zwölf Uhr mittags lagen sie bei spiegelglatter See fast Bord an Bord. Die *Prins Maurits* nahm genügend Wasser, um Batavia ohne Not erreichen zu können. Kapitän Wagtmans übersandte dem Kapitän der *Spirit of St. Johns* drei Flaschen Champagner als Dank, man tauschte Grüße und gute Wünsche aus, dann ratterten wieder die Ankerwinden.

Wenig später ließ Wagtmans eine Sonderration von drei Bechern Wasser pro Mann ausgeben, wieder ohne Ansehen der Person und des Dienstgrades. Er überwachte die Verteilung und erklärte den Leuten, daß es nicht gut sei, sich den Magen vollzuschlagen nach der Entwöhnung von ganzen neun Tagen. Aber am Abend ließ er eine weitere Ration ausgeben und eine dritte am anderen Morgen. Von da ab lief alles wieder normal.

4. Kapitel

Obwohl der Passat beinahe eingeschlafen war und die *Prins Maurits* kaum noch Zeug in den Masten stehen hatte, machte sie ganz ordentliche Fahrt. Die Maschine erwies sich als brauchbar, und Kapitän Wagtmans machte heimlich seinen Frieden mit den Dampfmaschinen, wenn er die Bugwelle seines Schiffes betrachtete oder die Ergebnisse der Logmessungen ins Journal eintrug. Auch die Stimmung unter der Mannschaft verbesserte sich. Mit der abflauenden Gefahr nahm auch die Wachsamkeit ab. Dadurch, und wohl auch durch das etwas diesige Wetter, konnte es geschehen, daß man eines Tages beinahe das zweite Schiff übersah, das an Steuerbord querab mit killenden Segeln in der bleigrauen Brühe lag. Der Dritte Offizier bemerkte es schließlich und rief ins Ruderhaus, wo er den Kapitän wußte: „Schiff an Backbord querab! Entfernung etwa fünf Meilen!“

Wagtmans kam in die Nock, das Fernrohr unter dem Arm. Aber er erkannte das fremde Fahrzeug schon mit bloßen Augen.

„Du meine Güte, das ist die *Loana.*“

„Sieht merkwürdig ruhig aus, da drüben“, meinte der Dritte Offizier. Wagtmans nickte. Er setzte das Glas an und beobachtete den Schoner lange, suchte die Decks ab, die Brücke, die Wasserlinie. An Bord der *Loana* schien auf den ersten Blick alles klar zu sein. Die Boote hingen ordentlich in den Davits, Groß- und Focksegel waren gesetzt. Der Schoner machte keine Fahrt und wurde mit Strom nach steuerbord versetzt. Es waren auch Menschen an Bord zu sehen. Sie lagen an Deck, schienen sich auszuruhen, einige winkten matt. Wagtmans rief zum Lukendeck hinunter: „Bootsmann, lassen Sie die Fock backbrassen.“

„Aye, aye, Sir.“ Die Pfeife trillerte.

„Ruder hart backbord, Maschine halbe Kraft voraus.“

Der Maschinentelegraf klingelte, die *Prins Maurits* verringerte die Fahrt und fiel nach backbord ab.

Offiziere der Freiwache erschienen an Deck und gesellten sich zum Kapitän, und die Passagiere, durch die neuen Geräusche alarmiert, versammelten sich mittschiffs an der Reling.

Wagtmans, das Glas vor den Augen, beobachtete sorgfältig jede Bewegung an Deck der *Loana*. Jetzt erhob sich dort ein Mann von seinem Lager und wankte zum offenen Schott, das zum Niedergang vor die Räume der Mannschaft führte. Er konnte sich kaum auf den Beinen halten. Mr. Wright, der neben den Kapitän getreten war, sagte mit verächtlichem Lachen: „Du lieber Gott, der ist doch stockbesoffen!“

Wagtmans setzte das Glas ab und sah den Ersten kühl an. „An Bord der *Loana* wird kein Alkohol getrunken, Maat. Es sei denn, der Kapitän wäre krank oder tot. Der Mann ist krank.“

Plötzlich erschien auf dem Schoner eine neue Person aus den Mannschaftslogis. Jan Wagtmans erkannte mit einer gewissen Erleichterung, daß es Lynn MacLoy war. Ihr folgte Ikan, der Steuermann von Bora-Bora. Beide traten an die Reling, winkten, schienen etwas herüberzurufen. Aber die Entfernung war noch zu groß, um etwas zu verstehen. Sie sahen es wohl sofort ein, Lynn MacLoy trat an die Kiste mit den Signalflaggen und wühlte darin.

„Ich schätze, sie werden jetzt ein Notsignal setzen", sagte der Zweite Offizier. „Sieht so aus, als ob sie einen Arzt brauchen." Die Entfernung zwischen den beiden Schiffen wurde geringer. Karel Jonker, der Reeder, erschien in der Nock. Er war noch im Pyjama und hatte einen etwas zerfledderten Kimono übergezogen. Wohl wissend, daß der Kapitän seine Anwesenheit hier nicht schätzte, sagte er höflich: „Ich möchte nicht stören, Kapitän, aber darf man erfahren, was da drüben mit dem Schiff los ist?"

„Es ist die *Loana*", erklärte Mr. Wright. „Es sieht so aus, als ob ein Arzt benötigt wird."

„Mit diesem Schiff habe ich aber auch nur Scherereien!"

Im Vormast des Schoners stieg nun ein Signal auf. Unter einem schwarzen Ball eine viereckige Flagge. Das Notsignal! Jedermann, auch der Reeder, kannte die Bedeutung, und während die anderen schwiegen, sagte Jonker: „Hoffentlich ist es nichts Ansteckendes! Kapitän Wagtmans, wenn es eine Seuche ist, weigere ich mich, meinen Arzt auf dieses Schiff zu lassen! Ich kann nicht Passagiere und Mannschaft der *Prins Maurits* gefährden."

Wagtmans antwortete nicht. Er nahm das Glas von den Augen; die Entfernung war nun so gering, daß man alle Vorgänge an Deck mit dem bloßen Auge erkennen konnte.

Lynn MacLoy und ihr Bootsmann standen, die Hände auf die Reling gestützt, mittschiffs und blickten regungslos herüber. Auf dem Achterschiff hatte sich ein Mann erhoben, ein Fidschi, wie man an seinem Kraushaar und dem Nasenschmuck leicht erkennen konnte. Er wankte einige Schritte nach mittschiffs, taumelte dann gegen die Windhutze, knickte in den Beinen ein und rollte über die Planken.

Wagtmans wandte sich an seinen Ersten Offizier. „Ihre Meinung?"

„Schwer zu sagen, Kapitän. Skorbut kann es kaum sein."

„Nein, es ist kein Skorbut."

Jonker drängte sich zwischen Wright und dem Dritten hindurch und funkelte Wagtmans böse an. „Was ist es?" fragte er mit schriller Stimme. „Ich verlange Aufklärung!"

Es dauerte eine ganze Weile, bis Wagtmans Notiz von ihm nahm. Er beobachtete zunächst, was an Deck des eigenen Schiffes geschah, und vermerkte mit Zufriedenheit, daß der Dritte Offizier seine Arbeit verstand. Er ließ sowohl die Achterspring klarmachen, um sie eventuell zu dem Schoner hinüberzuschießen, als auch die Kuttermannschaft antreten, für den Fall, daß in kürzester Zeit jemand, vielleicht der Arzt, übersetzen sollte. Er blickte hinauf zu Wagtmans, der ihm sein Einverständnis zunickte. Dann wandte er sich an den Reeder.

„Mijnheer Jonker, bei allem Respekt muß ich Sie doch jetzt bitten, wieder mittschiffs zu gehen."

„Ich weiche keinen Schritt, ehe ich nicht weiß, was mit diesem verdammten Schoner los ist."

„Ich weiß es selbst noch nicht", sagte der Kapitän. „Aber ich lasse es jedermann wissen, sobald ich es für notwendig erachte." Und dann zum Läufer Brücke gewendet: „Das Megaphon, Seemann."

Noch zweihundert Yards. Der Maschinentelegraf klingelte, die *Prins Maurits* verlor weiter an Fahrt. Und nun, da der Passatwind völlig fehlte, spürte man wieder die Tropen, die Hitze, schier unerträglich selbst in dieser frühen Morgenstunde. Noch hundert Yards. Im Versaufloch standen Matrosen, Heizer und Mittschiffsgasten der Freiwachen und tauschten Vermutungen aus.

„Eine Meuterei!"

Dieser Verdacht wurde rasch beiseite gefegt von einem, der Schiff und Kapitän gut kannte.

„Wer bei Kapitän MacLoy an Meuterei denkt, ist ein dreimal verdammter Narr. Auf ihrem Schiff stimmt alles. Die Heuer, die Behandlung der Mannschaft, das Essen. Alles."

Aage Thorn meinte: „Ich wette mein einziges Hemd gegen eine Handvoll Erdnüsse, daß da drüben auf der *Loana* eine Epidemie ausgebrochen ist. Wollen bloß hoffen, daß es nicht die Pest ist."

„Solange wir sie nicht haben . . ."

„Der Doktor wird sie uns schon mitbringen", sagte der Schwede. „Er muß ja schließlich rüber und nach dem Rechten sehen."

Der Bootsmann ter Muilen war unbemerkt unter sie getreten und blickte drohend von einem zum anderen. „Wer noch einmal das Wort Pest in den Mund nimmt, dem schlage ich alle Zähne aus, verstanden?"

Dann plötzlich ertönte von der Brücke die Stimme des Kapitäns durch das Megaphon: „Schiff ahoi! Was ist los bei euch?"

Und wenig später, etwas dünner, aber doch gut verständlich, die Stimme von Lynn MacLoy: „Wir brauchen einen Arzt! Wir haben eine Menge Kranke an Bord."

„Was für eine Krankheit? Schildern Sie die Symptome!"

„Unnötig! Ich weiß, was es ist."

„Gut, ich schicke einen Arzt! Bootsmann, lassen Sie ausschwenken!"

„Aye, aye, Sir. Steuerbord-Bootsbesatzung klar zum Wegfieren!"

„Wo ist Dr. Vansitten?" fragte Wagtmans.

Der Arzt war nicht auffindbar, weder im Salon noch in seiner Kabine. Jemand sagte: „Er ist in Mijnheer Jonkers Kabine."

„Herholen!"

Ein Mann verschwand; es dauerte eine ganze Weile, bis er zurückkehrte mit der Nachricht, der Reeder weigere sich, die Kabine zu öffnen und den Arzt herauszulassen. Einen kurzen Moment nur überlegte der Schiffsführer. Dann rief er hinunter zu den Decks: „Zimmermann! Nehmen Sie eine Axt, und öffnen Sie die Kabine des Reeders." Er verließ die Brücke und ging zur Kabine des Reeders. Der Zimmermann, ein hünenhafter Finne, wartete dort, eine mächtige Axt in den Fäusten. Wagtmans klopfte an und rief: „Mijnheer Jonker, hier spricht der Kapitän. Würden Sie die Liebenswürdigkeit haben und Dr. Vansitten aus Ihrer Kabine lassen? Er wird benötigt." Er bekam keine Antwort, aber es war deutlich zu hören, daß in der Kabine zwei Männer miteinander flüsterten. Der Kapitän machte einen zweiten Versuch, die Sache auf friedliche Weise zu regeln. „Dr. Vansitten! Sie wissen, was Ihre Pflicht als Arzt ist und daß man Sie vor ein Gericht stellen wird, wenn Sie in einem so schweren Notfall die Hilfe verweigern!"

Wieder kam eine Weile keine Antwort. Dann rief der Reeder: „Kapitän, sind Sie sich darüber klar, daß auf der *Loana* vielleicht die Pest ausgebrochen sein könnte?"

Darauf der Kapitän: „Um das festzustellen, brauche ich keinen Arzt mehr. *Es ist die Pest!* Zimmermann, schlagen Sie die Tür ein."

Doch ehe der Finne die Axt heben konnte, wurde die Tür geöffnet, und Jonker erschien auf der Schwelle. Er schien außer sich vor Wut, sein feistes Gesicht war gerötet. „Kapitän! Sie waren mir bekannt als ein Mann, der bereit ist, Schiff und Mannschaft jederzeit dem privaten Ehrgeiz zu opfern, ein Mann einsamer Fehlentscheidungen. Aber jetzt geht es um das Leben von Passagieren und Mannschaft. Ich verbiete, und ich werde es mit allen Mitteln verhindern, daß Dr. Vansitten, der mein privater Arzt ist und Passagier auf diesem Schiff, auch nur mit einem einzigen Menschen auf dem Schoner da drüben in Berührung kommt."

Wagtmans zuckte die Achseln. „Ihre Möglichkeiten sind begrenzt, Mijnheer Jonker. Dr. Vansitten, wenn ich Sie jetzt an Deck bitten dürfte . . .“

Der Arzt erschien auf der Türschwelle, furchtsam und unentschlossen, und sagte mit beschwörender Stimme: „Herr Kapitän, sind Sie sich klar darüber, wie groß die Ansteckungsgefahr für jedermann auf diesem Schiff ist, wenn durch mich eine Berührung der Kranken stattfindet?“

Wagtmans nickte. „Natürlich weiß ich das, wir müssen es in Kauf nehmen. Aber man kann Vorsichtsmaßnahmen treffen. Kranke isolieren, Hygienemaßnahmen verstärken . . .“

„Ich habe keine Medikamente bei mir“, jammerte der Arzt. „Ich bin ja als Passagier an Bord, und wer rechnet schon mit der Pest?“ Und dann wieder der Reeder: „Sie wollen also die Pestkranken an Bord der *Prins Maurits* holen?“

Der Kapitän schüttelte den Kopf. „Daran ist nicht gedacht. Ich nehme die *Loana* in Schlepp.“

„Und wenn Dr. Vansitten die Pest auf mein Schiff trägt?“

„Dafür habe ich eine Lösung. Dr. Vansitten wird bis zum nächsten Hafen, also bis nach Batavia, an Bord der *Loana* bleiben. Ich fürchte, er wird da genug Beschäftigung finden in einem Beruf, den er, so hoffe ich, aus Berufung gewählt hat.“

Der Arzt wurde um einen Schein blasser. „Kapitän Wagtmans“, stammelte er, „das können Sie mir nicht zumuten!“

„Kann ich nicht? Wie würden Sie es einschätzen, wenn ich, der Kapitän, in Gefahr, bei einem Schiffsbrand etwa oder in einem schweren Sturm, die Brücke verlassen wollte, um mich in Sicherheit zu bringen? Wenn ich einfach sagen würde, es war ein Irrtum, ich habe es mit diesem Beruf nicht ernst gemeint? Ich wette, Sie würden es nicht gutheißen. Und so heiße ich es nicht gut, wenn Sie Ihrem Eid nicht folgen, weil es mit Gefahr verbunden ist, wenn Sie Ihre Pflicht erfüllen. Nein, Dr. Vansitten, Sie werden auf die *Loana* übersteigen, und wenn ich Sie persönlich hinrudern müßte. Und nun wollen wir an Deck gehen. Es sind noch einige Ampullen Pestserum in der Schiffsapotheke, nicht viel, aber es wird Ihnen von Nutzen sein.“ Der Arzt sah den Reeder hilfesuchend an.

Aber Karel Jonker zeigte nur ein hochmütiges Lächeln. „Denken Sie an das, was wir eben besprochen haben, Vansitten.“

Und er ging voran zum Niedergang. Die anderen folgten ihm. Der Arzt, der Kapitän, der Zimmermann mit der Axt, Verständnislosigkeit auf dem breiten, gutmütigen Gesicht. Sie betraten den Mittschiffsgang, das Lukendeck.

Dort stand Mr. Wright, der Erste Offizier, inmitten der Mannschaft, und es schien, als habe er gerade eine Ansprache gehalten. Aber als die vier Männer sichtbar wurden, breitete sich verlegenes Schweigen aus.

Das Boot war klar zum Wegfieren, sechs Ruderer saßen in den Bänken, und an den Winden standen die Männer der zweiten Wache. „Mr. Wright, würden Sie das Kommando über das Boot übernehmen? Wie ich sehe, hat man dort drüben bereits ein Seefallreep heruntergebracht. Gehen Sie längsseits, und lassen Sie Dr. Vansitten an Bord. Sie halten sich so lange bei dem Schoner auf, bis Dr. Vansitten Sie von Umfang und Art der Krankheit informiert hat. Dr. Vansitten, wollen Sie bitte das Boot besteigen?"

Der Arzt ballte die Fäuste und schüttelte stumm den Kopf.

„Bootsmann! Helfen Sie dem Doktor ins Boot!"

„Aye, aye, Sir."

Der Arzt kreischte: „Fassen Sie mich nicht an!"

Doch schon hatte ter Muilen ihn um die Hüfte gepackt, hob ihn hoch, als sei er ein Kind, und ließ ihn mit grimmigem Vergnügen zwischen die Duchten plumpsen. Die Winden traten in Aktion, das Boot senkte sich in die Tiefe.

Kapitän Wagtmans wandte sich nun um und sah die Leute an, die sich auf dem Lukendeck versammelt hatten. Da standen sie, etwa drei Dutzend Männer aller Rassen, Nationen und Hautfarben. Chinesen und Tamilen, Skandinavier, Mitteleuropäer und Inder, Burschen von den Inseln unter dem Wind und von den Küsten Afrikas.

„Bootsmann!"

„Sir?"

„Warum stehen diese Leute hier herum? Gibt es keine Arbeit auf dem Schiff?"

Das Boot klatschte aufs Wasser. Die Krampen wurden ausgehakt, man hörte die Kommandos von Mr. Wright, hörte, wie die Riemen gegen die Duchten polterten und Wasser faßten.

„Los, an die Arbeit, Leute!" schrie ter Muilen. „Das Deck sieht aus wie ein Schweinestall! Außenbords mit dem Leergut! Und dann wollen wir mal anständig die Tampen aufschießen."

Einige Leute gingen rasch an die Arbeit oder verzogen sich zur Back. Andere zögerten, starrten finster vor sich hin, demonstrierten eben noch im Rahmen des Statthaften Widerspenstigkeit, um sich dann unter Hinterlassen eines virtuos auf die Planken gespuckten Strahls braunen Tabakspeichels und undeutlich gemurmelter Flüche zu entfernen.

Einer aber blieb stehen, sah den Kapitän mit seinen hellen Augen herausfordernd an und sagte: „Der Erste hat uns eben erklärt, worum es hier geht, Käpt'n. Auf dem Schiff da drüben ist die Pest, und bald werden wir sie auch hier an Bord haben."

„Soso, hat das Mr. Wright gesagt? Mag sein, daß er recht hat. Das ändert nichts an meinen Befehlen. Sie sind Seemann?"

„Ja, Käpt'n."

„Ihr Name?"

„Olaf Björn. Ich war auf der *Amstelveld.*"

„Gut, Björn, ich habe zur Kenntnis genommen, was Sie eben gesagt haben. Nun gehen Sie an Ihre Arbeit."

„Nein, ich gehe nicht an meine Arbeit. Wozu sollte ich noch arbeiten, wenn ich sowieso in ein paar Tagen verrecke?"

„Sie werden an Ihre Arbeit gehen, weil ich Ihnen den Befehl gegeben habe und weil Sie ein Seemann sind, der weiß, was es heißt, einen Befehl zu verweigern."

„Ja, Sir, das weiß ich. Aber dies ist eine andere Sache. Ich werde nicht an die Arbeit gehen."

Mit einem flüchtigen Blick aus den Augenwinkeln nahm Wagtmans wahr, daß alle Arbeit an Deck wieder ruhte, daß alle mit Spannung auf den Ausgang dieser Kraftprobe warteten.

Er betrachtete den Matrosen Olaf Björn interessiert, ja fast freundlich. Es war ein Mann von ein Meter neunzig, breit wie ein Backspind, muskulös und von erstaunlicher Ruhe und Selbstsicherheit. Er sagte zögernd: „Tja, Seemann . . .", und dann schlug er zu. Olaf Björn klappte zusammen wie ein Taschenmesser, schlug auf die Planken und rührte sich nicht mehr. Ohne einen Blick auf den gefällten Riesen zu verschwenden, wandte sich der Kapitän ab und ging hinauf zur Brükke. Wieder einmal hatte er Pluspunkte bei der Mannschaft gemacht. Jeder andere Kapitän hätte einen solchen Burschen wegen Befehlsverweigerung in Eisen legen lassen, hätte vielleicht einen Revolver aus der Tasche gezogen oder seine Offiziere zu Hilfe gerufen. Dieser Kapitän aber haute den Kerl einfach um und stieg hinauf zur Brücke, unzufrieden eigentlich nur mit seinem erkalteten Zigarrenstummel, der nicht brennen wollte.

Inzwischen hatte das Boot eine Strecke von etwa hundert Yards zurückgelegt. Mr. Wright saß am Steuer und beobachtete die Bewegungen an Deck des Schoners.

„Sieht böse aus. Was meinen Sie, Dr. Vansitten?"

„Pest ist Pest", antwortete der Arzt. Er hockte zusammengekauert im Stern des Bootes und schien nahe daran zu weinen.

„Sie unterschätzen Ihre Künste, Doktor", meinte Wright freundlich. „Wenn diese armen Leute erst mal bei Ihnen in Behandlung sind . . ."

„Es ist nicht meine Absicht, mich an Bord zu begeben."

„Es ist ein Befehl des Kapitäns."

„Der Kapitän kann mir keine Befehle geben. Ich bin Passagier."

John Wright nickte zustimmend. „Das hat seine Richtigkeit, und, verdammt noch mal, ich weiß nicht, wie ich mich verhalten soll."

Einige der Ruderer stellten ihre Arbeit ein. Mr. Wright schien es nicht einmal zu bemerken.

„Wenn ich einmal was zu der Sache sagen dürfte", ließ sich einer der Seeleute vernehmen, „ich habe als junger Bursche die große Pest in der Türkei mitgemacht. Wir lagen vor Izmir auf Außenreede. Glaubten, wir wären in Sicherheit. Aber es war ablandiger Wind, und die Pest ist zu uns herübergeweht. Da half es nichts, daß niemand an Land durfte und kein Aas an Bord kam. Sieben Mann sind übriggeblieben von einer Besatzung von an die fünfzig. Die anderen wurden alle blau und schwarz im Gesicht, und als wir einen Doktor an Bord bekamen, von der amerikanischen Flotte, da war die Hälfte schon tot."

„Halten Sie dergleichen für möglich, Doktor?"

Der Arzt wiegte den Kopf. „Warum sollte das nicht möglich sein? Von der Pest weiß man bisher nur wenig. Sie kommt, sie geht. Niemand weiß, auf welchem Weg. Durch die Luft? Vielleicht, ich bin da überfragt."

Dr. Vansitten log. Natürlich wußte man im Jahre 1883 schon eine ganze Menge über die Pest und hatte sie mit Erfolg bekämpft. Die Männer stützten sich auf die Riemen und starrten in das dunkle Wasser.

„Mr. Wright", sagte Dr. Vansitten, „die Matrosen haben keine

Lust, Selbstmord zu begehen. An der Pest zu sterben ist ein schrecklicher Tod."

Der Erste zuckte mißmutig die Achseln. „Ich werde eine Menge Scherereien haben, wenn ich Sie nicht an Bord bringe. Aber wie sollte ich das bewerkstelligen ohne Ihr Einverständnis? Mit Gewalt? Hee, Sailors, wer von euch ist bereit, den Doktor das Seefallreep empor an Bord des Pestschoners zu schleppen? Ich brauche zwei Freiwillige!" Natürlich rührte sich keine Hand. In einem langen Seufzer der Ratlosigkeit stieß John Wright Luft aus.

„Schön, machen wir's also so, wie es am gefahrlosesten für uns ist. Wir halten das Boot auf zwanzig Yards querab von der *Loana,* und der Doktor gibt seine Anweisungen. Ich hoffe, damit ist jedermann in diesem Boot einverstanden. Also, Leute, an die Riemen!"

Das Boot legte nun den Rest der Entfernung in recht kurzer Zeit zurück. In etwa zwanzig Yards Entfernung ließ der Erste die Riemen streichen und drehte das Boot parallel zu dem Schoner. „Los, Dr. Vansitten, sagen Sie Ihr Sprüchlein auf."

Er reichte einen blechernen Schalltrichter über die Ruderbänke. Der Doktor nahm ihn in seine dünnen, blassen Hände, setzte ihn an den Mund und rief: „Hallo, *Loana!* Hören Sie, ich bin Dr. Henri Vansitten von der *Prins Maurits.* Ich bin allerdings nicht der Schiffsarzt, sondern reise dort nur als Passagier."

Lynn MacLoy beugte sich über die Verschanzung. „Keine unnötigen Formalitäten, Doktor. Kommen Sie an Bord!" Die Schiffsführerin des Schoners sah völlig unverändert aus. Sie strahlte Sicherheit, Gesundheit und Schönheit aus. Auch der Steuermann schien von der Krankheit nicht befallen. Aber die anderen, die noch die Kraft hatten, sich an Reling und Verschanzung zu halten, trugen die unverwechselbaren Kennzeichen der Pest.

Es war kein schöner Anblick.

„Um was für eine Epidemie handelt es sich nach Ihrer Ansicht, Kapitän?"

„Ich dachte, Sie sind Arzt. Können Sie das nicht sehen? Wir haben die Pest an Bord. Sechzehn Mann haben wir schon dem Meer übergeben müssen, und mit ein paar anderen steht es auch nicht zum besten. Immerhin möglich, daß Sie den einen oder anderen noch retten können. Also steigen Sie über!"

Der Arzt schüttelte den Kopf. „So einfach ist das nicht", rief er zurück. „Ich kann nicht Passagiere und Besatzung der *Prins Maurits* gefährden! Ich könnte die Pest dort einschleppen . . ."

„Mir klar, daß Sie nicht an Bord Ihres Schiffes zurückkehren können. Aber das ist schließlich Ihr Beruf. Sollten Sie uns Ihre Hilfe verweigern, werde ich im nächsten Hafen die Behörden verständigen!"

Der Arzt schien es nicht gehört zu haben. Er hob wieder den Blechtrichter und rief: „Ich werde Ihnen jetzt einige Anweisungen geben. Sie betreffen in erster Linie die Hygiene. Schwefeln Sie alle Räume aus. Die Kranken müssen an Deck, isoliert von den Gesunden, untergebracht werden."

„Für Ratschläge dieser Art brauche ich keinen Arzt, Dr. Vansitten. Was mit Bordmitteln zu tun war, haben wir getan. Was wir brauchen, ist Serum und für die Kranken das Gefühl, daß ein Arzt an Bord ist."

Dr. Vansitten sah den Ersten Offizier hilflos an. „Was soll ich tun, Mr. Wright?"

„Sie sollen weiter Ihre Ratschläge erteilen."

„Aber da ist nichts mehr zu sagen. Begreifen Sie doch, Mr. Wright – auf diesem Schiff herrscht die Pest, dagegen gibt es kein Mittel."

„Gut. Dann fahren wir zurück." Und zum Schoner hinüber schrie der Erste zornig: „Wir können nichts mehr für Sie tun, ohne das Unglück zu vergrößern. Der Doktor weigert sich, an Bord zu kommen. Seine Entscheidung und seine Sache. Ich zwinge niemanden, Selbstmord zu begehen. Ich werde Kapitän Wagtmans Bericht erstatten. Vielleicht weiß er eine Lösung Ihres Problems, das ich über die Maßen bedauere!" Dann gab er Befehl, das Boot wieder auf Kurs *Prins Maurits* zu bringen. Die Seeleute ruderten jetzt, als säße ihnen der Leibhaftige im Genick.

Kapitän Wagtmans stand am Seefallreep und erwartete seinen Ersten.

„Ihre Meldung, Mr. Wright?"

„Ich würde das lieber unter vier Augen . . ."

„Ihre Meldung, Mr. Wright!"

Der Engländer sah sich flüchtig um. Alle standen in Hörnähe. Die Matrosen und Heizer, die Offiziere und Passagiere. Etwas Außergewöhnliches war geschehen. Ein Erster Offizier hatte die Befehle seines Kapitäns in einer Notsituation mißachtet. Das konnte nicht ohne Folgen bleiben. Doch Mr. Wright hatte keine Lust, den Buckel hinzuhalten. Er wälzte einfach alles auf den Arzt ab.

„Dr. Vansitten hat sich geweigert, an Bord zu gehen. Und wenn Sie mich nach meiner Meinung fragen, Sir . . ."

„Ich frage Sie nicht nach Ihrer Meinung, Mr. Wright. Dr. Vansitten, haben Sie mir etwas zu sagen? Zur Erklärung, zu Ihrer Entschuldigung?"

„Nicht meine Absicht, Ihnen Erklärungen abzugeben", entgegnete der Arzt streitbar. „Ich bin nur Mijnheer Jonker verantwortlich."

Und Karel Jonker assistierte sofort: „Ich billige das Verhalten meines Arztes völlig. Er hatte genügend Verantwortungsgefühl, um nicht dieses Schiff und seine Besatzung in Gefahr zu bringen."

Dann wieder der Arzt: „Ich habe alle notwendigen Anordnungen getroffen."

„Und die wären?" fragte Wagtmans.

Der Arzt seufzte. „Wenig genug. Es gibt da drüben kaum noch Gesunde, die Lage ist aussichtslos."

„Wieviel Gesunde?"

„Das weiß ich nicht, ich habe nicht gefragt."

„Soso, haben nicht gefragt. Sind Sie sich darüber im klaren, daß Sie Ihre Approbation als Arzt verlieren werden?"

„Darüber haben Sie nicht zu befinden!"

„Nein, aber ich werde es einleiten."

Wagtmans wandte sich ab und stieg hinauf zur Brücke. Kurze Zeit später kam der Befehl, die *Prins Maurits* näher an den Schoner heranzubringen. Als man sich bis auf Rufweite genähert hatte, ging Kapitän Wagtmans zur Back. Das Pestschiff lag nun nicht einmal einen Steinwurf weit unter ihm, und auf der Brücke stand Kapitän Lynn MacLoy.

„Wir werden eine Leine hinüberschießen und Sie in Schlepp nehmen!" rief Wagtmans.

Lynn nickte.

„Wieviel arbeitsfähige Leute haben Sie noch an Bord?"

„Drei – außer mir und dem Steuermann."

„Sie hätten also Schwierigkeiten, Segel zu setzen, falls es sich der Passat wieder anders überlegt?"

„Segelsetzen, das ginge zur Not."

Wagtmans überwachte die Arbeit an der Spring. Sie war sauber aufgeschossen und wurfbereit, und der Bootsmann Henk ter Muilen hatte es persönlich übernommen, sie mit einem gezielten Wurf auf die Poop der *Loana* zu bugsieren. Die Männer, die dort bereitstanden, um die

Spring in Empfang zu nehmen, machten nicht gerade den stabilsten Eindruck. Es waren zwei Jungens von den Inseln, mager, ihre Gesichter bereits gezeichnet von der Krankheit, vom Fieber.

Die Spring schoß durch die Luft und klatschte auf die Poop der *Loana*. Die beiden Inselleute belegten sie mit großem Eifer.

„Wir werden sehr vorsichtig, mit halber Kraft anlaufen", rief Wagtmans. „Sollte der Passat später einsetzen, setzen Sie zunächst nur die Fock, später das Großsegel."

„Ich weiß selbst, was in solchen Fällen zu tun ist, Mijnheer Wagtmans."

DAS Schiff hatte wieder Fahrt aufgenommen. Die *Loana,* mit reichlicher Ladung tief im Wasser liegend, folgte der *Prins Maurits* im Abstand von etwa dreißig Yards.

Von Bord der *Loana* hörte man in den Nächten jemand auf einem Muschelhorn die Totenklage der Leute von den Marquesas blasen. Es war eine monotone Melodie, traurig und hohl, und sie übertönte das Stampfen der Maschine und das Raunen des Fahrtwindes in den Pardunen.

Keiner konnte so recht schlafen, aber auch niemand wagte, sich zu beschweren. Die Passagiere hielten sich zurück; dafür gärte es im Forecastle. Dort verbreitete einer die Kunde von einem Fall, in dem die Pest über einen Festmacher an Bord eines Schiffes geklettert war und alle Mann an Bord dahingerafft hatte. Die Frage, ein solches Ereignis könne sich an Bord der *Prins Maurits* wiederholen, saß wie ein Stachel in jedermanns Fleisch, und in der folgenden Nacht beobachteten einige der Passagiere, die sich ob der großen Hitze in die Liegestühle unter den Aufbauten am Vorschiff zur Ruhe begeben hatten, ein akustisches Phänomen. Es war kurz nach acht Glasen, zum Wachwechsel um Mitternacht, als das Muschelhorn dieses Burschen von den Marquesasinseln leiser zu werden begann. Zwar hörte man es noch einige Zeit deutlich, aber es schien in weitere Fernen zu entrücken.

Claes Snoek, der neben Mien Versteegh in einem Rotangstuhl saß, eine Flasche Bier in der einen, eine glimmende Zigarre in der anderen Hand, sagte leise: „Ich habe das verdammte Gefühl, dem Jungen da drüben ist die Luft ausgegangen. Er wird doch nicht etwa am Sterben sein?"

„Ja", sagte Mien, „es hört sich so an. Aber vielleicht ist es auch nur der Wind, der das Geräusch verschluckt. Was meinen Sie, Hendrik?"

Potter antwortete nicht; er war eingeschlafen. Und an seiner Seite schliefen auch Leutnant Wouters und der Gewürzhändler. Der Erste Offizier, John Wright, der Brückenwache hatte, lauschte und blickte achteraus in die Dunkelheit. Sie war undurchdringlich, es war eine Neumondnacht. Mr. Wright lächelte. Später ging er zurück ins Ruderhaus, um eine Tasse Tee zu trinken. Und als er um vier Uhr am Morgen von einem Offiziersaspiranten abgelöst wurde, wußte er den weiteren Verlauf der Dinge in guten Händen. Ehe er sich zur Ruhe begab, suchte er noch einmal das Kartenhaus auf und trug für seine abgelaufene Wache die Bemerkung ein: Keine besonderen Vorkommnisse.

Es war inzwischen dämmrig geworden, und jedermann, der um diese frühe Stunde an Deck war, konnte ohne Mühe erkennen, daß die *Loana* nicht mehr im Kielwasser schwamm.

Eine Stunde später bereits klopfte der Läufer Brücke an Mr. Wrights Kabine und überbrachte die Order des Kapitäns, er möchte sich oben melden.

Noch ehe er sich anzog, merkte er mit Mißvergnügen an den Schiffsbewegungen, daß man den Kurs geändert hatte. Kapitän Wagtmans erwartete seinen Ersten mit dem Journal in der Hand. Ohne aufzublicken, sagte er: „Mr. Wright, ich entnehme Ihren Eintragungen, daß sich während Ihrer Wache nichts Besonderes ereignet hat. Nun, das wundert mich. Vermissen Sie nichts?"

Der Engländer blickte den Schiffsführer mit schlechtgespieltem Erstaunen an. „Was meinen Sie, Sir?"

„Wenn Sie freundlicherweise Ihren Blick nach achteraus lenken würden . . ."

Der Erste wandte sich um und rief erschrocken: „Mein Gott, die *Loana*."

„Ja, und leider ist sie selbst mit dem Glas nicht mehr auszumachen, weil es inzwischen zu diesig ist. Es wird eine ekelhafte Sucherei werden. Und nun wollen wir mal zusammen auf die Back gehen, um festzustellen, woran das wohl liegen kann. Was ist Ihre Ansicht?"

„Ich denke, daß Kapitän MacLoy sich inzwischen der Gefahr für Passagiere und Besatzung der *Prins Maurits* klargeworden ist und die Leine losgeworfen hat."

„Soso, ist das Ihre Meinung?"

Während sie über das leere Deck zur Back gingen, dachte Wright,

hoffentlich waren diese Burschen intelligent genug, den Rest der Leine ins Wasser zu werfen. Doch als sie die Back erklommen hatten, registrierte er mit einem lautlosen Fluch, daß man zu dumm und zu feige gewesen war, mehr zu tun, als die Spring mit einem Axthieb zu kappen. Der Rest hing schlaff am Kreuzpoller, von einem scharfen Gegenstand säuberlich durchtrennt.

„Nun, Mr. Wright?"

„Kapitän, das sieht verdammt nach bösem Willen aus."

„In diesem Punkt stimme ich Ihnen zu."

Er wandte sich ab und ging in Richtung Brücke, während der Erste zornig nach dem Bootsmann rief.

Was John Wright allerdings nicht wußte, war, daß das Hinterlassen so deutlicher Zeichen nicht aus Versehen, Dummheit oder in ängstlicher Eile geschehen war. Es war Absicht. Ein Teil der Mannschaft suchte die offene Konfrontation, ging, wie es in der Seemannssprache heißt, auf Gegenkurs.

Es war bereits heller Vormittag, als sich der Dunst über dem Wasser lichtete und Mastspitzen und Aufbauten der *Loana* sichtbar wurden. Sie erreichten den Schoner um zwölf Uhr mittags. Er lag mit verlassenen Decks in der grellen Sonne und dümpelte vor sich hin. Wagtmans ging diesmal so nahe heran, daß die beiden Schiffe fast Bord an Bord lagen. *„Loana* – ahoi!"

Lynn MacLoy erschien auf der Brücke.

„Ich bedaure, Kapitän MacLoy", rief Wagtmans hinab, „es hat da ein Malheur mit unserer Schleppleine gegeben."

„Wir haben es bemerkt. Die Leine hatte eine saubere Schnittstelle. Aber es macht nichts, ich war ohnehin damit beschäftigt, ein paar Leute zur letzten Ruhe zu versenken."

„Das tut mir leid. Wieviel Leute haben Sie jetzt noch?"

„Drei. Davon zwei arbeitsfähig, der andere liegt im Sterben."

„Wir werden jetzt eine Stahltrosse nehmen. Wir werden sie an einer Spring befestigen. Können Sie das Ding an Bord hieven?"

„Wir werden es versuchen."

Die Leine aus Manilahanf klatschte auf das Deck des Schoners und wurde belegt. Neben Kapitän MacLoy standen nun der Steuermann Ikan und ein Molukken-Mann und mühten sich nach Kräften, die Trosse durch das Wasser an Deck zu ziehen. Es war Schwerstarbeit, und auch als Lynn MacLoy zufaßte, ging es nur Zentimeter um Zentimeter, und sie mußten Pausen einlegen. Wagtmans beobachtete die Frau, die im zerschlissenen Khakianzug mit aufgelöstem Haar, schweißnaß vor Anstrengung, eine Arbeit verrichtete, die wahrhaftig die Sache eines ausgewachsenen, muskelbepackten Mannes gewesen wäre.

Auf der Back der *Prins Maurits* hatten sich inzwischen eine Menge Leute versammelt. Matrosen und Maschinenpersonal, Offiziere und Passagiere. Auch Karel Jonker war unter ihnen. Er hielt sich im Hintergrund, war aber offensichtlich bemüht, die Männer gegen ihren Kapitän aufzuhetzen. „Da holen wir uns also die Pest an Bord. Gibt es nicht Fälle, in denen man einen Kapitän davon zurückhalten muß, Schiff und Mannschaft ins Unglück zu stoßen?"

Plötzlich wandte sich der Kapitän auf eine Weise um, die die Männer erschreckt zurückfahren ließ. Er blickte einen nach dem anderen kalt und entschlossen an. „Mr. Wright, lassen Sie die Back räumen. Nötigenfalls mit Gewalt."

„Aye, aye, Sir. Also, meine Damen und Herren, wollen Sie bitte nach mittschiffs gehen? Sie beeinträchtigen hier das Manöver. Los, Männer, verschwindet, geht auf eure Posten."

Sie zogen sich zurück, es entstand ein Gedrängel an der schmalen Eisenstiege, denn noch immer stand Jan Wagtmans, die Hände in die Hüften gestemmt, an der Verschanzung und strahlte so viel Entschlossenheit aus, daß niemand wagte, seinen Rückzug hinauszuzögern. Als jeder, der mit diesem Manöver nichts zu tun hatte, am Niedergang zum Lukendeck verschwunden war, wandte er sich wieder der *Loana* zu. „Kapitän MacLoy, wenn es nicht geht, schicke ich Ihnen ein paar Leute. Und wenn ich sie mit der Pistole dazu zwingen sollte."

Die Frau blickte nach oben und lächelte. Ihre weißen Zähne blitzten. Aber sie lächelte nur mit dem Mund, die Augen waren traurig und müde. „Das würden Sie für mich tun, Jan Wagtmans?" sagte sie mit leichtem Spott.

„Ich würde das für jeden tun. Für jedes Schiff, jeden Kapitän, jeden Mann."

„Danke, aber es ist nicht nötig, wir schaffen es."

Es dauerte immerhin noch eine halbe Stunde, bis die Stahltrosse die beiden Schiffe fest und zuverlässig verband.

Wagtmans legte mit einer Geste der Hochachtung die Hand an den Mützenrand, aber die Frau unter ihm dankte nicht. Sie setzte sich erschöpft auf eine Rolle aufgeschossener Tampen und betrachtete ihre aufgerissenen, blutenden Hände. Ikan, der Steuermann, und der Molukker gingen zurück nach mittschiffs, um für die kommenden Manöver bereit zu sein. Wagtmans schickte nun auch seine Leute zurück. „Bootsmann. Lassen Sie alles klarmachen. Wir setzen jedes Stück Leinwand. Der Wind wird auffrischen."

„Ja, Sir, er macht es wieder, dieser faule Bursche. Nun wird hoffentlich alles glattgehen."

„Glauben Sie, Bootsmann? Ich fürchte, es wird noch eine Menge Ärger geben, ehe wir vor Batavia auf Reede gehen."

„Vielleicht, Sir. Aber mit mir können Sie rechnen."

Dann waren sie allein, die beiden Kapitäne. Es blieben nur noch wenige Minuten, bis die Maschine wieder arbeitete und die Schiffe sich auf die Länge der Verbindungstrosse voneinander entfernten, so daß man nicht mehr miteinander sprechen konnte.

„Sie sind sehr tapfer", sagte Wagtmans.

„Eine Rolle, die ich mir nicht ausgesucht habe, Kapitän Wagtmans."

„Es tut mir leid, daß ich nicht mehr für Sie tun kann."

„Sie haben Passagiere an Bord und – wie ich eben gesehen habe – auch Ihren Reeder. Ich beneide Sie nicht. Immerhin, vielleicht bringen Sie einen schwimmenden Sarg mit einer guten Ladung nach Batavia. Nach den Gesetzen steht Ihnen ein guter Anteil am Gewinn zu. Interessiert, zu hören, was ich geladen habe?"

„So sollten Sie nicht mit mir reden."

„Meine Erfahrungen mit dem Führer der *Prins Maurits* sind nicht die besten. Als wir uns das letzte Mal gegenübersaßen, mußte ich mir meinen freien Abzug mit Pistolen erzwingen. Sollten Sie nicht lieber auf die Brücke gehen? Ich bin ruhiger, wenn ich Sie dort weiß, trotz allem."

„Haben Sie alles, was Sie brauchen? Frischwasser, Proviant?"

„Ich habe noch Wasser und Proviant für mehr als zwei Dutzend Tote."

Unvermittelt erhob sie sich und ging. Wagtmans hatte das Gefühl, sie hätte es nicht länger an diesem Platz ausgehalten, ohne in Tränen auszubrechen. Aber als er selbst auf dem Weg zur Brücke seines Schiffes war, verwarf er den Gedanken wieder. Eine Frau wie Lynn MacLoy weinte nicht.

„Steward, haben Sie eine Ahnung, wieviel Knoten mein Schiff zur Zeit macht?"

„Sechs, nach dem letzten Log, Mijnheer Jonker."

„Sechs Knoten nur! Ohne diesen schwimmenden Sarg haben wir zehn gemacht! Es ist unglaublich! Das wird ein Nachspiel in Batavia haben, das können Sie mir glauben, Steward."

„Ja, Sir, ich bin sicher. Kapitän Wagtmans sagte das auch schon." Jonker wandte sich mißmutig wieder seinen Tischnachbarn zu. „Sie werden verstehen, ich bin in begreiflicher Sorge, meine Damen und Herren. Meine Kontraktleute unten in der Luke sind die Seefahrt nicht gewohnt. Sie kennen nur die freie Luft über den Plantagen. In der vergangenen Nacht haben wir wieder zwei Leute der See übergeben müssen."

„Sie wollen sagen, außenbords geworfen. Für die Haie!" sagte Claes Snoek kalt. „Die Haie werden nicht fett von dem, was an diesen Burschen noch dran ist. Haben Sie sich mal so einen Toten angesehen, Mijnheer Jonker?" Und als der Reeder nicht antwortete, sondern finster und beleidigt in seinem Essen herumstocherte: „Wenn ich richtig gezählt habe, waren es zwölf, solange wir auf See sind! Ein herber Verlust, nicht wahr, Mijnheer Jonker? Ich glaube übrigens, wenn Sie auf den Rat Ihres Leibarztes gehört hätten, könnten von denen noch ein paar leben."

Mien Versteegh mischte sich ins Gespräch. „Um was für einen Rat hat es sich da gehandelt?"

„Dr. Vansitten schlug vor, diese armen Kerle wenigstens einmal am Tag für eine kurze Zeit an Deck zu lassen. Hier oben ist die Luft ja mindestens ebenso gut wie auf den Plantagen. War es nicht so, Dr. Vansitten?"

„Gewiß", murmelte der Arzt betreten, „andererseits . . ."

„Andererseits?" fragte Leutnant Wouters.

„Nun, eine gewisse Gefahr ist nicht auszuschließen. Die Leute haben eine bösartige Furunkulose – und ich habe dagegen keine Mittel an Bord."

„Ich nehme an, daß Sie sich von Zeit zu Zeit um die armen Kerle in der Luke kümmern, Doktor?"

Vansitten tupfte sich einige Speisereste vom Mundwinkel, räusperte sich und sagte dann mit betrübter Miene: „Ich muß gestehen, ich habe mich hier in einem Zwiespalt befunden. Da waren auf der einen Seite

Christenpflicht und mein Eid als Arzt, auf der anderen Seite meine Verantwortung für Leben und Gesundheit von Passagieren und Besatzung."

„Und zum dritten", fügte Jonker mit Schärfe hinzu, „die strenge Order Ihres Brotgebers, Dr. Vansitten."

Das Gespräch erstarb, und der Steward brachte Kaffee. Der Bohrmeister verlangte einen Genever, und Potter und der Leutnant schlossen sich an. Niemand konnte sich entschließen, die Tafel aufzuheben, und so dehnte sich das Schweigen aus und wurde unerträglich. Der Genever kam.

„Lassen Sie die Flasche hier, Steward", sagte Leutnant Wouters. „Und bringen Sie noch ein paar Gläser. Und noch eine Flasche. Schön kühl."

„Hallo, was wird denn hier gespielt?" fragte Mien. „Ein besonderer Anlaß?"

„Ja, ein besonderer Anlaß. Eigentlich wollte ich diesen Tag stillschweigend übergehen, aber weil wir alle gerade so guter Stimmung sind . . ."

Die Dame aus Venlo riet es. „Sie haben Geburtstag! Und es ist schade, daß ich keinen Genever trinke."

„Es gibt auch Champagner an Bord. Steward, Champagner für alle!"

Es wurde ein improvisiertes Fest, ja schlimmer als das, ein Gelage am hellen Tag. Die Korken knallten, das schaumige Naß aus französischen Weinkellereien sprudelte. Leute, die sich eigentlich nicht mochten, begannen Brüderschaft zu trinken. Es wurde drei und es wurde vier Uhr nachmittags. Der Leutnant war schon zu betrunken, um noch die Kontrolle über seine Bestellungen zu haben, und als Snoek ihn leise mahnte, begehrte er auf: „Was wollen Sie? Wer so viele Schulden hat wie ich, muß nicht mit kleiner Münze sparen! In Batavia wird es sich herausstellen, ob die Familie meine Schulden bezahlt oder ob ich mich erschießen muß, wie es die Ehre eines holländischen Offiziers verlangt."

Jonker, mit einem Glas Limonade abseits sitzend, sagte zu Dr. Vansitten: „Versuchen Sie herauszubekommen, wie hoch seine Schulden sind."

Vansitten verzog sein Gesicht zu einem grämlichen Lächeln. Er kannte Karel Jonker lange und gut genug, um zu ahnen, daß er sein

Wissen um die finanziellen Verhältnisse des jungen Mannes zu seinem Vorteil zu nutzen gedachte. Er erhob sich und ging hinüber zu Wouters, der laut zur Platte auf dem Grammophon mitsang, dabei sein leeres Glas im Takt schwenkend. In der Mitte des Salons tanzten auf engem Raum mehrere Paare. Hendrik Potter mit Mien Versteegh, die Dicke aus Venlo mit dem belgischen Bohrmeister, Snoek mit der feinen Dame aus Luxemburg.

„Darf ich mich zu Ihnen setzen, Leutnant?"

„Tun Sie das, Doktor. Heute sind Sie mein Freund. Jedermann ist heute mein Freund. Morgen mag Sie der Teufel holen."

Vansitten setzte sich neben den Offizier. „Noch selten", sagte er, „habe ich so ein gelungenes Fest erlebt, zu dem eigentlich nicht der geringste Anlaß besteht."

„Wie meinen Sie das? Ist mein Geburtstag nicht Anlaß genug?"

„Ich wette mit Ihnen um drei Flaschen Champagner, daß Sie heute überhaupt nicht Geburtstag haben."

„Gewonnen", sagte der Leutnant. Er füllte sein und des Arztes Glas. „Sagen Sie, was bringt Sie auf den Gedanken?"

„Ich habe mir gedacht, daß Sie dieses Fest mit aller Gewalt haben wollten. Die furchtbare Stimmung an Bord, die Fülle Ihrer Sorgen . . . Spielschulden, wie ich annehme. Darf man fragen, wie hoch?"

Der Leutnant klopfte dem Arzt fröhlich auf die Schulter. „Ich kenne die Höhe selbst nicht genau. Aber das spielt keine Rolle, denn sie reisen mit mir an Bord der *Prins Maurits*. In der Brieftasche des Advokaten Snoek. Ich war ein bißchen leichtsinnig und ungeschickt mit den Karten."

Er nahm sein Glas und verließ den Tisch, um sich zu anderen Gästen zu begeben. Dr. Vansitten kehrte zurück zu dem Reeder.

„Nun?"

„Der Leutnant hat beträchtliche Spielschulden bei dem Advokaten Snoek. Ein schlechter Start in seinem neuen Regiment."

Diese Auskunft versetzte den Reeder in gute Laune. „Da hat dieses alberne Fest doch noch einen Sinn gehabt."

Als sich die Dämmerung auf das Meer senkte und auch die Ausdauernden unter den Trinkern und Tänzern müde wurden, sackte das Fest in sich zusammen.

Auf der Brücke ging Kapitän Wagtmans unruhig auf und ab. Von

Zeit zu Zeit warf er einen Blick nach achtern, um nachzusehen, ob sich die Trosse noch gut spannte und die *Loana* in seinem Kielwasser schwamm.

Diese Lynn MacLoy, Tochter eines holländischen Kapitäns und einer Polynesierin, geschmeidig und mutig wie ein Tiger und doch von den Göttern versehen mit allen Reizen einer Frau, war das genaue Gegenteil jenes Mädchens, das er einmal geliebt hatte und das er doch hatte sterben lassen, weil er die Pflicht über seine Liebe zu ihr gestellt hatte. Damals, als er glaubte, sein Schiff nicht auf Gegenkurs steuern zu dürfen, um ein Menschenleben zu retten, sondern auf seinem Kurs blieb, wie es sein Auftrag war, um des Gewinnes der Reederei willen.

Jahre waren seitdem vergangen; er hatte sich nicht viel um Frauen gekümmert. Aber da war nun plötzlich Lynn MacLoy. Welch eine Frau!

„Läufer!"

„Sir?"

„Gehen Sie zum Zweiten und sagen Sie, der Kapitän wünscht, daß die Trosse achtern, die uns mit dem Schoner verbindet, ab sofort von Einbruch der Dunkelheit bis zum Morgengrauen von zuverlässigen Männern im Zweistundentörn bewacht wird."

„Aye, aye, Sir."

„Dritter!"

„Sir?"

„Übernehmen Sie mal einen Augenblick für mich." Er nahm den blechernen Sprechtrichter und ging nach achtern. Er konnte Lynn MacLoy auf ihrer Brücke als hellen Tupfen in der Dunkelheit ausmachen.

„Kapitän MacLoy?"

„Kapitän Wagtmans?"

„Ist alles in Ordnung bei Ihnen?"

„Es entwickelt sich alles langsam, aber folgerichtig, Kapitän Wagtmans. Sie müssen Geduld haben."

„So sollten Sie nicht mit mir reden. Ich habe Ihnen die Pest nicht an den Hals gehext. Ich kann nicht mehr tun als meine Pflicht."

„Sie sind bekannt dafür, daß Sie Ihre Pflicht tun. Weniger dafür, daß Sie unter Umständen auch mehr als Ihre Pflicht tun."

„Was wäre das, mehr als meine Pflicht?"

„Einen Arzt auf die *Loana* bringen. Sie haben einen Arzt an Bord."

„Er ist Passagier. Und er weigert sich.“

„Sehen Sie, Kapitän Wagtmans, das meinte ich, als ich sagte, mehr als die Pflicht. Ich hätte den Mann im umgekehrten Fall zu Ihnen an Bord gebracht, da können Sie sicher sein!“

„Gut, ich nehme es Ihnen ab. Aber wozu sollte dergleichen nützlich sein? Ein Arzt – ohne Medikamente . . .“

„Die Gegenwart eines Arztes – mit oder ohne Medikamente – erweckt Hoffnung. Und mit der Hoffnung stirbt es sich leichter.“

„Ich lasse jetzt die Trosse bewachen, damit es nicht wieder zu Zwischenfällen kommt.“

Keine Antwort.

„Noch irgend etwas, was ich für Sie tun kann?“

„Nein, nichts.“

„Sagen Sie, dieser Mann, der immer auf dem Muschelhorn geblasen hat . . .?“

„Er ist tot. Er wird nicht mehr stören.“

„BEI allem Unglück, das mir und meinem Schiff bisher widerfahren ist, zeigen sich nun doch einige Lichtblicke, Dr. Vansitten. Ich habe einige Trümpfe im Spiel“, sagte Karel Jonker. „Wir haben da einen Falschspieler, der aus den Straits Settlements ausgewiesen, aber heimlich dorthin zurückgekehrt ist. Nun ist er auf dem Weg nach Batavia, und der Grund ist leicht zu erraten. Er möchte dort in geeigneter Gesellschaft seinem Beruf nachgehen. Dieser Mann nun ist im Besitz von Schuldscheinen eines anderen Herrn. Auch ein Spieler, aber eben kein sonderlich begabter. Ein kleiner Leutnant, wegen Schuldenmachens strafversetzt. Und was tut er auf seinem Weg zu seinem neuen Regiment? Er macht neue Schulden. Der Mann könnte sich ein übles Kommando im Dschungel damit einhandeln.“

„Es hängt vielleicht davon ab, wie hoch die Schulden sind“, sagte Dr. Vansitten.

„Gewiß. Aber mit den Schuldscheinen hätte ich ein Mittel in der Hand, mich der Dienste des Leutnants zu versichern. Er ist der beste Schütze der Armee. Man müßte den Advokaten Snoek davon überzeugen, daß diese Schuldscheine für ihn nur von sehr geringem Wert sind.“

„Wie sollte das geschehen?“

Karel Jonker rieb sich mit sichtlichem Vergnügen die fleischigen, verschwitzten Hände. „Wir wollen den heutigen Nachmittag dazu benutzen, in meiner Kabine eine gute Flasche Champagner mit dem Advokaten Snoek zu trinken und ein Gespräch zu führen. Sie dürfen mir dabei assistieren. Würden Sie dem Herrn Advokaten meine Einladung überbringen? Sagen wir um fünf Uhr."

Der Arzt begab sich an Deck und fand den Gesuchten über einem Buch im Schatten einer Windhutze. Er blickte mißmutig auf, als er angesprochen wurde.

„Herr Advokat . . ."

„Ja. Kann ich etwas für Sie tun?"

„Der Reeder Karel Jonker möchte diesen besonderen Tag mit einem guten Champagner feiern. Nur mit Ihnen und mir. Heute nachmittag um fünf Uhr in seiner Kabine."

„Seit wann gehöre ich zu Mijnheer Jonkers ausgewählten Freunden?"

Der Arzt hob die Schultern. „Vielleicht hat er Gefallen an Ihnen gefunden, vielleicht möchte er Sie näher kennenlernen? Ein Geschäft? Ich weiß es nicht."

„Also meinetwegen. Ich werde mich pünktlich einfinden. Ich hoffe nur, daß der Champagner nicht so warm ist wie auf der Fete des Leutnants Wouters."

„Ich werde persönlich Sorge dafür tragen. Ich danke Ihnen, Herr Advokat."

Der Champagner war kalt und von bester Qualität. Snoek dachte, er muß etwas ganz Besonderes im Sinn haben. Was sonst könnte einen solchen Mann veranlassen, in den Besuch eines für ihn unbedeutenden Mannes eine Summe zu investieren, mit der sich einer seiner Kontraktkulis eine ganze Woche am Leben halten ließ.

Das Gespräch kam nur langsam in Fluß. Man sprach über das Wetter, über das improvisierte Fest des Leutnants Wouters, über die Möglichkeiten, in Batavia diese oder jene Waren billiger zu bekommen als in den Straits Settlements.

„Was werden Sie auf Java anstellen?" fragte Jonker. „Haben Sie schon Pläne?"

„Noch keine festen. Ich habe eine Einladung des Mijnheer Potter zu einem längeren Aufenthalt auf seiner Plantage, aber ich bin noch nicht sicher . . ."

„Es wäre sicher eine reizvolle Abwechslung. Ich kann mir vorstellen, daß Potter einen sehr schönen Besitz hat. Andererseits – was ist eigentlich Ihre wirkliche Profession, Mijnheer Snoek?"

„Ich bin Advokat und Sprachgelehrter. Erwähnte ich es nicht gelegentlich?"

„Gewiß, aber was will das besagen bei einem Mann, den man wegen Falschspiels aus den Straits Settlements ausgewiesen hat, nachdem er dort einige Zeit im Gefängnis war?" Er sah sein Gegenüber mit fast gieriger Erwartung an. Würde der Mann nun zusammenbrechen, um Verschwiegenheit und Nachsicht bitten? Würde er frech leugnen, sich empören?

Doch Claes Snoek nickte nur versonnen und sagte: „Diese Geschichte, jaja. Es war eine üble Zeit. Immerhin, um auf Ihre Frage zurückzukommen, ich habe die Rechte studiert, auch ein wenig Medizin."

„Es wundert Sie gar nicht, woher ich mein Wissen zu Ihrer Person habe?"

„Nein. Oder besser gesagt, es ist mir gleichgültig."

Snoeks heitere Gleichgültigkeit begann den Reeder zu ärgern. „Natürlich muß ich aus dieser Sache meine Konsequenzen ziehen."

„Wie denn, Mijnheer Jonker? Wollen Sie mich über Bord werfen lassen? Oder in Eisen legen?" Snoek legte sich zurück in seinem Sessel und begann schallend zu lachen. Jonker war im Augenblick etwas ratlos. Er sah seinen Arzt an.

„Unser Gast", sagte er, „scheint in seiner Lage erstaunlich viel Humor zu haben. Was meinen Sie?"

„Ich meine, daß er diese besondere Lage vielleicht noch nicht ganz übersieht. Sehen Sie, Herr Advokat, Mijnheer Jonker ist mit dem Gouverneur Heest in Batavia befreundet. Ein kleiner Hinweis von ihm beim Gouverneur, und Sie hätten mit großen Schwierigkeiten zu rechnen. Sie verstehen, was ich meine?"

„Sie haben sich deutlich genug ausgedrückt. Dennoch wüßte ich nicht, wo hier der Vorteil für Mijnheer Jonker liegen sollte!"

„Ich bin aus erster Quelle darüber informiert, daß Sie Schuldscheine in erheblicher Höhe mit der Unterschrift des Leutnants Wim Wouters in Ihrem Besitz haben."

Snoek nickte. „Das trifft zu. Und nun möchten Sie gern diese Scheine besitzen, um wiederum Leutnant Wouters damit zu erpressen."

„Erpressen – ein böses Wort“, warf Dr. Vansitten ein.

„Aber es trifft den Kern. Nun ja, der Leutnant ist nicht mein Blutsbruder, und Geschäft ist Geschäft.“

„Es ist ohnehin sehr fraglich, ob man Ihnen für diese Papiere in Batavia auch nur eine Rupie geben würde. Das Zeug ist für Sie wertlos.“

„Was wären Sie denn bereit, für die Schuldscheine anzulegen?“

„Ein Drittel des Wertes, und damit wären Sie fein heraus.“

Snoek lachte verächtlich. Er zog seine Uhr aus der Tasche und sah demonstrativ nach der Zeit. „Tja, ich glaube . . .“

„Ein paar wertlose Fetzen Papier – gegen Ihren ungehinderten Aufenthalt in unserer Kolonie Java.“

„Und wer gibt mir die Garantie, daß Sie nicht nach Abwicklung des Geschäftes Ihre Beziehungen beim Gouverneur dennoch spielen lassen und mich im Hotel bereits ein Detachement von bewaffneten Ambonesen erwartet? Ich will Ihnen die Antwort darauf gleich geben, Mijnheer Jonker. Setano, der Sohn des Radschas, erwartet mich in Batavia. Wir haben zusammen studiert, wir sind sehr enge Freunde. Er wird eine Botschaft von mir bekommen, die ihm verrät, wer mir da eine Falle gestellt hat. Mijnheer Jonker, wenn ich mich in Batavia oder wo auch immer in der Kolonie nicht ungehindert bewegen kann, sondern abgeschoben werde oder im Gefängnis lande, müßten Sie mit dem Schlimmsten für Leib und Leben rechnen. Sie wissen ja, wie rachsüchtig und grausam diese Malaien sein können. Nein, Mijnheer Jonker, ich bin sicher, Sie würden mich nicht hintergehen.“

„Es war auch nicht meine Absicht“, knurrte der Reeder.

„Um so besser. Kommen wir also zum Geschäft.“ Snoek zog seine Brieftasche hervor und entnahm ihr eine Anzahl von Zetteln, versehen mit der Unterschrift des Leutnants Wouters.

Der Reeder prüfte jeden einzelnen und addierte die Summe. „Sehr leichtsinnig, dieser junge Offizier. Also sagen wir – ich zahle Ihnen vierzig Prozent des Nominalwertes.“

„Hundert Prozent, und das in bar.“

Snoek nahm die Schuldscheine wieder an sich und verstaute sie sorgfältig in der Tasche. Der eigentliche Handel begann nun. Karel Jonker zog alle Register. Er empörte sich, er bettelte, er fluchte, machte Miene, den Handel abzubrechen.

„Siebzig Prozent sind mein letztes Wort!“

„Dann kommt der Handel nicht zustande. Ich komme auch ohne

Sie zu meinem Geld. Der Leutnant wird es mir erstatten, nach und nach. Ihr Unglück ist nur, daß ich kein Geschäftsmann bin und mir die ganze Sache eigentlich gleichgültig ist."

„Das sagen Sie nur so. Und die Geschichte mit dem Sohn des Radschas ist wohl auch nur eine Finte."

„Probieren Sie es aus." Snoek erhob sich nun. „Also Schluß damit. Sie behalten Ihr Geld und Ihr Leben und ich die Schuldscheine. Ich habe mich zu bedanken für einen ausgezeichneten Champagner."

Er machte Miene zu gehen, aber der Alte hielt ihn mit einer heftigen Handbewegung zurück.

„Gut. Also hundert Prozent. Sie sind ein verdammt harter Bursche."

Snoek nickte. „Mitunter. Manchmal verschenke ich auch Geld. Hundert Prozent, plus fünfzehn Prozent. Das sind meine üblichen Gebühren."

Der Kampf um diese zusätzlichen fünfzehn Prozent war nur kurz. Murrend willigte Jonker ein, und der Handel wurde sofort an Ort und Stelle abgeschlossen. Man bemühte den Dritten Offizier, der zugleich das Amt des Zahlmeisters versah, denn Snoek, so stellte sich heraus, war ein Mann, der bares Geld einem Scheck vorzog.

IN DIESER Nacht starb an Bord der *Loana* der drittletzte Mann. Zusammen mit dem Steuermann und dem Jungen von den Molukken nähte Kapitän MacLoy die Toten in Jutesäcke, beschwerte sie mit Delfter Kacheln aus der Ladung und ließ sie in die Tiefe gleiten.

Natürlich blieb dieser Vorgang auf der Brücke der *Prins Maurits* nicht unbemerkt.

Der Dritte Offizier begab sich ins Kartenhaus und machte dem Kapitän Meldung.

„Sagen Sie dem Bootsmann, er soll die Trosse um dreißig Yards kürzer holen."

„Aye, aye, Sir."

Wagtmans ging nach achtern. Eine Menge Leute, Mannschaft und Passagiere, lauschten mit Spannung dem Gespräch zwischen den beiden Kapitänen.

„Kapitän MacLoy, es hat keinen Sinn mehr. Geben Sie das Schiff auf!"

„Wie sollte das aussehen, Kapitän Wagtmans? Möglicherweise haben mein Steuermann und ich inzwischen auch die Pest. Können Sie die Pest an Bord gebrauchen?"

„Die Inkubationszeit beträgt nicht mehr als neun bis zwölf Tage. Wenn Sie sich bisher noch nicht angesteckt haben, sind Sie durch. Ich werde Ihnen ein Boot hinüberschicken und bei mir an Bord entsprechende Vorsichtsmaßnahmen treffen."

„Glauben Sie im Ernst, daß Sie Ihre Leute dazu bewegen können, bei einem Pestschiff längsseits zu gehen?"

„O ja, das glaube ich. Selbst wenn sich keine Freiwilligen finden würden, habe ich Mittel und Wege. Nehmen Sie Vernunft an! Wir behalten den Schoner im Schlepp, es werden Ihnen keine Nachteile entstehen."

„Kapitän Wagtmans, solange ein Funken Leben in mir ist, werde ich auf der Brücke meines Schiffes stehen. Wieviel Knoten machen wir? Ich habe seit Tagen kein Log mehr genommen und keine Mittagshöhe geschossen."

„Wir machen im Durchschnitt sechs bis sieben Knoten."

„Mehr würde ich bei diesem Wind mit vollem Tuch auch nicht machen. Sie sehen also, es ist hier alles in bester Ordnung."

„Ich bitte Sie noch einmal, verlassen Sie das Schiff!"

„Würden Sie in ähnlicher Situation Ihr Schiff verlassen, Kapitän Wagtmans?"

Schweigend wandte Wagtmans sich ab und ging zur Brücke zurück.

Das Pestschiff, fast in Vergessenheit geraten in den letzten Tagen, war in dieser Nacht wieder in aller Munde.

„Freiwillige!" schrie Joe Brakes im Forecastle. „Da kann ich nur lachen! Wer von euch, Männer, ginge freiwillig an Bord dieses dreimal verdammten Pestschiffes?"

Es meldete sich niemand, obwohl der enge Raum angefüllt war mit Männern aller Freiwachen, egal ob Deck oder Maschine, ja sogar Mittschiffsgasten waren dabei. Der Koch, ein Kochsmaat, der Salonjunge.

„Habe ich mir gedacht! Die Pest an Bord, das hätte uns noch gefehlt."

„Was machen wir, wenn der Alte sich in ein Dingi setzt und selbst rüberrudert und die Dame holt?"

„Dann", sagte ein Dritter, „lassen wir ihn auch nicht wieder an Bord. Besetzen einfach Brücke und Maschine, und wenn er ‚bitte schön' sagt, schmeißen wir ihm noch ein bißchen was zu essen in sein Boot."

Darauf der Schwede Olaf Björn: „Mal gehört, wie die von der Bounty geendet sind?"

„Alle haben sie aber nicht an den Galgen gekriegt", krähte Joe Brakes.

Auf jedem anderen Schiff hätten sie sich wohl gehütet, so leichtfertig mit dem Wort „Meuterei" umzugehen. Aber hier spielte das nun schon keine Rolle mehr. Man hatte sie „shanghait", es hatte Sabotage gegeben, eine lange Durststrecke, Kraftproben zwischen Kapitän und Matrosen, und nun hatten sie die Pest im Genick. Was sollte da noch passieren?

Doch es fehlte ihnen ein Führer, ein Antreiber. Es waren eben einfache Männer, und sie mußten sich untereinander verständigen in mehr als einem Dutzend Sprachen. Deshalb blieb es bei dem unartikulierten Protest, der nach und nach erlahmte und schließlich in den wohlverdienten Schlaf verlagert wurde.

„Leutnant Wouters", sagte Karel Jonker, „ich mache mir Sorgen um Ihre Zukunft. Sehen Sie, ich habe einen Narren an Ihnen gefressen. Wenn ich einen Sohn hätte . . . Ich kenne den Kommandanten Ihres neuen Regiments."

„Du meine Güte."

Sie tranken Rotwein zusammen im Salon. Es war schon beinahe Mitternacht. Nur die Leute auf der Brücke, die Maschine und ihre Hüter waren noch wach.

„Ich darf Ihnen sagen, daß er nicht zu meinen Freunden zählt. Aber wir respektieren einander."

„Haben Sie Geschäfte mit ihm gemacht?"

Zum zweitenmal in kurzer Zeit fühlte sich der Reeder in die Defensive gedrängt, nicht ernstgenommen, vielleicht sogar durchschaut. Mit diesem jungen Leutnant hatte er es sich einfacher vorgestellt. Doch er zeigte sich auf höchst lästige Weise unernst.

„Mit einem Oberst macht man keine Geschäfte", sagte Jonker sanft. Er zog den nächsten Pfeil aus dem Köcher. „Ich kenne Fälle, Söhne guter Freunde sogar, denen der Militärdienst in den Kolonien nicht bekommen ist. Gute Jungens aus guten Familien. Sie hatten irgendwann nicht gutgetan, wurden abgeschoben, strafversetzt. Dschungel-Regimenter. Mein Gott, sie waren noch so jung, hatten das ganze Leben vor sich. Und nun? Gräber im Urwald. Und das alles wegen ein paar lausiger Schulden. Haben Sie Schulden, Leutnant Wouters? Verzeihen Sie einem alten Mann die Neugier."

„Ich habe mein ganzes Leben hindurch Schulden gehabt", sagte der Leutnant. „Da gibt es Mädchen, Alkohol, die Spielkarten. Wie Sie erwähnten – ich bin jung. Aber halten Sie mich nicht für einen Dummkopf. Sie haben mich hier zu einem Getränk eingeladen. Das geschah nicht ohne Grund; also reden Sie geradeaus mit mir. Sie fragten mich, ob ich Schulden habe. Warum sagen Sie nicht einfach, ich habe dem Advokaten Ihre Schuldscheine abgekauft?" Wouters sagte das leichthin, er blickte den Reeder dabei nicht einmal an, sondern stopfte mit einem kleinen silbernen Pfeifenbesteck seine zierliche, lange Tonpfeife nach.

„Wer hat es Ihnen gesagt, Leutnant? Gibt es etwa Spione an Bord meines Schiffes?"

„An Bord Ihres Schiffes, Mijnheer Jonker, gibt es so ungefähr alles, was die Zehn Gebote verbieten, aber diese Kenntnisse vermittelte mir der Herr Advokat selbst. Es konnte ja ohnehin kein Geheimnis bleiben. Mijnheer Snoek hatte wohl gute Gründe, Ihrem Wunsch nachzukommen."

„Hat er sie genannt?"

„Ich habe ihn nicht danach gefragt. Ich nehme an, er war nicht so recht flüssig und brauchte für Batavia Anfangskapital."

„Sie haben es erraten. Anfangskapital scheint mir der richtige Ausdruck. Der Advokat Snoek, der keineswegs ein bestallter Rechtsgelehrter ist, betreibt das Gewerbe des Falschspiels."

„Das ist seine Sache."

„Erstaunlich, daß Sie dazu nicht mehr zu sagen haben, Leutnant. Immerhin hat er Sie um eine Menge Geld betrogen!"

Der Junge lachte unbekümmert. „Eine Lehre mehr, Mijnheer Jonker. Vielleicht lasse ich jetzt meine Finger von den Karten. Aber kommen wir doch zur Sache. Sie haben also meine Schuldscheine und wollen sie mit Gewinn wieder zu Geld machen. Ihnen ist klar, daß ich Jahre brauchen würde, bis ich dies Geld mit Zinsen und Zinseszinsen zurückzahlen könnte. Sie könnten das Geld also einklagen. Es würde einen Skandal geben, ein Militärgerichtsverfahren, Verurteilung, Degradierung, Strafkommando im Dschungel mit der Aussicht, den

Kopf zu verlieren. Sie hätten sich zwei Flaschen Rotspon sparen können, wenn Sie gleich damit herausgerückt wären. Sie sind ein harter Geschäftsmann, Mijnheer Jonker, also vergeuden Sie nicht Ihre Zeit und meine Geduld. Ich bin auf Schlimmes gefaßt, wir müssen nun sehen, wie wir einig werden."

Der Reeder steckte all das ungerührt ein; er war Kränkungen gewöhnt. „Es freut mich, daß Sie Ihre Lage so klar beurteilen. Das erleichtert die Sache. Haben Sie Angst vor Java, Leutnant?"

„Wenn ich Ihnen damit dienlich sein kann – ja. Ich habe Angst. Es wird nicht angenehm sein, was mir bevorsteht. Aber so ist das Leben, es schenkt einem nichts. Genüsse muß man bezahlen. Und ich habe genossen, mein Herr. Den Wein, die Frauen, das Spiel, das Lachen – wissen Sie überhaupt, was das ist, lachen? Haben Sie in Ihrem Leben jemals gelacht? In einigen Tagen oder Wochen werde ich nun aufgerufen, meine Schulden an das Leben zu bezahlen."

„Nicht in einigen Tagen oder Wochen, Leutnant. Hier und heute gebe ich Ihnen die Möglichkeit, Ihre Lage entscheidend zu verbessern."

Der Offizier lächelte dünn. „Natürlich, ich hätte ja beinahe vergessen, Sie haben einen Narren an mir gefressen. Die Stunde des Wohltäters also, des Mannes, der sich so sehnlich einen Sohn gewünscht hätte, wie ich es bin. Lassen Sie hören, Mijnheer Jonker."

Der Reeder wurde unsicher. Was war bei diesem Burschen ernst gemeint, was war bitterer Hohn?

Auf der Brücke läutete der Rudergänger acht Glasen, die Mitternacht, ein. Die neue Maschinenwache trampelte auf harten Holzschuhen über die Niedergänge.

Jonker dachte, was riskiere ich? Wir sind ohne Zeugen, ich könnte sagen, er habe mich um die Schuldscheine gebeten, und weil ich sie ihm verweigerte, habe er diese Geschichte erfunden. Sein Wort, das eines wegen Schulden reglementierten Leutnants, gegen das meine, eines Kaufmanns von einigem Vermögen und Einfluß zwischen Singapore und Batavia.

„Es ist keine Marotte von mir, daß ich mit einem Leibarzt auf Reisen gehe", sagte er. „Ich bin ein kranker Mann. Doktor Vansitten sagt zwar immer, ich wäre ein Hypochonder, ein eingebildeter Kranker. Das mag stimmen, aber es ändert nichts daran, daß ich aus Angst vor dem Tod schier sterbe. Vielleicht liegt es eben daran, daß ich mein

Leben niemals genossen habe. Insgeheim bin ich den Freuden, die es bietet, ebenso zugetan wie Sie. Vielleicht ist auch die Einsamkeit, der Mangel an echten Freunden, am Gespräch mit Vertrauten, Ursache für meine Furcht. Wie dem auch sei, Krankheit und Tod in meiner näheren Umgebung sind für mich unerträglich. Ich fürchte mich vor der Pest, Leutnant."

„Wir alle fürchten uns vor der Pest."

„Man muß etwas dagegen tun. Diese Frau da drüben . . ."

Der Reeder hatte sich erhoben, trat ans Salonfenster und blickte hinaus auf das Meer. Es war eine helle Nacht, eine von diesen Tropennächten, von denen die Leute in den großen Städten Europas träumen.

„Sie hat gesagt, daß sie sich nicht von der Brücke rührt, solange ein Funken Leben in ihr ist. Doch die Pest hat sie bereits gezeichnet. Ich habe es gesehen, ich stand hinter Kapitän Wagtmans. Sie hat bereits Pusteln. Und Fieber hat sie! Man kann sie nicht mehr retten, sie wird sterben."

Der Leutnant hob mit Bedauern die Hände. „Das ist schlimm, es tut mir leid. Aber gegen die Pest ist noch immer kein Kraut gewachsen."

Jonker wanderte im Raum umher, schwitzend, mit geöffnetem Kragen und Hemd. „Das ist nur die eine Seite der Geschichte, Leutnant Wouters."

„Die andere Seite?"

„Wir haben einen Mann an Bord, der noch hartnäckiger ist als Kapitän MacLoy."

„Kapitän Wagtmans."

„Ja. Und er hat mir versichert, daß er die Kranken, auch gegen ihren Willen und mit Gewalt, auf die *Prins Maurits* holen wird. Er will den Tod an Bord holen. Will einer pestkranken Frau, der kein Arzt mehr helfen könnte, einen Platz unter uns Gesunden geben, Leutnant Wouters. Ja, ich fürchte mich! Ich möchte nicht an der Pest krepieren! Möchten Sie es?!"

„Keine sehr intelligente Frage, Mijnheer Jonker."

Jonker ließ sich wieder in einem Sessel nieder, atmete schwer und machte den Eindruck eines geschlagenen, verängstigten und ratlosen Mannes. Der Leutnant stopfte erneut seine Pfeife mit feingeschnittenem, duftendem Sumatratabak, jenes süffisante Lächeln auf seinem jungenhaften Gesicht, das Jonker so unsicher machte und das er zu hassen begann.

„Wir haben uns etwas vom Thema entfernt, Mijnheer Jonker."

„Keineswegs. Ich möchte Ihnen ein Angebot machen."

„Ich höre."

„Sie sind der beste Schütze der holländischen Armee."

„Sagen wir einmal, einer der besten, und das auch nur, wenn ich nicht betrunken bin."

„Der beste Schütze der Armee", beharrte der Reeder hartnäckig. „Und Sie sind ein Mensch, der die schönen Frauen liebt. Leutnant, diese vom Tod gezeichnete Frau zu erlösen wäre nicht nur ein Akt der Gnade, es wäre auch Rettung für uns alle. Und Sie sind der einzige, der das könnte. Sie hätten bei mir Rückendeckung, ich würde dafür sorgen, daß Sie unbeobachtet sind, dergleichen läßt sich mit ein paar Gulden erledigen. Und schließlich würde es Ihr Schaden nicht sein. Sie würden Ihre Schuldscheine zurückerhalten, könnten frank und frei vor Ihren Regimentskommandeur treten, hätten eine neue, eine glänzende Zukunft."

Der Leutnant zeigte nicht die Spur einer Reaktion, sondern rauchte mit Behagen seine Pfeife, und Jonker fuhr fort: „Und natürlich wäre ich auch bereit, für Ihren Start in der Gesellschaft von Batavia eine gewisse Summe bereitzustellen . . ."

Der Offizier verzog keine Miene und schwieg.

„Sagen wir – tausend Sovereigns?"

Nichts. Leutnant Wouters blickte dem Rauch aus seiner Pfeife nach.

„Oder sagen wir meinetwegen tausendfünfhundert. Das ist viel Geld."

„Wovon sprechen Sie eigentlich, Mijnheer Jonker? Nichts gegen diese tausendfünfhundert Sovereigns, und schon gar nichts gegen die Rückgabe meiner Schuldscheine. Aber was hätte ich denn dafür zu tun?"

Dem Reeder stockte fast der Atem. War dieser Junge wirklich nur naiv – oder provozierte er? „Muß ich wirklich deutlicher werden?"

„Unbedingt."

„Es widerstrebt mir, ich bin ein feinfühliger Mensch. Sehen Sie, diese todgeweihte, leidende Lynn MacLoy steht Tag und Nacht auf ihrer Brücke. Sie trägt einen hellen Khakianzug, und die Entfernung beträgt keine fünfzig Yards."

„Und weiter?"

„Mein Gott, Leutnant, begreifen Sie denn nicht? Keine fünfzig

Yards, und Sie, der beste Schütze der Armee . . . Muß ich noch deutlicher werden?"

„Nein", sagte Wim Wouters. „Nun nicht mehr. Ich wollte es nur in aller Klarheit hören, ich konnte es einfach nicht glauben."

Er lächelte nun wieder, der relegierte Leutnant, der Schuldenmacher und Leichtfuß, das schwarze Schaf von Familie und Regiment. Er trat dicht an den Reeder heran, tippte ihm mit dem Zeigefinger gegen die Brust und fuhr fort: „Sie sind ein Schwein, Mijnheer Jonker. Was Sie hier versucht haben, ist Anstiftung zum Mord. Ich werde in Batavia Anklage erheben."

„Einen Dreck werden Sie! Wer sollte Ihnen denn glauben? Mein Wort gegen das Ihre. Welche Chance haben Sie da? Und haben Sie Zeugen?"

„Ich werde darüber hinaus dafür sorgen, daß diese Geschichte in der Kolonie bekannt wird, vor allem auch, daß die Freunde von Kapitän MacLoy sie erfahren. In Singapore, in Batavia, überall an den Küsten. Dann endlich haben Sie berechtigten Grund, Angst zu haben. Ganz gegenständliche, ordinäre Todesangst. Ich wünsche Ihnen entsprechende Träume."

Er verließ den Raum, noch ehe Karel Jonker sich zu einer Reaktion aufraffen konnte, und machte sich auf die Suche nach dem Kapitän. Er fand ihn auf einem Kontrollgang durch das Schiff.

„Herr Kapitän . . ."

„Leutnant Wouters?"

„Ich habe Sie gesucht."

„So spät in der Nacht? Ist etwas nicht in Ordnung?"

Sie setzten sich auf einen Lukenrahmen. Der Offizier rauchte mit wiedergewonnener Ruhe seine Tonpfeife, während Wagtmans seine Augen unauffällig über die Decks gehen ließ.

„Nein, da ist einiges nicht in Ordnung, und Sie sollten das wissen. Mijnheer Jonker wollte mich zum Mord an Kapitän Lynn MacLoy anstiften. Der Preis: eine Handvoll Schuldscheine und tausendfünfhundert Sovereigns in bar."

Wenn der junge Offizier geglaubt hatte, der Seemann würde wie von der Tarantel gestochen auffahren, so kannte er diesen Mann eben noch nicht gut genug.

Wagtmans sagte nach kurzem Schweigen: „Irgendwelche Details?"

„Den Wachmann an der Trosse auf der Back wollte er übernehmen.

Eine Geldfrage, wie er sagte. Im übrigen verwies er auf die kurze Entfernung von unserem Schiff zu dem Schoner und auf meine bekannten Fähigkeiten, mit Schußwaffen umzugehen."

Der Kapitän nickte. Er rutschte von der Lukenkante herunter, versenkte seine Hände in den Rocktaschen und starrte eine ganze Weile schweigend hinüber zu dem Schoner, der sich als dunkler Flecken in der Nacht abzeichnete. Wouters dachte, nun wird er explodieren, wird seine Offiziere mobilisieren, wird den Reeder an Bord seines eigenen Schiffes festnehmen und in Ketten legen lassen.

Aber nichts dergleichen geschah. Wagtmans wandte den Kopf zurück, blickte den Leutnant einen Moment wie zerstreut an und sagte: „Es ist spät geworden. Gute Nacht, Leutnant Wouters."

Und er setzte sich langsam, mit dem typisch schlingernden Gang von Männern, die auf Segelschiffen groß geworden sind, in Richtung Brücke in Bewegung.

Die Sonne kroch über den östlichen Horizont, aber selbst in diesem diffusen Licht zwischen Traum und Tag konnte man auf der Brücke und an anderen Orten der *Prins Maurits* das Notsignal gut ausmachen, eine rote Rakete, die steil in die Luft schoß, in Höhe von einigen fünfzig Yards über den beiden Schiffen einen Moment verharrte, um sich dann ins Wasser zu senken und zu verzischen.

Der Zweite Offizier klopfte an die Kammer von Jan Wagtmans. „Herr Kapitän!"

„Was ist los?"

„Die *Loana* hat ein Notsignal geschossen."

„Ich komme."

An der Kürze der Zeit, die der Kapitän benötigte, um auf die Brücke zu kommen, konnte der Offizier feststellen, daß er in seinen Kleidern geschlafen haben mußte, wenn er überhaupt geschlafen hatte.

„Maschine langsame Fahrt! Der Bootsmann soll klarpfeifen zum Segelmanöver. Und lassen Sie den Ersten Offizier wecken."

„Aye, aye, Sir."

Der Telegraf schrillte. Wagtmans nahm den Sprechtrichter und machte sich auf den Weg zur Back. Noch als er über das Lukendeck ging, zwitscherte die Pfeife des Bootsmannes, und als er die Back erklommen hatte, sausten bereits die ersten Männer auf ihre Stationen. Die *Prins Maurits* verlor an Fahrt. Die Entfernung zu dem Schoner verringerte sich. Aber Kapitän MacLoy stand nicht auf der Brücke. Wagtmans begann das Pestschiff abzusuchen, Meter um Meter. Das Vorschiff – leer. Im Ruderhaus – kein Licht. Der Backbord-Mittschiffsgang – ausgestorben. „*Loana,* ahoi!"

Keine Antwort, kein Laut. Der Monsun sang leise in den Pardunen, das Focksegel killte, und eine Talje quietschte in ihrem Block. „*Loana,* ahoi! Kapitän MacLoy! Hier spricht Kapitän Wagtmans!" Schweigen. Der Schiffsführer der *Prins Maurits,* wohl wissend, daß viele Augenpaare ihn beobachteten, verriet mit keiner Miene, daß seine Nervosität in Angst umzuschlagen begann. Er holte sich umständlich eine Zigarre aus der Tasche und zündete sie an. Dann wendete er sich zurück und schrie hinunter zum Lukendeck und rief hinauf zur Brücke: „Segel im Groß- und Kreuzmast bergen, beide Maschinen stopp! Passen Sie auf am Ruder, daß wir nicht kollidieren!" Der Schoner hatte noch genug Fahrt, um bis auf zwanzig Yards aufzuschließen. Die Verbindungstrosse schlappte und tauchte ins Wasser. Ein paar Leute tauchten auf der Back auf. Der Erste Offizier, der Bootsmann, Matrosen und Heizer der Freiwachen. Sie blickten über die Verschanzung hinab auf die *Loana*.

Wagtmans hob noch einmal den Sprechtrichter und schrie mit aller Kraft: „*Loana!* Ahoi!" Als wieder nichts geschah, wandte er sich an den Bootsmann. „Ter Muilen, lassen Sie den Treibanker wegschmeißen und das Dingi ausschwenken."

Der Bootsmann murmelte: „Aye, aye, Sir" und machte sich auf den Weg zum Bootsdeck.

Da kam Lynn MacLoy langsam den kurzen Mittschiffsgang entlang und stieg die Stufen zur Brücke ihres Schiffes hinauf. Sie war in einem üblen Zustand. Die Jacke ihres Khakianzuges war mit Blut bedeckt, das Gesicht schweißnaß, ihr sonst so schönes Haar wirkte welk und krank, und ihr Gang war schleppend und müde. Sie blickte nach oben und rief: „Tut mir leid, Kapitän Wagtmans, daß ich Sie so lange habe warten lassen nach dem Notsignal. Aber ich mußte mich um meinen Steuermann kümmern."

„Ist er krank?"

„Er ist in die Luke gestürzt. Ich habe versucht, ihn wieder an Deck zu bringen, aber ich schaffe es nicht allein."

„Hat ihn die – Krankheit erwischt?"

„Nein. Dafür gibt es keine Anzeichen. Es war wohl ein Anfall von

Schwäche. Er steht seit Tagen ohne Schlaf auf der Brücke oder kümmert sich um die Sterbenden. Und er ist nicht mehr der Jüngste."

„Was ist ihm passiert?"

„Er ist zwischen Kisten mit Stückgut gefallen. Ich fürchte, er hat sich eine Menge gebrochen. Er blutet aus Mund und Nase, und wenn man ihn zu bewegen versucht, wird er vor Schmerzen ohnmächtig. Sie haben einen Arzt an Bord. Schicken Sie ihn. Ich versichere Ihnen, der Steuermann Ikan ist nicht von der Pest befallen!"

„Der Arzt wird den Teufel tun", sagte John Wright leise. „Und den können Sie nicht zwingen."

„Kapitän Wagtmans, die Ansteckungsgefahr ist vorüber. Außer mir lebt nur noch der Steuermann, und bei uns ist von Pest keine Spur. Ich bitte Sie, kümmern Sie sich um den Mann, solange er noch lebt!"

„Es ist gut, Kapitän MacLoy. Ich werde ein Boot hinüberschicken. Packen Sie das Notwendigste zusammen. Ich nehme Sie an Bord. Beide!"

„Nein!"

„Was heißt das? Zum Donnerwetter, mit Ihnen habe ich auch nur Schwierigkeiten! Was wollen Sie allein auf diesem dreimal verdammten Schiff! Ich behalte die *Loana* im Schlepp, in ein paar Tagen haben wir Tandschong Priok."

„Und wer garantiert mir, daß Sie dort nicht einen Teil von Schiff und Ladung als Bergungsgut beanspruchen? Es ist nur teilweise mein Schiff, und es ist nicht meine Ladung. Ich bleibe an Bord."

„Sie würden mir eine derartige Schweinerei zutrauen?"

„Einem Kapitän, der Sklaven in seinem Frachtraum transportiert und seine Mannschaft mit übelsten Mitteln ‚shanghait', muß ich alles zutrauen; es tut mir leid. Schicken Sie nun den Arzt?"

„Ich werde es versuchen."

„Versuchen! Was für eine Art Kapitän sind Sie eigentlich? Zwingen Sie ihn!"

„Mit welchen Mitteln?"

„Mit Prügeln! Mit Pistolen! Packen Sie ihn am Kragen, und schleifen Sie ihn her, egal wie! Mein Gott, Kapitän Wagtmans, sind Sie eigentlich ein Christenmensch?"

Lynn MacLoy wandte sich plötzlich ab, wandte den Männern auf der Back der *Prins Maurits* den Rücken zu, und am Zucken ihrer Schultern konnte man erkennen, daß sie weinte.

Wagtmans dachte, mein Gott, sie weint. Ich hätte nie geglaubt, daß eine Frau wie sie Tränen hat.

John Wright sagte düster: „Sie ist ziemlich am Ende. Was geschieht jetzt? Ich schwöre Ihnen, Herr Kapitän, Sie kriegen keinen Mann auf dieses Pestschiff! Nicht einen einzigen!“

„Sie selbst auch nicht, Maat?“

Der Erste Offizier wiegte den Kopf. „Ich bin Seemann, Herr Kapitän. Andererseits – wer sollte das Boot rudern?“

„Ich werde Freiwillige finden, Mr. Wright.“ Er verließ die Back und begab sich zur Brücke. Der Weg dorthin war wie ein Spießrutenlaufen, vorbei an Feindschaft, Haß und Furcht. Es waren nun alle auf den Beinen, obwohl es noch sehr früh am Morgen war; die Sonne sandte eben gerade ihre ersten, wärmenden Strahlen auf die Decks.

„Bootsmann, die Leute sollen sich unter der Brücke versammeln!“

„Aye, aye, Sir.“ Die Pfeife trillerte. „Alle Mann antreten bei Luk zwei!“

Wagtmans wartete nicht ab, bis die letzten versammelt waren. Er begann mit seiner Ansprache.

„Drüben auf der *Loana* hat es einen Unfall gegeben. Da liegt einer in der Luke. Vielleicht kann man ihn noch zurechtflicken. Dieser Unfall hat nichts zu tun mit der Pest, der Mann ist gesund. Ich habe das Wort von Kapitän MacLoy. Einer da, der dieses Wort anzweifeln möchte? Er soll vortreten.“ Wagtmans wartete ein paar Sekunden. Es rührte sich niemand, er hatte es auch nicht erwartet. „Schön. Wir müssen also den Arzt hinüberrudern zur *Loana*. Dr. Vansitten, machen Sie Ihre Tasche bereit, und begeben Sie sich zu Boot zwei an Steuerbord.“

„Ich weigere mich!“ schrie der Alte.

Wagtmans nickte. „Damit habe ich gerechnet. Wenn der Arzt nicht zum Patienten kommt, müssen wir das eben umgekehrt machen. Wir holen den Steuermann der *Loana* zu uns an Bord. Mr. Wright!“ Keine Antwort. „Hat jemand Mr. Wright gesehen?“

Niemand hatte ihn gesehen, er war spurlos verschwunden.

„Schön, auch damit habe ich gerechnet. Ich werde nun etwas Ungewöhnliches tun. Ich werde das Boot selbst führen und somit mein Schiff für kurze Zeit verlassen. Jetzt brauche ich ein paar Freiwillige, die das Boot rudern und mir drüben zur Hand gehen. Vier Mann würden genügen. Wer tritt vor?“

Die meisten hatten damit gerechnet, daß sich keine Hand rühren würde, aber es kam anders. Es traten vor der Matrose Svenson, der Matrose Aage Thorn, der amerikanische Jungmann Watkins, der chinesische Dschunkenführer Lin To. Und der Kabelgattsgast Will Pester schloß sich an. Nichts von Zufriedenheit oder gar freudiger Überraschung war auf dem Gesicht des Kapitäns zu lesen. Er sagte: „Bootsmann, lassen Sie ausschwenken. Steward, meine Kabine wird als Sanitätsraum eingerichtet. Ich schlafe im Kartenhaus. In meiner Abwesenheit übernimmt der Zweite Offizier das Kommando an Bord. Die Freiwachen können abtreten, die anderen nehmen die Arbeit auf." Er nickte knapp und verabschiedend, stieg den Niedergang hinunter, überquerte das Deck und trat zum Boot, das bereit zum Wegfieren in den Davits schwankte.

Dort trat Snoek zu ihm. „Herr Kapitän?"

„Noch etwas?"

„Ich möchte mit Ihnen fahren. Ich verstehe mich ein bißchen auf die Behandlung von Kranken. Ich könnte Ihnen nützlich sein."

„Dann steigen Sie ein in drei Teufels Namen!"

Sie fierten das Boot weg, und zur gleichen Zeit polterte die Jakobsleiter drüben an der Bordwand des Schoners herunter. Die Entfernung betrug nicht mehr als vierzig Yards. Das Boot ging längsseits.

Wagtmans kletterte als erster nach oben. Hinter ihm kamen die anderen. Kapitän MacLoy erwartete sie an der Verschanzung.

„Wo ist der Verletzte?"

„In der vorderen Luke."

Sie gingen über das Vordeck. Wagtmans wunderte sich, daß nach alldem dort alles so ordentlich aussah. Nirgends lag Unrat, nirgends war ein Anzeichen zu bemerken, daß die Mannschaft dieses Schiffes über Wochen hinaus einen verzweifelten und hoffnungslosen Todeskampf geführt hatte.

Snoek sagte: „Sie haben die Räume ausschwefeln lassen, man riecht es. Vielleicht hat Ihnen das das Leben gerettet."

Sie zündeten eine Fackel an und stiegen in die Luke hinab, Lynn MacLoy voran. Ikan lag direkt unter der Lukenöffnung. Seine Augen waren geschlossen, sein Gesicht wächsern.

Snoek ließ sich auf die Knie nieder, hob die Lider des Steuermanns auf, fühlte den Puls, legte sein Ohr an die breite, mit grauen Haaren bedeckte Brust des Mannes. Dann wendete er den Kopf, blickte Lynn

MacLoy an, und als er noch einen Funken von Hoffnung, eine unausgesprochene Frage in ihren Augen sah, wendete er sich rasch an den Schiffsführer der *Prins Maurits*. „Es tut mir leid, Kapitän. Dieser Mann ist tot."

Wagtmans nickte. „Ich nehme an, er hat innere Verletzungen erlitten. Aber es hat wohl keinen Sinn, das zu untersuchen. Wir wollen nur gemeinsam konstatieren, daß bei ihm keine Anzeichen von Pest zu entdecken sind."

„Nicht die geringsten", sagte Snoek.

Sie standen eine Weile stumm bei dem Toten. Schließlich räusperte sich Wagtmans. „Ich denke, wir sollten den Toten nun der See übergeben."

Sie stiegen wieder über die schmale, eiserne Lukenstiege hinauf ans Tageslicht.

„Pester, suchen Sie sich ein Tau, die Männer da unten sollen das Boot festmachen und an Bord kommen. Lin To, du gehst zur Brücke und setzt die Quarantäneflagge. Da dies ein ordentliches Schiff ist, wird sie wohl im Ruderhaus in einem Kasten liegen."

„Kapitän Wagtmans", sagte Lynn MacLoy, „an Bord meines Schiffes erteile ich die Befehle."

„Hm, ja. Das ist richtig. Ich frage mich nur, wem Sie die Befehle erteilen wollen. Sie haben keine Leute mehr."

Dieser Einwand war nicht zu widerlegen. Sie ließen es dabei bewenden und sahen zu, wie Lin To katzengewandt die Brücke erklomm und im Ruderhaus verschwand, wie der Matrose Pester unter den aufgeschossenen Tampen einen brauchbaren wählte und ihn mit einem kunstvollen Kreuzknoten an der Reling befestigte. Snoek zog eine Zigarre aus der Tasche und zündete sie an.

„Sie sind also der Doktor, der sich geweigert hat, auf mein Schiff zu kommen. Und nun, da es zu spät ist, haben Sie sich doch überwunden", sagte Lynn MacLoy nicht ohne Vorwurf zu ihm.

Snoek schüttelte den Kopf. „Ich bin kein Arzt, Miß MacLoy. Ich bin Advokat und Sprachforscher. Mein Name ist Claes Snoek." Er tat ein paar kurze, nervöse Züge an seiner Zigarre und fragte ernsthaft: „Ich hoffe, Sie haben reichlich Rauchwaren an Bord?"

„Ich weiß es nicht genau. Warum wollen Sie es wissen?"

„Nun, ich bin ein starker Raucher, und bis Batavia ist es noch eine gute Weile hin."

„Gedenken Sie an Bord meines Schiffes zu bleiben, Mijnheer Snoek?"

„Ich fürchte, uns allen bleibt keine andere Wahl."

Er deutete über die Reling zur *Prins Maurits* hinüber. Wagtmans und Lynn MacLoy wandten sich um. Die Entfernung zwischen dem Schoner und Wagtmans' Schiff betrug bereits einige hundert Yards.

Auf der Brücke stand der Erste Offizier John Wright. Die Schraube quirlte durch das Wasser, die Maschine machte Dampf auf, die *Prins Maurits* ging auf Südostkurs und entfernte sich mit guten sieben Knoten Geschwindigkeit.

Als die Mastspitzen der *Prins Maurits* unter die Kimm am südlichen Horizont getaucht waren, warf Kapitän Wagtmans seinen Zigarrenstummel über Bord. „Da ich mit einer Rückkehr meines Schiffes nun nicht mehr rechne, sollten wir uns daranmachen und den toten Steuermann der See übergeben."

Der Rest der kleinen Besatzung kam nun an Deck. Sie nähten den Körper des Steuermanns in einen Jutesack und beschwerten ihn mit Kacheln aus der Ladung. Lynn MacLoy, Wagtmans und auch Snoek legten selbst Hand mit an. Wagtmans sprach ein Gebet. Dann glitt der Tote senkrecht in die Tiefe. Wagtmans sagte, noch während die letzten Wellen ihre Kreise zogen: „Wir haben guten, achterlichen Wind und sollten keine Zeit verlieren."

Lynn MacLoy sagte nicht ohne Schärfe: „Kapitän Wagtmans, wie ich schon erwähnte, die Befehle auf meinem Schiff gebe ich. Sie sind hier Gast. Ein willkommener Gast, ebenso wie Ihre Leute, denn ohne Sie alle würde ich wohl in der Javasee treiben, bis ans Ende meiner Tage. Ich wäre deshalb dankbar, wenn Sie mir Ihre Leute unterstellen würden."

Wagtmans wiegte den Kopf. „Ich glaube, es ist rechtlich eine verzwickte Sache", sagte er. „Sie haben ein Schiff und keine Besatzung. Ich habe eine Besatzung und kein Schiff. Sagen Sie, Kapitän MacLoy, wie lange haben Sie nicht mehr geschlafen?"

„Ich weiß es nicht."

„Es müssen viele Tage gewesen sein, denn wann immer ich auf der Brücke meines Schiffes war, sah ich Sie auf der Brücke Ihres Schiffes, und wenn ich mich zur Ruhe legte und zurückkam, wurde mir berichtet, daß Sie Ihren Posten inzwischen nicht verlassen haben. Sie sind eine starke Frau, Lynn MacLoy, aber jedem Körper sind Grenzen gesetzt. Sie sind müde, nicht wahr?"

„Ja, ich bin müde."

„Dann werden Sie jetzt schlafen gehen, und wenn Sie wieder kräftig genug sind, um das Kommando zu übernehmen, werden Sie mit mir darüber reden können."

Lynn nickte matt eine Zustimmung. Sie wandte sich ab und erklomm die Treppe zum Brückenhaus. Als sie einen Moment wankte und Snoek ihr zu Hilfe eilen wollte, hielt Wagtmans ihn am Arm zurück. Er wußte, daß es Lynn MacLoy kränken würde. Dann setzten sie die Segel.

5. Kapitel

Der Erste Offizier John Wright hatte das Schiff übernommen. Noch während man an Deck mit Spannung die Vorgänge auf dem Schoner *Loana* verfolgte, hatte er mit einigen Männern, denen er glaubte trauen zu können, den Waffenschrank erbrochen und Handfeuerwaffen und Munition verteilt. Dann besetzte er fast unbemerkt die wichtigsten Stationen des Schiffes. Die Telegrafenanlage, den Maschinenraum, die Brücke. Er fühlte sich bei dieser Aktion nicht so ganz wohl in seiner Haut. Aber der Reeder Karel Jonker drängte, trieb an, versprach Rükkendeckung.

So geriet die *Prins Maurits* unter die Kontrolle eines drittklassigen, moralisch verkommenen Seemanns, dessen Traum es immer gewesen war, einmal mit vier goldenen Streifen am Ärmel auf der Brücke eines Schiffes zu stehen.

Der Zweite Ingenieur brachte mit zwei Heizern die Maschine in Gang. Ein paar Jungens von Malakka, die die ganze Sache ohnehin nicht begriffen, lösten auf Geheiß eines Offiziersaspiranten die Verbindungstrosse zur *Loana*. Dann endlich, als die Maschine stampfte und die *Prins Maurits* Fahrt aufzunehmen begann, wurden die Leute an Deck aufmerksam.

Als ter Muilen, der Bootsmann, in der Nock anlangte, stand er vor den Mündungen von Gewehren und Pistolen.

Er blickte die Männer der Reihe nach an, den Ersten Offizier, den Reeder, die beiden Trimmer und den Zimmermann. „So sieht das also aus", sagte er gedehnt.

„Ja, Bootsmann, so sieht es aus. Wir und noch eine Menge anderer

Leute an Bord haben nicht die Absicht, an der Pest zu krepieren. Da der Kapitän entgegen allen Gesetzen der Seefahrt sein Schiff verlassen hat, geht das Kommando automatisch auf mich über. Sie können sich nun entscheiden, ob Sie sich auf unsere Seite schlagen und sich meinem Befehl unterstellen . . ."

„Oder?"

Jonker beantwortete diese Frage. „Es wäre nicht gut für Sie und auch nicht für uns, wenn Sie Schwierigkeiten machen würden. Ich habe Mr. Wright zum Kapitän ernannt, weil Wagtmans das Schiff gefährdet. Jedes Gericht der Welt wird diese Maßnahme gutheißen."

„Das bezweifle ich", sagte ter Muilen.

„Ihre Sache. Sie jedenfalls brauchen vor keinem Gericht zu erscheinen. Es gibt Zeugen genug, die Ihnen notfalls bestätigen werden, daß man Sie mit Waffengewalt gezwungen hat."

„Es wäre mir lieb, wenn ich darüber etwas Schriftliches haben könnte. Ich hänge nicht gern am Hals in den Rahen." Ter Muilen wandte den Gewehrläufen den Rücken, machte Miene, die Brückennock zu verlassen.

„Bootsmann!"

„Mr. Wright?"

„Lassen Sie alles Zeug setzen. Auch das Focksegel. Und dann noch eins, Bootsmann. Ich wünsche, daß Sie mich in Zukunft mit ‚Kapitän' anreden."

„Ich werde versuchen, daran zu denken, aber ich fürchte, es wird mir schwerfallen, Mr. Wright."

Er ging zum Bootsdeck, seine Pfeife trillerte. „Beide Wachen klar zum Segelsetzen!"

Achteraus wurde der Schoner *Loana* kleiner und kleiner. Die Passagiere, die unschlüssig an Deck herumstanden, bemerkten es mit Staunen und Unbehagen. Der Bohrmeister fragte: „Was halten Sie von der Sache, Herr Leutnant?"

„Ich bin kein Seemann", entgegnete Wouters ausweichend.

„Und als Offizier?" fragte Mien.

„Das Seerecht ist nicht mein Gebiet. Aber ich würde sagen, daß hier eine handfeste Meuterei im Gange ist."

Im Salon präsidierte der Erste Offizier mit einem nagelneuen vierten Goldstreifen am Ärmel.

„Wie ich sehe, sind Sie Kapitän geworden, Mr. Wright", sagte Mien.

„Ja, Madame, dank des Vertrauens unseres Reeders. Ich hoffe, ich habe auch das Ihre und das der anderen Herrschaften."

In dieser Sache nun wollte wohl keiner eine frühzeitige Entscheidung fällen; Mr. Wright nahm es etwas verärgert zur Kenntnis. „Da haben wir also eine recht unblutige Meuterei erlebt, Mijnheer Jonker", fuhr Mien fort.

„Es war keine Meuterei, es war eine Ablösung. Sie ist völlig legal vonstatten gegangen. Das zeigt allein die Tatsache, daß kein einziger Schuß gefallen ist."

„Es scheint so. Aber der Platz des Advokaten ist leer, auf der Brücke steht kein Kapitän mehr, in der Besatzung fehlen fünf Matrosen. Sie sagten, die Pest auf der *Loana* sei eine tödliche Gefahr für unser Schiff. Um wieviel tödlicher muß sie für die Männer sein, die man nun dort zurückgelassen hat. Ohne Medikamente, ohne Arzt."

„Es war ihr freier Wille", entgegnete Jonker düster.

„Sicher hatten sie die Absicht, an Bord ihres Schiffes zurückzukehren."

Der Erste Offizier schob das Schälchen mit dem Nachtisch weit von sich und fixierte Mien mit strengem Blick: „Ich bekomme langsam das Gefühl, Sie stehen der neuen Entwicklung an Bord dieses Schiffes nicht besonders freundlich gegenüber."

„Nein, das kann man wirklich nicht sagen. Eher ausgesprochen feindlich. Werden Sie mich nun an der obersten Rahe aufknüpfen? Mr. Wright, Kapitän Wagtmans war nicht mein Freund, aber er hatte meinen Respekt. Ihnen hingegen bringe ich nur abgrundtiefes Mißtrauen entgegen. Es wäre an Ihnen, das zu mildern und zurückzukehren zu dem Schoner und die sieben Männer, die Sie dort ausgesetzt haben, wieder an Bord zu nehmen."

John Wright erhob sich steif, machte eine knappe Verbeugung gegen die Damen und sagte mit leicht belegter Stimme: „Bitte mich zu entschuldigen, aber ein Kapitän hat noch andere Verpflichtungen." Er verließ den Salon mit der steifen Haltung jemandes, der auch innerlich davonläuft. Er fühlte sich den Angriffen nicht gewachsen.

Mien Versteegh stand auf und sagte mit einem bezaubernden Lächeln: „Wieder einmal eine köstliche Mahlzeit. Steward, sagen Sie dem Koch mein Kompliment. Ich werde dieses Schiff weiterempfehlen. Nicht nur wegen seiner Küche. Es ist hier auch für spannende Unterhaltung gesorgt."

Die Disziplin an Bord der *Prins Maurits* begann rasch zu verwildern. Wagtmans mit seiner schroffen Art und tadellosen Haltung hatte alle wie aus seiner strengen, unbequemen Zucht entlassen. Und so atmeten nun viele, und das war seltsam genug, unter den Gewehren der Verschwörer die Luft der Freiheit. Natürlich kam hinzu, daß die Brücke auftretende Schwierigkeiten nicht zu vertuschen vermochte. Da war die Tatsache, daß an Deck fünf der besten Matrosen fehlten, Leute, die Ruder und Segel handhaben konnten, eine Höhe bestimmen, mit dem Log umgehen und das laufende Gut in Ordnung halten. Da war die schwache Position von Mr. Wright, dessen kriminelle Vergangenheit kein Geheimnis war, die mürrische Passivität des Bootsmanns, der die ganze Aktion nicht guthieß, die Unentschlossenheit der Offiziere, zur Loyalität halb überredet, halb gezwungen.

Es wurde getrunken. Da schlief ein mit Alkohol vollgepumpter Matrose am Ruder ein; das Schiff lief aus dem Kurs. Da erschienen Leute nicht zum Dienst im Maschinenraum. Der Messesteward meldete sich krank, simulierte, war betrunken und zu faul zum Arbeiten.

Mr. Wright ließ die Alkoholvorräte unter Verschluß bringen. Drei Stunden später war die Last aufgebrochen, und im Versaufloch wurde ein feuchtfröhliches Fest gefeiert. Der neue Kapitän ordnete eine Untersuchung an, die jedoch im Sande verlief. Und Mißerfolge wie dieser unterminierten die Disziplin weiter.

Wieder einmal gab die Maschine ihren Geist auf, verstarb unter den Flüchen der Männer vor den Kesseln. Ein Kolben mußte gezogen werden. John Wright ließ einen Treibanker auswerfen, und die *Prins Maurits* schwoite leise in der flauen Dünung. Der Chief werkelte mit seinen Leuten im Maschinenraum. Die Leute zeigten keinen übertriebenen Arbeitseifer, und als einer schließlich auf den Mann mit dem Gewehr am Niedergang wies und sagte, er weigere sich weiterzuarbeiten mit einem Gewehrlauf im Genick, nahm der Ingenieur dem Posten die Waffe einfach weg und zerschlug sie. Dieser Akt des Protestes gegen die Brücke hob die Arbeitsmoral zwar wieder, aber die Arbeit dauerte doch bis in die späten Morgenstunden.

Am Abend, eine Stunde nach Einbruch der Dunkelheit, ging an Steuerbord ein fremdes Schiff in einer Entfernung von vier oder fünf Meilen, auf gleichem Kurs liegend, an der *Prins Maurits* vorbei. Es war nur schwach beleuchtet. „Sicher ein Fischereifahrzeug", murmelte der Dritte Offizier mehr für sich. Er irrte. Es war die *Loana*.

Die *Loana* war für alle ein fremdes Schiff, aber es zeigte sich, daß hier jedes Ding an seinem Platz war, und so ging ihnen die Arbeit leicht von der Hand.

Lin To, der Dschunkenführer, übernahm die erste Ruderwache, und der Matrose Aage Thorn wurde für die ersten vier Stunden zum Wachhabenden ernannt. Als das Schiff auf Kurs war und bei raumem Wind gute Fahrt machte, begab sich der Kapitän zusammen mit Snoek auf einen Inspektionsgang. Abgesehen von dem Geruch des Schwefels in allen Räumen, machte die *Loana* zwar einen verlassenen, aber keineswegs chaotischen Eindruck. Man hatte alle Besitztümer der Pesttoten – besonders ihre Kleidung – über Bord geworfen. Sie untersuchten die Wasserlast, den Proviantraum. Es war von allem Lebensnotwendigen genug vorhanden. Da standen Säcke mit Reis, Mehl und Zukker, trockener Fisch war gestapelt, es gab genug Zitronen gegen Skorbut und Rum. Das Kabelgatt war wohl versehen mit Tauwerk, Segeln und mit Farben gegen den Rost.

„Es ist ein gutes Schiff; ich habe es nicht anders erwartet", sagte Wagtmans zu Snoek, als sie ihren Rundgang beendet hatten. Sie kehrten an Deck zurück. Wagtmans rief alle Mann auf die Brücke. „Es sind gewisse Vorsichtsmaßnahmen zu treffen", begann er. „Zwar scheint mir die Gefahr der Pest gebannt, aber ich bin kein Arzt. Deshalb ordne ich hiermit an, daß die Unterkünfte der Besatzung von niemand mehr betreten werden. Wir alle schlafen an Deck, beziehungsweise im Brückenhaus. Ich hoffe, daß wir eine gute Reise machen werden, und ich möchte Ihnen allen dafür danken, daß Sie mehr als Ihre Pflicht getan haben." Er verteilte dann die weiteren Wachen und begab sich ins Ruderhaus. Dort verweilte er lange Zeit über den Schiffspapieren und dachte, ich könnte dieses Schiff nicht besser führen.

Draußen wurde es dämmrig, und dann kam die Nacht. Wagtmans übernahm die nächste Wache, und der Jungmann Watkins stand am Ruder. Sie wurden abgelöst von Svenson und Pester, die dann wiederum an Lin To und Aage Thorn übergaben. Als die Morgendämmerung kam, erschien Snoek mit einem Topf dampfenden Kaffees, Zwieback, Marmelade und Büchsenfleisch auf der Brücke.

Es spielte sich alles schnell ein. Da an Deck nicht gearbeitet wurde, hatten die Wachen immer acht Stunden Ruhe nach vier Stunden auf der Brücke. Snoek erwies sich als ausgezeichneter Koch. Er hatte dieses Amt übernommen, ohne darum gebeten zu sein, und er bereitete ordentliche und nahrhafte Mahlzeiten mit der Präzision einer Schiffsuhr. Auch war er sein eigener Kochsmaat und Steward. Er servierte, wusch das Geschirr ab, hielt die kleine Kombüse sauber. Beim zweiten Abendessen meinte Wagtmans anerkennend: „Diese Bohnen mit Fisch, ich muß gestehen, ich habe selten etwas Besseres gegessen." Sie aßen in der Brückennock im Stehen, die Teller in der Hand, als der Jungmann zu Snoek sagte: „Wenn ich Ihnen ein bißchen zur Hand gehen soll in der Kombüse, Mijnheer Snoek, in meiner Freiwache, meine ich . . ."

„Warum nicht? Wenn man mir inzwischen gestattet, das Ruder zu nehmen? Man müßte mir nur erklären, was Steuerbord und was Backbord ist."

Da lachten sie alle, sogar Wagtmans. Im allgemeinen waren die Gespräche auf der Brücke spärlich. Man beobachtete den Wind, den Stand der Segel, man nahm ein Log. Es zeigte sich, daß auch der Matrose Thorn mit dem Sextanten umgehen konnte, und Wagtmans fragte ihn erstaunt: „Sagen Sie, Thorn, wieso können Sie mit dem Sextanten umgehen?"

„Ich bin in Europa ein paar Jahre zwischen dem Bottnischen Meerbusen und Irland als Zweiter gefahren."

Doch wenn der Matrose geglaubt hatte, der Kapitän würde sich dafür interessieren, warum der Mann nun in ostasiatischen Gewässern als einfacher Seemann Dienst tat, so hatte er sich getäuscht. Wagtmans meinte nur lakonisch: „Ah so, deshalb."

Er ging hinaus in die Nock und betrachtete eine Weile mit aufkommendem Mißmut die Stellung der Segel. Der Wind hatte gedreht, das Großsegel wurde schlaffer und begann zu killen.

„Mister Thorn. Sie werden ab sofort die Funktion eines Ersten Maats übernehmen. Legen Sie das Schiff mit Backbordhalsen an den Wind und bei."

„Aye, aye, Sir!"

Wagtmans beobachtete eine Weile das Manöver, dann ging er wieder ins Brückenhaus und lauschte an der Tür der Kapitänskajüte. Nichts. Kein Hauch eines Atems, keine noch so leise Bewegung. Einen Moment war er versucht, die Klinke herunterzudrücken, doch sich erinnernd, daß Lynn MacLoy viele Tage und Nächte keinen Schlaf gefunden hatte, verdrängte er die aufkommende Sorge, wandte sich ab und stieg hinunter in die Kombüse, wo Snoek Teller wusch.

„Mijnheer Snoek", sagte er nach einem Räuspern der Verlegenheit, „ich bin etwas in Sorge. Sagen Sie, wieviel Zeit braucht ein Mensch, der lange Zeit ohne Schlaf auskommen mußte, um das nachzuholen?"

„Das hängt von der körperlichen Verfassung ab. In der Kajüte von Kapitän MacLoy rührt sich also noch nichts?"

„Nicht das geringste, und inzwischen sind neununddreißig Stunden vergangen."

Snoek nagte nachdenklich an der Unterlippe. „Neununddreißig Stunden Schlaf, das ist viel. Man sollte sich vergewissern." Er wischte sich die Hände trocken und zog seine Jacke an. Sie gingen zusammen hinauf. Die *Loana* lag inzwischen wieder gut am Wind, und im Vorbeigehen lobte Wagtmans: „Gut gemacht, Mr. Thorn."

Der Maat lächelte mit verlegenem Stolz und gab das Lob dann an die Leute an Deck weiter.

Wagtmans und Snoek traten in den engen, dunklen Korridor, dessen Türen zu den wenigen Räumen auf der Brücke führten, und lauschten eine Weile vor der Kapitänskajüte.

„Ihr Schlaf müßte bereits so leicht sein, daß sie von einem Anklopfen erwacht", flüsterte Snoek.

„Gut, dann klopfen Sie."

Snoek pochte. Zunächst leise, dann etwas lauter und schließlich hart. Es antwortete niemand. Der Advokat drückte die Türklinke herunter, die Tür öffnete sich. Die beiden Männer traten ein. Lynn MacLoys privater Lebensraum war eng und karg ausstaffiert. Es gab keinen Toilettentisch, kein Schreibschränkchen, keinen Sessel unter dem Bullauge, dafür in einem Regal Bücher über Steuermannskunde, Seefahrtgesetze, Medizin, dazu die Bibel und einige Wörterbücher für verschiedene Sprachen. Zwei Pistolen, gut geölt und poliert, hatten einen bevorzugten Platz, aber der Spiegel an der Außentür des Spinds war kaum tellergroß.

Die Kajüte roch nach Schwefel und indischem Rauchwerk, durch einen Spalt in den schmucklosen Gardinen fielen schräge Sonnenstrahlen auf den Fußboden, den nicht einmal ein Bastteppich zierte.

Lynn MacLoy lag mit geschlossenen Augen auf ihrer Koje, die mit sauberem, frischem Leinen bezogen war. Sie war bekleidet, nur die oberen Knöpfe ihrer Khakijacke waren geöffnet. Die beiden Männer betrachteten sie stumm, erschreckt und ratlos. Ihre Wangen waren eingefallen und zeigten auf olivgetönter Haut grelle, rote Flecken, das

Haar war schweißnaß, ihr Atem ging stoßweise, und die Brust hob und senkte sich in rascher Folge. Sie hatte hohes Fieber.

„Könnte es sein", fragte Snoek leise, „daß die Pest doch noch . . .?"

„Ich weiß es nicht, Herr Advokat. Aber ich muß Sie im Interesse der Sicherheit von Schiff und Besatzung bitten, diesen Raum umgehend zu verlassen und sich danach gründlich zu desinfizieren. Es ist Petroleum da. Nehmen Sie auch Wasser, so heiß, wie Sie es ertragen können. Sagen Sie draußen Bescheid, daß sich niemand dieser Kabine nähert und daß niemand mehr den Kapitän berühren darf. Am besten, man bleibt mir auf ein paar Schritt vom Leib. Ich selbst benötige hier ebenfalls heißes Wasser, ein paar saubere Leinentücher, etwas von dem Schwefel. Stellen Sie alles vor die Tür."

Der Advokat starrte auf die Fiebernde. „Ich kann Ihr Verhalten nicht billigen, Kapitän. Sie werden, wie ich fürchte, noch lange Zeit auf der Brücke benötigt. Der einzige überflüssige Mann an Bord bin ich. Es ist also an mir, die Krankenpflege zu übernehmen."

Wagtmans lächelte dankbar. „Sie sind ein tapferer Mann. Was aber die Fürsorge für Kapitän MacLoy anbetrifft, so habe ich da eine alte Rechnung zu begleichen – und es ist müßig, darüber mit mir zu rechten."

Von Stund an teilte Jan Wagtmans seine Zeit auf zwischen der Führung des Schoners und den Wachen bei Lynn MacLoy. Er hatte sie entkleidet, mit scheußlich riechenden Desinfektionsmitteln, wie sie kein Arzt verschreiben und keine Apotheke führen würde, eingerieben. Er hatte die Kabine erneut ausgeschwefelt und das große Bullauge, das zum Vorschiff führte, weit geöffnet, so daß der frische Fahrtwind stets durch die Kabine wehte. Und natürlich hatte er mit großer Gründlichkeit alle jenen Stellen an Lynns Körper untersucht, an denen sich die Pest mit Schwellungen der Lymphdrüsen in ihrem Anfangsstadium zu zeigen pflegte. Doch zu seiner Erleichterung gab es keine verräterischen Anzeichen. Er nahm seine Mahlzeiten in der Kajüte ein, ließ sich durch die geschlossene Tür die Ergebnisse von Log und Kursberechnung geben und erteilte auf demselben Weg seine Anweisungen. Erschien er gelegentlich auf der Brücke, so hatte jedermann diesen Ort zu verlassen, vom Rudergänger im Steuerhaus abgesehen. So vergingen zwei Tage. Die Kranke schien auf eine Krise loszusteuern, sie sprach im Fieberschlaf, ja gelegentlich weinte sie sogar. Einige Male schlug sie auch die Augen auf und betrachtete ihre Umgebung und den Mann an ihrem Bett mit tiefer Verständnislosigkeit. Dann fiel sie wieder zurück in ihren Fieberschlaf, der von Stunde zu Stunde unruhiger wurde. Mehrere Male am Tag konferierte Wagtmans mit Snoek. Am vierten Tag gestattete er ihm, von der Türschwelle aus einen Blick auf die Kranke zu werfen. „Was halten Sie von der Sache, Mijnheer Snoek?"

Snoek entschied, daß es sich hier um ein Nervenfieber handeln müsse, hervorgerufen durch die übergroße seelische und körperliche Belastung von Tagen und Wochen, in denen dem Kapitän der *Loana* die Leute wegstarben wie die Fliegen, ohne daß man in der Lage war zu helfen.

Am fünften Tag der Reise besserte sich der Zustand der Kranken überraschend. Sie öffnete die Augen, ihr Blick war beinahe klar, sie erkannte den Mann, der auf ihrem Sofa saß und in den Seekarten las.

„Kapitän Wagtmans?"

Er trat sofort zu ihr. „Bitte strengen Sie sich nicht an. Es kommt alles wieder klar. Was Sie brauchen, ist ein bißchen Schonung."

„Wie lange bin ich schon krank?"

„Fünf Tage, Kapitän MacLoy."

„Nicht wahr, es ist die Pest? Warum sollte sie auch ausgerechnet mich verschonen?"

„Nein, es ist nicht die Pest. Zumindest gibt es nicht die geringsten Anzeichen dafür. Der Advokat Snoek, der ein bißchen von diesen Dingen versteht, meint, es sei ein Nervenfieber. Aber ich schätze, Sie sind jetzt über den Berg."

„Sie haben aber vermutet, daß es die Pest ist, nicht wahr?"

„Sie müssen Hunger haben! Ich lasse Ihnen gleich etwas Kräftiges zubereiten. Der Advokat ist ein vorzüglicher Koch." Wagtmans eilte zur Brücke, und diesmal vergaß er alle Vorsichtsmaßregeln. „Mijnheer Snoek?! Wo zum Teufel steckt unser Advokat?"

„Ist etwas passiert, Herr Kapitän?" fragte der Matrose Pester ängstlich.

„Ja, es ist etwas passiert! Kapitän MacLoy hat seit Tagen nichts mehr gegessen und demzufolge jetzt einen Bärenhunger. Teilen Sie das dem Advokaten mit!"

Lynn MacLoy hatte, nachdem sie eine kräftige Mahlzeit, bestehend aus einer Fleischbrühe, gebratenem Corned beef mit schwarzen Bohnen und einer Dose Kirschen, zu sich genommen hatte, noch einmal sechs Stunden geschlafen. Doch es war der Schlaf einer Genesenden. Nun war sie wieder erwacht und schien kräftig genug, um Fragen zu stellen.

„Wer hat mich in die Koje gebracht, Kapitän Wagtmans?"

„Sie haben sich selbst niedergelegt."

„Gewiß, aber ich entsinne mich, daß ich angekleidet war."

„Das ist richtig. Aber ich mußte feststellen, ob bei Ihnen Anzeichen von Pest zu erkennen waren. Sie müssen einsehen, daß ich bei dem knappen Mannschaftsstand niemand gefährden durfte."

„Ja, das sehe ich ein. Also waren Sie es auch, der in all der Zeit dort drüben auf meinem Sofa gewacht hat. Manchmal, wenn ich zu mir kam, sah ich dort einen Mann sitzen. Sie haben zunächst vermutet, daß es die Pest ist, nicht wahr?"

„Es war naheliegend."

„Und trotzdem sind Sie in dieser Kajüte geblieben und haben mich gepflegt. Hatten Sie keine Furcht vor der Pest?"

„Nennen Sie mir einen Menschen auf der Welt, der die Pest nicht fürchtet. Ich habe aber in der Zwischenzeit das Schiff nicht vernachlässigt. Unsere gegenwärtige Position ist recht günstig. Ich denke, in wenigen Tagen haben wir Tandschong Priok voraus."

„Man sagt, Kapitän Wagtmans, Sie hängen nicht sehr am Leben, stimmt das?"

„Früher einmal. Aber jetzt . . .?" Er wandte sich ab und trat ans Bullauge. „Es briest auf", murmelte er. „Ich überlege, ob ich nicht ein bißchen Leinwand wegnehmen sollte."

„Beantworten Sie mir bitte eine Frage. Hatten Sie in diesen fünf Tagen Angst, abscheuliche Todesangst, genauso wie ich sie gehabt habe über Wochen hinaus?"

„Ich sagte doch schon, nennen Sie mir einen Menschen . . ."

Sie unterbrach ihn, sah ihn mit einem Blick zwischen Erstaunen und Zuneigung an und sagte: „Seltsam, Jan Wagtmans, wenn ich nicht wüßte, daß Sie mich kaum kennen, müßte ich annehmen, daß Sie mich lieben." Dann schloß sie die Augen, um ihm Gelegenheit zu geben, die Kajüte zu verlassen.

DER Matrose Svenson meldete zur Brücke hinauf: „Rauchfahne rechts achteraus!"

Jan Wagtmans reichte Lynn MacLoy das Glas. Sie betrachtete das fremde Schiff ohne besonderes Interesse; es war noch zu weit weg, und selbst bei dieser guten Sicht war nicht mehr zu erkennen als die Mastspitzen und die Rauchfahne.

Der Schiffsverkehr wurde hier bei fünf Grad Süd und querab zur Küste von Sumatra ohnehin dichter. Man hatte bereits eine Anzahl von Schiffen auf Gegenkurs gehabt.

„Meinen Sie nicht, wir sollten vor Einbruch der Dunkelheit eine Landmarkenpeilung vornehmen?" fragte Lynn.

Es war eine überflüssige Frage, denn nach der letzten Mittagshöhe kannten sie die Position der *Loana* sehr genau.

Aber Wagtmans sagte: „Ich glaube, daß das eine gute Idee ist." Seit Lynn MacLoy wieder auf der Brücke stand, hatten die beiden Kapitäne die Frage der Schiffsführung ausgeklammert. Je nachdem, wer in der Nock stand, gab einmal Wagtmans, einmal Lynn MacLoy die Befehle, und da es sich im allgemeinen um unwichtige Anweisungen handelte, spielte das alles ohnehin praktisch keine Rolle. Aage Thorn, der neue I. Maat, verstand seine Sache ebensogut wie die Deckshände Svenson, Watkins, Pester und der Dschunkenführer Lin To.

Wagtmans und Lynn begegneten sich mit ausgesuchter Höflichkeit, und wenn ein echtes Gespräch zwischen ihnen nie in Fluß kommen wollte, so war die Ursache mehr eine Scheu als ein Überrest der Gegnerschaft aus den Tagen von Singapore.

Gegen Mittag, kurz vor Wachwechsel, klopfte der Matrose Watkins an die Kapitänskajüte, wo Wagtmans, Lynn und Snoek in Ermangelung eines Speiseraums ihre Mahlzeiten gemeinsam einzunehmen pflegten. Auf der Schwelle stehend, drehte er verlegen seine Mütze in den Händen und wußte nicht, an wen er seine Meldung richten sollte.

Kapitän Wagtmans half ihm: „Watkins, wir sind hier an Bord Gäste. Also, was ist los?"

„Das fremde Schiff achteraus ist aufgekommen; man kann jetzt deutlich Vordeck und Brücke erkennen."

„Ja – und?"

„Es ist die *Prins Maurits.* Der Erste Maat nimmt an, daß sie wieder mal einen Maschinenschaden hatte."

Wagtmans nickte. „Danke Watkins, es ist gut."

Der Matrose trat ab. Nach einer Weile sagte Claes Snoek: „So wie die Dinge liegen, wird es uns zum Nachteil gereichen, wenn die *Prins Maurits* vor uns in Batavia ankommt. Mijnheer Jonker und Mr.

Wright werden in ihrem Bericht über die Ereignisse der letzten Wochen nicht ganz bei der Wahrheit bleiben. Auch ist es vorstellbar, daß sie in der Zwischenzeit Zeugen für sich gewinnen konnten."

Sie gingen nun alle auf die Brücke. Die *Prins Maurits* kam rasch auf und setzte zu einem Überholmanöver an Steuerbord an. Das ganze Schiff schien auf den Beinen zu sein, um teilzuhaben an der Begegnung von zwei Schiffen, die in einem seltsamen Verhältnis zueinander standen.

Der Matrose Pester, der am Steuer stand, sagte zum Ersten Maat: „Wenn die eine Kanone hätten, sie würden uns versenken."

Aage Thorn nickte. „Wenn ich eine Flinte hätte, ich würde John Wright von der Brücke schießen."

Gegen vier Uhr am Nachmittag hatte sich der Dampfer auf Rufweite genähert. Der Reeder Karel Jonker erschien in der Brückennock, nahm das Sprechgerät vor den Mund und schrie: „Kapitän Wagtmans, mein erster Weg in Batavia wird zu den Gerichten sein! Sie werden Ihr Patent verlieren! Dafür werde ich sorgen!"

Jan Wagtmans, den Sprechtrichter vor dem Mund, rief zurück: „Stoppen Sie das Schiff! Ich wünsche den Befehl wieder zu übernehmen!"

Der Reeder antwortete mit einem Gelächter. „Sie sind verrückt! Ein Mann, der mir und meinen Passagieren die Pest bringt!"

„Sehen Sie uns an, Mr. Jonker! Sieht es so aus, als ob einer von uns die Pest hätte? Lassen Sie das Schiff stoppen, es ist Ihre letzte Chance!"

Auf der *Prins Maurits* entstand eine sichtbare Unruhe unter der Mannschaft und den Passagieren. Jemand schrie: „Kapitän, ich habe mit der ganzen Sache nichts zu tun!"

Einige Hände reckten sich und winkten Grüße. Es war eine Demonstration der Sympathie, und die Männer auf der *Loana* vermerkten mit Genugtuung, daß auch Leute wie Henk ter Muilen, der Bootsmann, und Offiziere von Maschine und Deck sich daran beteiligten. Auf dem Bootsdeck standen die Passagiere und schwenkten Tüchlein und Hüte. Doch dann erschien Mr. Wright auf der Brücke und brüllte wütend: „Rudergast, fallen Sie nach steuerbord ab! Neuer Kurs 190 Grad!"

Die *Prins Maurits* drehte ihren Steven weg von der *Loana*. Es war ersichtlich, daß ihr neuer Kapitän so schnell wie möglich aus dem Bereich dieser unangenehmen Nachbarschaft herausmanövrieren wollte.

„Wir sehen uns auf ein Bier in Batavia!" schrie Snoek. Aber man konnte nichts mehr verstehen beim Geräusch der Maschine und dem Knallen der Segel, die – plötzlich aus dem Wind gebracht durch ein unbedachtes Manöver – zu killen begannen. Die Entfernung zwischen den beiden Schiffen nahm zu.

„Was halten Sie davon, Kapitän Wagtmans?“ fragte Lynn MacLoy.

Der Kapitän schüttelte mißbilligend den Kopf. „Es war ein miserables Manöver. Wie kann man ein Schiff nur aus dem Wind drehen und dabei die Segel außer acht lassen! Es hätte die *Prins Maurits* ein paar große Fetzen Leinwand kosten können.“

Er blickte hinauf in die Segel des Schoners. Es war alles Zeug gesetzt, und der Schoner machte bei raumem Wind ordentliche Fahrt. Man konnte nicht mehr tun. Die *Prins Maurits* hatte sie inzwischen überholt. Nach einer Stunde lag sie in einer Entfernung von fünf Seemeilen bereits ein bis zwei Strich voraus als quer, nach einer weiteren Stunde hatte sie einen Vorsprung von gut vier Meilen herausgefahren und lag nun wieder auf dem alten Kurs. Einige Zeit später erschien der Erste Maat auf der Brücke und sagte: „Schade, daß dieses Schiff keine Leesegel hat! Dann könnten wir die Wettfahrt vielleicht gewinnen.“

„Gegen ein Dampfschiff kaum, Maat“, sagte Wagtmans.

Der Schwede grinste listig. „Wenn Sie mal einen Blick zur *Prins Maurits* werfen würden . . .“

Sie blickten alle hinüber. Die Rauchfahne verkleckerte sich über dem Wasser, und die Schornsteine spuckten keinen weiteren Rauch aus. Das Schiff verlor merklich an Fahrt.

„Was hat das zu bedeuten, Kapitän Wagtmans?“ fragte Lynn.

„Ich nehme an, die Maschine ist kaputt. Vielleicht müssen sie mal wieder einen Kolben ziehen. Aber sie haben ja noch Segel.“

Lynn MacLoy lachte. „Zeigen Sie mir ein Schiff zwischen Madras und der Timorsee, das schneller segelt als die *Loana*. Wir haben noch anderthalb Tage bis zur Tandschong-Priok-Reede. Was schätzen Sie, wie lange die Reparatur dauern wird?“

„Das hängt davon ab, was sich der Erste Ingenieur hat einfallen lassen. Immerhin, wir sollten den Jungmann vom Ruder ablösen und es für die nächsten Stunden Lin To anvertrauen. Er kennt die Gewässer. Er wird jede Welle, jeden Lufthauch ausnutzen.“

Gegen Abend, kurz vor Einbruch der Dämmerung, lag die *Prins Maurits* auf Parallelkurs bereits wieder zehn Meilen achteraus. Unablässig ging das Fernglas zwischen den beiden Kapitänen, dem Ersten

Maat und Snoek hin und her. Man wartete mit Spannung, ob die Schornsteine des Dampfers wieder Rauch speien würden. Doch es geschah nichts, bis die einbrechende Nacht das andere Schiff verschluckte.

Es hatten nämlich an Bord der *Prins Maurits* ein paar Leute ähnliche Überlegungen angestellt, wie sie zu der Führung des Schoners gekommen waren. Resultat war ein völliger Zusammenbruch der Maschine, so daß Mr. Wright zusätzliche Segel setzen ließ. Das Segelmanöver geriet so miserabel, daß das Großsegel über Stag ging, wie eine riesige weiße Möwe in die Nacht hinausflog. Als man dann ein neues Großsegel setzen wollte, zeigte es sich, daß der Geiz des Reeders auf ihn zurückkam wie ein australischer Bumerang. Alles Zeug im Kabelgatt taugte nichts. Ein Segelmacher wäre vonnöten gewesen, aber es gab keinen an Bord.

Natürlich verstanden sich ein paar Matrosen auf diese Arbeit, aber es war wie verhext, selbst ein Mann wie Joe Brakes erinnerte sich plötzlich nicht mehr an frühere Kenntnisse und Fähigkeiten. So konnte sich die *Prins Maurits* nur mit der Leinwand in Kreuz- und Fockmast vorwärts bewegen. Und das war verdammt wenig, wenn man gegen einen Schnellsegler wie die *Loana* antreten wollte, mit einer Besatzung, die entschlossen war, das Letzte aus dem Schoner herauszuholen.

Als sich am kommenden Morgen alle Augen nach achtern wandten, um den Verfolger irgendwo am Horizont auszumachen, war das Meer blankgefegt. Die *Prins Maurits* lag noch irgendwo unter der Kimm, was bei der klaren Sicht einen Vorsprung von wenigstens dreißig Meilen bedeutete.

Wagtmans sagte: „Mit Ihrer Erlaubnis, Kapitän MacLoy, würde ich gern an die Mannschaft eine Flasche Rum ausgeben lassen. Natürlich werde ich Ihnen diese Flasche in Batavia ersetzen."

Lynn MacLoy nickte ernsthaft: „Ich lege größten Wert darauf."

Die *Prins Maurits* kam nicht wieder in Sicht. Am frühen Nachmittag nahmen sie eine Landmarkenpeilung an der Landspitze von Kalianda und etwas später eine zweite vor der Bucht von Serang. Sie passierten Dutzende von Fischereifahrzeugen und einen holländischen Leichter. Die Marinearsenale von Tandschong Priok kamen in Sicht. Sie hatten es geschafft.

Lynn MacLoy kam mit dem Fernglas von der Back und stieg zur Brücke hinauf, wo Wagtmans den Maat Thorn abgelöst hatte. Sie trat an die Verschanzung und blickte schwermütig hinüber zu den weißen Gebäuden, die sich immer schärfer gegen das Grün all der Palmen, Waringibäume, gegen Bananenstauden und Cañas abhoben.

„Die *Prins Maurits* ist noch nicht zu sehen. Ich hoffe, daß die Behörden nun schnell arbeiten."

Wagtmans nickte abwesend.

„Kapitän Wagtmans, ich habe Ihnen für vieles zu danken."

„Ich habe nicht mehr getan als meine Pflicht."

„Das Seegericht wird entscheiden, ob es Ihre Pflicht war. Auf mich können Sie jedenfalls zählen. Dennoch, Kapitän, muß ich mich jetzt undankbar erweisen. Ich weiß, daß jede Minute für Sie kostbar ist, aber . . ."

„Aber?"

„Solange die Hafenbehörden die *Loana* nicht zum Einklarieren freigeben, bleibt sie ein Pestschiff. Auch wenn das Wettrennen gegen Karel Jonker vergeblich sein sollte, ich muß nun einen Befehl geben, der mir sehr zuwider ist. Ich würde ihn vielleicht nicht geben, wenn dieses Schiff ausschließlich mein Besitz wäre. Doch solange ich Schulden bei meinem Freund, dem ehrwürdigen Tang Chia Ti habe, kann ich es nicht verantworten, daß es an die Kette gelegt wird."

Wagtmans nahm den langen, dünnen Zigarillo aus dem Mund und sagte gelassen: „Ich hätte ohnehin darauf bestanden."

An der schwankenden Leine des Mastes stieg langsam die gelbe Seuchenflagge auf.

6. Kapitel

Der Küstentratsch hatte keinen weiten Weg zurückzulegen von Tandschong Priok nach Batavia. Es waren nur sieben Kilometer. Die Nachrichten von einem Schoner, auf dem die Pest war, und von der Ankunft des sehnlich erwarteten Passagierdampfers *Prins Maurits* trafen im Abstand von wenigen Stunden ein, und natürlich wußte man das auch sehr schnell im Amandel-Club, jenem Etablissement, in dem besonders die Pflanzer aus dem Inneren der Insel abstiegen und in dem Regierungsbeamte und Kaufleute wichtige Gespräche führten. Nie allerdings war der Club so stark frequentiert gewesen wie in den letzten Tagen. Aus allen Teilen der Insel kamen die Herren des Gummis und des Teakholzes, die Minenbesitzer und die Gewürzpflanzer nach Batavia.

Sie brachten Nachrichten und Gerüchte mit über die Flucht von Eingeborenen und Tieren aller Art in die Berge, aber auch bedrohliche Fakten, wie das Rumoren des Krakatoa in der Sundastraße seit über fünf Monaten. Und sie trugen Furcht in die Stadt. Natürlich konnte kaum einer Gegenständliches vorbringen. Eben nur, daß die Eingeborenen in die Berge flohen und daß die Panik um sich griff wie ein Buschfeuer. Doch war das für Batavia nichts Neues. Im Club-Hotel geriet man schon in Schwierigkeiten, als es hieß, für eine Anzahl der Passagiere von der *Prins Maurits* bestellte Zimmer in Ordnung zu bringen. Es fehlte an Räumen. In Batavia war in diesen Tagen jedes Bett vermietet; die Stadt glich einem Heerlager vor der Schlacht. Verschiedene Stammgäste zeigten sich recht verärgert, als sie unvermutet ihre Suiten räumen mußten, um sich mit Provisorien zu begnügen.

Dennoch, als dann die ersten Passagiere von der *Prins Maurits* eintrafen, wurde es eine lange Nacht. Denn was diese Leute zu berichten wußten war abenteuerlich. Ein Pestschiff! Eine Wachablösung auf hoher See! Ein Schoner mit zwei Kapitänen und ein Dampfer mit einem Behelfskapitän! Batavia hatte Gesprächsstoff für Wochen, und der Ärger mit den Kontraktkulis, die in die Berge flohen, trat in den Hintergrund.

Der deutsche Arzt Dr. Vetter hatte sich sofort nach Eintreffen der Nachricht von der Ankunft der *Prins Maurits* nach Tandschong Priok begeben und war an Bord gegangen. Er traf den Pflanzer Hendrik Potter genauso, wie er es vermutet hatte, nämlich über einer Flasche in seiner Kabine sitzend.

„Hallo, hallo! Der Weltreisende unverändert zurück“, sagte er mit leisem Spott.

Potter zeigte gedämpfte Wiedersehensfreude. „Es freut mich, Enttäuschung auf ihrem Gesicht zu sehen! Jawohl, ich bin noch am Leben, und meine Leber macht mir weniger Schwierigkeiten als je! Ich bin ein gesunder und glücklicher Mann. Setzen Sie sich hin, da drüben steht ein Glas.“

Der Arzt bediente sich und trank ein paar Schlucke von dem widerlich lauwarmen Whisky. „Sie sind sauber im Zeug, Potter. Sie sind rasiert und haben Pomade im Haar. Andererseits sind Sie halb besoffen und behaupten, Sie wären glücklich. Wie reimt sich all das zusammen?

Hat besagte Dame bei Ihrem Anblick in Singapore auf dem Absatz kehrtgemacht und befindet sich auf der Rückreise?"

„Besagte Dame ist an Bord und wird morgen mit mir nach Batavia und von dort nach Krawang reisen."

„Aha", sagte der Doktor etwas lahm, „schon verheiratet?"

„Nein. Ich hatte mir gedacht, Sie würden gern den Trauzeugen spielen." Plötzlich atmete Potter tief durch, ja fast war es ein Stöhnen, er stand auf und trat an das Bullauge, das hinausging auf die matt erleuchtete Pier mit den Lagermagazinen. „Ich hätte auf Sie hören sollen, Doktor", sagte er leise. „Es war falsch. Alles war falsch, und jetzt kann ich nicht mehr zurück und habe entsetzliche Angst."

„Was ist passiert?"

„Eigentlich nichts. Es läuft alles nach Wunsch."

„Wovor haben Sie dann Angst?"

„Davor, daß ich Mien wieder verlieren werde. Sie wird davonlaufen vor einem Haus, in dem das Ungeziefer hockt, vor Rimbu, dem Urwald, der alles frißt. Und sie wird davonlaufen vor einem alten, rothaarigen und schwammigen Mann, der mit den Toten spricht."

„Hatten wir uns nicht vorgenommen, daß wir all das ändern wollten, Hendrik Potter?"

„Vorgenommen, gewiß. Aber ich will nicht mehr. All das ist mein Leben. Mien ist mein Traum. Man kann nicht ausschließlich mit den Träumen leben, wenn man sich nicht selbst zugrunde richten will."

„Haben Sie niemals mit ihr darüber gesprochen?"

„Niemals."

„Warum nicht?"

„Es gibt zwei Gründe dafür. Der eine: ich glaube, sie liebt mich."

„Hm, ja. Und der andere Grund?"

„Ich schäme mich."

Der Arzt stellte sein Glas zurück.

„Ich fange an zu verstehen. Ich werde der Dame meine Aufwartung machen. Irgend etwas, was ich sagen sollte?"

„Nichts. Nichts, was sie verstehen würde. Obwohl sie eine intelligente Person ist, ist all das, was ich meine, für sie erst zu begreifen, wenn sie eine gewisse Zeit mit mir im Urwald gelebt hat, und dann ist es zu spät."

Der Arzt zuckte mißmutig die Achseln und trat hinaus auf das Deck. Es war viel Leben an Bord der *Prins Maurits* in dieser warmen Tropennacht. Halbnackte, braune Schauerleute gingen mit schweren Lasten über die Gangway zur Pier, wo sich die Frachten stapelten.

Deck- und Ladeoffiziere überwachten mit Beamten des Zolls und der Hafenbehörde die Arbeiten. Ölfässer wurden an Bord gebracht, Frischproviant und bereits einige Koffer der Passagiere für die Rückfahrt. Der Messesteward wies dem Gast den Weg.

Mien Versteegh saß rauchend auf der Kante ihres Bettes, ein Glas Whisky in der Hand.

„Mein Name ist Vetter", stellte der Arzt sich vor. „Ich bin ein Freund von Hendrik Potter."

Mien deutete einladend auf den einzigen Stuhl in der engen Kabine.

„Mir liegt an Hendrik Potters Wohlbefinden, deshalb bin ich hier", sagte Vetter. „Sie steuern also auf eine Heirat mit ihm los. Glauben Sie, daß Sie glücklich sein werden an seiner Seite? Es wäre denkbar, daß sich manches nicht in vollem Umfang realisiert. Die Tropen haben ihre Tücken; sie verändern auch die Menschen!"

„Wollen Sie mir eine Heirat mit Hendrik Potter ausreden?"

Der Arzt machte eine begütigende Handbewegung. „Verzeihen Sie einem ungeschickten alten Mann, der es nur gut meint. Ich bin bekannt dafür, daß ich den Leuten gern unangenehme Wahrheiten sage."

„Nichts dagegen einzuwenden. Also rücken Sie raus damit."

„Ich glaube, Sie haben sich beide in all der Zeit ein Bild von dem zukünftigen Partner aufgebaut, das nicht stimmt. Sie haben diesen Traum mit herumgeschleppt über viele tausend Seemeilen. Und nun, wo Sie ihn zu realisieren gedenken, zerrinnt er Ihnen beiden unter den Händen. Das ist niemandes Schuld. Vielleicht haben Sie sich zu spät getroffen. Potter ist ein Mann mit hohen menschlichen Qualitäten, aber er ist nicht mehr jung. Und Sie scheinen mir eine Person mit Herz und Charakter zu sein, vielleicht aber doch keine Heilige und auf die Dauer zu Martyrien nicht geschaffen. Wie soll eine solche Verbindung anders enden als mit einer Katastrophe?"

Mien nickte nachdenklich. „Ich habe all dies schon bedacht", sagte sie. „Und ich bin zu einem Schluß gekommen."

„Nämlich?"

„Ich werde Hendrik Potter heiraten, und dann wird man weitersehen. Ich weiß nicht, ob Sie etwas damit anfangen können, aber ich habe die holländischen Tulpen satt. Ich will indischen Lotos. Gute Nacht, Mijnheer Vetter. Und schönen Dank für Ihre Mühe."

DER Leichter ging bei der *Loana* längsseits. Er brachte frisches Gemüse, Obst, lebende Hühner und Medikamente. Aber er brachte nicht die Order, daß der Schoner nun seinen Buganker lichten und an die Pier gehen könne. Sie standen an der Reling, alle acht. Sie ließen die Körbe an langen Leinen hinunter, wie es Vorschrift und Vorsicht erforderten. In dem flachen, breiten Zubringer, der unter der Flagge der Kriegsmarine fuhr, stand ein junger Offizier und überwachte das Manöver, das nun schon zum sechstenmal exerziert wurde, Meilen von der Küste entfernt auf Außenreede.

Lynn MacLoy fragte ihn: „Nichts Neues von der Quarantänestation, Leutnant?"

„Nichts Neues, Miß. Wir haben im Moment allerlei Betrieb. In der Sundastraße murrt irgendein Berg, und die Eingeborenen werden rebellisch. Überfallen ohne ersichtlichen Grund Buschpflanzer und Reisende, die unterwegs sind. Es hat schon Tote und Verwundete gegeben."

„Ein Vulkanausbruch?" fragte Lynn.

„Mag sein, ich bin erst sechs Wochen in der Kolonie. Kenne mich nicht so aus."

Wagtmans sagte: „Ich bin Kapitän Jan Wagtmans von der *Prins Maurits*. Können Sie mir irgendwelche Nachrichten über mein Schiff geben? Es muß drüben an der Pier liegen."

Der Leutnant starrte den Sprecher überrascht an. „Mein Gott, Sie sind das also? Kompliment, Kapitän, man spricht in allen Kasinos, in allen Kneipen von Ihnen, und ich kann Ihnen sagen, Sie haben die Sympathie der ganzen Kolonie! Es gibt kaum jemanden, der Ihren Fall nicht kennt."

„Hoffentlich habe ich auch die Sympathie der Gerichte."

„Daran zweifelt niemand, Kapitän. Wirklich, Respekt!"

„Danke. Können Sie mir irgend etwas über die *Prins Maurits* sagen?"

„Ich weiß alles über dieses Schiff, übrigens – de Broer mein Name, Leutnant bei den Hafenpionieren." Er salutierte. „Ich bin schon ein halbes Dutzend Mal an Bord der *Prins Maurits* gewesen. So etwas schiebt man immer auf die Neukommandierten ab. Schweinereien und dergleichen."

„Schweinereien?"

„Das müßten Sie doch wissen, Kapitän Wagtmans. Es waren da ein paar hundert Kontraktarbeiter für Sumatra in einer Luke. Die wollte man bei Nacht und Nebel an Land schaffen. Aber das ging nicht gut."

„Kontraktarbeiter unterliegen aber nicht den Zollbestimmungen."

„Nein, aber der Quarantäne. Und was da aus der Luke kam – ein Zug von Gespenstern! Zwei waren tot, ein paar waren irrsinnig geworden, der Rest über und über mit Schwären bedeckt, kaum kräftig genug, um die paar Schritte über die Gangway zu machen. Meine Dienststelle hat die Hafenpolizei alarmiert. Es finden pausenlos Verhöre statt, und Ihr Arzt, Herr Kapitän, wird eine üble Quittung bekommen."

Wagtmans nickte. „Ich danke Ihnen. Und wenn Sie noch mal in der Quarantänestation ein bißchen für Tempo sorgen wollten . . .?"

„Ich tue mein Bestes, Kapitän."

Bei Anbruch der Nacht verließ Snoek heimlich den Schoner. Er fierte, als alle schliefen, das leichte Dingi an Steuerbord auf das stille, brackige Wasser, ließ sich dann an einem Manntau hinunter, legte ab und gewann mit vorsichtigen Ruderschlägen Raum zwischen sich und der *Loana*.

Nach anderthalb Stunden mühseliger, ungewohnter Arbeit erreichte er den Kai von Tandschong Priok. Er stieg steifbeinig an Land und ging langsam an der Pier entlang bis zur Gangway der *Prins Maurits*. Dort stand ein Mann als Fallreepwache. Snoek kannte ihn nicht, wahrscheinlich hatte er erst kürzlich angemustert.

„Ich bin der Passagier Claes Snoek, Kabine sieben."

„Ja, Sir."

„Ist der Kapitän an Bord?"

„Ja, Sir, aber er schläft. Soll ich ihn wecken?"

„Nicht nötig. Die anderen Passagiere? Sind wohl alle an Land gegangen?"

„Ja, Sir, es gibt ein Regimentsfest im Amandel-Club."

Snoek nickte und ging an dem Mann vorbei an Bord. Er fand seine Kabine unberührt. Er badete ausgiebig, schabte sich den Bart und kleidete sich mit aller Sorgfalt an. Dann, nachdem er noch einen langen, prüfenden Blick in den Spiegel geworfen hatte, suchte er Mien Versteeghs Kabine auf. Er fand sie offen, und jegliche Spur ihrer Bewohnerin war getilgt. Er hatte es erwartet. Auf dem Weg zur Gangway traf er den Steward.

„Hallo, Sir! Ich freue mich, Sie wieder wohlbehalten an Bord zu sehen. Da ist die Quarantäne also endlich aufgehoben!"

„Ja", sagte Snoek, „die Quarantäne ist aufgehoben. Wohin ist das Gepäck der Passagiere gebracht worden?"

„Amandel-Club-Hotel."

„Soso. Na, gute Nacht, Steward."

An der Pier fand er eine Rikscha, die ihn nach Batavia brachte. Vieles war zu bedenken und zu planen, doch waren auch viele Unbekannte in der Rechnung. Das einzige, was ihm in dieser Stunde sicher schien, war, daß Mien Versteegh der Grund sein mußte, aus dem er sich in dieses neuerliche Abenteuer begeben hatte.

„Dies ist ein Brief für Fräulein Mien Versteegh von Zimmer fünf", sagte Hendrik Potter zu dem Clerk hinter der Rezeption. „Ich möchte, daß sie ihn zuverlässig nach meiner Abreise erhält."

„Selbstverständlich, Mijnheer Potter."

Einer der Boys, der sein Gepäck trug, trat zu ihm. Zwei Koffer, eine Reisetasche, den Regenmantel und den Stock mit der silbernen Krükke. „Wohin sollen die Sachen, Mijnheer Potter?"

Der Pflanzer deutete mit dem Kopf gegen die geöffnete Tür zur Straße: „Zum Wagen des Kaufmanns van Zabern. Es ist der mit der Kavallerie-Eskorte."

„Sie gedenken ins Innere zu reisen?" fragte der Clerk fast erschrokken.

„Warum sollte ich nicht?"

„Die Nachrichten der letzten Stunden verheißen nichts Gutes. Die Eingeborenen rebellieren, die Kontraktarbeiter fliehen in die Berge, überall treiben sich ambonesische Deserteure herum . . ."

„Ich hörte davon", murmelte Potter, „aber wichtige Geschäfte zwingen mich."

„Nun, Sir, dann kann ich nur hoffen, daß Sie bald zurückkommen."

Hendrik Potter lächelte eigen. „Das glaube ich kaum."

Da legte sich eine Hand leicht auf seine Schulter, und eine vertraute Frauenstimme sagte mit leisem Spott: „Unter diesen Umständen, mein Freund, sollten wir vielleicht zum Abschied noch ein Glas zusammen trinken."

Erschrocken wie ein ertappter Dieb fuhr Potter herum. Mien lächelte ihn freundlich und unbefangen an, und Potter wußte in diesem

Augenblick tiefster Verlegenheit kein Wort hervorzubringen. Sie nahm dem Clerk den Brief aus der Hand.

„Ein Brief für mich. Darf ich ihn aufmachen?"

„Vielleicht ist es besser, Sie beschäftigen sich später mit dem Inhalt."

„Wenn Sie abgereist sind?"

„Ich wäre Ihnen dankbar."

Sie nickte. Sie nahm Potters Arm und führte ihn zu einem der kleinen Marmortische unter den hochgewachsenen Topfpalmen in einer Nische.

Sie setzten sich, und Potter bestellte sein Lieblingsgetränk: „Bringen Sie uns eine Flasche Whisky mit Gläsern, Wasser und Eis."

Dann, schweigend auf seine Stiefelspitzen starrend, wartete er, daß Mien ihm Vorwürfe machen würde. Doch sie sah ihn noch immer lächelnd an, und schließlich, als er sich zu keiner Entschuldigung, keiner Erklärung aufraffen konnte, sagte sie: „Da sind wir nun also auf der Flucht vor der Ehe, Hendrik Potter."

„Nicht vor der Ehe, Mien", antwortete er unsicher.

„Nicht? Was also treibt Sie in den Dschungel?"

„Ich habe schlechte Nachrichten von meiner Pflanzung. Der Mandur, die Njai, die Kontraktarbeiter, alle sind davongelaufen. Ich muß wissen, wie es dort steht."

Mien nickte. „Und wenn Sie es wissen? Es ist doch nicht Ihre Absicht zurückzukehren. Sie sagten dem Clerk, Sie glaubten kaum, daß Sie bald zurückkämen." Sie beugte sich vor und fuhr eindringlich fort: „Irgend etwas ist mit uns beiden nicht in Ordnung, Hendrik. Um eines guten Abschieds willen sollten wir ehrlich miteinander sein."

„Sie waren immer ehrlich, Mien!"

„Nein, ich war es nicht. Ich habe mich Ihnen dargeboten als ehrbare Jungfrau, die ein geordnetes, wohlbestelltes Haus verläßt. Dabei bin ich nichts anderes als eine einfache Schankwirtin, die eine Hafenkneipe für rohes Schiffsvolk geführt hat, die sich die Männer zu ihrem Vergnügen ins Bett holte, die herauswollte aus dieser grauen, trostlosen Welt zwischen Schnaps und Raufereien. Ich hatte die Tulpen satt, ich wollte den Lotos."

„Das verstehe ich", murmelte Potter.

„Und Sie billigen es? Auch mit der großen Lüge?"

„Sie sind doch nicht die einzige, die falschgespielt hat! Sehen Sie, ich bin ein leberkranker Säufer, ein Mann, den der Urwald früher oder später fressen wird. Das Haus, das ich Ihnen, liebe Mien, in rosigen Farben geschildert habe, ist in Wahrheit ein elender Bungalow, in dem die Ameisen hausen, die Fledermäuse und die Holzfäule. Gewiß, meine Plantage ist in Ordnung, und ich bin ein reicher Mann. Aber ich bin einer, der mit seinem Reichtum nur wenig anzufangen weiß, der bereits glücklich ist, wenn er an der Neige des Tages auf der Veranda seinen Schnaps trinken und mit einem Toten reden kann."

„Und was wollten Sie mit mir anfangen in Ihrem Dschungel?" fragte Mien.

„Ich wollte mir ein Stück Heimat in den Urwald holen. Ich habe Heimweh."

„Wer Heimweh hat, sollte nach Hause gehen."

„Ich kann nicht mehr dorthin. Alle, die nach so langer Zeit zurückkehren zu den Orten der Jugend, werden dort bald sterben, am Fernweh, an der Kälte, an dem bürokratisch geordneten Leben, an Sehnsucht nach der Musik aus den Kampongs der Eingeborenen, an Sehnsucht nach dem Duft der Orchideen und dem Geruch von Fäulnis. Ich kenne Leute, die haben hier alles verkauft, sind reich nach Holland zurückgekehrt, haben Freunde und Verwandte wiedergesehen, ein Haus gebaut. Aber nach einem Jahr sind sie in die Kolonien zurückgekommen, und sei es auch nur, um hier mit einem letzten Blick auf den Lotos zu sterben."

„Es war nicht meine Absicht, Ihnen Ihr Glück zu zerstören, Hendrik Potter", sagte Mien gerührt. „Ich hätte die Ameisen und die Fledermäuse, vielleicht sogar die Fäulnis aus dem Haus vertrieben. Ich hätte mit Ihnen auf der Veranda den Schnaps getrunken. Vielleicht wären Sie glücklich geworden mit dem Stück Heimat, das Sie in mir zu finden hofften."

Potter seufzte und schüttelte den Kopf. „Vielleicht", murmelte er. „Aber Sie, liebe Mien, wären nicht glücklich geworden. Der Urwald ist gefräßig wie ein Tiger. Nach zwei, ja schon nach einem Jahr hätten Sie im Spiegel eine alte, verbrauchte Frau gesehen, krank, verbittert und vielleicht schon von derselben Mutlosigkeit befallen wie ich."

„Und das alles haben Sie vorher nicht gewußt? Deshalb mußten Sie mich um die halbe Welt in dieses Land holen?"

Es war nun doch etwas Schärfe und Bitterkeit in Miens Worten. Sie leerte ihr Glas in einem Zuge. In diesem letzten Gespräch verdrängte sie auch die eigene Entscheidung, Hendrik Potter nicht in den Urwald zu folgen. Jetzt wollte sie wütend sein, also war sie wütend.

„Sie haben so recht, Mien", nickte Potter ergeben. „Aber glauben Sie mir, ich habe die Dinge so geregelt, daß Sie keinerlei Verluste haben werden."

Mien nahm den Umschlag vom Tisch, wog ihn in der Hand und sagte: „Geld? Nehme ich an! Aber wie, Mijnheer Potter, bezahlen Sie den Verlust an Hoffnung, an Vertrauen, mit welcher Münze entschädigen Sie für Enttäuschung?"

Potter hob hilflos die Schultern. „Wie konnte ich ahnen, daß Sie auch nur im geringsten Gefallen an mir finden könnten, so wie ich aussehe?"

„Es gibt auch andere Qualitäten. Güte, Großzügigkeit, Geduld und Toleranz. Ich habe eine Menge davon bei Ihnen gefunden."

„Sie glauben also, es hätte gutgehen können mit uns beiden?" Es schwang aufkeimende Hoffnung in seinen Worten.

Entschieden entgegnete sie: „Nein. Nicht nachdem wir beide mit falschen Karten gespielt haben."

„Und wenn ich vielleicht doch alles noch bedenken würde? Wenn ich verkaufen und mit Ihnen nach Holland gehen würde?"

Mien lächelte. Ein gütiges, warmherziges Lächeln. „Die Rolle einer reichen Witwe", sagte sie, „würde mir schlecht anstehen. Lassen Sie uns die Flasche zusammen austrinken. Lassen Sie uns Freunde bleiben. Wir werden uns schreiben."

Sie gossen die Gläser wieder voll. Ringsherum bewegte sich allerlei Volk, kommend und gehend. Kuriere und Flüchtlinge, Soldaten, Händler. Auch ein paar Leute von der *Prins Maurits* gingen vorüber.

„Die *Loana* liegt auch draußen auf Reede", sagte Potter.

„Ich weiß."

„An Bord sind alle wohlbehalten. Ich denke, der Schoner wird bald aus der Quarantäne entlassen werden. Wollen Sie bitte unseren gemeinsamen Freund, den Advokaten Snoek, von mir grüßen. Und er soll nicht versäumen, mich zu besuchen, wenn wieder Ordnung auf der Insel eingekehrt ist."

„Ich glaube kaum, daß ich Gelegenheit haben werde, ihn zu sehen", entgegnete Mien. „Ich werde das nächste Schiff, auf dem ein Kabinenplatz frei ist, nehmen und nach Europa zurückkehren."

Potter atmete innerlich auf. „Verstehen Sie es nicht falsch, aber dieser Gedanke beruhigt mich. Da unten in der Krakatoa-Straße ist der Teufel los, und die ganze Insel ist rebellisch. Wahrhaftig, es wäre ein beruhigender Gedanke für mich, Sie an Bord eines Schiffes und auf hoher See zu wissen."

Er leerte sein Glas. Er sieht alt aus, krank und traurig, dachte Mien und sagte: „Du meine Güte, Mijnheer Potter, sehen Sie doch nicht so schrecklich traurig aus. Es ist ja nicht das Ende der Welt. Wir haben es eben versucht. Aber es konnte wohl nicht gutgehen."

„Nein, es konnte nicht gutgehen."

Er erhob sich. Fast schien es, als bereite es ihm Mühe. „Ich muß nun gehen, Mien. Ich reise mit Freunden, und wir haben auch ein Detachement Kavallerie zu unserem Schutz. Seien Sie also nicht besorgt, ich werde gut auf meiner Pflanzung ankommen, und dort wird man weitersehen. Viel Glück, und nochmals vielen Dank. Es war eine schöne Zeit, in der wir uns Briefe schrieben und so voller Hoffnung waren. Und auch in Singapore – und auf der *Prins Maurits.*"

„Hendrik Potter . . ."

„Ja, Mien?"

„Ich möchte nicht, daß Sie schuldbewußt von mir gehen. Ich möchte Ihnen noch etwas sagen."

„Ja?"

Er sah sie nicht an, er starrte unverwandt auf die Straße, wo man das Geleit für die Wagen des Kaufmanns van Zabern zusammenstellte. Ein Leutnant, zwei Sergeanten, zweiunddreißig Mann, alle gut beritten und bewaffnet.

„Es war meine Absicht, Ihnen zu sagen, heute oder morgen oder an einem von diesen Tagen, daß ich nicht mit Ihnen gehen würde, daß ich Sie nicht heiraten könnte. Wir sind also quitt."

Potter atmete tief durch, und seine Stimme klang um vieles frischer: „Das erleichtert mir vieles. Nur – den Grund wüßte ich gern, wo Sie doch so freundlich zu mir waren all die Zeit."

„Können Sie ihn nicht erraten?"

„Ein anderer Mann vielleicht?"

„Nein", sagte sie, und das tat ihr fast weh, denn sie sehnte sich nach Claes. „Nein, es ist etwas anderes, und ich hoffe, gerade Sie werden es begreifen. Ich habe Heimweh nach den Tulpen."

Um fünf Uhr am Nachmittag, der Himmel über der Sundastraße hatte sich inzwischen mit seltsamen, nie gesehenen Wolken bezogen, ließ ein ungeheures, donnerartiges Getöse die Luft erzittern. Es war auf der ganzen Insel, ja noch weit darüber hinaus zu hören. Das Meer lag still wie flüssiges Blei, und nur der Kiel weniger Fischerboote auf Heimreise durchfurchte es. Auch an anderen Orten zeigten sich Phänomene. Auf den Schiffen, die zwischen der Lombok-Straße und den Mentawai-Inseln unterwegs waren, in der Javasee, der Sundastraße und im Pazifik, spielten plötzlich die Magnetnadeln der Kompasse verrückt, tanzten wie Irrwische auf und nieder und waren für die Kursbestimmung nicht mehr zu gebrauchen.

Der Himmel begann sich zunehmend zu verdunkeln, doch es waren nicht die blauen Schatten der Nacht, die ihn überzogen. Es war ein dunkles Rot, an anderen Stellen wieder ein fahles Grün, das die Strahlen der Sonne verdrängte. Auf allen Schiffen im Hafen und auf See begannen auf Masten, Rahen und Aufbauten Hunderttausende von kleinen Elmsfeuern zu tanzen.

Obwohl der Ball erst für sechs Uhr angesagt war, hatte sich der Saal bereits um vier Uhr gefüllt.

Pünktlich um sechs Uhr erschien der Gouverneur auf dem Fest. Mit ihm kamen der Regimentskommandeur mit seinem Stab, der Generaldirektor der niederländischen East-India-Company, der Hafenkommandant und ein paar Honoratioren der Stadt Batavia mit ihren Damen. Das Fest hatte nun auch offiziell seinen Anfang genommen.

Der Tanz begann.

Claes Snoek hatte vergeblich nach Mien Versteegh Ausschau gehalten. Nun saß er am Spieltisch im Salon, zu dem sonst nur Clubmitglieder und die Offiziere der Garnison Zutritt hatten. Heute, am Tag des Festes, nahm man es nicht so genau, und es setzten sich auch Leute mit ihm an den Tisch, die Rang und Namen hatten: der Kommandeur der vierten Schwadron, der Plantagenbesitzer Fosterman, der Leutnant Tigges von der zweiten Schwadron, ein paar Gummihändler von Sumatra und der Reedereiagent von Jobst & Cie.

Das Spiel wurde von der ersten Karte an hektisch, riskant und miserabel gespielt; fast schien es so, als wollten die Herren in möglichst kurzer Zeit ein Vermögen gewinnen oder verlieren. Selbst Snoek bemerkte es mit Verwunderung. Er verzichtete auf alle seine Tricks, spielte wie ein Ehrenmann, gewann dreimal hintereinander den Pott und kassierte mit einem höflichen Lächeln des Bedauerns an die 1200 Gulden. Leutnant Tigges, der neben Snoek saß, schien mit seinen Mitteln am Ende und machte Miene, sich zu erheben. Doch Snoek hielt ihn zurück.

„Ich bitte Sie, Leutnant! All Ihr schönes Geld liegt hier bei mir! Wenn Sie sich bedienen wollen? Sehen Sie, ich bin ein Mann, der nicht um des Geldes willen spielt, sondern weil es ein amüsanter Zeitvertreib ist."

Diese schöne Geste schuf Vertrauen ringsum; das Spiel ging weiter, und der Leutnant war binnen kurzem wieder bis zum letzten Gulden ausgepowert. Er lehnte es nun ab, weiteren Kredit bei seinem Nachbarn in Anspruch zu nehmen, und verließ den Raum. Das Spiel ging weiter. Als der Plantagenbesitzer Fosterman vorschlug, beim letzten Spiel den Einsatz zu verdreifachen, erhoben sich keine Einwände. Nur der Kommandeur der vierten Schwadron mußte passen.

Sie waren jetzt nur noch zu zweit. Der Plantagenbesitzer Fosterman und der Falschspieler Claes Snoek. Etwas über tausend Gulden lagen noch vor ihm. Er schien unschlüssig.

„Ich nehme selbstverständlich auch jederzeit eine Schuldverpflichtung", sagte Fosterman.

Doch Snoek wies das von sich. „Für eine derartige Transaktion bin ich zu jung in der Kolonie. Aber ich bedanke mich für die freundliche Geste." Er blätterte noch einmal das geschrumpfte Geldbündel durch. Dann sagte er entschlossen: „Ich bringe die tausend und möchte Ihr Blatt sehen."

Der Pflanzer deckte seine Karten auf: Königs-Full. Snoek hatte gewonnen! Gelassen machte er sich daran, den Topf von vierzehntausend Gulden einzustreichen. Die Mitspieler beobachteten es mit Mißvergnügen. All ihr Geld verschwand in den Taschen des fremden Gastes.

Plötzlich stand ein kleiner, spitzbärtiger Mann am Spieltisch und sagte mit lauter, quäkiger Stimme: „Dieser Herr ist ein berufsmäßiger Falschspieler! Er hat Sie betrogen!"

Die Herren sahen sich betroffen an. Der Plantagenbesitzer Fosterman gewann als erster seine Fassung wieder, eilte in den angrenzenden Saal und kehrte kurz darauf in Begleitung eines Polizeileutnants und zweier Sergeanten zurück. Sie postierten sich an der Tür und warteten den Verlauf der Dinge ab.

Der Spielsalon begann sich rasch mit neugierigem Volk zu füllen. Man bildete einen dichten Kreis um die Kontrahenten, um Snoek, der ungerührt das Geld einsammelte, Schein um Schein, Goldmünze um Goldmünze – und auf der anderen Seite Dr. Henri Vansitten und die Verlierer. Erst als Snoek den letzten Gulden in die Tasche gesteckt hatte, wandte er sich nach dem Sprecher um.

„Sieh da, Dr. Vansitten", sagte er lächelnd. „Noch nicht im Gefängnis? Mir scheint, die Dinge in dieser Kolonie nehmen einen allzu bürokratischen Verlauf." Und dann mit einer kleinen Handbewegung gegen die Mitspieler: „Ich möchte Ihnen Dr. Vansitten vorstellen, einen Mann, der das Leben von ein paar Dutzend Pestkranken und Kontraktarbeitern vor seinem Gewissen und vor den Gerichten von Batavia zu verantworten haben wird. Ein Mörder also. Erstaunlich, daß er in einer so illustren Gesellschaft Zutritt findet. Und was nun seine diskriminierende Behauptung hinsichtlich unseres kleinen Spiels betrifft, so stehe ich natürlich einer Durchsuchung meiner Ärmel nach verborgenen Assen zur Verfügung. Es ist für mich auch schwer vorstellbar, daß ich mit einem Dutzend Dummköpfen am Tisch gesessen haben sollte. Aber bitte, meine Herren, genieren Sie sich nicht."

„Es könnte auch am Mischen gelegen haben", meinte Fosterman.

„Am Mischen, meinen Sie? Gewiß, warum nicht. Wer hat aber die letzten Spiele gemischt? Sie selbst, der Herr Major, jener Herr dort, der Herr Leutnant. Und alle diese Spiele habe ich gewonnen."

Eine gewisse Verlegenheit machte sich breit, man begann Dr. Vansitten mit Unfreundlichkeit zu betrachten.

„Nun, meine Herren? Möchte jemand eine Leibesvisitation vornehmen?" Snoek blickte sich im Kreis der Spieler und der Neugierigen um, und zu seiner freudigen Überraschung entdeckte er auch Mien Versteegh.

„Es würde mir genügen", sagte Fosterman, „wenn Sie den Inhalt Ihrer Taschen auf den Tisch legen würden."

Die anderen stimmten zu. Mit einem kleinen, etwas hochmütigen Lächeln leerte Snoek unter den aufmerksamen Blicken seiner gerupften Mitspieler und einer großen Schar von Neugierigen seine Taschen. Ein zierliches Klappmesser, ein Zahnstocher aus Elfenbein. Snoek ließ sich Zeit, und er wußte warum. Es war ihm plötzlich siedend heiß eingefallen, daß in einer der Innentaschen seines Jacketts ein gezinktes Kartenspiel stecken mußte. Er trug in allen Anzügen ein solches Spiel.

War er gezwungen, diesen Beweis seiner Unredlichkeit auf den Tisch zu legen, dann ging es ihm an den Kragen. Er vermied also, in die Nähe des gefährlichen Gegenstandes zu kommen, zog dafür noch ein chinesisches Amulett aus grüner Jade hervor, einen Nagelreiniger, der mit Perlmutt besetzt war, einen silbergefaßten Taschenspiegel. Schließlich klopfte er mit den flachen Händen noch einmal alle Taschen ab, um den Eindruck zu erwecken, als liege nun alle irdische Habe, die er bei sich trug, auf dem grünen Velourtuch des Spieltisches.

Doch Dr. Vansitten, der ihn mit Argusaugen beobachtet hatte, sagte mit Triumph: „Die linke, innere Jackentasche, Mijnheer Snoek. Auch deren Inhalt möchten wir gern sehen."

Snoek wandte sich dem Sprecher zu und sagte leise: „Was, Herr Dr. Vansitten, berechtigt Sie eigentlich, hier den Untersuchungsrichter zu spielen? Glauben Sie im Ernst, daß ich mich von einem Mann mit so fragwürdigen charakterlichen Qualitäten herumkommandieren lasse?"

Darauf der Arzt, schrill und kriegerisch: „Ich kenne Ihre obskure Vergangenheit, und ich habe Sie genau beobachtet. Den Inhalt der linken inneren Jackentasche, Mijnheer Snoek. Sollten sich auch dort nicht ein paar Asse oder dergleichen finden lassen, werde ich mich zufriedengeben."

Die Schlacht schien verloren, denn ringsum stimmte man der Forderung des Arztes zu. Doch da trat Mien Versteegh in den Kreis und sagte: „Nehmen wir einmal an, Mijnheer Snoek weigert sich, Ihrer Aufforderung Folge zu leisten, wären Sie dann bereit, Dr. Vansitten, die Leibesvisitation an einem Pestkranken vorzunehmen?" Und dann, sich den Umstehenden zuwendend: „Dieser Mann kommt von dem Pestschiff *Loana,* das draußen in der Bucht in Quarantäne liegt. Dr. Vansitten wird Ihnen das gerne bestätigen. Es wäre deshalb klug und nützlich, wenn jene Herren, die mit Mijnheer Snoek am Spieltisch gesessen haben, sich umgehend desinfizieren ließen. Wir von der *Prins Maurits* haben auf unserer Reise mit ansehen müssen, wie furchtbar die Pest ist. Wir haben Dutzende von Toten über Bord der *Loana* gehen sehen." Und wieder zu dem Arzt gewandt: „Nun, Doktor, wie sieht es aus mit der Leibesvisitation?"

Der Arzt prallte erschreckt zurück, und der Kreis der Betroffenen und Neugierigen lichtete sich erstaunlich schnell. Als erste verschwanden der Offizier und die Soldaten des Verhaftungskommandos.

Es dauerte nur wenige Minuten, dann waren Mien und Snoek allein.

Mien trat an den Spieltisch, betrachtete das Geld, das dort verstreut lag, und sagte: „Sie waren wieder im Glück, wie ich sehe. Ich beginne, mir Sorgen um Ihre Zukunft zu machen. Sie haben soeben erfahren müssen, daß anderer Leute Glück manch einen mißtrauisch macht. Vielleicht wäre es deshalb nützlich, wenn Sie den Inhalt Ihrer oberen linken Jackentasche verschwinden ließen."

Snoek versenkte die Hand in das Innere der bezeichneten Tasche und zog sie wieder hervor.

Sie war leer.

„Nun?"

„Nichts!"

„Das wundert mich."

„Mich ebenfalls. Ich fürchte, ich werde langsam alt und vergeßlich." Er begann, das Geld einzusammeln und zu verstauen.

„Liegt die *Loana* nun inzwischen an der Pier?" fragte Mien.

„Nein, sie ist noch unter Quarantäne. Überflüssigerweise."

„Aber Sie selbst . . .?"

„Es gab für mich einiges zu erledigen in Batavia."

„Zum Beispiel?"

„Zum Beispiel wollte ich anfragen, ob da etwa ein Trauzeuge benötigt würde für eine ganz bestimmte Hochzeit."

„Es wird keine Hochzeit geben."

„Oh – nicht? War das die Entscheidung des Bräutigams oder der Braut?"

„Es war unsere Entscheidung."

„Und die Gründe?"

Mien hob die Schultern. „Allerlei Gründe", sagte sie vage. „Aber es hat keine Tränen gegeben. Man hat sich zufrieden und friedlich getrennt. Im übrigen, Claes, halte ich es für unumgänglich, daß wir uns jetzt wieder an Bord begeben. Trotz des gräßlichen Durcheinanders in der Stadt und im Hotel wird man sich früher oder später daran erinnern, daß da ein Mann herumläuft, der vielleicht die Pest mit sich trägt."

Snoek nickte. „Gut, holen wir Ihr Gepäck."

Mien lachte. „Werfen Sie mal einen Blick in die Straßen. Gauben Sie im Ernst, daß wir uns mit Körben und Koffern zum Hafen durchschlagen können?"

Sie verließen das Spielzimmer durch einen Nebenausgang, betraten die Straße und schlossen sich dem anwachsenden Strom der Flüchtenden an. All das geschah ohne große Worte; es war, als gehörten sie seit eh und je zusammen.

FÜR Dr. Vansitten war die Stunde der Abrechnung gekommen.

Im Appartement neun im ersten Stock des Amandel-Club-Hotels lag der Reeder Karel Jonker auf seinem Bett und wand sich vor Schmerzen.

„Helfen Sie mir doch, Vansitten! Helfen Sie mir! Ich krepiere!"

Der Arzt saß am Fußende des Lagers, drehte ein Glas mit rotem, öligem Portwein zwischen seinen mageren Händen, nippte daran, setzte es dann seitlich ab und beschäftigte sich mit einer prächtigen, teuren Sumatrazigarre, bemüht, das Deckblatt nicht zu verletzen und sie recht regelmäßig anzuzünden. „Ja, Sie krepieren", sagte er gleichmütig.

„Wollen Sie mir nicht helfen? Sehen Sie denn nicht, daß mich die Schmerzen umbringen?"

„Ja, ich sehe es."

Dr. Vansitten blickte aus dem Fenster. Dieser seltsame Himmel, dachte er, sieht aus wie für einen Weltuntergang bestellt.

Der Kranke stöhnte leise. Eine Welle von Schmerz war vorüber, neue Hoffnung stellte sich ein. Er richtete sich mühsam auf und wischte sich den kalten Schweiß von der Stirn. „Doktor, ich habe Sie immer miserabel behandelt."

„Ja, das haben Sie."

„Es tut mir leid, das soll in Zukunft anders werden."

Der Arzt lächelte. „O ja, da bin ich sicher."

„Was ist es? Was fehlt mir, Doktor Vansitten? All die Wochen Blut im Kot – sind es Magengeschwüre?"

„Nein, keine Magengeschwüre."

„Was also ist es? Gibt es denn kein Mittel dagegen?"

„Nein, Karel Jonker, es gibt kein Mittel." Wieder ein Schluck aus dem Glas, ein Zug an der Zigarre.

„Ich werde Sie zum Teufel schicken und einen anderen Arzt nehmen!"

„Sie werden keinen Arzt mehr brauchen. Sie werden den Morgen des kommenden Tages nicht mehr erleben."

Wieder überfiel eine Welle von Schmerz den Kranken. Er wand sich und wimmerte. Dr. Vansitten betrachtete ihn mit beinah neutralem Interesse. Er dachte, ich könnte ihn erlösen von seiner Qual, es ist kein schöner Anblick, und langsam hört der Genuß an der Rache wohl auch auf. Aber eine Spritze hinterläßt Spuren. Er erhob sich und trat ans Fenster. Es war viel Volk auf den Straßen, die Menschen rannten; es wurde um Rikschas gekämpft. Gäste des Festes, die vierspännig vorgefahren waren, verließen den Club zu Fuß, weil man ihnen inzwischen Kutsche und Pferde geraubt hatte. Soldaten kamen im Laufschritt und riegelten den Garten des Club-Hotels ab.

Das alles war sehr merkwürdig, sehr bedrohlich. Doch in diesem Augenblick galt Dr. Vansittens ganzes Interesse dem Mann, der sich unter Qualen anschickte, das Leben zu verlassen. Der Arzt hatte den Tod so manches Menschen verschuldet, doch es war niemals seine Absicht gewesen. Er war eben ein miserabler Pfuscher. Doch dieser Mann, der ihn gehalten hatte Jahr um Jahr wie einen Sklaven, der ihn gedemütigt hatte viele hundert Male, der ihn an sich gekettet hatte und aller Hoffnung beraubt, ihn hatte er bewußt und mit voller Absicht umgebracht. Er wandte sich um, stand, die Arme verschränkt, gegen die Fensterbank gelehnt, eingerahmt als scharfe, dunkle Silhouette vor dem fahlen Himmel, beobachtete den Kampf seines Feindes und begriff, daß die Rache schal zu werden begann. „In diesen Breiten, Mijnheer Jonker", begann er leidenschaftslos, „enden Feindschaften nicht selten mit Mord. Sie wissen, der Kris, eine Tigerfalle, das Gift einer Schlange, einer Spinne. Aber es gibt etwas, das keine Spuren hinterläßt, ein Mittel, das sehr langsam wirkt, aber um so sicherer. Es sind jene winzigen, mit Widerhaken versehenen Haare von jungen Bambussprossen, die, nimmt man sie mit irgendeiner Speise oder Medizin über lange Zeit zu sich, den Darm zerstören, und kein Chirurg der Welt könnte sie je entfernen. Sie sitzen fest, sie eitern, sie erzeugen Geschwüre; der Mensch, von dem sie Besitz ergriffen haben, stirbt unter schrecklichen Qualen. Nicht wahr, Karel Jonker, Sie müssen sich jetzt sehr quälen?"

Der Kranke antwortete nicht, und als Vansitten an sein Lager trat, erkannte er, daß der Reeder vor Schmerz bewußtlos war.

Er zuckte die Achseln, beinahe gekränkt. Dann verließ er den Raum, schloß hinter sich ab und steckte den Schlüssel ein. Es war nun alles getan und an der Zeit, daß er sich um seine eigenen Belange, um seine Sicherheit kümmerte.

WOHL niemals in der Geschichte der Stadt war der Weg nach Tandschong Priok so bevölkert gewesen wie in dieser seltsamen Nacht. Es waren sieben Kilometer einer schnurgeraden Straße, gesäumt von Sträuchern und Bäumen aller Art, von Hibiskus und Palmen, Mango und Djatti. Es war dunkel, die Luft roch nach Schwefel und war erfüllt vom Weinen der Kinder, vom Fluchen der Männer, vom Trappeln nackter Füße auf trockenem Lehm, vom Klatschen der Peitschen auf den Lenden der schwarzen Wasserbüffel.

Stimmen erfüllten die Nacht. Eine Frauenstimme sagte: „Es ist ein Wahnsinn, an die Küste zu gehen. Jeder sagt es! Man ist nur in den Bergen sicher."

Darauf der Mann: „Unsinn. Wir werden ein Schiff besteigen und aufs Meer hinausfahren!"

„Denk an die Eingeborenen! Die wissen, was zu tun ist, die haben Instinkt."

Zwischen alldem Snoek und Mien. Sie gingen Hand in Hand wie zwei Kinder. Sie erreichten die Pier und fanden das Schiff. Die *Prins Maurits* war umlagert von einer drohenden Menge, die versuchte, an Bord zu gelangen. Man hatte die Gangway eingezogen, und an der Verschanzung standen Henk ter Muilen, der Erste Offizier, John Wright, standen die Ingenieure, die Matrosen, Heizer und Kohlenzieher, und sie waren alle bewaffnet, hatten Gewehre und Pistolen, eiserne Schaufeln, Handspaken und Messer.

Die Menge lärmte, drohte, wollte an Bord. Fünfhundert oder mehr mochten es sein. Es gab kein Durchkommen. Fast eine halbe Stunde standen Mien und Snoek eingekeilt, bemüht, sich wenigstens um einen Meter näher an das Schiff heranzuschieben, aber es war hoffnungslos.

„Wenn wir irgendwo ein kleines Boot finden könnten, um von der Wasserseite an die *Prins Maurits* heranzukommen?" sagte Snoek.

Mien fand die Idee gut, und es erwies sich auch als ziemlich einfach, sich nach rückwärts von der Pier zu entfernen, da jedermann hinter ihnen froh war, eine Lücke näher am Schiff zu finden. Sie gingen an der Pier entlang und fanden schließlich auch ein kleines Boot. Snoek ruderte das gebrechliche Ding rasch und geschickt ins freie Wasser, aber er hatte noch keine fünfzig Ruderschläge getan, als Mien, die mit dem Blick zur *Prins Maurits* am Heck des Bootes saß, mit einem kleinen Seufzer sagte: „Strengen Sie sich nicht weiter an, Claes, es ist zu spät."

Das vielhundertstimmige Wutgeheul am Kai verriet Snoek, was geschehen war. Die *Prins Maurits* hatte die Leinen gekappt und steuerte mit halber Fahrt der offenen Reede zu. Snoek ließ die Riemen sinken.

„Wie geht es weiter?" fragte Mien.

„Wenn ich wüßte, daß dieses kleine Ding, in dem wir sitzen, die Strapazen übersteht – und wenn ich wüßte, daß Sie keine Furcht vor der Pest haben . . ."

„Also schön, rudern wir zur *Loana.*"

„Können Sie schwimmen?"

„Nein. Können Sie es?"

„Ich weiß nicht, ich habe es nie versucht."

„Gut. Dann würde ich sagen, machen wir uns jetzt auf die Reise. Wissen Sie etwa, wo die *Loana* liegt?"

„Wir können sie nicht verfehlen. Nach einer halben Meile müßten wir schon die Positionslaternen sehen."

Auf dem Schoner *Loana* waren die Elmsfeuer erloschen, doch keiner der sieben Menschen, die auf ihm wohnten, mochte unter Deck gehen. Sie standen auf der Brücke und am Vordeck und betrachteten den Himmel.

Weit weg, am Horizont, zuckten Blitze in einer Farbe, die man niemals gesehen hatte. Die Luft war zum Ersticken, und das Barometer um über sechzig mm gestiegen. Auch die Kompaßnadel hatte sich noch nicht beruhigt.

Aage Thorn, der Erste Maat, fragte Wagtmans: „Was hat man nun von einer solchen Sache zu halten?"

Jan Wagtmans hob die Schultern. „Ein Erdbeben, vielleicht auch ein Seebeben."

Der Schwede seufzte. „Gut, daß wir alle Anker im Grund haben."

„Sie würden nicht viel nützen, wenn da unten in der Sundastraße die Hölle ausbricht."

„Vielleicht sollten wir dichter unter Land gehen?"

„Wenn es ein Seebeben ist, wird eine Flutwelle kommen, und sie wird das Schiff an der Kaimauer zerquetschen wie eine weiche Papayafrucht. Der sicherste Platz wäre dann auf See. Was ist Ihre Meinung, Kapitän MacLoy?" fragte Wagtmans.

Lynn MacLoy nickte. „Natürlich würde der Schoner die Flutwelle auch draußen zu spüren bekommen, aber mit einem guten Mann am Steuer könnte man das Schlimmste ausreiten. Das Schiff ist wendig und stark gebaut. Andererseits – noch sind wir ein Pestschiff und haben strenge Order, uns nicht vom Fleck zu rühren."

„Auch nicht in dieser bedrohlichen Lage?" fragte der Schwede.

„Das würde im Ermessen des Kapitäns liegen. Das bedeutet – wenn die Sache gut ausgeht, kommt er in Schwierigkeiten. Geht sie schlecht aus, hat er recht gehabt, und kein Mensch wird ihn zur Verantwortung ziehen."

Sie schwiegen nun alle eine Weile und lauschten dem dumpfen Murren hinter dem Horizont. Dann ging Aage Thorn hinunter an Deck zu den anderen.

Lynn MacLoy hatte das Glas vor die Augen genommen und sagte: „Es setzt eine allgemeine Flucht aufs Meer ein. Ob die mit den kleinen zerbrechlichen Booten gut daran tun, weiß ich nicht. Aber die großen Dschunken und die Dampf- und Segelschiffe sind wohl auf hoher See sicherer."

Wagtmans nickte. Sie gingen zusammen ins Ruderhaus und sahen sich wieder die Kompaßnadel an. Sie tanzte wie ein Irrlicht auf und nieder. Nun, da sie so dicht beieinanderstanden, daß Jan Wagtmans das Haar der Frau an seiner Wange, ihre Haut und ihren Atem spürte, überkam ihn wieder jenes Gefühl von Zärtlichkeit für sie, das er empfunden hatte, als sie krank und fiebernd in ihrer Koje lag. Er war sicher, daß sie es spüren müsse, und da sie um keinen Zentimeter wich, sondern wie gebannt auf den zappelnden Kompaß starrte, begann er auf eine Weise zu sprechen, wie er es sich niemals zuvor getraut hatte.

Er sagte: „Damals, als Sie sich von Ihrem Fieber erholten, Sie entsinnen sich . . ."

„Natürlich entsinne ich mich. Sie saßen als Krankenpfleger in meiner Kajüte und glaubten, ich hätte die Pest." Sie blickte ihn an und lächelte.

„Sie stellten mir eine Frage, die ich nicht so rasch beantworten konnte, weil ich auf die Brücke mußte."

„Was für eine Frage?"

„Nun, es war . . ." Jan Wagtmans rückte mit dem Finger ein wenig an seinem Hemdkragen, als sei er ihm zu eng. „Sie sagten, daß Sie das Gefühl hätten, daß ich Sie liebe." Er hielt den Atem an. Ihr Gesicht konnte er nun nicht mehr sehen, denn sie war zurückgetreten in die Tiefe des dunklen Raumes. Aber er hörte ihr leises Lachen.

„Ich entsinne mich sehr genau", sagte sie. „Und weiter?"

„Wenn ich nun heute mit einiger Verspätung sagen würde, daß Ihr Gefühl Sie da keineswegs getäuscht hat . . .? Daß ich Sie eines Tages vielleicht bitten würde, meine Frau zu werden?"

Sie sagte sehr rasch: „In diesem Fall würde ich Ihnen sagen, daß der Gedanke mir nicht unangenehm wäre."

Jan Wagtmans nickte, als habe er diese Antwort erwartet. Er dachte, eigentlich müßte ich sie nun küssen, so ist das wohl üblich. Aber er tat es nicht und murmelte nur: „Man muß sehen, wie ich wieder auf die Beine komme, aber nun, da es wieder zu leben lohnt . . ." Dann wandte er sich ab und trat in die Brückennock.

„Maat!"

„Herr Kapitän?"

„Anker auf und Segel setzen. Wir laufen aus!"

„Aye, aye, Kapitän. Nur . . ."

„Was gibt's?"

„Da kommt ein Boot auf uns zu. Ein Eingeborenenboot."

„Hm, ja. Die Leute werden Schutz suchen."

„Soll ich sie an Bord lassen?"

„Ich denke, es ist Christenpflicht."

Wagtmans trat an die Verschanzung und blickte hinab. Das Boot war mit bloßem Auge gut auszumachen und keine hundert Yards mehr entfernt. Er ging ins Brückenhaus und kam wenig später mit dem Fernrohr zurück. Eine Weile beobachtete er aufmerksam das kleine Fahrzeug. Als er das Glas wieder absetzte, zeigte er ein außerordentlich zufriedenes Gesicht. „Klar bei Jakobsleiter an Steuerbord!"

Dann kehrte er ins Brückenhaus zurück, wo Lynn MacLoy noch immer die tanzende Kompaßnadel beobachtete.

„Es kommen noch zwei Leute an Bord", sagte er, „eine gewisse Mien Versteegh und unser Advokat."

Draußen hörte man das Boot gegen die Bordwand stoßen. Als Wagtmans und Lynn in die Nock traten, waren die beiden schon an Deck.

„Hallo, Kapitän!" rief Snoek. „Beinahe hätte ich mich verspätet."

„Ja, und ich muß Ihnen sagen, daß ich sehr ungern ohne meinen Koch ausgelaufen wäre. Maat! Anker auf und Segel setzen."

„Aye, aye, Sir. Allerdings, wir haben kaum Wind."

„Wir setzen jeden Fetzen Leinwand und nutzen jeden Hauch aus. Wir müssen hier heraus!"

Eine halbe Stunde später glitt der Schoner *Loana* bei flauem, warmem Wind von seinem Liegeplatz weg aufs Meer. Das Schiff machte nur geringe Fahrt, kaum mehr als drei Knoten in der Stunde, doch als Bucht und Land außer Sicht waren, briste es etwas auf.

„Wenn es Ihnen recht ist, Kapitän MacLoy", sagte Wagtmans, „dann gehen wir zunächst nach Belitung und legen uns in Landlee. Dort können wir in Ruhe abwarten, was da unten in der Krakatoa-Straße geschieht."

„Wie Sie meinen, Kapitän Wagtmans. Ich denke, ich würde genauso entschieden haben."

Man hatte sich entschlossen, die ausgeschwefelten Kammern in Benutzung zu nehmen, und sprach Mien Versteegh die kleine Deckskajüte des toten Steuermanns zu. Alle waren mit dieser Regelung einverstanden, nur Snoek runzelte die Stirn.

„Herr Advokat? Irgendwelche Einwände?"

„Nun, ich denke, diese Kammer ist mit einer Person nicht genügend ausgelastet. Andererseits, ich bin ein moralischer Mensch."

„Können Sie das näher erläutern?"

„Gewiß. Wenn Mien Versteegh keinen Widerspruch erhebt, nun ja – ich meine, von zwei Kapitänen auf einem Schiff sollte doch einer berechtigt sein, eine Trauung zu vollziehen."

„Da dies nicht mein Schiff ist, käme Kapitän MacLoy diese Amtshandlung zu."

„Es wäre aber ein Gebot der Höflichkeit", warf Mien ein, „wenn man mich ebenfalls um meine Meinung fragen würde."

Snoek sah sie überrascht an. „Habe ich das noch nicht getan? Entschuldigen Sie, Mien, das muß ich vergessen haben bei all diesen turbulenten Ereignissen. Es ist natürlich nicht sehr romantisch, wenn ich es hier vor Zeugen nachhole. Wollen Sie meine Frau werden?"

Und darauf Mien Versteegh mit der Burschikosität, die ihr bisweilen eigen war: „Ich finde, es war höchste Zeit, daß Sie mir diesen Antrag machen. Beinahe wäre es zu spät gewesen. Es hing nur an einem bißchen Heimweh nach den Tulpen."

Sie bezogen die gemeinsame Kabine noch in dieser Nacht.

Die *Loana* machte jetzt gute sieben Knoten, und da der Wind weiter auffrischte, würden sie wohl bald aus der unmittelbaren Gefahrenzone sein.

In der tiefen Dunkelheit standen Lynn MacLoy und Jan Wagtmans auf der Brücke, beobachteten den Stand der Segel, die verdächtigen Farbenspiele am Himmel, die Positionslampen der an ihnen vorüberziehenden Dampfer, die mit äußerster Maschinenkraft auf der Flucht vor dem nahenden Unheil waren. Sie tauschten gelegentlich Bemerkungen über ihre Beobachtungen aus, gaben Anweisungen hinunter zum Deck, wo beide Wachen in Bereitschaft standen. Nur einmal tauschten sie ein paar privatere Gedanken aus. „Diese beiden da, in der Kammer des Steuermannes, haben Glück. Sie haben einen Kapitän, der sie trauen kann. Was aber tun zwei Kapitäne, die in den Stand der Ehe treten wollen?“

Und darauf Lynn MacLoy: „Man sollte immer Sorge tragen, daß wenigstens drei Kapitäne an Bord sind.“

Um 6 Uhr 45 am 27. August des Jahres 1883 tat sich auf der Insel Krakatoa in der Sundastraße zwischen Sumatra und Java die Hölle auf. Mit einem Donner, wie ihn niemals zuvor eines Menschen Ohr vernommen hatte, spie der Vulkan mit Feuer und Rauch Tausende von Tonnen glühenden Magmas kilometerhoch in den Himmel. Die größte Naturkatastrophe der Menschheitsgeschichte begann. Der Himmel verfinsterte sich, es regnete Feuer und Asche und Bimsstein, die Rauchfahne wurde siebenhundert Kilometer weit sichtbar. An allen Küsten der umliegenden Inseln barsten die Fenster und Türen, hundertjährige Königspalmen wurden geknickt wie Zündhölzer, alles Licht verlosch.

Die See begann zu kochen, Boote wirbelten in alle Richtungen, das Wasser stieg, obwohl Ebbe war, um zwei Meter.

Gegen zehn war der Himmel schwarz, man konnte ohne Fackeln oder Kerzen kaum die Hand vor Augen sehen. Milliarden von winzigen Staubteilchen hatten die Sonne verfinstert. Es begann dicken Lavaschlamm zu regnen, seltsame Blitze, grell weiß, grün und rot, schossen zur Erde hernieder, und auf viele Meilen im Umkreis der Insel, die zu großen Teilen im Meer versank, konnte später niemand einen Augenzeugenbericht geben. Es gab keine Überlebenden. Eine riesige Wasserwand raste durch die Sundastraße. Dreißig Meter, vierzig Meter und schließlich in Merak bereits über fünfzig Meter hoch. Die Orte Anjer, Tjaringin und Merak wurden hinweggefegt, und allein hier kamen zwanzigtausend Menschen um. Schiffe mit großer Tonnage wurden in den Urwald geschleudert. Häuser mit Mensch und Tier in die Wipfel alter Bäume getragen, Kaimauern zertrümmert. Die Flutwelle raste durch die Java- und die Flores-See und zerstörte alle Ortschaften an den Küsten bis nach Nordaustralien.

Hunderte von Dschunken, Leichtern und Schleppern, ja sogar Dampfer, Kanonenboote und Fregatten wurden auf Strand gesetzt, zertrümmert, vernichtet. Das Furchtbarste aber war der Schlamm. Er bedeckte die Decks und Aufbauten der Schiffe, die in den Häfen lagen oder auf Reede, in weniger als einer Stunde mit einer Schwefel-Schlamm-Schicht von mehr als einem Meter. Dort, wo man sich sofort daranmachte, die heiße Masse ins Meer zu schaufeln, bestand eine geringe Aussicht, der Versenkung durch dieses ungeheure Gewicht zu entgehen. Doch auf der *Prins Maurits* schaufelte niemand, da kämpfte man sechs Meilen unter Land auf Außenreede um die Boote. Das Schiff war führerlos. Mr. Wright, der Erste Offizier, hatte sich als erster zur panischen Flucht entschlossen. Er war es, der das Signal für den Kampf um die Plätze in zwei Rettungsbooten und einem Dingi gab. Beim Kampf um die rettenden Bootsplanken ertranken die Leute oder brachten sich gegenseitig um.

Karel Jonkers Flaggschiff aber, die *Prins Maurits,* fuhr hundert Fuß senkrecht in die Tiefe zur ewigen Ruhe. Ihre Zeit war ohnehin seit langem um.

Batavia, die Hauptstadt der Insel, blieb von schwereren Schäden weitgehend verschont. Gewiß barsten hier und da Mauern, wurden Fenster und Türen auf die Straßen geschleudert, erlosch alles Licht, brachen die Wasserleitungen. Doch Menschen kamen nicht zu Schaden, es sei denn, sie starben an der Angst, durch Gewalt oder als Plünderer unter den Gewehren der Soldaten.

Es dauerte Wochen, bis das ganze Ausmaß der Katastrophe offenbar wurde und bis die Furcht sich nach dem letzten Grollen des Berges in der Sundastraße verlor.

Um diese Zeit gab man bei den Hafenbehörden auch den Pestschoner *Loana* endgültig verloren, strich ihn von den Listen wie die *Prins Maurits* und viele andere Schiffe, die am Kai zerschmettert oder vom Schwefelschlamm versenkt waren.

Doch die *Loana* überstand die Katastrophe. Sie erreichte am 11. November Singapore und ging vor der Borneowerft an die Pier. Die Besatzung und ihre Aussagen waren lange Zeit Gegenstand der Beratung von Behörden, Versicherungen und Reedereien. Die Überlebenden der *Loana* konnten sich vor Einladungen kaum retten; man reichte sie in der Kolonie herum. Sie wohnten alle recht luxuriös im Raffles-Hotel, und besonders das jungvermählte Paar Claes und Mien Snoek lebte recht aufwendig. Die Freunde guten Pokers hatten an dem Paar allerdings keine Freude. Als sie den Advokaten Snoek zu einem kleinen Spielchen aufforderten, sah er seine Frau an und sagte dann mit bedauerndem Kopfschütteln: „Kartenspiel ist nicht meine Sache. Dabei kann man zu schnell Kopf und Kragen verlieren."

DER Pflanzer Hendrik Potter saß in seinem morschen Rotangstuhl auf der Veranda seines Bungalows. Eine Flasche Whisky, schon fast bis zur Neige geleert, stand vor ihm. Er hatte das Gewehr zwischen den Knien, aber er wußte nicht, ob es geladen war. Es war Nacht, Rimbu, der Urwald, war erwacht, alles war wie früher. Die Kontraktarbeiter waren zurückgekehrt aus den Bergen. Sie hatten unter Aufsicht von Yussuf, dem Mandur, und Karimu, der Njai, das Haus und den Garten gesäubert von der roten Asche des geborstenen Berges.

Potter hob das Glas gegen das Nachbarhaus, das der Urwald schon fast verschlungen hatte, und sagte: „Pedro Garcia, alter Lump, tut mir leid, daß ich so lange weg war. Gewisse Geschäfte, verstehst du? Aber nun ist alles wieder beim alten."

Er trank, dann rief er die Njai, und sie brachte eine neue Flasche. Auch diese trank er fast leer, ehe er betrunken wurde. Bereits im Halbschlaf, dehnte er sich wohlig, das Gewehr polterte zu Boden, und im Whisky sammelten sich die Ameisen.

„Eine Sache ist da nur", sagte er, „die ist seltsam genug. Drüben im Teich blüht plötzlich der Lotos. Hättest du das je gedacht?"

Werner Jörg Lüddecke

Werner Jörg Lüddecke, Pfeifenraucher und Whiskytrinker, hat viele kleine Vorlieben und eine große Liebe: das Reisen. Bis auf Australien war er schon in allen Erdteilen zu Gast; in Tokio, Hollywood, Madrid, Belgrad, London und Paris hat er jeweils mehrere Monate gelebt. Nicht immer waren diese Schauplatzwechsel ganz freiwillig, aber was bleibt einem bekannten und begehrten Filmautor anderes übrig, als sich die Drehorte seiner Filme quasi zu erarbeiten, um echtes Lokalkolorit einzufangen? Dann blieb Lüddecke acht Jahre in Rom hängen, wohin sich Anfang der 60er Jahre das Filmschaffen mehr und mehr verlagert hatte.

Doch schon vorher hatte er zahlreiche Bundesfilmpreise, Preise der deutschen Filmkritik und Prämien des Innenministeriums erhalten. Sein heute noch bekanntester Film dürfte *Nachts, wenn der Teufel kam* sein, in dem Mario Adorf unter der Regie von Robert Siodmak die Hauptrolle spielte. Drei seiner Szenarien setzte Wolfgang Staudte in Filme um (*Leuchtfeuer, Legionäre* mit Hildegard Knef und Bernhard Wicki und *Herrenpartie*); in Lüddeckes *Morituri* traten Weltstars wie Marlon Brando und Yul Brynner auf. Große Publikumserfolge wurden auch *Der Tiger von Eschnapur* und *Das indische Grabmal* unter der Regie von Fritz Lang.

Lüddecke, Jahrgang 1912, hatte schon vor dem Zweiten Weltkrieg, in dem er zur Kriegsmarine eingezogen war, angefangen, Romane und Kurzgeschichten zu schreiben. Seinen größten Hit landete er mit dem Roman *Morituri*, der in zehn Sprachen übersetzt wurde. Das berühmte „große Buch", das, so Lüddecke, „jeder Autor einmal im Leben schreiben möchte, liegt nach wie vor in Fragmenten in einer Schublade. Vielleicht eines Tages . . ."

Ein Ort namens Chicken

Eine Kurzfassung der Geschichte einer jungen Lehrerin
in der Wildnis Alaskas,
niedergeschrieben von ROBERT SPECHT
Ins Deutsche übertragen von GISELA BISCHOF-ELTEN
Illustrationen von TOM HALL

Ein Traum wird wahr: Anne Hobbs läßt die trostlosen Bergarbeitersiedlungen Colorados und die Schulen Oregons hinter sich und bricht nach Alaska auf, wo sie ihre erste Stelle als Lehrerin antritt.

Ihr Ziel ist eine kleine Siedlung namens Chicken, die ihre Blütezeit während der längst vergangenen Tage des Goldrausches erlebte. Der jungen Lehrerin erscheint der Ort an grauen Tagen wie eine ausgestorbene Geisterstadt.

Und doch beginnt in Chicken für Anne Hobbs das Abenteuer ihres Lebens. Die Bewohner, die ihr einen herzlichen Empfang bereiten, sind hilfsbereit und großzügig – bis zu dem Tag, an dem Anne sich in einen jungen, gutaussehenden Mann verliebt, der nur einen Fehler hat – er ist kein Weißer.

Plötzlich sieht sich Anne ganz auf sich gestellt. Und als sie dann noch zwei Indianerkinder in ihr Haus aufnimmt, spitzt sich die Lage weiter zu. Ein Winter bricht über Alaska herein, den Anne nie vergessen wird.

Nun lebe ich schon so lange bei Fortymile in Alaska, aber sogar heute verirre ich mich noch, wenn ich zum Steinesammeln ausziehe. Manchmal muß ich erst eine ganze Weile umherwandern, ehe ich weiß, welche Richtung ich einschlagen soll. So erging es mir auch, als ich daran dachte, diese Geschichte zu erzählen. Ich war mir nicht sicher, welche Richtung ich einschlagen sollte, bis mir schließlich klar wurde, daß man diese Geschichte nur auf eine Weise erzählen kann, nämlich so, wie ich sie erzählt hätte, als ich zum ersten Mal nach Alaska kam. Das war damals, 1927, als ich noch eine sehr auf Schicklichkeit bedachte junge Dame von neunzehn Jahren war. Ich hatte mich immer für die Idee begeistert, in einem Grenzland zu leben, deshalb nahm ich sofort das Angebot an, als Lehrerin in eine Goldgräbersiedlung namens Chicken zu gehen.

Ich hatte gelacht, als ich den Namen Chicken, der auf deutsch ,,Küken" bedeutet, zum ersten Mal hörte. Ich konnte nicht glauben, daß es einen solchen Ort wirklich gab. Doch als ich auf einer Karte von Alaska nachsah, war er tatsächlich da (und ist es noch immer), genau oberhalb des Yukons und des Handelszentrums Fortymile, etwa sechzig Kilometer nordwestlich von Dawson.

Unerfahren wie ein neugeborenes Kind, den Kopf voller hochfliegender Pläne, zog ich los und hielt mich für eine Leuchte in der Finsternis. Das letzte, was ich erwartet hätte, war, daß die Einwohner von Chicken mich keineswegs als solche betrachten würden. All das liegt achtundvierzig Jahre zurück, und doch kann ich mich noch genau daran erinnern, wie aufgeregt ich an jenem Tag war, als ich mit dem Saumtierzug nach Chicken aufbrach. Die Reise begann in einem Dorf namens Eagle . . .

SEPTEMBER 1927

I

TROTZ der frühen Morgenstunde – die Sonne war eben erst aufgegangen – hatte sich nahezu ganz Eagle eingefunden, um beim Aufbruch des Saumtierzuges dabeizusein. Wenn man die Indianer mitzählte, die am Vorabend von ihren Fischgründen zum Tanz in die Stadt gekommen waren, mögen es an die hundert Menschen gewesen sein – Bergleute in hüfthohen Stiefeln, alte Goldgräber mit verbeulten Schlapphüten, Frauen und Kinder. In wenigen Minuten würde ich meine Reise in die Wildnis antreten. Ich hatte Angst, und das muß man mir auch angesehen haben, denn Mrs. Rooney, die Lehrerin von Eagle, erkundigte sich besorgt, ob ich mich auch wohl fühle.

„Ja, Madam", entgegnete ich. „Wahrscheinlich haben mich nur die vielen Menschen hier überrascht. Das hatte ich nicht erwartet."

Mit einer Handbewegung ging Mrs. Rooney darüber hinweg. „In Alaska gehört nicht viel dazu, eine Menschenmenge auf die Beine zu bringen. Und was Ihre Reise angeht – es sind ja nur hundertfünfzig Kilometer, und bei Mr. Strong sind Sie in guten Händen."

Im Grunde war es jedoch nicht die Menge, die mich beunruhigte. Es war vielmehr das Pferd, das ich während der nächsten vier Tage reiten sollte. Es trug den Namen Blossom, aber eine Blüte wäre das letzte gewesen, mit dem ich es verglichen hätte. Es war so riesig, daß ich nicht einmal über den Sattel hinwegsehen konnte, wenn ich mich auf die Zehenspitzen stellte. Dazu sah es reichlich wild aus und war voller Narben. Als Kind hatte ich zwar auf dem Hof meiner Großmutter im fernen Missouri schon einmal auf einem Pferd gesessen, aber das war so sanft und umgänglich gewesen, daß man auf seinem Rücken hätte schlafen können. Dieses Pferd war bösartig. Von dem Moment an, als Mr. Strong mir die Zügel überließ, rollte Blossom die Augen und versuchte, nach mir zu schnappen.

Aus den Augenwinkeln beobachtete ich, wie Mr. Strong an der langen Reihe der aneinandergebundenen Pferde und Maultiere vorbeischritt und auf mich zukam. Außer mit Postsäcken waren die Tiere mit Waschbrettern, getrockneten Bohnen in Säcken, Segeltuchballen, ja sogar mit Fensterscheiben beladen.

Es wäre mir lieber gewesen, wenn ich nicht die einzige Mitreisende gewesen wäre. Gleich würde ich aufsitzen müssen und für alle zum Gespött werden, das stand für mich fest.

Schon war Mr. Strong neben mir, ein großer Mann mit leicht vorgebeugten Schultern. Als Zwanzigjähriger war er nach Alaska gekommen, um nach Gold zu suchen. Nun war er schon seit mehr als zwanzig Jahren hier im Fortymile-Gebiet. Er legte eine besondere Höflichkeit an den Tag, die hier in dem rauhen Land seltsam anmutete. Als ich ihn am Vortag gefragt hatte, ob er mich nach Chicken bringen könnte, hatte er entgegnet: „Gewiß, Madam. Mein Saumtierzug nach Chicken geht an jedem vierten, vierzehnten und vierundzwanzigsten des Monats ab. Deshalb werde ich morgen aufbrechen. Pünktlich um acht Uhr morgens."

„Ich würde gern mitkommen", hatte ich ihm gesagt.

„Die Miete für Ihr Pferd beträgt zehn Dollar pro Tag. Mahlzeiten und Unterbringung sind im Preis inbegriffen. Die Reise wird vier Tage dauern. Das entspricht, hoffe ich, Ihren Vorstellungen."

Ich erklärte mich einverstanden, und damit war die Sache abgemacht.

„Wenn Sie bereit sind, Madam", sagte er nun zu mir, „werde ich Ihnen beim Aufsitzen behilflich sein." Er nahm die Zügel, warf sie Blossom über den Kopf und beugte sich mit ineinander verschränkten Händen vor. Ich packte den Sattelknopf, und er hob mich hoch. Im Sattel kam es mir vor, als ob der Erdboden sehr weit entfernt von mir sei. Blossom fing an herumzutänzeln, und einige Leute lachten. Als das Pferd wieder still stand, sah ich, daß sie über meine Beine lachten. Der Sattel war so breit, daß sie wie gespreizte Flügel abstanden.

„Du machst wohl besser was mit ihren Stelzen, Walter", rief jemand, „oder sie haut jeden Baum von Fortymile um."

Mr. Strong kürzte die Steigbügel, bis ich meine Füße hineinstecken konnte, aber ich saß immer noch mit ziemlich weit gespreizten Beinen da. Mit einem skeptischen Blick musterte er meine Kleidung. „Madam, wollen Sie sich die Sache mit dem Mantel nicht lieber noch einmal überlegen?"

Er hatte zuvor angeboten, mir einen Mantel zu leihen, und erklärt, daß das Wetter leicht umschlagen könne. Ich hatte ihm jedoch gesagt, daß ich nicht glaubte, noch einen Mantel zu brauchen. „Mir fehlt wirklich nichts“, sagte ich nun, „so ist es ganz bequem.“

Daheim in den Staaten hätte ich mich in diesem lächerlichen Aufzug nicht gezeigt, aber hier in Alaska kümmerte sich kein Mensch darum, wie man angezogen war. So trug ich denn zur Jacke meines rosa Frühjahrskostüms Knickerbocker aus Kord, baumwollene Strümpfe und bequeme alte Sportschuhe. Mir war klar, daß der Blumenhut, den ich in Portland erstanden hatte, völlig zerdrückt ankäme, wenn er mit den anderen Sachen auf ein Packpferd geschnallt würde, und so hatte ich ihn auch noch aufgesetzt. Mein Reisekostüm wurde vervollständigt durch einen vernickelten Revolver, den mir ein Bursche beim Tanz am Vorabend verehrt hatte.

Mr. Strong begab sich an die Spitze des Saumtierzuges, und ich sah mich um, da ich zum ersten Mal die ganze versammelte Menge überblicken konnte. Einige alte Männer hockten auf dem Geländer der Schulhausveranda. Bis auf die Stallungen war das massive Blockschulhaus das einzige Gebäude hier am Stadtrand. Ich freute mich schon darauf, dort als Lehrerin unterrichten zu können, wenn ich Mrs. Rooney im nächsten Jahr ablösen würde. Lester Henderson, der Schulrat in diesem Distrikt, hatte mir diese Möglichkeit in Aussicht gestellt, als ich mich bei ihm in Juneau beworben hatte. Nun hoffte ich, daß das Schulhaus, das mich am Ende dieser Reise erwartete, ebenso angenehm sein würde wie das von Eagle.

Weiter vorn standen ein paar Männer bei den Packpferden und kontrollierten die Ladung, aber die meisten Leute standen einfach herum und unterhielten sich. Die Indianer hatten sich abgesondert. Im Gegensatz zu den Weißen, die lachten und scherzten, waren sie still, beobachteten nur, was um sie herum vorging.

„Wie ist denn das Wetter da oben, Lehrerin?“ ‚Cabaret‘-Jackson – der sich rühmte, jedes Kabarett zwischen Dawson und dem Beringmeer zu kennen – grinste zu mir herauf. „Zu schade, daß Sie abreisen“, meinte er. „Ich darf wohl nicht hoffen, daß Sie Ihre Meinung über das, was ich Sie gestern abend gefragt habe, geändert haben?“

„Danke der Nachfrage, Cab, aber ich glaube kaum.“

Er war derjenige, der mir den Revolver gegeben und gemeint hatte, ich solle doch nicht ganz ohne Schutz in die Wildnis gehen. Am Vorabend hatte er, bevor er ganz betrunken war und einen Streit angefangen hatte, um meine Hand angehalten und mir das Blaue vom Himmel versprochen. Anfangs war er höflich und zuvorkommend gewesen, aber nach allzu reichlichem Alkoholgenuß war er ausfallend geworden. Er war nicht der Mann, mit dem ich gern durchs Leben gegangen wäre. „Na gut", sagte er jetzt, „nach dem ersten Frost werde ich mit dem Hundeschlitten in Chicken aufkreuzen und mein Glück noch einmal versuchen."

„Lehrerin!" Eine junge Frau mit gewinnendem Lächeln war in Begleitung ihres Mannes dicht zu mir herangetreten. An ihren Namen konnte ich mich nicht erinnern, aber sie war so nett gewesen, als ich ihr am Vortag begegnet war, daß ich sie sofort in mein Herz geschlossen hatte. Sie erwartete ein Kind und ging leicht vorgeneigt, um den Bauch etwas zu verbergen. Jetzt wandte sie sich an mich: „Lehrerin, wollen Sie mir einen Gefallen tun?"

„Aber sicher." Die Art, wie mich alle mit „Lehrerin" anredeten, gefiel mir.

„Meine Mutter hat das Gasthaus auf dem Weg nach Chicken – Maggie Carew. Bitte sagen Sie ihr, daß es mir wirklich gutgeht und daß das Baby Mitte Dezember kommt."

„Und sagen Sie ihr, daß es ein Junge wird", erklärte ihr Mann.

„Sagen Sie ihr, es wird ein Mädchen. Ich weiß es. Ich bin Jeannette Terwilliger. Und das hier ist Elmer."

„Maggie Carew", wiederholte ich. „Mitte Dezember. Ich werde es ausrichten."

Vorn am Anfang des Zuges war Mr. Strong aufgesessen. In der einen Hand hielt er eine lange, zusammengerollte Rindlederpeitsche; er wendete sein Pferd, klatschte einigen Tieren auf das Hinterteil, und schon setzte sich die Kolonne in Bewegung. Hinter mir versetzte irgend jemand Blossom einen Hieb, und ich packte den Sattelknopf, als das Pferd sich in Bewegung setzte. Dann dachte ich nur noch daran, mich festzuhalten, während Blossom den Packzug einholte und weiterstürmte. Ich spürte, wie der Hut mir vom Kopf gerissen wurde, und dann war er auch schon weg. Als wir an Mr. Strong vorbeipreschten, war ich bereits ins Rutschen geraten und machte mich auf einen Sturz gefaßt. Da blieb Blossom ganz plötzlich an einem birkengesäumten Weg, der in den Wald hineinführte, stehen.

Immer noch zitternd sah ich dem heranreitenden Mr. Strong entgegen. „Madam", sagte er taktvoll, „da Sie den Weg nicht kennen, wäre es wohl besser, mir die Führung zu überlassen."

Während er an mir vorbeiritt, blickte ich zurück auf Eagle und die grünen Wasser des Yukon. Einige Leute standen noch da und winkten zum Abschied. Mir wurde das Herz schwer. In den letzten Wochen hatte ich größere Reisen gemacht und mehr freundliche Menschen kennengelernt als je zuvor in meinem Leben. Die weiteste Reise, die ich bis dahin unternommen hatte, war eine Fahrt von Colorado, wo ich geboren worden war, nach Oregon, wo ich eine Stelle als Lehrerin angenommen hatte.

Ich hatte zwar schon gehört, daß Frauen im Norden ziemlich rar waren, aber dennoch hatte ich nicht erwartet, überall dort, wo ich auftauchte, als unwiderstehliche Schönheit behandelt zu werden. Aber das war tatsächlich der Fall. In Whitehorse und Dawson waren mir zu Ehren Bälle veranstaltet worden. So manches Mal hatte ich mich im Spiegel prüfend betrachtet und gefragt, ob ich vielleicht doch hübscher sei, als ich angenommen hatte. Aber nach einer ehrlichen Bestandsaufnahme sah ich ein, daß mir da die immer gleiche, unscheinbare Anne Hobbs entgegenblickte – mit unverändert grauen Augen, einer nicht allzu häßlichen Nase und gesunden, weißen Zähnen. Ein Schneidezahn stand ein bißchen schief, und deshalb war das Schmeichelhafteste, was ich von mir sagen konnte, daß ich – hätte ich lange Haare gehabt – eine entfernte Ähnlichkeit mit der Filmschauspielerin Mary Pickford hätte aufweisen können.

Das letzte Packpferd zog an mir vorbei, und Blossom setzte sich wieder in Bewegung, folgte dem Zug auf dem Weg, der von in buntem Herbstlaub prangenden Birken so dicht gesäumt war, daß ich die Berge dahinter nicht mehr sehen konnte. Die Luft war so mild, daß ich meine Jacke öffnete, und ich vermochte kaum zu glauben, daß dies Alaska sein sollte. Es war zwar erst der vierte September, aber ich hatte erwartet, schon eine Schneedecke vorzufinden.

Plötzlich verengte sich der Weg. Die von beiden Seiten herandrängenden Zweige der Bäume und Sträucher verfingen sich an meiner Jacke, zerrten daran. Jetzt wurde mir klar, weshalb Mr. Strong mir den Mantel angeboten hatte. Ich wäre gern nach vorn geritten, um ihn darum zu bitten, aber das war leider nicht mehr möglich. Der Pfad war zu schmal und zu uneben, um die Pferde vor mir zu überholen. Ich rutschte ohnehin fast aus dem Sattel und fiel beinahe herunter. Meine Beine schmerzten von der ständigen Anstrengung, oben zu bleiben. Zog ich aber am Zügel, um Blossom damit zu einer langsameren

Gangart zu bewegen, so drehte sich das Biest um und versuchte, mich in den Fuß zu beißen.

Nach etwa einer Stunde fiel das Gelände jäh ab, und Blossom begann, eine so steile Schlucht hinunterzuklettern, daß ich befürchtete, mit einem Salto über seinen Kopf auf dem Boden zu landen. Als wir etwa die Hälfte des Abstiegs geschafft hatten, konnte ich mich nur noch mühsam am Sattelknopf festhalten. Meine Jacke war völlig zerrissen, und ich hätte am liebsten geweint. Dazu verschwand plötzlich und unerwartet die Sonne, und alles ringsumher wurde grau und kalt. Wenige Minuten später fiel Schnee in großen, lockeren Flocken, und ich kam mir vor wie mitten im Winter. Als ich schließlich unten in der Schlucht anlangte, klapperten meine Zähne vor Kälte. Meine Hände waren so taub, daß ich die Finger nicht bewegen konnte.

Der Saumtierzug war stehengeblieben, und Mr. Strong kam mit einem olivfarbenen Militärmantel über dem Arm angeritten. Er schüttelte bei meinem Anblick den Kopf, sagte aber nichts, sondern half mir in den Mantel, und dann ging es weiter. Hätte er gefragt, wie es mir geht, wäre ich in Tränen ausgebrochen. Der Schnee fiel weiter, schmolz aber sofort auf dem Boden. Schließlich hörte es auf zu schneien. Mr. Strong kam zwischendurch einmal zurückgeritten und machte mir ein Kompliment, wieviel besser ich mich doch jetzt im Sattel hielte. „Sie rutschen nicht mehr so viel umher."

„Vielen Dank", meinte ich, „aber das liegt nicht an mir. Der Schnee auf dem Sattel ist geschmolzen, und jetzt kleben meine Hosen fest."

Zum ersten Mal, seit ich ihn kennengelernt hatte, sah ich ihn lächeln.

Zu Mittag machten wir Rast in Gravel Gulch, wo die Hänge dicht mit Weiden und Lärchen bestanden sind, und aßen etwas. Danach ging es leichter voran. Der Weg führte jetzt durch eine Landschaft mit sanft geschwungenen Hügeln, und ich wünschte mir nur, weniger wundgeritten zu sein, um den Anblick besser genießen zu können. Alles war so groß und weit, daß ich das Gefühl hatte, es müsse irgend etwas Aufregendes geschehen. Und doch war es so still und einsam, daß ich mir ganz verloren vorkam. So weit sich das Land aber auch ausdehnte, immer fand sich dort, wo wir haltmachten, um die Pferde zu tränken und vielleicht selbst einen Schluck frisches Quellwasser zu trinken, eine alte Zinntasse an einem Nagel, den man eigens dafür in einen Baum geschlagen hatte.

Nach einer langen Dämmerung brach die Dunkelheit schließlich herein. Es war schon nach acht, als wir in Liberty ankamen, wo es nichts Sehenswertes außer einer alten, baufälligen Hütte und einem nahe gelegenen Stall gab. Mir taten alle Knochen so weh, daß ich mich in der Hütte sofort mit meinem Schlafsack beim Herd auf den Boden legte und in den Schlaf der Erschöpfung fiel.

Am nächsten Morgen brachen wir frühzeitig auf und ritten fast den ganzen Tag durch hügeliges, von Wasserläufen durchzogenes Gelände. Am späten Nachmittag – ich war schon so wund, daß ich mich kaum noch im Sattel halten konnte – erreichten wir einen hohen Gebirgskamm, und Mr. Strong forderte mich auf: „Kommen Sie da hinüber.“ Er wies auf einen etwa hundert Meter entfernten Platz, und mit einem leichten Schenkeldruck lenkte ich Blossom dorthin.

Was sich meinen Augen bot, ließ mich alle Schmerzen und Mühsal vergessen. Die Sonne war schon fast hinter den fernen Bergen verschwunden; ein eigenartiger Grauschleier hatte das Land davor überzogen. Nur undeutlich hoben sich unten die Kiefern und Fichten von den Hängen ab, an die sich ein mit Fichten und Lärchen bestandenes Gebiet von einer solchen Weite anschloß, daß ich mich so winzig fühlte wie ein Staubkörnchen, das jeder Windhauch verwehen konnte. Der Fortymile-Fluß, der bei der Stadt Fortymile in den Yukon einmündet, wand sein glitzerndes Band durch das Land, so weit das Auge reichte. Direkt unter uns, auf der anderen Seite des Flusses, lagen zwanzig Morgen Ackerland. Der Anblick mutete seltsam an, fast unwirklich. Auf einer Seite stand eine große, rote Scheune und nicht weit davon ein Blockhaus inmitten leuchtender Blumenrabatten.

„Steel Creek“, erklärte Mr. Strong und ritt an meine Seite. „Das ist der Bach, der da unten in den Fluß einmündet. Und das ist das Prentiss-Gasthaus.“ Ich konnte es kaum erwarten, da hinunterzukommen. Mr. Strong hatte mir gesagt, daß ich nach der Ankunft in Steel Creek ein heißes Bad nehmen könnte.

Im Gasthaus nahm mich Mrs. Prentiss, eine untersetzte, grauhaarige Frau, die offenbar gewohnt war zu befehlen, in ihre Obhut. Sie ließ ein Mädchen mit lang über den Rücken baumelnden Zöpfen die Segeltuchwanne aufstellen und geleitete mich dann in einen Raum, wo ich meine Kleider ablegen konnte. Kurz darauf erschien sie wieder mit einem alten Flanellbademantel, führte mich in ein Badezimmer und half mir in die Wanne voll dampfendheißem Wasser.

„Das ist meine Tochter Nancy“, sagte Mrs. Prentiss und wandte sich an das Mädchen: „Du bleibst bei ihr. Ich muß das Essen richten, und ich will nicht, daß sie einschläft."

Ich ließ mich in die Wanne gleiten, rutschte an der Gummiauskleidung entlang und lehnte den Kopf gegen den Holzrahmen. Nancy setzte sich auf einen Stuhl. Ihr war sichtlich unbehaglich zumute. Ihr Blick wanderte ständig umher, nur auf mich richteten sich ihre grünen Augen nicht.

Ich sagte ihr, daß sie nicht bei mir bleiben müsse. „Ich werde nicht einschlafen."

„Sicher nicht?"

„Ganz bestimmt nicht. Ich genieße es viel zu sehr."

Ich blieb in der Wanne sitzen, bis Mrs. Prentiss mich holen kam. Sie gab mir eine Garnitur Jungenunterwäsche. „Das kratzt ein bißchen", meinte sie, „aber es hält warm."

Sie wollte, daß ich wach bliebe, bis sie mir das Abendessen gebracht hätte. Es gab zartes, junges Bärenfleisch, und es schmeckte wie Schweinebraten und war köstlich. Ich hatte kaum aufgegessen, da schlief ich auch schon ein.

Am nächsten Morgen fragte Mrs. Prentiss beim Frühstück: „Wie lange unterrichten Sie schon?"

„Zwei Jahre."

„Was halten Sie von einem Kind, das schon lange Unterricht erhalten hat und doch immer noch nicht lesen kann?"

„Das kann ich so nicht sagen", entgegnete ich. „Es kann viele Gründe dafür geben."

„Ich möchte Sie um einen Gefallen bitten", erklärte sie nun. „Ich möchte meine Nancy zu Ihnen nach Chicken schicken."

Ich war zu überrascht, um zu antworten.

„Ich möchte gerne bezahlen", fuhr sie fort. „Ich verlange nichts umsonst."

„Aber Nancy und ich kennen uns doch kaum, Mrs. Prentiss."

Sie fegte den Einwand einfach beiseite. „Das macht nichts. Meine Nancy kann nicht gut lesen, und ich glaube, Sie könnten ihr helfen."

„Aber ich weiß doch nicht einmal, ob ich Platz für sie haben werde."

„Wenn es zu eng ist, wird sie eben auf dem Fußboden schlafen. Hören Sie, Lehrerin, Sie sind ein *Cheechako*. Sie wissen noch gar nichts über das Leben hier. Nancy könnte Ihnen eine große Hilfe sein."

Cheechako, soviel hatte ich schon gelernt, bedeutete Neuling, einen völlig unerfahrenen Grünschnabel. „Lassen Sie mir Zeit, die Sache zu überlegen", sagte ich, um mich aus der Affäre zu ziehen.

Mrs. Prentiss versuchte es nun auf eine andere Weise: „Ich sag es geradeheraus, Lehrerin. Ich meine, es wäre gut für Nancy, wenn sie bei Ihnen wäre. Ich rede hier mit Ihnen, weil sie mich darum gebeten hat. Ich könnte sie ja auch nach Eagle auf die Schule schicken, aber sie mag Mrs. Rooney nicht."

Ich hatte das Gefühl, als stünde Nancy lauschend hinter der Tür, und stand auf. „Ich werde es mir überlegen", sagte ich nochmals.

Mr. Strong war im Stall gerade dabei, die Tiere hinauszuführen. Als ich ihm von dem Vorschlag berichtete, meinte er: „Das ist keine schlechte Idee. Es ist für niemanden leicht, in der Wildnis zu leben, Madam, und besonders nicht für einen Menschen wie Sie. Nancy kann Ihnen vieles beibringen."

Das stimmte. Wenn jemand wie Nancy bei mir wäre und mir das Wichtigste zeigen würde, wäre vieles einfacher. Ich könnte ihr ebenso nützlich sein wie sie mir. Also sagte ich Mrs. Prentiss, ehe wir wieder loszogen, daß ich einverstanden sei. Und sie erklärte, sie würde mir Nancy in einigen Wochen mit Mr. Strong schicken.

WIR waren schon einige Kilometer hinter Steel Creek, als in der Ferne eine Siedlung auftauchte – eine Reihe von etwa fünfzehn Hütten am Ufer des Fortymile-Flusses. „Ein Indianerdorf", sagte Mr. Strong. „Wir werden dort haltmachen."

Als wir näher kamen, war ich ziemlich betroffen. Mein Vater hatte im Kohlenbergbau gearbeitet, und wir waren von einer häßlichen Bergarbeitersiedlung Colorados in die nächste gezogen, aber dieses hier war eine Ansammlung von Baracken, schlimmer als alle Bergmannssiedlungen, in denen ich gelebt hatte. Bis auf drei oder vier annehmbare Häuser gab es nichts als elende Hütten, halb eingefallene Behausungen aus Teerpappe, Eisenteilen und alten Fellen. Rostende Kanister, leere Flaschen und Fischgräten lagen überall herum. Der Gestank war ekelhaft.

Als wir durchritten, starrten uns Menschen aus Hauseingängen an. Ich hatte gemeint, die Indianer in Eagle seien arm, aber diese Menschen hier hatten gar nichts. Wie Säcke hingen die abgetragenen Kleider an den Frauen, die vielfach geflickten Overalls der Männer hatten jede Form verloren. Wenn wir vorüberkamen, sprangen und knurrten uns halbverhungerte Kettenhunde an. Nur wenige Kinder, alle barfuß und in Lumpen, liefen mit uns mit. Bei einigen sah man am Hals die rötlichen Geschwüre der Drüsentuberkulose.

Vor einem Holzhaus, dessen Farbe abblätterte, hielten wir an. „Ist *Skooltrai* da?" fragte Mr. Strong eine Frau. Während sie nickte, ging die Tür auf, und ein Indianer und eine junge Weiße kamen heraus. Das Mädchen war wunderschön, aber der Indianer war groß, dünn und hatte den Hals voller Narben; er war einer der häßlichsten Menschen, die ich je gesehen hatte. Zu ihnen gesellte sich noch ein kleiner, etwa achtjähriger Junge, der so dünn war, daß man alle Knochen zählen konnte. Es war deutlich zu sehen, daß er weiße Vorfahren hatte.

„Guten Tag, Miß Winters", rief Mr. Strong dem Mädchen zu. „Diese junge Dame hier ist unterwegs nach Chicken und sollte sich etwas ausruhen. Ich wäre Ihnen sehr dankbar, wenn Sie sie aufnehmen könnten."

„Ich werde Ihnen behilflich sein", sagte sie und streckte mir die Hand entgegen. Sie sah entzückend aus mit ihren strahlendblauen Augen und dem langen, schwarzen Haar, das sie mit einem roten Tuch zurückgebunden hatte. Das handgewebte Kleid war an Saum und Ärmeln mit indianischen Motiven bestickt.

„Ich bin Cathy Winters", stellte sie sich vor, nachdem sie mir vom Pferd geholfen hatte.

„Danke", sagte ich. „Ich bin Anne Hobbs."

Sie wies auf den großen Indianer an ihrer Seite. „Das ist Titus Paul." Man konnte sehen, daß sie ihn sehr gern hatte. Er trug eine perlenbestickte Lederweste und sah, obwohl er so häßlich war, irgendwie sehr sympathisch aus.

Cathy bat den kleinen Jungen, ihre Post zu holen, und nahm mich mit in das Haus, wo sie mich in einen düsteren Raum mit rissigem, braunem Linoleumboden führte. Der kleine Junge kam und legte die Post auf den Tisch.

„Das ist Chuck", sagte Cathy. „Er wird Ihnen für den Rest des Weges Gesellschaft leisten. Er geht zu seiner Mutter nach Chicken. Chuck, ich möchte dich Miß Hobbs vorstellen."

Er war zu schüchtern, um mich anzusehen.

„Na, komm schon", ermutigte sie ihn. „Habe ich dir beigebracht, jemanden so zu begrüßen? Sie wird dich nicht beißen. Sie ist eine Lehrerin, genau wie ich."

„Erfreut . . . Ihre . . . Bekanntschaft zu machen", sagte er ernsthaft.

„Ich freue mich, dich kennenzulernen", antwortete ich.

Bei einer Tasse Kaffee stellte sich heraus, daß Cathy hier wohnte. Der Rest des Hauses war die Schule. Eine großartige Unterkunft war das nicht gerade, aber sie hatte das Zimmer mit vielen Büchern und indianischen Masken an den Wänden behaglich eingerichtet.

Als wir wieder hinausgingen, sahen wir, daß Mr. Strong inzwischen einem der Tiere seine Last abgenommen hatte und den Inhalt der Ballen auf dem Boden ausbreitete. Die Indianer, die eine Bestellung aufgegeben hatten, drängten sich um ihn. Sie hielten das Geld bereit, als er ihnen die Waren aushändigte: für den einen eine Bratpfanne, für den anderen eine Petroleumlampe, Büchsenmilch und eine Teekanne.

Cathy stellte mich allen in ihrer Sprache vor. Ich verstand nichts außer *skooltrai* und Chicken. Die Mädchen kicherten verschüchtert. Die älteren Frauen wirkten wie auch die meisten Männer gleichgültig und verbraucht, bei vielen zeigten sich Anzeichen der Tuberkulose. Cathy sagte mir, daß das halbe Dorf daran leide.

Sie wies auf die Vorratsschuppen an der Rückseite vieler Hütten. Sie hätten jetzt mit getrocknetem Fleisch und Fisch angefüllt sein müssen. Die meisten enthielten erbärmlich wenig. „Sie werden im Winter trotzdem nicht leer sein", sagte Cathy bitter. „Wir bringen dort die Toten unter, bis wir sie im Frühjahr beerdigen können."

„Weshalb leben sie denn so?" wollte ich wissen.

„Weil sie schwach sind. Ehe vor etwa vierzig Jahren die Weißen hierherkamen, waren diese Menschen Jäger. Sie ernährten sich hauptsächlich von Fleisch und Fett, das sie so gut wie roh aßen. Das gab ihnen die Kraft, auszuziehen und Wild zu erlegen, wann immer sie Nahrung brauchten. Jetzt essen sie, was der weiße Mann mitgebracht hat; Mehl, Zucker, Konserven, wertloses Zeug. Und sie trinken seinen Schnaps . . ."

„Um welche Art von Indianern handelt es sich hier?" fragte ich sie.

„Es sind Athabasken. So werden alle Indianer hier oben genannt. Und dann gibt es die einzelnen Stämme. Diese hier gehören zu den Takhud Kutchins."

Sie erzählte mir, daß sie ihr Examen an der Columbia-Universität abgelegt hatte und nun eine Doktorarbeit über die Athabasken des Fortymile-Gebietes schreibe. Nach ihrer Aussage war Titus Paul einer der wenigen Indianer, die sich nicht von den Weißen herumkommandieren ließen. Er sei der heimliche Herr des Dorfes.

In der Nähe bemerkten wir ein altes, fast zahnloses Weib mit krummen Beinen. „Das ist die lahme Sarah", sagte Cathy, „Chuck, der kleine Junge, der mit Ihnen reisen wird, hat bei ihr gelebt. Dabei kann sie kaum für sich selbst sorgen. Gott sei Dank, daß er jetzt fortkommt von hier."

Als wir uns zur Abreise anschickten, stand Chuck mit der alten Frau bei einem der Maultiere, das einen alten Sattel trug. Sie zog das Kind an sich, murmelte Koseworte, aber seine angsterfüllten Augen blieben starr auf das Maultier gerichtet. Es überragte ihn genauso wie Blossom mich. Mr. Strong packte den Jungen beim Kragen, hob ihn hoch und setzte ihn auf das Maultier. „Du bleibst da oben, verstanden", warnte er ihn, „verstanden?"

Chuck war so verschreckt, daß er nicht antwortete.

Cathy bat mich: „Geben Sie auf ihn acht, Anne, ja? Er ist bisher kaum aus dem Dorf gekommen, und jetzt hat er schreckliche Angst."

„Ich werde mich um ihn kümmern."

„Vergiß nicht", sagte Cathy zu ihm, „wenn du irgend etwas brauchst, mußt du englisch sprechen. Du wirst es dann der Lehrerin hier sagen, verstanden?"

„Aha", sagte er.

„Kein *aha* mehr", verlangte Cathy. „Von nun an heißt es ja, hast du das begriffen?"

Er nickte. „Ich sagen ja und sagen es Lehrin."

Die Tragtierkolonne setzte sich in Bewegung. Wir folgten dem Flußlauf, und das letzte, was ich von dem Indianerdorf noch sehen konnte, war das weiße Holzkreuz auf dem Kirchendach. Dann verschwand auch das hinter den Baumwipfeln. Ich war froh, als es nicht mehr zu sehen war. Das Elend und die Krankheit in diesem Dorf waren zu schrecklich.

Chuck hielt sich tapfer auf dem Maultier, solange wir am Ufer entlangritten, aber als wir die Richtung änderten und die Gegend rauher wurde, sprang das Maultier über einen umgestürzten Baumstamm, und er purzelte hinunter. Er kam schnell wieder auf die Beine und rannte dem Maultier nach, aber es blieb nicht stehen, und Chuck schossen Tränen der Wut in die Augen, als er dastand und ihm nachsah.

Nicht weit entfernt sah ich einen großen Felsblock, lenkte Blossom hinüber und rief Chuck zu: „Versuche, ob du heraufklettern kannst, und dann reiten wir zusammen weiter."

Er lief herüber und kletterte hinter mich auf das Pferd. Dann ritten wir weiter, und er klammerte sich mit beiden Armen an mir fest. Weiter vorn tauchte Mr. Strong mit dem Maultier auf. Er sah mich fragend an.

„Er hat mich gebeten, eine Weile mit mir reiten zu dürfen", sagte ich. „Mit mir geht es jetzt ganz gut. Es macht mir nichts aus."

Mr. Strong wendete sein Pferd, ohne weiter ein Wort zu verlieren. Chucks Kopf lehnte an meinem Rücken.

„Lehrin?"

„Ja?"

„Du eine verdammt nette weiße Frau", erklärte er und umschlang meine Taille noch fester.

Das war ein schönes Kompliment für mich.

Bei der nächsten Rast verbrachte ich einige Zeit damit, Chuck zu zeigen, wie man ein Maultier reitet. „Man sagt ‚brrr', wenn es stehenbleiben soll, und man schnalzt mit der Zunge und versetzt ihm eins mit den Hacken, wenn es gehen soll." Es dauerte ein bißchen, aber nachdem er einmal erkannt hatte, daß sich das Tier beherrschen ließ, hatte er keine Angst mehr. Als wir wieder aufbrechen wollten, machte es ihm sogar Spaß. Je länger wir zusammen ritten, desto mehr mochte ich ihn. Auch wenn er wundgeritten war – und das mußte er eigentlich sein –, beklagte er sich nicht. Statt dessen sprang er mehrmals ab und führte das Maultier am Zügel.

Wir blieben über Nacht im Gasthaus von O'Shaughnessy. Es gehörte einem netten Iren mit einem kräftigen Akzent. Ich durfte bei seiner Frau, einer rundlichen Indianerin, im Bett schlafen. Sie hatte dafür gesorgt, daß Chuck eine gute Mahlzeit erhielt und seinen Platz in einem warmen Schlafsack in unserem Zimmer bekam. Ich hatte ihn eingemummelt und wollte hinausgehen, als er mich rief: „Lehrin . . . Du mit mir reden?"

Ich setzte mich zu ihm auf den Schlafsack. „Du freust dich sicher sehr darauf, deine Mutter wiederzusehen."

„O ja. Sie wunderschön, Lehrin – wie Sie."

„Aber sicher. Ist dein Vater auch in Chicken?"

„Ja. Er großer Mann. Haben viele Gewehre. Haben große Glasaugen, sehen weit." Er ballte die Fäuste vor den Augen wie zu einem Fernglas. „Ich ihn nicht lieben", setzte er hinzu.

„Weshalb nicht?"

„Er nicht lieben mich und Et'el."

„Ist Ethel deine Schwester?"

„Hmmm . . . Du haben schöne Schule?" fragte er schläfrig.

„Keine Ahnung. Ich habe sie noch nicht gesehen."

„Du mich kommen lassen?"

„Gewiß. Gehst du gern zur Schule?"

„Schule viel warm. Miß Wintas machen gutes Essen für Kinder. Du machen gutes Essen in dein Schule?"

„Das könnte ich wahrscheinlich. Was würdest du denn gern essen?"

Er gab keine Antwort. Er war eingeschlafen.

II

Am nächsten Tag, so gegen Mittag, als wir gerade durch dichtes Pappelgehölz ritten, hielt Mr. Strong den Tragtierzug an. Plötzlich verstummten die Kuhglocken, deren Geläut uns auf dem ganzen Weg begleitet hatte, und ich vernahm kein anderes Geräusch als das Rauschen des gewundenen Baches, den wir immer wieder überquert hatten.

„Wir sind da, Madam", sagte Mr. Strong. „Das ist Chicken."

Durch das dichte Gezweig konnte ich es kaum erkennen – die Siedlung lag etwas mehr als einen Kilometer entfernt unter uns. Ich blickte auf die Gebäude in der Ferne, und mir wurde flau im Magen. Das also ist es, dachte ich. Jetzt bin ich wirklich an einen fernen Ort gekommen, genau wie Großmutter Hobbs es mir vorausgesagt hatte. Damals in Colorado, als ich noch ein kleines Mädchen war, haßte ich die Orte, wo wir lebten: Bergarbeitersiedlungen mit primitiven Behausungen für Grubenarbeiter, die Firmeneigentum waren. Ich war fest davon überzeugt, daß ich nie aus ihnen herauskommen würde, aber Großmama hatte erklärt, nein, dort würde ich nicht immer leben müssen.

„Du wirst eine Lehrerin werden, Annie", sagte sie immer wieder, „und du kannst überall hingehen, wohin du nur willst."

Ich erinnerte mich so deutlich an sie, als stünde sie vor mir. Wie sie war sonst niemand in unserer Familie. Alle anderen waren hellhäutig und hatten blaue Augen – oder graue wie ich. Aber Großmama war eine echte (Kentuck-)Indianerin, und sie hatte ein breites, dunkles Gesicht mit strahlenden, lachenden, schwarzen Augen. Ich weiß nicht, was aus mir geworden wäre, wenn es sie nicht gegeben hätte. Meine Eltern hatten sich nie viel aus mir gemacht, aber Großmama hatte mich angebetet.

Immer wenn mein Vater seine Stellung verlor oder uns verließ, wurde ich zu ihr geschickt. Sie hatte ein baufälliges kleines Farmhaus im noch nicht erschlossenen Gebiet von Deepwater in Missouri, das ich großartig fand. Wenn ich daran dachte, mußte ich lächeln. Als ich zum letzten Mal dort war, muß Großmama fast siebzig Jahre alt gewesen sein. Damals blieb ich ein ganzes Jahr bei ihr, und mir war elend zumute, als meine Mutter schrieb, ich sollte nach Hause kommen, weil mein Vater wieder Arbeit gefunden hatte. Großmama konnte nicht lesen, aber ich konnte sie einfach nicht belügen, auch wenn ich es gern getan hätte, sondern mußte ihr sagen, was in dem Brief stand. Sie war genauso traurig wie ich.

An dem letzten Abend, den wir zusammen sein konnten, gingen wir gleich nach dem Essen zu Bett, und ich las ihr aus den Psalmen vor, die sie besonders liebte. Nachdem mein Großvater gestorben war, hatte sie beschlossen, nicht mehr in einem Bett zu schlafen, und so lagen wir auf dicken Flickendecken am Boden. Sie war ein winzig kleines Ding und lag zusammengerollt neben mir, das Haar zu einem Zopf geflochten, der ihr bis zur Hüfte reichte. Sie hatte die Augen geschlossen. Beim Anblick ihres dunkelhäutigen Gesichts mit den ausgesprochen indianischen Zügen konnte ich sie mir gut in einem Wigwam vorstellen. Da ich glaubte, sie sei eingeschlafen, legte ich die Bibel beiseite. Sie schlug die Augen auf, nahm meine Hand und drückte sie. „Du wirst mir fehlen, Annie."

Ich begann, so laut zu weinen, als könnte ich nie mehr damit aufhören. Großmama stand auf und drückte mich lange an sich. Als ich aufhörte, sagte sie: „Annie . . . du weißt, ich habe dich nie belogen."

„Ja, das weiß ich."

„Dann weißt du auch, daß es die Wahrheit ist, wenn ich dir sage, daß du Glück hast. Weil du tüchtig bist. Wenn jemand genug Verstand mitbekommen hat, hat er das Große Los gewonnen."

„Was für ein Los?"

Sie schlug sich an die Stirn. „Das hier oben. Hast du mir nicht gesagt, daß du mit sechzehn unterrichten kannst, wenn du dir große Mühe gibst und hart arbeitest?"

„Das hat meine Lehrerin gesagt."

„Dann nimm dir genau das vor – Lehrerin zu werden und aus den schmutzigen Bergarbeiterhütten herauszukommen. Hör mir gut zu, denn ich werde dir das nicht noch einmal sagen. Eines Tages wirst du etwas wirklich Großes tun, Annie. Aber das kannst du nicht schaffen, wenn du herumläufst und dir selbst leid tust." Sie hielt einen Moment inne und sah ein bißchen traurig aus. „Dein Papa ist mein Sohn, Kind. Es ist nicht einfach, mit ihm auszukommen, aber er hat immer auf eigenen Füßen gestanden, und dir hat er es auch beigebracht. Vielleicht verstehen er und deine Mama dich nicht allzu gut, aber sie haben dich gut versorgt und dir ein Dach über dem Kopf gegeben. Das ist mehr, als viele andere bekommen haben . . ."

„Aber sie mögen mich im Grunde doch gar nicht, Großmama."

„Doch, Sie mögen dich. Sie können es nur nicht so richtig zeigen. Mach dir nichts daraus. Siehst du nicht, wie herrlich es ist, wenn du nur *einen* Menschen auf der ganzen Welt hast, der dich liebt und an dich glaubt? Und du hast so jemanden – mich. Deshalb mußt du immer dann, wenn du meinst, daß du etwas nicht schaffst oder du etwas nicht um deinetwillen tun kannst, daran denken, daß du es für mich tust. Versprichst du mir das?"

„Ich verspreche es dir."

„Du wirst sehen, Annie, eines Tages wirst du wie ein Pionier in ein neues Land ziehen – so wie dein Großvater und ich. Weil du stark bist. Und das sind die Menschen, die in neues Land gehen."

„Aber es gibt kein Neuland mehr, Großmama. Es ist schon alles weg."

„Ach was, Kind, es wird immer Neuland geben."

„Wo denn?"

„Vielleicht in Kalifornien. Oder in Alaska . . . Na, da haben wir schon Neuland."

Ich dachte an diesen letzten Morgen mit Großmama zurück, als sich der Packtierzug wieder in Bewegung setzte. Sie hatte sich wie ein kleiner Vogel angefühlt, als wir uns zum Abschied umarmten. Obwohl ich erst elf war, war ich größer als sie. Ich habe sie nie wiedergesehen. Während meines ersten Jahres als Lehrerin schrieb mir meine Mutter, sie sei im Schlaf gestorben und habe mir etwas hinterlassen. Ja, das stimmte, aber ich dachte nicht an die Hinterlassenschaft, die meine Mutter gemeint hatte. Es war etwas, das sie mir lange zuvor gegeben hatte, als ich es am meisten brauchte. Und deshalb werde ich sie niemals vergessen.

Das Tempo des Packtierzuges beschleunigte sich, sobald wir offenes Gelände erreicht hatten, und wir ritten nun in ein schmales, ebenes Tal hinab. Etwa vierhundert Meter entfernt standen fünfundzwanzig oder dreißig Gebäude entlang des Flüßchens.

„Ist das alles?" fragte ich Mr. Strong.

„Ja, so ziemlich."

Ich hatte mir vorgestellt, daß Chicken eine Stadt wie Eagle sein würde, aber aus dieser Entfernung sah es eher wie das Indianerdorf aus. Die Lage hätte allerdings nicht besser sein können, dort, im geschützten Tal, umgeben von flachen Hügeln, die sich hinten im blauen Dunst der hohen Berggipfel verloren. Der Bach, der hinter uns von dem Abhang stürzte, war schmal und tief, wurde aber zusehends breiter, und in der Mitte der Siedlung schwang sich eine hölzerne Brücke über den Wasserlauf.

Es hatte vor kurzem geregnet, und auf halbem Wege mußten wir viele trübe Wasserlöcher umgehen. Mr. Strong warnte mich, als Blossom dicht an ein Loch herankam. Ich fragte, was das eigentlich sei.

„Schürflöcher", erklärte er. „Manche sind bis zu zwölf Meter tief. Die Goldgräber haben sich nicht die Mühe gemacht, sie wieder aufzufüllen, nachdem sie sie ausgehoben hatten."

Der Boden wurde immer schlammiger. „Es sieht aus, als ob alle auf uns warten", bemerkte ich. Genau vor uns hatten sich etwa zwanzig oder dreißig Menschen vor dem Postamt versammelt, vor einer winzigen Hütte, über der die amerikanische Flagge flatterte.

Ich mußte lachen. Der würzige Geruch von brennendem Holz zog herüber, und ich war schrecklich stolz. Ich hatte es geschafft. Ich war durch die Wildnis zu einer Grenzlandsiedlung gereist, genauso wie Großmama Hobbs. Mr. Strong sah mein strahlendes Gesicht und lächelte.

„Es sieht großartig aus", sagte ich.

Chicken hatte überhaupt keine Ähnlichkeit mit dem Indianerdorf. Die Straße zwischen Bach und Siedlung war breit, hier und da sogar noch mit frischem, grünen Gras bewachsen. In einigen Höfen hinter den Häusern sah ich neben Hundehütten und sorgsam gestapelten

Holzscheiten auch Gemüsegärten. Als wir näher kamen, fing die Menge zu winken und zu rufen an. Bei all dem Jubel und dem Gebell der Schlittenhunde hätte man meinen können, es sei nicht September, sondern der vierte Juli, der Nationalfeiertag.

Der gesamte Ort war etwa so lang wie drei Häuserblocks in der Stadt. Das Postamt befand sich direkt in der Mitte, gegenüber der Holzbrücke. Die ersten Gebäude waren verfallen oder mit Brettern vernagelt. Einige andere weiter unten am Weg standen auch leer. Diejenigen, die bewohnt waren, sahen jedoch solide und massiv aus mit den Fallen, Pferdegeschirren und Waschzubern, die draußen an Pfosten und Geländern hingen.

Als wir an den ersten Häusern vorbeikamen, setzte Blossom sich in Trab. Er wollte in seinen Stall, und ich konnte ihn nicht zurückhalten. Ein Mann in kniehohen Stiefeln kam angelaufen, um ihm den Weg abzuschneiden, und schwang dabei einen weichen Filzhut. Blossom gab auf. Unter ihm tauchte ein kleiner, alter Mann auf, der die Zügel ergriff. „Immer hübsch langsam." Bei seinem Lächeln wurden die vom Kautabak verfärbten Zähne sichtbar. „Na, hopp, herunter mit Ihnen, kleine Dame."

„Alter Narr", mischte sich ein anderer alter Mann ein, der einen Bart wie eine Trauerweide hatte. „Siehst du denn nicht, daß sie es nicht ganz allein schafft? Wart mal, bis ich eine Kiste geholt habe."

Wer nicht gerade mit den Packtieren beschäftigt war, stand jetzt herum und starrte hoch zu mir. Chuck hatte seine Mutter schon gefunden – eine nicht sehr dunkelhäutige Indianerin, die ein kleines Mädchen an der Hand hielt. Ich sah sie nur flüchtig, aber als sie sich bückte, um Chuck zu umarmen, hatte ich den Eindruck, daß sie eine Schönheit war. Ich lächelte, und mein Lächeln wurde allerseits erwidert. Ich versuchte herauszufinden, welches wohl das Schulhaus war, und nahm an, daß es das große, holzverkleidete Gebäude mit der improvisierten Fahnenstange genau gegenüber den Stallungen sein müßte. Ich wußte, daß ich im Schulhaus auch wohnen würde, und freute mich, daß es größer war als Cathys Behausung.

Jetzt kam der andere alte Mann mit einer Kiste zurück und stellte sie vor mich. „Hier, so geht's besser, Missis." Er half mir beim Absteigen. Eine große stämmige Frau drängte ihn beiseite. „Ich bin Angela Barrett", verkündete sie. „Ich nehme an, daß Sie das neue Fräulein sind." Ich nickte.

Sie führte mich zu einer anderen Frau in einem bis zum Hals zugeknöpften, marineblauen Mantel und einer gebrochenen Nase.

„Ich bin Maggie Carew", sagte sie. „Wie heißen Sie, meine Liebe?"

„Anne Hobbs."

„Vielleicht gehen wir am besten hinüber zum Schulhaus."

Meine Annahme stimmte – es war das große Gebäude. Als wir zur Veranda hinaufgestiegen waren, ging Angela Barrett auf die erste von zwei Türen zu. Sie war mit gefährlich aussehenden, etwa sieben Zentimeter hervorstehenden Nägeln beschlagen. „Das hier ist das Klassenzimmer", sagte sie und öffnete die Tür. „Die andere Tür führt zu Ihren Räumen."

Mir sank das Herz, als ich ihr folgte. Der Raum war groß, aber einen derartigen Klassenraum hatte ich noch nie gesehen. Es war ein Trümmerhaufen. Alles war voller Staub und Schmutz, und auf dem Boden lag vergilbtes Papier herum. Durch die verschmierten, verräucherten Fenster drang das Licht nur wie durch einen Nebel herein.

„Müßte etwas saubergemacht werden", gab Maggie zu.

Der andere Raum, etwa von der gleichen Größe wie das Klassenzimmer, war sauberer, aber außer einem Messingbett ohne Matratze, zwei Stühlen und einem großen, dickbäuchigen Herd war nichts darin.

„Wie gefällt es Ihnen?" fragte Angela Barrett mit rauher Stimme. Sie mußte ungefähr zwei Zentner schwer sein und überragte mich. Ich überlegte, was ich wohl Lobendes äußern könnte.

„Es ist ein schöner, großer Raum. Wird es lange dauern, um ihn herzurichten?"

„Was meinen Sie mit herrichten? Er ist doch fertig."

Beide Frauen sahen mich an, als ob es bei mir nicht ganz stimmte. Ich hatte fast Angst, meine nächste Frage zu stellen. „Müßte ich nicht vielleicht eine Matratze haben?" meinte ich. „Und Decken und einen Tisch?"

Es dauerte einen Moment, ehe sie einsahen, daß ich da vielleicht nicht ganz unrecht hatte.

„Wo zum Teufel ist denn das alles hingekommen?" sagte Angela, als hätte sie sich nur einen Augenblick umgedreht und schon sei alles weggetragen worden. „Das ist deine Schuld, Maggie, du bist die Hausmeisterin der Schule."

„Wenn es keine Schule gibt, gibt es auch keine Hausmeisterin", sagte Maggie bissig. „Und hier hat es seit mehr als einem Jahr keine Schule mehr gegeben."

„Was wollen wir denn nun machen?" fragte Angela.

Maggie dachte einen Augenblick nach. „Kommt mit", sagte sie schließlich. Angela und ich gingen mit ihr zum Postamt, wo alles, was bestellt worden war, am Boden ausgebreitet lag: Kisten voller Kerzen, Taschenlampenbatterien, Mehlsäcke, Petroleumkanister in Lattenkisten und Postpakete.

„Wir haben ein Problem, das uns alle angeht", sagte Maggie zu der versammelten Menge. „Das ist Anne Hobbs, unsere neue Lehrerin. Einige von euch Dummköpfen haben die Lehrerwohnung ausgeräumt. Ich will hier nicht rauskriegen, wer was genommen hat, aber es muß zurückgebracht werden, und zwar schnell. Das arme Mädchen steht in einer völlig leeren Wohnung."

„Ich habe ein paar dicke Wolldecken übrig", sagte ein großer, gutaussehender Mann, der gerade eine lammfellgefütterte Jacke anprobierte.

„Wir können ihr ein ganzes Zinngeschirr leihen", meldete sich ein etwa zehnjähriges Mädchen. Sie stand mit zwei älteren Mädchen zusammen, die, beide gleichermaßen hager und eckig, wie Zwillinge aussahen. „Kann sie es haben, Pa?" fragte sie. Der rothaarige Mann neben ihr nickte.

Danach kamen die Angebote immer schneller und von allen Seiten – ein Besen und eine Pfanne, ein Schaukelstuhl, ein Waschkessel. Die Leute kamen mit allen möglichen Dingen zu mir, und innerhalb weniger Stunden hatte ich nicht nur eine feste Strohmatratze, sondern auch Kissen und Decken dazu, einen Tisch und sogar eine Wassertonne. Mein stolzester Besitz aber war ein mit Nickelbeschlägen versehener Kochherd, der mit Holz geheizt wurde. Vier Männer mußten ihn hereinschleppen.

Großmama wußte schon, wovon sie sprach, dachte ich. Menschen, die ins Neuland ziehen, *sind* stark – freundlich und großzügig. Ich brauchte nicht einmal selbst sauberzumachen. Fünf meiner zukünftigen Zöglinge stellten sich ein, um mir zu helfen. Zuerst kamen die drei Vaughn-Mädchen – Elvira, diejenige, die ihren Vater um das Zinngeschirr für mich gebeten hatte, und ihre älteren Zwillingsschwestern Evelyn und Eleanor. Dann kamen noch Maggie Carews Jungen Jimmy und Willard dazu. Während wir alle sehr beschäftigt waren, kam der gutaussehende Mann, der mir die Decken versprochen hatte, angeritten. „Ich bin Joe Temple", stellte er sich vor. Die beiden Dekken waren fast neu. Ich bot ihm an, sie zu bezahlen, aber er wollte nichts davon wissen. „Behalten Sie sie nur, solange Sie wollen."

Ich hatte meine Kleider ausgepackt und sie an Nägeln aufgehängt. „Ich bin schon seit ein paar Jahren hier nicht mehr herausgekommen", meinte er und betrachtete sie, „aber ich dachte, man trägt heute kürzere Röcke."

„Das stimmt. Ich glaube, ich bin ziemlich konservativ."

„Hoffentlich nicht immer." Ich wußte nicht, was ich davon halten sollte. „Sie müssen mir gestatten, Sie zum Essen auszuführen", sagte er.

„Vielleicht wenn ich mich häuslich eingerichtet habe."

„Wie wär's mit morgen abend?"

„Gut, Sie haben gewonnen."

„Ich werde so gegen sechs dasein", sagte er beim Hinausgehen.

Die Dinge entwickeln sich hier schnell, dachte ich mir. Jetzt bin ich erst ein paar Stunden in Chicken und habe schon eine Verabredung.

Kurz vor Einbruch der Dunkelheit kam Maggie Carew vorbei. „Joe Temple hat mir gesagt, daß Sie morgen abend mit ihm in mein Gasthaus kommen. Der verliert keine Zeit."

„Was treibt er denn so?"

„Schürfen wie alle anderen auch. Wird ihm guttun, wenn er zur Abwechslung mal mit einer weißen Frau ausgeht."

Sie ging bis zur Rückwand des Zimmers und öffnete die Tür, die zu einem kleinen Lagerraum führte, der Speisekammer. „Sie haben viel Platz für Ihre Vorräte", sagte sie.

„Vorräte?"

„Lebensmittel für den Winter – Mehl, Zucker und so."

Als sie das erwähnte, stellte ich fest, daß ich nicht einen Bissen im Hause hatte.

„Zerbrechen Sie sich deswegen nicht den Kopf. Walter Strong wird Vorräte für Sie herbringen. Inzwischen werden wir Ihnen aushelfen."

In diesem Moment fiel mir ihre Tochter ein. Ihr Gesicht erhellte sich, als ich ihr übermittelte, was ihre Tochter mir aufgetragen hatte. „Sie denkt also, es wird ein Mädchen? Nun, wenn sie so wie Jennie wird, dann hat mir das Leben zwei gute Dinge geschenkt."

Als sie hinausging, fragte ich, weshalb so viele Nägel in den Türen steckten. „Bären", antwortete sie. „Die letzte Lehrerin hat sich furchtbar aufgeregt, als einer von ihnen hier herumgeschnüffelt hat."

Als ich wieder allein war, setzte ich mich auf das Bett und betrachtete meine neue Behausung. An einigen Stellen hatte sich der Fußboden gesenkt, und zwischen Holzwand und Boden klafften Risse, so daß man den Boden draußen sehen konnte. Die Wände bestanden nur aus rohen Holzbrettern, die mit Segeltuch bespannt waren. Aber das machte mir nichts aus. Dies war die erste Wohnung, die mir ganz allein gehörte. Wenn ich sie eingerichtet hatte, würde sie viel schöner aussehen als die von Cathy Winters.

Es war kein Wasser mehr da, deshalb nahm ich einen Eimer und ging damit zum Bach. Als ich draußen in der rasch fortschreitenden Dämmerung stand, fühlte ich mich ganz plötzlich sehr einsam. Alles war still bis auf die Geräusche, die aus dem Haus der Vaughns nebenan drangen. Es gab hier nicht so viele Leute, wie ich zuerst angenommen hatte. Von all den Häusern rechts, links und auf der gegenüberliegenden Seite waren vielleicht nur sechs tatsächlich bewohnt – die Vaughns lebten dort, die Carews in ihrem Gasthaus, Angela Barrett und ein paar andere Familien weiter hinten am Ende der Siedlung. Die meisten Leute, die im Postamt zusammengekommen waren, wohnten an abgelegenen Flußläufen.

Die Siedlung wirkte ein wenig wie eine Geisterstadt. Dabei hatte vor dreißig Jahren hier ziemlich viel Betrieb geherrscht. Auf der Suche nach Gold waren immer wieder neue Menschen herbeigeströmt, hatten sich Häuser gebaut und davon geträumt, den großen Fund zu machen.

Ich füllte meinen Wassereimer und schleppte ihn nach Hause zurück, blieb aber auf halbem Wege stehen, um mich auszuruhen. Ich hatte ein bißchen Angst, vielleicht weil alles so rauh und kahl wirkte. Daheim in Oregon verlockten die Abende zu einem netten Spaziergang oder dazu, irgendwo eine Limonade zu trinken. Hier war ich wirklich in der Wildnis. Ich nahm den Eimer wieder auf und beeilte mich, in meine Behausung zu kommen.

Drinnen war es schon so dunkel, daß man kaum noch etwas erkennen konnte. Ich überlegte, ob ich nicht nach nebenan zu den Vaughns gehen sollte, um dort auf Mr. Strong zu warten, der mir mein Abendessen bringen würde. Aber wenn ich mich daran gewöhnen wollte, alleine zurechtzukommen, konnte ich damit ebensogut auch gleich anfangen. In einer Obstkiste fanden sich ein paar Kerzenstummel, ich zündete sie an und stellte einen auf das Fenstersims und einen anderen auf den Tisch. Sie flackerten und warfen im ganzen Zimmer tanzende Schatten.

Die Tür zum Schulraum stand weit offen und sah aus wie ein großes, schwarzes Loch, deshalb schloß ich sie. Plötzlich wurde mir klar, daß ich hier ohne jeden Schutz war. Die Türen konnte man nicht einmal abschließen. Wer wollte, konnte ganz einfach hereinspazieren. Mein nickelbeschlagener Revolver lag im Halfter in einer Kiste neben dem Bett. Nachdem ich ihn umgeschnallt hatte, fühlte ich mich wohler.

Nach einer halben Stunde war der eine Kerzenstummel ganz heruntergebrannt, und auch der andere würde nicht mehr lange vorhalten. Dann aber würde ich ganz im Dunkeln sitzen.

Da hörte ich draußen Schritte. Ich wußte, daß es nicht Mr. Strong sein konnte. Er war weggeritten, um einige Bestellungen in die Häuser an den weiter entfernten Bächen abzuliefern, und ich hätte seine Pferde kommen hören müssen. Die Schritte näherten sich, kamen an der Hauswand vorbei, die Eingangsstufen zur Veranda empor. Dann hörte ich ein leises Klopfen an der Tür.

Nachdem ich den Revolver gezogen hatte, verhielt ich mich mäuschenstill. Als das Klopfen sich wiederholte, überlegte ich mir, daß der Unbekannte hereinkommen könnte, wenn er nur den Türknopf drehte. Vielleicht würde er sich weniger feindselig verhalten, wenn ich ihn hereinbat. Ich packte also den Revolver mit beiden Händen und zielte damit auf die Tür. „Kommen Sie herein", sagte ich, „aber ganz langsam."

Viel mehr als eine dunkle Männergestalt mit dichtem, schwarzem Haar konnte ich nicht erkennen. Sie stand in der Eingangstür und starrte mich an. Als der Mann die Waffe sah, hob er sofort die Hände. Er war offensichtlich nervös, aber er lächelte. Er war dunkler als ein Spanier, und seine Zähne waren auffallend weiß.

„Nehmen Sie sich in acht", sagte ich. „Damit habe ich schon einmal einen Bären erschossen." Ich hatte solche Angst, daß ich nicht mehr wußte, was ich redete.

Sein Lächeln verschwand. „Das glaube ich gerne", entgegnete er.

„Wollten Sie mich besuchen?"

„Ja. Meine Mutter schickt mich, um zu fragen, ob Sie vielleicht mit uns zu Abend essen wollen."

Jetzt konnte ich erkennen, daß er nicht viel älter war als ich, und mir wurde klar, wie albern ich mich benahm. Ihm war das Ganze peinlich. Mir auch.

Ich sagte: „Es tut mir leid. Kommen Sie herein, wenn Sie wollen."

„Schon gut. Es tut mir leid, daß ich Ihnen einen Schrecken eingejagt habe. Meine Mutter meinte, Sie würden vielleicht gern mit uns essen."

„Das ist wirklich ganz besonders nett von ihr", entgegnete ich, „aber Mr. Strong kommt zurück, und er wird mir etwas zu essen mitbringen."

Er sah betreten aus. „Nun, meine Mutter hat mir aufgetragen, Ihnen zu sagen, daß Sie es uns nur wissen lassen sollen, wenn Sie irgend etwas brauchen."

„Leben Sie hier im Ort?" fragte ich ihn.

„Nein, etwas weiter draußen am Chicken-Bach", sagte er.

Ich hatte jetzt keine Angst mehr vor ihm und wünschte sehr, daß er mir noch etwas Gesellschaft leistete. Aber er verabschiedete sich und schloß die Türe, ehe ich auch nur daran denken konnte, ihn nach seinem Namen zu fragen.

„Das war der junge Fred Purdy", erklärte mir Mr. Strong, als er endlich zurückkam. Als wir später gemeinsam das kalte Hühnerfleisch aßen, das er mitgebracht hatte, lächelte er, als ich ihm erzählte, wie ich Fred mit dem Revolver bedroht hatte.

„Bei ihm waren Sie mehr als sicher. Aus Fred wird nie etwas werden, aber er ist ein netter, junger Bursche . . ."

„Weshalb sollte nie etwas aus ihm werden? Er machte einen sehr guten Eindruck auf mich."

„Haben Sie nichts bemerkt? Er ist ein Mischling. Die Mutter ist eine Eskimofrau, der Vater ein Weißer. Unter solchen Rassenmischungen haben immer die Kinder zu leiden."

Er sagte es so, als ob jemand, der nicht ganz weiß sei, eine ansteckende Krankheit hätte. Ich fragte mich, was er wohl sagen würde, wenn er wüßte, daß meine Großmutter eine Indianerin war.

„Was ist denn Chucks Vater für ein Mensch?" fragte ich, um das Thema zu wechseln.

„Joe Temple? Ein guter Bergmann, ein guter Jäger. Sie können sicher sein, es tut ihm längst leid, daß er sich jemals mit einer Eingeborenen eingelassen hat."

„Joe Temple ist Chucks Vater?"

„Was überrascht Sie so?“

„Er hat mich morgen abend zum Essen eingeladen.“

„Na, das ist kein Grund zur Sorge. Mr. Temple hat Manieren und weiß, wie man eine Dame behandelt.“

„Aber er ist verheiratet.“

„Nein, das ist er nicht, und ich bin sicher, daß er heilfroh darüber ist.“

Verheiratet oder nicht, es kam mir seltsam vor, daß ich mit ihm ausgehen sollte.

AM NÄCHSTEN Morgen nahm Mr. Strong mich mit zu seinem Laden, einer kleinen Bretterbude, ungefähr fünf Häuser vom Schulhaus entfernt. Nachdem ich gesehen hatte, was sich in den Regalen befand, fühlte ich mich wohler. Alles Nötige war vorhanden, sogar Butter in Büchsen. Ich füllte zwei Säcke mit Konserven, Mehl, Zucker und anderen Vorräten. Etwas später, nachdem ich uns Eier mit Speck und heißen Kaffee dazu auf dem dickbäuchigen Herd gemacht hatte, erntete ich ein Kompliment von Mr. Strong. „Es ist sehr ermutigend zu wissen, Madam, daß es immer noch junge Frauen gibt, die ein anständiges Frühstück machen können.“ Er gab mir den Schlüssel zu seinem Laden und bemerkte dazu, daß er ihn noch nie zuvor einem Menschen anvertraut hätte. Ich sollte mir holen, was ich brauchte, und einmal im Monat würden wir dann abrechnen. Dafür sollte ich während seiner Abwesenheit die Kunden bedienen und Buch über die ausgegebenen Waren führen.

Am späten Vormittag, als ich im Klassenzimmer arbeitete, hörte ich plötzlich Schritte auf der Veranda. Es war Fred Purdy mit zwei Mädchen, die ich für seine Schwestern hielt. Aber nur die eine war seine Schwester. Die andere war seine Mutter. Sie war sogar noch kleiner als Großmama Hobbs. Nach meiner Schätzung wog sie kaum achtzig Pfund. Daß sie eine Eskimofrau war, konnte man kaum übersehen – ein rundes, dunkles Gesicht, ein breiter Mund und starke, unregelmäßige Zähne. Ihr Gesicht erhellte sich bei meinem Anblick, und ich mochte sie auf Anhieb.

„Ah, die Lehrerin“, sagte sie. „Ich freue mich, Ihre Bekanntschaft zu machen. Ich bin Mrs. Purdy, und das hier ist meine Tochter Isabelle.“

Sie streckte mir ihre Hand entgegen, die sich trotz ihrer Winzigkeit kräftig anfühlte. „Mein Sohn Frayd mir haben sagen, wie hübsch Sie sind", meinte sie. „Nun ich sehen selber. Wirklich, Sie sind sehr reizend."

Sie wirkte mit ihrem weichen Pelzhut und dem gutgeschnittenen Stoffparka, der aus einem der ersten Geschäfte New Yorks hätte stammen können, wie eine kleine Königin. Ich lud sie alle zu einer Tasse Tee ein. Als wir zusammensaßen, erzählte ich von meiner Reise und dem Ärger, den ich mit Blossom gehabt hatte. Mir war das gar nicht komisch vorgekommen, aber Fred amüsierte sich königlich. So wie ihn hatte ich noch nie einen Menschen lachen hören – er hatte so viel Spaß und Vergnügen, daß es ansteckend wirkte.

Als ich schließlich berichtete, wie ich das Schulhaus betreten und kaum ein Möbelstück vorgefunden hatte, krümmten wir uns alle vor Lachen.

Dann ging Mrs. Purdy kopfschüttelnd im Zimmer umher. „Da ist noch viel zu tun, Ahnne. Sie müssen haben Haus, das ist gemütlich, warm." Sie wies auf die Fußleiste, wo Licht hereindrang. „Das muß gemacht werden, oder Sie werden sich im Winter totfrieren." Sie zählte auf, was alles gerichtet werden mußte – schiefhängende Regale, lose Fußbodenbretter, beschädigte Tische im Klassenzimmer.

„Du wirst hier arbeiten", sagte sie zu Fred, „und Vater wird deine Arbeit daheim erledigen."

Fred grinste: „Ja, Boß."

„Wann wollen Sie mit dem Unterricht beginnen, Ahnne?"

„Wenn möglich, in einigen Tagen."

„Du wirst das in einigen Tagen erledigen, Frayd, nicht wahr?"

„Jawohl, Boß."

Ehe sie gingen, lud mich Mrs. Purdy für den nächsten Abend zum Essen ein. Einige Stunden später war Fred wieder da mit einem Wagen voll roher Bretter und einem großen Werkzeugkasten. Zunächst waren wir beide etwas schüchtern, aber nachdem wir eine Weile gemeinsam gearbeitet hatten, schwatzten wir über Gott und die Welt. Ab und zu kam jemand vorbei, um mir noch etwas zu leihen – einen Wasserkessel, einige Löffel und Messer, ja sogar eine alte Enzyklopädie. Ich sagte zu Fred, ich hätte zwar gewußt, daß die Menschen in Alaska sehr gastfreundlich seien, aber eine solche Freigebigkeit hätte ich denn doch nicht erwartet.

„Sie möchten alle gern, daß Sie bleiben", sagte er.

„Und weshalb glauben sie, daß ich nicht bleiben will?"

„Aus demselben Grund wie die letzte Lehrerin. Das Leben hier ist nicht einfach, vor allem nicht für einen *Cheechako*."

„Und wann werde ich kein *Cheechako* mehr sein, sondern wirklich dazugehören, hierher nach Alaska?"

Er sah mich fast genauso an wie Mr. Strong damals, als er mir seinen Militärmantel angeboten hatte – als sei ich eine Fremde. Ein bißchen anders war Freds Blick dennoch. Vielleicht würde ein Tier im Walde ein anderes so ansehen, um festzustellen, ob es von seiner Art ist. Ein ganz eigenartiges Gefühl. „Nun", sagte er, „manche Menschen werden niemals echte Alaskabewohner. Sie fühlen sich hier nie ganz wohl, sie können es nur eben so ertragen."

„Ich verstehe nicht ganz, was Sie meinen."

„Man muß das ganz tief innen spüren. Die alten Goldgräber hier – das sind echte Alaskabewohner. Sie kamen hierher, als das Land noch völlig unerschlossen war. Sie hungerten, erfroren sich Hände und Füße, und fast nie holten sie genug Gold aus dem Boden, um sich auch nur satt zu essen, aber sie haben es geschafft."

„Meinen Sie, daß ich es auch schaffen werde?"

„Warum nicht? Sie müssen nur immer dafür sorgen, daß Sie vernünftiges Schuhwerk und warme Kleidung haben – und Sie sollten den Rat der Leute befolgen. Hören Sie gut zu, wenn Ihnen jemand etwas sagt. Man wird es nicht zweimal sagen. So sind die Leute hier nun mal."

„Gehört Mr. Strong zu den echten Alaskabewohnern?" wollte ich wissen.

„Und ob. Er ist einsame Klasse, hat Mut und Kraft. Monat für Monat ist er vierundzwanzig Tage lang allein mit dem Packtierzug unterwegs, und ob es nun regnet oder schneit, meist ist er pünktlich wie ein Uhrwerk."

Ich fragte mich, ob er wußte, was Mr. Strong von ihm und seiner Familie hielt, und ich hatte das Gefühl, daß er sich darüber im klaren war.

Joe kam kurz nach sechs, um mich abzuholen, und war sehr erstaunt, daß ich ausgehbereit war. „Sie werden sich an die Alaska-Zeit gewöhnen müssen", sagte er, als er mir in den Mantel half. „Alles hängt nur vom Wetter ab, ob man nun ein oder zwei Stunden zu früh oder zu spät kommt. Und wenn jemand gar nicht kommt, wird er sich sicher am nächsten Tag oder am übernächsten einstellen."

„Ich hoffe, daß diese Zeiteinteilung nicht auch für die Schule gilt", sagte ich.

Das Gasthaus lag weiter unten an der Straße, etwa sechs Häuser von mir entfernt. Der Fußboden bestand aus Holzbohlen, die Decke war von Holzfeuer rußgeschwärzt, und hinten an der Wand gab es eine Schlafstelle und eine Tür zum Stall nebenan. Die langen Tische waren mit Wachstuch bedeckt. Maggie gab uns einen kleinen Tisch an der Wand. Die gekochte Elchzunge schmeckte köstlich, und während des Essens fand ich heraus, daß Joe die Universität in Washington besucht hatte. Er war 1920, nach seiner Entlassung vom Militär, nach Alaska gekommen. Als wir das Essen beendet hatten, setzten sich Maggie und ihr Mann zu uns.

„Wie kommt der Purdy-Junge mit der Arbeit in Ihrer Wohnung voran?" fragte Maggie.

„Oh, sehr gut. Sie werden das Haus nicht wiedererkennen, wenn er damit fertig ist."

„Für einen Mischling ist er ein tüchtiger Junge", meinte sie.

„Mr. Strong scheint weder von ihm noch von seiner Familie allzuviel zu halten."

„Mir können Mischlinge auch gestohlen bleiben", sagte Mr. Carew. „Und Siwashes dazu." Er war ein impulsiver, kleiner Mann, der ständig mit seinen falschen Zähnen klickte.

Während unserer Unterhaltung kam Mr. Vaughn herein. Er hatte mir erzählt, daß er als Witwer seine drei Mädchen praktisch allein großgezogen hatte. Da ich nebenan wohnte, hörte ich manchmal, wie er mit ihnen schimpfte. Er fragte mich, welche Art von Unterricht ich zu erteilen gedächte. „Werden Sie ihnen allerhand Flausen in den Kopf setzen oder ihnen wirklich Lesen, Rechnen und Schreiben beibringen?" Die Art, wie er das sagte, forderte mich heraus.

„Ich werde den Unterricht wohl nach bestem Wissen und Gewissen erteilen. Lesen und Rechnen sind wichtig, aber es gibt auch noch etwas anderes."

„Und das wäre?"

„Gedichte und Erzählungen. Staatsbürgerkunde, Musik."

„Das klingt aber hübsch hochgestochen, das Ganze", mischte sich Mr. Carew ein.

„He, willst du ihr nicht wenigstens eine Chance geben?" warf Joe ein. „Sie hat ja noch nicht einmal angefangen."

„Und was ist gegen unsere Anteilnahme einzuwenden?" fragte Mr. Vaughn. „Schließlich haben wir ja deswegen einen Elternbeirat."

„Tritt der Beirat oft zusammen?" erkundigte ich mich.

„Wann immer wir es für nötig halten", antwortete Mr. Vaughn. „Wir werden Sie verständigen, wenn wir meinen, daß wieder eine Sitzung abgehalten werden sollte."

Etwas später brachte Joe mich heim. „Was ist ein Sy-wash?" fragte ich ihn.

„Siwash? Ein Indianer."

„Ist das ein indianischer Ausdruck?"

„Nein, das ist französisch. Von Sauvage, also wild. Unsere alten Goldgräber nahmen es früher nicht so genau mit der Aussprache."

Er kam mit herein und machte Feuer im Ofen. Ich dankte ihm für die Einladung.

„Das Vergnügen war ganz meinerseits", sagte er. „Wir müssen uns bald wieder einmal treffen."

„Ich will ehrlich sein, Joe. Mir ist etwas komisch zumute, wenn ich mit Ihnen ausgehe."

„Weshalb?" Er sah, daß ich verlegen war. „Ach, ich verstehe . . . Mary Angus?"

„Ja, wahrscheinlich."

„Machen Sie sich deswegen keine Kopfschmerzen. Wir haben uns schon vor einer ganzen Weile getrennt."

Wir ließen das Thema fallen, und nach wenigen Minuten verabschiedete er sich.

Am nächsten Tag fragte ich Fred, während wir zusammen arbeiteten, nach Joe und Mary. „Ach, das ist schon eine ziemlich alte Geschichte", meinte er. „Mary lebte in dem Indianerdorf, als Joe in der Nähe nach Gold schürfte. Sie verliebten sich und lebten ziemlich lange wie Mann und Frau in einem gemeinsamen Haus zusammen. Ungefähr vor einem Jahr trennten sie sich endgültig. Dann kam Mary vor einigen Monaten hier an, um wieder bei ihm zu leben. Ich glaube nicht, daß er das gewollt hat, aber sie liebt ihn immer noch."

„Wo wohnt sie denn?"

„Ungefähr einen Kilometer von hier entfernt, am Weg zu meinem Haus."

Als Fred mich später mit zu sich zum Abendessen nahm, machten wir bei ihrem Haus halt. Es war ein herrlicher Spaziergang. Die Sonne versank hinter den Bergen und tauchte alles in einen Strom von flüssigem Gold.

Wir waren einem breiten Pfad den Chicken-Bach entlang gefolgt, dann nach Norden abgebogen. Das kleine Haus von Mary Angus lag etwas abseits des Weges, versteckt hinter Gebüsch und Trauerweiden. Fred sagte, es sei einmal ein alter Schuppen gewesen, den ein Trapper zusammengezimmert hatte, um darin zu übernachten, wenn er seine Fallen abging. Es war schrecklich – eine alte, verwitterte Hütte, die so aussah, als würde sie beim nächsten Windstoß zusammenbrechen. Aus dem Dach ragte ein Ofenrohr, und einige der zerbrochenen Fensterscheiben waren mit Lumpen nur notdürftig abgedichtet.

Mary Angus war draußen vor dem Haus damit beschäftigt, Holz zu sägen, und ich konnte kaum glauben, daß es dieselbe Frau war, die ich wenige Tage zuvor kurz gesehen hatte. Ich hatte sie damals für eine Schönheit gehalten. Und das mußte sie auch einmal gewesen sein mit ihrem reizvollen, schmalen Gesicht und den schrägstehenden, dunklen Augen. Nun aber sah sie alt und verbraucht aus, obwohl sie doch kaum älter als Mitte Zwanzig sein mochte. Unter ihren Augen lagen dunkle Ringe. Sie war erhitzt und schwitzte von der Anstrengung der Arbeit. Als Fred uns miteinander bekannt machte, lächelte sie. „Ich . . . freue . . . mich . . . Sie . . . kennenzulernen“, sagte sie auf englisch, und es klang, als ob ein kleines Mädchen etwas Auswendiggelerntes aufsagte. Weil Fred mir erzählt hatte, daß sie nicht besonders gut Englisch konnte, sprach ich langsam. „Ich freue mich auch, Ihre Bekanntschaft zu machen“, sagte ich. „Ist Chuck in der Nähe?“

„In Haus. Er krank.“

„Kann ich ihm guten Tag sagen?“

Sie warf Fred schnell einen fragenden Blick zu, und er nickte kurz. Weiße Frauen gehen normalerweise nicht in Indianerhütten. Drinnen war es wie in einer winzigen, stinkenden Hölle. Der Fußboden bestand aus nackter Erde, und Chuck lag auf einer Felldecke, zugedeckt mit ein paar schmutzigen Decken. Seine Schwester schlief auf einem Holzgestell, das durch Lederstreifen zusammengehalten wurde. Eine trübe, graue Brühe brodelte in einer Kaffeekanne auf dem Herd. Aus einer Spülwanne stieg ein derartiger Gestank auf, daß es mir fast den Atem verschlug. Chuck war erkältet. Ich beugte mich zu ihm hinunter. „Wie geht es dir?“

„Schlimm krank“, murmelte er.

So sah er auch aus. Wenn es möglich gewesen wäre, hätte ich ihn auf der Stelle zu mir nach Hause genommen. Er brauchte ein sauberes Bett, gutes Essen und eine Umgebung, in der er atmen konnte.

„Wir werden uns in der Schule wiedersehen", sagte ich, „wenn es dir bessergeht."

Er antwortete nicht. Er war nicht in der Verfassung, sich für irgend etwas zu interessieren, sei es nun für die Schule oder für mich. Als ich hinausging, war ich wütend auf Joe Temple, daß ich hätte schreien können. „Wie kann er sie so leben lassen?" fragte ich Fred, als wir weitergingen. „Könnte er sie nicht in einem der leerstehenden Häuser in der Siedlung unterbringen?"

„Die Leute dort wollen sie nicht."

„Fred, das ist unmenschlich. Joe hat mit dieser Frau zusammen gelebt. Es sind seine Kinder. Das ist alles so falsch und ungerecht."

„Es gibt niemanden, der daran etwas ändern könnte. Was Joe tut, ist seine Angelegenheit – seine und Marys. So ist das nun mal." Er wollte offensichtlich nicht darüber reden, also sagte ich auch nichts mehr.

Sein eigenes Haus war sehr schön, eine Blockhütte, die auf einem kleinen Hügel stand, mit zwei kleineren Anbauten an der Rückseite. Ich hatte schon öfter bemerkt, daß man auf diese Weise anbaute. Ich fragte ihn, weshalb die Leute das täten.

„Die einzige Zeit, zu der man bauen kann, ist der Sommer – also etwa vier Monate. Deshalb baut man zuerst das Haupthaus und fügt jedes Jahr einen neuen Anbau hinzu."

Sobald ich das Haus betreten hatte, wurde mir klar, weshalb seine Mutter gemeint hatte, daß meine Wohnung so schrecklich aussehe. Auf den Fenstersimsen standen Blumentöpfe mit Pflanzen und Kräutern, und auf dem blankpolierten Fußboden lagen geflochtene Vorleger. Die Purdys hatten alles selbst gemacht, von den verglasten Schränken in der Küche bis zu den leuchtendbunten Fenstervorhängen.

Es wurde ein netter Abend, alle waren gut gelaunt – und das Essen schmeckte köstlich. Der einzige, der nicht viel zu sagen hatte, war Freds Vater.

Ich fragte ihn, woher er käme. „Neu-England", sagte er. Damit war die Unterhaltung zwischen uns beendet. Nach dem Essen entschuldigte er sich und ging ins Nebenzimmer, wo ich ihn an einem Detektorempfänger arbeiten sah.

Ehe ich mich verabschiedete, fragte Fred, ob ich je aus Sand herausgewaschenes Freigold gesehen hätte. Als ich verneinte, nahm er ein Weckglas von einem Regal. Er reichte es mir herüber, und alle lachten, als ich es fast fallen ließ. Es war voller schwarzem Pulver mit stumpfgelben Flecken dazwischen und etwa zehnmal schwerer, als ich gedacht hatte. „Das ist Goldstaub", erklärte Fred. Ein weiteres Glas war voller Goldklümpchen von Stecknadelkopf- bis Erbsengröße. Diese beiden Gläser enthielten die Ausbeute einer ganzen Saison – Gold im Wert von etwa zweitausend Dollar. Um es zu erhalten, hatten sie vier Monate damit verbracht, Sand in ein nach beiden Seiten von einem gelochten Blech begrenztes Gerinne aus Holz zu schaufeln und dann fließendes Wasser durchzuleiten. Das Wasser schwemmte den Schlamm weg, und gröbere Goldkörner wurden durch das Blech aufgefangen. Feinere Goldkörnchen setzten sich am Ende des Gerinnes ab.

„Für wenige Gramm Gold muß man tonnenweise Sand auswaschen", sagte Fred. „Ohne Wasser ist Schürfen unmöglich. Man kann den goldhaltigsten Boden besitzen, aber wenn man kein Wasser dahin pumpen kann, ist er völlig wertlos. Erst am Ende des Winters, wenn die Schneeschmelze einsetzt, gibt es genügend Wasser, um mit dem Goldwaschen anzufangen."

„Und was machen alle jetzt?"

„Sobald der erste Schnee im November fällt, beginnt das Fallenstellen."

„Weshalb muß man so lange warten?"

„Wenn man die Fallen aufstellt", erklärte er, „braucht man Schlitten, um Lebensmittel und Ausrüstung mitzunehmen und die Felle zurückzutransportieren. Und für Schlitten braucht man Schnee."

Wir arbeiteten noch zwei Tage, bis meine Wohnung und das Klassenzimmer fertig waren. Den Unterschied konnte man sofort sehen. Fred hatte die Wände blaßgrün gestrichen, Tische und Stühle im Klassenzimmer waren fest und solide, und ich hatte sogar eine „Tafel" – mehrere dunkelgrüne Springrollos auf eine Hartfaserplatte genagelt. Er hatte mir auch eine Couch aus drei Kisten gemacht, die er zusammengenagelt hatte. Maggie Carew gab mir eine Matratze zum Abpolstern; mit einem Deckenüberwurf und mehreren Kissen sah die Couch prächtig aus. Am Tag, als wir unsere Arbeit beendeten, blieb Fred zum Abendessen.

„Ich bin Ihnen sehr dankbar", sagte ich zu ihm.

Und das meinte ich wirklich. Er hatte fast die ganze Arbeit getan.

„Schon gut", entgegnete er. „Ich bin sehr froh, daß ich Ihnen helfen konnte."

Wir saßen noch eine Weile zusammen und unterhielten uns. Er hatte keine Lust zu gehen, und ich wollte es auch nicht gern, und das überraschte mich wirklich. Normalerweise weiß ich nicht, worüber ich mich mit jungen Männern unterhalten soll, aber bei ihm hatte ich das Gefühl, als könnte ich die ganze Nacht hindurch mit ihm weiterreden. Ein Mann wie er war mir noch nie begegnet. Er war in der Schule nur bis zur sechsten Klasse gekommen, aber er las alles, was ihm in die Hände fiel, und interessierte sich für Geschichte, aktuelle Neuigkeiten, ja sogar für Metallurgie.

Nachdem er gegangen war, kehrte ich wieder in das Klassenzimmer zurück und stellte mich hinter meinen Tisch. Als ich die leeren Tische und Stühle überblickte, dachte ich an so vieles, was ich der Klasse sagen wollte – daß wir hier genauso zu Amerika gehörten wie jeder der achtundvierzig Staaten, und wie wichtig es für uns alle wäre, gute, gebildete Mitbürger zu sein. Dann ging ich in mein Zimmer und fing an, diese Gedanken niederzuschreiben.

III

UM NEUN Uhr sollte am nächsten Morgen die Schule beginnen, aber alle meine Schüler warteten bereits eine Viertelstunde vorher draußen vor der Tür. Eines der Vaughn-Mädchen hatte eine Fahne mitgebracht, und so ging ich hinaus, zog die Fahne an der Fahnenstange auf, und dann legten wir gemeinsam den Treueid ab.

Als wir danach im Klassenzimmer versammelt waren, konnte ich kein Wort herausbringen. Ich hatte Lampenfieber. Eine volle Minute lang starrte mich die ganze Klasse schweigend an, und ich starrte – keines Wortes mächtig – zurück. Es war so still, daß außer dem Atem aller Anwesenden und dem Knarren der Fußbodenbretter nichts zu vernehmen war. Mich fröstelte. „Wir sollten die Sitzordnung bestimmen. Aber kann jemand zuvor in diesem Ofen ein Feuer anmachen? Ich bring es nicht zustande."

Robert Merriweather, der älteste Junge, trat vor und fing an, in dem niedrigen, schwarzen Ofen, der nicht viel größer als eine Apfelsinenkiste war, kleine Holzscheite nachzulegen. „Sie haben nicht genug Anmachholz aufgelegt", sagte er, „und Sie haben die Ofenklappe nicht weit genug geöffnet."

Danach bekam jeder einen Platz zugeteilt, ich schrieb meinen Namen an die Tafel und sagte, daß ich froh darüber sei, bei ihnen zu sein.

Um eines brauchte ich mir gewiß keine Sorgen zu machen – ihrer Aufmerksamkeit konnte ich sicher sein. Für sie war alles neu, und sie waren lernbegierig.

Mit dem Lesen hatten sie große Schwierigkeiten. Die einzige Schülerin, die gut lesen konnte, war Isabelle Purdy. Der Rest der Klasse hatte Mühe, aus einem Lesebuch für die dritte Klasse laut vorzulesen. Die Vaughn-Zwillinge waren dreizehn, aber ihre um drei Jahre jüngere Schwester Elvira konnte besser lesen als sie. Joan Simpson und Willard Carew waren sechs, und ich würde beiden das Lesen beibringen müssen. Die vierjährige Lily Harrington konnte schon ein bißchen buchstabieren.

Etwa anderthalb Jahre lang hatte es hier im Ort keinen Lehrer gegeben, und bis auf Isabelle und Robert hatte keines der Kinder je Unterricht in Geschichte, Geographie oder Gemeinschaftskunde erhalten. Ich würde mir etwas einfallen lassen müssen, wenn ich sie für diese Themen interessieren wollte. Zunächst aber galt es, ihnen das Gefühl einer Klassengemeinschaft zu vermitteln, damit sie sich nicht einfach als eine zusammengewürfelte Gruppe von Kindern verstanden, die zufällig im gleichen Raum zusammensaßen. Am ehesten geeignet dafür schien mir ein gemeinsames Vorhaben zu sein, an dessen Ausführung sich alle beteiligen konnten. Ich sagte ihnen, was ich mir ausgedacht hatte.

„Wir werden eine Karte von Chicken anfertigen", erklärte ich ihnen. „Dafür werden wir eine ganze Wand im Klassenzimmer benutzen. Jeder zeichnet ein kleines Bild von seinem Haus, und das hängen wir dann in unserem Plan an die richtige Stelle."

Die Idee gefiel ihnen – das Haus, in dem sie lebten, und ihren Namen für alle sichtbar anzubringen. „Das ist aber erst ein Teil unseres Vorhabens", sagte ich. „Wir wollen alles über Chicken herausfinden, über seine geographische Lage und seine Geschichte. Wer weiß beispielsweise, wie Chicken zu seinem Namen gekommen ist?"

Niemand wußte es, und so erhielt Robert Merriweather von mir den Auftrag, die alten Goldgräber zu befragen und darüber einen Bericht abzuliefern. Dann wurde beschlossen, am folgenden Tag auf einem Ausflug Blätter und Gesteinsproben zu sammeln.

In den nächsten Tagen ging alles glatt. Weil für unsere Karte eine ganze Wand zur Verfügung stand, beschlossen wir, daß wir nicht nur aufzeichnen wollten, wo jeder wohnte, sondern daß wir einige Dinge, die wir von unseren Ausflügen mitgebracht hatten, dazuhängen wollten. Schließlich hatten wir jede Menge Birken- und Pappelblätter, Weiden- und Erlenzweige sowie alle möglichen Gesteinsproben zusammengetragen. Einiges davon wollten wir auf unserer Karte anbringen. Den Rest würden wir benutzen, um Bücher darüber anzulegen – Bücher über Blätter, Bücher mit Fellproben und mit Tierabbildungen. Wenn alles fertig war, wollten wir ganz Chicken einladen, um allen unser Werk zu zeigen. Die Klasse war so begeistert bei der Sache, daß ich Mühe hatte, den regulären Unterricht abzuhalten.

Robert Merriweather lieferte einen ausgezeichneten Bericht ab, und ich heftete ihn an die Wand.

WIE CHICKEN ZU SEINEM NAMEN KAM

> Chicken erhielt seinen Namen von den ersten Goldsuchern, die hierher kamen. Es gab hier viele Schneehühner, und sie dankten Gott dafür, denn sie waren hungrig. Sie waren so dankbar, daß sie diesen Ort eigentlich Ptarmigan (Schneehuhn) nennen wollten, aber sie wußten nicht, wie man das schreibt. So nannten sie ihn statt dessen Chicken – nach dem guten, alten, amerikanischen Huhn. Das hat Onkel Arthur Spratt gesagt.

Die erste Schulwoche ging schnell vorbei, und die Klasse machte sich mit Eifer an die gestellten Aufgaben. Als mein einziges Problem erschien mir, wie ich Robert Arithmetik lehren sollte. Er war bereits so weit, daß er das Pensum der siebten Klasse bewältigen konnte, und ich würde mich hinter die Bücher klemmen müssen, um einen gewissen Vorsprung halten zu können. Davon abgesehen sah ich recht optimistisch in die Zukunft.

Dieser Optimismus war verfrüht, denn bereits am Montag darauf saß ich in der Tinte. Das Problem hieß Chuck. Er stand am Montagmorgen, als ich noch in meinem Zimmer war, vor der Schule. Jimmy Carew spielte draußen vor der Eingangstür Ball mit den Vaughn-Mädchen. Ganz plötzlich hielt er im Spiel inne und sagte: „Wo kommst *du* denn her?“

„Aus Lausestadt“, sagte Evelyn Vaughn.

„Wer ist das?“ fragte sie Jimmy.

„Der Junge von Mary Angus."

„Was willste hier?" fragte ihn Jimmy.

„Schule gehen."

„Zum Teufel kannst du gehen", sagte Evelyn. „Das ist eine Schule für Weiße."

„Ich kommen hier. Lehrin, sie sagen, ich kommen."

„Lehrin?"

„Er meint Lehrerin."

„Ich weiß, was er meint."

Ich ging hinaus. „Guten Morgen", sagte ich. „Hallo, Chuck – fein, daß du doch noch gekommen bist. Wie geht es dir?"

Den Blick zu Boden gerichtet, murmelte er: „Gut."

So sah er aber keineswegs aus. Er war dünner als je zuvor, und seine Lippen waren ganz rissig. Seine Sachen waren schmutzig und stanken entsetzlich. Aus der warmen Jacke war er längst herausgewachsen, und die Ärmel waren viel zu kurz, dagegen war die Hose so groß, daß der Hosenboden, der halb am Boden schleifte, ganz zerfetzt war.

Wir sprachen den Treueid, dann stellte ich Chuck vor und gab jedem eine Aufgabe. Als alle beschäftigt waren, nahm ich ihn zu mir herüber in eine ruhige Ecke, um ihn vorlesen zu lassen. Mit einem Anfängerlesebuch kam er gut zurecht, und auch sein Rechnen war nicht schlecht. Die Klasse verhielt sich an diesem Vormittag ziemlich unruhig; die Kinder waren vornehmlich damit beschäftigt, einander bedeutungsvolle Blicke zuzuwerfen. Als ich Wörter abfragte, verlangte ich von Evelyn Vaughn, sie solle einen Satz mit „intelligent" bilden.

„Siwashes sind nicht sehr intelligent", gab sie von sich. Ein paar der älteren Kinder kicherten.

„Kannst du mir sagen, was das Wort Siwash bedeutet?" fragte ich sie.

„Gewiß. Es bedeutet dreckiger, verkommener Indianer." Weiteres Gekicher. „Es gibt Worte", erklärte ich, „die ich in diesem Klassenzimmer nicht hören möchte. Eines dieser Worte ist Siwash."

Eleanor Vaughn wollte wissen: „Und wenn ich nun gesagt hätte, *Indianer* sind nicht sehr intelligent?"

„Glaubst du wirklich, daß das zutrifft? Auf alle Indianer?"

Sie nickte.

„Und wie steht es mit Menschen, die Mischlinge sind?"

„So was wie Halbblut? Ich glaube, die auch", sagte sie.

„Vielleicht sollte ich euch sagen“, meinte ich, „daß meine Großmutter eine Indianerin war. Deshalb stamme ich also von Indianern ab. Glaubt ihr, daß mit meiner Intelligenz irgend etwas nicht in Ordnung ist?“

Eleanor wand sich vor Unbehagen. „Nein.“

„Stimmt das wirklich, Lehrerin?“ fragte Jimmy.

„Ja, es stimmt.“

„Zu welchem Indianerstamm hat sie denn gehört?“ wollte Elvira Vaughn wissen.

„Zu den Kentucks.“

„Von denen habe ich noch nie etwas gehört.“

„Sie sind wie Comanchen oder Sioux, wie alle anderen Indianer.“

„Na ja, gut“, sagte Jimmy. „Das sind *amerikanische* Indianer. Sie sind ganz anders als die hier bei uns.“

„Indianer sind Indianer, auch wenn es viele verschiedene Stämme gibt.“

„War Ihre Großmutter wie diese Indianer?“

„Ich will ganz ehrlich sein“, entgegnete ich. „Wenn ihr sie in dem Indianerdorf gesehen hättet, hättet ihr geglaubt, daß sie eine echte Indianerin ist.“

„Weshalb sehen Sie denn nicht indianisch aus?“

„Ich schlage wahrscheinlich meinem Großvater nach. Er war ein Weißer.“

Robert Merriweather meldete sich. „Wenn Ihre Großmutter eine Indianerin war, muß Ihr Vater ein Halbblut gewesen sein.“

„Das stimmt. Aber da, wo ich herkomme, kümmert sich niemand darum. Könnt ihr euch das vorstellen? Im Gegenteil, immer wenn sich herausstellte, daß ich indianisches Blut habe, hielten es die Leute für eine höchst interessante Eigenheit . . . Jetzt müssen wir unsere Arbeit erledigen, aber vergeßt nicht, es kommt nicht darauf an, was ein Mensch ist, sei er nun Indianer, Ire, Neger oder sonst etwas – er bleibt immer ein Mensch.“

Als der Unterricht vorbei war, hing Chuck noch einige Minuten herum. „Sie sagen Wahrheit, Lehrin?“ fragte er mich. „Sie Indianerin?“

„Ich bin zum Teil Indianerin, ja.“

„Sie machen Mokassin?“

„Nein. Ich weiß nicht, wie man sie anfertigt.“

„Schneiden Fisch? Stellen Fallen?"

„Ich fürchte nein."

Er dachte darüber nach. „Komische Indianerin", murmelte er.

An diesem Abend klopfte Jimmy Carew kurz vor sechs an meine Tür. „Meine Mutter möchte wissen, ob es in Ordnung geht, wenn der Elternbeirat nach dem Essen zu Ihnen kommt?"

„Aber gewiß. Sag ihr, halb acht würde mir gut passen."

Als die drei ankamen, Maggie Carew, Angela Barrett und Mr. Vaughn, sahen sie ernst und würdevoll aus. Mein Angebot, eine Tasse Tee zu trinken, lehnten sie ab. Mr. Vaughn räusperte sich. „Wir wüßten gern, mit welcher Begründung Sie Joe Temples Halbblut in die Schule aufgenommen haben."

„Aus dem gleichen Grunde, aus dem ich jeden Schüler aufnehme, Mr. Vaughn."

„Er gehört nicht hierher. Sie wüßten das, wenn Sie kein *Cheechako* wären. Er gehört in die Schule des Indianerdorfs."

„Aber er lebt jetzt nicht in dem Indianerdorf."

„Das hat nichts damit zu tun. Er sollte nicht mit unseren Kindern gemeinsam zur Schule gehen. Nach dem Gesetz steht diese Schule – und hier zitiere ich –, weißen und Mischlingskindern offen, die *ein zivilisiertes Leben führen*'. Dieser Junge ist nicht zivilisiert. Keiner dieser Indianer aus dem Indianerdorf ist zivilisiert."

„Ist das nicht nur Ihre Interpretation, Mr. Vaughn?" fragte ich. „Chuck kann lesen und schreiben, er ist genau wie jeder andere kleine Junge. Ich kann ihm nicht sagen, daß er aus dem Unterricht wegbleiben soll, wenn ich keinen guten Grund dafür habe."

„Man hat Ihnen die Gründe genannt. Wir veranstalten hier keinen Schulunterricht für ungewaschene Siwashes und stehen damit auf seiten des Gesetzes. Werden Sie es ihm jetzt sagen?"

„Das kann ich nicht."

„Dann werde ich es für Sie tun. Wir werden abstimmen, um zu beweisen, daß wir im Sinne des Gesetzes handeln. Ich beantrage, daß das als Charles Temple bekannte Halbblut-Kind vom Unterricht mit der Begründung ausgeschlossen wird, daß es kein zivilisiertes Leben führt. Wie stimmen Sie?"

Maggie und Angela stimmten zu.

„Damit wäre das geregelt", sagte Mr. Vaughn.

Vielleicht war es damit für sie geregelt, aber für mich war das nicht der Fall. Ich war so wütend, daß ich am liebsten den Ofen nach ihnen geworfen hätte.

„Nehmen Sie's nicht übel, Annie", sagte Maggie. „Wir versuchen Ihnen ja nur beizubringen, wie es am besten ist. Sie wissen ja selbst, daß Sie hier noch nicht viel Erfahrung haben."

„Ich weiß."

„Ich hätte jetzt gern eine Tasse Tee, wenn Sie ihn noch anbieten."

Ich goß ihr und Angela Tee ein. Mr. Vaughn wollte keinen.

„Wenn es nichts weiter zu erledigen gibt", meinte er, „können wir diese Sitzung beenden."

Für mich war keineswegs alles erledigt. Mr. Henderson, der Leiter des Schulamts, hatte mir in Juneau gesagt, er sei der Meinung, daß dort eine Schule eingerichtet werden müßte, wo auch nur ein einziges – statt der gesetzlich vorgeschriebenen zehn Kinder – des Unterrichts bedürfte. Deswegen hatte er auch über die Tatsache hinweggesehen, daß wir hier der gesetzlichen Auflage nicht ganz genügten. Das wußte der Beirat aber nicht. Und so hörte ich mich sagen: „Zu schade, daß ich den weiten Weg hierher ganz umsonst gemacht habe."

„Was soll das heißen?" fragte Mr. Vaughn.

„Ich werde die Schule schließen müssen."

Mr. Vaughn kniff die Augen zusammen. „Was meinen Sie damit?"

„Ich habe nicht genug Schüler", sagte ich und versuchte, mir meine Erregung nicht anmerken zu lassen. „Nach dem Gesetz müssen es zehn Schüler sein. Und hier sind nur neun."

„Was soll das?" meinte Maggie. „Das ist doch nur eine Formalität. Wollte man immer von einer bestimmten Schülerzahl ausgehen, gäbe es hier draußen nirgends eine Schule."

„Davon verstehe ich nichts", entgegnete ich. „Hier in Alaska ist das meine erste Stelle, und ich möchte nicht gegen das Gesetz verstoßen." Meine Hände wurden feucht, und das Herz schlug mir bis zum Hals.

Maggie starrte mich lange an. „Wollen Sie damit sagen, daß Sie zusammenpacken und auf und davon wollen?"

„Das werde ich wohl müssen, Mrs. Carew."

„Sie bluffen", sagte Mr. Vaughn.

„Keineswegs. Sie haben doch selbst gesagt – Gesetz ist Gesetz."

„Kann mir jemand erklären, was hier eigentlich vorgeht?" rief Angela.

„Wir werden erpreßt, das geht hier vor sich", sagte Mr. Vaughn.

„Wir haben hier eine zweite Catherine Winters – noch eine Indianerfreundin. Ich habe gehört, daß Sie auch eine halbe Siwash sind", sagte er zu mir. „Jetzt glaube ich es. Meinetwegen können Sie zusammenpacken und sich auf der Stelle zum Teufel scheren. Und was mich anbetrifft, wird diese Sitzung vertagt." Ohne noch ein weiteres Wort zu verlieren, ging er hinaus.

Angela hatte die Arme vor der Brust verschränkt. Blanker Haß stand in ihrem Gesicht. „Angela, geh zurück ins Gasthaus", sagte Maggie. „Ich komme in ein paar Minuten nach."

Als sie verschwunden war, sagte Maggie: „Ich nehme an, daß Sie doch nächstes Jahr in Eagle unterrichten wollen."

„Ja."

„Dort gibt es auch einen Elternbeirat. Wenn man Sie dort nicht will, wird man Sie nicht nehmen. Was hier geschieht, wird denen dort gar nicht gefallen."

„Daran werde ich kaum etwas ändern können."

Sie erhob sich. „Sie sind starrköpfiger als ein altes Maultier, das muß ich schon sagen. Sie sind ein netter Kerl, und ich mag Sie, aber lassen Sie sich eines von mir sagen – übertreiben Sie es nicht, sonst werden Sie im nächsten Jahr weder in Eagle noch sonstwo in Alaska unterrichten. Man wird sich im Schulamt schriftlich beschweren."

„Ich will keinen Ärger, aber dieser kleine Junge hat ein Recht auf –"

„Spielt gar keine Rolle, wozu er ein Recht hat. Vielleicht wollen Sie keinen Ärger, aber Sie haben sich soeben eine Menge Ärger eingehandelt."

Sie knöpfte ihren Mantel zu. „Seien Sie nur vorsichtig. Ich werde noch einmal darüber hinwegsehen. Andere werden das nicht."

Am nächsten Morgen war ich nur noch ein Nervenbündel und fragte mich, ob die Schüler überhaupt kommen würden. Sie kamen jedoch alle, auch die Vaughn-Mädchen, und als wir an diesem Vormittag im Musikunterricht sangen, hätte man meine Stimme bis nach Steel Creek hören können, so glücklich war ich.

Aber ich stellte bald fest, was Maggie gemeint hatte, als sie sagte, andere Leute würden nicht darüber hinwegsehen. Da war eine vogelähnliche, kleine Frau namens Dowles, die mir einen Waschkessel geborgt hatte. Am frühen Vormittag kam sie an und sagte, sie brauchte den Waschkessel. Gegen halb zwölf stellte sich einer der alten Goldgräber ein und fragte, ob ich etwas dagegen hätte, ihm die beiden Stühle, die er mir geliehen hätte, zurückzugeben; er erwarte Besuch. Danach entschwanden meine Schüsseln, als Elvira zu mir kam, ehe sie zum Essen nach Hause ging. „Mein Vater läßt bitten, uns den Satz Schüsseln, den wir Ihnen geliehen haben, zurückzugeben. Wir brauchen sie selbst."

Ich versuchte, mir einzureden, es mache mir nichts aus, wie die Leute mich behandelten. Aber es kränkte mich doch. Da war ich nun kaum zehn Tage in einem Ort und hatte mir seine Bewohner schon zu Feinden gemacht.

Natürlich nicht alle. Jake Harrington, Lilys Vater, sagte Mr. Vaughn sehr nachdrücklich seine Meinung. Joan Simpsons Eltern luden mich ein paar Tage nach der Auseinandersetzung zum Abendessen ein und erklärten mir, sie fänden das alles nur komisch. Ich verbrachte einen sehr netten Abend bei ihnen. „Machen Sie sich nichts daraus", sagte Tom Simpson. „Dieser Vaughn ist nun mal ein Hitzkopf."

Die einzige Überraschung bereitete mir Mrs. Purdy. „Ich meine, Sie haben sich große Schwierigkeiten gemacht, Ahnne", sagte sie mir eines Abends, als ich bei ihnen war. „Für diesen Indianerjungen ist es nicht gut, in der Schule zu sein."

„Und weshalb nicht, Mrs. Purdy?"

„Sehen Sie das nicht selber, Ahnne? Er ist dumm und schmutzig, das, was man ein . . .", sie suchte nach den richtigen Worten.

Fred stützte den Kopf in die Hand. „Schlechtes Beispiel", sagte er.

„Ja, danke. Es wäre etwas anderes, Ahnne, wenn Chuck sauber und gepflegt wäre. Das ist er nicht. Er ist schmutzig und stinkt."

„Das ist weiter kein Problem", sagte Fred zu mir. „Stecken Sie ihn in die Badewanne."

„Daran habe ich schon gedacht."

Mrs. Purdy schüttelte den Kopf. „Die Leute werden ihn sehen und glauben, alle Kinder von Eingeborenen seien wie er."

Fred stöhnte. „Ach, Ma . . ."

„Ja, du sagst ‚Ach, Ma'. Ich sage, ich hätte es lieber, wenn Mary Angus zurück ins Indianerdorf gehen und ihre Kinder mit sich nehmen würde."

„Ja", meinte Fred trocken. „Du möchtest so sehr, daß sie zurückgeht, daß du die erste warst, die gesagt hat, ich solle ihr etwas Holz bringen. Morgen werde ich hingehen und alles wieder abholen."

Mrs. Purdy fand das gar nicht komisch. „Wir müssen denen helfen, die unsere Hilfe brauchen. Wir können sie nicht erfrieren lassen. Aber sie gehört nicht hierher, und der Junge gehört nicht in diese Schule. Ahnne, Sie sind noch jung. Sie wissen nicht, wie es in den Herzen der Menschen hier aussieht. *Ich* weiß es. Meine Kinder wissen es. Sie müssen sich in acht nehmen."

Sie war wirklich aufgebracht, und das machte mir etwas deutlich. Sie wollte sich anpassen, wollte wie alle anderen sein, und jeder Eingeborene, der das nicht tat, warf ein schlechtes Licht auf sie. Und plötzlich wurde mir klar, weshalb Mr. Purdy sich so benahm, weshalb er nie etwas sagte, wenn ich in der Nähe war, und sich einfach absonderte. Er schämte sich, daß Mrs. Purdy eine Eskimofrau war, und sie wußte es. Das zu glauben fiel mir schwer, aber ich sah, daß es stimmte, und er tat mir deswegen leid.

Später begleitete Fred mich nach Hause. Der Boden war steinhart, und das abgefallene Laub machte ihn schlüpfrig. Die Bäume waren schon so kahl, daß man tagsüber das Wild durch die Wälder ziehen sehen konnte. Ich zog die Kapuze meines Parkas über. „Ihre Mutter macht sich wirklich etwas daraus, was die Leute von ihr denken, nicht wahr?" fragte ich Fred.

„Nun ja, es hat lange gedauert, bis sie hier Freunde gefunden hat."

Ich rutschte auf einigen Blättern aus, und er fing mich auf. Als er mich wieder losließ, waren wir beide etwas verlegen. Wir versuchten, jede weitere Berührung während des letzten Wegstücks zu vermeiden. Als wir am Schulhaus ankamen, gingen wir ein paar Schritte voneinander entfernt.

„Gibt es im Klassenzimmer noch irgend etwas, das getan werden müßte?" fragte er mich. „Jetzt habe ich viel Zeit, bis Fallen gestellt werden können."

Ich sagte ihm, ich könnte ein paar Schränke gut gebrauchen, in denen die Kinder ihre Sachen unterbringen könnten, und er versprach mir, in einigen Tagen vorbeizukommen.

Chuck blieb.

Wie es ihm möglich war, die Behandlung der anderen Kinder zu ertragen, weiß ich nicht. Wenn sie überhaupt mit ihm sprachen, dann machten sie sich über ihn lustig. Sie äfften seine Aussprache nach und nannten ihn „olle Rothaut". Es wäre alles weniger schlimm gewesen, wenn er in der Lage gewesen wäre, sich zu wehren, aber wenn sie ihn ärgerten, konnte er nicht schnell genug in Englisch umdenken, um es ihnen in ihrer Sprache heimzuzahlen. So stand er eben nur da, sein Gesicht rot vor Wut, und stapfte schließlich hinaus. Und er roch wirklich so entsetzlich, daß keiner in der Klasse neben ihm sitzen wollte.

Eines Tages nahm ich ihn mit zu mir und tat, was ich schon ganz am Anfang hätte tun sollen. Ich holte alle Töpfe heraus, füllte sie mit Wasser und stellte sie auf den Herd. Dann nahm ich ihn mit hinüber zum Laden. Wir suchten einige gute, warme Flanellhemden, zwei Latzhosen, lange Unterwäsche und Socken aus. Er war begeistert, aber als ich ihm bei mir zu Hause sagte, er müsse erst baden, ehe er die Sachen anziehen dürfe, machte er ein langes Gesicht. „Ach nein, Lehrin."

„Möchtest du diese neuen Sachen haben?"

„Ja."

„Möchtest du weiter zur Schule gehen?"

„Ja."

„Dann wirst du dieses Bad nehmen müssen."

Also wanderte er in die Badewanne, und als er sauber und neu eingekleidet war, war er kaum wiederzuerkennen. Ich stellte ihn vor meinen Spiegel. „Gefällst du dir?" Ich hatte ihm auch die Haare gewaschen und ihn gekämmt.

Er lächelte. „Zu gut aussehen."

„Wir werden das einmal in der Woche machen", sagte ich. Trotz allem Bürsten war es mir nicht gelungen, den ganzen Schmutz herunterzubekommen. Er hatte sich zu sehr festgesetzt.

„Warum die Kinder sie mich nicht mögen?" fragte er.

„Sie kennen dich noch nicht, Chuck. Du mußt ihnen eben etwas Zeit lassen. Wenn sie dich besser kennen und sehen, was du für ein netter Junge bist, werden sie dich sehr mögen."

„Sie kennen mich?"

„Ich glaube schon."

„Ich warten. Ganz bald die Kinder sie mich auch kennen."

Als die Kinder ihn am nächsten Tag sahen, erkannten sie ihn fast nicht wieder. Es stimmte sie jedoch keineswegs freundlicher. Als sie herausfanden, daß ich ihm die neuen Sachen besorgt hatte, nannten sie ihn ein Schoßkind. Aber er kam weiter zur Schule. Was immer er auch ertragen mußte, es war besser, als in dieser entsetzlichen Bude daheim herumzuhängen. Ich mußte mir eingestehen, daß ich ihn gern hatte. Er hatte etwas so Freundliches und Verläßliches an sich, daß ich wütend wurde, wenn die Kinder auf ihm herumhackten.

Als er am Samstag bei mir vorbeikam, brachte er seine kleine Schwester mit. Sie war ein bildhübsches, kleines Ding mit langen, schwarzen Haaren, einer schmalen Nase und großen, fragenden, braunen Augen. „Sie Name Et'el", sagte Chuck. Er versuchte, sie dazu zu bewegen, mich zu begrüßen, aber sie war zu eingeschüchtert.

Ich schnitt eine Scheibe von dem Brot ab, das ich morgens gebacken hatte, bestrich sie mit Butter und Honig und gab sie ihr. Sie schlang sie schnell hinunter, und zwei weitere Scheiben verschwanden auf dieselbe Weise. Chuck nahm sie mit in das Klassenzimmer und zeigte ihr sein Blätter-Buch, einige Buchstabiervorlagen und die Zeichnung von einem Elch, die er angefertigt hatte.

Ehe sie wieder gingen, fragte ich Chuck, wo es ihm denn besser gefiele, im Indianerdorf oder hier.

„Indianerdorf", antwortete er. „Kinder nicht spielen mit mir hier. Ich warten und warten, Lehrin, auf diese Kinder mich kennen."

„Das werden sie früher oder später."

Er seufzte. „Ich hoffe, Sie haben recht. Ich warten zu lange, ich werden alter Mann wie Onkel Arthur Spratt."

IV

„Ist es noch nicht soweit?"

Ich sah auf die Uhr. Es war eine Minute vor zwölf. „Beinahe. Habt ihr eure Bücher und Hefte ordentlich zusammengepackt?"

Alle bejahten. Sie waren aufgeregt und wollten unbedingt schnell hinaus. Nach dem Mittagessen wurde der Packtierzug erwartet. Ich teilte ihnen mit, daß sie am Nachmittag frei hätten. Auch ich war ziemlich aufgeregt, denn Nancy sollte heute ankommen. Von nun an würde ich nicht allein beim Essen sitzen, und abends würde jemand dasein, mit dem ich mich unterhalten konnte. „Für heute ist die Schule aus!" rief ich, und im Handumdrehen war das Klassenzimmer leer.

Der Packtierzug ließ bis etwa drei Uhr auf sich warten. Fred spielte mit einigen der Kinder Schlagball und bemühte sich, den Kindern den Ball zuzuspielen. Ich machte mit, als plötzlich im ganzen Ort alle Hunde in ihren Hütten zu bellen und heulen anfingen. Das bedeutete, daß Mr. Strong schon ganz in der Nähe war. Wir spielten weiter, während überall Leute aus ihren Häusern gelaufen kamen. Ich rief Fred zu, er solle mir einen Ball zuspielen. Der Ball prallte an Vaughns Windfang genau in dem Augenblick auf, als Mr. Vaughn aus der Tür trat. Er kam direkt auf mich zu.

„Was machen diese Kinder außerhalb der Schule?“ fragte er.

„Ich habe ihnen für diesen Nachmittag schulfrei gegeben, wegen des Packtierzugs“, sagte ich. „Ich konnte nicht annehmen, daß daran etwas auszusetzen sei.“

„Wenn Sie sich das nächste Mal freinehmen wollen, holen Sie zuvor die Erlaubnis des Beirats ein“, erklärte er und wies mit ausgestrecktem Finger auf mich. „Sie sind verdammt geschickt, wenn es um Ihren eigenen Vorteil geht.“

„Sie haben kein Recht, in diesem Ton mit mir zu reden, Mr. Vaughn.“

„Ich rede mit Ihnen, wie es mir paßt.“ Wieder streckte er seinen Finger nach mir aus. „Noch ein Wort mehr, und ich werde Ihnen Ihre Frechheit schon austreiben.“

Ich war so entgeistert, daß ich mich nicht rühren konnte.

Da spürte ich Freds Hand auf meinem Arm. „Kommen Sie, Anne.“ Er wollte mich wegbringen, und ich folgte ihm gehorsam.

„Ihr Freund hat anscheinend mehr Grips als Sie“, schnaubte Mr. Vaughn. „Ich war gerade so weit, daß ich Sie übers Knie legen wollte.“

Fred wirbelte herum. „Sie werden sie nicht anrühren“, sagte er.

„Was hast du gesagt?“ Mr. Vaughn kam mit haßerfüllten Augen auf uns zu.

Fred hob wortlos die Schlagkeule. „Wagen Sie es nur, sie oder mich anzurühren, und ich ziehe Ihnen eins über“, sagte er.

Mr. Vaughn war um einen ganzen Kopf größer als Fred und hätte nur zu gern Hackfleisch aus ihm gemacht. Aber er hatte Angst vor der Schlagkeule. Also warf er Fred einen verächtlichen Blick zu und ging hinüber zum Postamt. Fred und ich mischten uns unter die anderen Wartenden, aber ich war so aufgebracht, daß ich kaum ein Wort hervorbringen konnte.

Als ich Nancy sah, fühlte ich mich gleich wohler. Einen Brief ihrer Mutter, den mir Mr. Strong übergeben hatte, las ich erst in meiner Wohnung, während Nancy auspackte. Mrs. Prentiss hatte sich ihr Angebot, mir etwas zu zahlen, noch einmal überlegt. „Wie ich hörte, haben Sie keinen Lebensmittelvorrat“, schrieb sie. „Da Nancys Unterbringung nichts kostet, können wir vielleicht ein Abkommen treffen, wonach ich Ihnen für Nancys Unterhalt Lebensmittel schicke."

Nancy hatte nicht viel mitgebracht, nur einige Latzhosen und ein paar verwaschene Kleidchen. Nachdem wir für alles einen Platz gefunden hatten, sagte ich ihr, wie sehr ich mich auf ihr Kommen gefreut hätte, und erkundigte mich näher nach ihrer Ausbildung. „Wieviel Klassen hast du besucht?"

„Acht."

„Ohne lesen zu können?"

„Etwas lesen kann ich ja."

Ich gab ihr ein Lesebuch für die fünfte Klasse. Sie vertiefte sich darin und stieß jedes Wort einzeln hervor, aber sie machte ihre Sache ganz gut.

„Du kannst gut lesen", sagte ich. „Ich sehe nicht, wozu du mich brauchst."

„Ich kann dieses Buch lesen, weil meine Mutter mit mir ein ganzes Jahr lang damit geübt hat. Ich kann nur lesen, wenn jemand zuerst vorliest und mir die Wörter dabei zeigt."

Ich gab ihr ein Märchenbuch. „Hast du das schon gelesen?"

Sie schüttelte den Kopf. Ich schlug das Buch an einer Stelle auf, an der ein Märchen anfing. Sie betrachtete die Seite fast eine Minute lang, ehe sie zu lesen anfing. Später wurde mir klar, daß sie die ersten Worte erraten hatte: „Es . . . war . . . einmal . . ." Sie hielt inne, und was dann folgte, war reines Kauderwelsch. „Es . . . ein . . . Schnee . . . Schi . . ." Ich sah ihr über die Schulter. „Es war einmal ein Schneider", stand da geschrieben.

Sie bemühte sich weiter, aber alles andere ergab ebensowenig einen Sinn, und schließlich gab sie auf. „Ich weiß nicht, was ich da lese." Bei näherem Befragen stellte sich heraus, daß sie nie das Alphabet gelernt hatte. Für sie war ein Wort nur eine Anordnung von Buchstaben in einer bestimmten Reihenfolge. Sie konnte die Schlüsselwörter auswendig lernen und erriet den Rest. So etwas hatte ich noch nie erlebt.

Ich nahm an, daß ihre Lehrer sie bis zur achten Klasse mitgeschleppt hatten, weil sie wohl glaubten, damit keinen Schaden anzurichten. Weiterkommen konnte sie jedoch nicht, denn nach Abschluß der achten Klasse mußte eine im ganzen Land einheitliche Prüfung abgelegt werden. Und sie konnte nicht lesen. „Ich muß diese Prüfung bestehen", sagte sie. „Wenn ich das schaffe, kann ich nach Fairbanks auf die höhere Schule gehen, hat mir meine Mutter versprochen." Nachdem ich sie eine Weile befragt hatte, war ich der Meinung, daß sie nicht dumm sei. Daran bestand kein Zweifel. Wir beschlossen, daß sie zum Unterricht kommen sollte und daß ich ihr am Abend Nachhilfestunden geben würde.

Ich segnete Mr. Strong für den Rat, sie bei mir aufzunehmen. Nancy stellte sich im Haushalt so willig und geschickt an, daß meine Wohnung nach wenigen Tagen tadellos in Ordnung war. Ich weiß nicht, was ich ohne sie angefangen hätte, wenn ich nur an das Wasser denke. Der Schnee war kniehoch, und der Bach war voller Schlamm und Eis. Dann sank die Temperatur ganz plötzlich auf dreißig Grad unter Null, und der Bach fror zu. Nancy hatte draußen vor unserer Tür den Schnee hoch aufgetürmt und so für Wasservorrat gesorgt. Ich kümmerte mich nicht weiter um den Geschmack des Schneewassers. Es schmeckte fade, bis Nancy etwas Hafermehl in die Wassertonne gab. Das verbesserte den Geschmack sehr.

„Wir müssen jetzt sparsam mit dem Wasser umgehen", bedeutete sie mir. Sie brachte mir bei, das Wasser erst dann wegzuschütten, wenn es nicht mehr zu gebrauchen war. Zuerst wurde es für die eigene Reinigung, dann für die der Kleidung verwendet. Falls erforderlich, konnte man dann sogar noch den Fußboden damit wischen.

Nach ungefähr einer Woche stellten sich die ersten Probleme bei uns ein. Sie sah es nicht gern, daß ich Chuck badete, und benahm sich so, als sei er ungefähr das Minderwertigste, was sie je gesehen hatte. „Man kann sich hier nicht mal umdrehen, ohne daß er einem vor die Füße kommt."

„Es gefällt ihm hier."

„Wenn er und all die anderen Kinder hier herumrennen, könnte man fast annehmen, das hier sei ein Gasthaus."

Sie sah es nicht gern, daß die Kinder auch nach dem Unterricht kamen und gingen, und deshalb versuchte ich, sie von Besuchen in meiner Wohnung abzubringen. Aber die Mißstimmung zwischen uns nahm immer mehr zu. Es war ihre Aufgabe, darauf zu achten, daß wir immer genügend Holz und Wasser im Haus hatten. Aber ich mußte sie mehrfach daran erinnern, wenn unsere Vorräte zur Neige gingen. Schließlich wechselten wir uns beim Wäschewaschen, Ausfegen, Geschirrspülen und allem anderen ab.

So hatte ich mir das aber nicht gedacht. Ich stand fast den ganzen

Tag vor der Klasse und mußte manchmal noch lange nach dem Abendessen Unterrichtsstunden und alles, was ich sonst noch mit der Klasse unternehmen wollte, vorbereiten. Ich hatte geglaubt, daß mir Nancy eine Hilfe sein würde, aber nun hatte ich genausoviel zu tun wie zuvor, und dazu mußte ich es noch mit einem Menschen aushalten, den ich von Tag zu Tag weniger mochte.

Ich hatte Nancy gesagt, daß sie nicht eher lesen lernen würde, bis sie nicht alle Buchstaben und deren Aussprache kannte. Zunächst strengte sie sich an, lernte die Buchstaben im Handumdrehen und fing sogar an, einfache, kurze Wörter zu schreiben. Aber als einige der älteren Kinder sich über sie lustig machten, war sie bald nicht mehr bereit, auch nur ihre Schulaufgaben zu erledigen. Als ich Jimmy Carew einmal aufforderte, laut vorzulesen, ahmte er sie nach: er ließ sich auf seinen Stuhl fallen und starrte in sein Buch, das er verkehrt herum hielt.

Die Situation spitzte sich zu, als Nancy eines Nachmittags kurz vor Schulschluß ihren Platz verließ, zu Jimmy hinüberging und ihm eine schallende Ohrfeige versetzte. Dann verließ sie das Haus durch die Vordertür, die sie heftig hinter sich zuschlug.

Das Abendessen war schon lange vorbei, als sie endlich zurückkam. Sie setzte sich auf die Couch und starrte ins Leere.

Wir schwiegen beide eine Weile, dann sagte sie: „Sie können mich nicht leiden, nicht wahr? Weil ich hier nicht so putze und scheuere, wie Sie es gern hätten."

„Nancy –"

„Nun, desweg'n bin ich schließlich auch nich hergekomm'n", fuhr sie fort und sprach absichtlich nachlässig. „Das kann ich ja auch zu Hause mach'n un muß ich auch. Ich bin hier, weil Sie mich les'n lernen soll'n, und das ham Sie nich getan."

„Nein, das hab ich nicht getan", sagte ich und verlor allmählich die Beherrschung. „Und wenn du dich weiter so benimmst, wird das auch kaum möglich sein. Du bist so damit beschäftigt, beleidigt zu sein, daß du keinen Gedanken für etwas anderes mehr hast."

„Meine Mutter zahlt nich für mich, damit ich hier koche und putze", erklärte sie stur. „Sie zahlt, damit Sie mich unterrichten."

„Nancy, deine Mutter zahlt mir gar nichts."

„Was reden Sie denn da? Ich hab gehört, als Sie zum erstenmal bei uns vorbeigekommen sind, daß sie zahlen wollte, damit Sie mich nehmen."

„Ja, das hat sie gesagt. Aber am Tag deiner Ankunft habe ich ihren Brief beantwortet und ihr mitgeteilt, daß sie mir nichts zu zahlen braucht."

Sie erblaßte. „Weshalb haben Sie das getan?" Ihre Stimme war ganz leise, und die Worte schienen von weit her zu kommen.

„Ich war froh darüber, Gesellschaft zu haben", sagte ich ehrlich. „Ich hatte Angst davor, hier ganz allein zu sein."

Sie stand auf und ging zum Fenster. Langsam wischte sie über eine beschlagene Scheibe und starrte dann hinaus in die Dunkelheit. Und dann rollten Tränen. Sie weinte lange vor sich hin.

Von diesem Zeitpunkt an war Nancy nicht mehr zu bremsen – sie erledigte so viele Arbeiten, daß ich ihr sagen mußte, sie solle sich nicht übernehmen. „Sie tun mehr für mich, als je ein Mensch in meinem ganzen Leben für mich getan hat", sagte sie. „Und das vergesse ich nicht."

Sie fing nun auch an, netter zu den anderen Kindern zu sein. Als sich einige der „Bücher", die die Kinder angefertigt hatten, in ihre Bestandteile auflösten, heftete sie die Seiten wieder zusammen und schob sie den Kindern mit einem freundlichen Knurren zu: „Da." Im Rechnen war sie die Beste, und darum bat ich sie eines Morgens, Jimmy im Umgang mit den Multiplikationstabellen zu helfen. Keiner von beiden schien von der Idee sehr entzückt zu sein. Ich schickte sie in meine Wohnung, wo sie arbeiten sollten, und als ich kurze Zeit darauf meinen Kopf durch die Tür steckte, sah ich, daß sie ihm beim Lernen half, als hätte sie ihr Leben lang nichts anderes getan.

Nachdem sie Jimmy geholfen hatte, wurde sie von der Klasse weniger schief angesehen, und einige Wochen später hatten einige Kinder sie sogar liebgewonnen. Während der Pausen übertrug ich ihr die Aufsicht über die älteren Kinder draußen, während die kleineren im Klassenzimmer spielten. Ganz unter uns hatte ich ihr gesagt, daß ich ihr sehr dankbar wäre, wenn sie ein Auge auf Chuck haben könnte.

Sie paßte besser auf ihn auf, als ich selbst es gekonnt hätte. Während einer Pause hörte ich ihn draußen plötzlich weinen und kam gerade rechtzeitig genug zur Tür, um zu sehen, wie Nancy Eleanor Vaughn einen Schubs gab. Sie hätte Evelyn ähnlich behandelt, aber die ging ihr lieber schnell aus dem Weg. Die beiden schienen Chucks Gesicht mit Schnee eingerieben zu haben, denn es war ganz naß und rot.

Nancy legte ihre in einem dicken Fäustling steckende Hand auf

Chucks Schulter. „Wenn ihr zwei diesen Jungen noch einmal anfaßt", erklärte sie, „schlag ich euch die Köpfe ein."

Von nun an ließen sie Chuck in Ruhe.

Ich glaube, ich war nie in meinem Leben glücklicher als damals. Alles schien sich genauso zu entwickeln, wie ich es mir erträumt hatte – die Siedlung und das ganze Land ringsum eingehüllt von einer dicken, weißen Schneedecke, und der Schnee war so trocken, daß man in Halbschuhen gehen konnte, ohne sich nasse Füße zu holen. Jetzt erlebte ich, wie der Norden wirklich war. Der Winter war die Jahreszeit, in der man so vieles unternehmen konnte. Man konnte auf Skiern fahren, wohin man wollte, und kam doppelt so schnell voran wie vor dem Schneefall zu Fuß. Das ganze Land war so still und offen und frei, daß man das Gefühl hatte, als ob sich Gefängnistore geöffnet hätten. Das versetzte alle Menschen in gute Laune, und auf ihren Gesichtern spiegelten sich die Frische und Reinheit der Landschaft wider.

Ich lernte überraschend schnell Skilaufen und wollte nun auch Skijöring lernen – dabei läßt man sich von Hunden ziehen, die man an langer Leine hält. Fred war ein Experte darin, und er hatte mir versprochen, es mir beizubringen. „Seien Sie am nächsten Samstagmorgen startbereit", hatte er mir gesagt. „Ich komme so gegen zehn."

Punkt zehn hörte ich ihn meinen Namen rufen, und als ich die Tür öffnete, stand er draußen auf seinen Skiern. Er hatte seinen Lieblingshund „Windbeutel" und zwei weitere Hunde mitgebracht. An seinen eigenen Skiern hatte er noch eine zusätzliche Bindung angebracht, so daß ich hinter ihm stehen konnte. Nancy sah mir vom Hauseingang zu, wie ich die Bindung anlegte, und ich konnte ihr gerade noch eben zuwinken, ehe Fred „Ab!" rief und wir auf und davon stoben.

Sobald wir richtig in Fahrt waren, fing Fred an zu singen: *„Sweet Rossie O'Grady",* und die Hunde zogen an, als liefen sie im Rudel. Jeder hatte seine eigene Art, Schlittenhunde anzutreiben. Manche benutzten die Peitsche, andere – wie Angela Barrett – schrien und fluchten die ganze Zeit. Fred sang seinen Hunden etwas vor, und sie hatten es überaus gern.

„Fred!" schrie ich. „Es geht zu schnell. Wir werden stürzen!"

„O nein! Wir fangen doch gerade erst richtig an."

Ich hatte ihn so fest wie möglich an seinem Parka gepackt und klammerte mich an ihn, während seine Skier unter uns knirschten. Die Hunde waren neun Meter vor uns, die volle Länge der Führungsleine nutzend. Wenn sie nach einer Seite ausbrachen, würde ich mit Sicherheit abgeworfen werden.

Aber ich hielt mich auf den Skiern. Skilaufen machte Spaß, aber es war lange nicht so aufregend wie Skijöring.

Nach einer Weile konnte ich mich selbst beglückwünschen. Ich legte mich so in die Kurven und konnte meine Bewegungen so gut mit Freds abstimmen, als säßen wir auf einem Tandem. Wir waren fast einen Kilometer weit gekommen, als ich so übermütig wurde, daß ich nicht mehr genau aufpaßte. Der Weg bog scharf ab. Fred lehnte sich nach links, ich zog ihn nach rechts, und schon flogen wir durch die Gegend.

Wir landeten lachend in einer Schneewehe. „Alles in Ordnung?" fragte Fred.

„Völlig. Vielleicht halte ich hier ein Schläfchen." Ich stützte mich auf die Ellbogen und sah mich nach den Hunden um. Auch sie waren im Sturz mitgerissen worden, und zwei von ihnen hatten sich in den Leinen verheddert. Aber sie waren gut abgerichtet und blieben ruhig. „Windbeutel" war ein Prachtexemplar, ein sibirischer Schlittenhund mit dem Kopf eines Grauwolfs und schrägstehenden Augen. Keuchend lief er mit eingezogenem Schwanz auf Fred zu und wackelte mit dem Hinterteil.

„Sehen Sie sich das an. Er glaubt, es sei seine Schuld", sagte Fred, setzte sich auf und machte sich daran, die Leinen zu entwirren.

„Und wessen Schuld war es nun?"

„Ihre."

„Ich wußte, daß es an mir hängenbleiben würde." Ich nahm einen Schneeklumpen und warf ihn nach ihm. Er wehrte ihn mühelos ab; dann formte er einen größeren Schneeball und warf ihn hoch in die Luft. Er plumpste genau auf die Kapuze meines Parkas.

„Sie sehen aus wie ein Baum", sagte er.

„Etwas so Nettes haben Sie mir noch nie gesagt."

Ich blickte in den blauen Himmel. Es war noch früh, aber die Sonne stand schon tief über den fernen Berggipfeln, und die Bäume warfen lange, blaue Schatten.

Ich sah Fred zu, wie er das Gespann richtete. Es hatte mir wirklich gefallen, ihm auf den Skiern so nahe zu sein, und ich fragte mich, ob er genauso empfand. Ich glaubte schon, aber er ließ sich nichts anmerken. Bisher hatte er nur meine Hand gehalten, wenn wir allein waren.

Wir sprachen nie darüber, aber ich wußte sehr wohl, daß er viele dumme Bemerkungen über Mischlinge hatte mitanhören müssen und daß er deswegen Abstand wahrte.

Jetzt stand er auf, klopfte sich den Schnee ab und reichte mir die Hand. Und ab ging es wieder.

Wenige Minuten später konnten wir die verfallene Behausung von Mary Angus sehen. Aus dem Ofenrohr stieg Rauch, ein Zeichen, daß es ihr wieder halbwegs gutging. Wenige Wochen zuvor hatte ich sie auf dem Weg in der Nähe von Freds Haus gesehen und befürchtet, daß sie sterbenskrank war. Sie zog einen Schlitten hinter sich her und wollte wahrscheinlich ihre Fallen abgehen. Wir winkten einander zu, aber ehe sie weiterzog, krümmte sie sich hustend zusammen. Als ich kurz darauf an die Stelle kam, an der sie haltgemacht hatte, sah ich Blutspritzer im Schnee. Ich fragte mich, ob wir anhalten und nach ihr sehen sollten, kam dann aber zu dem Schluß, daß wir sie nur stören würden.

Etwas später, als wir den Heimweg antraten, nahmen wir eine Abkürzung über frisch gefallenen Schnee und wollten hinter Onkel Arthurs Haus wieder auf den Weg zurückkehren. Die Hunde mußten sich den Weg bahnen. Sie sprangen im tiefen Schnee vor uns her wie Fische aus dem Wasser, deshalb gingen wir zu Fuß. Fred hatte die Skier geschultert. Ich hing mich bei ihm ein. „Wann werden wir das Schneepicknick veranstalten, das Sie mir versprochen haben?“

„Wir können bestimmt in ein paar Wochen zum Picknick fahren. Ich muß bald aufbrechen, um die Fallen abzugehen.“

Er haßte das Fallenstellen. Meist lebten die Tiere noch, wenn er hinkam. Sie mußten erschlagen und schnell gehäutet werden, ehe sie steif froren. Er tat es nur deshalb, weil seine Familie das Geld brauchte.

„Mir wäre es lieber, wenn Sie nicht zu den Fallen müßten“, sagte ich.

„Mir auch. Ich werde Sie vermissen.“

„Mir geht es genauso. Sie werden mir auch fehlen.“

Er ließ die Skier in den Schnee fallen, machte ein sehr ernstes Gesicht und legte die Arme um mich. Dabei hielt er immer noch die Führungsleine der Hunde in der Hand, und ich dachte – wenn jetzt einer der Hunde an der Leine zieht, bringe ich ihn um. Aber sie verhielten sich ganz ruhig. Und dann spürte ich Freds Mund auf meinem, und mein Herz klopfte mir bis zum Hals. Nach dem Kuß rückte er ein bißchen ab und sah mich an, und in seinen Augen las ich, daß er mich schon immer viel lieber gehabt hatte, als er es sich je hatte anmerken lassen.

Sein Parka war am Hals geöffnet, und als ich meinen Kopf an seine Schulter lehnte, spürte ich, wie warm sein Körper war, der nach würzigem Holzfeuer roch.

„Ich hätte es nicht tun dürfen, Anne."

„Weshalb nicht?"

„Du weißt es doch. Wir sind zu verschieden."

„Soll das heißen, daß ich deinetwegen bei der nächsten Wahl eine andere Partei wählen soll?"

Er lachte, und dann nahm er mich wieder in die Arme und küßte mich noch einmal.

Auf einer schmalen Felsplatte über dem Flußlauf fanden wir einen Platz, wo wir uns hinsetzen konnten. Fred schlug ein paar Fichtenzweige ab, damit wir uns darauf setzen konnten, und ich lehnte mich in seinen Arm. Der Platz war anheimelnd, und wir schmiegten uns aneinander, um uns warm zu halten.

Dann sprachen wir darüber, was er später einmal tun wollte. Er hatte schon öfter für Lohn gearbeitet, und es hatte ihm nicht gefallen. Am liebsten wollte er sein eigener Herr sein. Mit seinem Vater hatte er geplant, einen Traktor zu kaufen. Damit könnte er – wie er mir sagte – zehnmal soviel Erdreich wie jetzt mit Picke und Schaufel bewältigen. Wenn alles klappte, wie er es sich vorstellte, wollte er es vielleicht als Farmer versuchen. Nach seiner Meinung konnte man hier alles unternehmen, was auch in den Staaten möglich war. Er war gerne hier, er liebte das Land.

„Sieh dich nur um", sagte er. „Alles ist so weit und wunderbar, daß es eine Freude ist zu leben. Ich könnte mir nicht vorstellen, irgendwo anders zu wohnen."

Wir sprachen immer noch miteinander, als mich plötzlich ein kalter Lufthauch traf. Es war, als habe man eine Riesenkiste Trockeneis über uns ausgeleert. „Wir fahren lieber zurück", sagte Fred. „Die Temperatur fällt."

Zehn Minuten später befanden wir uns wieder auf dem Weg, fuhren auf den Skiern durch eisige Nebelschwaden, und ich spürte, wie die Kälte sich in meinen Körper fraß. Der Nebel wurde bald so undurchdringlich, daß wir uns darauf verlassen mußten, daß die Hunde nicht vom Weg abkamen. Aber solange ich bei Fred war, hatte ich keine

Angst. Auf dem ganzen Rückweg hatte ich das Gefühl, zu ihm zu gehören, spürte seinen schlanken, starken Körper dicht an meinem.

Als wir an meiner Wohnung anlangten, zeigte das Thermometer draußen vor meinem Fenster 35 Grad unter Null. Bei null Grad waren wir aufgebrochen. Nancy hatte im Herd tüchtig eingeheizt, aber trotzdem waren die Wände weiter hinten reifbedeckt. Fred blieb nur so lange, bis er sich etwas aufgewärmt hatte und machte sich dann auf den Heimweg. „Wir sehen uns wieder, wenn ich von den Fallen zurück bin", sagte er.

Ich war so glücklich, daß ich am liebsten gesungen hätte und durch das Zimmer getanzt wäre. Da ich nicht wußte, was ich mit meiner überschüssigen Kraft anfangen sollte, fing ich an, Kleider zu waschen, und sang lauthals *„Row, row, row your boat",* und schrubbte länger als nötig auf dem Waschbrett.

„Junge, Junge, sind Sie glücklich", bemerkte Nancy.

„Und ob ich glücklich bin. Fred und ich haben einen herrlichen Tag erlebt."

Sie sagte nichts, aber ich merkte, daß sie etwas auf dem Herzen hatte. Sie wartete bis nach dem Essen, ehe sie damit herausrückte.

„Darf ich Ihnen etwas sagen, Anne?" fragte sie, während wir das Geschirr abwuschen.

„Nur immer zu."

„Na ja . . . es gibt eine Menge Gerede über Sie und Fred. Und einige Bemerkungen sind ziemlich eindeutig . . . Sie wissen schon, was ich meine."

„Und wer meint so reden zu müssen?"

„Mr. Vaughn, Angela – eben alle. Einige haben Ihretwegen schon nach Juneau geschrieben."

Während der letzten Minute hatte sie immer wieder denselben Teller abgewaschen. Schließlich reichte sie ihn mir zum Abtrocknen herüber.

Sie stützte sich auf den Rand der Spülschüssel und sagte: „Anne, dieser Mann ist ein Mischling. Und Sie benehmen sich ihm gegenüber so, als sei er . . . als sei er mehr als nur ein Freund."

„Fällt dir bei ihm nichts anderes ein, Nancy, als daß er ein Halbblut ist? Bedeutet das etwa, daß er als Mensch weniger wert ist?"

„Darüber habe ich nie viel nachgedacht."

„Ich habe ihn sehr gern – und mehr als nur einen Freund."

Sie griff nach einer Tasse und fing mit unglücklichem Gesicht an, weiter abzuwaschen.

In den nächsten Tagen blieb es so kalt, daß Nancy und ich die Betten mit heißen Steinen wärmten, ehe wir hineinschlüpften. Sogar dann waren die Decken morgens an der Wand festgefroren. Am Donnerstag fiel die Temperatur auf minus 40 Grad, und wir zogen mit der ganzen Klasse in meine Wohnung um und ließen die Kleinen in den Betten sitzen.

Es ging das Gerücht, daß wir wahrscheinlich einen „Drei-Hunde-Winter" bekommen würden, wenn es schon im November so kalt war. In einem „Ein-Hund-Winter" hielt man sich nachts warm, indem man einen Hund mit ins Bett nahm. Ein „Zwei-Hunde-Winter" war schon recht hart, aber ein „Drei-Hunde-Winter" – nun, da sollte es so kalt sein, daß der Rauch im Ofenrohr gefror. Eine übertriebene Behauptung – gewiß, aber nicht allzu weit von der Wahrheit entfernt.

V

Fred lud mich zu einem Schneepicknick am West-Fork-Fluß am Samstag nach seiner Rückkehr von der Fallenjagd ein. Aber noch ehe es Samstag war, stattete mir Mrs. Purdy einen Besuch nach dem Unterricht ab. Als ich die Tür öffnete, lächelte sie mir unter einer wunderschönen Mütze aus Otterpelz zu. Sie brauche etwas aus Mr. Strongs Laden, erklärte sie.

Jetzt, nach dem Einsetzen des Frostes, konnte Mr. Strong seinen großen Schlitten benutzen, und der Schuppen war voller Waren, die er mitgebracht hatte. Sie wollte – so sagte sie – aber nur eine Dose Pfefferkörner für einen Pfefferfleisch-Eintopf. Sie steckte die Dose in die Tasche ihres Pelzmantels, und als ich den Einkauf eintrug, sagte sie: „Sie fahren zum Schneepicknick mit meinem Frayd, er mir sagen."

„Am Samstag."

„Er Sie sehr gern haben, Ahnne."

„Ich habe ihn ebenso gern."

„Ich verstehen, weshalb er Sie mag. Sie sind hübsch, Ahnne. Eines Tages Sie heiraten Mann mit viel Geld, gibt Ihnen *großes* Haus, viele Dinge . . . Frayd, er Ihnen geben nichts." Sie sagte es, als sei er ein völliger Versager, und ich mußte fast lächeln.

„Mrs. Purdy, weshalb sagen Sie mir nicht, was Sie wirklich auf dem Herzen haben?"

Sie lachte, und dieses Lachen war ebenso spontan wie befreiend. Dann wurde sie ernst. „Bitte, Ahnne, haben Sie ihn nicht gern. Es ist nicht gut . . . Sie verstehen, was ich meine?"

„Mrs. Purdy, glauben Sie, daß Fred und ich etwas Unrechtes getan haben?"

„Nein. Ich nicht sagen das. Ich sagen nur, daß nun geben viel Ärger. Vor drei Tagen Mr. Strong zu mir gekommen. Er mir sagen, Frayd Sie zu gern haben. Leute wissen Bescheid, und es ist sehr schlecht. Ich bin erschrocken, als er mir das sagen, Ahnne. Ich nicht wissen. Wenn Frayd heimkommen, ich mit ihm reden. Er sagen, es ist wahr, und ich weinen. Ich haben Angst, Ahnne. Leute hier nicht wollen sehen weiße Frau, dunkler Mann. Besser, Schlußstrich zu ziehen. Zu viele Tränen kommen in Ihre Augen, zu viele Schmerzen in Ihr Herz . . . Ich frage Sie – Ich sagen Frayd, Sie ihn nicht mehr gern haben. Ja?"

Ich wollte sie um nichts in der Welt verletzen. „Mrs. Purdy . . ."

„Ahnne, ich bitten Sie."

„Es tut mir leid . . ."

Sie war ärgerlich, aber sie beherrschte sich.

„Ich sage gute Nacht zu Ihnen, Ahnne", sagte sie, „aber zuerst ich sagen Ihnen, etwas machen mich traurig fast bis zu Tränen. Sie dürfen nicht mehr in mein Haus kommen." Sie wandte sich um und ging hinaus.

„Mrs. Purdy!" Ich schloß die Haustür und lief ihr so schnell wie möglich nach. Ich rief hinter ihr her, aber sie drehte sich nicht um.

Als sich die winzige Gestalt immer weiter entfernte, war mir genauso zumute wie vor Jahren, als Großmutter Hobbs am Wege gestanden und mir zum Abschied nachgewinkt hatte.

Die restlichen Tage sorgte ich mich, daß Fred am Samstag vielleicht doch nicht mit mir wegfahren würde. Ich wußte, daß er seine Mutter noch weniger als ich selbst verletzen wollte.

Aber als der Samstagmorgen kam, stand er um neun Uhr mit seinem Schlitten draußen. Ich sah, daß „Windbeutel" diesmal nicht der Leithund war. Er hatte „Windbeutel" direkt vor den Schlitten gespannt und die Eskimohunde weiter vorn unter Führung von „Shakespeare". Fred hatte mir genug über Schlittenhunde beigebracht, so daß ich den Grund wußte. Es hatte vor wenigen Tagen wieder geschneit, und auf einem Teil des Weges würden die Hunde sich den Weg bahnen müssen. Größere Hunde wie „Windbeutel" würden eher in den Schnee einsinken und schwer vorankommen. Die leichteren Eskimohunde konnten über den Schnee laufen.

Kaum war ich warm im Schlitten verpackt, rief Fred „Ab!", und los ging es. Fred, der auf den Kufen stand, brach in lautes *„Oh!-Susanna"*-Singen aus, und die Hunde legten sich ins Zeug. In der ersten Stunde kamen wir in einem so guten Tempo voran, und es sah so einfach aus, daß ich ihn bat, mir die Leitzügel zu überlassen.

„Könnte vielleicht zu anstrengend für dich sein", rief er mir zu. „Wir müssen bald über vereiste Hügel."

„Wetten, daß ich es schaffe?"

Wir wechselten die Plätze, und ich fing an zu singen: *„Ta-Ra-Ra-Bum-Didel-Dum."* Aber als ich dauernd von den Kufen springen mußte, um den Schlitten vor dem Umkippen zu bewahren, und dabei noch auf die Leitzügel achtgeben mußte, stellte ich doch fest, daß man mehr Kraft brauchte, als ich geglaubt hatte, um den Schlitten in der Spur zu halten. Als wir an die vereisten Hügel kamen, beschloß ich aufzugeben. Es war wie ein Balancieren auf schlüpfrigen Felsen. Ich war in Schweiß gebadet und konnte kaum noch atmen, als ich sagte: „Fred, vielleicht solltest du übernehmen."

„Bist du sicher, daß ich dich ablösen soll? Du machst deine Sache recht gut."

„Ich werde allmählich etwas müde." Ich konnte gerade noch die Zügel halten.

„Nur noch einen halben Kilometer, dann geht es bergab." Er versuchte ernst zu bleiben, aber es gelang ihm nicht.

„Fred, ich mache keinen Spaß. Meine Hände tun scheußlich weh . . . Halt!" wollte ich den Hunden zurufen. Aber ich brachte nur ein Flüstern heraus, und sie beachteten mich gar nicht. „Fred –"

Er lachte so sehr, daß er die Hunde kaum anhalten konnte. Dann stolperte er aus dem Schlitten, versuchte, sich das Lachen zu verkneifen, fing aber immer wieder an, sobald er mich ansah. Schließlich nahm er mich in die Arme und drückte mich fest an sich, dann hielt er mich etwas von sich ab. Mir fiel niemand ein, der mich je so angesehen hätte wie er in diesem Augenblick, und ich konnte kaum an mich halten, ihm zu sagen, wie sehr ich ihn liebte. Denn ich liebte ihn wirklich. Ich wußte, daß kein anderer Mensch mir je soviel bedeuten würde und daß ich nie wieder für einen Menschen so empfinden könnte. Und in seinen Augen las ich, daß es ihm nicht anders ging als mir.

Als wir die vereisten Stellen hinter uns hatten, kamen wir schnell voran, und schließlich erreichten wir einen Bergrücken, von wo aus wir sehen konnten, wo der West-Fork-Fluß in den Fortymile-Fluß einmündete. Vor uns erstreckte sich endlose Weite.

Monate zuvor war der Strom unter uns mit soviel Kraft und Schnelligkeit vorübergerauscht, als könne ihm keine Macht der Welt Einhalt gebieten. Aber jetzt hielt ihn eine eisige Gewalt in mächtigem Griff. Sie ließ den West Fork die ganzen dreiundzwanzig Kilometer bis zu seiner Quelle gefrieren und auch den Fortymile die Strecke bis nach Steel Creek und darüber hinaus im Eise erstarren. Blutrot und kalt ging die Sonne gerade über den Bergen auf. Mir war zumute, als stünde ich in der großartigsten Kathedrale, die je errichtet worden war. Es gab keinen Anfang und kein Ende. Und mir blieb nur Staunen und Andacht.

Wir fanden am Fuße eines aufragenden Felsens einen Picknickplatz, und Fred band die Hunde an. Nach einer kleinen Weile war es beim Feuer in der strahlenden Sonne so warm, daß wir unsere Parkas ausziehen konnten. Ich machte uns Tee, und wir tranken ihn aus Zinnbechern.

Er nahm meine Hand und hielt sie fest. Seine war ganz zerschunden von den eisigen Stahldrähten der Fallen. Meine Hände waren rauh und rissig, aber verglichen mit seinen waren sie zart und weich. „Sieh nur, was für ein Unterschied", sagte er. „Wie hell deine Hände sind – und wie dunkel meine."

„Ich mag deine Hände."

„Du weißt, was ich meine. Wir dürften nicht einmal hier sein."

„Was kann man mir schon anhaben? Vielleicht noch mehr Töpfe und Pfannen zurückholen?"

„Das ist kein Scherz. Mit diesen Leuten ist nicht zu spaßen. Als ich meiner Mutter sagte, daß wir gemeinsam zu diesem Picknick fahren würden . . . Nun, sie hat mir gesagt, daß sie bei dir war. Sie ist wirklich fassungslos."

„Und wie steht es mit dir?"

„Ich mache mir Sorgen. Wenn ich Vernunft besäße, hätte ich dich nicht ganz allein mit hierher genommen."

„Möchtest du zurückfahren?"

„Nein."

Er legte noch etwas Holz nach, und dann warf ich mich in seine Arme. Ich hätte den ganzen Tag damit zubringen mögen, ihn zu küssen, nur meine Lippen fingen nach einer Weile zu schmerzen an. „Ich habe soeben etwas gelernt", bemerkte ich.

„Was denn?"

„Weshalb Eskimos die Nasen aneinanderreiben. Sie haben immer aufgesprungene Lippen."

„Ich halte nichts vom Nasenreiben."

„Du bist ja auch nur ein halber Eskimo."

Er lächelte darüber, dann richtete sich sein Blick plötzlich auf etwas hinter mir. „Wir werden beobachtet."

Ich versuchte, mich aufzusetzen, aber er hielt mich fest. „Beweg dich nicht zu schnell. Dreh nur ganz langsam den Kopf. Da, da steht er bei der morschen Fichte."

Jetzt sah ich ihn auch – einen Elch mit zottigem Fell. Er hatte an den Weiden geknabbert, aber nun stand er still und sah zu uns herüber. Er war ein Koloß mit einem mächtigen, fast zwei Meter breiten Schaufelgeweih und mit dichtem Winterfell. Er schien uns nicht bemerkt zu haben.

Der Schlitten stand nur etwa drei Meter von uns entfernt, und Fred hatte sein Gewehr an den Verstrebungen aufgehängt. Vorsichtig bewegte er sich auf den Schlitten zu.

„Laß ihn laufen, Fred."

„Anne, das ist frisches Fleisch – achthundert Pfund. Du wirst den ganzen Winter über versorgt sein."

„Aber das ist dann das Ende unseres Picknicks." Er würde das Tier auf der Stelle zerlegen müssen, und es gäbe eine Riesenschweinerei. Er dachte darüber nach und winkte dann dem Elch zu. „Laß dir dein Abendessen gut schmecken." Der Elch senkte den Kopf und trollte sich.

Nachdem wir gegessen hatten, unternahmen wir einen Spaziergang auf dem Fluß. In der Mitte war er glatt zugefroren, aber dicht am Ufer war das Eis zu den seltsamsten Formen gefroren, so daß es aussah, als habe ein Bildhauer den Verstand verloren. Als wir zum Schlitten zurückkamen, war ich durchaus dafür, das Feuer wieder anzufachen und noch zu bleiben, aber es war schon dunkel, und Fred meinte, wir müßten aufbrechen.

Auf dem Heimweg stellte ich mir vor, wir würden einfach immer weiter durch die mondhelle Nacht fahren. Ich lehnte mich im Schlitten zurück, blickte empor zum Himmel und träumte, wir seien auf dem Weg hinauf, mitten durch die funkelnden Sterne auf einem Ausflug zur Milchstraße.

Es war schon nach sechs, als wir in der Siedlung ankamen. Fred sagte mir draußen am Eingang gute Nacht. „Auf Wiedersehen am Freitagabend beim Erntedankfestball", sagte er.

Wenige Minuten später war ich in leichte Hausschuhe geschlüpft und bereitete mit Nancy das Abendessen, als sie mir sagte, daß sich bei uns noch Besuch angesagt hatte.

„Wer?"

„Dreimal dürfen Sie raten. Er kommt aus Eagle."

„Ich habe keine Ahnung."

„Wirklich nicht? Dabei hat er so geredet, als wären Sie mit ihm verlobt. Cabaret-Jackson."

Kurz darauf stapfte Cab herein – mit einer Konfektschachtel in Herzform. Er hatte sich mit seiner Sonntagscowboykluft mächtig in Schale geworfen, im Gasthaus ein Bad genommen und so viel Pomade in sein Haar geschmiert, daß er wie ein Friseurladen roch. Er war genauso laut und ungehobelt wie damals, als er mir beim Tanz in Eagle den Revolver geschenkt hatte. Ich bot ihm Kaffee an, aber er behauptete, vor Liebe trunken zu sein und nicht ernüchtert werden zu wollen. „Cab, ich kann riechen, wovon Sie betrunken sind. Liebe ist das gewiß nicht."

Das löste einen gewaltigen Wirbel bei ihm aus. „Ist sie nicht toll?" sagte er zu Nancy. „Lehrerin, was mir fehlt, ist eine Frau wie Sie. Einen Eid würde ich schwören, daß ich keinen Tropfen anrühre, und ein Haus würde ich Ihnen bauen, wie ein Palast."

Ich dankte ihm, bedeutete ihm aber, daß ich ledig zu bleiben gedächte.

„Ich sag Ihnen, es wird Ihnen nicht leid tun, wenn Sie ja sagen."

Er machte sich einen Spaß daraus, den er offensichtlich genoß. Nun erklärte er, daß er zu dem großen Ball am Erntedankfest wieder nach Chicken kommen und es noch einmal versuchen wolle. „Da hab ich nun einen Haufen Geld in meiner Tasche. Was nützt es mir, wenn ich es nicht für das hübscheste Mädchen im ganzen Fortymile-Gebiet ausgeben kann?"

„Sie müssen ja einen Volltreffer gemacht haben."

„Und ob", bestätigte er verschmitzt. „Was ich da auf dem Schlitten habe, ist wertvoller als Gold, Essen oder Feuer."

Nachdem er gegangen war, sagte mir Nancy, daß er Alkohol schmuggle. „Er handelt damit im ganzen Fortymile-Gebiet."

„Hat er keine Angst, erwischt zu werden?"

„Der nicht. Er hat die schnellsten Hunde in der ganzen Gegend."

Ich sah sein Hundegespann am nächsten Tag. Die Hunde waren hinter dem Gasthaus eingesperrt, ein armseliger Haufen, aber sie sahen so aus, als seien sie schnell – schmal in den Flanken und stark in den Schultern. Es wäre Cab gewiß nicht schwergefallen, mit ihrer Hilfe auf ehrliche Weise Geld zu verdienen. Es gab immer Leute, die einem Mann, der sich im Land auskannte und ein gutes Hundegespann hatte, einen guten Preis zahlten – Geschäftsmänner oder Fachleute aus dem Bergbau, die mit dem Schlitten ins Landesinnere fahren wollten. Aber dem Tagedieb lag nur daran, sich zu betrinken und mit Schlittenrennen anzugeben.

Wochenlang hatten wir das Fest am Erntedanktag vorbereitet. Als der Freitag dann endlich da war, sah das Klassenzimmer wirklich festlich aus. Die Kinder hatten aus Buntpapier Truthähne und Kürbisse ausgeschnitten und sie an die Fensterscheiben geklebt. Papierketten und Fähnchen hingen von der Decke herab. Gegen vier Uhr waren so viele Leute im Klassenzimmer, daß wir kaum den Ofen brauchten, obwohl jedesmal, wenn die Türe aufging, ein eisiger Nebel hereindrang. Bis auf Freds Mutter, die erkältet im Bett lag, und bis auf seinen Vater waren alle gekommen.

Nancy war der Erfolg des Abends. Ich hatte ihr am Morgen die Haare geschnitten und mit der Lockenschere gebrannt. Sie trug das neue Kleid, das wir genäht hatten, und ich hatte ihr gezeigt, wie man vorsichtig Lippenstift und Wangenrot aufträgt. Als sie sich im Spiegel betrachtete, hatte ich sie nur mit Mühe daran hindern können, sich alles wieder abzuwaschen. „Anne, ich sehe aus wie ein dummer Backfisch! Alle werden mich auslachen."

„Du siehst wunderhübsch aus", sagte ich zu ihr. Und das war die reine Wahrheit.

Als die ersten Besucher kamen, tat Nancy sehr geschäftig am Herd und wollte sich nicht einmal umdrehen. Jimmy Carew erkannte sie nicht. „Wer sind denn *Sie?*" fragte er.

„Was glaubst du wohl, wer ich sein könnte?“ fragte Nancy erbost.

„Heiliger Strohsack!“ Er starrte sie mit weit offenem Munde an. „Nancy, du siehst großartig aus!“ Sie wurde puterrot vor Freude.

Als alle versammelt waren, führte die Klasse in einem prunkvollen Aufzug die Landung der Pilgerväter in Plymouth vor. Danach gab es Abendessen, und jeder bediente sich ausgiebig mit Bärensuppe, Elchrippchen, eingelegtem Rentierfleisch und geräuchertem Quinnat. Mit einer Ladung Äpfel und Orangen hatten wir auch Maiskolben aus Fairbanks kommen lassen. Willard Carew saß neben mir. Er hatte nie zuvor einen Maiskolben gesehen und aß ihn mit Stumpf und Stiel.

„Das ist aber bestimmt nichts Besonderes“, flüsterte er mir zu.

„Probier doch mal, nur das Gelbe davon zu essen“, sagte ich ihm. „Der Rest wird meist weggeworfen.“ Danach schmeckte es ihm viel besser.

Zum Nachtisch gab es Eis und Apfelkuchen aus getrockneten Äpfeln. Dann räumten wir die Tische aus dem Klassenzimmer, Fred holte sein Banjo hervor, und der Volkstanz begann. Mitzutanzen machte mir genausoviel Spaß wie zuzusehen, vor allem, wenn Lilys Eltern, Rebekah und Jake Harrington, den Tanzboden betraten. Rebekah war fast ebenso gewichtig wie ihr Mann, aber sie drehte sich und knickste wie ein junges Mädchen.

Cab Jackson schneite gegen neun herein, in der einen Hand eine Whiskyflasche, in der anderen eine Flasche Gin. Nach kurzer Zeit hatte ich nicht einmal Lust, mit ihm zu tanzen, so sehr tobte er herum.

Der Volkstanz war beendet, und nun trat ein altes Grammophon in Aktion, nach dessen Klängen wir tanzen würden, bis uns der Walzer *„Home! Sweet Home!“* anzeigte, daß es nun an der Zeit sei, hinüber zu Maggie ins Gasthaus zum Mitternachtsessen zu gehen. Ich hätte wissen müssen, daß etwas passieren würde. Denn ich hörte, daß ein paar Männer mit Cab darüber sprachen, wie schnell Freds Hunde seien. Cab zog Fred ins Gespräch und wollte ihn unbedingt zu einem Wettrennen mit ihm überreden. „Ich hab sie gerade achtzig Kilometer hierher gejagt und stelle sie gegen deine auf, jetzt, sofort.“

„Danke, Cab, aber ich halte nichts von Wettrennen.“

Cab setzte seine trotzige Miene auf, die zeigte, daß er sich nicht davon abbringen lassen würde. „Zum Teufel, ich habe gehört, daß du sowieso nur Indianerhunde hast. Die sind den Fisch nicht wert, den sie zu fressen kriegen.“

Fred ließ ihn einfach stehen, aber Cab kam wieder auf das Thema zurück, nachdem ich mit Fred einen Foxtrott getanzt hatte. Inzwischen hatte er blutunterlaufene Augen und wurde gemein. Ich hoffte, daß es wenigstens nicht Cab sein würde, mit dem ich den Schlußwalzer tanzte, wenn ich ihn schon nicht mit Fred tanzen konnte. Als der Walzer begann, war Fred zur Stelle.

Das war der schönste Walzer, den ich je getanzt hatte. Zum ersten Mal in meinem Leben fühlte ich mich wirklich schön. Schon der Blick, mit dem Fred mich ansah, ließ mich auf dem Tanzboden herumwirbeln, als seien wir nicht in einem kleinen Klassenzimmer draußen in der Wildnis, sondern im großen Ballsaal eines Palastes.

Im Gasthaus saß ich mit Fred an einem der langen Tische. Ich wünschte, ihm allein gegenüberzusitzen, aber die Tatsache, hier mit Fred beim Mitternachtsessen zusammen zu sein, genügte mir schon. Wir hörten, wie Cab weiter hinten im Zimmer herumbrüllte und immer noch alle zu einem Hundewettrennen herausforderte. Dann hörte ich, daß jemand eine Bemerkung über Fred machte und einige Männer lachten.

Wir waren fast fertig mit dem Essen, als Nancy herüberkam. Sie beugte sich dicht zu mir und flüsterte: „Anne, da ist etwas im Gange. Gehen Sie mit Fred am besten so schnell wie möglich weg."

Wir sahen zum anderen Tisch hinüber. Angela Barrett starrte Fred und mich mit haßerfüllten Augen an. Es lag etwas in der Luft, das war offensichtlich. Fred und ich standen auf, und er ging unser Essen bezahlen.

„Sie werden doch noch nicht gehen, Lehrerin?" rief Cab.

„Doch, das werde ich, Cab. Ich bin todmüde."

Er stand auf und kam auf mich zu. Fred brachte meinen Mantel, und Cab versuchte, ihm den Mantel wegzunehmen. „Ich werde mich um sie kümmern. Gib her", sagte er.

„Ist schon in Ordnung, Cab", meinte Fred. „Ich bringe sie nach Hause."

„Den Teufel wirst du", sagte Cab. „Laß los." Cab versetzte ihm einen Stoß, und Fred fiel gegen die Theke.

Ich bekam Angst. Im ganzen Raum war es still geworden. Alle warteten gespannt darauf, was nun wohl geschehen würde. Sie warteten wie ein Wolfsrudel, daß Cab die Schmutzarbeit für sie erledigen sollte. Und Fred wußte es genau. Ich konnte das der Art entnehmen, wie er sich umsah. Er war in die Enge getrieben, zu einem Kampf mit Cab gezwungen.

„Mach, daß du hier rauskommst, Halbblut", sagte Cab zu ihm. Er war gespannt wie eine Sprungfeder. Er wollte kämpfen, unbedingt, man sah es daran, wie seine Schultern zuckten, als würde es ihn zerreißen, wenn er nicht zuschlagen könnte. Mir wurde übel.

„Cab, ich will mich nicht mit dir schlagen", sagte Fred zu ihm.

„Das hab ich mir gedacht", mischte Mr. Vaughn sich ein. „Der will sich drücken."

Fred rückte vom Tresen ab. Er war um den Mund herum ganz weiß geworden und war so angespannt, daß ich überrascht sah, wie leicht er laufen konnte. Er ging hinüber, um seinen Parka vom Kleiderhaken zu holen. Cab rannte ihm nach und gab ihm wieder einen Stoß, der ihn in eine Gruppe von Männern taumeln ließ. Sie stießen ihn zurück, und Cabs Faust kam vor und traf Fred am Mund. Freds Lippe fing an zu bluten, und der Fausthieb schien ihn irgendwie betäubt zu haben. Und dann ging es los. Mr. Carew und ein anderer Mann packten Cab, zwei weitere griffen sich Fred, und sie beförderten beide nach draußen. Ich versuchte vergebens, sie daran zu hindern, aber niemand wollte auf mich hören.

Und da stand Fred nun draußen im Schnee, den Parka immer noch über dem Arm, Cab gegenüber, der ihn wild anstarrte, Boxerstellung einnahm und ihm sagte, er solle sich bereitmachen. „Schlag ihn zu Brei, Cab. Hau ihm eine rein!" Keiner ergriff Partei für Fred.

Fred tat gar nichts. Er beobachtete Cab nur. Dann ging Cab zum Angriff über.

Ich hatte wirklich Angst. Ich glaubte erst, daß auch Fred Angst hätte, aber das traf nicht zu. Er hatte einen so seltsamen Gesichtsausdruck, daß er mir ganz fremd vorkam. Einen so eigenartigen Ausdruck hatte ich noch nie gesehen. Vielleicht sah er so aus, wenn er auf der Jagd allein und in Gefahr war und wenn er einem Feind gegenüber ganz auf sich gestellt war. In diesem Augenblick erkannte ich ihn nicht wieder.

Ich wollte zu ihm gehen, aber Angela Barrett packte mich.

Was dann geschah, ließ alle zusammenfahren. Es gab einen lauten Knall, und ich sah aus dem Augenwinkel eine Stichflamme und roch den scharfen Geruch von Schießpulver. Jake Harrington stand da und hatte Mr. Carews Blockflinte angelegt. Alle schienen zu erstarren, und es dröhnte in meinen Ohren. Er hatte in die Luft geschossen, aber nun zielte er mit dem Gewehr direkt auf Cab. „Geh wieder hinein, Cab", sagte er ruhig zu ihm.

Cab war nicht so betrunken, um von den beiden Läufen, die auf seinen Kopf gerichtet waren, nicht ein wenig ernüchtert zu werden.

„Das geht dich nichts an", sagte er zu Jake.

„Ich will dir nur einen Gefallen tun, Cab", entgegnete Jake.

„Nicht ihm tun Sie einen Gefallen", sagte Mr. Vaughn, „sondern dem Halbblut."

„Ihm", erklärte Jake. „Denn wenn er versucht, den Jungen zu schlagen, werde ich ihn töten. Also was meinst du, Cab? Es ist kalt hier draußen."

Cab zog sich nach drinnen zurück. Ich riß mich von Angela los.

„Komm, Fred." Ich nahm seinen Arm. Wir blieben vor meiner Haustür auf der Veranda stehen. „Ich bin froh, daß du nicht allzusehr verletzt bist", sagte ich. Er entgegnete nichts.

„Weshalb siehst du mich so an?" fragte ich ihn.

„Aus keinem besonderen Grund."

Ich wollte sagen, ich liebe dich. Statt dessen fragte ich: „Kannst du mir einen Gutenachtkuß geben, oder schmerzt dein Mund zu sehr?"

Er beugte sich herab. Seine Lippen berührten meine kaum, aber er nahm mich so fest in die Arme, daß ich fast keinen Atem mehr bekam. Ehe er wegging, sah er mich in einer Weise an, die mir das schreckliche Gefühl gab, er stoße mich weg oder schließe mich aus. Ich wollte ihn zurückrufen. Aber ich tat es nicht. Ich blieb einfach stehen.

Am Montagmorgen fragte ich Isabelle Purdy nach Fred, und sie sagte, er sei nach Steel Creek gefahren. Wann immer ich daran gedacht hatte, mit welchem Gesichtsausdruck er sich Freitag nacht von mir verabschiedet hatte, war mir das Herz schwer geworden. Jetzt ging es mir nicht anders.

Als Mr. Strong einige Tage darauf wieder in die Siedlung gekommen war, tauchte Freds Vater auf, um die Post zu holen.

„Wie geht es der ganzen Familie?" fragte ich, während wir draußen vor dem Postamt anstanden.

„Gut", entgegnete er. „Sie lassen alle grüßen."

„Weshalb ist Fred denn nach Steel Creek gefahren?" fragte ich weiter.

„Ein paar Leute besuchen. Er müßte in wenigen Tagen wieder dasein."

Ich brachte es nicht über mich, noch weitere neugierige Fragen zu stellen.

Für mich war ein Brief von Lester Henderson, dem Schulrat, dabei. Er bestätigte den Empfang meines ersten Monatsberichtes, den ich ihm geschickt hatte, und war damit sehr zufrieden. Dann schrieb er noch, daß er von einigen Leuten aus Chicken Zuschriften erhalten habe.

> Im allgemeinen schreiben sie, daß Sie eine gute Lehrerin seien. Ich habe jedoch Briefe von einigen Eltern erhalten, die erwähnt haben, daß Sie mit den Kindern über Indianer gesprochen haben und daß Sie sich in einen jungen Mann verliebt zu haben scheinen, der ein Halbblut ist. Ich möchte Sie wissen lassen, daß ich Ihnen vertraue und Ihre Fähigkeiten schätze. Ihr Privatleben ist Ihre Sache. Dennoch möchte ich Ihnen raten, sich so diplomatisch wie möglich zu verhalten, vor allem, wenn Sie nächstes Jahr in Eagle unterrichten wollen.

Die Woche wollte kein Ende nehmen. Jedesmal, wenn ich draußen Schritte hörte, glaubte ich, es sei Fred, aber es war immer jemand anders. Und dann stand er plötzlich da, kurz nach Einbruch der Dunkelheit am Freitagnachmittag. Er sei erst vor wenigen Stunden aus Steel Creek zurückgekommen, sagte er.

„Kannst du zum Essen bleiben?" fragte ich ihn.

„Nein, ich war noch nicht zu Hause." Er ging hinüber zu dem dickbauchigen Herd, während ich Kaffee eingoß. Ich hörte, wie er das Feuerloch öffnete, einige Holzscheite aus der Kiste nahm und sie in den Herd schob.

„Anne . . ."

Ich drehte mich nicht um und wartete gespannt.

„Ich gehe fort", sagte er. „Nach Steel Creek. Einige Burschen schürfen dort auch im Winter und können noch Verstärkung brauchen. Bis Juni."

Bis Juni. Dann war das Schuljahr vorüber, und ich würde fort sein.

Ich nahm seine Tasse vom Küchenherd und stellte sie auf den Tisch. Ich war wie betäubt.

„Wann gehst du fort?"

„Morgen."

Das Gaslicht warf unsere Schatten an die Wand. Ich war fast überrascht, daß meiner dort auch zu sehen war. Ich hatte das Gefühl, mich in Nichts aufgelöst zu haben.

„Ich gehe nicht gern, Anne. Aber ich muß. Ich kann es nicht mitansehen, daß man dich verletzt. Wenn du diese Menschen erst einmal gegen dich hast, wirst du weder in Eagle noch sonstwo in Alaska eine Stellung finden. Sie können dem Schulrat Briefe schreiben, die dir die Haare zu Berge stehen lassen würden."

„Das haben sie bereits getan. Ich habe keine Angst vor ihnen."

„Aber ich. Nicht meinetwegen. Aber deinetwegen und wegen meiner Mutter und meiner Schwester."

Ich glaube, ich muß in diesem Moment gestöhnt haben, so entsetzlich fühlte ich mich. „Oh, Fred . . ."

Ihm war genauso elend wie mir.

„Kannst du nicht einsehen, Anne, daß ich dir nur Kummer bereiten kann? Ich kann dir nichts geben. Ich kann nicht für dich sorgen. Verstehst du, was ich damit sagen will?"

„Nein." Ich wußte, daß er meinetwegen so handelte, aber er war im Unrecht, und ich sah keine Möglichkeit, ihm das zu erklären. „Bitte, Fred. Tu es nicht."

„Ich muß." Er packte mich an den Armen und hielt mich von sich weg. „Anne, wirst du versuchen, mich zu verstehen . . .!"

„Du mußt doch noch nicht gehen", sagte ich verzweifelt. „Wir können noch ein bißchen reden. Bleib nur so lange, bis Nancy nach Hause kommt."

Er zögerte. Aber dann ging er langsam zur Tür. „Bitte, Fred", flehte ich ihn an, „geh nicht. Ich liebe dich so sehr."

„Nein, Anne, nicht." Seine Stimme klang spröde. „Ich gehe jetzt."

Das traf mich wie ein Schlag ins Gesicht. Ich brachte kein Wort heraus. Er sagte noch etwas, ehe er hinausging, aber ich hörte nicht auf seine Worte. Ich hörte ihn die Stufen der Veranda hinuntergehen. Nie in meinem ganzen Leben hatte ich einen Menschen so sehr geliebt, und nun ging er fort von mir, aus einem völlig unsinnigen Grund. „Das ist nicht gerecht", sagte ich und fing an zu weinen. „Das ist ganz bestimmt nicht gerecht."

Erst als Nancy nach Hause kam und wir ins Bett gekrochen waren, fiel mir ein, was er gesagt hatte, bevor er hinausging: *Ich liebe dich,* hatte er gesagt.

VI

Als ich am nächsten Morgen aufwachte, waren die Decken wie üblich an der Wand festgefroren. Nancy, die mehrere dicke Pullover übereinander angezogen hatte, saß am Herd, vor sich ein aufgeschlagenes Buch. Ich spürte die Kälte sofort, als ich die Decken zurückschlug. Im Herd brannte ein tüchtiges Feuer, aber an den Wänden sah man überall weiße Punkte, dort, wo die Nägel mit Reif überzogen waren. Nancy nannte sie Reif-Knöpfe.

„Wie weit ist die Temperatur gesunken?" fragte ich sie.

„Auf vierundfünfzig."

Vierundfünfzig Grad unter Null. Ich hing einige Latzhosen und ein Hemd an den Ofen, um sie anzuwärmen, und zog mich schnell an. Dann rieb ich ein Loch in die dicke Eisschicht, die das Fenster bedeckte, und sah auf das Thermometer. „Es *war* vierundfünfzig. Jetzt ist es sechsundfünfzig."

Ich dachte an Frühstück, hatte aber keinen Appetit. Nancy wußte, wie mir zumute war. Ich hatte ihr am Abend zuvor erzählt, daß Fred weggehen würde.

Ich wusch ein paar Kleidungsstücke, nur um mich zu beschäftigen, konnte aber das Gefühl nicht loswerden, in einer Falle zu sitzen. Schließlich ertrug ich es nicht länger, eingesperrt zu sein, und zog meinen Parka an. Ich lief ohne Ziel los. Draußen war es grau, still und so kalt, daß sich auf dem Parka von meinem Atem Rauhreif bildete.

Nach einer Weile fand ich mich in der Nähe von Mary Angus' Hütte wieder. Sie sah so einsam und verlassen aus, daß ich fast angefangen hätte zu weinen. Zum ersten Mal begriff ich wirklich, weshalb sie es hier aushielt, wie sie an einem solchen Ort leben konnte, obwohl sie krank war. Wenn man einen Menschen genug liebte, konnte man überall leben.

Nancy fuhr zu Weihnachten nach Hause nach Steel Creek, und ich verbrachte die Ferien mit langen Spaziergängen – einmal lief ich sogar bis zum Fortymile-Fluß. Ich tat mir selbst so leid, daß ich sogar auf das Eis hinausging, in der Hoffnung, an einer nicht ganz zugefrorenen Stelle einzubrechen. Aber ich erreichte damit nur, daß ich fast erfroren wäre, weil ich zu lange draußen blieb. Der Schmerz war so quälend, als das Blut wieder richtig pulsierte, daß ich wußte, so etwas würde ich nie wieder tun.

Schließlich kam Nancy zurück, und Maggie lud uns zu einer Silvesterfeier in das Gasthaus ein. Mir war nicht danach zumute hinzugehen. Ich blieb lieber zu Hause und schrieb einen Brief an Fred. Ich schrieb ihm, daß ich ihn sehr vermisse und nichts anderes tun könne, als an ihn zu denken. Ich fügte auch hinzu, daß ich ihm böse sei, weil er unrecht habe. „Du kannst zwar behaupten, daß du es meinetwegen getan hast", schrieb ich ihm, „aber ich frage mich, ob ich dir vielleicht doch nicht so viel bedeute, weil du es jetzt im Ernstfall vorgezogen hast, den leichteren Ausweg zu wählen. Wenn ich damit recht habe, dann möchte ich, daß du es mir schreibst. Ich kann alles ertragen, wenn es nur die Wahrheit ist . . ."

Als ich den Brief beendet hatte, steckte ich ihn in den Umschlag, klebte eine Briefmarke darauf und schrieb die Adresse, ehe ich mir überlegen würde, ihn doch lieber nicht abzuschicken.

Danach las ich eine Weile. Gelegentlich drangen ein paar Takte Volkstanzmusik aus dem Gasthaus zu mir herüber. Als Mitternacht da war, fingen alle an, hurra zu schreien, zu pfeifen und auf Töpfe zu schlagen. Dann sangen sie *„Auld Lang Syne"*, und ich fühlte mich unsagbar einsam. Als das Lied fast zu Ende ging, kam jemand auf das Schulhaus zugerannt. Nancy stürmte herein, mit Tränen in den Augen. „Anne", sagte sie, „ich wollte nur schnell kommen und Ihnen ein gutes . . . ein . . ." Weiter kam sie nicht. Sie schlang die Arme um mich, und dann fingen wir beide an zu weinen. Sie versicherte mir immer wieder, wie sehr ich ihr leid täte.

Danach faßte ich meinen Vorsatz fürs neue Jahr: von nun an wollte ich nur noch an meinen Unterricht denken und meine Arbeit so gut wie möglich tun. Als die Schule wieder anfing, spürte ich vom ersten Tage an, daß ich mich verändert hatte. Wir hatten immer noch viel Spaß miteinander, aber ich ließ die Kinder mehr arbeiten. Ich hatte ausgerechnet, daß ihnen nur noch wenig Zeit bis zum Juni blieb, um die bestmögliche Ausbildung zu erhalten, und die sollten sie auch bekommen.

Die Leute mußten bemerkt haben, daß ich mich verändert hatte, denn sie verhielten sich mir gegenüber jetzt anders, behandelten mich nicht mehr wie ein kleines Kind oder einen *Cheechako*. Sie fragten mich nicht mehr, ob es mir jetzt kalt genug sei, und auch nicht mehr, was ich werden wolle, wenn ich einmal erwachsen sei. Ich fühlte mich auch verändert, ja, genauso, als hätte ich ein Leben lang versucht, so zu sein, wie andere Menschen mich haben wollten. Von nun an würden sie mich so nehmen müssen, wie ich war. Es war, als sei ich ganz plötzlich erwachsen geworden.

Einige Wochen nach Schulbeginn erhielt ich einen Brief von Fred. Er hätte nicht mit meinen Gefühlen gespielt, schrieb er. Er liebte mich mehr als irgendeinen Menschen.

> Ich habe getan, was ich für richtig hielt, Anne. Ich kann Dir nicht sagen, wie schwer es für mich war hierherzugehen, aber ich habe es getan, weil ich Dich über alles liebe und weil ich nichts anderes *tun konnte.*
>
> Wenn ich es aushalte, werde ich bis zum Sommer hierbleiben, und ich werde Dich also für lange Zeit nicht sehen. Vielleicht werde ich Dich nie wiedersehen. Ich möchte nur, daß Du weißt, wie sehr ich Dich liebe, aber ich werde Deine Zeit nicht mehr für mich in Anspruch nehmen. Du wirst als Lehrerin nach Eagle gehen und wirst mich wahrscheinlich ganz vergessen. Und das ist vielleicht so am besten.

Ich las den Brief immer wieder, und jedesmal, wenn ich an die Stelle kam „Wenn ich es aushalte", zuckte ich zusammen. Ich fragte Nancy, wie es Fred in Steel Creek ginge, und sie sagte mir, er sei sehr allein. „Die anderen Bergarbeiter wollen nicht neben einem Halbblut arbeiten", sagte sie. „Sie wollten ihn auch nicht bei sich schlafen lassen, so haben ihm Ma und Pa den Werkschuppen hinten am Gasthaus vermietet. Es ist nicht so schlimm, Anne, nicht so wie Mary Angus' Hütte. Der Schuppen hat einen Holzfußboden und ist sauber."

Fred lebte also ganz allein in einem Werkschuppen, während er hier das schönste Zuhause von allen hatte und eine Familie besaß, die ihn liebte. Und das alles war meine Schuld. Er verabscheute es, sich als Lohnarbeiter zu verdingen, und zu alledem mußte er noch mit Männern zusammen arbeiten, die ihn ablehnten.

Ich schrieb ihm einen Brief, in dem ich ihm mitteilte, daß ich der Meinung war, er sollte zurückkommen. „Wir müssen uns ja nicht wiedersehen", schloß ich. „Ich verspreche es Dir. Ich werde Dich nicht einmal grüßen. Ich weiß jetzt, was Du empfindest, und ich werde Deine Haltung respektieren. Also bitte ich Dich, nicht meinetwegen dort zu bleiben." Ich unterschrieb mit „Deine Freundin (und nichts anderes will ich sein) Anne."

Ich lebte in dieser Zeit in einer höchst merkwürdigen Stimmung. Noch nie in meinem ganzen Leben hatte ich mich so allein gefühlt, und gleichzeitig war ich zufriedener mit mir selbst als je zuvor. Anscheinend brauchte ich keinen Menschen; es kam mir vor, als ob ich in einer schützenden Hülle lebte und nichts Falsches oder Unrechtes sagen oder tun konnte. Dabei hatte ich trotzdem Empfindungen. Ich fühlte. Aber ich empfand auf ganz andere Weise. Als Nancy beispielsweise an jenem Abend endlich schaffte, was sie von ganzem Herzen erstrebt hatte, war ich so gelassen, daß ich mich selbst kaum wiedererkannte.

Nancy blätterte in einem Lesebuch der dritten Klasse, und ich übte auf der Harmonika. Da ich kein Klavier hatte, wollte ich Ziehharmonika spielen, wenn wir beim Singen und Spielen Musik brauchten. Ich spielte gerade „*Home on the Range*“ und eigentlich gar nicht einmal schlecht, als ich sie „Anne“ sagen hörte.

Ich sah zu ihr hinüber. Ein unbeschreiblich glücklicher Ausdruck lag auf ihrem Gesicht. Sie lächelte. „Ich kann lesen“, sagte sie.

„Bist du sicher?“

Sie nickte.

„Fang an.“

„Es-war-einmal“, las sie, „ein-Krebs-der-aus-dem-Meer-krabbelte-und-den-Strand-hinauf-um-sich-in-der-Sonne-zu-wärmen . . .“ Sie hatte zum ersten Mal einen Text ohne meine Hilfe gelesen, und sie las ohne Schwierigkeiten. Als sie das Kapitel beendet hatte, strahlte sie.

„War das Lesen?“

„Das war Lesen.“

Nur um ganz sicher zu sein, legte ich ihr einige Schlagzeilen aus der „Allgemeinen Bergarbeiterzeitung“ aus Fairbanks vor. Auch bei einigen Abschnitten aus einer Zeitschrift machte sie ihre Sache nicht schlecht. Sie war so glücklich darüber, daß sie fast zu weinen anfing. Noch vor wenigen Monaten hätte ich mit ihr geweint. Aber ich war nicht überrascht. Es war, als hätte ich schon immer gewußt, daß dies eines Tages geschehen würde.

Am nächsten Morgen konnte es Nancy kaum erwarten, daß die Kinder zum Unterricht kamen, um es ihnen allen zu erzählen, und noch ehe der Tag vorüber war, wußte jeder in Chicken, daß sie lesen konnte. Maggie Carew lud uns zur Feier des Tages zum Essen ein. Seitdem Fred fort war, benahm sie sich mir gegenüber freundlicher. Vielleicht tat es ihr auch leid, was geschehen war. Nach dem Essen fragte sie mich, ob ich mich darauf freue, im nächsten Jahr in Eagle zu unterrichten.

„Ich weiß nicht so recht", sagte ich. „Wie ich gehört habe, hat der Elternbeirat einige Zweifel über mich geäußert."

„Nun, da werde ich auch noch ein Wörtchen mitzureden haben. Gegen Frühjahrsende ziehen wir dorthin. Ich habe das Gasthaus am Kai gekauft. Ich werde ein gutes Wort für Sie einlegen – es sei denn, Sie haben andere Pläne."

Ich hatte keineswegs andere Pläne. Ich wartete einfach ab. In mir war alles leer, aber ich vermochte nicht zu sagen, was mich hätte erfüllen können.

Ende Januar fragte ich mich beinahe, ob ich überhaupt noch weiter irgendwo in Alaska unterrichten wollte, denn plötzlich setzte so schlechtes Wetter ein, als habe Gott sich von diesem Teil der Welt abgewandt. Der Himmel blieb so dunkel, daß man Tag und Nacht kaum unterscheiden konnte. Fast eine Woche lang sank die Temperatur unter minus fünfzig Grad und blieb dort. Die Luft enthielt kaum noch Feuchtigkeit; wir hatten alle ständig Durst – ganz gleich, wieviel Tee oder Wasser wir tranken, wir fühlten uns immer wie ausgetrocknet.

Die Menschen benahmen sich allmählich so widerwärtig wie das Wetter. Weihnachten und Neujahr waren vorbei, und allen fiel jetzt die Decke auf den Kopf – weil man Tag für Tag im Haus bleiben mußte –, und jeder zankte sich mit jedem über alles mögliche. Manchmal stellte ich auch bei mir fest, daß ich mich über belanglose Kleinigkeiten ärgerte, aber meist ging mir alles nicht so nahe, es war so, als erwartete ich noch immer, daß etwas geschehen müßte.

Den Tag, an dem dann schließlich etwas geschah, werde ich nie vergessen.

An diesem Tag war es minus sechzig Grad, und die kleineren Kinder saßen wieder in meinem Bett. Allmählich gelangte ich zu der Auffassung, daß das Bett das wichtigste Möbelstück war, das ich besaß. Nicht nur die Kinder benutzten das Bett, wenn der Fußboden zu kalt war, Nancy und ich hatten auch unseren Sack mit Kartoffeln ins Bett genommen, weil es der einzige Ort war, an dem die Kartoffeln nicht gefroren.

Wir waren in meiner Wohnung, als wir nacheinander drei ferne Gewehrschüsse hörten. Wir alle wußten, was das bedeutete: Jemand rief um Hilfe. Nancy zog ihren Mantel an und ging hinaus, um zu erkunden, ob irgend jemand wußte, woher die Schüsse gekommen waren. Wenige Minuten später war sie zurück. „Die Carews glauben, daß sie aus der Richtung von Mary Angus kamen", sagte sie.

„Deine Mutter und dein Vater gehen hin", meinte sie zu Jimmy. „Sie haben gesagt, du kannst mitkommen und Willard auch."

Danach war die Klasse nicht mehr zu halten. Als sie alle hinausrannten, fielen drei weitere Schüsse. Nancy und ich machten uns auch auf den Weg zu Mary Angus' Hütte. Die Kälte machte jedes Gespräch unmöglich, und so stapften wir schweigend den ganzen Weg lang vorwärts, bewegten uns schnell genug, um warm zu bleiben, aber langsam genug, um nicht ins Schwitzen zu geraten. Die Kinder spielten vor der Hütte, als wir dort ankamen. Kaum hatten sie Nancy und mich erblickt, kamen sie auf uns zugerannt.

„Mary ist tot, Lehrerin!" schrie Jimmy.

„Mausetot!" fiel Willard ein.

Jake Harrington stand mit Rebekah draußen vor der Tür. „Ist es wahr?" fragte ich. Jake nickte. Ich stieß die Tür auf. Drinnen befanden sich eine Menge Leute, aber alles war nur spärlich von einer flackernden Kerze erhellt, so daß ich zunächst nur Mr. Vaughn, Angela, die Carews und Joe Temple erkennen konnte. Dann sah ich Ben Nervall, einen runzligen alten Mann, der wie ein Basset aussah, und Chuck in einer Ecke. Die beiden beugten sich über das, was Marys Leiche sein mußte. Ben bedeckte sie mit einer Decke aus Wolfsfell.

„Was ist geschehen?" fragte ich Maggie.

„Sie muß innere Blutungen gehabt haben", sagte Maggie. „Wir überlegen gerade, was getan werden muß. Joe hier wird seinen Schlitten holen und die Leiche zu unserem Haus bringen. Wir werden sie in dem Nebenverschlag lassen, bis Strong sie zum Indianerdorf befördern kann, aber wir wissen noch nicht, was mit den Kindern geschehen soll."

Nachdem sich meine Augen jetzt an die Dunkelheit gewöhnt hatten, sah ich Ethel. Sie saß mit angstgeweiteten Augen auf einer Kiste und fürchtete sich. Ich ging zu ihr hinüber.

„Wie ist es nun, Joe", fragte Angela. „Nimmst du die Kinder?"

„Ich habe nicht die leiseste Ahnung, wie man mit Kindern umgeht", entgegnete Joe.

„Es geht doch nur darum, sie eine Woche oder so zu behalten", sagte Maggie. „Dann wird Strong sie schon von hier wegbefördern."

Ben und Chuck richteten sich auf. Die Matratze war voller Blut. Chuck war tief erschüttert. Ich legte den Arm um ihn, und er ließ es zu, ohne einen Laut von sich zu geben. „Der hier ist es am schlimmsten ergangen", sagte Ben und legte seine Hand auf Ethels Kopf. „Ich kam vorbei und sah, daß kein Rauch aus dem Schornstein kam. Ich ging hinein, und da saß sie neben Mary." Er tätschelte ihr den Kopf. „Wenn der alte Ben nicht gerade vorbeigekommen wäre", sagte er zu ihr, „hättest du dich wahrscheinlich totgefroren."

„Vielleicht wäre sie dann besser dran gewesen", sagte Maggie.

„Sie hat ganz bestimmt nicht viel Gutes in diesem Indianerdorf zu erwarten", bemerkte Angela.

Mr. Carew ergriff das Wort. „Wenn wir hier nicht den ganzen Tag herumstehen wollen, müssen wir entscheiden, was aus den Kindern wird."

Angela sagte: „Ich stimme dafür, daß Joe sie nimmt. Das wird ihm eine Lehre sein."

„Ich finde das nicht komisch", entgegnete Joe. „Ich habe doch gesagt, daß ich nicht weiß, was ich mit ihnen anfangen soll."

„Und wie ist es mit dir, Maggie?" fragte Angela. „Du hast doch Schlafstellen."

„Ich muß mich um meine eigenen Kinder kümmern."

Ich stand da und hörte ihnen zu.

Auch mich hatte niemand gewollt, als ich ein Kind war – bis auf Großmama. Chuck und Ethel brauchten einen Menschen, der sich um sie kümmerte, und das konnte ich sein.

„Ich werde sie nehmen", sagte ich zu Joe.

„*Sie* wollen sie nehmen!" bemerkte Angela.

„Ja."

„Ich bin damit einverstanden." Joe schien erleichtert zu sein. „Danke, Anne."

„Ich halte das nicht für richtig", sagte Mr. Vaughn.

„Ich auch nicht", stimmte Maggie zu. „Sie ist doch kaum erwachsen."

„Weshalb nehmen Sie sie dann nicht?" fragte Joe sie bissig. Sie gab keine Antwort.

„Sie gehören Ihnen", sagte Joe zu mir.

Ich nahm Ethel hoch. „Nimm Chuck", sagte ich zu Nancy.

„Gewiß." Sie war etwas überrascht.

Keiner bewegte sich, um den Weg freizugeben. Sie starrten mich nur an.

„Will sie sonst jemand?“ fragte ich.

Niemand antwortete.

„Wenn keiner etwas dagegen hat, werde ich diese Kinder mit nach Hause nehmen.“

Ethel blieb ruhig, bis wir zur Tür kamen. Dann wurde ihr klar, daß ich sie von hier fortnehmen wollte, und sie fing an zu schreien. Als wir draußen waren, wehrte sie sich mit Zähnen und Nägeln. Sie war eben zu klein, um zu begreifen, daß ihre Mutter tot war. Ben nahm Marys Handschlitten, half mir dann, Ethel in eine Decke zu hüllen und sie in den Schlitten zu setzen. Es war die einzige Möglichkeit, sie mit nach Hause zu nehmen.

Ich spannte mich selbst vor den Schlitten und begann, ihn zu ziehen, aber es ging nur mühsam vorwärts, weil der trockene Schnee wie Sand an den Kufen klebte. Nach zehn Minuten löste Nancy mich ab, und während des gesamten Heimwegs schrie und strampelte Ethel weiter. Als sie zum ersten Mal den Kopf zurückwarf und ich ihr Gesicht sehen konnte, dachte ich zunächst, ihr sei etwas Furchtbares geschehen – bis ich begriff, daß es ihre Tränen waren. Sie waren rund um die Augen gefroren. Bis wir wieder drinnen waren, hatte Nancy ganz weiße Wangen und eine weiße Nase, und ich wußte, daß ich nicht viel anders aussah, weil mein Gesicht völlig gefühllos war. Ethel lief geradewegs unter den Tisch und setzte sich dort weinend hin. Auch Chuck fing an zu weinen.

Ich versuchte, ihn zu trösten. Es dauerte eine Weile, bis er aufhören konnte, und dann wollte er wissen, wann seine Mutter wieder aufwachen würde. Ich mußte ihm sagen, daß sie nicht mehr aufwachen würde, daß sie tot sei. Obwohl er wußte, was das Wort tot bedeutete, konnte er es doch nicht hinnehmen, daß er sie nie wiedersehen würde.

„Wann meine Mutta kommen?“

„Sie wird nicht kommen. Du wirst hier bei mir und Nancy bleiben, Chuck –“ Er sah aus, als wolle er wieder anfangen zu weinen. „Du mußt mir helfen. Wir müssen Ethel erklären, daß sie hier keine Angst zu haben braucht. Sie versteht nicht, was geschehen ist. Du wirst es ihr sagen müssen. Kannst du das?“

Er ging hinüber zum Tisch und kniete sich neben seine Schwester. Sie schluchzte noch immer, aber sie hörte ihm zu. Sie wechselten ein paar Worte, und dann ließ sie es zu, daß Chuck sie unter dem Tisch hervorholte.

Ihr Parka war voller Schmiere, ihr Haar war verfilzt und ihr Gesicht von einer dicken Schmutzschicht überzogen. „Wir werden sie baden müssen", sagte ich.

Während das Wasser auf dem Herd heiß wurde, klopfte jemand an die Tür. Es waren Maggie und ihr Mann mit Chucks und Ethels Sachen, einigen Mokassins, einer Kaliber-22-Flinte und mehreren Paar Kinderschneeschuhen.

Als genug warmes Wasser im Waschzuber war, versuchte ich, Ethel die Sachen auszuziehen, aber sie riß sich los und fing an zu weinen.

„Sie nicht gern Sachen ausziehen", sagte Chuck. „Nie ausziehen."

„Sag ihr besser, daß sie das muß", entgegnete ich. „Sie muß ein Bad nehmen."

Und damit war's vorbei. Er erklärte, was wir vorhatten, und im nächsten Augenblick war Ethel unter das Bett gekrochen. Mir biß sie in die Hand, und Nancy bekam einen tüchtigen Tritt, ehe wir sie hervorziehen konnten. Sie brüllte dabei aus Leibeskräften. Chuck hielt sich die Ohren zu, und während Nancy sie festhielt, zog ich ihr die Sachen aus – kniehohe Ledermokassins, eine leichte Jacke und zwei Kattunkleidchen. Ihre Unterwäsche verblüffte mich. Anscheinend handelte es sich um eine Hemdhose mit einem abnehmbaren Hosenboden, aber vorne ohne Knöpfe. „Das ist Unterwäsche nach Indianerart", sagte Nancy. „Die Mütter nähen sie so im Oktober darin ein, und sie behalten sie bis April am Leib."

Ich holte eine Schere, um das Zeug zu zerschneiden, während Nancy Ethel festhielt, aber sie strampelte und brüllte so laut, daß mir das Trommelfell dröhnte. Chuck fing aus lauter Mitleid auch an zu weinen.

Schließlich war es geschafft. „Uff", sagte Nancy. Der Hosenboden war durchnäßt und verschmutzt. Nancy und ich setzten Ethel in die Wanne. Kaum hatten wir das getan, brach die Hölle los. Ethel stieß einen schrillen Schrei aus, fing an, um sich zu schlagen, und ehe wir sie noch daran hindern konnten, spritzte das Wasser in alle Richtungen, und sie war aus der Wanne heraus. Wir jagten ihr nach, und schließlich gelang es uns, sie wieder ins Wasser zu setzen. Da saß sie schluchzend und hatte es aufgegeben, sich weiter zu wehren. Nancy und ich fingen an, sie zu waschen, und als wir das geschafft hatten, war sogar Nancy von ihr eingenommen. „Sieh nur, Anne, sie ist wirklich eine kleine Schönheit."

Das war sie wirklich mit ihrem glänzendschwarzen Haar und ihrem Teint wie dunkle Rosenblätter. Als wir sie herausnahmen und abtrockneten, sah sie so schwach und hilflos aus, daß ich viel darum gegeben hätte, ihr versichern zu können, daß sie in guten Händen sei, aber natürlich verstand sie kein Englisch. Wir steckten sie ins Bett, um sie warm zu halten, und sahen dann die Sachen durch, die Maggie gebracht hatte. Kleider für sie waren nicht dabei. Sie hatte alles, was sie besaß, am Körper getragen.

„Ich werde hinüber in den Laden gehen und sehen, was ich auftreiben kann", sagte ich zu Nancy. Viel fand sich nicht, das ihr passen würde – eine Latzhose, etwas lange Unterwäsche, Socken und ein Kordhemd, aber immerhin hatte sie nun saubere Sachen. Die Latzhose war ihr viel zu lang, und wir mußten die Beine aufkrempeln. Das Hemd war zu groß, sie wirkte ganz verloren darin, aber sie sah wirklich reizend aus. Selbst Chuck war dieser Meinung. Er sagte: „Sie ein hübsches Mädchen, Lehrin." Er ging zu ihr und beschnüffelte sie. „Riechen auch gut", erklärte er beifällig.

Ethel zum Essen zu bewegen war nicht weiter schwierig. Sie schlang zwei dicke Scheiben Brot und dazu reichlich Elchbraten und Bohnen zum Abendessen herunter. Gleich nach dem Essen kam Maggie Carew vorbei. „Joe hat die Mutter hergebracht", sagte sie und sah Ethel bewundernd an. „Das Kind sieht jetzt nur halb so schlimm aus." Dann legte sie eine Papiertüte auf den Tisch. „Ein paar alte Sachen von Willard. Sie könnten ihr passen."

Ich dankte ihr, und ehe sie ging, sagte sie: „Nett von Ihnen, sie hierzubehalten."

„Das macht mir nichts aus."

Wir steckten die beiden Kinder in das große Bett, damit Ethel sich nicht fürchtete. Wenn Nancy und ich schlafen gingen, wollten wir Chuck auf die Couch hinüberbringen. Sie wälzten sich noch ein Weilchen hin und her, flüsterten miteinander, dann waren sie still. Ich dachte, sie seien eingeschlafen, aber Chuck schlief noch nicht. Er rief mich, und ich ging zu ihm.

„Meine Mutta, sie ganz allein in Haus. So allein, ich denken."

„Sie haben sie mitgenommen."

„Wohin sie genommen?"

„Sie haben sie in den Vorratsraum hinten am Gasthaus gebracht." Ich versuchte, mir das Würgen im Hals nicht anmerken zu lassen, aber es war nicht einfach.

„Immer noch sehr allein." Er stand auf. „Vielleicht ich gehen sehen. Sie nicht sein allein."

„Sie ist nicht allein, Chuck. Sie schläft. Und sie ist sehr glücklich. Sie wird nie wieder frieren, nie wieder hungrig oder traurig sein."

„Du nicht lügen? Sie nie hungrig sein, nie frieren?"

„Nie wieder. Das ist die Wahrheit. Ihre Seele ist jetzt im Himmel."

„Sie haben großen fetten Elch zu essen?"

„O ja. Sie hat dort alles."

„Ich gern das. Sie eine gute Mutta für mich. Du auch gute Mutta für mich, Lehrin. Du mich kümmern jetzt wie richtige Mutta."

„Weil du so ein netter Junge bist. Und nun schlaf."

Meine Augen waren so feucht, daß ich kaum etwas sehen konnte. Ich sah zu Nancy hinüber. Sie hatte das Gesicht verzogen und bemühte sich sehr, die Tränen zurückzuhalten. Sie ging in das Klassenzimmer. Ich ging ihr nach, und da standen wir beide und weinten lautlos, damit Chuck uns nicht hörte.

Später trugen wir ihn hinüber zur Couch und legten uns dann zu Ethel ins Bett, die wir in unsere Mitte nahmen. Wir ließen die Petroleumlampe brennen, damit sie keine Angst bekam, wenn sie mitten in der Nacht aufwachen sollte. Ethel lag in tiefem Schlummer, eine Strähne ihres langen, schwarzen Haares ringelte sich über ihre Wange. Ich strich sie zurück. Sie war wunderschön.

Draußen erhob sich ein Wind, und immer wieder streifte uns ein eisiger Luftzug. Ich dachte an Mary Angus, wie sie einsam und kalt in dem dunklen Verschlag lag. Jetzt gab es niemanden mehr, der sich um Chuck und Ethel kümmern würde. Sie waren ganz allein.

„Bist du noch wach, Nancy?"

„Mmh-hmm."

„Was hältst du davon, wenn wir Chuck und Ethel hierbehielten? Ich möchte sie nicht in das Indianerdorf zurückschicken."

„Wie lange wollen Sie sie denn behalten?“

„Dreimal darfst du raten.“

„Anne – soll das heißen, daß Sie sie behalten wollen als Ihre *eigenen?*“

„Ja. Was meinst du dazu?“

„Ich weiß nicht so recht . . . Das ist Ihre Sache“, entgegnete sie.

Ich bat sie, keinem etwas davon zu sagen. Abgesehen davon, daß es einen Aufstand verursachen würde, handelte es sich immer noch um Joe Temples Kinder, und ich würde mit ihm sprechen müssen, ehe ich sie behalten konnte.

Die Kinder in der Klasse waren zu Ethel viel netter als zu Chuck. Sie war für sie keine Konkurrenz, und außerdem wußten sie, daß Ethel eine Waise war. Den ganzen Tag in ihrer Gesellschaft zu sein, half Ethel sehr, und nach wenigen Tagen wiederholte sie einzelne Wörter

wie Bücher, Butterbrot, essen, Schüssel. Sie und William Carew mochten sich von Anfang an. Am ersten Morgen wollte er, daß sie sich zu ihm an den Tisch setzte. Am Nachmittag ließ er sie mit seinen Buntstiften malen. Er zeigte ihr auch, wie man ein Loch ins Eis am Fenster haucht. Es war seine Lieblingsbeschäftigung. Er ließ dabei seine Zunge gerade so lange an der Scheibe, daß er sie noch leicht zurückziehen konnte. Da ihm einmal fast die Zunge an der Scheibe angefroren war und ein Stückchen Haut daran hängenblieb, machte ich diesem Spiel sehr schnell ein Ende.

Ich mußte mit Joe Temple darüber sprechen, daß ich Ethel und Chuck behalten wollte, aber ich schob es immer wieder auf. Schließlich nahm ich – wenige Tage vor der erwarteten Ankunft von Mr. Strong – die Skier und fuhr nach dem Abendessen zu Joe hinüber. Er lebte etwa eineinhalb Kilometer von der Siedlung entfernt in Stonehouse Creek. Ich fand den Ort leicht. Es war windstill, und der zunehmende Mond schien hell herunter. In dem fahlen Licht war jeder Zweig, jeder Busch in der weißen Landschaft deutlich zu erkennen. Als ich in Stonehouse Creek ankam, fingen Joes Hunde zu bellen an. Er kam heraus, und ich winkte ihm zu.

„Tee oder Kaffee?" rief er.

„Tee!"

Er hatte ein hübsches Haus. Drinnen hingen an der Wand einige Schußwaffen – ein weittragendes Gewehr mit Zielfernrohr, eine Schrotflinte und ein Revolver. Alle waren gereinigt und frisch geölt. Ein paar mit Farbanstrich versehene Kisten waren an die Wand genagelt und dienten als Bücherregale: Werke von Dickens, Fitzgerald und Milton standen darin. Auf einer Kiste neben einem Schaukelstuhl waren neben der Tabaksdose mehrere Pfeifen in einem Ständer aufbewahrt.

Er reichte mir eine Tasse dampfenden Tee. „Nun sagen Sie mir", wollte er wissen, „was dieser Besuch bedeuten soll. Ich bin sicher, daß Sie nicht wegen meiner Gesellschaft gekommen sind."

„Ich komme wegen Chuck und Ethel", erklärte ich. „Kann ich sie haben?"

„Ist das Ihr Ernst?"

„Natürlich ist das mein Ernst."

Er lachte. „Wozu wollen Sie sie denn?"

„Ist das wichtig?"

„Sie bitten mich um etwas. Und nun möchte ich wissen, weshalb Sie es haben wollen."

„Joe, ich möchte sie ganz einfach haben."

„Ein guter Grund. Nehmen Sie sie."

„Meinen Sie das wirklich?"

„Gewiß. Sie wissen, daß sich alle Leute darüber aufregen werden, nicht wahr?"

„Ich denke schon."

„Und weshalb wollen Sie dann nicht das ganze Durcheinander vermeiden und diese Kinder in das Indianerdorf schicken, wohin sie gehören?"

„Joe, Sie wissen, wie es in diesem Indianerdorf aussieht. Das ist kein Ort, um einen Hund hin zu jagen, geschweige denn Kinder. Bedeuten sie Ihnen denn gar nichts?"

„Nein."

„Und Mary – hat sie Ihnen etwas bedeutet?"

„Mary und ich waren vor mehr als einem Jahr schon fertig miteinander. Vielleicht gefällt es Ihnen nicht, wie ich sie behandelt habe, aber was wissen Sie über sie und mich? Sie wußte, was sie tat. Ich habe ihr nie versprochen, sie zu heiraten, obwohl ich manchmal daran gedacht habe. Aber was hätte ich sagen sollen, wenn wir einmal zusammen ausgegangen wären? ‚Darf ich Ihnen meine Frau vorstellen? Sie weiß, wie man Dörrfleisch und Trockenfisch herstellt, aber bitte reden Sie nicht mit ihr über Literatur, aktuelle Ereignisse oder Kunst.'"

Ich machte mich zum Gehen bereit.

„Ich habe noch etwas mehr zu sagen", fuhr er fort. „Sie sind einer ganzen Reihe von Leuten hier auf die Füße getreten, seit Sie hier sind, und wären Sie nicht so ein netter Kerl, dann wären Sie nicht heil davongekommen. Wenn Menschen Indianer nicht leiden können, dann können sie sie eben nicht leiden, und das gilt auch für Mischlinge. Fred Purdy hat Ihnen den größten Gefallen getan, daß er sich von hier verzogen hat. Er hat das Richtige für Sie getan. Sie sollten dankbar sein. Statt dessen müssen Sie wieder auftrumpfen und den Leuten ins Gesicht schlagen, indem Sie diese Kinder nehmen."

Ich sagte: „Joe, alles, was Sie mir gesagt haben, ist, daß die Menschen hier keine Indianer mögen. Nun, wenn es mir gefällt, sie zu mögen, ist das mein gutes Recht – und ich habe es satt, daß mich die Leute für verrückt halten, nur weil ich mir dieses Recht nehme."

Er lächelte. „Bisher hat Sie das wohl kaum gestört. Nur zu, nehmen Sie die Kinder. Vergessen Sie aber nicht, daß sie noch immer halbe Wilde sind."

„Wenn das so ist, handelt es sich wahrscheinlich um Ihren Anteil." Ich dachte, er müsse sich darüber ärgern, aber er wurde nicht wütend. Er lächelte immer noch.

„Tun Sie mir einen Gefallen?" fragte ich. „Sagen Sie nichts. Es hat keinen Zweck, daß jemand davon erfährt, ehe Mr. Strong eintrifft."

Er versprach, nichts zu erzählen.

Den ganzen Weg zurück fühlte ich mich großartig. „Was meinst du wohl, wird Mr. Strong sagen?" fragte ich Nancy, als ich nach Hause kam. Er erwartete doch, daß er Chuck und Ethel mit Marys Leiche zurück in das Indianerdorf bringen sollte.

„Er wird sprachlos sein", erklärte Nancy.

VII

Kurz nach dem Mittagessen fingen die Hunde an zu bellen. Wir horchten auf, als das Gebell zunahm. Und schließlich rief jemand: „Ohaaaa! Die Hunde melden, daß Mr. Strong kommt!"

Eine Viertelstunde später stand ganz Chicken, die Klasse und ich inbegriffen, wartend vor dem Postamt und stampfte mit den Füßen, um warm zu bleiben. Kurz darauf war der Schlitten zu erkennen, wie er rüttelnd und schüttelnd und knirschend nahte. Mr. Strong stand hoch aufgerichtet, von Kopf bis Fuß in Pelz gehüllt wie ein großer Bär, da, ließ die Peitsche knallen und trieb die beiden Pferde an. Man konnte sehen, daß sie eine mühsame Reise hinter sich hatten. An ihren Decken hingen Eiszapfen, und beide sahen aus wie eine einzige, große Dampfwolke.

Da saß jemand neben Mr. Strong. Kaum hielt der Schlitten, sprang der Fahrgast herunter und rief den herandrängenden Männern zu: „Moment, Moment, wartet mal, ich muß erst meine Frau und mein Baby herausholen."

Es war Elmer Terwilliger, Maggie Carews Schwiegersohn, der mit seiner jungen Familie aus Eagle zu Besuch gekommen war. Jetzt ging er auf den rückwärtigen Teil des Schlittens zu, wo bereits die schützende Segeltuchplane von unten zurückgeschlagen wurde. Es war Maggies Tochter Jeannette, ganz in Pelze eingehüllt wie in einen Kokon. Sie wollte Elmer gerade ein kleines, in Decken gehülltes Bündel reichen, aber da stand Maggie schon neben ihm. „Gib es mir!" Und während er Jeannette beim Absteigen half, war Maggie mit dem Baby schon auf dem Weg in das Gasthaus, ohne sich auch nur umzudrehen. Sie wollte nicht, daß sich das Baby da draußen in der Kälte den Tod holte, erklärte sie.

Nach dem Essen machte Nancy sich fein, um in das Gasthaus hinüberzugehen. Da die Leute aus allen Himmelsrichtungen gekommen waren, um ihre Felle mit Mr. Strong mitzuschicken, sollte ein Tanzabend stattfinden. Ich ging zu dem Laden hinüber, um mit Mr. Strong die Abrechnungen durchzusehen. Ich hatte gehofft, ihn allein anzutreffen, aber Mr. Vaughn, Harry Dowles und noch einige andere Männer saßen um den bullernden Kanonenofen. Harry schob seinen

Priem Kautabak von einer Seite auf die andere und fragte, ob ich ins Gasthaus kommen würde.

„Ich glaube kaum", sagte ich. Gerade heute abend wollte ich Chuck und Ethel nicht dorthin bringen.

„Schade." Er spuckte den Priem in den großen Blechkanister beim Ofen. „Fred Purdy wird wahrscheinlich dort sein."

„Fred ist mit mir angekommen", sagte Mr. Strong. „Er ist in Stonehouse Creek abgestiegen."

Harry Dowles kicherte. Während ich mit Mr. Strong die Abrechnungen durchging, wußte ich, daß die Männer sich hinter meinem Rücken vielsagende Blicke zuwarfen.

Ich hoffte dennoch weiter, daß sie gehen würden, ehe ich mit Mr. Strong über Chuck und Ethel sprach, aber sie blieben wie festgewachsen sitzen.

„Es tut mir leid um Mary Angus", sagte Mr. Strong.

„Ja, es war wirklich schlimm."

„Es ist anerkennenswert, wie Sie sich um die beiden Kinder gekümmert haben. Ich werde sie morgen vor dem Aufbruch abholen."

„Das brauchen Sie nicht", entgegnete ich. „Ich werde sie noch eine Weile behalten. Ich meine, sie sollten jetzt noch nicht in das Indianerdorf zurück."

Er blickte mich über den Rand seiner Brillengläser scharf an. „Madam, Sie haben gewiß die besten Absichten, aber diese Kinder gehören zu ihren eigenen Leuten."

„Ich möchte sie bei mir behalten, Mr. Strong. Ich habe bereits mit Joe Temple darüber gesprochen. Er erklärt sich damit einverstanden."

„Wie lange wollen Sie sie denn behalten?"

„Ziemlich lange."

„Ziemlich lange!" äffte Mr. Vaughn mich nach. Er nahm seinen Parka vom Haken an der Wand und ging. Er würde direkt ins Gasthaus gehen, um es allen zu erzählen. Die anderen rührten sich nicht.

„Ich täte Ihnen einen Gefallen, Madam, wenn ich auf der Stelle in Ihre Wohnung ginge und sie mit Gewalt mit mir nähme."

„Ich kann mir nicht vorstellen, daß Sie dazu imstande wären, Mr. Strong", entgegnete ich. Und verließ den Laden, am ganzen Leibe zitternd.

Nancy fragte mich geradeheraus, wie es gegangen sei, und ich berichtete ihr, was Mr. Strong gesagt hatte. „Geh nur zum Tanzen und amüsier dich. Ich mache mir keine Sorgen", log ich. Von Fred erwähnte ich nichts.

Nachdem Chuck und Ethel im Bett waren, setzte ich mich hin, um ihretwegen an Mr. Henderson zu schreiben. „Ich werde sie zumindest bis Juni bei mir behalten", schrieb ich, „und ich habe den Eindruck, daß Sie deswegen einige Briefe erhalten werden."

Während ich die Adresse schrieb, hörte ich schnelle Schritte draußen auf der Veranda, und die Tür flog auf. Ich war zu Tode erschrocken, denn ich befürchtete, eine Horde aus dem Gasthaus sei gekommen, um die Kinder zu holen, aber es war Nancy. Sie hatte Tränen in den Augen und einen breiten, roten Striemen auf einer Wange. Hinter ihr stand Maggie Carew, schäumend vor Wut. „Was haben Sie vor?" schrie sie.

„Was ist geschehen?"

„Sehen Sie sie doch an!" sagte Maggie. „Man hat ihr Ihretwegen fast den Kopf abgerissen."

„Die Kinder schlafen, Mrs. Carew." Wir gingen ins Klassenzimmer und schlossen die Tür.

„Werden Sie diese Kinder behalten?" fragte Maggie.

„Ja, Mrs. Carew –"

„Haben Sie auch nur die leiseste Vorstellung, was Sie damit anstellen? Wegen dieses Halbbluts den Kopf zu verlieren war schon schlimm genug, aber das schlägt dem Faß den Boden aus. Sind Sie sich darüber im klaren, daß Sie sich Ihre ganze Zukunft vermasseln?"

„Darüber mache ich mir keine Sorgen."

„Nun, vielleicht machen Sie sich doch um einige Dinge von nun an Sorgen. Im Gasthaus ist davon die Rede, hierher zu kommen und die Kinder zu holen, ob es Ihnen nun gefällt oder nicht."

Ich sah rot. „Ich bin sofort zurück", sagte ich, ging in den Verschlag und holte den Revolver von dem hohen Regal, wo ich ihn versteckt hatte.

„Was wollen Sie damit?" sagte Maggie, als ich in das Klassenzimmer zurückmarschiert kam.

„Wenn es nötig ist, werde ich ihn benutzen. Sagen Sie allen, die Lust dazu haben, hier einen Fuß über meine Schwelle zu setzen, um die Kinder zu holen, wenn sie das versuchen, werde ich sie erschießen, so wahr mir Gott helfe."

„Sie sind verrückt genug, das zu tun, nicht wahr?"

„Damit haben Sie völlig recht."

„Jetzt sind Sie zu weit gegangen. Ich will mit der Sache nichts mehr zu tun haben. Ich sage Ihnen nur eines, junge Dame. Damit ist die Sache noch nicht erledigt – noch lange nicht."

Sobald sie die Tür hinter sich geschlossen hatte, fragte ich Nancy, was vorgefallen sei. „Angela Barrett machte dumme Bemerkungen über Fred und Sie. Ich sagte ihr, sie solle sich um ihre eigenen Angelegenheiten kümmern, und sie hat mir eine runtergehauen."

„Wir gehen ihr besser aus dem Weg."

In dieser Nacht schliefen Nancy und ich nicht besonders gut. Wann immer wir Schritte hörten, erwarteten wir, daß sie eindringen würden. Aber niemand störte uns.

Am nächsten Morgen prüfte ich gerade im Buchstabieren, als ich hörte, wie Mr. Strong die Türen zu seinem Stall, der gegenüber an der Straße lag, öffnete. „He!" rief er den Pferden zu. Alle sahen hoch, als draußen das Schlittengeläut zu hören war und der Schlitten abfuhr. Ich lehnte mich zurück und entspannte mich.

Nach dem Mittagessen wurde es so kalt, daß ich nach Schulschluß Isabelle und Joan bei mir behielt. Sie waren beide noch zu klein, um in dieser Kälte allein heimzugehen. Joans Mutter holte sie wenige Minuten nach Schulschluß ab; aber eine halbe Stunde verging, und niemand kam, um Isabelle abzuholen.

Ich hatte das Gefühl, daß Fred kommen würde, und ich hatte recht. Ich hatte beschlossen, kühl und gelassen zu sein, wenn ich ihm wieder begegnen würde, aber kaum war er eingetreten, befiel mich jene Unsicherheit, die man empfindet, wenn man im Dunkeln die Treppe hinuntergeht und meint, da sei noch eine Stufe, und dann kommt keine mehr.

Nancy brachte die Kinder in das Klassenzimmer, damit wir ungestört miteinander reden könnten. Zuerst saßen wir nur da wie zwei Eisblöcke.

„Du bist wahrscheinlich froh, wieder hier zu sein", sagte ich.

„Ja, das bin ich", entgegnete er.

„Hast du davon gehört, daß ich Chuck und Ethel nehmen will?"

„Das weiß ich und alle anderen im Fortymile-Gebiet", sagte er.

„Was meinst du dazu?"

„Daß du genau das getan hast, was ich von dir erwartet hatte. Du bist nun einmal so." Wie er das sagte, brachte es mich zum Erröten.

„Weshalb bist du hergekommen?" platzte ich heraus.

„Ich wollte dich noch einmal sehen."

„Wirst du wieder fortgehen?"

„Nein. Ich bin nur gekommen, um Abschied zu nehmen."

„Das ist töricht", erklärte ich, voller Angst, die Tränen nicht zurückhalten zu können. „Ich meine, können wir nicht einmal Freunde sein?"

Er schüttelte den Kopf. „Du willst es eben nicht verstehen."

„Nein, ich will nicht", sagte ich. „Ich will nicht verstehen, weshalb zwei Menschen, die einander gern haben, nicht einmal das Recht haben sollen, sich anzusehen."

Spontan legte ich meine Hand auf seine. „Oh", sagte ich und zog sie schnell wieder zurück. „Ich lerne bereits, wie du siehst."

Er lächelte fast. „Weißt du, weshalb ich aus Steel Creek zurückgekommen bin?"

„Weil sie dich dort schäbig behandelt haben."

„Nur zum Teil deswegen. Ich bin damals fortgegangen, um dich und meine Mutter von dem Druck zu entlasten, aber nach einer gewissen Zeit ist mir klargeworden, daß ich das auch hier tun kann. Ich muß nur sicher sein, daß wir einander fernbleiben, du und ich. Auf diese Weise sind alle zufrieden."

„Bis auf dich und mich."

Er zuckte die Achseln, dann erhob er sich.

„Ich nehme an, daß du dann bei dem nächsten Tanzabend nicht dabeisein wirst."

„Ich werde draußen nach den Fallen sehen."

Auch ich stand auf. „Und danach, wie wird es beim nächsten Mal sein?"

„Genauso."

Sein Parka stand am Hals offen, und sein Hals hatte die Farbe von hellem Milchkaffee. Ich erinnerte mich an den vertrauten Geruch von Holzfeuer, wenn er mich in seinen Armen hielt. Er sagte: „Anne, wenn du mich brauchst, werde ich dasein."

„Danke. Sollen wir uns nun die Hand reichen oder nicht?"

Er sah mich nur an, ohne ein Wort zu sagen, und es war eine Ewigkeit, dann ging er an mir vorbei in das Klassenzimmer. Wenige Minuten später ging er mit Isabelle fort.

„Was hat er gesagt?" fragte mich Nancy.

„Leb wohl."

Obwohl diesen Februar das Wetter scheußlich war, versäumte niemand auch nur die geringste Gelegenheit, einmal aus dem Haus zu kommen und irgendwohin zu gehen.

Beim nächsten Tanzabend war das Klassenzimmer so voll wie beim Erntedankfest.

Elmer und Jeannette Terwilliger waren mit den Carews gekommen und hatten ihr Baby mitgebracht. Die Kleine war etwa zwei Monate alt und einfach vollkommen, aber ich wettete, daß sie mit allen Sachen und Decken nicht mehr als neun oder zehn Pfund wog.

„Neuneinhalb", sagte Maggie, die sie in den Armen hielt, während ihre Tochter und Elmer tanzten. Es hatte ein allgemeines „Oh" und „Ah" gegeben. Babys hatten eben so etwas an sich, das alle mochten, vor allem hier. Die Kleine hieß Patricia.

„Darf ich sie einmal nehmen?" fragte ich.

Maggie gab sie mir. Sie schlief, und ich wiegte sie ein bißchen. „Möchten Sie auch so eins?"

„Aber gewiß möchte ich das."

„Das werden Sie aber nicht, solange Sie die beiden da haben", sagte sie und wies mit dem Kopf in Richtung meiner Wohnung, wo Ethel und Chuck fest schliefen.

Als der *„Home!-Sweet-Home!"*-Walzer gespielt wurde, tanzte ich gerade mit Joe Temple. Ich ging mit ihm hinüber ins Gasthaus und ließ Robert Merriweather zurück, um auf Chuck und Ethel aufzupassen. Maggie gab uns einen Tisch für uns allein.

Ich war keine sehr unterhaltende Gesellschaft. Joe versuchte, mich aufzuheitern, sagte mir, ich solle mir nicht die Schuld geben an der Weise, wie die Leute meine Fürsorge für Chuck und Ethel aufnahmen. „In erster Linie hätte ich es nicht zulassen sollen, daß sie zu Ihnen kommen", sagte er. „Es tut keinem gut, weder Ihnen noch sonst jemandem."

„Es erspart ihnen dieses Dorf."

„Und hält Sie im Abseits. Sogar mir zeigt man die kalte Schulter, weil ich sie Ihnen gegeben habe. Alle werden immer verbohrter und verbohrter. Und man weiß nicht, wozu sie noch fähig sind."

Ich dachte, schlimmer könne es wohl kaum kommen, aber ich hatte unrecht. Als Mr. Strong beim nächsten Mal kam, brachte er mir einen Brief von Nancys Mutter mit. Mrs. Prentiss machte keine langen Umstände:

Ich wünsche, daß Sie Nancy sofort mit Mr. Strong nach Hause schicken. Ich will nicht, daß sie noch länger bei Ihnen bleibt. Sie sollten sich schämen. Erst nehmen Sie sich ein Halbblut als Liebhaber, und dann adoptieren Sie zwei Siwash-Gören, die Sie gar nichts angehen. Sie sind nicht die richtige Gesellschaft für anständige weiße Leute. Tun Sie, was ich sage, und schicken Sie mir Nancy nach Hause.

Ich erzählte Nancy einiges von dem, was ihre Mutter geschrieben hatte, und sie brach in Tränen aus. Ich selbst war ziemlich betroffen. Nancy war mir fast so lieb geworden wie eine Schwester.

Ich suchte Mr. Strong auf. Er hörte mir zu und sagte dann: „Seien Sie ehrlich zu mir. Glauben Sie, daß sie die Prüfung für die achte Klasse bestehen würde, wenn sie sie heute ablegen müßte?"

„Ich glaube schon."

„In diesem Fall ist sie daheim besser aufgehoben. Sie kann auf eigene Faust weiterlernen."

„Sie glauben wirklich, daß ich einen schlechten Einfluß auf sie habe."

„Ich habe den Eindruck, Madam, daß Sie sich wenig darum kümmern, ob ich so oder so über Sie denke." Er räusperte sich. „Ich kann es nicht ändern", sagte er, „und das ist die reine Wahrheit."

Nachdem ich am nächsten Morgen der Klasse gesagt hatte, daß Nancy uns verlassen würde, taten wir nicht einmal so, als würden wir arbeiten. Als wir hörten, daß die Stalltür aufgestoßen wurde, liefen wir alle hinaus, um ihr Lebewohl zu sagen. „Denke daran, weiter zu lernen", sagte ich zu ihr. Ich hatte ihr einige Bücher gegeben und die wichtigen Seiten für sie angemerkt.

Als sie sich von Chuck verabschiedete, sagte sie ihm, er solle ein braver Junge sein. „Wenn ich jetzt fort bin", sagte sie, „braucht Anne jede Hilfe, die du ihr geben kannst, hast du verstanden?"

„Ich helfen viel."

„Auf Wiedersehen, Liebling", sagte sie und drückte Ethel an sich.

„Du wirst so schnell zu dieser Prüfung wieder dasein, daß du die Zeit gar nicht merkst", sagte ich.

Sie schluckte mehrmals, und dann umarmten wir uns. „Danke für alles, Anne", flüsterte sie. „Sie hatten recht, Chuck und Ethel aufzunehmen. Es sind liebe Kinder. Ich hoffe, es wird alles gut."

Wenige Tage nach der Abreise Nancys brachen Jeannette und ihr Mann nach Eagle auf, Jeannette und das Baby wohlverstaut im Schlitten der Carews. Die Carews hatten eine recht gute Meute Schlittenhunde, aber sie hatten einen schwerbeladenen Schlitten zu ziehen. Da Maggie das Gasthaus schließen würde, versuchte sie so viele Sachen wie möglich nach Eagle mitzugeben. So hatten sich wohl drei- bis vierhundert Kilo Gewicht auf dem Schlitten angesammelt.

Ben Norvall sagte, sie sollten nicht mit einem so schwerbepackten Schlitten fahren. „Es ist ein Sturm im Anzug", sagte Ben, „und ihr werdet wahrscheinlich mitten hineingeraten."

Wenige Stunden später zeigte es sich, daß Ben recht gehabt hatte. Eiseskälte brach so schnell herein, daß man die Nägel in den Wänden knacken hören konnte, als sie sich zusammenzogen. Dazu wehte ein starker Nordwind, der den Hagel mit solcher Gewalt gegen die Fensterscheiben trieb, daß ich befürchtete, sie würden zerbrechen.

Als ich an diesem Abend Chuck und Ethel ins Bett brachte, klopfte jemand an die Tür. Draußen schneite und hagelte es immer noch, und ich konnte kaum über die Veranda hinaus etwas erkennen. Dicht vor der Schwelle stand eine hübsche, kleine Schachtel, verpackt in Cellophanpapier, mit einem glänzenden Band umwickelt, und daneben, gegen die Wand gelehnt, Cab Jackson. Er grinste mich strahlend an, hob dann die Schachtel auf und hielt sie mir entgegen. „Hallo, Lehrerin, wie geht's?"

Ich konnte nicht anders, ich mußte ihn hereinbitten, es war zu kalt draußen. Die Kinder wollten nicht schlafen gehen, ehe ich Chuck nicht erlaubt hatte, die Schachtel zu öffnen und die Flasche Parfüm, die darin war, herauszunehmen. Ich ließ sie beide daran riechen und steckte sie dann ins Bett, wobei Chuck das Cellophanpapier und Ethel das Band bekam. Dann gab ich Cab eine Tasse Kaffee. „Es tut mir leid, was beim letzten Mal passiert ist", sagte er. „Ich kann mich kaum daran erinnern, aber ich möchte sicher sein, daß Sie nicht mehr böse auf mich sind."

„Ich hab's überstanden."

„Sie würden nicht vielleicht ein bißchen von diesem Parfüm benutzen und auf einen Sprung mit mir ins Gasthaus kommen?"

„Ich kann die Kinder nicht allein lassen, Cab."

Er sah zu ihnen hinüber, und ich spürte schon, daß jetzt wieder eine Predigt folgen würde, also wechselte ich das Thema. „Kommen Sie aus Eagle?"

„Ich war in Nulato, hatte dort geschäftlich zu tun. Morgen früh geht's weiter nach Eagle, Lehrerin", sagte er, „darf ich Ihnen etwas sagen?"

„Das kommt ganz darauf an."

„Es gibt ziemlich viel dummes Gerede über Sie. Die Leute sagen, Sie ruinieren sich Ihre Karriere."

„Hören Sie, Cab. Ich rede nicht mit Ihnen über Whiskyschmuggel, solange Sie nicht mit mir darüber reden, was ich mache."

„Ich mußte es", entgegnete er. „Es gibt nur eine Möglichkeit, den Elternbeirat in Eagle daran zu hindern, Ihnen jetzt den Laufpaß zu geben, und diese Möglichkeit liegt bei dem alten Strong. Er ist jemand, der denen sagen kann, sie sollen einfach abwarten . . . Und, Lehrerin, ich möchte nicht, daß Sie diese Stellung verlieren. Verdammt, ich habe fest damit gerechnet, daß Sie dort sein werden."

„Ich weiß alles, was Sie mir zu sagen versuchen, durchaus zu schätzen, Cab, aber ich bin mir über das, was ich tue, im klaren."

„Nein, das wissen Sie nicht, Lehrerin. Sie haben wie alle, die sich um die Armen kümmern, ein weiches Herz, aber jetzt siegt es über Ihren gesunden Menschenverstand. Jetzt lassen Sie mich doch diese beiden Kinder hier rausbringen, und Sie werden bald das glücklichste Weibchen im ganzen Fortymile-Gebiet sein."

„Es wird allmählich spät, und ich muß noch einiges erledigen."

Er stand auf und nahm seinen Mantel vom Ständer. „Ich nehme an, Sie denken, ich sei wild und nicht besonders tüchtig. Aber meine Gefühle sind echt, und ich möchte Ihnen helfen. Verstehen Sie, was ich meine?"

„Ich glaube schon . . . Ich weiß es zu schätzen."

„Gute Nacht."

Den ganzen nächsten Tag lang war es düster und neblig, und deshalb blieben wir auch in der Pause drinnen. Kurz nach Schulschluß klopfte Harry Dowles an die Tür und sagte, er brauche ein paar Sachen aus dem Laden. Ich sah in das Klassenzimmer. Chuck, Ethel und Joan spielten so gut miteinander, daß ich sie unbesorgt ein paar Minuten allein lassen konnte. Ich sagte ihnen, sie sollten im Klassenzimmer bleiben.

In Mr. Strongs Laden sagte Harry, er brauche blaues Nähgarn. Die Farbe, die er wünschte, war nicht im Ständer, und ich mußte in mehreren Schachteln nachsehen, ehe ich sie fand. Dann verlangte er eine Dose Tee und fünf Pfund Zucker. Nachdem ich den Zucker abgewogen hatte, sah er sich um und kratzte sich am Kopf. „Da war noch was, das ich wollte", sagte er.

„Vielleicht fällt es Ihnen später wieder ein", meinte ich. Wir waren schon über fünf Minuten hier, und ich wollte wieder zurück. Draußen hörte ich Cab schreien: „Hee-o – los!" Ich fragte mich, weshalb er erst so spät aufbrach. Am Abend zuvor hatte er mir doch gesagt, er wolle schon morgens losfahren.

„Nun", sagte Harry Dowles, „es will mir nicht einfallen. Machen Sie nur die Rechnung." Er legte seine Hand auf den Ladentisch. Sie zitterte. Ich sah ihn an, und er blickte weg.

Und dann wußte ich Bescheid. Es stand ganz deutlich auf Harrys Gesicht geschrieben. Ich rannte aus der Tür und den Weg zum Schulhaus entlang und kam gerade rechtzeitig, um noch zu sehen, wie Angela Barrett sich in den Windfang am Eingang des Gasthauses drückte. Cabs Schlitten war schon auf dem Weg am Chicken-Bach. Cab trieb seine Hunde mit Rufen an. Er rannte hinter dem Schlitten her, so daß ich den Schlitten zunächst nicht sehen konnte. Aber dann bogen die Hunde nach links ab, und der Schlitten kam ganz in Sicht.

Chuck und Ethel waren darin.

„Cab, kommen Sie zurück!" schrie ich. „Kommen Sie zurück!"

Ich fing an, hinter ihm herzulaufen, aber es war nutzlos. Der Schlitten war zu schnell. Cab drehte sich nicht einmal um. Innerhalb einer Minute war der Schlitten verschwunden. Ich stand da wie benommen, hörte, wie Cab die Hunde antrieb, und dann hörte ich nicht einmal mehr das.

Ich drehte mich um.

Die Siedlung hätte leer und verlassen sein können. Bis auf die kleine Joan, die fröstelnd auf der Veranda des Schulhauses stand, war niemand draußen. In meiner Wohnung fragte ich sie, was geschehen war. „Sie sind hier einfach hereingekommen, Lehrerin", stammelte sie, „und haben Ethel und Chuck mitgenommen. Mr. Vaughn. Und Mrs. Barrett. Und der Mann, dem der Schlitten gehört."

Ich sah mich um. Die Schreibtischschubladen standen offen. Wenigstens hatten sie die Sachen der Kinder mitgenommen. Ethels Kleid hing auch nicht mehr an der Wand. Der Raum wirkte leer, als wohnte niemand darin.

Ich hörte Joans Mutter die Stufen zur Veranda hochsteigen und klopfen. Das Geräusch schien aus einer anderen Welt zu kommen.

Joan lief zu ihr und erzählte ihr, daß Chuck und Ethel weggeholt worden seien. Sie sah mich an und fragte, ob es wahr sei, aber ich hatte einen Kloß im Hals und konnte ihr nicht antworten.

„Anne, das ist schrecklich." Sie legte mir tröstend die Hand auf die Schulter, fragte, ob sie etwas für mich tun könne. Ich sagte: „Nein, danke. Bringen Sie nur Joan nach Hause. Ich komme schon zurecht."

Als sie gegangen war, saß ich da und lauschte. Wie still es war.

Ich bekam kalte Füße, deshalb stand ich auf, schloß die Schreibtischschubladen, stellte die Stühle ordentlich um den Tisch und ging dann in das Klassenzimmer.

Ich konnte nicht weinen. Wenn ich weinte, konnte ich nicht denken, und ich mußte denken. Ich mußte mir überlegen, wie ich Chuck und Ethel zurückholen konnte. Genau das mußte ich tun, es wurde mir klar – ich mußte sie zurückholen.

Morgen war Freitag. Nach dem Wochenende würde ich jemanden dazu bewegen, mich zum Indianerdorf zu bringen. Ich würde wahrscheinlich erst am Dienstag oder Mittwoch zurück sein, aber ich würde sie zurückholen.

Jemand kam die Stufen herauf und klopfte. Es war Maggie Carew. Sie kam herein, schloß die Türe und stellte sich in ihrem langen, blauen Mantel, die Arme vor der Brust verschränkt, davor. Sie gab etwas von sich, das von Mitgefühl bis zu „das war's also" alles bedeuten konnte.

„Wußten Sie, daß das geschehen sollte?" fragte ich sie.

„Ich habe davon gehört", sagte sie. „Es war nicht meine Idee, falls Sie das annehmen sollten."

„Wessen denn?"

„Was soll's?"

Ich sagte: „Sie können ihnen sagen, daß am Montag kein Unterricht stattfinden wird. Am Dienstag auch nicht. Ich fahre zum Indianerdorf. Ich werde Chuck und Ethel zurückholen."

„Die Reise können Sie sich sparen. Diese Kinder werden dort bleiben, Gott sei Dank. Wenn Cab diesen Indianern erst einmal beigebracht hat, was geschieht, wenn sie Ihnen diese Kinder überlassen, werden sie Sie skalpieren, ehe Sie die Kinder auch nur anrühren können."

„Was kann er ihnen denn schon erzählen?"

„Daß es das Ende des Indianerdorfs wäre, wenn man Sie auch nur einen *Blick* auf diese Kinder werfen läßt. Einige Indianer arbeiten im

Prentiss-Gasthaus und eine ganze Anzahl in Eagle. Wenn sie Ihnen diese Kinder überlassen, werden sie niemals wieder Arbeit in der Gegend hier bekommen. Er wird ihnen auch sagen, daß Strong kein noch so winziges Päckchen zu oder aus ihrem Dorf befördern wird. Und falls das nicht genügen sollte, kann er ihnen auch noch sagen, daß er ihnen die Polizei auf den Hals schicken wird. Also – wie gesagt – sparen Sie sich die Reise."

Mir zitterten die Knie.

„Eine gute Lösung für diese verfahrene Angelegenheit, wenn Sie mich fragen", fuhr Maggie fort. Dann wurde sie etwas freundlicher. „Man hat Ihnen einen Gefallen getan, Annie. Ich weiß, Sie hatten diese Kinder gern, aber eines Tages werden Sie einsehen, wieviel besser Sie ohne sie dran sind."

„Sie hätten es verhindern können", sagte ich. „Sind Sie sich nicht klar darüber, was dieses Indianerdorf bedeutet? Ist Ihnen nicht klar, daß Sie diese Kinder genausogut auf den elektrischen Stuhl hätten schicken können?"

„Ich kümmere mich um meine eigenen Angelegenheiten."

„Ist das Ihre Antwort, wenn Jimmy und Willard einmal fragen, weshalb Sie es zugelassen haben, daß zwei Kinder weggeholt worden sind, damit sie verhungern oder erfrieren – weil es nicht Ihre Sache war?"

Sie ging.

Meine Hände waren feucht und kalt. Meine Gedanken überschlugen sich. Cab war inzwischen wahrscheinlich schon in Stonehouse Creek.

VIII

Ich brauchte zwanzig Minuten, um zu Freds Haus zu gelangen. Isabelle kam an die Tür. „Ist Fred zu Hause?" fragte ich.

„Hinter dem Haus, Miß Hobbs."

Ich ging um das Haus herum zum Stall. Fred trat das Trittbrett am Schleifstein, und von der Axt, die er in der Hand hielt, stoben die Funken. Als er hochsah, platzte ich heraus: „Fred, sie haben mir Chuck und Ethel weggenommen", und dann lag ich in seinen Armen und weinte. Als ich mich wieder gefaßt hatte, erzählte ich ihm die ganze

Geschichte, auch das, was Maggie Carew darüber gesagt hatte, daß ich Chuck und Ethel nie zurückbekommen würde, wenn sie erst einmal in dem Indianerdorf wären.

„Die hatten kein Recht, das zu tun", sagte er.

„Fred, wirst du mit mir hinter Cab herfahren? Sofort? Bitte, Fred. Wenn wir ihn abfangen, ehe er im Indianerdorf ankommt, kann ich mit ihm reden. Ich weiß, er wird sie mir zurückgeben, wenn ich nur mit ihm reden kann."

Er sagte nichts. „Fred, bitte hilf mir, sonst werde ich sie nie zurückbekommen."

„Wann ist Cab losgefahren?"

„Ungefähr vor einer Stunde."

„Hat er sonst noch etwas auf dem Schlitten?"

„Whisky."

Er dachte darüber nach. Dann sagte er: „Geh nach Hause. Zieh deine wärmsten Sachen an, und packe einige weitere ein – einen Parka, Mokassins, Socken. Ich komme so schnell wie möglich."

Ich umarmte ihn so stürmisch, daß ich ihn fast umwarf.

„Jetzt aber los", sagte er.

In zwanzig Minuten war ich startbereit. Ich packte etwas Tee, Fleisch und Bohnen ein, setzte mich dann hin und wartete. Nach einer halben Stunde fragte ich mich, ob Freds Eltern ihn vielleicht überredet hätten, nicht zu fahren. Ich hörte einen Ruf und das Geräusch eines Schlittens, der aber vor dem Gasthaus hielt; Schlittenführer und Fahrgäste gingen hinein. Ich war schon nahe daran aufzugeben, als eine weitere halbe Stunde verging. Und dann war er plötzlich da.

Ich sagte ihm, was ich zu essen eingepackt hatte, aber er erklärte, er habe alles, was wir für eine Woche brauchten.

„Eine Woche!"

„Ich weiß nicht, wie lange es dauert, bis wir Cab eingeholt haben. Wenn der Weg schlecht ist, brauchen wir alles, was wir haben."

„Zwei Männer sind eben im Gasthaus verschwunden. Vielleicht kannst du sie fragen."

Der Schlittenführer, der gerade angekommen war, war ein Lastenfahrer, der einen Bankier aus Dawson nach Fairbanks brachte. Beide waren beim Essen, als wir hineinkamen, und der Schlittenführer versuchte gleichzeitig, ein Steak hinunterzuschlingen und Maggie Carews Fragen zu beantworten. Angela Barrett war auch da.

„Sie haben nichts von ihnen gesehen?" fragte Maggie gerade. Sie sorgte sich um Jeannette und Elmer und ihr Enkelkind.

„Der einzige Schlitten, den ich gesehen habe, gehörte Cabaret Jackson, und das ist noch keine zwei Stunden her", sagte der Fahrer.

„Maggie", warf ihr Mann ein, „sie können in schlechtes Wetter geraten und an einer ganzen Anzahl von Orten untergekrochen sein."

„Darauf können Sie Ihre Stiefel verwetten", sagte der Schlittenführer. „Vorgestern gab es da weiter hinten eine Strecke, wo ich den ganzen Tag nicht mal zwei Kilometer vorangekommen bin."

„Wie steht's mit der Strecke durch Franklin?" fragte ihn Fred.

„Völlig verweht. Wenn es nicht um etwas Dringendes geht, würde ich Ihnen raten, zu bleiben, wo Sie sind."

„Ihr wollt hinter Cab her", sagte Maggie zu Fred.

Fred nickte, und Angela Barrett sagte: „Ich hoffe, er bringt dich um."

„Halt den Mund!" fuhr Maggie sie an. Sie war so in Sorge um die Terwilligers, daß sie keinen Pfifferling um irgend jemand anderen gab. „Sieh dich gut um, ja, Fred?"

„Ich würde mir an Ihrer Stelle keine Gedanken machen", meinte er. „Elmer kennt sich hier aus."

„Ich weiß", sagte Maggie, „aber sie hätten zumindest in Steel Creek sein müssen, als dieser Mann da durchgekommen ist. Er sagte, sie waren nicht da. Zum letzten Mal hat sie jemand bei O'Shaughnessy gesehen. Bitte, halt Ausschau."

Fred versprach es, und wir gingen hinaus zum Schlitten. „Ab!" rief er, sobald ich drinsaß. Und wir fuhren los.

Die ersten paar Kilometer kamen wir schnell voran. Dann wurde die Strecke schwieriger, und ich mußte nebenherlaufen oder helfen, den Schlitten durch Fichtendickicht, steile Böschungen hinauf und hinunter und über die hügelige Tundra zu schieben. Dann glitt eine der Kufen über einen eisglatten Felsbrocken, und der Schlitten versank in einer Schneewehe. Wir bemühten uns beide, ihn herauszuziehen, aber die Kufe hatte sich verfangen.

„Wir müssen einen Teil abladen", sagte Fred.

Wir machten uns langsam ans Abladen – zu langsam für mein Gefühl. Ich versuchte, schneller zu arbeiten, aber Fred hielt mich davon ab. „Nicht so schnell", warnte er, „und behalte den Schal vor dem Gesicht."

Ich wußte, daß er recht hatte. Man mußte sich in acht nehmen, durfte sich nicht zu schnell bewegen, um nicht etwa durch den Mund atmen zu müssen und damit eisige Luft in die Lungen dringen zu lassen. Das war die oberste Regel jeder Schlittenfahrt – sich nie allzusehr zu verausgaben. Wir mußten die halbe Ladung vom Schlitten nehmen, um die Kufe freizubekommen, dann wieder aufladen und dabei ein stetiges, entnervend langsames Tempo einhalten.

Als wir die Tundra hinter uns gelassen hatten, schien es, als bewegten wir uns in Zeitlupe durch einen Traum, in dem wir einem Weg folgten, der sich endlos vor uns hinzog. Wir glitten über einen Bach, an einer engen Stelle um einen Hügel, fuhren dann gleich um den nächsten. Die Hunde ließen uns nie im Stich, liefen auf dem Flachland in schnellem, entschlossenem Tempo vorwärts, gruben sich durch den Schnee, als sei es ein Vergnügen, wenn wir nur schwer vorankamen. Schnell brach die Nacht herein, und das Nordlicht wogte wie ein Vorhang über dem sternhellen Himmel. Wir sprachen nicht. Wir waren auf dem Weg – manchmal nur mit Schneeschuhen über drei Meter tiefen Schnee vorankommend, dann wieder schnell vorwärtsgleitend, wenn der Weg eben war.

Zwei Stunden später erreichten wir ein Tal zwischen zwei Höhen, einen langen, weißen Abhang, gezeichnet von der Doppellinie, die Cabs Schlitten hinterlassen hatte und die sich vor uns hinzog, so weit das Auge reichte. Daneben waren die kleinen Fußstapfen von Chuck und Ethel zu erkennen. Auf halber Höhe hörten Ethels Fußspuren plötzlich auf, und ich konnte sehen, wo sie sich hingesetzt hatte. Cab war noch ein kleines Stück weitergefahren, dann zurückgekommen und hatte sie zum Schlitten getragen.

Ich dachte, daß wir von der Paßhöhe aus vielleicht Cabs Schlitten entdecken würden, aber es war zu dunkel, um irgend etwas außer dem endlosen Wald und den dunklen Umrissen des Flusses zu erkennen.

Von der Paßhöhe aus ging es steil abwärts, und Fred stand drei Kilometer lang auf den Kufen. Außer dem Geräusch des gleitenden Schlittens und dem Plopp-plopp der weißen Schneeklumpen, die die Hunde beim Laufen aufwarfen, war nichts zu vernehmen. Wir fuhren hinunter zum Fluß, und sobald wir einmal auf dem Flußlauf waren, sausten wir voran wie ein Schnellzug, in kühnen Schwüngen um Schneewehen und Eisschollen schwenkend. Wieder konnte Fred für lange Strecken auf den Kufen stehen, und ich brauchte nicht aus dem

Schlitten zu klettern. Zwei Stunden später kamen wir an eine kleine Hütte, die bis zur Dachrinne eingeschneit war. Ein schmaler Weg war bis zur Türe geschaufelt worden, und aus dem Ofenrohr stieg Rauch. Drinnen antwortete auf Freds Klopfen drohendes Hundeknurren.

„Wer ist da?" fragte eine barsche Stimme.

„Fred Purdy. Ist hier vor kurzem ein anderer Schlitten vorbeigekommen?"

„Ja. Ist vielleicht drei Stunden her. Cab Jackson war's."

„Danke." Fred kam zum Schlitten zurück. „Er wird weiterfahren bis zum O'Shaughnessy-Gasthaus. Das sind noch über zwölf Kilometer. Schaffst du das? Oder sollen wir hier haltmachen und ausruhen?"

„Ich werde es schaffen", sagte ich.

Für diese zwölf Kilometer bis zum Gasthaus brauchten wir fast vier Stunden. Obwohl Cab der Spur gefolgt war, die der Lastschlitten bei der Fahrt nach Chicken gebahnt hatte, und obwohl sein Schlitten uns den Weg noch mehr geebnet hatte, war es schwierig voranzukommen. Der Wind half uns wenig. Er schlug uns so rauh entgegen, daß wir alle paar Minuten das Eis von unseren Augenwimpern entfernen mußten. Dann riß eine der Führungsleinen, und wir mußten uns bei der Reparatur abwechseln, wobei jeder arbeitete, bis seine Finger vor Kälte erstarrten und der andere dann weitermachte.

Als das O'Shaughnessy-Gasthaus auftauchte, hatte ich den Eindruck, nie etwas so Einladendes und Anheimelndes wie die gelben Lichter in den Fenstern gesehen zu haben. Wir näherten uns unter dem Willkommensgebell von Hunden.

Eine dick vermummte Gestalt trat aus der Tür des Gasthauses. Es war Mr. O'Shaughnessy. „Herein mit euch", rief er uns durch den Wind entgegen.

Als ich auf die Tür zuging, war ich so sicher, Cab drinnen anzutreffen, daß mir ganz flau im Magen wurde. Als ich sie öffnete, schlug mir eine wunderbare Wärme entgegen, und die Stille ließ mich taumeln. Mr. O'Shaughnessys indianische Frau nahm mich beim Arm. „Setzen Sie sich schnell hin, Lehrerin. Wärmen Sie sich auf." Ich war überrascht, daß sie mich wiedererkannt hatte. Ich war ihr vor mehr als fünf Monaten begegnet, als ich hier mit Chuck und Mr. Strong auf dem Weg nach Chicken gerastet hatte.

Ich sah mich um. Der einzige andere Besucher im Raum war ein

Nachbar, Joshua Potter, der zu einem Besuch herübergekommen war. Kein Zeichen von Cab. Ein Teil des Raumes war mit Decken verhängt, um die Schlafstellen zu verdecken, und ich fragte mich, ob er und die Kinder vielleicht dahinter waren.

Ich fragte leise: „Ist Cab Jackson hier?"

Mrs. O'Shaughnessy schüttelte den Kopf. Es war deutlich, daß sie wußte, weshalb ich fragte.

„Diesen verdammten Schurken werdet ihr vor dem Indianerdorf nicht einholen", erklärte Mr. O'Shaughnessy. „Er blieb nur so lange, um sich aufzuwärmen und zu essen. Ich hab ihm gesagt, daß das den Kleinen nicht zuzumuten ist. Aber er sagte: ‚Ich werde nicht eher halten, bis ich getan habe, was ich mir vorgenommen habe.' Er hat schon anderthalb Stunden Vorsprung vor euch!"

Mrs. O'Shaughnessy setzte uns warmes Essen vor, aber ich konnte kaum etwas herunterbringen. „Es tut mir so leid, Liebes", sagte Mrs. O'Shaughnessy zu mir, nachdem Fred und ich uns umgezogen hatten. „Sie werden ihn niemals einholen. Seine Hunde laufen wie geölte Blitze."

Ich sah Fred an. Er hatte dunkle Ringe unter den Augen. „Und wenn wir nun über den Hang fahren?" fragte er Mr. O'Shaughnessy. „Damit würden wir zwei Stunden gewinnen."

Mr. O'Shaughnessy sah den anderen Mann an. „Was meinst du dazu, Josh?"

„Ihr könntet ihn einholen", sagte er zu Fred, „wenn euer Schlitten es aushält."

„Können Sie mir ein paar Ketten leihen?" fragte Fred.

„Soviel Sie brauchen", sagte Mr. O'Shaughnessy.

Fred warf mir einen Blick zu. Er war müde. Wir beide waren müde. Er sah schnell weg. „Wenn Sie mir sagen, wo ich sie finde, werde ich sie holen", sagte er.

„Ich gehe mit."

Fred sammelte seine Sachen zusammen. Als er hinausgehen wollte, sagte ich: „He, nimm meine Sachen auch mit." Ich holte meine Sachen und gab sie ihm. „Was ist der Hang?" fragte ich Josh, als sie gegangen waren.

„Ptarmigan-Hang. Ein Paß. Kein ungefährlicher." Er hob eine Hand und kippte sie steil nach unten. „Zu dieser Jahreszeit ist er zur Hälfte vereist."

Ich dachte an Chuck und Ethel. „Besteht die Möglichkeit, daß Cab über diesen Paß gefahren ist?"

„Nicht wenn er Whisky bei sich hat."

„Und mit Kindern?"

„Sie können froh sein, daß er den Whisky transportiert", sagte er.

Ich hörte das Gebell, als Fred und Mr. O'Shaughnessy die Hunde aus der Scheune ließen. Ich lehnte mich zurück, schloß die Augen, genoß die letzten warmen Minuten und dachte, wie schön es wäre, jetzt schlafen zu können. Es war fast zwei Uhr morgens, und wir waren seit über acht Stunden unterwegs. Plötzlich dachte ich daran, wie Fred fast ohne meine Sachen gegangen wäre. Ich fuhr blitzschnell hoch.

Die Hunde waren bereits angespannt, und als ich den Schlitten erreichte, wußte ich, daß ich mich nicht geirrt hatte. Die Plane war über der Ladung schon festgemacht, und Mr. O'Shaughnessy hatte das Bündel mit meinen Sachen unter dem Arm.

„Du wolltest ohne mich fahren", sagte ich zu Fred.

„Anne, es wird jetzt noch anstrengender, und du bist müde . . ."

„Du wirst ihn nicht ganz allein abfangen. Ich meine, was ich sage."

Ich verteidigte meinen Standpunkt, und er gab nach. Wir verteilten die Ladung auf dem Schlitten neu, um Platz für mich zu schaffen. Dann gingen wir noch einmal hinein und verabschiedeten uns von allen.

Ich konnte knapp zwei Kilometer die Führung übernehmen, und immer, wenn ich daran dachte, was Fred zu tun beabsichtigt hatte, spürte ich einen Kloß im Hals. Als wir an den Rand eines zugefrorenen Morastes kamen, den wir überqueren mußten, stieg ich ab.

„Fred", ich zog meinen Schal herunter. „Ich bin so stolz auf dich."

Er legte seine Arme um mich und drückte mich wenige Augenblicke lang an sich. „Mir geht es genauso mit dir", sagte er.

Die folgenden sechs Stunden werde ich nie vergessen. Erfahrene Siedler hatten mir Dutzende von Geschichten über gewagte Schlittenfahrten, die sie hinter sich hatten, erzählt, und wie sie dabei fast erfroren wären, aber ich stellte fest, daß ich auch nicht die leiseste Vorstellung von dem gehabt hatte, was sie meinten. Zweimal mußte Fred für Strecken bis zu einem halben Kilometer Schneeschuhe anlegen und uns den Weg durch Schnee bahnen, in dem wir sonst versunken wären, während ich den Schlitten zentimeterweise vorwärtslenkte. Immer wieder mußten wir hinten anschieben, wenn die Hunde sich einen steilen Hang hinauf oder über die glatte Kante einer Uferböschung mühten. Gebüsch verfing sich in den Kufen und riß an unseren Mokassins.

„Da ist er!" rief Fred schließlich. „Der Ptarmigan-Hang!"

Ich konnte nichts Hangähnliches erkennen. „Wo?"

„Die andere Seite jenes Berges."

Von hier sah er ganz schön steil aus, aber nicht halb so steil wie zu dem Zeitpunkt, als wir am Fuß dieses Berges anlangten. Der Weg war ein einziges Hindernis aus Felsvorsprüngen, Spalten und Geröllbrokken.

Ich ging mit Fred hinter den Schlitten, und wir beide fingen an zu schieben, um die Hunde zu unterstützen. Es war, als wollten wir einen Felsblock bergan rollen, Schultern hinter der Lenkstange, ein Ringen um jeden Schritt nach oben und nach ein paar hundert Metern erschöpfte Pause. Schließlich erreichten wir, was uns wie das Dach der Welt vorkam, und dann belebten sich meine Lebensgeister wieder, so ausgepumpt ich auch war. Das breite, graue Band des Fortymile-Flusses wand sich im Nordosten durch Berge, deren Hänge im Nebel verschleiert lagen. Über dem Nebel erhoben sich verschneite Gipfel, die sich deutlich gegen einen sternübersäten, nachtblauen Himmel abhoben. Unter uns erstreckte sich ein weitgeschwungener Abhang.

„Das kann doch nicht der Hang sein", sagte ich.

„Nein. Der ist weiter unten. Ein paar Kilometer weiter."

Wir kamen leicht voran, zumal der Wind von der Bergwand abgehalten wurde. Die Luft war klar und prickelnd, das Mondlicht glänzte auf weißbereiften Büschen. Der Abhang endete auf einer Hochebene, und wir kamen schließlich bei einer schmalen Felsenplatte heraus. Darunter lag der Hang – wie eine lange Kaskade von Schnee und eisbedeckten Felsen, die etwa einen Kilometer weiter unten am Ptarmigan-Fluß endete. „Fred, wir können nicht mit dem Schlitten da hinunter – das wäre Selbstmord!"

Er war schon dabei, die Hunde abzuspannen. „*Wir* werden das auch nicht. Ich werde." Er hätte es schon einmal geschafft, sagte er, als er die Meute ausspannte, dann drehte er den Schlitten herum zum Abhang hin.

Wir waren noch dabei, die Kufen mit Ketten zu umwickeln, als Fred auf etwas weiter hinten deutete. „Sieh mal. Da ist Cab", sagte er. Mein Herzschlag setzte aus. „Dort auf dem Fluß. Siehst du?"

Da sah ich ihn – ein schwacher, langer Fleck, dunkler als das ihn umgebende Grau. Aus dieser Entfernung schien es, als bewegte er sich kaum. „Bist du sicher, daß er es ist?"

„Er ist es", sagte Fred. „Er wird vielleicht einen kleinen Vorsprung haben, wenn wir den Fluß erreichen, aber keinen großen."

„Fred . . ."

„Mach weiter", sagte er, „ich werde es schaffen, sorg dich nicht."

Ich machte mich mit all den Hunden bis auf „Windbeutel" auf den Weg nach unten. Fred brauchte ihn, um den Schlitten geradezuhalten. Ich brauchte nicht zu laufen. Ich mußte nur das Gleichgewicht halten und rutschen. Ich war auf halbem Weg, als Fred einen Schrei ausstieß. Ich brachte die Hunde zum Stehen und setzte mich schnell hin, indem ich einen Fuß gegen einen Felsblock stemmte.

Als ich wieder hochsah, war der Schlitten in Fahrt. „Windbeutel" war an eine lange Leine gespannt, die jetzt straff war. Mit rasselnden Ketten, Fred auf den Kufen stehend, sauste der Schlitten geradewegs abwärts. Unter der weichen Oberfläche war der Schnee hart verkrustet und erleichterte die Fahrt. Trotz der Ketten schoß der Schlitten immer schneller dahin. Funken stoben unter der rechten Kufe, als die Ketten über Felsgestein scharrten. Nach dem Rutsch über den Felsen machte der Schlitten einen riesigen Sprung nach vorn, und Weiß stäubte auf, als Fred bremste. „Windbeutel" mußte rennen, als sei der Teufel hinter ihm her, damit die Leine sich nicht verfing. Er mußte entweder aus Leibeskräften rennen oder den Weg frei machen.

„Lauf, Windbeutel!" schrie Fred. „He-e-o – lauf!"

Als der Schlitten in meiner Nähe war, schwankte er von einer Seite zur anderen. Er traf auf einen Felsbuckel und wurde vorn fast einen Meter in die Luft geschleudert, fiel mit lautem Krachen wieder herunter und kam so hart auf, daß ich es selbst unter meinen Füßen zu spüren glaubte. Fred wurde von den Kufen geworfen. Ich schrie auf, war sicher, daß es ihm nicht möglich wäre, wieder aufzusteigen, daß er wie eine Lumpenpuppe weiterstürzen und mit gebrochenem Genick enden würde. Aber irgendwie gelang es ihm, mit einem Bein wieder auf den Schlitten zu kommen. Noch kniend packte er die Verschnürung und zog sich wieder hinauf. Und da stand er wieder, den Fuß auf der Bremse und trieb „Windbeutel" an.

Kaum war er vorbei, verschwand der Schlitten auch schon in dem hochaufstäubenden Schnee. Im nächsten Augenblick wurde ich von den Hunden, die dem Schlitten nachrannten, vorwärtsgerissen. Sie zogen mich einfach mit. Das alles geschah so schnell, daß ich keine Zeit mehr hatte, die Leinen von meinem Fausthandschuh abzustreifen. Ich nahm nur eine recht grelle, weiße Welt wahr, die um mich herumwirbelte. Dann wurde mein Fäustling heruntergerissen, und ich kam schlitternd zum Halten.

Als die Welt sich nicht mehr um sich drehte, hatten sich die Hunde in ein wildes Durcheinander verwandelt, knurrend, in ihre Leinen verwickelt, strampelnd und rutschend, sich hügelabwärts wälzend. Ich scherte mich nicht im geringsten um sie, denn da unten, ganz am Ende, war Fred. Er hatte es geschafft und kletterte schon herauf, den Hunden entgegen.

Zwanzig Minuten später waren wir schon wieder unterwegs, den Ptarmigan-Fluß hinunter. Als wir durch eine Felsspalte auf den Fluß hinauskamen, war Cab nirgends zu sehen.

„Wie weit ist er uns voraus, Fred?“

„Vielleicht einen knappen Kilometer.“

„Wie weit ist es noch bis zum Indianerdorf?“

„Vielleicht noch weitere fünfzehn Kilometer.“

„Wir müssen ihn einholen.“

„Werden wir – mach dir keine Sorgen. Windbeutel!“ schrie er, „Domino! Samson – lauft!“

Sie liefen. Sie hatten den Geruch der Hunde vor uns in der Nase und legten sich ins Zeug, als wüßten sie, daß es um ein Wettrennen ging. Wie der Wind brausten wir den Fluß hinab.

Zum ersten Mal kam Cabs Schlitten in Sicht, als er einer Flußbiegung folgte. Wenige Minuten später, als wir an die Biegung kamen, war er uns nur noch einen halben Kilometer voraus. Wir kamen immer näher an ihn heran, bis Fred ihn anrief: „Cab!“ Von den Bergen hallte es wider, und das Echo: *Cab! Cab! Cab!* kam von allen Seiten.

Cab bremste sein Gespann, und ich sah, wie er sich die Augen rieb, um sehen zu können, wer ihn anrief. „Hallo, ihr da!“ rief er, als wir neben ihm hielten. Durch den Schal war seine Stimme gedämpft. Ich konnte zwischen Schal und Pelzmütze nur seine Augen erkennen, aber ich wußte, daß er grinste. Chuck und Ethel waren gut eingepackt. Chuck sah uns an, als seien wir Gespenster. „Lehrin!“ rief er aus. Ethel winkte. Beiden ging es gut.

„Cab“, rief Fred hinüber, „halt mal eben an, ja?“

Statt einer Antwort trieb Cab seine Hunde an. „Bitte, Cab, halten Sie!“ rief ich.

„Hast du hundert Dollar, Fred?“ schrie er zurück. „Ich wette um hundert Piepen, daß ich vor dir in Cross Creek bin!“

„Laß die Kinder heraus.“

„Kein Rennen, kein Halt. Komm, Junge, es ist eine leichte Strecke, kaum ein Hindernis. Wie steht's?“

„Ich mache mit!“ rief Fred zurück.

Cab stieß einen gellenden Schrei aus, der einem das Blut in den Adern gefrieren ließ. „Lauft zu, ihr Bussarde“, grölte er. „Heh-o-o!“ Fast gleichzeitig stieß auch Fred einen Schrei aus, und unser Schlitten startete mit einem Sprung nach vorn. Wir waren schon öfter einmal schnell gefahren, aber niemals so wie jetzt. Wir flogen nur so über den Schnee, den Wind im Rücken, und der Schlitten schaukelte wie eine Wiege hin und her.

„Runter!“ rief Fred mir zu. Der Schlitten war gerade einen halben Meter breit, und wenn jemand aufrecht darin saß, konnte er bei der kleinsten Unebenheit umkippen. Ich rutschte so weit hinunter, daß ich kaum noch heraussehen konnte.

Ich blickte zu Cab hinüber. Wir fuhren fast Kopf an Kopf, aber er hatte wenige Schritte Vorsprung. „Heho, Pfeffer!“ rief Cab seinem Leithund zu. „Lauf, du verdammtes Krähenfutter, oder ich werde dir das Fell abziehen! Ho!“

Die Hundemeuten wußten, daß sie um die Wette liefen, und rannten sich fast das Herz aus dem Leibe.

Wenige Sekunden später trennten sich die beiden Schlitten, um zu Klumpen gefrorenes Eis zu umgehen. Cab kam auf seiner Seite zu weit ab und verlor ein paar Meter. Als wir wieder geradeaus jagten, hatten wir einen kleinen Vorsprung. Chuck und Ethel hatten sich, soweit es ihnen möglich war, geduckt, und wahrscheinlich machte ihnen die wilde Jagd Spaß.

Einen Kilometer weiter war uns Cab etwas voraus, aber dann mußten seine Hunde einigen festgefrorenen Zweigen ausweichen, und wir gewannen zwei Hundelängen Vorsprung. Cab und Fred schrien sich die Lungen aus dem Hals, und das Echo tönte vielfach von den Bergen wider. Keiner von uns fuhr einen geraden Weg. Wir nutzten die ganze Flußbreite, immer bemüht, auf glatter Fläche zu bleiben. Eine Minute lang waren Fred und ich in Führung, dann wieder war es Cab. Als wir

beide an einen verschneiten Abschnitt gelangten, sprangen Fred und Cab von den Kufen und schoben. Cab kam schneller voran.

Sobald wir den weichen Schnee hinter uns hatten, standen beide Männer wieder auf den Kufen, Cab immer noch in Führung. Wir befanden uns links von ihm, näher am Ufer und holten immer mehr auf, als plötzlich aus dem Nichts ein Kaninchen auftauchte, genau vor uns. „Windbeutel" sah es, verhielt einen Augenblick lang den Schritt und stolperte. Die Hunde ballten sich zu einem wirren Knäuel, und wir fuhren den Leithund an. Keiner der Hunde hatte Schaden genommen, aber in der Zeit, in der Fred alle Leinen wieder entwirrt hatte, war Cab zu weit voraus, um noch eingeholt werden zu können. Er kam volle zwei Minuten vor uns in Cross Creek an.

Fred hielt den Schlitten weit genug von Cabs Gespann an, so daß die Hunde nicht zueinander gelangen konnten, und stand dann ein paar Minuten nur da und versuchte, wieder ruhiger zu atmen. Ich stieg aus und ging hinüber zu Chuck und Ethel. Sie waren von der Jagd nicht

sehr mitgenommen, aber sie hatten Angst. Ethel streckte die Arme nach mir aus.

„Lassen Sie die Finger von ihr, Lehrerin", sagte Cab. „Tut mir leid, daß Sie so weit gefahren sind, aber ich kann sie Ihnen nicht geben. Ich werde nicht zulassen, daß Sie Ihr Leben zerstören."

Ich versuchte ihn zu überzeugen, daß er unrecht hätte. Aber was ich auch vorbrachte, er schüttelte den Kopf. Es sei nur zu meinem Besten.

„Laß ihr die Kinder, Cab", sagte Fred, der dazukam. „Wenn Anne diese Kinder haben will, ist es ihr gutes Recht, sie zu behalten."

„Ich an deiner Stelle würde mich da raushalten", sagte Cab. „Ich bringe sie dahin, wo sie hingehören." Er sprach so leise, daß man hätte annehmen können, er meine es freundlich – aber seine Augen verrieten ihn.

„Fred . . ." Ich versuchte, seinen Arm zu ergreifen, aber er schüttelte mich ab. Er ging zum Schlitten, um Ethel herauszuheben. Aber er kam nicht einmal dazu, sie anzufassen. Cabs linke Faust zuckte vor.

Fred riß seinen Kopf zurück, aber Cab schlug ihm mit der anderen Faust gegen den Unterkiefer, und Fred fiel halb betäubt um. Da saß er, schüttelte sekundenlang den Kopf und spuckte dann einen Zahn aus. Ich wollte zu ihm gehen, aber Cab sagte: „Lassen Sie ihn in Ruhe, Lehrerin."

Er stand über Fred gebeugt, die Fäuste geballt. „Steh auf, Junge – und du bist erledigt. Du brauchst jetzt nur noch einen Ton zu sagen, und ich mache dich fertig."

Fred wischte sich über den Mund und schmierte sich Blut über das Kinn, dann sah er auf seinen Zahn hinunter. Als er wieder hochsah, erkannte ich ihn kaum wieder. Sein Gesicht hatte den gleichen Ausdruck wie damals in Chicken, als er Cab fast angegriffen hätte. Ich hatte ihn auch unterwegs beobachtet, wenn die Strecke schwierig wurde. Angst stand nicht auf seinem Gesicht. Der Ausdruck war berechnend und tödlich.

Er kam nicht schnell wieder hoch, aber als er aufstand, kam aus seinem tiefsten Innern ein Ton, den ich keinem menschlichen Wesen zugetraut hätte. Cab hatte keine Chance. Eben stand er noch mit erhobenen Fäusten da, und im nächsten Augenblick lief ihm das Blut aus der Nase, und er wich vor Fred zurück, der ihn am liebsten umgebracht hätte. Ich weiß nicht, wie oft Fred zuschlug, ehe Cab einfach nach hintenüber kippte und sein Kopf mit einem schrecklichen Geräusch auf dem Eis aufschlug. Dann stürzte Fred sich auf ihn und hämmerte mit den Fäusten auf ihn ein, als habe er den Verstand verloren. Es war ihm gleichgültig, wohin er traf, solange er nur zuschlagen konnte. Ich versuchte weiter, ihn wegzuziehen, aber er hörte erst auf, als Cabs Kopf herunterhing wie bei einem toten Huhn.

Wir lehnten ihn gegen seinen Schlitten, und dann versuchte Fred ihn wach zu machen. Wir rieben sein Gesicht mit Schnee ab. Er sah schrecklich aus. Das Nasenbein war gebrochen und ein Auge fast zugeschwollen.

Zehn Minuten lang kam er nicht zum Bewußtsein, und eines muß man ihm lassen – er nahm nichts übel. Im Gegenteil, er sagte zu Fred, daß er ihn ehrlich bewundere und daß er nicht die leiseste Vorstellung gehabt hätte, daß Fred so mit ihm umgehen könnte. Fred erwiderte, daß Cab auch nicht schlecht gewesen sei und daß er hoffe, ihn nicht allzusehr verletzt zu haben. Es war fast komisch: sie benahmen sich wie alte Kumpel. Cab holte sogar eine Flasche Whisky heraus und bot

Fred davon an. „Halbblut oder nicht", sagte er, „du bist wie ein Weißer."

Fred lehnte den Drink ab, und wir setzten Chuck und Ethel in unseren Schlitten. Wir waren fast startbereit, als Cabs Hunde anfingen zu schnüffeln, zu knurren und die Zähne zu blecken. Sie hatten sich alle dem Fluß zugewendet. Ein winziger Streifen weißen Nebels bewegte sich auf uns zu, dann sah man eine punktierte schwarze Linie, die sich als Gespann von einem Dutzend Hunden erwies. Ein Mann lenkte den Schlitten hinter ihnen, ein anderer trottete nebenher.

„Indianer", sagte Cab. „Meine Hunde mögen sie nicht."

Es waren Indianer, und einer davon war Titus Paul. Sie kamen zurück von ihren Fallen, und ihr Schlitten war mit Fellen beladen. Sie hielten in einiger Entfernung an, denn ihre Hunde waren ebenso kampflustig wie die von Cab. Titus kam herüber.

Ich hatte nie darüber nachgedacht, weshalb Indianer und Eskimos ihre Parkas mit glänzenden Perlen und vielen Farben verzierten, bis ich Titus auf uns zukommen sah. Sein Rentierparka war ein Prachtstück, ganz aus graubraunem Fell mit einer Kapuze aus Wolfspelz. Als er näher kam, wurde mir plötzlich klar, wie sehr ich es nach dieser langen Schlittenfahrt satt hatte, immer nur Grün und Weiß zu sehen. Beim Anblick von Titus nahm die ganze Welt plötzlich wieder Farbe an, und wenn es nur der Schlitz am Saum seines Parkas oder die geflochtene Lederschnur war, mit der seine Fausthandschuhe am Kragen befestigt waren. Er sah aus wie ein Prinz aus einem märchenhaften Nordland.

„Wie geht's, Titus", rief Cab, „habt ihr einen guten Fang gemacht?"

Titus nickte, nahm Cabs Zustand zur Kenntnis, ohne eine Miene zu verziehen, und dann wanderten seine Augen blitzschnell über mich und Chuck und Ethel. Dann sah er zu Fred und den Hunden hin. Fred streifte einen Fausthandschuh ab und streckte ihm die Hand entgegen. „Fred Purdy", sagte er.

Titus zog seine eigenen Fäustlinge aus Luchsklaue aus. „Titus Paul. Sie kommen Cathy besuchen?" fragte er mich.

„Nein, Fred und ich fahren nach Chicken zurück." Titus sah auf Chuck und Ethel und stellte dann eine Frage im Indianerdialekt. Chuck wies auf Cab, erklärte, wies dann auf mich.

„Sie nehmen Kinder von *Skooltrai?*" fragte Titus Cab.

„Ja. Ich bringe sie zurück ins Indianerdorf, wo sie hingehören."

Titus sah Fred an. „Weshalb *Sie* nehmen von *ihm?*"

„Anne will sie haben, und die Kinder wollen sie."

„Weshalb Sie wollen?" fragte Titus mich.

„Weil ich sie liebe."

Im Augenblick, in dem ich das sagte, spürte ich, daß mir die Tränen kamen, und ich war wütend auf mich. Ich mußte hart bleiben, also kniff ich den Mund zusammen und sah Titus so hochnäsig an, wie es mir nur möglich war. „Gibt es daran etwas auszusetzen?" fragte ich. „Ist das vielleicht ein Verbrechen?"

„Titus", sagte Cab, „ihr habt im Dorf ein Gesetz – kein Indianer darf das Dorf verlassen ohne Zustimmung des Rates. Dieser Junge gehört in das Dorf, bis der Rat sagt, daß er es verlassen kann. Habe ich recht?"

Titus nickte.

„Nun, dann meine ich, du nimmst ihn am besten mit und das Mädchen ebenfalls."

Cab kam zum Schlitten hinüber und fing an, die Verschnürung zu lösen. „Nein!" rief ich. „Diese Kinder gehören mir, und niemand wird sie mir nehmen. Titus, bitte, lassen Sie sie mir. Welche Aussichten wird Chuck an diesem Ort haben – die Chance, gebrochen Englisch zu lernen und vielleicht als Hilfsarbeiter bei einem Rasthaus unterzukommen? Und welche Chance hat Ethel, außer daß sie vielleicht eines Tages mit irgendeinem weißen Goldsucher zusammen leben wird – wie ihre Mutter?"

„Sie gehören in Indianerdorf", sagte Titus grimmig.

„Ich gebe Ihnen mein Wort. Lassen Sie die Kinder bei mir, und ich schwöre, daß sie ihr Volk nicht vergessen werden. Ich werde sie nie vergessen lassen, woher sie gekommen sind. Titus, ich kann sie stark machen. Ich kann ihnen helfen, stolz zu sein und stolz zu bleiben. Bitte, lassen Sie mich das tun."

Er sah mich eine Ewigkeit lang an, dann stellte er Chuck eine Frage auf indianisch. *„Aha"*, antwortete Chuck. Ja.

Dann – einfach so – drehte Titus sich auf dem Absatz um und ging wieder zu seinem Schlitten. Das geschah so schnell, daß ich sekundenlang gar nicht begriff, daß Chuck und Ethel nun mir gehörten. Cab jedoch hatte verstanden. „Weißt du, was du da tust?" rief er Titus nach. Titus beachtete ihn gar nicht, und Cab lief ihm einige Schritte nach. „Titus! Bist du taub?"

Titus drehte sich schließlich um, als er bei seinem Schlitten angelangt war. Ich dachte, Cab würde jetzt wieder Ärger machen, aber er war ebenso unberechenbar wie dickköpfig. „Wie wär's mit einem Wettrennen zum Dorf?" rief er.

„Sie geben Startzeichen", rief Titus zurück.

„Ich gebe dir vierhundert Meter Vorsprung und wette fünfzig Dollar."

„Einverstanden", antwortete Titus. „Ich zwei Schüsse abfeuern."

Titus' Schlitten fuhr davon. „Lehrerin", sagte Cab, der zurückkam, „ich habe getan, was ich für richtig hielt. Wollen wir das, was geschehen ist, vergessen?"

„Gern."

Er lächelte mir zu. „Ich will Ihnen mal was sagen, und ich meine das ganz aufrichtig. Sie gehören wirklich zu uns nach Alaska."

„Danke, Cab."

Fred löste die Bremse am Schlitten, und ich stellte mich auf die Kufen. Und so schieden wir voneinander.

IX

FRED und ich steuerten abwechselnd den Schlitten auf den Kufen. Wer nicht gerade auf den Kufen stand, lief nebenher. Fred sagte, wir sollten den Weg am Fluß nehmen, den Mr. Strong immer wählte. Wenn das Wetter so blieb, könnten wir in sieben Stunden am O'Shaughnessy-Gasthaus sein.

Wir waren fast eine Stunde lang gefahren. Es mußte so gegen neun Uhr gewesen sein, und eigentlich hätte die Sonne aufgehen müssen. Statt dessen wurde es immer dunkler, und die Windstärke nahm zu. Ich lief neben dem Schlitten her, als uns ganz plötzlich ein Windstoß traf, der so heftig war, daß ich fast umgerissen wurde. Fred hielt den Schlitten an, und die Hunde streckten sofort alle viere von sich und drängten sich zusammen.

„Es hat uns erwischt!" rief Fred. Der Schnee trieb wie eine Wand auf uns zu. Wir kauerten uns alle hinter den Schlitten, um den Sturm abzuwarten.

„Ist es vorüber?" fragte ich, nachdem er sich gelegt hatte.

„Es hat noch gar nicht angefangen", sagte Fred und stand auf. „Das war nur ein leichtes Säuseln. Ein Stückchen weiter ist eine Hütte. Wir können dort Unterschlupf finden."

Wenige Minuten später blies der Wind uns wieder entgegen, kälter und beißender als je zuvor. Ich bekam allmählich Durst und mußte mich zusammennehmen, um keinen Schnee zu essen. Bei dieser Kälte konnte man nichts Schlimmeres tun, weil man kostbare Körperwärme verschwendete und doch nichts davon hatte. Fred lenkte den Schlitten zu einem Einschnitt in der Uferböschung, einem schmalen Seitenarm des Flusses. „Die Hütte ist noch vierhundert Meter weit weg!" rief er.

Es wurden lange vierhundert Meter. Fred mußte seine und Chucks Schneeschuhe herausnehmen, und die beiden liefen vor und bahnten den Weg, während ich mit dem Schlitten im Schneckentempo hinter ihnen herfuhr. Schließlich blieb Fred stehen. „Ich kann die Hütte nicht finden", sagte er. „Wahrscheinlich ist sie zugeschneit." Er wies über Chucks Schulter. „Sieh dich mal hier bei der Uferböschung um", sagte er zu ihm.

Chuck zog in diese Richtung los, Fred in die andere. Die Hunde hatten still dagelegen, den Schwanz schützend gegen das Schneetreiben vor die Schnauze gelegt, so zufrieden, als seien sie in einem warmen Zimmer. Jetzt aber stand einer nach dem anderen auf und schnupperte. „Windbeutel" stieß ein leises Knurren aus, und seine Nackenhaare sträubten sich. Einige der anderen Hunde fingen an zu winseln. Ich rief nach Fred, und er kam auf seinen Schneeschuhen zurück. Auch Chuck gesellte sich wieder zu uns.

„Was hast du, alter Junge?" sagte Fred zu „Windbeutel".

Der Hund ließ den Kopf hängen und knurrte weiter. Er hatte Angst. Fred griff ihn am Halsband und zog ihn vorwärts, aber „Windbeutel" stemmte die Vorderbeine in den Schnee und wollte nicht von der Stelle. Als Fred noch einmal versuchte, ihn vorwärtszuziehen, knurrte er drohend und bleckte die Zähne. Ich spürte, wie ich eine Gänsehaut bekam. Dann legte „Windbeutel" sich einfach hin und winselte. *Mach mit mir, was du willst,* wollte er damit sagen. *Ich rühre mich nicht von der Stelle.* Die anderen Hunde taten es ihm nach. Es war gespenstisch.

„Bleibt hier", sagte Fred zu uns. Er lief die Uferböschung entlang, dann sah ich, wie er sich bückte und etwas aufhob. Er kehrte damit zurück – ein Stück Hundeleine. Es war zerkaut. „Das ist alles, was da drüben von einem Hund übriggeblieben ist, ein paar Knochen und Haare."

„Bären?" fragte ich ihn.

„Wölfe", sagte Chuck.

Fred band die Hunde an einen Baum und nahm dann sein Gewehr aus dem Schlitten. „Du bleibst bei den Kindern", sagte er zu mir. „Ich werde mich mal umsehen."

„O nein. Wir gehen mit dir." Nichts würde mich hier halten können, wenn er ging. Ich nahm Ethel aus dem Schlitten. Wir liefen entschlossen hinter ihm her. Ich wußte, daß Wölfe keine lebenden Menschen anfielen – aber ich hielt Ethels Hand ganz fest. Anstatt dem Lauf des Seitenarms weiter zu folgen, schlug Fred einen Bogen und arbeitete sich langsam wieder bis zu der Uferböschung vor. Noch ehe wir dort ankamen, stießen wir auf die Überreste eines weiteren Hundes. Chuck fand noch etwas an einem Baum hängend – ein kleines Stück poliertes Hartholz. Es hatte zu einem Schlitten gehört.

Wir folgten dem Wasserlauf ein Stück weiter, bis wir alle gleichzeitig stehenblieben. Da vor uns war ein riesiger Überhang aus Eis, der sich direkt über dem Flußbett auftürmte, als hätte jemand eine geschwungene Brücke vom einen Ufer zum anderen bauen wollen. Aber was uns stehenbleiben ließ, war nicht dieser Vorsprung. Es war das, was sich darauf abspielte: ein Rudel Wölfe drängte sich um etwas. Wir standen gegen den Wind, deshalb hatten sie uns noch nicht gewittert und auch nicht kommen gehört.

Ich zählte sieben Wölfe, wobei der kleinste noch seine hundertzwanzig Pfund wog. Im Schneetreiben sahen sie aus wie Gespenster. Sie starrten auf irgend etwas, umkreisten es, als wüßten sie nicht genau, wie sie herankommen könnten. Und das war das Unheimliche an der Sache. Es war nichts da, zumindest nichts, was ich sehen konnte.

Sie bemerkten uns wenige Sekunden später. Da sie das, was sie so interessierte, nicht aufgeben wollten, warteten sie ab, was wir tun würden. Die Art, wie sie uns abschätzend betrachteten, ließ mich frösteln.

Fred ließ sich auf ein Knie nieder, zielte, und ein Schuß krachte. Der größte Wolf, bestimmt an die hundertsechzig Pfund schwer, brach zusammen. Er rollte in die Mitte des Vorsprungs und verschwand dann plötzlich im tiefen Schnee. Der Rest des Rudels machte sich davon.

Fred kletterte vorsichtig weiter die Böschung herauf und kroch dann auf Händen und Knien auf das überhängende Eisgesims. Er machte halt an der Stelle, an der einer der Wölfe hinuntergespäht hatte, und ich glaubte, ihn mit jemand reden zu hören. Er drehte sich um und winkte mich zu sich. „Laß die Kinder dort", sagte er.

Ich folgte ihm, in seine Spuren tretend. Der Vorsprung war breiter, als ich angenommen hatte. Mittendrin war eine große, ausgezackte Öffnung, etwa anderthalb Meter breit und vier Meter lang. Das Winseln eines Hundes war von dort zu vernehmen.

Fred zog sich vorsichtig von dem Spalt zurück, ehe ich ganz herangekommen war. Er zog seinen Schal herunter, und sein Gesichtsausdruck war schrecklich. „Schau hinunter", sagte er, „aber sei vorsichtig . . . Es sind Jeannette und Elmer."

Ich kroch zum Rand der Öffnung und spähte hinunter. Unter mir befand sich eine riesige, gewölbte Eishöhle, und dort lag in der Dunkelheit mehrere Meter tief Jeannette Terwilliger und starrte mir direkt ins Gesicht. Ich glaubte, sie sei tot, bis sie blinzelte und ich Tränen glitzern sah. Ich hörte mich selbst ausrufen: „Oh, mein Gott!"

Sie lag auf der Seite zwischen dem Gestein auf dem Grund des Flußbetts, in einen Pelzmantel gewickelt. Neben ihr lag der zerschmetterte Schlitten. Elmer war nicht weit von ihr entfernt. Ich konnte nur seine Beine sehen. Er mußte versucht haben, an der Seite der Eishöhle, wo er nun lag und sich nicht mehr rührte, hochzuklettern.

Im Sekundenbruchteil sah ich vor mir, wie es geschehen sein mußte: der schwerbeladene Schlitten, der im dichten Schneetreiben vom Weg abkommt, über den unverdächtig aussehenden Schnee gleitet, das gewölbte Dach der Eishöhle, das unter dem Druck nachgibt und wie eine Eierschale zerbricht, und der Schlitten, der in die Höhle darunter einbricht. Zwei Hunde wurden mit in die Tiefe gerissen. Der eine von ihnen war auf den umgekippten Schlitten gekrochen, als wolle er mich anspringen, und winselte voller Ungeduld. Der andere Hund lag regungslos zwischen dem Geröll. Jeannette hatte kein Auge von mir gelassen.

„Jennie?" Es gelang mir, ihren Namen zu krächzen.

Sie gab einige Laute von sich. Das war alles.

„Wir holen euch heraus", sagte ich. Dann, aus Angst, in Tränen auszubrechen, zog ich mich von dem schrecklichen Schauplatz zurück.

Chuck und Ethel waren auf dem Vorsprung erschienen, und Chuck wollte gerade vorwärtskriechen. „Bleibt da weg", sagte Fred. „Ich brauche euch hier."

Wir folgten ihm zu einer großen umgestürzten Fichte, wo er an der windabgewandten Seite ein Loch in den Schnee grub. „Ihr bleibt hier", sagte Fred, als das Loch groß genug für Ethel und mich war, um uns hineinkauern zu können. Er gab mir sein Gewehr. „Ich versuche, die Hütte zu finden."

Er und Chuck gingen zum Schlitten hinüber. Von dort, wo ich mit Ethel saß, konnte ich den ganzen Überhang überblicken. Ich dachte an das Baby. Ich hatte es nicht gesehen. Schreckliche Vorstellungen bedrängten mich. Es könnte zermalmt unter dem Schlitten liegen oder herausgeschleudert worden sein. Schließlich hielt ich es nicht mehr aus. „Bleib hier, Ethel", sagte ich. Ich kroch zurück zu dem Spalt und sah hinunter. Elmer lag noch genauso da wie vorher. Er mußte tot sein.

„Jennie . . . Jennie?" Sie wandte ein wenig den Kopf.

„Patricia – wo ist sie?"

Ihr Arm bewegte sich unter dem Mantel, der sie bedeckte, und dann zog ihre Hand im Fäustling den Schal vom Gesicht. Die eine Hälfte war so weiß wie Schnee, wirkte wie tot. Sie war erfroren. Jennie stöhnte.

„Ist sie bei Ihnen? Nicken Sie einmal, dann weiß ich, daß es ja heißt."

Ihr Kopf bewegte sich leicht, und ich dachte Gott sei Dank. Dann fragte ich mich, ob das Kind noch lebte, aber das konnte ich Jennie nicht fragen. „Halt aus, Jennie", sagte ich.

Ich ging zurück zu Ethel, und während wir uns eng aneinanderkuschelten, fragte ich mich, wie lange Jennie schon dort unten lag. Es konnten schon drei Tage sein, drei Tage in einem Eisverlies, mit Wölfen, die immer näher kamen, und dabei ohne Hoffnung, je gefunden zu werden.

Über eine Stunde mußte vergangen sein, ehe Fred mit dem Schlitten zurückkam. „Wir haben die Hütte gefunden", sagte er. Sie war zugeschneit, und er hatte Chuck zurückgelassen, um die Tür freizuschaufeln. Er hatte den kräftigen, schlanken Stamm einer Birke, die er gefällt hatte, mitgebracht. Jetzt befestigte er ein Seil um die Mitte des Stammes und legte ihn über die schmalste Stelle der Öffnung des Überhangs. Nachdem er sich vergewissert hatte, daß das Eis auf beiden Seiten nicht einbrechen würde, ließ er sich am Seil hinab. Vorsichtig war ich auf den Vorsprung gekrochen und sah, daß der unverletzte Hund sich vor Freude nicht zu lassen wußte und immer wieder an Fred hochsprang. Der legte noch einen Fellmantel über Jennie, ehe er sich umsah. Die Höhle war am Boden flach, und die Seiten stiegen in sanftem Schwung an. Er hob eine Hacke auf, die aus dem Schlitten gefallen war, und lockerte einen Stein in dem gefrorenen Boden. „Anne, geh etwa drei Meter da hinunter." Er wies auf einen Punkt, wo die Eishöhle unten die Uferböschung berührte. „Sag mir, ob du hören kannst, daß dieser Stein aufschlägt." Seine Stimme klang hohl, als käme sie aus einem Grab.

Ich tat, was er mir gesagt hatte, und lauschte. Bumm, bumm. Ich kroch zur Öffnung zurück.

„Ich habe es gehört."

„Ich werde versuchen, mich hier durchzugraben."

„Fred, was ist mit dem Baby?"

„Es ist unter ihrem Parka."

„Kannst du es mir nicht hochgeben?"

„Jennies Arm ist gebrochen. Ich möchte sie nicht anfassen, ehe wir sie nicht herausholen können." Er verschwand aus meiner Sicht, und ich hörte ihn hacken.

Als Chuck zurückkam, sagte ich ihm, was Fred tat, und er ging zu dem Spalt, schwang sich über den Birkenstamm und verschwand. Ich sah weiter wie gebannt auf die Stelle, wo meiner Ansicht nach Chuck und Fred herauskommen würden. Schließlich bemerkte ich, daß ein kleines Loch entstand. Chucks Kopf tauchte auf; der Junge kroch durch das Loch, als Ethel und ich auf ihn zueilten.

„Wir haben uns ausgegraben!" rief er aufgeregt. Nach ihm kroch der Hund bellend heraus. Ich kletterte durch die Öffnung. Meine Füße berührten die gewölbte Höhlenwand, und ich spürte, wie Fred mich packte. Dann waren nur noch Eis und Schnee um mich herum.

Es war wie eine düstere Welt, wo die Zeit stillstand. Über uns wölbte sich eine etwa neun Meter hohe und breite Eiskuppel. Draußen heulte der Wind, aber hier drinnen war es still, und Schneeflocken fielen lautlos durch die Öffnung. Elmer lag ausgestreckt an der gegenüberliegenden Höhlenwand. Er war erfroren, hatte eine Hand noch erhoben, in der er ein Jagdmesser hielt, und man konnte noch sehen, wo er versucht hatte, das Eis damit wegzuhacken. Es war ihm gelungen, bis dorthin zu kriechen, und dann war er gestorben.

Ich ging zu Jennie hinüber. „Ich werde das Baby nehmen, um es zu wärmen", sagte ich. Sie nickte und schloß die Augen. Ich zog die Pelze weg und öffnete ihren Parka. Das Baby lag auf ihrem Bauch, noch immer in eine Decke gewickelt. Als ich die Decke zurückschlug, stand mein Herz fast still. Das Gesichtchen war krankhaft bläulich, der kleine Körper regungslos. Kaum wahrnehmbar kam Atem über seine Lippen. Ich barg es in meinem eigenen Parka, ein kaltes, kleines Ding, das sich nicht regte.

Fred beauftragte Chuck, das Loch zu erweitern, und kniete sich dann neben Jennie. „Sie ist ohnmächtig", sagte er. „Gott sei Dank." Er nahm ein Männerhemd, das auf einem Kleiderhaufen lag, der vom Schlitten gefallen war. „Zerreiß es", sagte er, „ich werde ihren Arm schienen."

Er bearbeitete den Schlitten mit der Axt, bis er zwei Holzschienen hatte. Danach nahm er vorsichtig Jennies gebrochenen Arm aus dem Parka. Er setzte sich hin, stützte sich mit einem Fuß vorsichtig gegen ihre Achselhöhle und zog dann langsam an ihrem Handgelenk. Ich schreckte bei dem Geräusch zusammen. Während er ihren Arm schiente, lief ich am Grunde der Eishöhle hin und her und hoffte, das Baby zu der geringsten Bewegung veranlassen zu können. Aber es lag ganz still. Als Fred fertig war, kletterte er zu Chuck hinunter und hackte noch etwas Eis weg. Dann sah er erschöpft zu mir herüber: „Wie geht's dem Baby?"

„Es bewegt sich nicht." Es wird sterben, dachte ich.

„Gib es lieber Chuck. Ich brauche deine Hilfe bei Jennie."

Ich gab Chuck das Baby. „Halt es gut fest", sagte ich. Die Worte hätte ich mir sparen können. Er war acht Jahre alt, aber er verhielt sich so verständig, daß es mir schien, als sei er doppelt so alt.

Fred faßte Jennie unter den Achseln und hob sie hoch, und ich nahm ihre Beine. Außerhalb der Höhle, am Fuß der Böschung, entglitt mir ihr Fuß und schlug auf einen Stein auf. Es klang grauenhaft, als sei der Fuß selbst aus Stein. Ich blickte Fred an und krümmte mich innerlich. Sein Mund war nur noch ein schmaler Strich. Nur eines konnte diesen Ton hervorrufen – ein steif gefrorener Fuß.

Es war uns irgendwie gelungen, Jennie in den Schlitten zu bringen. Wir gingen noch ein paarmal zurück, um Nahrungsmittel und Sachen für das Baby zu holen. Auf Elmers Schlitten waren auch einige Fallen, und ehe wir abfuhren, stellte Fred fünf davon rund um das Loch auf, um die Wölfe von Elmers Leiche fernzuhalten.

Als wir die Hütte erreichten, fragte ich mich, wie Fred sie gefunden hatte. Sie war so tief an einen Hügel geduckt, daß ich sie erst sah, als wir fast direkt auf ihr standen. Drinnen war die schräge Decke so niedrig, daß Fred und ich nur an einer Wand aufrecht stehen konnten. Und dennoch bot sie uns Schutz. In einer verstaubten Lampe war Petroleum.

Nachdem Fred es angezündet hatte, brachten wir Jennie hinein und legten sie auf eine wacklige Pritsche aus Segeltuch. Dann machte Fred in dem kleinen Ofen Feuer.

Ich nahm Chuck Patricia ab. Ihre Hände und ihr Gesichtchen sahen im Licht der Petroleumlampe rötlichblau aus, und ich konnte nichts anderes für sie tun, als am Ofen zu sitzen und sie unter dem Parka dicht an mich zu pressen.

Ich fing an, etwas Suppe aufzutauen, während Fred und Chuck sich um Jennie kümmerten. Fred füllte eine kleine Waschschüssel mit Schnee und zog dann den Stiefel und die Strümpfe von Jennies erfrorenem Bein. Es war hart wie Marmor und bis zum Knie hinauf ganz weiß. Er steckte es in die Waschschüssel und fing an, es mit Schnee abzureiben, während Chuck ihr Gesicht mit Schnee einrieb. Sie hatte das Bewußtsein nicht wiedererlangt, und ich hoffte um ihretwillen, daß sie noch eine Weile bewußtlos bleiben würde. Wenn das Gefühl in die erfrorenen Gliedmaßen zurückkehrte, würde sie schreckliche Schmerzen leiden.

„Wie schlecht ist sie dran, Fred?"

„Ihr Fuß ist bis auf den Knochen erfroren. Das Bein vielleicht auch. Wir müssen sie zu einem Arzt bringen."

Draußen tobte der Sturm heftig und heulte im Ofenrohr. „Wie sollen wir das schaffen?"

„Ich könnte sie bis nach Fortymile bringen", sagte er. „Und dann kann sie jemand von dort nach Dawson ins Krankenhaus schaffen."

Fortymile war die erste Stadt jenseits der Grenze in Kanada, aber sie war immer noch über hundertdreißig Kilometer entfernt. Ich konnte mir nicht vorstellen, wie er das schaffen wollte, so erschöpft wie er war. „Das ist eine lange Fahrt, Fred."

„Ich muß ein bißchen schlafen, wenn wir gegessen haben, aber ich kann es schaffen. Es gibt einige Möglichkeiten, auf dem Weg zu rasten. Aber du mußt hier allein durchkommen."

Es wurde eine traurige Mahlzeit. Ich aß kaum etwas. Als Chuck und Ethel gegessen hatten, steckten wir beide in einen Schlafsack, den wir aus dem Schlitten genommen hatten, und sie schliefen sofort ein. Fred und ich tranken noch eine Tasse Tee.

„Ich lasse dich nicht gern allein zurück", sagte er. „Mr. Strong müßte in ein oder zwei Tagen flußaufwärts kommen. Ich werde in Steel Creek eine Nachricht hinterlassen, daß du hier bist."

„Schlaf jetzt ein bißchen", sagte ich.

„Meinst du, daß du wach bleiben kannst?"

„Ich muß es." Fred rollte noch einen Schlafsack aus und trug mir auf, ihn in drei Stunden zu wecken. Ich nahm Patricia aus meinem Parka heraus. Allmählich verschwand ihr bläuliches Aussehen. Ihre kleinen Hände waren rosig. Ich streifte mit den Lippen über ihre Wangen. Sie waren warm, zart wie ein Blütenblatt.

Ich untersuchte sie sorgfältig, aber bis auf einige Wundstellen von nassen Windeln schien sie wohlbehalten zu sein. Ich setzte mich auf einen Schemel am Ofen und wiegte sie, und sie strampelte ein bißchen, dann gähnte sie. Aufgeregt stand ich auf und ging mit ihr auf und ab. Ich hatte eine Flasche mit verdünnter Kondensmilch vorbereitet, die nur noch aufgewärmt zu werden brauchte, wenn sie aufwachte. „Nur zu, Patricia", sagte ich. „Wach nur auf und fang an zu schreien. Du kannst es doch."

Aber sie lag still. Neben dem Ofen stand eine kleine Obstkiste mit Feuerholz. Ich leerte sie aus, wickelte eine Decke um Patricia und legte sie in die Kiste. Danach legte ich noch ein bißchen Holz im Ofen nach und setzte mich auf eine Ecke der Pritsche. In den nächsten Stunden war ich damit beschäftigt, mir Gesicht und Hals mit Schnee einzureiben, um wach zu bleiben.

Eine halbe Stunde bevor ich Fred wecken sollte, begann Jennie zu schreien. Es geschah so plötzlich, daß ich erschrocken war. Noch eben war alles ganz ruhig gewesen, und im nächsten Augenblick rang ich mit Jennie und schluchzte hysterisch, Fred solle mir zu Hilfe kommen. Sie warf sich herum und schrie vor Schmerzen. Schließlich hatte Fred sie mit festem Griff gepackt und redete ihr gut zu, während sie uns mit wirrem Blick anstarrte. „Jennie, Anne und ich sind bei Ihnen", wiederholte Fred immer wieder. „Sie sind gerettet."

Der wirre Blick verlor sich aus ihren Augen. Sie hörte auf, um sich zu schlagen, und fiel erschöpft zurück. Sie schloß die Augen, und Tränen des Schmerzes quollen hervor.

„Patricia ist hier, Jennie", sagte ich. „Sie schläft. Möchten Sie sie in den Arm nehmen?" Sie nickte. Ich brachte das Kind und legte es Jennie in den Arm. Sie hob den Kopf, fiel dann wieder zurück und schloß die Augen.

„Jennie“, sagte Fred, „ich muß Sie zu einem Arzt bringen . . . Anne wird mit dem Baby hierbleiben und sich darum kümmern.“ Sie machte nur eine schwache Bewegung. Sie hatte verstanden.

Chuck und Ethel waren nicht aufgewacht. Sie hatten ihr Leben lang mit vielen Menschen auf engem Raum gelebt und waren an Lärm gewöhnt.

Während Fred Vorbereitungen zum Aufbruch traf, wärmte ich einen Klumpen Gemüsesuppe auf und flößte Jennie etwas von der Brühe ein. Wir brachten sie hinaus und banden sie auf dem Schlitten fest. Graue Hagelschauer schlugen uns entgegen, und die Kälte war schneidend. Ich beugte mich über Jennie. „Ich werde gut auf das Baby aufpassen, Jennie.“

Sie bewegte schwach eine Hand und zog den Schal vom Gesicht. Sie versuchte zu lächeln.

Fred war zum Aufbruch bereit. Es gab noch so vieles zu sagen – wie sehr ich ihn bewunderte, wie innig ich ihn liebte. Aber dafür war keine Zeit. Ich küßte ihn stürmisch, in der Hoffnung, daß es ihn wärmen und beschützen möge auf dem ganzen langen Weg, den er vor sich hatte. Dann war er fort, und der Schlitten verschwand in dem grauen Gestöber. Ich ging zurück in die Hütte.

Ich wußte, daß ich nicht länger wach bleiben konnte, wenn ich mich jetzt hinlegte. Deshalb ging ich weiter mit Patricia auf und ab und versuchte, sie wach zu bekommen. Sie regte sich ein bißchen, öffnete und schloß ihre winzige Faust, und das war alles. Nun spürte ich, wie die Müdigkeit mich überwältigte. Ich legte noch etwas Holz im Ofen nach und kroch dann mit dem Baby in Freds Schlafsack.

Ich weiß nicht, wieviel Zeit vergangen war, ehe ich wieder aufwachte, weil ich dachte, es klingelte irgendwo ein Wecker. Dann wurde mir klar, daß ein Baby weinte. Neben mir brüllte Patricia vor Wut – etwas Schöneres hatte ich noch nie gehört. Im Nu war ich aus dem Schlafsack heraus und stellte das vorbereitete Fläschchen in den Topf auf den Herd, um es zu wärmen. Dann drehte ich die Petroleumlampe auf.

Chucks Kopf fuhr aus dem Schlafsack hoch. Der Junge schlüpfte heraus, zog seinen Parka über und sah zu, wie ich versuchte, Patricia dazu zu bringen, aus der Flasche zu trinken. Sie nuckelte daran, spuckte dann alles aus und fing an zu weinen.

„Baby nicht hungrig“, sagte Chuck.

„Es ist hungrig, Chuck. Deswegen schreit es. Es hat zwei oder drei

Tage nichts bekommen. Vielleicht ist es zu schwach, um zu saugen. Hol mir mal die Erste-Hilfe-Tasche vom Regal."

Es war eine Pipette darin. Ich schraubte das Fläschchen auf, saugte mit der Pipette etwas Milch auf und tropfte sie dem Baby in den Mund. Ich weiß nicht, wie lange die Milch immer wieder aus dem Mund lief. Dann behielt es etwas bei sich. Zuerst nur ein paar Tropfen, dann mehr. Als Patricia wieder einschlief, hatte sich das Fläschchen zwar nur wenig geleert, aber zumindest hatte sie etwas zu sich genommen.

Ich legte sie wieder in die Obstkiste und machte mich daran, eine Mahlzeit zu richten. Ethel wachte auf, und wir drei setzten uns hin und aßen Eintopf und Zwieback.

Ich konnte meine Gedanken nicht zusammenhalten. Was ich brauchte, waren ungefähr zwölf Stunden ungestörten Schlaf. Ich hatte das Gefühl, ich müsse in Tränen ausbrechen. Die Frage quälte mich, wie es wohl Fred erging. Wenn das Wetter so schlecht blieb, würde er vier oder fünf Tage brauchen, um Fortymile zu erreichen.

Die Zeit verstrich. Wir konnten nicht hinausgehen, also vertrieben wir uns die Zeit mit Spielen wie „heiß – kalt" und „Fingerhutverstekken". Jedesmal, wenn Patricia wach wurde, etwa jede Stunde, bekam sie ein wenig Milch.

Es dauerte fast einen ganzen Tag, bis sie aus dem Fläschchen trank. Sie erholte sich wieder, aber sie konnte immer nur wenige Stunden schlafen. Dann weinte sie, und ich ging benommen mit ihr auf und ab, bis sie in einen unruhigen Schlaf fiel und ich auch.

Nach zwei Tagen war es dann so weit, daß ich mich nicht mehr dazu bringen konnte aufzuwachen. Patricia fing an zu weinen, und ich bat Chuck, das Fläschchen zu wärmen und mich zu wecken, wenn es soweit sei. Das war alles, woran ich mich erinnern konnte, als ich einige Zeit später wach wurde und sie wieder weinen hörte. Ethel saß auf dem Schlafsack und hatte Patricia im Arm. Chuck stand am Ofen und wärmte ein Fläschchen.

„Chuck, wie lange habe ich geschlafen?"

Er zuckte die Achseln. „Lange Zeit, ich glauben. Ich geben Baby Milch. Es gehen schlafen, ich gehen schlafen. Ich aufwachen, Et'el aufwachen, Baby aufwachen. Ich geben Milch. Du haben einen guten Schlaf."

Ich nahm Ethel Patricia ab. „Du und Ethel habt sie gefüttert?"

„Ja. Ich gut machen?"

Ich nahm ihn in den Arm. „Das hast du großartig gemacht."

Er strahlte. „Du glücklich von mir, ich froh."

„Glücklich? Ich habe dich schrecklich gern. Und dich auch", sagte ich zu Ethel.

Erst dann bemerkte ich, wie ruhig es war. Der Sturm hatte sich gelegt. Ich ging zur Tür. Draußen war der Himmel voller Sterne, kein Lüftchen regte sich. Es war so bitter kalt, daß mein Atem sich in kleinen Eiskristallen niederschlug. Ich ging schnell wieder hinein.

Von nun an machte ich mir keine Sorgen mehr. Ich wußte, wir hatten es geschafft, und schließlich würde jemand uns holen. Wir mußten nur abwarten.

Am nächsten Tag war das Wetter herrlich. Die Sonne strahlte von einem wolkenlosen Himmel, und es war so warm, daß wir mit heruntergeschlagenen Kapuzen herumlaufen konnten. Chuck und Ethel gingen schon früh hinaus und beschäftigten sich damit, ein „Gasthaus" zu bauen, dann spielten sie eine Weile Jäger. Am Nachmittag nahm ich einen Schlafsack mit hinaus, lehnte ihn gegen einen Baumstumpf und setzte mich – mit Patricia auf dem Schoß – in die Sonne. Es war so angenehm in der Sonne, daß ich fast eingenickt wäre. Da hörte ich vom Fluß her ein neues Geräusch, einen Laut, der mir vertraut war. Ich öffnete die Augen und sah Chuck und Ethel stocksteif und lauschend dastehen.

Es war Mr. Strongs Schlitten. Chuck stieß einen Schrei aus und rannte zum Fluß hinunter. Wenige Minuten später hörte ich, wie er Mr. Strong etwas zurief, und die Schlittenglöckchen wurden immer lauter und deutlicher. Ich lief in die Hütte, legte Patricia auf die Pritsche und ging dann wieder hinaus, um zu warten, bis die beiden auftauchten. Chuck hopste und sprang wie ein Kaninchen, und Mr. Strong stapfte hinter ihm her. Ich war so glücklich über sein Kommen, daß ich mich in seine Arme warf und ihn fast umgerissen hätte.

„Nun, nun, Madam", redete er mir gut zu, „verausgaben Sie sich nicht so. Wir haben die Situation fest in der Hand und werden im Handumdrehen von hier fort sein."

X

Auf dem Rückweg machten wir nur einmal halt – bei den O'Shaughnessys –, um uns auszuruhen und eine warme Mahlzeit zu uns zu nehmen. Als wir in Chicken ankamen, waren alle draußen und erwarteten uns. Auf mich wirkte alles so fremd, als sei ich viel länger als fünf oder sechs Tage fort gewesen – als ob ich als junges Mädchen fortgegangen sei und nun als Erwachsene zurückkehrte.

Als wir uns dem Postamt näherten, hielt Mr. Strong den Schlitten an. Da standen sie nun alle, starrten mich und die Kinder an, und keiner sagte ein Wort. Ich hielt Patricia im Arm, ganz vermummt in einer Wolfsfelldecke. Sobald Maggie Carew sah, was ich da hielt, schien alles Leben von ihr zu weichen. Ich reichte das Baby hinunter, und sie nahm es mir ab.

In ihren Augen las ich die Fragen, die sie nicht laut hervorzubringen vermochte.

Mr. Strong half mir hinunter, und dann drängten sich alle vor. Mr. Carew fragte mit rauher Stimme, wo Jennie und Elmer seien, Mrs. Purdy wollte alles über Fred wissen, alle anderen Gesichter um mich herum waren entgeistert.

Acht Tage später traf Fred am frühen Nachmittag in der Siedlung ein, und wenige Minuten später waren wir alle im Gasthaus, um zu erfahren, was er zu berichten hatte. Er hatte Jennie bis Fortymile gebracht. Dort hatte er Percy de Wolfe getroffen, der als der „Eiserne aus dem Norden" bekannt war. Er beförderte die Post den Yukon auf- und abwärts und hatte das schnellste Hundegespann des ganzen Gebietes. Schon Minuten nach Freds Eintreffen war Jennie in Percys Schlitten umgebettet worden, und er war mit ihr nach Dawson abgefahren. In Fortymile gab es ein Telegrafenamt, und so konnte man die Verwaltung in Dawson benachrichtigen. „Noch ehe ich abfuhr", sagte Fred, „hatte Dawson geantwortet, daß im Krankenhaus ein Arzt bereitstünde, der sich sofort um Jennie kümmern würde."

Aber es dauerte noch volle drei Wochen, bis Ende März, ehe Maggie ein Telegramm von ihrem Mann erhielt, der nach Dawson gefahren war, um bei Jennie zu sein. Inzwischen waren die Tage sonnig, und warme Chinook-Winde aus dem Osten ließen den Schnee schmelzen.

Mr. Strong brachte das Telegramm auf seiner letzten Schlittenfahrt in dieser Saison mit. Darin stand, daß Jennies Zustand eine Zeitlang sehr kritisch gewesen sei, aber daß sie sich wieder erholen würde. Der Text endete damit, daß Mr. Strong Einzelheiten berichten würde. Mr. Strong brachte es Maggie so schonend wie möglich bei. Sie hatten Jennies Fuß oberhalb des Knöchels amputieren müssen.

Maggie nahm es ziemlich schwer auf und zeigte sich danach ganz verändert. Sie wurde etwas toleranter. Manchmal ließ sie sogar Chuck und Ethel ins Gasthaus hinüberkommen und dort mit Jimmy und Willard spielen. Alle anderen wurden auch irgendwie freundlicher. Maggie hatte viel Einfluß in der Siedlung.

Als ich dann eines Abends zum Gasthaus hinüberging, um Chuck und Ethel abzuholen, stellte mir Maggie ganz unerwartet die Frage: „Haben Sie schon etwas unternommen, um sich ein Haus in Eagle zu kaufen?"

„Nein", sagte ich. „Ich weiß noch immer nicht, ob ich dort unterrichten werde."

Angela und Mr. Vaughn spielten Cribbage und sahen nicht von ihren Karten auf, aber sie verfolgten jedes Wort, das gewechselt wurde.

„Ich kenne dort jeden einzelnen im Elternbeirat", sagte Maggie, „und wenn man dort irgendwelche Einwände machen sollte, wird man es mit mir zu tun bekommen. Wie groß sollte denn das Haus für Sie sein, wenn man Sie nimmt?"

„Nun . . . groß genug, daß Chuck und Ethel vielleicht ein eigenes Zimmer hätten."

Sie zuckte nicht mit der Wimper. „Meinst du, daß es leicht sein wird, eins zu finden, Arnold?" fragte sie Mr. Vaughn.

Er brabbelte irgend etwas, und Maggie sagte: „Ich hab dich nicht verstanden."

„Ich sagte wahrscheinlich", erklärte er.

„Wir werden eins für Sie finden", sagte Maggie.

Maggie auf meiner Seite zu haben bedeutete viel. Und so brachte mir Mr. Strong denn auch Mitte April die Nachricht von Mr. Henderson, daß man mich als Lehrerin in Eagle angenommen hatte. Chuck und Ethel blieben nun für immer bei mir. Nur eines änderte sich nicht – der Stand der Dinge zwischen Fred und mir. Nach seiner Rückkehr hatte ich ihn wochenlang nicht wiedergesehen und dann auch nur einmal, als er kam, um einige Waren abzuholen, die er bei Mr. Strong bestellt hatte. Er hatte beschlossen, sich um meinetwillen von mir fernzuhalten, und davon war er nicht abzubringen. Es spielte keine Rolle, daß er Jennie das Leben gerettet und dabei sein eigenes aufs Spiel gesetzt hatte: Er war noch immer ein Halbblut und ich noch immer eine Weiße.

Dann brach im Mai plötzlich der Frühling herein. Die Sonne kam hervor und stand den ganzen Tag am Himmel, und bald konnten wir die Fenster des Klassenzimmers öffnen, um den frischen Geruch junger Pflanzentriebe und den würzigen Duft der Weiden hereinzulassen. Kanadagänse flogen in großen Scharen über uns hinweg, und ihr Flügelschlag ließ die Luft so dicht wie Wasser erscheinen. Und plötzlich war der Schnee verschwunden. Auf den Bergen zeigte sich das erste zarte Grün, und Birkenzeisige schwirrten durch den Grünschleier der Bäume.

Ende Mai kam Nancy zurück, um das im ganzen Land einheitliche Examen abzulegen, weil sie hoffte, im nächsten Jahr die Oberschule in Fairbanks besuchen zu können. Sie saß am letzten Schulmorgen in meiner Wohnung und schrieb, während ich mit der Klasse noch einmal die Aufführung probte, die wir nach dem Essen zeigen wollten. Während der ganzen Zeit, in der sie hinter verschlossenen Türen saß, stand ich wie auf glühenden Kohlen. Als sie fertig war, kam sie herein und gab mir die Arbeit ab. Dann ging sie nach draußen, während ich den Text durchsah. Ich durfte die Prüfungsarbeit nicht bewerten, das würde in Juneau geschehen, aber ich konnte ihr sagen, ob sie es geschafft hatte oder nicht. Sie hatte es wirklich geschafft, und als ich sie hereinrief, um ihr die gute Nachricht mitzuteilen, ließ die ganze Klasse sie hochleben.

Vor Beginn der Aufführung stellten wir die Arbeiten aus, die die Klasse im Laufe des Schuljahres angefertigt hatte. Jeder Besucher bewunderte die Karte von Chicken an der Wand. Trotz ihrer Größe schien man sie zuvor nie bemerkt zu haben. Nun sagten alle, sie hätten noch nie so etwas gesehen, und wie geschickt die Kinder sich dabei angestellt hätten. Zeichnungen und Berichte hatten wir ebenfalls aufgehängt. Auf den Regalen standen Fossilien und Vogelnester, Topflappen und Stickmuster lagen daneben, Masken aus Papiermaché waren aufgehängt worden – kurz alles, was die Klasse hergestellt oder gesammelt hatte. Als ich zusah, wie die Kinder ihre Arbeiten den Eltern zeigten, war ich stolz. Ohne irgendeine besondere Ausrüstung, ja sogar ohne all die Bücher, die sie eigentlich hätten haben müssen, hatten sie hart gearbeitet, einander geholfen, miteinander gewetteifert und zusammen gelernt.

Und sie hatten wirklich etwas gelernt.

Unsere Aufführung spielte in den Tagen des Goldrausches, und sie ging ohne jede Panne vonstatten. Dann servierten wir Eiskrem und Kuchen, und als alles vorüber war, half jeder beim Aufräumen und Ausräumen für das Tanzfest am Abend. Maggie Carew ging als letzte.

„Jetzt ist es vorbei damit", sagte sie und blickte sich im Klassenzimmer um. „Aus und vorbei."

Sie sprach von der Schule. Da Chuck, Jimmy und Willard nun fortgingen, waren nicht mehr genug Kinder da, um die Schule offenzuhalten.

„Sie haben gute Arbeit geleistet", sagte sie.

„Danke." Aus ihrem Munde war das ein großes Lob.

Um halb neun, als sich alle zum Tanza bend einstellten, war es draußen noch immer hell. Es blieb auch noch bis ungefähr elf Uhr hell, dann herrschte für ein paar Stunden Dämmerung. Die Sonne ging mitten in der Nacht schon wieder auf. Manchmal konnte ich dann nicht schlafen und stand auf. So begann mein Tag gelegentlich um drei Uhr morgens.

Überall war man aus dem gewohnten Tagesablauf geraten. Goldgräber arbeiteten die ganze Nacht hindurch an ihren Schürfstellen, stellten ihre Schüsseln auf, gruben sich in den Boden. Sie hatten nur drei Monate lang für ihre Arbeit günstiges Wetter und wollten keine Zeit verlieren. Einige wenige hatten sich nicht einmal die Mühe gemacht, den Sonntagsanzug anzuziehen, als sie zu diesem letzten Tanzabend kamen. Unrasiert – Bärte waren gut gegen die Mücken – und in sauberer Arbeitskleidung erschienen sie zum Tanzabend, richtig angezogen, um direkt an die Arbeit zurückzugehen, wenn das Fest vorbei war. Fred kam mit seiner Mutter, und damit war der Abend für mich gerettet.

Jeder wollte wissen, ob ich mich auch gut unterhielt. Zweifellos, aber ich war trotzdem ein bißchen traurig. In wenigen Tagen würde ich abreisen, und wenn ich mich so umsah, war mir, als sei ich erst gestern angekommen. In weniger als einem Jahr hatte ich hier ein ganzes Leben durchlebt. Auf einem der Springrollos, die als Tafel gedient hatten, stand ein Grußwort, das nach dem Schulfest stehengeblieben war:

„Leben Sie wohl, Miß Hobbs.“ Darunter hatte Jimmy Carew ein PS gekrakelt: „Auf Wiedersehen in Eagle.“

Da Fred während der meisten Volkstänze Banjo spielte, konnte ich nur ein einziges Mal mit ihm tanzen. Als das Grammophon aufgezogen wurde, kam Fred zu mir herübergeschlendert. Er sah großartig aus. Er trug ein blau-weiß gestreiftes, gestärktes Hemd und war von der Sonne richtig dunkel gebräunt. Auf seinem Gesicht lag ein strahlendes Lächeln.

Der *„Home-Sweet-Home!“*-Walzer ertönte. Er legte seinen Arm um meine Taille, und wie bei unserem ersten gemeinsamen Walzer verschwanden die Wände des Klassenzimmers und alle Menschen ringsum. Ich war so in Gedanken versunken, daß ich erst, als der Walzer verklungen war und alle klatschten, bemerkte, daß außer uns niemand getanzt hatte. Alle waren stehengeblieben, um Fred und mir zuzusehen.

Chuck und Ethel schliefen, und so blieb Robert Merriweather bei ihnen, als wir alle zum Gasthaus hinübergingen. Es war schon fast zwei Uhr morgens, als ein paar Akkorde auf dem Klavier angeschlagen wurden. Wir drehten uns um und sahen, wie Joe Temple mit dem Finger zur Küche hinwies. Als er dann einen Marsch intonierte, kam Maggie Carew mit einer großen Schokoladentorte herein, auf der eine brennende Kerze stand. Sie stellte sie vor mich hin. *Viel Glück* stand in Zuckerguß auf der Torte. Daneben lag ein herrliches Abschiedsgeschenk – eine teure Kamera. Alle riefen, ich sollte nun eine Rede halten.

„Ich wünschte, ich könnte es“, entgegnete ich, „aber Reden halten ist nicht meine starke Seite. Ich kann nur eines sagen – ich danke euch, ich weiß es zu schätzen.“

„Nicht mehr als wir Sie zu schätzen wissen, Lehrerin“, sagte Ben Norvall. „Hier ist nicht einer im Zimmer, der Sie nicht für einen feinen, ehrlichen Kerl hält, der wirklich zu uns nach Alaska gehört.“

Joe fing an, *„Auld Lang Syne“* zu spielen, und dann sangen Fred und alle anderen mit. Als das Lied fast zu Ende war, war ich den Tränen nahe. Aber ich war nicht die einzige. Auch Maggie und Nancy hatten feuchte Augen.

Es war fast drei Uhr morgens, als Fred und ich zu meiner Wohnung hinübergingen, um nachzusehen, ob alles in Ordnung war. Robert war auf der Couch eingeschlafen, Chuck und Ethel schliefen im Bett.

Ich stahl mich auf Zehenspitzen wieder hinaus, und Fred und ich machten uns auf zu einem Spaziergang.

Fred ergriff meine Hand, sobald die Siedlung außer Sichtweite war. Im Wald war es so still, als stünde die Sonne in Wirklichkeit noch gar nicht hoch oben am Himmel, als wäre es noch tiefe Nacht. Wir sprachen ein bißchen über Eagle und wie es wohl wäre, dort mit Chuck und Ethel zu leben. Fred sagte, er wolle nach dem ersten Frost kommen und uns besuchen.

Wir gingen weiter, bis wir an den Bach gelangten. Ehe wir uns am grasbewachsenen Ufer des Wasserlaufs niederließen, schöpften wir uns einen erfrischenden Trunk. Das Wasser war kalt und würzig, von Wurzeln und dem sich spiegelnden getrockneten Moos am Hang hell gefärbt wie durchsichtiger Bernstein.

„Ich glaube, du bist ganz froh, daß ich jetzt wegfahre", sagte ich und legte mich zurück auf das Gras. Der Boden war warm.

„Weshalb sollte ich?" Fred lag auf dem Bauch, auf die Ellbogen gestützt.

„Ich werde dir jetzt nicht mehr nachstellen."

„Das hast du nicht getan", sagte er.

„O doch. Und ich tue es soeben wieder. Ich werde in ein paar Tagen fort sein, also was macht es noch aus? Es ist die Wahrheit. Ich habe dir fast vom ersten Tage unserer Begegnung an nachgestellt." Ich hatte nicht einen Funken Schamgefühl mehr in mir, und ich war froh darüber. Er konnte sich weiterhin wohlerzogen benehmen, wenn er wollte. Ich hatte es satt, die Dame zu spielen.

Meine Worte ließen ihn zusammenzucken. „Anne, wenn ich Geld genug hätte, um für dich sorgen zu können, würde ich dich auf der Stelle bitten, mich zu heiraten."

Ich hätte ihn am liebsten geschüttelt, damit er endlich begriff, daß ich mir gar nichts daraus machte, wieviel oder wiewenig er besaß, daß ich nichts anderes wollte als nur ihn. Aber es hatte keinen Zweck. Das alles hatten wir schon so oft besprochen, und deshalb sah ich ihn nur so lange an, bis er nicht mehr anders konnte, als mich zu küssen. Ich streichelte seinen Nacken, und er küßte mich wie nie zuvor. Er flüsterte meinen Namen, und zum ersten Mal in meinem Leben klang er schön in meinen Ohren. Es klang wie eine Liebkosung, die sich mit dem Rauschen des Baches und dem würzigen Geruch der Erde vermischte.

Ich wollte meine Augen geschlossen halten, aber als ich sie schließlich doch öffnete und direkt in seine sah, war ich glücklich über das, was ich darin lesen konnte. Er dachte nicht länger daran, so großmütig zu sein. Er war nur noch *er selbst.* Und er wollte nur *mich.* Er sagte: „Anne", und seine Stimme klang tief und heiser.

Ich berührte seinen Mund mit meinen Fingern. „Ich muß dir etwas sagen", erklärte ich.

Er wartete, während ich mir alles zurechtlegte, und dann sagte ich: „Ich weiß nicht, was du von deinem Leben erwartest, ehe du mit mir zusammen leben möchtest, aber vergiß bitte eines nicht: Ich liebe dich. Ich werde dir nicht mehr nachstellen, weil wir jetzt weit voneinander entfernt leben werden, aber eines Tages, wenn du soweit bist, solltest du doch kommen und mich heiraten. Denn ich werde nie einen anderen Mann heiraten. Ich meine, was ich sage, Fred Purdy. Wenn du mich nicht eines Tages heiratest, werde ich eine alte Jungfer."

„Nein, das wirst du nicht", sagte er.

„Ist das ein Versprechen?"

„Das ist ein Versprechen."

Kurze Zeit darauf gingen wir Arm in Arm zurück und blieben immer wieder stehen, um diesen Spaziergang zu verlängern und um uns zu umarmen. So gingen wir, bis die Siedlung in Sicht kam, dann ließen wir voneinander.

SEPTEMBER 1975

So trennte ich mich damals vor vielen Jahren von Fred – mit einem Versprechen. Wir haben erst nach über zehn Jahren geheiratet, am 4. September 1938, der Wiederkehr jenes Tages, an dem ich einst von Eagle mit dem Saumtierzug aufgebrochen war.

Inzwischen hatte Chuck die Oberschule mit einem guten Abschlußexamen verlassen, Ethel ging auf die Oberschule, und ich hatte noch drei weitere Kinder adoptiert.

Aber das lange Warten hatte sich gelohnt. Wir waren unbeschreiblich glücklich miteinander. Fred schürfte im Sommer, und im Winter blieben wir manchmal daheim, manchmal packten wir im Frühjahr die ganze Familie zusammen und zogen ins Grüne. Wir taten, was immer uns einfiel. In einem Winter, vielleicht dem schönsten, den wir gemeinsam erlebten, erhielt ich in einem Indianerdorf die Stelle einer Lehrerin, während Fred die Verwaltung übernahm. Da Fred Kinder ebenso liebte wie ich, adoptierten wir noch weitere vier.

Ich bin heute siebenundsechzig Jahre alt. Fred ist schon vor zehn Jahren gestorben, und obwohl ich inzwischen den nagenden Schmerz des Verlustes überwunden habe, fehlt er mir immer noch unendlich, vor allem, wenn sanfter Regen fällt. Wenn ich daran denke, wie er so leise überall in den Bergen niederfällt und den Boden durchweicht, damit neues Leben sprießt, kann ich es kaum glauben, daß ich Fred nie wiedersehen werde und daß ich niemals mehr sein Lachen hören werde. Es ist, als wollte ich mir den Frühling ohne das Gezwitscher der Vögel vorstellen.

Aber dann denke ich an all die herrlichen Jahre zurück, die wir gemeinsam erlebt haben. Und dann weiß ich, daß ich vom Glück bevorzugt wurde, denn sosehr ich auch Kinder und Sonnenlicht liebe, weiß ich, daß die Sonne nie so strahlend für mich geschienen, das Lachen der Kinder nicht so fröhlich in meinen Ohren geklungen hätte, hätte ich diese Jahre ohne Fred verbringen müssen.

Anne Hobbs Purdy
Chicken, Alaska

Anne Hobbs Purdy

„Und vor meinen Augen verwandelte sich Anne wieder in das neunzehnjährige Mädchen, das im Jahre 1927 mit soviel Mut und Pioniergeist nach Alaska gezogen war."

So berichtet der Publizist Robert Specht über seine erste Begegnung mit der damals fünfundfünfzigjährigen Anne Hobbs Purdy, die ihn aufgesucht hatte, um über einen Roman zu sprechen, der in einem Indianerdorf spielen sollte.

„Sie besitzt die fabelhafte Gabe, beim Erzählen wieder das junge Mädchen zu werden, und als sie mir von ihrem Leben in Alaska berichtete, fand ich sie so liebenswert, daß ich ihre Geschichte unbedingt aufschreiben wollte."

Doch erst 1965, als Robert Specht in freier Mitarbeit Fernsehspiele verfaßte, kam er dazu, mit *Ein Ort namens Chicken* zu beginnen. Elf Jahre lang arbeitete er an diesem Buch.

Als er Anne Hobbs Purdys Leben zurückverfolgte, führten ihn die Nachforschungen auch nach Chicken. „Doch eigentlich konnte ich diesen Roman nur schreiben, weil sich Anne noch so lebhaft an alles erinnern konnte, sogar noch an den Saumtierzug und Blossom."

Heute verbringt Anne Hobbs Purdy die Winter häufig in Kalifornien. Das übrige Jahr lebt sie bei ihrer Tochter Anlynn – einem ihrer Adoptivkinder – in dem Haus, das Fred auf einem Hügel bei Chicken gebaut hat.

Robert Specht traf Fred kurz vor dessen Tod. „Er war ein wundervoller Mensch", erinnert er sich, „so warmherzig und freundlich."

Und was wurde aus den beiden Indianerkindern? Die hübsche Ethel heiratete und zog aus Alaska fort. Chuck ist vor wenigen Jahren an Tuberkulose gestorben.

Oft wird Robert Specht gefragt, wie sich Anne und Fred wiedergefunden haben, acht Jahre nachdem Anne nach Eagle gezogen war.

„Ganz zufällig begegneten sie sich in Fairbanks. Jetzt genügte ein Blick – und sie wußten, daß sie für immer zusammengehörten. Aber das ist eine andere Geschichte – die Fortsetzung von *Ein Ort namens Chicken*, die ich vielleicht einmal schreiben werde."

Die ungekürzte Ausgabe von „Lotos und Asche"
ist im Buchhandel erhältlich.

Die ungekürzte Ausgabe von „Hölle im Schnee"
wird demnächst im Buchhandel erhältlich sein.

„Ein Ort namens Chicken"
soll demnächst im Buchhandel erhältlich sein.
Ein Erscheinungstermin ist noch nicht bekannt.